国家出版基金项目
NATIONAL PUBLICATION FOUNDATION

中国特色社会主义根本政治制度
人民代表大会制度纪实

总 顾 问 王汉斌
编委会主任 乔晓阳

人大立法制度（上）

主 编 张 生
副主编 刘舟祺 邹亚莎 罗冠男

中国出版集团
中国民主法制出版社

全国百佳图书
出版单位

图书在版编目（CIP）数据

人大立法制度/张生主编；刘舟祺，邹亚莎，罗冠
男副主编 . —北京：中国民主法制出版社，2024.3
（中国特色社会主义根本政治制度：人民代表大会
制度纪实/杨积堂，吴高盛主编）

ISBN 978-7-5162-3550-8

Ⅰ.①人⋯　Ⅱ.①张⋯　②刘⋯　③邹⋯　④罗⋯　Ⅲ.
①立法—工作—中国　Ⅳ.①D920.0

中国国家版本馆 CIP 数据核字（2024）第 050473 号

图书出品人：刘海涛
出 版 统 筹：贾兵伟
责 任 编 辑：张　霞

———————————————————————————

书名/**人大立法制度**
作者/主　编　张　生　　副主编　刘舟祺　邹亚莎　罗冠男

———————————————————————————

出版·发行/中国民主法制出版社
地址/北京市丰台区右安门外玉林里 7 号（100069）
电话/（010）63055259（总编室）　　83910658　63056573（人大系统发行）
传真/（010）63055259
http：// www. npcpub. com
E-mail：mzfz@ npcpub. com
开本/16 开　700 毫米×1000 毫米
印张/55　字数/608 千字
版本/2024 年 6 月第 1 版　2024 年 6 月第 1 次印刷
印刷/三河市宏图印务有限公司

———————————————————————————

书号/ISBN 978-7-5162-3550-8
定价/198.00 元（全两册）
出版声明/版权所有，侵权必究。

———————————————————————————

中国特色社会主义根本政治制度
——人民代表大会制度纪实

编 委 会

出 版 说 明

"乔木亭亭倚盖苍，栉风沐雨自担当。"在第一届全国人民代表大会第一次会议上，毛泽东同志向世人宣告："我们正在做我们的前人从来没有做过的极其光荣伟大的事业。我们的目的一定要达到。我们的目的一定能够达到。"

从 1954 到 2024 年，人民代表大会制度已走过 70 年。为记录人民代表大会制度发展历程，宣传中国特色社会主义根本政治制度，阐释中国特色社会主义道路自信、制度自信，中国民主法制出版社于 2017 年策划"中国特色社会主义根本政治制度——人民代表大会制度纪实"项目，计划用 1600 万字 20 册图书，对人民代表大会制度在我国的建立发展进行较完整的记录。

历时 6 年，几易框架，无数次讨论修改，最终收稿 3000 万字。3000 万字分理论和纪实两大部分，详述人民代表大会的制度总论、发展历程、自身建设及立法、重大事项决定、选举任免、监督、代表、会议、对外交往等重要工作。理论部分 340 余万字，其中自身建设、重大事项和对外交往三个板块根据工作实际和写作安排，理论纪实合为一册，归入理论板块。立法、监督、选举任免、代表工作、会议五个板块的纪实部分共计 2600 余万字。两大部分通过梳理历届全国人民代表大会会议议程，记录我国根本政治制度的发展历程；通过收录全国人民代表大会及其常务委员会会议作出的决定、批准的重大事项等文件及各专门委员会的文件、报告，为研究中国特色人民代表大会制度整理、保存重要文献，宣传实现我国全过程人民民主的重要制度载体的工作机制。

为保持项目的完整性和对人民代表大会制度记录的客观性，同时适应新时代资料保存查阅的新方式新手段，经多次组织专家讨论、内部研究，项目用 20 册图书、40 个视频、1 个数据库将这 3000 余万字全部收录，将人民代表大会制度 70 年的历程完整记录、如实呈现。其中人大立法工作纪实、人大监督工作纪实、人大会议工作纪实的具体内容均收入"人民代表大会制度纪实"数据库，目录作为索引以图书形式呈现。

项目实施过程中，从总顾问王汉斌同志、编委会主任乔晓阳同志，到刚入校门的大学生，先后百余人参与其中。从框架搭建、内容研讨、资料收集、板块汇编、归类整理到书稿撰写、初稿审读、编辑加工，我们遇到许多意想不到的困难，好在"众人拾柴火焰高"，各方都投入了极大热情，这些困难也一一得到克服。其间，全国人大图书馆、全国人大有关同志给予了我们雪中送炭般的支持。

人民代表大会制度植根于中国历史文化沃土，蕴含着中华文明丰富的政治智慧和治理经验，体现了天下为公、天下大同的社会理想，九州共贯、多元一体的大一统传统，民惟邦本、本固邦宁的民本思想，德主刑辅、法明令行的法治精神。新的伟大征程上，我们要更加坚定制度自信，不断发展具有强大生命力的全过程人民民主。

2024 年是中华人民共和国成立 75 周年，也是全国人民代表大会成立 70 周年、地方人大设立常委会 45 周年，谨以"中国特色社会主义根本政治制度——人民代表大会制度纪实"向祖国献礼！

　　"六年磨一剑"，其中一定还有许多疏漏和不足，我们希望"中国特色社会主义根本政治制度——人民代表大会制度纪实"项目能为坚持好、完善好、运行好人民代表大会制度尽微薄之力。

　　　　　　　　　　　　　　　　　　2024 年 6 月

　　习近平总书记指出，人民代表大会制度是坚持党的领导、人民当家作主、依法治国有机统一的根本政治制度安排，是党领导国家政权机关的重要制度载体。100 多年前，中国共产党一经诞生，就把为中国人民谋幸福、为中华民族谋复兴确立为自己的初心和使命，为实现人民当家作主进行了不懈探索和奋斗。在新民主主义革命时期，以毛泽东同志为主要代表的中国共产党人，创造性地提出实行人民代表大会制度的构想。1945 年 4 月，毛泽东同志就说："新民主主义的政权组织，应该采取民主集中制，由各级人民代表大会决定大政方针，选举政府。它是民主的，又是集中的，就是说，在民主基础上的集中，在集中指导下的民主。只有这个制度，才既能表现广泛的民主，使各级人民代表大会有高度的权力；又能集中处理国事，使各级政府能集中地处理被各级人民代表大会所委托的一切事务，并保障人民的一切必要的民主活动。"1954 年 9 月，第一届全国人民代表大会第一次会议召开，通过了《中华人民共和国宪法》，标志着人民代表大会制度这一国家根本政治制度正式建立。

　　经过 70 年的实践发展，人民代表大会制度更加成熟、更加定型，焕发出蓬勃生机活力。2021 年 10 月 13 日习近平在中央人大工作会议上的讲话中强调："实践证明，人民代表大会制度是符合我国国情和实际、体现社会主义国家性质、保证人民当家作主、保障实现中华民族伟大复兴的好制度，是我们党领导人民在人类政治制度史上的伟大创造，是在我国政治发展史乃至世界政治发展史上具有重大意义的全新政治制度。"

70年来，在中国共产党的领导下，全国人大及其常委会、地方各级人大及其常委会不断探索实践、创新发展，人民代表大会制度的理论体系不断完善，人大工作积累了极其丰富的实践成果。这些理论和实践成果，是进一步坚持好、完善好、运行好人民代表大会制度的重要基石。为了深入贯彻习近平总书记关于坚持和完善人民代表大会制度的重要思想，积极发展全过程人民民主，健全人民当家作主制度体系，继往开来，守正创新，开创人大工作新局面，中国民主法制出版社组织立法机关有关同志、从事人大理论研究的相关学者和人大工作领域的实务专家，对人民代表大会制度的理论和实践进行了全面梳理，形成了"中国特色社会主义根本政治制度——人民代表大会制度纪实"项目，并获得了国家出版基金资助。

项目从人民代表大会制度总论、人民代表大会制度发展历程、人大代表选举制度和人大人事任免制度、人大立法制度、人大代表工作制度、人大讨论决定重大事项制度、人大监督制度、人大会议制度、人大自身建设、人大对外交往工作等十个方面，阐述了"中国特色社会主义根本政治制度——人民代表大会制度"的制度创建、自身建设和发展历程，全面梳理了人大行使立法、监督、决定、选举任免等职权的制度体系，并对人大会议制度、人大代表工作、人大对外交往工作做了详尽汇览。

项目在实施过程中，力图在梳理理论体系的同时，尽量根据现有文献和资料，将人民代表大会制度发展进程中和人大工作全过程各环节相关制度成果加以汇总，为现在和未来的人大工作者、人大理论研究者提供尽可能翔实的人大知识宝库。

这是迄今为止收录内容最为完整的一套人大纪实丛书，为了体现中国特色社会主义根本政治制度的伟力，让更多国人了解和熟悉这一制度的逻辑，每一板块我们都进行了导读设计，从而更有利于读者提纲挈领地加以掌握。

今年是中华人民共和国成立 75 周年，也是全国人民代表大会成立 70 周年。我们谨以"中国特色社会主义根本政治制度——人民代表大会制度纪实"项目，向人民代表大会制度致敬，向祖国献礼。

晋晓阳

2024 年 6 月

上　册

下　册

第九章　诉讼与非诉讼程序法体系的发展

第一章

科学立法、 民主立法、 依法立法 与全国人大的立法职能

2021 年 7 月 1 日，习近平总书记在庆祝中国共产党成立 100 周年大会上发表重要讲话，强调 "发展全过程人民民主"[1]。10 月 13 日，习近平总书记在中央人大工作会议上的重要讲话中指出："人民代表大会制度是实现我国全过程人民民主的重要制度载体。"[2] 至此，人民代表大会制度与全过程人民民主的实现变得密不可分。

2021 年 11 月 11 日，中国共产党第十九届中央委员会第六次全体会议通过《中共中央关于党的百年奋斗重大成就和历史经验的决议》（以下简称《历史决议》）。[3] 其中，提及 "全过程人民民主" 三处[4]，提及 "人民代表大会制度"

---

〔1〕 习近平：《在庆祝中国共产党成立 100 周年大会上的讲话》（2021 年 7 月 1 日），《人民日报》2021 年 7 月 2 日，第 2 版。

〔2〕《习近平在中央人大工作会议上发表重要讲话》，《人大建设》2021 年第 11 期。

〔3〕《中共中央关于党的百年奋斗重大成就和历史经验的决议》，《人民日报》2021 年 11 月 27 日，第 1 版。

〔4〕《历史决议》提及 "全过程人民民主" 的三处如下：（1）在 "开创中国特色社会主义新时代" 方面，明确 "以人民为中心" 与 "全过程人民民主" 的关系，"明确新时代我国社会主要矛盾是人民日益增长的美好生活需要和不平衡不充分的发展之间的矛盾，必须坚持以人民为中心的发展思想，发展全过程人民民主，推动人的全面发展、全体人民共同富裕取得更为明显的实质性进展"；（2）在 "政治建设" 方面，明确 "党的领导""人民当家作主""依法治国" 三者与 "全过程人民民主" 的联系，"必须坚持党的领导、人民当家作主、依法治国有机统一，积极发展全过程人民民主，健全全面、广泛、有机衔接的人民当家作主制度体系，构建多样、畅通、有序的民主渠道，丰富民主形式，从各层次各领域扩大人民有序政治参与，使各方面制度和国家治理更好体现人民意志、保障人民权益、激发人民创造"；（3）在 "新时代的中国共产党" 建设方面，"全党必须坚持马克思列宁主义、毛泽东思想、邓小平理论、'三个代表'重要思想、科学发展观，全面贯彻习近平新时代中国特色社会主义思想……发展全过程人民民主，保证人民当家作主，坚持全面依法治国，坚持社会主义核心价值体系……"。

四处[1]。党领导建立人民代表大会制度，推进建设与完善全过程人民民主。正如《历史决议》所指出的那样，"党领导建立和巩固工人阶级领导的、以工农联盟为基础的人民民主专政的国家政权，为国家迅速发展创造了条件……一九五四年，召开第一届全国人民代表大会第一次会议，通过了《中华人民共和国宪法》……党领导确立人民代表大会制度、中国共产党领导的多党合作和政治协商制度、民族区域自治制度，为人民当家作主提供了制度保证"。这一表述回顾党建立和发展人民代表大会制度的历程，强调一届全国人大召开与"五四宪法"颁布实施的重大历史意义，明确"人民当家作主"与"人民代表大会制度"的关系。

在人民代表大会制度形成的过程中，在全国人民代表大会建立中国特色社会主义法律体系的过程中，党的领导和努力是不可或缺的。党领导人大进行立法的传统，既可以在革命根据地时期找到其生成与发展的轨迹，也已经成为我国当前政治实践与宪法实施中的重要组成部分。回顾人民代表大会的发展历程，才能够帮助我们更好地理解它的立法制度，才能够帮助我们更好地理解

---

〔1〕《历史决议》提及"人民代表大会制度"的两处如下：(1)回顾党建立和发展人民代表大会制度的历程，强调一届全国人大召开与"五四宪法"颁布实施的重大历史意义，明确"人民当家作主"与"人民代表大会制度"的关系，"党领导建立和巩固工人阶级领导的、以工农联盟为基础的人民民主专政的国家政权，为国家迅速发展创造了条件……一九五四年，召开第一届全国人民代表大会第一次会议，通过了《中华人民共和国宪法》……党领导确立人民代表大会制度、中国共产党领导的多党合作和政治协商制度、民族区域自治制度，为人民当家作主提供了制度保证"；(2)明确党对人民代表大会的领导、支持与保障，"党中央强调，必须坚持人民主体地位，保证人民依法实行民主选举、民主协商、民主决策、民主管理、民主监督。党坚持和完善人民代表大会制度，支持和保证人民通过人民代表大会行使国家权力，支持和保证人大依法行使立法权、监督权、决定权、任免权，果断查处拉票贿选案，维护人民代表大会制度权威和尊严，发挥人民代表大会制度的根本政治制度作用"。

全过程人民民主的生成与发展。需要作出说明的是，本书集中在全国人大及其常委会层面，考察全国人大及其常委会行使国家立法权、构建具体法律制度的过程。

第一节　全国人大立法制度的生成与发展

2021 年 10 月 13 日，习近平总书记在中央人大工作会议上发表重要讲话时指出："人民代表大会制度是实现我国全过程人民民主的重要制度载体。要在党的领导下，不断扩大人民有序政治参与，加强人权法治保障，保证人民依法享有广泛权利和自由。要保证人民依法行使选举权利，民主选举产生人大代表，保证人民的知情权、参与权、表达权、监督权落实到人大工作各方面各环节全过程，确保党和国家在决策、执行、监督落实各个环节都能听到来自人民的声音。要完善人大的民主民意表达平台和载体，健全吸纳民意、汇集民智的工作机制，推进人大协商、立法协商，把各方面社情民意统一于最广大人民根本利益之中。"[1] 要了解全过程人民民主的形成，就需要对全国人大及其立法活动的历史进行考察。

全国人民代表大会的建立与发展史，也是我国立法的发展史。自中央苏维埃、"三三制"下的参议会、解放区人民代表会议、中华人民共和国成立后的政治协商会议与全国人民代表大会，各阶段政权机关均在党的领导下行使立法权。在历史中寻找

---

〔1〕《习近平在中央人大工作会议上发表重要讲话》，《人大建设》2021 年第 11 期。

全国人民代表大会成长的足迹，了解"人大立法制度"的起源、雏形、发展、形成、完善的主线及过程，能够使我们更加深刻理解我国的根本政治制度、社会主义民主和全过程人民民主。

一、中华苏维埃共和国中央苏维埃的立法活动

广州起义失败后，经过党领导的革命斗争，赣西南、闽西两个苏区先后成立，并统称中央苏区。在粉碎国民党三次大规模"围剿"之后，上述两大苏区连成一片。为促进政治民主制度的贯彻与发展，中央苏区于1930年9月12日中央准备委员会全体会议通过《中国工农兵会议（苏维埃）第一次全国代表大会选举条例》，分为"原则""选举权""苏维埃区域""反动统治区域""附则"，共五章十三条。第一章"原则"规定："中国工农兵会议（苏维埃）第一次全国代表大会负起集中一切革命势力，建立中央政府指导机关的伟大使命。因此，这次会议绝不是建设的会议，而是斗争的会议。"此外该条例还规定，一切靠劳动生产或公益事业服务生活的人、红军官兵、小商业或者手工业者、军阀军队中的士兵、自由职业者与学生等人，享有选举权与被选举权；但地主、军阀、绅士、官僚、乡董、公安局职员、民团职员、宗教工作者、吸食鸦片者等人员不得享有选举权和被选举权。苏维埃区域有湘鄂赣、赣西南、赣东北、闽粤、湘鄂西等9个特区，规定有各自的选举比例。反动统治区域中大城市、小城市及乡村、军阀军队中的学生，凡是支持革命的工农协会或革命士兵委员会，也可以相应选出代表[1]。

---

[1] 张希坡编著：《中国工农兵会议（苏维埃）第一次全国代表大会选举条例》，《革命根据地法律文献选辑》第二辑上卷，中国人民大学出版社2017年版，第38—40页。

依照上述条例，中央苏区于 9 月 26 日颁布了《中国工农兵会议（苏维埃）第一次全国代表大会苏维埃区域选举暂行条例》，内容为通则、选举权、苏维埃全国代表大会的选举、特区苏维埃的组织及选举、县苏维埃的选举与组织、独立市苏维埃的选举及组织、市区苏维埃的选举及组织、县区苏维埃的选举及组织、独立镇苏维埃的选举及组织、乡苏维埃的选举及组织、村苏维埃的选举及组织，共十一章三十五条，对选举的代表名额、选区划分、选举程序等作出具体规定。从 1931 年 11 月到 1934 年 1 月，中央苏区还先后进行了三次民主选举。同时，1931 年 11 月中央执行委员会专门颁布了《中华苏维埃共和国选举细则》，共八章五十五条，对选举权和被选举权、选举机关、选举手续、选举经费等作出明确细致规定[1]。

工农兵代表会议制度成为中华苏维埃共和国最基本的政治制度，工农兵代表会议也成为中华苏维埃共和国的最高权力机关。1931 年 11 月 7 日，中华苏维埃第一次全国代表大会（即"一苏大会"）开幕，13 日，大会主席团第二次会议上，决议成立宪法起草委员会，由任弼时、王稼祥、毛泽东、周以栗、邓发、张鼎丞、曾山、袁德生、刘建中、梁柏台及各地代表团推选代表一人共同组成，专门讨论宪法起草的相关事宜。宪法起草委员会在大会主席团办公处召开会议，梁柏台对《中华苏维埃共和国宪法大纲》及《中华苏维埃共和国宪法草案》作了说明，一并提交大会讨论。18 日，大会代表听取关于宪法问题的报告，经审议，通

---

〔1〕《中国工农兵会议（苏维埃）第一次全国代表大会选举条例》《中国工农兵会议（苏维埃）第一次全国代表大会苏维埃区域选举暂行条例》《中华苏维埃共和国选举细则》，张希坡编著：《革命根据地法律文献选辑》第二辑上卷，中国人民大学出版社 2017 年版，第 40—49 页。

过了《中华苏维埃共和国宪法大纲》作为临时根本法。

1934 年 2 月 17 日，主席毛泽东，副主席项英、张国焘共同签署中华苏维埃共和国、临时中央政府执行委员会命令（中字第一号），公布《中华苏维埃共和国中央苏维埃组织法》："兹制定中华苏维埃共和国中央苏维埃组织法，特公布之。"该法共十章五十一条。第二章为"全国苏维埃代表大会"，第三章为"中央执行委员会"，第四章为"中央执行委员会主席团"，第五章为"全国苏维埃代表大会及中央执行委员会的权力"，以上四章内容均系最高政权机关、权力机关的组织设置。人民委员会、最高法院、审计委员会均是中央执行委员会下属机关，分别独立承担行政、司法和审计监督职责，以实现权力分工和相互监督。第六章为"人民委员会"。《中华苏维埃共和国中央苏维埃组织法》第五章规定了全国苏维埃代表大会及中央执行委员会的权力。其中立法权力包括：（1）颁布和修改宪法（此项为全国苏维埃代表大会的专有权）；（2）代表中华苏维埃共和国对外订立各种条约及批准国际条约；（3）制定法院的系统组织，并颁布民事、刑事及诉讼等法律；（4）颁布劳动法、土地法、选举法、婚姻法、苏维埃组织法及一切单行的法律[1]。

中华苏维埃第一次全国代表大会闭幕后，中华苏维埃共和国中央执行委员会、中央人民委员会先后颁布了数以百计的代表人民意志和符合革命利益的法律法规，包括苏维埃宪法大纲、中央苏维埃组织法、选举条例、惩治反革命条例、土地法、劳动法、婚姻法等重要法律法令。

---

〔1〕《中华苏维埃共和国中央苏维埃组织法》，《红色中华》1934 年 2 月 22 日第 5 版。

二、边区参议会的立法活动

抗战时期边区民意机关为参议会。陕甘宁边区建立起参议会，普遍推行"三三制"。1939 年 1 月 17 日，陕甘宁边区第一届参议会第一次会议终于在延安正式召开。大会通过了《陕甘宁边区抗战时期施政纲领》《陕甘宁边区各级参议会组织条例》等法律案，选举产生了边区参议会议长、常驻会议员和边区政府主席、政府委员、边区高等法院院长等。《陕甘宁边区各级参议会组织条例》第十条规定了边区参议会的职权，其中涉及立法的内容为："议决边区之单行法规。"[1] 1941 年 11 月，边区第二届参议会修正通过的《陕甘宁边区各级参议会组织条例》第十三条延续了这一规定。

1941 年 5 月 1 日，中共边区中央局提出、中共中央政治局批准的《陕甘宁边区施政纲领》第五条规定："本党愿与各党各派及一切群众团体进行选举联盟，并在候选名单中确定共产党员只占三分之一，以便各党各派及无党无派人士均能参加边区民意机关之活动与边区行政之管理。在共产党员被选为某一行政机关之主管人员时，应保证该机关之职员有三分之二为党外人士充任。共产党员应与这些党外人士实行民主合作，不得一意孤行，把持包办。"[2] 这是共产党对于政权与政府建设作出的声明，再次证明"三三制"模式下党外人士的活动范围既有"参加边区民意

〔1〕《陕甘宁边区各级参议会组织条例》，韩延龙、常兆儒编：《中国新民主主义革命时期根据地法制文献选编》（第二卷），中国社会科学出版社 1981 年版，第 183 页。

〔2〕《陕甘宁边区施政纲领》，韩延龙、常兆儒编：《中国新民主主义革命时期根据地法制文献选编》（第一卷），中国社会科学出版社 1981 年版，第 34—35 页。

机关之活动"，也有参与"边区行政之管理"。"三三制"既保障了政权机关和政府机关的民主性，也保障了立法的民主性。

三、解放战争期间人民代表会议的立法活动

人民代表会议是从苏维埃、参议会向人民代表大会制度过渡的重要转折点，解放区的人民代表会议制度也为新中国成立后的人民代表大会制度积累了实践经验。1947 年 11 月，石家庄解放，晋冀鲁豫、晋察冀两大解放区遂连成一体，两边区政府已于 1948 年 5 月下旬联合办公，但其提前作出的决策仍需经 6 月 26 日召开的两边区参议会驻会参议员作出席会议追认。7 月 11 日，两边区政府联合发布的《关于召开华北临时人民代表大会暨代表选举办法的决定》，也是根据联席会议的决议作出的。联合办公的两边区政府，必须由华北临时人民代表大会选举并作出决议后，才能正式过渡为华北人民政府。华北人民政府是由华北临时人民代表大会经过选举产生的。8 月 7 日—19 日，华北临时人民代表大会在石家庄电影院秘密举行，出席大会的代表共 542 人。其中，党员 376 人，非党人士 166 人，代表了华北的山西、河北、平原、察哈尔和绥远五省的 4500 余万人民，"出席代表包括了工人，农民，革命军人，妇女，工商业家，自由职业者，新式富农，社会贤达，开明绅士以及民主同盟盟员，少数民族和国民党统治区人民代表"[1]。

华北人民政府成立后，华北人民政府主席董必武组织制定政权组织和选举法规，先后起草、制定了《华北人民政府组织大纲》

---

〔1〕《华北人民政府成立》，《群众》1948 年第 2 卷第 35 期。

《华北人民政府办事通则》等政权组织方面的法规以及《华北人民政府委员会委员选举办法》《华北区村县人民代表会议代表选举条例（草案）》等选举法规。不仅如此，在废除国民党六法全书以后，华北人民政府委员会及其相关部门先后制定、颁布了200多项法令、训令、条例、规章、通则、细则等，涵盖了政府建设、公安司法、民政、经济金融、财政税务、教科文卫等领域。

四、中华人民共和国成立初期的政治协商会议的立法活动

随着新中国人民政权的建立，1949年9月，中国人民政治协商会议第一次会议召开。毛泽东发表著名演说《中国人民站起来了》，指出政治协商会议能够代表人民的意志，代行全国人大职权，"现在的中国人民政治协商会议是在完全新的基础之上召开的，它具有代表全国人民的性质，它获得全国人民的信任和拥护。因此，中国人民政治协商会议宣布自己执行全国人民代表大会的职权"，在政治协商会议上要制定相关组织法，选举权力机关的执行机关，"中国人民政治协商会议在自己的议程中将要制定中国人民政治协商会议的组织法，制定中华人民共和国中央人民政府的组织法，制定中国人民政治协商会议的共同纲领，选举中国人民政治协商会议的全国委员会，选举中华人民共和国中央人民政府委员会，制定中华人民共和国的国旗和国徽，决定中华人民共和国国都的所在地以及采取和世界大多数国家一样的年号"[1]。

---

〔1〕《中国人民站起来了》，《建国以后毛泽东文稿》（第一册），中央文献出版社1987年版，第5页。

1949 年 9 月 29 日，中国人民政治协商会议第一届全体会议通过《中国人民政治协商会议共同纲领》（以下简称《共同纲领》），除序言共七章六十条，分为"序言""总纲""政权机关""军事制度""经济政策""文化教育政策""民族政策""外交政策"等部分。《共同纲领》序言就明确指出中央政府的产生基础是代表全国人民意志的政协会议，而中央与地方各级政府均应当受到《共同纲领》的约束，"中国人民政治协商会议代表全国人民的意志，宣告中华人民共和国的成立，组织人民自己的中央政府。中国人民政治协商会议一致同意以新民主主义即人民民主主义为中华人民共和国建国的政治基础，并制定以下的共同纲领，凡参加人民政治协商会议的各单位、各级人民政府和全国人民均应共同遵守"。《共同纲领》第十三条第二款规定："在普选的全国人民代表大会召开以前，由中国人民政治协商会议的全体会议执行全国人民代表大会的职权，制定中华人民共和国中央人民政府组织法，选举中华人民共和国中央人民政府委员会，并付之以行使国家权力的职权。"[1]

中国人民政治协商会议第一届全体会议还通过了《中华人民共和国中央人民政府组织法》。中央人民政府组织法第七条规定，中央人民政府委员会职权，涉及立法的职权有："一、制定并解释国家的法律，颁布法令，并监督其执行。二、规定国家的施政方针。三、废除或修改政务院与国家的法律、法令相抵触的决议和命令。四、批准或废除或修改中华人民共和国与外国订立的条约和协定。"

---

〔1〕《中国人民政治协商会议共同纲领》（1949 年 9 月），《中华人民共和国人民代表大会文献资料汇编（1949—1990）》，中国民主法制出版社 1991 年版，第 60—61 页。

除《共同纲领》《中华人民共和国中央人民政府组织法》外，政协第一届全国委员会期间，经过全国委员会及中央人民政府委员会审议的重要法律有：《中国人民政治协商会议组织法》《中华人民共和国人民法院暂行组织条例》《中央人民政府最高人民检察署暂行组织条例》《各级地方人民检察署组织通则》《中华人民共和国土地改革法》《中华人民共和国婚姻法》《中华人民共和国工会法》等。

五、全国人民代表大会的立法活动

1949 年 10 月 1 日中华人民共和国中央人民政府成立后，人民代表会议制度开始向人民代表大会制度过渡与转型。1951 年 2 月，刘少奇在参加北京市第三届人民代表会议时指出，应当将完备人民代表会议制度和向人民代表大会制度过渡两手一起抓。1951 年 9 月，董必武强调，各级各界人民代表会议的顺利召开，将成为人民代表大会建立起来的基础。在人民代表会议职能完备的基础上，人民代表大会才能顺利运行起来[1]。1952 年 12 月，人民政协第一届全体会议期满，中共中央认为召集全国人民代表大会的时机和条件已经基本成熟。

1953 年 1 月 13 日，中央人民政府委员会第二十次会议决议于 1953 年召开由人民用普选方法产生的乡、县、省（市）各级人民代表大会，并在此基础上接着召开全国人民代表大会。1953 年 2 月，中央人民政府委员会通过《中华人民共和国全国人民代表大会及地方各级人民代表大会选举法》。1953 年下半年开始全

---

〔1〕　万其刚等编著：《人民代表大会制度简史》，中国民主法制出版社 2015 年版，第 16 页。

国范围内的普选，从乡、县、省逐级向上产生人民代表大会，各级政权组织开始建立。我国第一次全国范围的普选活动由此完成，并成为规模空前的普选。与此同时，宪法起草委员会也在抓紧完成宪法的起草工作。1953年6月，宪法草案得以通过，为我国第一部宪法奠定了基础[1]。

1954年9月15日，第一届全国人民代表大会第一次会议顺利召开。在这次全国人民代表大会会议上，将制定宪法，选举新的中央人民政府。为了进行起草宪法工作，早在1953年1月，中央人民政府委员会就决议成立以毛泽东为主席、由33人组成的宪法起草委员会。宪法起草委员会组织起草小组分别起草了全国人民代表大会组织法等五个法律草案，1954年9月12日，宪法起草委员会第九次全体会议修正通过了五个草案，提交第一届全国人民代表大会第一次会议审议，为宪法的制定做好准备工作。9月20日，中华人民共和国第一部宪法——1954年宪法顺利通过，"一届全国人大第一次会议的召开和新宪法的颁布实施，是我国社会主义民主法制建设史上的里程碑，标志着我国人民代表大会制度从地方到中央全面系统地建立起来了"。同时，会议还通过了全国人大组织法、国务院组织法、人民法院组织法、人民检察院组织法、地方各级人大和地方各级人民委员会组织法这五部国家机构组织法律。26日，会议通过主席团提请审议的《关于中华人民共和国现行法律、法令继续有效的决议》。27日，选举通过新的国家领导人，选举毛泽东为国家主席、朱德为国家副主席，并根据国家主席毛泽东的提名，会议决定周恩来为国务院总理，选举董必武、张鼎丞分别为最高人民法院院长、最高人

---

[1] 万其刚等编著：《人民代表大会制度简史》，中国民主法制出版社2015年版，第35—37页。

民检察院检察长。9月28日，一届全国人大一次会议完成了历史赋予其的使命[1]。

从1954年—1957年，全国人民代表大会以及各级人民代表大会得到初步的发展，体现了社会主义民主制度的先进性、优越性和民主性。一届全国人大在审议决定重大事项、听取审议政府工作报告或专题汇报以及制定法律法令等方面作出了重大贡献。1955年一届全国人大二次会议通过关于授权常务委员会制定单行法规的决议。1954年—1957年四次会议共通过宪法一部、国家机构组织法五部、法律两部、修法决议决定七件、批准自治地方组织条例十余件。刑法草案至1957年起草到第22稿，民法草案初稿也已经部分完成。1958年2月，一届全国人大五次会议举行。会议听取和审议有关报告、调整国务院组织机构，但未进行立法。

二届全国人大期间（1959年—1964年），仅于1963年9月28日二届全国人大常委会第一百零二次会议上修改军官服役条例。1964年12月21日—1965年1月4日，三届全国人大一次会议举行。会议听取并审议了周恩来作的政府工作报告，谢觉哉、张鼎丞分别作的"两院"工作报告，选举产生了新一届国家机构及领导人，但未进行立法活动。三届全国人大仅召开过此一次会议。1975年1月四届全国人大一次会议通过了1975年宪法。经过五届全国人大、六届全国人大卓有成效的努力，我国立法工作取得了很大成就，法律体系初步形成[2]。改革开放以来，全国

---

〔1〕　万其刚等编著：《人民代表大会制度简史》，中国民主法制出版社2015年版，第337页。

〔2〕　万其刚等编著：《人民代表大会制度简史》，中国民主法制出版社2015年版，第73、105页。

人民代表大会及其常务委员会积极履行立法职能。2011 年 3 月 10 日，全国人民代表大会常务委员会委员长吴邦国向十一届全国人民代表大会四次会议作全国人大常委会工作报告时宣布，以宪法相关法、民商法、行政法、经济法等多个法律部门的法律为主干，由法律，行政法规，地方性法规、自治条例和单行条例等三个层次的法律规范构成的中国特色社会主义法律体系已经形成。经过十余年的发展与完善，截至 2023 年 3 月 13 日十四届全国人大一次会议闭幕，目前我国现行有效法律共 294 件。其中，宪法 1 件，宪法相关法 49 件，民法商法 24 件，行政法 96 件，经济法 83 件，社会法 27 件，刑法 3 件，诉讼与非诉讼程序法 11 件[1]。

第二节　立法法的制定与修改历程

全国人大及其常委会的立法权是宪法规定其享有的职责与使命。现行宪法针对全国人民代表大会的宪法地位与立法职能有下列规定。

第二条第一款、第二款　中华人民共和国的一切权力属于人民。

人民行使国家权力的机关是全国人民代表大会和地方各级人民代表大会。

第五十七条　中华人民共和国全国人民代表大会是最高国家权力机关。它的常设机关是全国人民代表大会常务委员会。

---

〔1〕《现行有效法律目录（294 件）》，中国人大网，http://www.npc.gov.cn/npc/c30834/202303/6695905f16fa4f2ab0d24008db1410fc.shtml。

第五十八条　全国人民代表大会和全国人民代表大会常务委员会行使国家立法权。

全国人大及其常委会如何履行人民授予的立法权力，其权限与程序被规定在立法法中。在此基础上，党中央针对立法工作提出科学立法、民主立法、依法立法的要求。全国人民代表大会在依照立法法等法律履行自身立法职责过程中，应当将科学立法、民主立法、依法立法作为其自身的宗旨与使命。

一、全国人大立法活动的发展阶段

立法法是规范立法行为、划分立法权限、明确立法程序等的重要法律，其所确立的立法制度，包括中央与地方之间、中央国家机关之间的立法权限划分等制度。作为专门立法的《中华人民共和国立法法》是在 2000 年 3 月 15 日由第九届全国人民代表大会第三次会议通过，并于当日由江泽民主席以中华人民共和国主席令第三十一号公布，自同年 7 月 1 日起施行。新中国成立以来，我国党和国家的领导人、全国人民代表大会组成人员以及诸多法律职业的工作者，对于立法工作规则、文本与实践的探索是未曾停止的。其发展历程大致可以分为以下几个阶段。

第一阶段是从 1949 年第一届政治协商会议召开到 1954 年第一届全国人民代表大会第一次会议召开，这一阶段的立法活动主要由《中国人民政治协商会议共同纲领》《中国人民政治协商会议组织法》进行规定。

第二阶段是从 1954 年《中华人民共和国宪法》（"五四宪法"）颁布到"文化大革命"结束，这一阶段立法活动主要由"五四宪法"以及全国人民代表大会组织法等法律进行规范。

第三阶段是从 1982 年《中华人民共和国宪法》（"八二宪法"）颁布到 2000 年《中华人民共和国立法法》颁布。1981 年 6 月，中国共产党第十一届中央委员会第六次全体会议通过《关于建国以来党的若干历史问题的决议》，其中明确指出"必须巩固人民民主专政，完善国家的宪法和法律并使之成为任何人都必须严格遵守的不可侵犯的力量，使社会主义法制成为维护人民权利，保障生产秩序、工作秩序、生活秩序，制裁犯罪行为，打击阶级敌人破坏活动的强大武器"以及"党的各级组织同其他社会组织一样，都必须在宪法和法律的范围内活动"，使得规范立法活动成为一项亟待发展的事业，这一阶段的立法活动主要由宪法进行规定，"八二宪法"对于立法权限、立法程序与法律解释等问题作了基本规定，与此同时，全国人大及其常委会的议事规则对法律的制定程序作了具体规定。

第四阶段是从 2000 年 3 月 15 日第九届全国人民代表大会第三次会议通过《中华人民共和国立法法》至今。2005 年第十届全国人民代表大会第四次会议审议通过了《中华人民共和国国民经济和社会发展第十一个五年规划纲要》，其中明确提出"科学立法"与"民主立法"的概念，"贯彻依法治国基本方略，推进科学立法、民主立法，形成中国特色社会主义法律体系"。2015 年 3 月 15 日第十二届全国人民代表大会第三次会议表决通过《关于修改〈中华人民共和国立法法〉的决定》，完成对立法法的第一次修正。2023 年 3 月 13 日第十四届全国人民代表大会第一次会议表决通过关于修改《中华人民共和国立法法》的决定，完成对立法法的第二次修正。

中华人民共和国的国家立法活动，经历了由宪法性法律文件进行规范，转由根本法宪法进行规范，再到由根本法宪法与专门立法法共同进行规范的一个过程。这个过程本身标志着中华人民共和国社会主义法治发展的进步，也勾勒出了中华人民共和国立法工作朝规范化方向推进的轨迹。

二、立法法的制定与修改

（一）2000年立法法的制定历程

尽管自1979年至20世纪90年代，我国立法工作已经取得了显著的成就，但仍然存在很多问题，主要是以下几个方面：（1）仍存在法规、规章规定的内容超越权限的情况；（2）仍存在作为下位法的法规、规章规定的内容与作为上位法的法律相抵触，或者法规、规章相互之间存在矛盾与冲突的情况；（3）仍存在立法质量不高的情况；（4）仍存在某些部门或者地方在制定法律、规章的过程中缺乏大局意识、不顾国家整体利益，反而只顾自身的局部利益的情况。

自1993年下半年起，受全国人大常委会委员长的委托，全国人大常委会法制工作委员会根据全国人大常委会立法规划，正式着手开展立法法的起草工作，曾多次召开立法领域法律专家学者座谈会，对立法法的制定进行研讨与论证，并三次将立法法草案征求意见稿印发中央有关机关以及各省、自治区、直辖市的人大常委会，征求修改意见，开展修改工作，最终形成草案。

1999年10月、12月，九届全国人大常委会第十二、十三次会议对立法法草案进行了审议，根据常委会组成人员的审议意见，法工委对立法法草案进行进一步的修正工作。2000年3月5日九届全国人大三次会议在北京举行。在这次会议上，全国人民代表大会常务委员会法制工作委员会主任顾昂然对《中华人民共和国立法法（草案）》进行说明。他的说明包括八个部分：
（1）本法适用范围，法律、行政法规、地方性法规、自治条例和单行条例的制定、修改和废止适用本法，国务院部门规章和地方政府规章的制定、修改和废止程序，依照本法的有关规定执行；（2）立法活动遵循的原则，包括遵循宪法、维护社会主义法制的统一和尊严、体现人民意志、坚持从实际出发的指导思想、依照法定的权限和程序进行等原则；（3）立法权限的划分，国家主权的事项、各级公权力机关的组织与职权等十项立法内容只能由全国人大及其常委会立法的事项；（4）授权立法，在制定法律的条件尚不成熟之时，由全国人大授权国务院制定行政法规，待条件成熟后再上升为法律；（5）在立法程序中强调常委会审议法律案三审制、统一审议并充分发挥各专门委员会在法律案审议中的作用、发扬民主与走群众路线、常委会分组会议审议基础上可召开联组会议或全体会议讨论主要问题、法律案中有重大问题需进一步研究时可暂不表决等；（6）在法律规定需要进一步明确具体含义时与法律制定后出现新情况需要明确适用法律依据时，由全国人大常委会对法律进行解释；（7）在适用规则方面，应遵循上位法的效力高于下位法、同位法中存在矛盾时特别规定优先于一般规定、同位法中存在矛盾时新法优先于旧法、坚持不溯及既往等原则；（8）需要加强对法规、规章的备案工作，规范相应备案审查程序[1]。

2000年3月14日，第九届全国人民代表大会第三次会议上，全国人大法律委员会主任委员王维澄向大会作《第九届全国人民

---

[1] 顾昂然：《关于〈中华人民共和国立法法（草案）〉的说明——2000年3月9日在第九届全国人民代表大会第三次会议上》，《中国人大》2000年第Z1期，第30—33页。

代表大会法律委员会关于〈中华人民共和国立法法（草案）〉审议结果的报告》，"在本次全国人大会议上，各代表团于3月9日、10日、11日审议了《中华人民共和国立法法（草案）》。代表们认为，制定立法法，对于规范立法活动，健全国家立法制度，加强立法工作，提高立法质量，保障和发展社会主义民主，推进依法治国，建设社会主义法治国家，具有重要意义。草案经过长时间的研究起草，又经全国人大常委会两次会议审议修改，比较成熟，内容可行，建议本次会议予以通过。同时也提出了一些修改意见。法律委员会于3月11日下午召开会议，根据各代表团的审议意见，对立法法草案进行了审议"，并提出了八条修改意见[1]。

2000年3月15日，第九届全国人民代表大会第三次会议通过《中华人民共和国立法法》，同日，由江泽民主席以中华人民共和国主席令第三十一号予以公布。立法法共六章九十四条，分别为"总则""法律""行政法规""地方性法规、自治条例和单行条例、规章""适用与备案""附则"。

（二）2015年立法法的修改

从2000年到2010年这十年内，全国人大及其常委会的立法活动积累了较多经验，加之时代变革所需，应当将立法的经验与教训迅速转化为法律文本，并对原有的立法法文本进行修改与完善，从而进一步推动立法活动规范化进程。因此，2013年10月公布的十二届全国人大常委会立法规划中"第一类项目：条件比较成熟、任期内拟提请审议的法律草案（47件）"，其中第一件就是立法法

---

[1] 王维澄：《第九届全国人民代表大会法律委员会关于〈中华人民共和国立法法（草案）〉审议结果的报告》，《中华人民共和国全国人民代表大会常务委员会公报》2000年第2期，第135—137页。

（修改），牵头起草单位是委员长会议〔1〕。

2014 年 8 月，为适应推进国家治理体系和治理能力现代化的要求，全国人大常委会法工委深入总结立法经验，提出立法法修正案草案。25 日，草案首度提请全国人大常委会审议〔2〕。2014 年 8 月 25 日，十二届全国人大常委会第十次会议初次审议了立法法修正案草案〔3〕。审议过程中全国人大常委会对立法法修正案草案加以完善。《关于〈中华人民共和国立法法修正案（草案）〉的说明》指出，修改立法法的主要问题是：（1）"关于发挥人大在立法中的主导作用"，应当加强全国人大常委会对立法工作的统筹协调、充分发挥全国人大代表在立法中的作用、发挥立法在推进改革和发展中的作用。（2）"关于健全立法起草、论证、审议等机制"，应当健全起草机制、完善立法论证听证及法律草案公开征求意见等规定，健全审议机制。（3）"关于提高立法质量，增强法律的可执行性"，应将提高立法质量明确为立法的一项基本要求，增加法律案通过前评估、法律清理、制定配套法规、立法后评估等规定。（4）"关于赋予设区的市地方立法权"，拟将过去 49 个较大的市才享有的地方立法权扩大至全部 282 个设区的市。（5）"关于完善授权立法"，授权决定应当明确授权的目的、事项、范围、期限、被授权机关实施授权决定的方式和应当遵循的原则等，授权的期限不得超过五年，被授权机关应当在授权期限届满的六个月以前，向授权机关报告授权决定实

---

〔1〕《十二届全国人大常委会立法规划（共 68 件）》，中国人大网，http://www.npc.gov.cn/npc/lfzt/2014/2013 - 10/31/content_1875001.htm。

〔2〕《全国人大常委会首修立法法　6 大亮点抢"鲜"看》，中国人大网，http://www.npc.gov.cn/npc/cwhhy/12jcwh/2014 - 08/26/content_1875444.htm。

〔3〕《我国拟修改立法法　将地方立法权扩至全国 282 个设区的市》，中国人大网，http://www.npc.gov.cn/npc/cwhhy/12jcwh/2014 - 08/26/content_1875378.htm。

施的情况，并提出是否需要制定、修改或者废止法律的意见，需要继续授权的，可以提出相关意见，由全国人大及其常委会决定。（6）"关于加强备案审查，维护法制统一"，完善审查处理程序和建议意见反馈机制；对常务委员会工作机构在备案审查中的职责作出规定，最高人民法院、最高人民检察院作出的属于审判、检察工作中具体应用法律的解释，应当主要针对具体的法律条文，并符合立法的目的、原则和原意；最高人民法院、最高人民检察院以外的审判机关和检察机关，不得作出具体应用法律的解释[1]。2014 年 8 月 31 日，发布《中华人民共和国立法法修正案（草案）》公开征求意见，公开草案条数增至三十五条[2]。

2014 年 12 月 22 日上午，十二届全国人大常委会第十二次会议举行第一次全体会议，立法法修正案草案提交十二届全国人大常委会第十二次会议进行二次审议，全国人大法律委员会主任委员乔晓阳作《关于立法法修正案草案修改情况的汇报》[3]。同日，根据党的十八届四中全会提出完善以宪法为核心的中国特色社会主义法律体系与立法体制机制的要求，大会在"税收法定"、地方立法权力、推进科学立法和民主立法、完善立法备案审查制

---

〔1〕《关于〈中华人民共和国立法法修正案（草案）〉的说明》，中国人大网，http://www. npc. gov. cn/npc/lfzt/2014/2014 – 08/31/content_1876779. htm。

〔2〕《关于〈中华人民共和国立法法修正案（草案）〉的说明》，中国人大网，http://www. npc. gov. cn/npc/lfzt/2014/2014 – 08/31/content_1876779. htm。

〔3〕《乔晓阳作关于立法法修正案草案修改情况的汇报》，中国人大网，http://www. npc. gov. cn/npc/cwhhy/12jcwh/2014 – 12/22/content_1889727. htm。

度等方面对立法法修正案草案进行修改与完善[1]。

2014 年 12 月 30 日，全国人民代表大会法律委员会作了关于《中华人民共和国立法法修正案（草案）》修改情况的汇报，首先，全国人大法律委员会就立法法修正案草案修改的工作进程作了说明。其次，汇报立法法修正案草案主要问题的修改情况，主要分为五点内容：（1）关于完善立法体制；（2）关于进一步发挥人大代表在立法中的作用；（3）关于深入推进科学立法、民主立法；（4）关于完善制定行政法规的程序；（5）关于加强备案审查[2]。

2015 年 1 月，全国人大常委会办公厅将立法法修正案草案发送全国人大代表。代表们对修正案草案进行了认真研读讨论，总体赞成修正案草案，同时提出了一些修改意见。全国人大法律委员会召开会议，根据全国人大常委会组成人员的审议意见和代表们提出的意见，对修正案草案进行了审议，作了修改完善，并将修改情况向全国人大常委会委员长会议作了汇报。

党中央高度重视立法法的修改，将立法法修改列为需要党中央研究的重大立法事项[3]。2015 年 2 月 12 日，习近平总书记主持召开中共中央政治局常委会会议，听取了全国人大常委会党组《关于〈中华人民共和国立法法修正案（草案）〉几个主要问题

---

[1]《地方立法权·单独表决·备案审查——聚焦立法法修正案草案二审》，中国人大网，http://www.npc.gov.cn/npc/xinwen/lfgz/2014 – 12/23/content_1890212.htm 2014.12.23）；《我国拟修改立法法 明确：税收基本制度只能由法律规定》，中国人大网，http://www.npc.gov.cn/npc/xinwen/lfgz/2014 – 12/23/content_1890328.htm。

[2]《全国人民代表大会法律委员会关于〈中华人民共和国立法法修正案（草案）〉修改情况的汇报》，中国人大网，http://www.npc.gov.cn/npc/lfzt/2014/2014 – 12/30/content_1892194.htm。

[3] 李建国：《关于〈中华人民共和国立法法修正案（草案）〉的说明》，中国人大网，http://www.npc.gov.cn/npc/xinwen/2015 – 03/09/content_1916887.htm。

的请示》的汇报，原则同意全国人大常委会党组的请示，并就进一步修改完善立法法修正案草案作出重要指示。会后，根据党中央的重要指示精神，对修正案草案又作了进一步修改完善。在此基础上，形成了提请大会审议的《中华人民共和国立法法修正案（草案）》[1]。

2015 年 3 月 8 日，在第十二届全国人民代表大会第三次会议上，全国人民代表大会常务委员会副委员长李建国作了关于《中华人民共和国立法法修正案（草案）》的说明。对立法法修正案草案进行完善与修正的主要内容如下：（1）完善立法体制；（2）发挥人大在立法工作中的主导作用；（3）深入推进科学立法、民主立法；（4）完善制定行政法规的程序；（5）加强备案审查；（6）加强对司法解释的规范和监督；（7）修正案草案还对国务院和中央军委联合发布行政法规、武警部队制定军事规章等进行了修改补充和完善；建议在依法赋予设区的市地方立法权的同时，赋予广东省东莞市、中山市和甘肃省嘉峪关市设区的市地方立法权[2]。2015 年 3 月 10 日，各代表团对立法法修正案草案进行了审议，共有 920 多名代表提出了审议意见。主席团会议听取了全国人大法律委员会主任委员乔晓阳作的全国人大法律委员会关于立法法修正案草案审议结果的报告[3]。2015 年 3 月 11 日，全国人大法律委员会召开全体会议，根据各代表团的审议意见，

〔1〕 李建国：《关于〈中华人民共和国立法法修正案（草案）〉的说明》，中国人大网，http://www.npc.gov.cn/npc/xinwen/2015 – 03/09/content_1916887.htm。

〔2〕 李建国：《关于〈中华人民共和国立法法修正案（草案）〉的说明》，中国人大网，http://www.npc.gov.cn/npc/xinwen/2015 – 03/09/content_1916887.htm。

〔3〕 《十二届全国人大三次会议主席团举行第二次会议》，中国人大网，http://www.npc.gov.cn/npc/xinwen/2015 – 03/12/content_1925072.htm。

对立法法修正案草案进行统一审议[1]。

2015 年 3 月 14 日上午，十二届全国人大三次会议主席团常务主席第二次会议在人民大会堂举行。大会主席团常务主席、全国人大常委会委员长张德江主持会议。会议听取了全国人大法律委员会主任委员乔晓阳作的全国人大法律委员会关于修改立法法的决定草案修改意见的报告[2]。2015 年 3 月 15 日，第十二届全国人民代表大会第三次会议通过《全国人民代表大会关于修改〈中华人民共和国立法法〉的决定》。

（三）2023 年立法法的修改

为新时代加强党对立法工作的全面领导、坚持和发展全过程人民民主、推进全面依法治国与依宪治国、总结新时代正确处理改革和法治关系的实践经验，立法法在 2023 年迎来了第二次修正。

根据立法工作安排，全国人大常委会法工委于 2022 年初启动立法法修改工作，经广泛征求各方面意见和认真研究，提出了立法法修正草案。2022 年 10 月，十三届全国人大常委会第三十七次会议对立法法修正草案进行了初次审议。常委会组成人员普遍认为，修正草案深入贯彻落实习近平法治思想、习近平总书记关于坚持和完善人民代表大会制度的重要思想，全面贯彻党的二十大精神、中央人大工作会议精神和党中央重大决策部署，总结吸收新时代立法实践的新经验新成果，深入推进科学立法、民主立法、依法立法，完善立法的指导思想和原则，健全宪法的实施和监督

---

[1]《全国人大法律委员会召开全体会议对立法法修正案草案进行统一审议》，中国人大网，http://www.npc.gov.cn/npc/xinwen/2015-03/12/content_1923589.htm。

[2]《十二届全国人大三次会议主席团常务主席第二次会议举行》，中国人大网，http://www.npc.gov.cn/npc/xinwen/2015-03/15/content_1927866_2.htm。

制度，完善立法权限、程序和备案审查制度，有利于提高立法质量和效率，使法律体系更加科学完备、统一权威，为全面建设社会主义现代化国家提供更加坚实的法治保障。2022 年 12 月，十三届全国人大常委会第三十八次会议对立法法修正草案进行了再次审议，认为修正草案二次审议稿贯彻落实党中央重大决策部署，较好地吸收了常委会组成人员的审议意见和各方面的意见，已经趋于成熟，决定将立法法修正草案提请十四届全国人大一次会议审议。

　　立法法修正草案经十三届全国人大常委会两次会议审议后，先后两次在中国人大网全文公布草案征求社会公众意见。全国人大常委会办公厅将修正草案印发十四届全国人大代表，组织部署全国人大代表研读讨论并征求意见。2023 年 2 月 16 日，十三届全国人大宪法和法律委员会召开会议，根据全国人大常委会组成人员的审议意见、代表研读讨论中提出的意见和各方面的意见，对立法法修正草案作了进一步修改完善。全国人大宪法和法律委员会认为，经过全国人大常委会两次会议审议、广泛征求意见和多次修改完善，立法法修正草案充分吸收各方面的意见建议，已经比较成熟。

　　2023 年 3 月 5 日，在第十四届全国人民代表大会第一次会议上，全国人大常委会副委员长王晨作《关于〈中华人民共和国立法法（修正草案）〉的说明》，他指出："党的十八大以来，以习近平同志为核心的党中央从坚持和发展中国特色社会主义的全局和战略高度，对全面依法治国作出一系列重大部署，推进一系列重大工作，取得历史性成就。习近平总书记深刻阐述全面依法治国一系列重大理论和实践问题，习近平法治思想为新时代全面依法治国、加强和改进立法工作提供了根本遵循。2019 年，党的十九届四中全会决定提出，完善立法体制机制，坚持科学立法、民主立法、依法立法，不断提高立法质量和效率。2021 年，党中央首次召开中央人大工作会议，对新时代坚持和完善人民代表大会制度、加强和改进人大工作作出全面部署，明确提出要加快完善中国特色社会主义法律体系、以良法促进发展保障善治等任务要求。2022 年 10 月，党的二十大报告对完善以宪法为核心的中国特色社会主义法律体系提出新的要求。"

《中华人民共和国立法法（修正草案）》主要内容包括：（1）完善立法的指导思想和原则；（2）明确合宪性审查相关要求；（3）完善立法决策与改革决策相衔接、相统一的制度机制；（4）完善全国人大及其常委会的立法权限、立法程序和工作机制；（5）适应监察体制改革需要补充相关内容；（6）完善地方性法规、规章的权限和程序；（7）完善备案审查制度等[1]。

2023 年 3 月 13 日，第十四届全国人民代表大会第一次会议通过《全国人民代表大会关于修改〈中华人民共和国立法法〉的决定》。

第三节 立法法、科学民主立法与全国人大立法制度

全国人大及其常委会开展立法工作，中国特色社会主义法律体系的形成与发展，都离不开立法法。立法法既构建了全国人大

---

〔1〕 王晨：《关于〈中华人民共和国立法法（修正草案）〉的说明》，中国人大网，http://www.npc.gov.cn/npc/kgfb/202303/8ba9248350cd4407999df275c53d5b9b.shtml。

立法活动的运行机制，也是立法主体实现科学立法、民主立法的行动指南。科学立法、民主立法不仅体现在立法法总则的原则性条文中，而且体现在立法法各部分的具体操作规范上。在宪法的统领下，依据立法法实现"依法立法"，全国人大才能真正实现科学立法、民主立法。

一、立法法与科学立法、民主立法原则

2014 年 10 月 20 日—23 日，中国共产党第十八届中央委员会第四次会议在北京召开。此次全会审议通过了《中共中央关于全面推进依法治国若干重大问题的决定》（以下简称《决定》）[1]。会议公报指出，全面推进依法治国，其总目标是建设中国特色社会主义法治体系与建设社会主义法治国家，"在中国共产党领导下，坚持中国特色社会主义制度，贯彻中国特色社会主义法治理论，形成完备的法律规范体系、高效的法治实施体系、严密的法治监督体系、有力的法治保障体系，形成完善的党内法规体系，坚持依法治国、依法执政、依法行政共同推进，坚持法治国家、法治政府、法治社会一体化建设，实现科学立法、严格执法、公正司法、全民守法，促进国家治理体系和治理能力现代化"[2]。《决定》对于科学立法、民主立法作出以下要求。

"加强人大对立法工作的组织协调，健全立法起草、论证、协调、审议机制，健全向下级人大征询立法意见机制，建立基层

---

〔1〕《中共中央关于全面推进依法治国若干重大问题的决定》，《人民日报》2014年10月29日，第1版。

〔2〕《中国共产党第十八届中央委员会第四次全体会议公报》，中国共产党新闻网，http://cpc.people.com.cn/n/2014/1023/c64094—25896724.html。

立法联系点制度，推进立法精细化。健全法律法规规章起草征求人大代表意见制度，增加人大代表列席人大常委会会议人数，更多发挥人大代表参与起草和修改法律作用。完善立法项目征集和论证制度。健全立法机关主导、社会各方有序参与立法的途径和方式。探索委托第三方起草法律法规草案。

"健全立法机关和社会公众沟通机制，开展立法协商，充分发挥政协委员、民主党派、工商联、无党派人士、人民团体、社会组织在立法协商中的作用，探索建立有关国家机关、社会团体、专家学者等对立法中涉及的重大利益调整论证咨询机制。拓宽公民有序参与立法途径，健全法律法规规章草案公开征求意见和公众意见采纳情况反馈机制，广泛凝聚社会共识。"[1]

2021年10月13日，在中央人大工作会议上，习近平总书记指出，"要加快完善中国特色社会主义法律体系，以良法促进发展、保障善治……要发挥好人大及其常委会在立法工作中的主导作用，深入推进科学立法、民主立法、依法立法""民主是全人类的共同价值，是中国共产党和中国人民始终不渝坚持的重要理念。评价一个国家政治制度是不是民主的、有效的，主要看国家领导层能否依法有序更替，全体人民能否依法管理国家事务和社会事务、管理经济和文化事业，人民群众能否畅通表达利益要求，社会各方面能否有效参与国家政治生活，国家决策能否实现科学化、民主化，各方面人才能否通过公平竞争进入国家领导和管理体系，执政党能否依照宪法法律规定实现对国家事务的领导，权力运用

---

〔1〕《中共中央关于全面推进依法治国若干重大问题的决定》，《人民日报》2014年10月29日，第1版。

能否得到有效制约和监督"〔1〕。

2000 年立法法已经初步具备科学立法、民主立法原则的相关内容。2015 年、2023 年立法法修改过程中，科学立法、民主立法原则得以强化。应当说，科学立法、民主立法是提高立法质量、完善中国特色社会主义法律体系的重要手段。

（一）2000 年立法法与科学立法、民主立法原则的确立

科学立法、民主立法的宗旨和原则，首先体现在立法法的总则部分。2000 年立法法第一章"总则"部分共计六条，规定的事宜主要是抽象的、总体性、原则性的内容，涉及立法法的立法目的、适用范围、立法原则。

立法法第一条是对于立法目的的规定。全国人大及其常委会进行立法的目的在于"为了规范立法活动，健全国家立法制度，建立和完善有中国特色社会主义法律体系，保障和发展社会主义民主，推进依法治国，建设社会主义法治国家"。1997 年 9 月，党的十五大明确提出，到 2010 年形成有中国特色社会主义法律体系的立法工作目标。因此，立法法除了直接面向立法活动与立法制度的规范与健全，还负担着更为重大、更具有全局性的责任与任务，即建立、完善有中国特色社会主义法律体系，发展、推进社会主义法治与民主。这一目标最终在 2011 年完成，2015 年修改立法法时，此处去掉"建立"一词，仅留存"完善"一词。

第二条是对于立法法适用范围的规定。"法律、行政法规、地方性法规、自治条例和单行条例的制定、修改和废止，适用本法""国务院部门规章和地方政府规章的制定、修改和废止，依照本法的有关规定执行"。可见，立法法主要是规范全国人民代

〔1〕《习近平在中央人大工作会议上发表重要讲话》，中国人大网，http://www.npc.gov.cn/npc/kgfb/202110/4edb8e9ea1f240b9bfaf26f97bcb2c27.shtml。

表大会及其常务委员会行使国家立法权、开展立法活动的法律。根据时任全国人大常委会法工委主任顾昂然的说明可知，立法法还有一个排除范围：宪法修改属于特殊修改程序，由宪法第六十四条规定；军事法规只在军队内部执行，故由中央军事委员会规定（立法法附则第九十三条）；根据宪法第三十一条规定，香港特别行政区基本法、澳门特别行政区基本法的修改与解释由此两个基本法进行规定并执行。

第三条到第六条则是关于立法的基本原则，这些原则对于立法活动具有保障立法活动正确方向、防止立法活动脱离正轨的主要功能，科学立法、民主立法、依法立法等原则在此时已经提出。第三条可归纳为"依宪立法原则"或"合宪性原则"，立法活动应当遵循宪法所规定的基本原则，即以经济建设为中心，坚持社会主义道路，坚持人民民主专政，坚持中国共产党的领导，坚持马克思列宁主义、毛泽东思想、邓小平理论，坚持改革开放。第四条可归纳为"依法立法原则"或者"法治原则"，即强调立法应当依照法定的权限和程序。第五条可归纳为"民主立法原则"，即法律是统治阶级意志的体现，因此立法本身应当充分体现人民意志，同时在立法活动开展过程中应该发扬社会主义民主，进行民主讨论、辩论与投票表决，保障人民通过多种渠道参与立法活动、反馈自身对于立法的意见与建议。第六条可归纳为"科学立法原则"，讲求立法不能脱离社会实际，更不能缺乏科学合理的立法精神。

（二）立法法修正与科学立法、民主立法原则的完善

2015 年立法法修正时，总则部分仅修改了第一条、第五条和第六条。2011 年 3 月 10 日，时任全国人民代表大会常务委员会委员长吴邦国同志向十一届全国人民代表大会四次会议作全国人

大常委会工作报告时宣布中国特色社会主义法律体系已经形成，为突出立法的目的与作用，在 2000 年立法法基础上增加了"提高立法质量""发挥立法的引领和推动作用"等表述，将第一条完善为："为了规范立法活动，健全国家立法制度，提高立法质量，完善中国特色社会主义法律体系，发挥立法的引领和推动作用，保障和发展社会主义民主，全面推进依法治国，建设社会主义法治国家，根据宪法，制定本法。"

第一条将"提高立法质量"明确为立法的一项基本要求，在总则中作出规定，也是"科学立法"原则的重要要求。"科学立法"的原则还体现在第六条的修改中，完善立法体制，强化立法和改革决策的衔接，在"立法应当从实际出发"的基础上，增加"适应经济社会发展和全面深化改革的要求"，将第六条完善为："立法应当从实际出发，适应经济社会发展和全面深化改革的要求，科学合理地规定公民、法人和其他组织的权利与义务、国家机关的权力与责任。法律规范应当明确、具体，具有针对性和可执行性。"从实际出发是法律规范生成时的科学性要求；强调法律规范的明确性、具体性、针对性、可执行性，是法律规范适用时的科学性要求。

为强化"民主立法"，原第五条增加"坚持立法公开"的表述，切实保障人民能够参与立法过程，完善为："立法应当体现人民的意志，发扬社会主义民主，坚持立法公开，保障人民通过多种途径参与立法活动。"立法公开，一方面是民主立法的要求；另一方面广开言路、集思广益，了解各方的声音，能够弥补法律起草者可能存在的疏漏之处，更好地考察立法动态与现实需求之间的匹配度，有助于提升立法的科学性。

2023 年立法法修改时，总则部分主要修改此前未予修改的原

第三、第四条，即完善立法的指导思想和原则。本次修改尤其强调党对立法工作的领导以及宪法对于立法的统帅作用。完善关于"依法立法"原则的表述，将原第三条立法指导思想与基本原则中关于"立法应当遵循宪法的基本原则"的内容合并到原第四条，形成新的第五条："立法应当符合宪法的规定、原则和精神，依照法定的权限和程序，从国家整体利益出发，维护社会主义法制的统一、尊严、权威。"

在原第三条立法指导思想与基本原则中，根据新时代发展的要求，完善为："立法应当坚持中国共产党的领导，坚持以马克思列宁主义、毛泽东思想、邓小平理论、'三个代表'重要思想、科学发展观、习近平新时代中国特色社会主义思想为指导，推进中国特色社会主义法治体系建设，保障在法治轨道上全面建设社会主义现代化国家。"原第三条关于"坚持改革开放"的内容，结合中国式现代化要求，单独形成新的第四条："立法应当坚持以经济建设为中心，坚持改革开放，贯彻新发展理念，保障以中国式现代化全面推进中华民族伟大复兴。"

当然，科学立法与民主立法的要求，不仅体现在抽象的总则、原则部分，而且体现在立法法分则中。例如，2023年立法法后续章节中，还完善了"拓宽公民有序参与立法的途径""健全审议和表决机制""增加法律通过前评估、法律清理、制定配套规定、立法后评估等一系列推进科学立法的措施"的相关内容，也是科学立法、民主立法的宗旨与原则在立法法修改过程中的体现。

二、立法法与全国人大立法职权

（一）2000年立法法及全国人大立法权限与程序

规范全国人大立法活动的主要规范集中在第二章"法律"部

分，共计五节、四十九条（第七条至第五十五条）。正因"立法法是规范立法活动的法律"，本部分是 2000 年立法法中条文最多、功能最为核心、内容最为繁复的部分，也是直接规定全国人民代表大会及其常务委员会行使国家立法权、开展立法活动的部分。近五十条的法律条文占 2000 年立法法条文总数量的 52%（总则部分六条，行政法规部分七条，地方性法规、自治条例和单行条例、规章部分与适用与备案部分各十五条，附则部分二条）。

本部分具体分为"立法权限""全国人民代表大会立法程序""全国人民代表大会常务委员会立法程序""法律解释""其他规定"共五个板块内容。在第一板块"立法权限"一节，有立法权的主体及其立法事项的范围是最为重要的内容。第一，我国有立法权的主体即是全国人民代表大会和全国人民代表大会常务委员会，由二者共同行使国家立法权。全国人民代表大会制定和修改刑事、民事、国家机构的和其他的基本法律。全国人民代表大会常务委员会制定和修改除应当由全国人民代表大会制定的法律外的其他法律；在全国人民代表大会闭会期间，对全国人民代表大会制定的法律进行部分补充和修改，但是不得同该法律的基本原则相抵触。根据宪法规定，全国人民代表大会及其常务委员会均有立法权限，两者权限范围伴随历史发展有所调整。根据"五四宪法"，全国人民代表大会是我国唯一能够行使立法权的立法机关，其常委会是常设机关，权限在于制定法令。"七五宪法"与"七八宪法"则修改了"唯一"的提法，仅表明全国人大制定法律，而其常委会制定法令。"八二宪法"第六十七条进一步扩大全国人大常委会的立法职权，全国人大常委会进一步取得了法律的制定权（除刑事、民事及有关国家机构方面和其他的基本法律外的立法权）[1]。因此，在 2000 年制定的立法法依照"合宪性原则"，将有立法权的主体设定为全国人民代表大会和全国人民代表大会常务委员会。第二，第八条规定了立法权限的法律保留："下列事项只能制定法律：（一）国家主权的事项；（二）各级人民代表大会、人民政府、人民法院和人民检察院的产生、组织和职权；（三）民族区域自治制度、特别行政区制度、基层群众自治制度；（四）犯罪和刑罚；（五）对公民政治权利的剥夺、限制人身自由的强制措施和处罚；（六）对非国有财产的征收；（七）民事基本制度；（八）基本经济制度以及财政、税收、海关、金融和外贸的基本制度；（九）诉讼和仲裁制度；（十）必须由全国人民代表大会及其常务委员会制定法律的其他事项。"以上内容即"专属立法权"，可以保障全国人大及其常委会立法权的最高级别化，使之具有国家立法权的最高性[2]。第三，根据第九条至第十一条对于授权立法的规定，对于专属立法事项未进行立法的领域，全国人民代表大会及其常务委员会有权作出决定，授权国务院根据实际需要，对其中的部分事项先制定行政法规，但是有关犯罪和刑罚、对公民政治权利的剥夺和限制人身自由的强制措施和处罚、司法制度等事项除外。授权机关的授权决定应当明确授权的目的、范围，被授权机关则不得改变授权的目的或突破授权的范围，亦不得将该项授权转授给其他机关。且授权立法事项待条件一旦成熟，由全国人民代表大会及其常务委员会及时制定法律，相应立法事项的授权即为终止。正如顾昂然在立法法草案说

---

[1] 朱景文：《关于完善我国立法机制的思考》，《社会科学战线》2013 年第 10 期。

[2] 杨临宏：《立法学：原理、制度与技术》，中国社会科学出版社 2016 年版，第 126 页。

明中所指出的："八十年代，全国人大及其常委会先后两次对国务院作出授权立法决定，一是在 1984 年，授权国务院就改革工商税制发布有关税收条例试行；二是在 1985 年，授权国务院在经济体制改革和对外开放方面可以制定暂行的规定或者条例。这两次授权，为促进经济建设和改革开放，加快立法步伐，起到了积极作用，各方面的反映也是好的。建立和完善社会主义市场经济体制，制定与之相配套的法律，需要有一个过程。到 2010 年形成有中国特色社会主义法律体系之前，还有一些问题，制定法律的条件尚不成熟，需要由国务院先制定行政法规，待条件成熟后再上升为法律。因此，保留授权立法是必要的，同时也应对授权立法进一步予以规范和完善。"[1]

其中最为主要的内容是"全国人民代表大会立法程序""全国人民代表大会常务委员会立法程序"。全国人大及其常委会共同行使国家立法权，应当遵循立法法所设定的流程与机制。立法法制定时，充分考虑到两个职能既有联系又有区别的立法主体将遵循不同的程序进行立法。但是总体而言，正如顾昂然在立法法草案说明中所指出的："立法程序一般包括法律案的提出、审议、表决和公布四个环节。"下面将按照这四个环节对立法法关于"全国人民代表大会立法程序""全国人民代表大会常务委员会立法程序"进行展开。

1. 提出法律案

全国人大及其常委会的立法活动，其第一个环节是具有法律案提案资格的主体向有资格审议或初步审议的机关提出法律案。

[1]　顾昂然：《关于〈中华人民共和国立法法（草案）〉的说明——2000 年 3 月 9 日在第九届全国人民代表大会第三次会议上》，中国人大网，http://www.npc.gov.cn/npc/lfzt/2014/2000 - 12/16/content_1875255.htm。

法律案是立法法规定的法律术语，法律议案、立法议案、法案则是学术术语。

法律案与法律草案不是同一概念。法律案是具有立法提案权的国家机关与相关人员依法向立法主体提出创制、补充、修改、认定或者废止法律的书面提议或建议，其内容通常较为笼统、抽象，覆盖立法要旨与立法理由。法律案也可以做到精细、具体，也可以在其后附加法律草案。

如果按照法律案提交对象进行分类，可以大致分为两种主体模式，即向全国人民代表大会提出法律案的主体与向全国人民代表大会常务委员会提出法律案的主体。

根据立法法第十二条、第十三条及宪法规定，有权向全国人民代表大会提出法律案的资格主体有：（1）全国人民代表大会主席团；（2）全国人民代表大会常务委员会；（3）国务院；（4）中央军事委员会；（5）最高人民法院；（6）最高人民检察院；（7）全国人民代表大会各专门委员会；（8）一个代表团或者三十名以上的代表联名。

根据立法法第二十四条、第二十五条规定，有权向常务委员会提出法律案的资格主体有：（1）委员长会议；（2）国务院；（3）中央军事委员会；（4）最高人民法院；（5）最高人民检察院；（6）全国人民代表大会各专门委员会；（7）常务委员会组成人员十人以上联名。向全国人民代表大会提出的法律案，在全国人民代表大会闭会期间，可以先向常务委员会提出。

提案后，法律案即进入是否列入立法会议议程的流程。法律案列入全国人民代表大会立法会议议程后，可分为三种情形：（1）全国人民代表大会主席团向全国人民代表大会提出的法律案，直接由全国人民代表大会会议审议，无须其他机关决定其是否列入会议议程；（2）全国人民代表大会常务委员会、国务院、中央军事委员会、最高人民法院、最高人民检察院、全国人民代表大会各专门委员会向全国人民代表大会提出的法律案，由全国人民代表大会主席团决定是否列入全国人民代表大会会议议程；（3）一个代表团或者三十名以上的代表联名向全国人民代表大会提出的法律案，由主席团决定是否列入全国人民代表大会会议议程，或者先交有关的专门委员会审议、提出是否列入会议议程的意见，再决定是否列入会议议程。在全国人民代表大会闭会期间，向常务委员会提出的法律案，由全国人大常委会决定是否提请大会审议，如果决定提请大会审议则由主席团列入会议议程。由常委会或提案人向大会全体会议作说明。

法律案列入全国人大常委会会议议程，亦存在三种情形：（1）由委员长会议向常务委员会提出的法律案，由常务委员会会议审议，直接进入会议议程，无须其他机关决定进入议程与否；（2）由国务院、中央军事委员会、最高人民法院、最高人民检察院、全国人民代表大会各专门委员会向常务委员会提出的法律案，由委员长会议决定列入常务委员会会议议程，或者先交有关的专门委员会审议、提出报告，再决定列入常务委员会会议议程，委员长会议也可以建议提案人修改完善后再向常务委员会提出；（3）常务委员会组成人员十人以上联名向常务委员会提出的法律案，由委员长会议决定是否列入常务委员会会议议程，或者先交有关的专门委员会审议、提出是否列入会议议程的意见，再决定是否列入常务委员会会议议程。

2. 审议法律草案

法律案提交完毕后即进入法律草案审议阶段。审议工作开始前应当进行一定准备工作，依照法律规定的时间提前将法律草案发送给审议主体，给予审议主体充分思考与论证的时间，并为正式审议的讨论等环节做充足准备。立法法第十五条规定："常务委员会决定提请全国人民代表大会会议审议的法律案，应当在会议举行的一个月前将法律草案发给代表。"第二十六条规定："列入常务委员会会议议程的法律案，除特殊情况外，应当在会议举行的七日前将法律草案发给常务委员会组成人员。"

全国人民代表大会审议法律案的方式有六种。第一，由各代表团对法律案进行审议，"列入全国人民代表大会会议议程的法律案，大会全体会议听取提案人的说明后，由各代表团进行审议。各代表团审议法律案时，提案人应当派人听取意见，回答询问。各代表团审议法律案时，根据代表团的要求，有关机关、组织应当派人介绍情况"。第二，由专门委员会对法律案进行审议，"列入全国人民代表大会会议议程的法律案，由有关的专门委员会进行审议，向主席团提出审议意见，并印发会议"。第三，由法律委员会对法律案进行审议，"列入全国人民代表大会会议议程的法律案，由法律委员会根据各代表团和有关的专门委员会的审议意见，对法律案进行统一审议，向主席团提出审议结果报告和法律草案修改稿，对重要的不同意见应当在审议结果报告中予以说明，经主席团会议审议通过后，印发会议"。第四，由全国人民代表大会主席团对法律案进行审议，"列入全国人民代表大会会议议程的法律案，必要时，主席团常务主席可以召开各代表团团长会议，就法律案中的重大问题听取各代表团的审议意见，进行讨论，并将讨论的情况和意见向主席团报告。主席团常务主席也可以就法律案中的重大的专门性问题，召集代表团推选的有关代表进行讨论，并将讨论的情况和意见向主席团报告"。第五，由全国人民代表大会常务委员会对法律案进行审议，"法律案在审议中有重大问题需要进一步研究的，经主席团提出，由大会全体会议决定，可以授权常务委员会根据代表的意见进一步审议，作出决定，并将决定情况向全国人民代表大会下次会议报告；也可以授权常务委员会根据代表的意见进一步审议，提出修改方案，提请全国人民代表大会下次会议审议决定"。第六，由全国人民代表大会全体会议对法律案进行审议。

从程序上说，全国人民代表大会审议法律案一般经历以下三个步骤。第一，各代表团和相关专门委员会对提交大会的法律草案进行审议，向大会主席团反馈审议意见。第二，由法律委员会根据各代表团和有关的专门委员会的审议意见，对法律案进行统一审议，向主席团提出审议结果报告和法律草案修改稿，对重要的不同意见应当在审议结果报告中予以说明，经主席团会议审议通过后，印发会议。第三，大会主席团审议后印发会议，将经修改后的法律草案提请大会全体会议进行表决；有重大问题需要进一步研究的，经主席团提出，由大会全体会议决定，可以授权常务委员会根据代表的意见进一步审议，作出决定，并将决定情况向全国人民代表大会下次会议报告；也可以授权常务委员会根据代表的意见进一步审议，提出修改方案，提请全国人民代表大会下次会议审议决定。

全国人民代表大会常务委员会审议法律案的方式有三种。第一，由常务委员会会议对法律案进行审议。第二，由有关的专门委员会与法律委员会对法律案进行审议。第三，由常务委员会分组会议对法律案进行审议。立法法第二十七条对列入常务委员会会议议程的法律案如何审议作了详尽规定：一般应当经三次常务委员会会议审议后再交付表决。常务委员会会议第一次审议法律案，在全体会议上听取提案人的说明，由分组会议进行初步审议。常务委员会会议第二次审议法律案，在全体会议上听取法律委员会关于法律草案修改情况和主要问题的汇报，由分组会议进一步审议。常务委员会会议第三次审议法律案，在全体会议上听取法律委员会关于法律草案审议结果的报告，由分组会议对法律草案修改稿进行审议。常务委员会审议法律案时，根据需要，可以召开联组会议或者全体会议，对法律草案中的主要问题进行讨论。

全国人民代表大会常务委员会审议法律案则一般经历六个步骤。第一，由常委会分组会议进行初步审议。第二，由有关的专门委员会进行审议并由法律委员会进行统一审议，提出法律草案修改情况和主要问题。第三，在全体会议上听取法律委员会的反馈汇报，交分组会议进一步审议。第四，由法律委员会对法律案统一审议，提出法律草案审议结果报告。第五，全体会议听取法律委员会法律草案审议结果报告，由分组会议对法律草案修改稿进行审议。第六，常务委员会在必要时，可以召开联组会议或全体会议对其中主要问题进行讨论。

3. 表决和通过法律草案

在经过法律草案的审议程序后，则进入法律草案的表决程序，决定其是否能够通过。我国立法机制中采用表决方式是秘密表决，也称为无记名表决，即参加投票的代表无须在表决票上署名。

立法法第二十二条、第四十条及宪法第六十四条规定，我国通过法律草案的方式主要是整体表决模式：法律草案修改稿经各代表团审议，由法律委员会根据各代表团的审议意见进行修改，提出法律草案表决稿，由主席团提请大会全体会议表决，由全体代表的过半数通过；若是宪法修正案草案的表决，则由三分之二以上的人大代表通过；法律草案修改稿经常务委员会会议审议，由法律委员会根据常务委员会组成人员的审议意见进行修改，提出法律草案表决稿，由委员长会议提请常务委员会全体会议表决，由常务委员会全体组成人员的过半数通过。总而言之，全国人民代表大会及其常务委员会以立法主体全体组成人员为计算基数，"其中宪法修改以全体代表三分之二的多数（绝对多数）赞成通过，法律草案以全体代表或常务委员会全体组成人员过半数（相对多数）赞成通过"[1]。

全国人民代表大会议事规则规定，全国人民代表大会代表在表决议案时，可采用投票方式、举手方式或其他方式进行表决，由全国人民代表大会主席团决定。对宪法修改草案进行表决时，用投票方式进行。目前，全国人大及其常委会的表决在实践中已经广泛使用电子表决器进行表决，即通过按电钮方式进行无记名表决。

4. 公布法律

在立法机关表决通过法律草案后，法律正式形成，但必须通过向社会公布方可发生法律效力，未经公布的法律不能生效。其原因正是为了反对"刑不可知而威不可测"的秘密法，因此，公布成文法是法律发展过程中的重要环节。

根据 2000 年立法法第二十三条、第四十一条规定，全国人民代表大会及其常务委员会通过的法律均由国家主席签署主席令予以公布，从而形成了新的立法，"全国人民代表大会通过的法律由国家主席签署主席令予以公布""常务委员会通过的法律由国家主席签署主席令予以公布"。2000 年立法法对于公布法律的

---

〔1〕 杨临宏：《立法学：原理、制度与技术》，中国社会科学出版社 2016 年版，第 115 页。

主席令相关内容及其适用情形有详细规定，"签署公布法律的主席令载明该法律的制定机关、通过和施行日期。法律签署公布后，及时在全国人民代表大会常务委员会公报和在全国范围内发行的报纸上刊登。在常务委员会公报上刊登的法律文本为标准文本"。法律颁布均应通过主席令方式进行，以保障公众知晓的权利，有助于民众知法、守法、用法。

此外，本章还对"法律解释"与"其他规定"进行规定。"法律解释"一节共计六条，规定了全国人大常委会对于法律规定进行解释的权力，可见，此处的"法律解释"专指"立法解释"，即有立法权的机关依法对法律规定作出的解释。立法法第四十二条规定："法律解释权属于全国人民代表大会常务委员会。"全国人大常委会可以在两种情形下对法律进行解释：第一，法律的规定需要进一步明确具体含义的情况；第二，法律制定后出现新的情况，需要明确适用法律依据的情况。形成立法解释的程序分为以下四个步骤：（1）提出法律解释的要求，"国务院、中央军事委员会、最高人民法院、最高人民检察院和全国人民代表大会各专门委员会以及省、自治区、直辖市的人民代表大会常务委员会可以向全国人民代表大会常务委员会提出法律解释要求"；（2）拟订法律解释草案与列入会议议程，"常务委员会工作机构研究拟订法律解释草案，由委员长会议决定列入常务委员会会议议程"；（3）审议法律解释草案，形成法律解释草案表决稿，"法律解释草案经常务委员会会议审议，由法律委员会根据常务委员会组成人员的审议意见进行审议、修改，提出法律解释草案表决稿"；（4）决议与公布，"法律解释草案表决稿由常务委员会全体组成人员的过半数通过，由常务委员会发布公告予以公布"。在效力等级上，"全国人民代表大会常务委员会的法律解释同法律具有同等效力"。"其他规定"一节共计八条，分别对提案撤回权、未获得通过的法律案事宜、法律公布的具体事宜、立法体例、法律咨询的答复与备案等方面进行了具体规定。

（二）2015 年立法法修改及全国人大立法权限与程序完善

2015 年的立法法着力于明确立法目的，提高立法质量，强调法律的可行性与可操作性，深化科学立法与民主立法，落实税收法定原则；明确授权立法的目的、事项、范围、期限（不得超过五年），严格管理被授权机关的权力使用状况，严禁将授权转授其他机关；常务委员会审议法律案应当通过多种形式征求全国人大代表意见并将有关情况予以反馈，专门委员会和常务委员会工作机构进行立法调研时可以邀请全国人大代表参加；审议法律案过程中可通过多种形式征求全国人民代表大会代表或专家的意见，可以采用座谈会、听证会等形式；建立法律通过前评估、法律清理、制定配套规定、立法后评估等一系列推进科学立法的措施；完善单独表决、合并表决与分别表决等表决机制；建立以主席令废止法律的制度；强化行政立法规划制度，构建国务院年度立法计划与全国人大常委会立法规划、年度立法计划相衔接的制度；强化立法备案与审查制度等[1]。

值得注意的是，2015 年立法法第三十六条、第三十七条完善了"法律草案公布征求意见制度"。在审议列入常务委员会会议议程的法律案时，法律委员会、有关的专门委员会和常务委员会工作机构应当听取各方面的意见，可以采取座谈会、论证会、听证会等多种形式，在审议专业性较强的法律案时，则应当组织专家召开论证会，并寻求相关部门和全国人大代表等多方意见；与

---

〔1〕《全国人民代表大会关于修改〈中华人民共和国立法法〉的决定》，中国人大网，http://www.npc.gov.cn/npc/xinwen/2015-03/18/content_1930129.htm。

此同时，应当在常务委员会会议后将法律草案及其起草、修改的说明等向社会公布，征求意见，向社会公布征求意见的时间一般不少于三十日。有学者认为，此举"在很大程度上赋予法律以正当性、民意性和权威性，从而使所立之法易于被公众接受和服从……将法律草案公布征求意见提升为基本法律条款，对弥补'听取意见'的不足及提高立法质量具有重要的意义"〔1〕。2015年立法法第四十一条和第四十三条还规定了"单独表决""合并表决""分别表决"的模式，"法律草案表决稿交付常务委员会会议表决前，委员长会议根据常务委员会会议审议的情况，可以决定将个别意见分歧较大的重要条款提请常务委员会会议单独表决。单独表决的条款经常务委员会会议表决后，委员长会议根据单独表决的情况，可以决定将法律草案表决稿交付表决，也可以决定暂不付表决，交法律委员会和有关的专门委员会进一步审议""对多部法律中涉及同类事项的个别条款进行修改，一并提出法律案的，经委员长会议决定，可以合并表决，也可以分别表决"〔2〕。由此可见，立法法修改后确实有利于民主立法和科学立法。

（三）2023年立法法修改及全国人大立法权限与程序完善

为落实科学立法、民主立法、依法立法的要求，结合新时代的政治社会经济形势，强化法律规范的确定性与可操作性，2023年立法法修正除前述完善指导思想和原则的内容外，在分则部分也有不少调整与完善。

完善全国人大及其常委会的立法权限、立法程序和工作机制。

---

〔1〕 栾绍兴：《〈立法法〉第37条的法解释学分析》，《法律方法》2018年第1期。

〔2〕 杨临宏：《立法学：原理、制度与技术》，中国社会科学出版社2016年版，第115页。

2023 年立法法对全国人大及其常委会的立法权限、立法程序和工作机制作如下修改完善：（1）根据实践需要，进一步明确全国人民代表大会和全国人大常委会"根据宪法规定"行使国家立法权，并增加规定，"全国人民代表大会可以授权全国人民代表大会常务委员会制定相关法律"（2023 年立法法第十条第四款）。（2）根据实践做法，并与修改后的全国人大议事规则相衔接，进一步明确，"常务委员会决定提请全国人民代表大会会议审议的法律案，应当在会议举行的一个月前将法律草案发给代表，并可以适时组织代表研读讨论，征求代表的意见"（2023 年立法法第二十条）。（3）适应特殊情况下紧急立法的需要，增加规定，"调整事项较为单一或者部分修改的法律案，各方面的意见比较一致，或者遇有紧急情形的，也可以经一次常务委员会会议审议即交付表决"（2023 年立法法第三十三条）。（4）完善法律案的终止审议程序，将现行立法法关于法律案终止审议的规定修改为，"列入常务委员会会议审议的法律案，因各方面对制定该法律的必要性、可行性等重大问题存在较大意见分歧搁置审议满两年的，或者因暂不付表决经过两年没有再次列入常务委员会会议议程审议的，委员长会议可以决定终止审议，并向常务委员会报告；必要时，委员长会议也可以决定延期审议"（2023 年立法法第四十五条）。（5）根据实践需要，在现行立法法规定有关国家机关可以向全国人大常委会提出法律解释要求的基础上，明确"国务院、中央军事委员会、国家监察委员会、最高人民法院、最高人民检察院、全国人民代表大会各专门委员会，可以向全国人民代表大会常务委员会提出法律解释要求或者提出相关法律案"（2023 年立法法第四十九条第一款）。（6）贯彻党中央关于推进科学立法、民主立法、依法立法，丰富立法形式，统筹立改废释纂等要求，总结实践经验，增加规定，"全国人民代表大会及其常务委员会坚持科学立法、民主立法、依法立法，通过制定、修改、废止、解释法律和编纂法典等多种形式，增强立法的系统性、整体性、协同性、时效性"（2023年立法法第五十五条）；以及"全国人民代表大会及其常务委员会作出有关法律问题的决定，适用本法的有关规定"（2023年立法法第六十八条）。（7）总结实践经验，增加规定，"全国人民代表大会常务委员会通过立法规划和年度立法计划、专项立法计划等形式，加强对立法工作的统筹安排"（2023年立法法第五十六条）；"全国人民代表大会常务委员会工作机构编制立法技术规范"（2023年立法法第六十五条）；"全国人民代表大会常务委员会工作机构加强立法宣传工作，通过多种形式发布立法信息、介绍情况、回应关切"（2023年立法法第七十一条）。（8）总结实践做法，明确"法律签署公布后，法律文本以及法律草案的说明、审议结果报告等，应当及时在全国人民代表大会常务委员会公报和中国人大网以及在全国范围内发行的报纸上刊载"（2023年立法法第六十二条第二款）；同时，进一步明确"地方性法规、自治条例和单行条例公布后，其文本以及草案的说明、审议结果报告等，应当及时在本级人民代表大会常务委员会公报和中国人大网、本地方人民代表大会网站以及在本行政区域范围内发行的报纸上刊载"（2023年立法法第八十九条第一款）。（9）根据党中央精神和实践做法，明确基层立法联系点的地位和作用，增加规定，"全国人民代表大会常务委员会工作机构根据实际需要设立基层立法联系点，深入听取基层群众和有关方面对法律草案和立法工作的意见"（2023年立法法第七十条）[1]。

---

〔1〕 王晨：《关于〈中华人民共和国立法法（修正草案）〉的说明》，中国人大网，http://www.npc.gov.cn/npc/kgfb/202303/8ba9248350cd4407999df275c53d5b9b.shtml。

　　为适应监察体制改革需要补充相关内容。根据宪法和监察法的规定，与全国人大组织法等有关法律、决定相衔接，对监察委员会的有关内容作了如下补充完善：（1）在有关立法权限的规定中明确监察委员会的产生、组织和职权属于只能制定法律的事项［2023年立法法第十一条第（二）项］。（2）在有关立法程序的规定中明确国家监察委员会可以向全国人大及其常委会提出法律案、审查相关法规、法律解释等方面的要求（2023年立法法第十七条第二款、第二十九条第二款、第四十九条第一款、第一百一十条第一款）。（3）增加规定："国家监察委员会根据宪法和法律、全国人民代表大会常务委员会的有关决定，制定监察法规，报全国人民代表大会常务委员会备案"（2023年立法法第一百一十八条）等〔1〕。

---

〔1〕　王晨：《关于〈中华人民共和国立法法（修正草案）〉的说明》，中国人大网，http://www.npc.gov.cn/npc/kgfb/202303/8ba9248350cd4407999df275c53d5b9b.shtml。

/ 第二章 /

宪法及宪法相关法体系的创建与发展

第一节　全国人大及其常委会的宪法及宪法相关法立法历程

从 1931 年《中华苏维埃共和国宪法大纲》颁布到 1954 年宪法制定施行，中间走过了 23 年的历程。中央苏维埃根据地时期，"一苏大会"制定颁布了《中华苏维埃共和国宪法大纲》；抗日战争期间，《陕甘宁边区施政纲领》规定了"三三制"政权组织形式；解放战争期间，陕甘宁边区第三届参议会制定颁布了《陕甘宁边区宪法原则》；新中国成立初期，中国人民政治协商会议第一届全体会议 1949 年 9 月 29 日通过《共同纲领》，该纲领起到了临时宪法的作用；1954 年，第一届全国人民代表大会制定颁布宪法，这是新中国第一部宪法。这 23 年的岁月，是中国共产党持之以恒、坚持不懈地领导中国人民追求宪法之治的历程，也是中国共产党领导完善最高权力机关或者民意机关制定宪法及其相关法的历程。

中华苏维埃共和国期间，《中华苏维埃共和国宪法大纲》是最为重要的宪法性法律文件，也是我国宪法立法史的源头。1931 年 11 月 7 日，中华苏维埃第一次全国代表大会顺利召开。18 日，大会代表听取关于宪法问题的报告，经审议，通过了《中华苏维埃共和国宪法大纲》作为临时根本法。这也是我国历史上第一部红色宪法。《中华苏维埃共和国宪法大纲》共十七条。规定了以下十七个方面的内容：（1）宪法任务；（2）政权归属；（3）最高权力机关；（4）平等权、选举权与被选举权；（5）改善工人生活状况；（6）改善农民生活，实行土地国有；（7）限制资本主义，走向社会主义；（8）民族解放，民族自主独立；（9）工农革命全国性胜利，持有武器权、阶级斗争权；（10）言论、出版、集会、结社的自由；（11）妇女解放；（12）受教育权与青年权利；（13）信教自由；（14）少数民族自决权；（15）政治庇护；（16）外国劳动者权利；（17）国际的联盟者[1]。此外，中华苏维埃共和国中央苏维埃代表大会或中华苏维埃中央执行委员会还颁布了《中华苏维埃共和国选举细则》《中华苏维埃共和国中央苏维埃组织法》《中华苏维埃共和国地方苏维埃政府暂行组织条例》等宪法相关法。

抗日战争期间，1939 年 4 月 4 日，陕甘宁边区政府公布《陕甘宁边区抗战时期施政纲领》。1940 年 8 月 13 日中共中央北方分局公布、1943 年 1 月 20 日边区第一届参议会通过并确定为边区行政委员会施政纲领的《晋察冀边区目前施政纲领》。1941 年 5 月 1 日，中共边区中央局提出、中共中央政治局批准的《陕甘宁边区施政纲领》，规定新型民主制度"三三制"的政权组织形式，"本党愿与各党各派及一切群众团体进行选举联盟，并在候选名单中确定共产党员只占三分之一，以便各党各派及无党无派人士均能参加边区民意机关之活动与边区行政之管理"[2]。同年

---

〔1〕《中华苏维埃共和国国家根本法（宪法）大纲草案》，韩延龙、常兆儒编：《中国新民主主义革命时期根据地法制文献选编》（第一卷），中国社会科学出版社 1981 年版，第 8 页。

〔2〕《陕甘宁边区施政纲领》，韩延龙、常兆儒编：《中国新民主主义革命时期根据地法制文献选编》（第一卷），中国社会科学出版社 1981 年版，第 34—35 页。

9月1日，《晋冀鲁豫边区政府施政纲领》公布。这一时期各边区还制定了选举规则与政权机构组织规范。

解放战争时期，1946年4月23日，陕甘宁边区第三届参议会第一次大会通过《陕甘宁边区宪法原则》，规定了政权组织、人民权利、司法、经济与文化五个方面的内容。《陕甘宁边区宪法原则》规定各级人民代表会议（参议会）是人民管理政权的机关，人民享有政治上各项自由权利、免于经济上偏枯与贫困的权利、免于愚昧及不健康的权利、武装自卫的权利、民族平等的权利、男女平等的权利、以任何方式控告失职公职人员的权利，司法机关与公安机关专门行使逮捕与审讯的权力[1]。此后，晋察冀、苏皖等边区也颁布相应施政纲领及其他宪法性文件。

随着解放战争的推进，晋察冀和晋冀鲁豫两边区连成一片，两边区政府于1948年5月下旬联合办公。7月11日，两边区政府联合发布的《关于召开华北临时人民代表大会暨代表选举办法的决定》。8月，华北临时人民代表大会根据中共中央华北局对施政方针的建议，通过公布《华北人民政府施政方针》，分为军事、经济、政治、文化教育、新解放区与新解放城市的政策等方面。在政治部分指出，第一，"整顿区村级组织，并建立各级人民代表会议，首先是县村人民代表会议"；第二，"在民主基础上所建立的华北人民政府，是华北解放区行政上的统一领导机构"；第三，"厉行政简便民政策"；第四，"保障人民的合法的民主自由权利"；第五，坚持男女平等原则；第六，坚持民族平

---

〔1〕《陕甘宁边区宪法原则》，韩延龙、常兆儒编：《中国新民主主义革命时期根据地法制文献选编》（第一卷），中国社会科学出版社1981年版，第59—61页。

等原则[1]。1949 年 2 月、4 月，中共中央与华北人民政府先后发布废除国民党六法全书及一切反动法律的指示与训令，废除了国民党的伪法统，宣布"司法机关的办事原则应该是：有纲领、法律、命令、条例、决议规定者，从纲领、法律、命令、条例、决议规定；无纲领、法律、命令、条例、决议规定者，从新民主主义的政策"[2]。

中国人民政治协商会议第一届全体会议 1949 年 9 月 29 日通过的《共同纲领》具有临时宪法的作用[3]。经过数年筹备，1954 年第一届全国人民代表大会终于制定出新中国第一部宪法——《中华人民共和国宪法》，即"五四宪法"。此后还颁布过"七五宪法""七八宪法"。改革开放后，1982 年 12 月 4 日，第五届全国人民代表大会第五次会议通过现行宪法，即"八二宪法"，并历经 1988 年、1993 年、1999 年、2004 年、2018 年五次修正。在宪法的指引下，逐步形成了以组织法、代表法、选举法、立法法、监督法、监察法为主要内容的宪法相关法体系。至此，宪法及宪法相关法体系日益完整成熟。

---

〔1〕 《华北人民政府施政纲领》，韩延龙、常兆儒编：《中国新民主主义革命时期根据地法制文献选编》（第一卷），中国社会科学出版社 1981 年版，第 71—85 页。

〔2〕 《中共中央关于废除国民党的六法全书与确定解放区的司法原则的指示》，韩延龙、常兆儒编：《中国新民主主义革命时期根据地法制文献选编》（第一卷），中国社会科学出版社 1981 年版，第 87 页。

〔3〕 也有学者将《共同纲领》称为"未来制定宪法的'宪法'"，因为其勾画了未来宪法的基本原则、内容和制定方法。因此，《共同纲领》也有"人民大宪章"的美称。参见翟志勇：《从〈共同纲领〉到"八二宪法"》，九州出版社 2021 年版，第 27 页。

第二节　共同纲领

一、旧政协的破坏与新政协的筹备

1945 年 4 月 24 日，在抗日战争即将胜利之际，毛泽东在中共七大上作了题为《论联合政府》的报告，向全国人民表明了中国共产党的主张：在广泛民主的基础上，依照一个共同纲领，成立包括各党各派和无党无派人士在内的联合政府。同年 8 月 28 日，为了争取和平、建立联合政府，毛泽东、周恩来、王若飞代表中国共产党抵达重庆，开始了与国民党历时 43 天的谈判。10 月 10 日，签订了《政府与中共代表会谈纪要》，即《双十协定》，在协议中商定于次年召开具有广泛代表性的政治协商会议[1]，协商确定组织成立联合政府及相关事宜。1946 年 1 月 10 日—31 日，按照《双十协定》的约定，由国民党代表 8 人、共产党代表 7 人、民主同盟代表 9 人、青年党代表 5 人和社会贤达代表 9 人参加的政治协商会议在重庆召开（史称"旧政协"）。"旧政协"通过了"关于政府组织问题""和平建国纲领""关于国民大会问题的协议""关于宪法草案问题的协议""关于军事问题的协议"，确定了组建联合政府、起草宪法、召开国民代表大会等重要事项。在"旧政协"召开的同一天，国民党代表张群和中国共

---

[1] "政治协商会议"是中国共产党代表与国民党代表王世杰在重庆谈判期间提出来的，提出这个名词的是王世杰，但真正赋予其民主协商政治组织含义的是中国共产党。

产党代表周恩来签署了《关于停止国内冲突的命令与声明》，当天下午国共双方向所属军队下达了停战命令。在中国共产党和爱好和平的民主力量共同努力下，国共两党实现了暂时的和平，民主的联合政府也为中国人民所期待。

然而在"旧政协"开会期间，国民党当局连续派遣特务跟踪威胁到会的政协代表，扰乱会场，谩骂、殴打会议主持人、政协代表和到会群众，打伤政协代表郭沫若、张东荪等人，制造了"沧白堂事件"。"旧政协"闭幕之后，国民党当局又制造了"较场口血案"，暴露出国民党反动派破坏政协决议、坚持独裁内战、践踏人民民主权利的真实面目。国民党政府也从来没有实质性地遵守停战协议，在停战命令签发之后，即开始秘密派军队抢占战略要点，积极部署内战。在1946年3月1日—17日召开的国民党六届二中全会上，蒋介石否定了"旧政协"所作出的决议。6月26日，以蒋介石为代表的国民政府撕毁停战协定，对中国共产党领导的解放区发起了进攻。11月15日，国民党在中国共产党和其他民主团体缺席的情况下，单方面召开伪国民代表大会，在12月25日通过了"中华民国宪法"。"旧政协"的广泛民主基础和协商组织联合政府的计划被彻底破坏。

中国共产党领导人民军队不断取得胜利。1947年10月10日，中国人民解放军总部公布了由毛泽东起草，朱德、彭德怀署名的《中国人民解放军宣言》，亦称《双十宣言》。在宣言中提出了中国共产党的各项政治主张，其中最为迫切的任务是："联合工农兵学商各被压迫阶级、各人民团体、各民主党派、各少数民族、各地华侨和其他爱国分子，组成民族统一战线，打倒蒋介石独裁政府，成立民主联合政府。"1948年4月30日，中国共产党中央委员会发布了《纪念"五一"劳动节口号》，中共中央号召"各民主党派、各人民团体、各社会贤达迅速召开政治协商会议，讨论并实现召集人民代表大会，成立民主联合政府"，随即得到了各民主党派、无党派人士的热烈响应。8月，中共中央将筹建新政治协商会议作为重要工作任务。在周恩来的部署和安排下，海内外的民主人士分别到达东北解放区和河北省建屏县（后并入平山县）李家庄。10月，中共中央将党中央的城市工作部改组为统一战线工作部，由李维汉任部长。在建屏县李家庄，统战部与周建人等民主人士协商，起草了《关于召开新的政治协商会议诸问题（草案）》。中共中央将该草案交东北局，指派高岗、李富春与到达哈尔滨的沈钧儒、谭平山、章伯钧、朱学范等民主人士进一步协商、修订，然后由中央将《关于召开新的政治协商会议诸问题》发往海内外各民主党派和主要民主人士征求意见。在起草《关于召开新的政治协商会议诸问题（草案）》的同时，作为对《纪念"五一"劳动节口号》关于成立民主联合政府的响应，在毛泽东、周恩来的直接领导下，李维汉主持起草了《中国人民民主革命纲领草案》，计划在北平解放后提交给即将召开的中共七届二中全会审议。《中国人民民主革命纲领草案》包括一个简短的序言和四十六条正文，正文又分为总则、政治、军事、土地改革、经济财政、文化教育、社会政策、少数民族、华侨、外交等十个部分，规定了人民民主革命纲领的基本原则是"新民主主义亦即革命三民主义"；规定了人民是国家的主人，"国家的一切权力出自人民大众，属于人民大众"；规定了社会经济、民族政策、华侨和外交方面的基本政策。草案完成后曾分送刘少奇、朱德、陆定一、胡乔木、齐燕铭等人审阅，后来成为起草共同纲领的基础。当时在哈尔滨的各民主党派人士，也曾尝试起草民主革命纲领，但在战争环境下未形成满意的成果。1948 年 11 月，在第一稿的基础上又完成了《中国人民民主革命纲领草案》的第二稿。第二稿将原来正文的十个部分整合为三个部分，内容也作了一定的改动：第一部分"人民解放战争的历史任务"，第二部分"建立人民民主共和国的基本纲领"，第三部分"战时具体纲领"。第二稿在内容上更加侧重对战时任务的规定，动员全国人民力量，支援解放战争，带有浓厚的政治宣言色彩。第二稿对于人民民主联合政府的建立程序也作出新的规定，不再是先召开政治协商会议，由政协会议讨论召开人民代表大会，再由人民代表大会选举产生临时中央政府；而是为了适应形势的迅速发展，由政治协商会议直接选举临时中央政府。

1949 年 3 月 5 日—13 日，中共七届二中全会在河北建屏县西柏坡村召开。该会议是中国革命胜利前夕召开的一次重要会议，由于已起草完成的《中国人民民主革命纲领草案》第二稿还不够成熟，未提交给会议讨论，但本次会议精神成为政治协商纲领的指导思想。毛泽东主持了会议并代表中央政治局作了政治报告，刘少奇、周恩来、朱德分别作了专题报告。会议批准了由中国共产党发起，各民主党派、人民团体和无党派民主人士协同，召开没有反动派参加的新的政治协商会议、成立民主联合政府的建议。

二、共同纲领草案的起草

1949 年 6 月 15 日—20 日，新政治协商会议筹备会第一次全体会议在北平中南海勤政殿召开。出席筹备会的有 23 个界别，134 名代表。会议由周恩来担任筹备会的临时主席，中共中央主席毛泽东在开幕式上作了重要讲话。毛泽东在讲话中指明了政治协商会议的组织构成和政治任务："必须召集一个包含民主党派、各人民团体、各界民主人士、国内少数民族和海外华侨的代表人物的政治协商会议，宣告中华人民民主共和国的成立，并选举代表这个共和国的民主联合政府……这是一个共同的政治基础。"[1] 会议在听取了周恩来关于《新政治协商会议筹备会组织条例（草案）》的说明之后，通过了该条例。会议依据组织条例，选举产生了由21人组成的筹备会常务委员会，常务委员会内部推选毛泽东为主任，周恩来、李济深、沈钧儒、郭沫若、陈叔通为副主任，李维汉为秘书长。为了尽快完成召开新政协和建立民主联合政府的各项准备工作，筹备会决定常务委员会分设6个工作组：第一小组由李维汉任组长，负责拟定参加新政协会议的单位以及各单位代表的名单；第二小组由谭平山任组长，负责起草新政协的组织条例；第三小组由周恩来任组长，负责起草新政协共同纲领；第四小组由董必武任组长，负责拟定联合政府的组成方案；第五小组由郭沫若任组长，负责起草新政协第一届全体会议宣言；第六小组由马叙伦任组长，负责拟定国旗、国歌、国徽的方案。

在6月—8月，以周恩来为组长的政协筹备会决定常务委员会第三小组，积极推进政治协商会议纲领的起草工作。6月18日，第三小组举行第一次全体会议，确定了三项工作：其一，推定起草共同纲领草案的负责单位，经讨论决定，委托中共中央起草共同纲领草案，在7月15日以前完成；其二，印发起草工作所需要的各种参考资料，包括中国共产党提交给旧政协的"纲领草案"和"和平建国纲领"，以及已经起草的《中国人民民主革

---

〔1〕《毛主席等七人在新的政治协商会议筹备会上的讲话》，《人民日报》1949年6月20日，第1版。

命纲领草案》，各党派团体已经发表的政治纲领和政治主张，各党派团体对共同纲领的意见和建议，其他各新民主主义国家的纲领，以及世界上主要国家的宪法；其三，确定小组内部分工，经讨论小组成员分为五个专题工作组，即政治法律、财政经济、文化教育、国防外交、其他（包括华侨、少数民族、群众团体、宗教问题）工作组。

中共中央接受政协筹备会常务委员会第三小组的委托后，共同纲领的起草工作仍然由周恩来副主席负责。经过两个月的起草工作，共同纲领草案初稿完成。8月22日，周恩来将草案送交毛泽东审阅。毛泽东认真审读了草案初稿，删改了几段文字，之后再提交给政协筹备会常务委员会。这一次起草共同纲领草案，将文件名称改为"新民主主义的共同纲领"，明确共同纲领的主要任务是建设新民主主义的共和国。《新民主主义的共同纲领》草案初稿分为三大部分：第一部分是简短的序言，第二部分是"一般纲领"，第三部分是"具体纲领"。草案初稿删除了原来《中国人民民主革命纲领草案》中作为独立部分的"人民解放战争的历史任务"，只是将其作为"具体纲领"的内容之一。在"一般纲领部分"把"奉行新民主主义"作为长期合作的"统一战线纲领"，明确了"新民主主义国家"是工人阶级领导的以工农联盟为基础的团结各民主阶级、各民族的人民民主专政，规定了"新民主主义的政治制度"是民主集中制的人民代表大会制度。在"具体纲领"部分主要包括"解放全中国""政治法律""财政经济""文化教育""国防""外交侨务"等方面，共四十五条。《新民主主义的共同纲领》草案初稿较以往的草案在主题、结构和内容方面都有很大的改进，成为共同纲领的直接底稿。

9月6日下午，政协筹备会常务委员会第三小组在中南海勤政殿举行第二次会议，会议由第三小组副组长许德珩主持。周恩来向会议提交了《新民主主义的共同纲领》草案初稿，请与会代表讨论。在讨论过程中，对草案初稿进行了两方面的重大修改：其一，将原来的文件名称《新民主主义的共同纲领》改为《中国人民政治协商会议共同纲领》，在当前的历史时期，政治协商会议具有政治协商统一战线组织和代行国家权力的双重性质；其二，在内容结构方面，共同纲领的正文不再区分"一般纲领"和"具体纲领"，在序言之后分为七章。在常务委员会第三小组讨论之后，9月13日、16日分别召开了政协筹备会常务委员会第五次、第六次会议，对草案的内容再次修订，并分送到达北平的政协代表进行分组讨论。先后经过起草小组、常务委员会第三小组、政协筹备会和政协分组会议的七次讨论，最终形成了草案定稿。

三、共同纲领的通过与中华人民共和国的成立

经过近 3 个月的准备，召开新政协的筹备工作相继完成，1949 年 9 月 17 日召开了新政协筹备会第二次全体会议。会议由周恩来、沈钧儒、陈叔通主持，出席会议的有 126 名代表。

会议听取了周恩来关于筹备工作报告，一致同意将"新政治协商会议"改为"中国人民政治协商会议"[1]；将《新民主主义的共同纲领草案》改为《中国人民政治协商会议共同纲领草

---

〔1〕 在 1949 年 8 月 26 日至 27 日召开的新政协筹备会常务委员会第四次会议上，周恩来建议将"新政治协商会议"改为"中国人民政治协商会议"，理由是"新政治协商会议"与 1946 年有国民党参加的"旧政治协商会议"没有内在的延续性，"新"与"旧"不能反映内在的本质差异；特别是中华人民共和国成立以后，仍然需要固定的统一战线组织。常务委员会同意了该建议。

案》。在结构上，不再区分"一般纲领"和"具体纲领"，而是在"序言"之后，分为七章。在内容上，又有非常多的修改，例如根据章乃器的提议，删去对领土的列举，改为概括性规定；根据罗隆基的提议，在总纲第五条增加了对"人身自由"的规定。进入起草的最后阶段，毛泽东分别在9月3日、5日、6日、11日，先后四次对草案进行修改，前后修改了200多处[1]。会议还审议通过了《中国人民政治协商会议组织法草案》《中国人民政治协商会议共同纲领草案》《中华人民共和国中央人民政府组织法草案》，准备把这三个草案提交即将召开的中国人民政治协商会议第一届全体会议审议。

9月21日，中国人民政治协商会议第一届全体会议在北平中南海怀仁堂隆重开幕。出席会议的有662名代表，分别来自14个党派、9个区域单位、16个人民团体、人民解放军以及特邀代表，会议设由89人组成的主席团。主席团推举毛泽东、刘少奇、周恩来、林伯渠、李济深、谭平山、张澜、黄炎培、沈钧儒、朱德、宋庆龄等31人组成主席团常务委员会，林伯渠为秘书长，齐燕铭等9人为副秘书长。22日，根据主席团的提议，政协全体会议分设政协组织法草案整理委员会、共同纲领草案整理委员会、政府组织法草案整理委员会等9个分组委员会，负责审议各项草案或专题工作。

1949年9月27日，政协第一届全体会议审议通过了《中国人民政治协商会议组织法》和《中华人民共和国中央人民政府组织法》，还通过了有关国都、纪元、国歌、国旗等四项议案。28日，政协各分组会议和共同纲领草案整理委员会分别召开会议，

---

[1] 许崇德：《中华人民共和国宪法史》，福建人民出版社2005年版，第31页。

对共同纲领草案进行了讨论。29 日，政治协商会议第一届全体会议通过了《中国人民政治协商会议共同纲领》。共同纲领和中央人民政府组织法、政协组织法并称为"三大宪章"，是新中国成立的法律基础。从 1949 年 10 月到 1954 年宪法的颁布，以《共同纲领》为主体的"三大宪章"发挥着中华人民共和国根本法的作用。

《共同纲领》由序言和正文两部分构成，全文 6000 余字。正文部分共七章六十条，分为：第一章总纲，有十一个条文；第二章政权机关，有八个条文；第三章军事制度，有六个条文；第四章经济政策，有十五个条文；第五章文化教育政策，有九个条文；第六章民族政策，有四个条文；第七章外交政策，有七个条文。其主要内容包括三方面。

第一，关于新中国的性质和任务。《共同纲领》第一条规定："中华人民共和国为新民主主义即人民民主主义的国家，实行工人阶级领导的、以工农联盟为基础的、团结各民主阶级和国内各民族的人民民主专政，反对帝国主义、封建主义和官僚资本主义，为中国的独立、民主、和平、统一和富强而奋斗。"

第二，关于人民的权利和义务。《共同纲领》第九条规定："中华人民共和国境内各民族，均有平等的权利和义务。"第四条和第五条规定："中华人民共和国人民依法有选举权和被选举权。""中华人民共和国人民有思想、言论、出版、集会、结社、通讯、人身、居住、迁徙、宗教信仰及示威游行的自由权。"第八条规定了国民的义务："中华人民共和国国民均有保卫祖国、遵守法律、遵守劳动纪律、爱护公共财产、应征公役兵役和缴纳赋税的义务。"

第三，关于新中国的政权制度、军事制度及经济、文化教育、民族、外交政策等。对于政权制度，《共同纲领》第十二条规定："中华人民共和国的国家政权属于人民。人民行使国家政权的机关为各级人民代表大会和各级人民政府。各级人民代表大会由人民用普选方法产生之。各级人民代表大会选举各级人民政府，各级人民代表大会闭会期间，各级人民政府为行使各级政权的机关。国家最高政权机关为全国人民代表大会。全国人民代表大会闭会期间，中央人民政府为行使国家政权的最高机关。"政治协商制度是中国政治制度的一个重要内容，《共同纲领》第十三条规定："中国人民政治协商会议为人民民主统一的组织形式……""在普选的全国人民代表大会召开以前，由中国人民政治协商会议的全体会议执行全国人民代表大会的职权……""在普选的全国人民代表大会召开以后，中国人民政治协商会议就有关国家建设事业的根本大计及其他重要措施，向全国人民代表大会或中央人民政府提出建议案"。对于军事制度，《共同纲领》第二十条规定："中华人民共和国建立统一的军队，即人民解放军和人民公安部队，受中央人民政府人民革命军事委员会统率，实行统一的指挥，统一的制度，统一的编制，统一的纪律。"国家将加强军队现代化建设，以巩固国防。对于经济政策，《共同纲领》作了十五条规定，其中第二十六条规定了经济建设的根本方针："中华人民共和国经济建设的根本方针，是以公私兼顾、劳资两利、城乡互助、内外交流的政策，达到发展生产、繁荣经济的目的。……调剂国营经济、合作社经济、农民和手工业者的个体经济、私人资本主义经济和国家资本主义经济，使各种社会经济成分在国营经济领导之下，分工合作，各得其所，以促进整个社会经济的发展。"国营经济作为社会主义性质的经济力量，是社会经济中的主导，国家努力推进经济各方面的社会主义改造。

对于文化教育政策，《共同纲领》第四十一条规定："中华人民共和国的文化教育为新民主主义的，即民族的、科学的、大众的文化教育。人民政府的文化教育工作，应以提高人民文化水平，培养国家建设人才，肃清封建的、买办的、法西斯主义的思想。发展为人民服务的思想为主要任务。"对于民族政策，《共同纲领》第五十条至第五十三条规定："中华人民共和国境内各民族一律平等，实行团结互助""各少数民族聚居的地区，应实行民族的区域自治，按照民族聚居的人口多少和区域大小，分别建立各种民族自治机关""各少数民族均有发展其语言文学、保持或改革其风俗习惯及宗教信仰的自由"。为了实现共同繁荣富强，人民政府应帮助少数民族的人民大众发展其政治、经济、文化、教育的建设事业。对于外交政策，《共同纲领》第五十四条规定："中华人民共和国外交政策的原则，为保障本国独立、自由和领土主权的完整，拥护国际的持久和平和各国人民间的友好合作，反对帝国主义的侵略政策和战争政策。"对旧有的条约和协定，中央人民政府应加以审查，按其内容，分别予以承认，或废除，或修改，或重订。

《共同纲领》是中国共产党建设新民主主义社会理论的具体体现，是新中国的第一部宪法性文件，在一定时期内发挥着临时宪法的作用，是新中国得以成立的法律基础和施政准则。

1949年10月1日，中华人民共和国中央人民政府主席毛泽东率全体政府委员在北京就职，并主持召开中央人民政府委员会第一次会议。会议全体一致决议：宣告中华人民共和国中央人民政府成立，接受《共同纲领》为本政府的施政方针。会议选举林伯渠为中央人民政府委员会秘书长，任命周恩来为中央人民政府政务院总理兼外交部部长，毛泽东为中央人民政府人民革命军事委员会主席，朱德为人民解放军总司令，沈钧儒为中央人民政府最高人民法院院长，罗荣桓为中央人民政府最高人民检察署检察长。下午3时，在北京天安门广场举行了有30万军民参加的开国大典，毛泽东升起了第一面五星红旗，庄严宣布"中华人民共和国中央人民政府委员会于本日在首都就职，一致决议，宣告中华人民共和国中央人民政府的成立"，并宣读了中央人民政府公告。

第三节　1954年宪法

一、召开全国人民代表大会和制定宪法的决定

根据《中国人民政治协商会议组织法》第六条"中国人民政治协商会议全体会议每三年开会一次"的规定，在1952年就应该召开全国政治协商会议第二次全体会议。但是三年来，中国取得了超乎预期的成就，大陆地区的军事行动已经结束，土地改革已经基本完成，各界人民已经组织起来了，举行全国选举工作的条件已经成熟。鉴于此，中共中央认为可以适应形势发展的需要，在一年之内召开全国人民代表大会和地方各级人民代表大会，选举产生各级政府，制定正式的宪法。

1952年10月，苏共中央准备召开第十九次全国代表大会，邀请中国共产党派代表团参加，中共中央决定由刘少奇率代表团出席。10月2日，刘少奇和饶漱石、陈毅、李富春、刘长胜等抵达莫斯科。10月8日，刘少奇代表中共中央向苏共十九大致辞。此后，刘少奇受毛泽东的委托，给斯大林写了一封长信。信中通

报了中共中央关于对农业、手工业和资本主义工商业实行社会主义改造，使中国逐步过渡到社会主义的一些设想，以及关于召开全国人民代表大会和制定宪法等问题。斯大林于 10 月 24 日和 28 日，两次会见刘少奇及中共代表团其他成员，明确表示赞同中共关于向社会主义过渡的设想，还建议：为使中国更好地开展建设事业，中国应尽早召开全国人民代表大会和制定宪法。刘少奇及时将情况向毛泽东和中共中央作了详细汇报，中共中央和毛泽东接受了斯大林的建议。1952 年 10 月 2 日—1953 年 1 月 6 日，刘少奇在苏联访问、休养期间，还考察了苏联 1936 年宪法、国家机构的组织与职能等方面的情况，为中国制定正式宪法做准备。

1952 年 12 月 24 日，李济深主持召开中国人民政治协商会议全国委员会常务委员会扩大会议，周恩来代表中共中央向会议提议："由政协全国委员会向中央人民政府建议，在 1953 年召开全国人民代表大会，制定宪法。"政协全国委员会常务委员会扩大会议经过热烈讨论，一致同意中共中央的提议，并向中央人民政府委员会提出关于召开全国人民代表大会、制定正式宪法的建议。

1953 年 1 月 13 日，中央人民政府委员会举行第二十次会议，周恩来首先就召开全国人民代表大会及地方各级人民代表大会问题作了报告，会议讨论了政协全国委员会常务委员会扩大会议所提的建议，在讨论结束时毛泽东发表了重要讲话。关于"全国政治协商会议还要不要再搞一届，然后召开全国人民代表大会"的问题，毛泽东的意见是召开全国人民代表大会，"与其明年办，就不如今年办。如果过两年再开一次政治协商会议后召开全国人民代表大会也不好办，不如索性就开全国人民代表大会"[1]。就

---

[1] 《毛泽东文集》第六卷，人民出版社 1999 年版，第 258 页。

各位委员所谈到的召开各级人民代表大会、进行选举的必要性而言，毛泽东说："陈叔通委员讲，做了这个工作，可以使人民民主更加发扬。确实如此，北京郊区乡政府民主选举的结果，百分之五十的乡长被选掉了，因为这百分之五十的人做了坏事，人民不高兴他们。为了发扬民主，对政权组织，特别是县、乡两级，来一次全国普选，很有必要。……所以为了发扬民主，为了加强经济建设，为了加强反对帝国主义的斗争，就要办选举，搞宪法。"[1] 讨论通过《关于召开全国人民代表大会及地方各级人民代表大会的决议》之后，会议还决定成立中华人民共和国宪法起草委员会。毛泽东在会上拿出了事先准备好的宪法起草委员会成员名单，解释了起草委员会组成的原则：除共产党外，按照大的民主党派如民革、民盟、民建等各两位委员，其余民主党派和人民团体各 1 位委员，秘书长由中央统战部部长李维汉担任，田家英[2]协助秘书长工作。会议对毛泽东提出的组成名单报以热烈的掌声，掌声和欢呼声持续达数分钟之久。宪法起草委员会由 33 人组成，主席由毛泽东担任，委员有：朱德、宋庆龄、李济深、李维汉、何香凝、沈钧儒、沈雁冰、周恩来、林伯渠、林枫、胡乔木、高岗、乌兰夫、马寅初、马叙伦、陈云、陈叔通、陈嘉庚、陈伯达、张澜、郭沫若、习仲勋、黄炎培、彭德怀、程潜、董必武、刘少奇、邓小平、邓子恢、赛福鼎·艾则孜、薄一波、饶漱石。

按照当时的乐观估计，在 1953 年内就可以召开全国人民代表大会，通过宪法。但是召开全国人民代表大会，必须先完成基层选举，逐级召开地方各级人民代表大会，在此基础上才能产生

---

〔1〕《毛泽东文集》第六卷，人民出版社 1999 年版，第 258—259 页。

〔2〕 田家英当时担任毛泽东的秘书。

全国人民代表大会的代表，组成全国人民代表大会。宪法的起草也需要做大量的准备工作，草案需要经过反复讨论、征求意见、多次修改，才能提交全国人民代表大会表决通过。正是因为有大量准备工作要做，有很多程序要逐一完成，原计划在年内召开全国人民代表大会是不现实的。本着实事求是的原则，中央人民政府于1953年9月18日召开的第二十八次会议上，听取政务院副总理邓小平所作的客观情况说明之后，通过了《关于推迟召开全国人民代表大会及地方各级人民代表大会的决议》。各项准备工作都完成以后，于1954年9月召开全国人民代表大会，通过宪法。

二、宪法草案初稿的形成

1953年11月—12月，毛泽东指定陈伯达执笔起草一个宪法草案，作为讨论的底本。1954年1月，中共中央成立了党内宪法起草小组，由毛泽东亲自领导，成员包括陈伯达、胡乔木、田家英等。1月7日，宪法起草小组在杭州西湖集中开始工作，9日，拟定了整个宪法起草工作计划和时间表：第一步，由宪法起草小组拟定出一个较为完善的宪法草案初稿，将初稿送中央主要领导征求意见，1月完成；第二步，对初稿复议一次，指定邓小平、李维汉参加，完善之后交政治局委员和在京中央委员讨论通过，2月完成；第三步，初稿提交宪法起草委员会讨论，在3月讨论初步通过；第四步，宪法起草小组对初稿进行修改，再提交中央政治局讨论，之后再交宪法起草委员会讨论通过，4月完成；第五步，由宪法起草委员会将宪法草案公布，交全国人民讨论4个月，在9月根据人民所提意见加以修改，之后提交全国人民代表大会讨论通过。此后，宪法的起草、修改工作基本按照这一计划展开，有些环节虽有延误，但大体按照时间表完成了宪法制定工作。

在宪法起草小组工作过程中，1月15日，毛泽东给在北京的中央政治局委员和中央委员发电报，要求从即日起，抽出时间重点阅读和研究以下宪法文献：（1）1936年苏联宪法和斯大林报告；（2）1918年苏俄宪法；（3）罗马尼亚、波兰、民主德国、捷克斯洛伐克等国宪法；（4）1946年法国宪法；（5）1913年天坛宪草、1923年曹锟宪法、1946年蒋介石宪法[1]；以便为接下来讨论宪法问题做准备。宪法起草小组经过一个多月的努力工作，拟订了一个宪法草案初稿（比原计划延迟了半个月）。2月17日草案初稿完成之后，在毛泽东的主持下，起草小组通读通改。2月24日完成"二读稿"。2月26日完成"三读稿"。3月初，毛泽东修改审定了宪法草案初稿说明，并第一次署上了"中华人民共和国宪法草案初稿起草小组"的落款。该文讲了五个问题，其中，在第二个问题里，毛泽东对设立国家主席解释说："为保证国家安全起见，设了个主席。我们中国是一个大国，叠床架屋地设个主席，目的是为着使国家更加安全。有议长（当时曾考虑设议长），有总理，又有个主席，就更安全些，不至于三个地方同时都出毛病。如果全国人民代表大会出了毛病，那毫无办法，只好等四年再说（当时宪法规定，全国人民代表大会每届任期四年）。设国家主席，在国务院与全国人民代表大会常务委员会之间有个缓冲作用。"同时，他还提出了设立国家副主席的问题。毛泽东在宪法草案的最初稿上批示："设副主席一人，主

---

〔1〕《毛泽东文集》第六卷，人民出版社1999年版，第320—321页。

席因故不能执行职务时由副主席代理之。"后来,毛泽东又在草案读稿上批示:"副主席受委托得代行主席部分职权,此点必须加入。"他还说:"资本主义国家的总统可以解散国会,我们的主席不能解散全国代表大会,相反地,全国代表大会倒可以罢免主席。国家主席是由全国人民代表大会选出来的,并服从于它。"在毛泽东的再三坚持下,将"全国人民代表大会有权罢免国家主席"写入了宪法。

2月28日和3月1日,刘少奇在北京主持召开中央政治局扩大会议,讨论并基本通过了宪法草案初稿的"三读稿"。会议还决定由董必武、彭真、张际春三人,负责根据政治局扩大会议讨论的意见,对"三读稿"进行修改。在京讨论意见及时汇总,交给宪法起草小组加以借鉴。3月9日,杭州宪法起草小组提交了"四读稿",为中共中央政治局会议进一步讨论修改宪法草案,提供了一个比较成熟的稿本。宪法起草小组从1月9日正式开始工作,到3月9日完成党内宪法草案,工作了两个月的时间,为宪法起草委员会开展工作奠定了基础。3月12日、13日和15日,刘少奇再次主持召开中央政治局扩大会议,讨论了"四读稿",并同意扩大范围讨论修改后,提交宪法起草委员会。会议还决定:(1)以陈伯达、胡乔木、董必武、彭真、邓小平、李维汉、张际春、田家英8人组成宪法小组,负责初稿的最后修改;(2)组成宪法起草委员会办公室,李维汉任秘书长。至此,宪法草案初稿的起草工作告一段落。3月中旬,周恩来、董必武还邀请党外的宪法起草委员会委员就宪法草案初稿进行讨论,经过反复讨论、多次修改,最后形成了提交给宪法起草委员会的宪法草案(初稿)。

三、宪法起草委员会的工作与对草案的广泛讨论

1954 年 3 月 17 日，毛泽东和宪法起草小组一行从杭州回到北京，立即着手召集宪法起草委员会会议，讨论宪法草案。3 月 23 日下午，中华人民共和国宪法起草委员会第一次全体会议在中南海勤政殿举行，会议由委员会主席毛泽东主持，出席会议的委员有宋庆龄、李济深、李维汉、何香凝、沈钧儒、沈雁冰、周恩来、胡乔木、乌兰夫、马寅初、马叙伦、陈云、陈叔通、陈伯达、张澜、郭沫若、习仲勋、黄炎培、彭德怀、程潜、董必武、刘少奇、邓小平、邓子辉、薄一波等 25 人。毛泽东代表党中央向会议提出了宪法草案（初稿），陈伯达作了《关于〈中华人民共和国宪法草案（初稿）〉起草工作的说明》，毛泽东对起草过程又作了简要说明："宪法起草小组自 1 月 7 日开始工作，3 月 9 日工作结束，起草小组进行了一度工作后，由董老（董必武）、彭真、张际春等同志组成了研究小组，还请了周鲠生先生和钱端升先生为法律顾问，叶圣陶先生和吕叔湘先生为语文顾问，又搞了个把月，同时送中共中央也讨论了 3 次，每次都有很多修改。"[1] 之后在两个月的时间里，由起草委员会对草案初稿进行讨论和修改，妥善之后再提请中央人民政府委员会作为正式草案批准公布。

5 月 27 日、28 日、29 日、31 日，6 月 8 日，宪法起草委员会相继召开第二、三、四、五、六次会议，会议均由刘少奇主持，对宪法草案逐章逐条、逐字逐句地进行反复讨论与修改。6

---

〔1〕《共和国第一部宪法诞生记》，《半月谈》1999 年第 9 期。

月 11 日，宪法起草委员会召开第七次会议，毛泽东出席并主持会议。齐燕铭宣读宪法草案全文一百零六条，之后围绕着"民族自治地方""统率武装力量""加强中央的力量"等问题展开了进一步的讨论。在齐燕铭宣读了《中华人民共和国宪法起草委员会关于宪法起草工作经过的报告》之后，会议主持人毛泽东宣布就宪法草案和起草报告进行举手表决，宪法起草委员会全体一致通过。

宪法起草委员会从 3 月 23 日到 6 月 11 日，历时 81 天，先后召开 7 次全体会议，这期间政协全国委员会以及各大行政区、各省市领导机关、武装部队领导机关，各民主党派、各人民团体的各级机关，组织了八千多人参加对宪法草案（初稿）的讨论，形成了五千九百多条意见和建议，对宪法草案的形成发挥了重大作用。宪法起草委员会按照民主党派、无党派人士、人民团体、华侨、少数民族、国家机关，以及教育、科学、文化、卫生等界别，设立 17 个座谈小组，每一小组设 2—4 名召集人。每个小组分别召集所属界别的座谈会，逐条就宪法草案初稿展开讨论；各小组再在召集人李维汉的协调下，举行联席会议，梳理各组的座谈成果；各小组联席会议将讨论的意见、建议加以汇总和整理分析，形成系统的意见汇编提交给宪法起草委员会，作为修正草案初稿的参考。

6 月 14 日，中央人民政府委员会召开第三十次会议，听取《中华人民共和国宪法起草委员会关于宪法起草工作经过的报告》，毛泽东在会上作了关于宪法草案的重要讲话[1]，他讲道，为什么大家都认为这个宪法草案是好的呢？在起草过程上，"起

---

〔1〕《毛泽东文集》第六卷，人民出版社 1999 年版，第 325—330 页。

草宪法采取了领导机关的意见和广大群众的意见相结合的方法"。在内容上,"主要有两条:一是总结了经验,一条是结合了原则性和灵活性"。他还说:"一个团体要有一个章程,一个国家也要有一个章程,宪法就是一个总章程,是根本大法。用宪法这样一个根本大法的形式,把人民民主和社会主义原则固定下来,使全国人民有一条清楚的轨道,使全国人民感到有一条清楚明确的和正确的道路可以走,就可以提高全国人民的积极性。"

经过与会委员的热烈讨论,最后,中央人民政府委员会第三十次会议作出如下决议:中央人民政府委员会一致通过宪法起草委员会起草的宪法草案,并向全国公布,发动人民群众积极提出自己对草案的意见;宪法起草委员会收集各界群众的意见,加以研究,在第一届全国人民代表大会第一次会议召开前完成宪法草案的修改工作。

宪法草案一经公布,全国各地展开了广泛宣传学习和讨论活动。从6月15日到9月初,将近3个月的时间里,全国参加讨论的共有1.5亿多人次,提出的修改和补充意见多达五十二万条。全国各地的意见由各省、自治区、直辖市随时汇总,及时把材料送到宪法起草委员会办公室,再由宪法起草委员会办公室归纳分类,最后刊印成全民讨论意见汇编。9月8日、12日,宪法起草委员会召开第八次、第九次会议,结合各方面的意见,对宪法草案又进行了修改。

9月10日以后,各地陆续到北京参加全国人民代表大会的代表,对宪法草案又提出了一些意见。在人大代表所提出的意见中,有两条是必须接受加以修改的。9月14日,在宪法草案提交给全国人民代表大会的前一天,中央人民政府委员会召开了一次临时会议,临时会议由毛泽东主持,对宪法草案又作了两处修改。第一处修改是宪法序言第三段，在"第一届全国人民代表大会"下面加"第一次会议"5 个字，下面有具体时间，写成"1954 年 9 月某日"。同一段落内，"我国的第一部宪法"改为"中华人民共和国宪法"。对于宪法序言第三段的改动属于文字表述性的修改，但是必须修改。第二处修改是针对宪法草案第三条第三款"各民族……都有保持或者改革自己的风俗习惯和宗教信仰的自由"中的"和宗教信仰"5 个字。来自西藏的代表提出"改革信仰"的写法不好，最后修改为：删去"和宗教信仰"5 个字，整个句子改为"都有保持或者改革自己的风俗习惯的自由"。

9 月 15 日下午，第一届全国人民代表大会第一次会议在北京中南海怀仁堂隆重开幕，报到代表 1211 人，当天实际参会代表 1141 人。毛泽东主持开幕式，并致开幕词。刘少奇代表宪法起草委员会向大会作了《关于中华人民共和国宪法草案的报告》，该报告共分为四个部分：第一部分"中华人民共和国宪法草案是历史经验的总结"，第二部分"关于宪法草案基本内容的若干说明"，第三部分"关于全民讨论中提出的对宪法草案的意见"，第四部分"结论：宪法草案是代表全国各族人民利益的"。

9 月 16 日、17 日、18 日，连续 3 天讨论宪法草案及其报告。16 日，有李济深、张澜、达赖喇嘛·丹增嘉措、张治中等 30 位代表发言；17 日，有赛福鼎·艾则孜、许广平、舒庆春、胡耀邦等 28 位代表发言；18 日，有吴玉章、叶剑英、刘文辉等 31 位代表发言。

20 日下午，第一届全国人民代表大会第一次会议以无记名投票的方式通过《中华人民共和国宪法》。当天出席会议的代表有 1197 人，发出选票 1197 张，同意票 1197 张。当执行主席宣布投票结果的时候，与会代表全体起立，整个会场一片欢腾，热烈的掌声和"中华人民共和国万岁""毛主席万岁""中国共产党万岁"的欢呼声持续了5分钟。

四、1954 年宪法的主要内容

1954 年宪法由序言和正文一百零六条组成，序言分为六个自然段，有九百多字（含标点符号在内）。正文分为第一章总纲，二十个条文；第二章国家机构，六节六十四个条文；第三章公民的基本权利和义务，十九个条文；第四章国旗、国徽、首都，三个条文。宪法主要包括以下四方面的内容。

第一，明确规定了国家的性质和政治制度。宪法第一条表明了我们国家的性质，该条规定："中华人民共和国是工人阶级领导的、以工农联盟为基础的人民民主国家。"宪法第二条规定了国家的基本政治制度是人民代表大会制，该条第一款规定："中华人民共和国的一切权力属于人民。人民行使权力的机关是全国人民代表大会和地方各级人民代表大会。"

第二，明确了国家在过渡时期的总任务。宪法在序言的第二自然段明确阐述了过渡时期和这一时期的总任务："从中华人民共和国成立到社会主义社会建成，这是一个过渡时期。国家在过渡时期的总任务是逐步实现国家的社会主义工业化，逐步完成对农业、手工业和资本主义工商业的社会主义改造。"宪法第四条概括了实现"总目标"所依靠的力量和实现途径："中华人民共和国依靠国家机关和社会力量，通过社会主义工业化和社会主义改造，保证逐步消灭剥削制度，建立社会主义社会。"

第三，规定了公民的广泛权利和相应的义务。宪法第八十五条至第九十九条规定："中华人民共和国公民在法律上一律平等";除了有精神病的人和依照法律被剥夺选举权和被选举权的人,"中华人民共和国年满十八岁的公民,不分民族、种族、性别、职业、社会出身、宗教信仰、教育程度、财产状况、居住期限,都有选举权和被选举权";"中华人民共和国公民有言论、出版、集会、结社、游行、示威的自由";"中华人民共和国公民有宗教信仰的自由";公民的住宅不受侵犯,通信秘密受法律的保护,有居住和迁徙的自由;等等。宪法第一百条至第一百零三条规定了公民应尽的义务:"中华人民共和国公民必须遵守宪法和法律,遵守劳动纪律,遵守公共秩序,尊重社会公德";有爱护和保卫公共财产、保卫祖国、依照法律纳税和服兵役的义务。

第四,规定了在统一前提下的民族区域自治制度。宪法序言第五自然段阐述了自由平等、友爱互助的民族关系,"我国各民族已经团结成为一个自由平等的民族大家庭"。宪法第三条分为四款规定:"中华人民共和国是统一的多民族的国家""各民族一律平等。禁止对任何民族的歧视和压迫,禁止破坏各民族团结的行为""各民族都有使用和发展自己的语言文字的自由,都有保持或者改革自己的风俗习惯的自由""各少数民族聚居的地方实行区域自治。各民族自治地方都是中华人民共和国不可分离的部分"。第七十条规定:"自治区、自治州、自治县的自治机关依照宪法和法律规定的权限行使自治权。"各级民族自治机关可以依照当地民族的政治、经济和文化的特点,制定自治条例和单行条例,报请全国人民代表大会常务委员会批准。

1954年宪法是新中国第一部社会主义类型的宪法,体现了人民民主和社会主义两大原则。第一届全国人民代表大会第一次会议还制定颁布了全国人民代表大会组织法、国务院组织法、地方

各级人民代表大会组织法、人民法院组织法、人民检察院组织法
等法律；选举或决定了全国人民代表大会常务委员会、国家主席
和副主席、国务院总理和副总理、最高人民法院院长、最高人民
检察院检察长的人选。

在宪法颁布后的一段时间里，得到了较好的实施，人民代表
大会制度运行良好。第一届全国人大常委会共举行了一百一十次
会议，第二届全国人大常委会共举行了一百三十七次会议，在立
法和国家建设方面都发挥了重要作用。第三届全国人大常委会在
1965 年 1 月 19 日至 1966 年 7 月 7 日，共举行了三十三次会议，
此后由于"文化大革命"的影响，未能正常履行宪法职能。直至
1975 年 1 月 20 日，第四届全国人大常委会第一次会议的召开，
其间有九年多的时间停止行使职权。

第四节 1975 年和 1978 年宪法

一、1975 年宪法

1970 年 3 月 8 日，毛泽东提出召开第四届全国人民代表大会
和修改宪法的意见。随后中央政治局遵照毛泽东修改宪法的意
见，成立了宪法工作小组。7 月 17 日，中共中央成立了由 57 人
组成的修改宪法起草委员会，由毛泽东担任主任，林彪担任副
主任。

中共九届二中全会通过了宪法修改草案。原计划第四届全
国人民代表大会在 1970 年 9 月 15 日召开，由于 1970 年 8 月底

在中共九届二中全会上发动了揭发批判陈伯达的"批陈整风"运动，在 1971 年 9 月 13 日发生了林彪事件，接着又开展了"批林批孔"运动，第四届全国人民代表大会未能如期召开，宪法修改草案也被搁置。直到 1973 年 9 月，在中共第十次全国代表大会之后，中共中央发布了关于准备召开四届全国人大的通知。从 1973 年 9 月到 1974 年底，先后有多个宪法修改草案和修改宪法的报告报送中央审阅。1975 年 1 月 8 日—10 日，中共十届二中全会召开。会议在周恩来的主持下，讨论通过了宪法修改草案、关于修改宪法的报告和政府工作报告，准备提交即将召开的四届全国人民代表大会。

1 月 13 日，第四届全国人民代表大会第一次会议在北京开幕，本届人民代表大会的 2885 名代表由"民主协商"产生，出席会议的有 2864 名。与会代表全体一致通过了修改后的宪法。

1975 年宪法大体延续了 1954 年宪法的结构，但条文数量大幅度的减少。1975 年宪法由序言和正文组成，序言分为八个自然段，有八百个字（含标点符号在内），与 1954 年宪法序言相比文字数量变化不大，在内容上增加了"取得无产阶级文化大革命伟大胜利"，将中共十大形成的"党的基本路线""基本政策"写入宪法，深受"左"倾错误思想的影响，"无产阶级专政下继续革命的理论和实践"成为宪法序言的重要内容。

正文共四章三十条。第一章总纲共十五条，占整部宪法条文数量的一半，并将"大鸣、大放、大辩论、大字报"作为"人民群众创造的社会主义革命的新兴形式"写入总纲部分；第二章国家机构，分为五节，只有十条；第三章公民的基本权利和义务，仅有四条；第四章国旗、国徽、首都，以一个条文加以概括规定。正文部分条文过于简约，且总纲占了一半的条文数量，结构明显失衡。1975年宪法诞生之际，全国正处在"文化大革命"的内乱时期，该宪法未能使社会秩序恢复正常，在"文化大革命"结束之后，很快被再次修改。

二、1978年宪法

1977年8月12日—18日，中共十一大在北京召开。出席会议的代表有1519人，代表全国3500多万名中共党员，中共中央主席华国锋主持会议并代表中央委员会向大会作了政治报告，中央副主席叶剑英作了关于修改党章的报告。会议虽然宣告了"文化大革命"的结束，但未能完全清除"文化大革命"的"左"倾错误。大会修订通过的党章虽然增加了建设社会主义现代化强国、加强民主集中制等方面的内容，但仍然保留了"无产阶级专政下继续革命"的旧有的错误理论。中共十一次代表大会未能实现思想的拨乱反正，这影响了宪法修改工作。

中共十一大以后，由新选举产生的中共中央政治局直接负责宪法的修改工作。1977年10月15日和11月2日，中共中央先后向全国发布了"关于向党内外群众征求对修改宪法意见"的通知及其补充通知，通知明确要求：征求意见的对象要广泛，包括工人、农民、解放军战士、知识分子、各级党政军干部，以及民主党派、爱国人士、少数民族、归国华侨等，特别是党外人士要占一定比例；对于宪法的修改意见，要在11月20日以前报送中央；11月下旬，中共中央将召开具有广泛代表性的宪法座谈会，进一步征求宪法修改意见。在广泛征求意见和座谈研讨的基础上，形成了宪法修改草案、关于修改宪法的报告。1978年2月

18 日—23 日，中共十一届二中全会在北京召开。全会讨论通过了准备提交给五届全国人民代表大会一次会议的政府工作报告、1976 年—1985 年发展国民经济十年规划纲要（草案）、宪法修改草案、关于修改宪法的报告等四个文件。

第五届全国人民代表大会第一次会议于 1978 年 2 月 26 日—3 月 5 日在北京召开。出席会议的代表共 3497 人，会议的主题是动员全国各族人民团结起来，为建设社会主义的现代化强国而奋斗。叶剑英受中共中央的委托，向大会作了关于修改宪法的报告，报告分为"关于新时期的总任务""关于宪法条文的修改""关于宪法的实施"三部分。

1978 年宪法与 1954 年宪法、1975 年宪法结构基本相同，分为序言和正文两部分。序言由八个自然段组成。正文共四章六十条，第一章总纲，有十九个条文；第二章分为六节，有二十四个条文，恢复 1954 年宪法所设第二节"中华人民共和国主席"；第三章公民的基本权利和义务，有十九个条文；第四章国旗、国徽、国歌、首都，有一个条文。1978 年宪法比 1975 年宪法，条文增加一倍，但与 1954 年宪法相比，仍较为简陋，并且延续了"文化大革命"时期的一些错误的理论和原则，在"国家机构"一章中仍然保留了地方各级统揽大权的"革命委员会"体制。随着中国共产党拨乱反正工作的持续开展，"文化大革命"的错误得到全面纠正，1978 年宪法因其内容问题逐渐显得不符合时代的需要，不久即开始进行全面修正。

第五节　1982 年宪法

一、1982 年宪法的制定

1978 年 12 月 18 日—22 日，中共十一届三中全会在北京召开。会议由时任中共中央主席华国锋主持。全会的中心议题是根据邓小平的指示讨论把全党的工作重点转移到经济建设上来。这次会议实现了中国共产党历史上伟大的转折，纠正了"文化大革命"中的"左"倾错误，重新确立了正确的思想路线、政治路线和组织路线，确定了改革开放的重大战略方针。关于社会主义法制建设，在《中国共产党第十一届中央委员会第三次全体会议公报》中特别指出："从现在起，应当把立法工作摆到全国人民代表大会及其常务委员会的重要议程上来。检察机关和司法机关要保持应有的独立性；要忠实于法律和制度，忠实于人民利益，忠实于事实真相；要保证人民在自己的法律面前人人平等，不允许任何人有超于法律之上的特权。""根据党的历史的经验教训，全会决定健全党的民主集中制，健全党规党法，严肃党纪。"

1979 年 2 月，第五届全国人民代表大会常务委员会第六次会议决定设立以彭真为主任的法制委员会，由 80 人组成，协助全国人民代表大会常务委员会加强法制工作，承担起加快立法的繁重任务。7 月 1 日，第五届全国人民代表大会第二次会议通过了刑法、刑事诉讼法、地方组织法、全国人大和地方人大选举法、人民法院组织法、人民检察院组织法、中外合资经营企业法等七部法律。同时，还通过了《〈关于修正中华人民共和国宪法〉若干规定的决议》，决议的主要内容包括：一是县级以上地方各级人大设常委会；二是将地方各级革命委员会改为地方各级人民政府；三是人大代表直接选举由乡级扩大到县级。该决议成为制定1982年宪法的前奏。

1980年8月18日，中共中央政治局召开扩大会议，邓小平在会上作了《党和国家领导制度的改革》的重要讲话。针对党和国家领导制度、干部制度所出现的官僚主义、权力过分集中、家长制、终身制和形形色色的特权现象，他在讲话中指出，过去发生的各种错误，固然与某些领导人的思想作风有关，但是组织制度、工作制度方面的问题更重要。制度问题更带有根本性、全局性、稳定性和长期性，必须引起全党的高度重视。为加强制度建设，邓小平提出："中央将向五届人大三次会议提出修改宪法的建议。要使我们的宪法更加完备、周密、准确，能够切实保障人民真正享有管理国家各级组织和各项企业事业的权力，享有充分的公民权利，要使各民族真正实行民族区域自治，要改善各级人民代表大会制度，等等。关于不允许权力过分集中的原则，也将在宪法上表现出来。"[1]

8月30日，中共中央向第五届全国人民代表大会第三次会议主席团提出关于修改宪法和成立宪法修改委员会的建议，该建议称，由于受当时历史条件的限制和两年来所发生的巨大变化，1978年宪法许多内容已经不适应当前政治经济生活和人民对于建设现代化国家的需要，为了完善无产阶级专政的国家制度，发展社会主义民主，健全社会主义法制，切实保障人民的权利，发挥

---

〔1〕　邓小平：《党和国家领导制度的改革》，《邓小平文选》第二卷，人民出版社1994年版，第338页。

社会主义制度的优越性，需要对宪法作比较系统的修改。中共中央提出了修改宪法的具体建议：全国人民代表大会成立宪法修改委员会主持宪法修改工作，并于1981年上半年公布宪法修改草案，交付全民讨论，经第五届全国人民代表大会第四次会议讨论通过，下一届全国人民代表大会将按照修改后的宪法产生和开展工作。建议附有中华人民共和国宪法修改委员会名单草案，一并提交全国人民代表大会审议。9月6日下午，第五届全国人民代表大会第三次会议主席团召开第三次会议，讨论通过了中共中央提出的关于修改宪法和成立宪法修改委员会的建议，决定将该建议和宪法修改委员会名单草案，提请大会审议。9日下午，主席团召开第四次会议，讨论通过了第五届全国人民代表大会第三次会议关于修改宪法和成立宪法修改委员会的决议草案。10日，第五届全国人民代表大会第三次会议审议通过了关于修改宪法和成立宪法修改委员会的决议，该决议同意中共中央关于修改宪法的建议，通过了由叶剑英担任主任委员，宋庆龄、彭真担任副主任委员，包括103名委员在内的宪法修改委员会名单；并决定由宪法修改委员会主持修改1978年宪法，提出宪法修改草案，由全国人民代表大会常务委员会公布，交付全国人民讨论，再由宪法修改委员会根据讨论意见加以修改后，提交本届全国人民代表大会第四次会议审议。决议通过后，宪法修改委员会即着手修宪工作，但是，由于工作繁重、各个讨论环节的细致入微，宪法修改进程比原计划迟延了一年，未能如期将宪法修改草案提交第五届全国人民代表大会第四次会议审议，而是在1982年12月初，由第五届全国人民代表大会第五次会议审议通过。

（一）宪法修改草案的起草

1980年9月15日，叶剑英主持召开宪法修改委员会第一次全体会议，并就修改 1978 年宪法的原则发表讲话。叶剑英强调，这次修改宪法，采取多种形式发动人民群众积极参加这项工作；这次修改宪法要认真总结新中国成立以来制定和修改宪法的历史经验，一定要从中国的实际情况出发，以我们的经验为基础，同时也要参考当代外国宪法，尤其是一些社会主义国家的宪法，吸收其中好的先进的东西。为了高质量、高效率地完成修宪任务，会议决定成立宪法修改委员会秘书处，由胡乔木担任秘书长，吴冷西、胡绳、甘祠森、张友渔、叶笃义、邢亦民、王汉斌为副秘书长。修改宪法的具体工作在 1981 年 7 月之前是胡乔木主持，之后由彭真直接主持。

1981 年 6 月 27 日—29 日，中共十一届六中全会在北京举行，全会通过了《关于建国以来党的若干历史问题的决议》，标志着党完成了指导思想上的拨乱反正。决议总结了新中国成立以来正反两方面的经验、特别是"文化大革命"的教训，特别指出，在剥削阶级作为阶级消灭以后，阶级斗争已经不是主要矛盾。由于国内的因素和国际的影响，阶级斗争还将在一定范围内长期存在，在某种条件下还有可能激化。既要反对把阶级斗争扩大化的观点，又要反对认为阶级斗争已经熄灭的观点。明确了党和国家工作的重点：在社会主义改造基本完成以后，中国所要解决的主要矛盾，是人民日益增长的物质文化需要同落后的社会生产之间的矛盾，党和国家工作的重点必须转移到以经济建设为中心的社会主义现代化建设上来。在进行社会主义现代化建设的过程中，四项基本原则是全党团结和全国各族人民团结的共同的政治基础，就是要在坚持社会主义道路，坚持人民民主专政即无产阶级专政，坚持共产党的领导，坚持马克思列宁主义、毛泽东思想这四项基本原则的基础上，把全党、全军和全国各族人民的意志和力量进一步集中到建设社会主义现代化强国这个伟大目标上来。决议还特别指出：逐步建设高度民主的社会主义政治制度，是社会主义革命的根本任务之一；必须根据民主集中制的原则加强各级国家机关的建设，使各级人民代表大会及其常设机构成为有权威的人民权力机关，在基层政权和基层社会生活中逐步实现人民的直接民主，特别要着重努力发展各城乡企业中劳动群众对于企业事务的民主管理。决议所提出党和国家的重点工作、四项基本原则、建设高度民主的社会主义政治制度等这些内容，成为修正宪法的基本遵循。

从 1980 年 9 月 17 日宪法修改委员会秘书处召开第一次会议，到 1981 年 4 月，大约用了 8 个月的时间，秘书处先后开会十余次，完成了宪法修改草案讨论稿（五稿）。在这 8 个月的时间里，宪法修改委员会秘书处主要做了四件事。一是认真学习、研究党的十一届三中全会、六中全会决议，领会、掌握党对历史经验的总结和党在历史新时期的路线方针政策。二是广泛征求意见，首先是把 1954 年宪法和 1978 年宪法发给各部门、各地方、各方面，对这两部宪法哪些留、哪些删、哪些改、哪些加，提出意见；与此同时，邀请各方面的人士，包括中央国家机关和民主党派、人民团体的负责人，还有专家，先后召开了 13 次座谈会，听取意见。三是收集、研究 35 个国家的宪法，还有国民党的中华民国宪法，用以参考、借鉴。在征求意见过程中，大家提出了许多好的意见；同时，在一些重大问题上也有不同主张，一时又定不下来。因此，秘书处最初起草的稿子对宪法总体结构和有些章节、条文写了两个甚至几个方案，便于比较、研究。四是在政治学习、广泛征求意见、比较研究的基础上，宪法修改委员会秘书处通过专题研究、集体研讨的方式，完成了一个宪法修改草案讨论稿（第一稿），该讨论稿共三章一百五十五条：第一章总纲，分为五节（政治制度，经济制度，文化、科学和教育，政党、政协和人民团体，国防和外交），三十三个条文；第二章公民基本权利和义务，二十一个条文；第三章国家机构，分为八节（全国人民代表大会、全国人民代表大会常务委员会、中华人民共和国主席、国务院、地方各级人民代表大会和地方各级人民政府、民族自治地方的自治机关、人民法院、人民检察院），一百零一个条文。此后，秘书处又在 2 月 28 日完成了草案讨论稿第二稿，4 月 1 日完成了草案讨论稿第三稿，4 月 20 日完成了草案讨论稿第四稿，5 月 1 日完成了草案讨论稿第五稿。虽然完成了五稿，但秘书处对宪法草案中的一些重大问题，如宪法序言的内容应该如何安排、如何表述；人民代表大会是实行一院制，还是两院制；在民族问题上实行民族区域自治制度，是民族自治，还是区域自治；设不设国家主席；农村人民公社是坚持政社合一，还是政社分开等，都还不够满意，秘书处总结形成了《关于修改宪法的一些主要问题的报告（草案）》，一些主要问题还在持续研究之中。

鉴于国家正在进行体制改革，有些重大问题正在实践研究解决过程中，宪法修改草案难于形成妥善的定稿。1981 年 12 月，宪法修改委员会副主任委员彭真向第五届全国人民代表大会第四次会议提交了《关于建议推迟修改宪法完成期限的说明》，该说明指出：由于宪法修改工作关系重大，牵涉各方面一系列复杂的问题，目前国家仍处在改革中，为慎重地开展宪法修改工作，需要把完成期限适当推迟。宪法修改委员会在说明中建议：仍按原决定的步骤，由全国人民代表大会常务委员会公布宪法修改草案，交付全国各族人民讨论，再由宪法修改委员会根据讨论意见修改后，提交 1982 年召开的第五届全国人民代表大会第五次会议审议（比原计划要推迟一年）。第五届全国人民代表大会第四次会议于 12 月 13 日通过了关于推迟审议宪法修改草案的决议，将宪法修改草案的审议工作推迟到第五届全国人民代表大会第五次会议进行。

1982 年 2 月 27 日—3 月 16 日，宪法修改委员会第二次全体会议在人民大会堂召开。除了秘书处提供给各位委员的宪法修改草案（讨论稿）的说明，胡乔木还对草案作了重要解释：草案加强了人民民主，也就加强了以人民民主为基础的人民民主专政和民主集中制；草案扩大了人大常委会的权力，也扩充了国务院的职权；恢复设置国家主席；关于地方制度和民族自治制度，也作了一些新的规定。彭真主持会议，对秘书处起草的宪法修改草案（讨论稿）进行逐章逐节逐条地讨论和完善。4 月 12 日—20 日，彭真主持召开宪法修改委员会第三次全体会议，由工作人员逐条宣读草案，逐字逐句地进行讨论。本次会议形成了一个比较成熟的宪法修改草案，以及《关于中华人民共和国宪法修改草案的说明》。

（二）宪法修改草案的公布与讨论

1982 年 4 月 22 日，第五届全国人民代表大会常务委员会第二十三次会议在北京人民大会堂召开。彭真代表宪法修改委员会向全国人民代表大会常务委员会提出宪法修改草案，并作了《关于中华人民共和国宪法修改草案的说明》。在听取了彭真所作的说明之后，人大常委会进行了为期两天的分组讨论，讨论中提出的意见转交宪法修改委员会，在全民讨论之后进行修改时一并研究采纳。4 月 26 日，第五届全国人民代表大会常务委员会第二十三次会议举行全体会议，通过了关于公布《中华人民共和国宪法修改草案》的决议：同意宪法修改委员会的建议，决定公布宪法修改草案，交付全国各族人民讨论；全国各级国家机关、军队、政党组织、企事业单位和街道、农村人民公社等基层组织，在1982 年 5 月至 8 月安排必要时间组织讨论宪法修改草案，提出修改意见，并逐级上报；全国各族人民、各单位所提出的意见，在1982 年 8 月底以前报送宪法修改委员会，由宪法修改委员会根据所提意见对宪法修改草案作进一步修改后，提请第五届全国人民代表大会第五次会议审议。

宪法修改草案公布后，全国掀起了全民学习和讨论的热潮。从 4 月 26 日至 8 月底，在 4 个月的时间里，宪法委员会秘书处办公室又收到社会各界人士对宪法修改草案提出的大量意见和建议，百分之八十到百分之九十的成年公民参加了讨论，写信的有年迈的老学者，也有在校学习的中学生，有各机关单位的系统意见，还有各团体学会的专业意见，全国人民对修改宪法的重视和对参与国家政治管理事务的热情空前高涨。宪法修改委员会根据第五届全国人民代表大会常务委员会第二十三次会议的讨论意见和汇总的全民讨论意见，对宪法修改草案作了认真的修改，经过宪法修改委员会第四次会议（11 月 4 日—9 日）、第五次会议（11 月 23 日）的进一步完善，经过两年零两个月的起草工作最终形成了成熟的草案，提请第五届全国人民代表大会第五次会议审议。

（三）1982 年宪法的审议通过

1982 年 11 月 25 日，第五届全国人民代表大会第五次会议主席团举行第一次会议，会议由全国人民代表大会常务委员会副委员长兼秘书长杨尚昆主持。由于宪法修改委员会向全国人民代表大会提出宪法修改草案后已经完成了它的任务，因此主席团会议作出决定：在本次会议期间，主席团领导下设立一个宪法工作小组，根据代表们在讨论中提出的意见，对宪法修改草案进行必要的修改；宪法工作小组由胡绳担任组长。

11 月 26 日，第五届全国人民代表大会第五次会议在人民大会堂隆重开幕。彭真受叶剑英委托，代表宪法修改委员会，在第五届全国人民代表大会第五次会议上作关于宪法修改草案的报告。在报告中，他明确阐释了宪法的指导思想："宪法修改草案的总的指导思想是四项基本原则，这就是坚持社会主义道路，坚持人民民主专政，坚持中国共产党的领导，坚持马克思列宁主义、毛泽东思想。这四项基本原则是全国各族人民团结前进的共同的政治基础，也是社会主义现代化建设顺利进行的根本保证。"[1] 关于国家的性质，他在报告中指出："人民民主专政的国家性质决定，在我国，人民，只有人民，才是国家和社会的主人。宪法修改草案明确规定：'中华人民共和国的一切权力属于人民。'这是我国国家制度的核心内容和根本准则。"[2] 宪法修改草案进一步完善了人民代表大会制度，加强了人大常委会对政府的监督权，彭真说："以人民利益为根据，以宪法、法律为准绳，是就是，非就非。对的，就肯定，就支持；错的，就否定，就纠正。不批准就是否定。它错了，违法了，你也不管，那还怎么代表人民？""人大常委会对政府工作的监督，主要是监督它是否违宪、违法，是否正确执行国家的方针、政策，是否符合人民

---

〔1〕 彭真：《论新时期的社会主义民主与法制建设》，中央文献出版社 1989 年版，第 143 页。

〔2〕 彭真：《论新时期的社会主义民主与法制建设》，中央文献出版社 1989 年版，第 148 页。

的根本利益。"〔1〕在报告中，彭真对宪法修改草案中国家机构、经济制度、国家统一和民族团结等内容作了详尽的说明。

在听取了关于宪法修改草案的报告之后，第五届全国人民代表大会第五次会议对草案进行了分组讨论，主席团领导下的宪法工作小组又把代表们提出的补充和修改意见，加以分析和采纳，进一步完善了宪法修改草案。

12 月 4 日，第五届全国人大第五次会议对宪法修改草案进行投票表决。首先宣读宪法修改草案全文，之后大会通过了以陈志彬（中国人民解放军代表）和杜棣华（上海市代表）为总监票人的 62 名监票人名单。监票人按照投票程序核对了出席会议的代表人数，本次人民代表大会共有代表 3421 人，当天出席会议的代表 3040 人。根据本次会议议定的宪法表决办法，采取无记名投票的方式，经过三分之二以上的绝对多数通过方为有效。工作人员将同时用汉文、蒙古文、藏文、维吾尔文、哈萨克文、朝鲜文印有"中华人民共和国宪法表决票"的粉红色表决票发给各位代表。经投票、计票，下午 5 时 45 分，大会执行主席习仲勋宣布：根据监票人的报告，有效票 3040 张，其中赞成票 3037 张，反对票 0 票，弃权票 3 张。现在宣布中华人民共和国宪法已经由本次会议通过。随之，人民大会堂的会场响起了经久不息的掌声。

12 月 4 日，在宪法表决通过后，第五届全国人民代表大会第五次会议主席团发布了《中华人民共和国全国人民代表大会公告》，将宪法公布实施。同日，第五届全国人民代表大会第五次会议还通过了关于中华人民共和国国歌的决议："恢复《义勇军

---

〔1〕　彭真：《论新时期的社会主义民主与法制建设》，中央文献出版社 1989 年版，第 198 页。

进行曲》为中华人民共和国国歌，撤销本届全国人民代表大会第一次会议 1978 年 3 月 5 日通过的关于中华人民共和国国歌的决定。"

二、1982 年宪法的主要内容

1982 年宪法分为序言和正文两部分。序言部分共十三个自然段。正文部分共一百三十八条，分为四章：第一章总纲，共三十二条；第二章公民的基本权利和义务，共二十四条；第三章国家机构，分为全国人民代表大会、中华人民共和国主席、国务院、中央军事委员会、地方各级人民代表大会和地方各级人民政府、民族自治地方的自治机关、人民法院和人民检察院等七节，共七十九条；第四章国旗、国徽、首都，有三个条文。宪法主要包括以下四方面的内容。

第一，明确了国家的总任务和总的指导思想。宪法序言第七自然段指出，"国家的根本任务是集中力量进行社会主义现代化建设"，坚持社会主义道路，坚持人民民主专政，坚持共产党的领导，坚持马克思列宁主义、毛泽东思想四项基本原则是实现总任务的指导思想。

第二，关于国家机构的规定更为科学。由于全国人民代表大会每年只召开一次全体会议，宪法列举兼概括地规定了全国人大常委会的职权，扩大和充实了全国人大常委会的权力，更好地体现了宪法第二条第一、二款的规定："中华人民共和国的一切权力属于人民""人民行使国家权力的机关是全国人民代表大会和地方各级人民代表大会"。宪法恢复了设立国家主席的规定，取消了实际存在的领导职务终身制的问题；"国务院实行总理负责制。各部、各委员会实行部长、主任负责制"，提高行政效能。新设第四节"中央军事委员会"，规定"中华人民共和国中央军事委员会领导全国武装力量"，以宪法明确国家武装力量的领导权。

第三，关于经济制度的规定，在很大程度上反映了改革开放的基本精神，在社会主义公有制为主体的前提下，多种经济形式并存。宪法规定国营经济是国民经济中的主导力量，集体经济是中国农村经济中的主要形式，国营经济和集体经济都是社会主义公有制，是中国社会主义经济的基础。城乡劳动者个体经济是社会主义公有制经济的补充，国家保护个体经营者的合法权利。在计划经济的体制内，注重发挥市场调节作用，国家通过计划经济的综合平衡和市场调节的作用，保证国民经济按比例地协调发展。

第四，维护祖国统一和民族团结。宪法序言第九自然段："台湾是中华人民共和国的神圣领土的一部分。完成统一祖国的大业是包括台湾同胞在内的全中国人民的神圣职责。"宪法第三十一条规定："国家在必要时得设立特别行政区。在特别行政区内实行的制度按照具体情况由全国人民代表大会以法律规定。"以上有关祖国统一的宣示、特别行政区的规定，为香港和澳门的回归和台湾地区的统一提供了"一国两制"的宪法依据。

宪法序言第十一自然段规定："中华人民共和国是全国各族人民共同缔造的统一的多民族国家。平等、团结、互助的社会主义民族关系已经确立，并将继续加强。"为维护民族团结，促进全国各民族的共同繁荣，"要反对大民族主义，主要是大汉族主义，也要反对地方民族主义"，还增加了有关民族区域自治的新内容。

1982年宪法总体上延续了1954年宪法的内容，所不同的是：1954年宪法的第二章是"国家机构"、第三章是"公民基本权利和义务";1982 年宪法的第二章为"公民的基本权利和义务",第三章为"国家机构"。这一变化不是简单的章节顺序的调整,而是结构性的变化。将"公民的基本权利和义务"置于"国家机构"之前,更好地体现了宪法第三条所规定的"中华人民共和国的一切权力属于人民",彰显了人民主权原则。另外,从内容上看,1982 年宪法的正文部分有一百三十八个条文,比 1954 年宪法的一百零六个条文、1975 年宪法的三十个条文、1978 年宪法的六十个条文,内容更加完备。

三、历次宪法修正案

(一) 1988 年宪法修正案

1978 年 11 月,安徽省凤阳县凤梨公社小岗村率先试行"包产到户",随后"家庭联产承包责任制"在全国范围内推广开来。城市经济也得到了巨大的发展,截至 1984 年,中国城市企业,包括工业、建筑业、交通业、商业和服务业,已有一百多万个,职工共八千多万人。仅城市工业企业提供的税收和利润,就占全国财政收入的百分之八十以上。

1984 年 10 月,中共十二届三中全会通过了《中共中央关于经济体制改革的决定》,决定分析了中国当前的经济和政治形势,总结了中国社会主义建设正反两方面的经验,特别是 1978 年以来城乡经济体制改革的经验,一致认为:进一步贯彻执行对内搞活经济、对外实行开放的方针,加快以城市为重点的整个经济体制改革的步伐,以利于更好地开创社会主义现代化建设的新局面。决定指出:改革是当前中国形势发展的迫切需要,改革是为了建立充满生机的社会主义经济体制,增强企业活力是经济体制改革的中心环节，建立自觉运用价值规律的计划体制，建立合理的价格体系，实行政企职责分开，建立多种形式的经济责任制，积极发展多种经济形式，起用一代新人，造就一支社会主义经济管理干部的宏大队伍，加强党的领导，保证改革的顺利进行。

1987 年 10 月 25 日—11 月 1 日，中共十三大在北京召开，党的十三大报告系统阐述了关于社会主义初级阶段的理论和党在社会主义初级阶段的基本路线。报告指出："我国社会已经是社会主义社会，我们必须坚持而不能离开社会主义""我国的社会主义社会还处在初级阶段，我们必须从这个实际出发，而不能超越这个阶段"。根据社会主义初级阶段的理论，中国共产党制定的基本路线是：领导和团结各族人民，以经济建设为中心，坚持四项基本原则，坚持改革开放，自力更生，艰苦创业，为把我国建设成为富强、民主、文明的社会主义现代化国家而奋斗。

1988 年 2 月 28 日，根据中共十二届三中全会关于经济体制改革的决定、中共十三大的精神，中共中央向全国人民代表大会常务委员会提出《关于修改中华人民共和国宪法个别条款的建议》，建议主要包括两项内容：其一，关于确认私营经济的法律地位；其二，关于允许土地使用权转让。第六届全国人民代表大会常务委员会第二十五次会议研究了经济改革的实践经验，接受了中共中央的建议，提出宪法修正案（草案），并决定将草案提交第七届全国人民代表大会第一次会议审议，拟增加"保护私营经济"和"土地使用权可以依照法律规定转让"的内容，为经济发展提供宪法保障。此后，中共中央向全国人民代表大会常务委员会提出宪法修改建议，启动修宪程序成为一个惯例。

3 月 25 日—4 月 13 日，第七届全国人民代表大会第一次会议在北京召开，会议通过了两条宪法修正案。

第一条宪法修正案。宪法第十一条增加规定："国家允许私营经济在法律规定的范围内存在和发展。私营经济是社会主义公有制经济的补充。国家保护私营经济的合法权利和利益，对私营经济实行引导、监督和管理。"宪法第一条修正案确认了"私营经济是社会主义公有制经济的补充"的法律地位，允许其在法律规定范围内存在和发展，保护其合法权利和利益，从而丰富了中国经济成分，形成了公有制经济和多种非公有制经济（包括私营经济、个体经济和"三资"企业）并存，以公有经济为主体、多种非公有经济为补充的新体系。

第二条宪法修正案。将宪法第十条第四款"任何组织或者个人不得侵占、买卖、出租或者以其他形式非法转让土地。"修改为："任何组织或个人不得侵占、买卖或者以其他形式非法转让土地。土地的使用权可以依照法律的规定转让。"该修正案允许土地所有权和使用权分离，土地使用权可以依法加以转移，提高了土地的利用率，有利于企业的发展。

本次宪法修正案只有两条，是对经济改革经验的宪法确认，是对经济体制改革的制度性推进。中共十三大关于社会主义初级阶段理论和社会主义初级阶段"一个中心，两个基本点"的总路线，未写入宪法修正案。

（二）1993年宪法修正案

1992年1月18日—2月21日，邓小平先后到武昌、深圳、珠海、上海等地进行调研和视察，发表了一系列重要谈话。他谈话的主旨是要坚定不移地全面贯彻执行党的基本路线，解放思想，实事求是，排除各种干扰，抓住有利时机，深化改革，加快改革开放的步伐，迅速发展经济。邓小平的南方谈话促进了"以经济建设为中心，坚持四项基本原则，坚持改革开放"总路线的贯彻执行。

1992 年 10 月 12 日—18 日，中共十四大在北京举行，江泽民在会上作了《加快改革开放和现代化建设步伐，夺取有中国特色社会主义事业的更大胜利》的报告。报告以邓小平同志建设有中国特色社会主义的理论为指导，认真总结党的十一届三中全会以来 14 年的实践经验，动员全党同志和全国各族人民，进一步解放思想，把握有利时机，加快改革开放和现代化建设步伐。中共十四大对推动社会主义市场经济体制的建立，加快经济改革步伐产生了积极作用。1993 年 2 月 14 日，中共中央向第七届全国人民代表大会常务委员会提出了关于修改宪法部分内容的建议。2 月 22 日，第七届全国人民代表大会常务委员会第三十次会议讨论并同意这项建议。3 月 14 日，中共中央又向第八届全国人民代表大会第一次会议主席团提出了《关于修改宪法部分内容的补充建议》。1993 年 3 月 29 日，第八届全国人民代表大会第一次会议通过了第三条至第十一条宪法修正案。这是全国人民代表大会对宪法的第二次修正。

本次修正案涉及宪法序言（二条）、总纲（五条）、公民的基本权利和义务（一条）、国家机构（一条），将"中国特色社会主义的理论""中国共产党领导的多党合作和政治协商制度""国家实行社会主义市场经济"写入宪法，将"国营经济"改为"国有经济"，"农村中的家庭联产承包为主的责任制"作为劳动群众集体所有制经济的一种形式写入宪法。县、不设区的市、市辖区的人民代表大会每届任期从三年改为五年，与全国、省级、设区的市的人民代表大会任期一致。

（三）1999 年宪法修正案

中共十五大于 1997 年 9 月 12 日—18 日在北京召开，江泽民代表第十四届中央委员会向大会作了题为《高举邓小平理论伟大旗帜，把建设有中国特色社会主义事业全面推向二十一世纪》的报告。党的十五大报告首次使用了"邓小平理论"的科学概念，并把这一理论作为指引党继续前进的旗帜，大会通过的《中国共产党章程修正案》把邓小平理论确立为党的指导思想，明确规定中国共产党以马克思列宁主义、毛泽东思想、邓小平理论作为自己的行动指南。党的十五大进一步阐述了社会主义初级阶段理论，明确提出了党在这个阶段的基本纲领，正式提出了"依法治国，建设社会主义法治国家"的治国方略，这是我们党执政史上具有里程碑意义的重大决策。对于法制建设，报告指出，加强立法工作，提高立法质量，到2010年形成有中国特色社会主义法律体系。维护宪法和法律的尊严，坚持法律面前人人平等，任何人、任何组织都没有超越法律的特权。

根据中共十五大以及经济体制改革的精神，中共中央向全国人民代表大会常务委员会提出了修改宪法的建议。全国人大常委会在中共中央建议的基础上形成了《全国人民代表大会常务委员会关于中华人民共和国宪法修正案（草案）》。第九届全国人民代表大会第二次会议于1999年3月5日—16日在北京举行，审议通过了《全国人民代表大会常务委员会关于中华人民共和国宪法修正案》。这是全国人民代表大会对宪法的第三次修正。本次修正案涉及宪法序言（一条）和总纲（五条）部分，将"依法治国，建设社会主义法治国家"的治国方略和"邓小平思想"的指导地位写入宪法，将基本经济制度和分配制度完整表述为："国家在社会主义初级阶段，坚持公有制为主体、多种所有制经济共同发展的基本经济制度，坚持按劳分配为主体、多种分配方式并存的分配制度。"

（四）2004 年宪法修正案

中共十六大于 2002 年 11 月 8 日—14 日在北京召开，江泽民代表第十五届中央委员会向大会作了题为《全面建设小康社会，开创中国特色社会主义事业新局面》的报告。中共十六大报告高举邓小平理论伟大旗帜，全面贯彻"三个代表"重要思想，对推进经济体制改革、政治体制改革、文化体制改革，全面建设小康社会，加快推进社会主义现代化作出了重要部署。中共十六届三中全会于 2003 年 10 月 11 日—14 日在北京举行，会议在贯彻中共十六大精神的基础上，审议通过了《中共中央关于完善社会主义市场经济体制若干问题的决定》和《中共中央关于修改宪法部分内容的建议》两个文件。随后，中共中央向第十届全国人大常委会提出了关于修改宪法部分内容的建议。2004 年 3 月 5 日—3 月 14 日，第十届全国人民代表大会第二次会议在北京召开，会议审议通过了《中华人民共和国宪法修正案》。这是全国人民代表大会对宪法的第四次修正。

本次修正案涉及宪法序言（二条），总纲（四条），公民的基本权利和义务（一条），国家机构（六条），国旗、国徽、首都（一条）等五个部分，宪法修正案在序言第七自然段，将"三个代表"重要思想、"推动物质文明、政治文明和精神文明协调发展"写入宪法，将"有中国特色社会主义的道路"改为"中国特色社会主义的道路"；在第十自然段末尾，增加一句"中国共产党领导的多党合作和政治协商制度将长期存在和发展"。在总纲部分，增加了"可以依照法律规定对土地、公民的私有财产实行征收或者征用并给予补偿""国家鼓励、支持和引导非公有制经济的发展""公民的合法的私有财产不受侵犯""国家建立健全同经济发展水平相适应的社会保障制度"等条款，以宪法确认了经济体制改革的制度成果。在公民的基本权利和义务部分，增加一款"国家尊重和保障人权"，标志着人权保障的法制化。在国家机构部分，全国人民代表大会代表的构成，增加了特别行政区的代表；将"戒严"改为"紧急状态"，适应各种突发事件的处理需要；在国家主席的职权中，增加规定"国事活动"；乡、民族乡、镇的人民代表大会每届任期由三年改为五年，统一了各级人民代表大会的任期。宪法第四章章名"国旗、国徽、首都"修改为"国旗、国歌、国徽、首都"，增加规定了《义勇军进行曲》为国歌。

（五）2018 年宪法修正案

2012 年 11 月 8 日召开的中共十八大对全面推进依法治国作出重大部署，强调把法治作为治国理政的基本方式。中共十八届三中全会于 2013 年 11 月 9 日—12 日在北京召开，中共中央总书记习近平主持会议，中央成立全面深化改革领导小组，负责改革总体设计、统筹协调、整体推进、督促落实，各级党委要切实履行对改革的领导责任。会议通过了《中共中央关于全面深化改革若干重大问题的决定》，决定丰富和完善了社会主义理论，巩固和发展了社会主义制度，提出"推进国家治理体系与治理能力现代化"，对加强社会主义民主政治制度建设和推进法治中国建设提出明确要求。中共十八届四中全会于 2014 年 10 月 20 日—23 日在北京召开，首次以全会的形式专题研究部署全面推进依法治国这一基本治国方略。为贯彻落实中共十八大作出的战略部署，加快建设社会主义法治国家，十八届中央委员会第四次全体会议研究了全面推进依法治国若干重大问题，通过了《中共中央关于全面推进依法治国若干重大问题的决定》。决定提出，全面推进依法治国，就要在中国共产党领导下，坚持中国特色社会主义制度，贯彻中国特色社会主义法治理论，形成完备的法律规范体系、高效的法治实施体系、严密的法治监督体系、有力的法治保障体系，形成完善的党内法规体系，坚持依法治国、依法执政、依法行政共同推进，坚持法治国家、法治政府、法治社会一体建设，实现科学立法、严格执法、公正司法、全民守法，促进国家治理体系和治理能力现代化。党的十八届四中全会首次聚焦法治，也是执政党痛定思痛之后的选择，为以宪法为统领的中国特色社会主义法治体系的完善提出了明确的要求。

中共十九大于 2017 年 10 月 18 日—24 日在北京召开。习近平代表第十八届中央委员会向大会作了题为《决胜全面建成小康社会 夺取新时代中国特色社会主义伟大胜利》的报告。党的十九大报告确定了"新时代中国特色社会主义思想和基本方略"，开启了"全面建设社会主义现代化国家新征程"；在"贯彻新发展理念，深入推进社会主义现代化建设""健全人民当家作主制度体系，发展社会主义民主政治""坚定不移全面从严治党，不断提高党的执政能力和领导水平"等方面总结了经验，明确了建设目标，对宪法的修正工作具有重要指导意义。

为修正宪法，中共中央于 2017 年 9 月 29 日成立了宪法修改小组，负责征求各方面意见，形成宪法修正的初步方案。宪法修改小组以书面征求意见和座谈会的方式，广泛征求了各方面的意见，11 月 13 日第一轮征求意见，12 月 12 日第二轮征求意见，12 月 15 日征求党外人士的意见。在广泛征求意见的基础上，根据党的十九大精神，宪法修改小组拟定了《中共中央关于修改宪法部分内容的建议》草稿。中共中央政治局 2017 年 12 月 27 日召开会议，决定 2018 年 1 月在北京召开中共十九届二中全会，主要议程是讨论研究修改宪法部分内容的建议。中共中央政治局听取了《中共中央关于修改宪法部分内容的建议》草稿在党内外一定范围征求意见的情况报告，决定根据这次会议讨论的意见进行修改后，将文件稿提请党的十九届二中全会审议。2018 年 1 月 2 日至 3 日，就《中共中央关于修改宪法部分内容的建议（草案)》进一步广泛征求各界代表的意见。

中共十九届二中全会于 2018 年 1 月 18 日—19 日在北京举行。中国共产党中央委员会总书记习近平作了重要讲话，全会一致认为："为更好发挥宪法在新时代坚持和发展中国特色社会主义中的重大作用，需要对宪法作出适当修改，把党和人民在实践中取得的重大理论创新、实践创新、制度创新成果上升为宪法规定。"全会提出，这次宪法修改必须贯彻以下原则："坚持党的领导，坚持中国特色社会主义法治道路，坚持正确政治方向；严格依法按程序进行；充分发扬民主、广泛凝聚共识，确保反映人民意志、得到人民拥护；坚持对宪法作部分修改、不作大改的原则，做到既顺应党和人民事业发展要求，又遵循宪法法律发展规律，保持宪法连续性、稳定性、权威性。"[1] 张德江就建议草案向全会作了说明，之后全会审议通过了《中共中央关于修改宪法部分内容的建议》。1 月 26 日，中共中央向全国人民代表大会常务委员会提出了《中国共产党中央委员会关于修改宪法部分内容的建议》。3 月 11 日，第十三届全国人民代表大会第一次会议第三次全体会议经投票表决通过了《中华人民共和国宪法修正案》。这是对 1982 年宪法的第五次修正。

在序言部分共有四条修正案（第三十二条至第三十五条），

---

[1]《中国共产党第十九届中央委员会第二次全体会议公报》,《人民日报》2018 年 1 月 20 日，第 1 版。

将"科学发展观、习近平新时代中国特色社会主义思想""贯彻新发展理念""实现中华民族伟大复兴""社会文明、生态文明"写入宪法，完善了宪法的指导思想，明确了奋斗目标，丰富了民族政策、外交政策。在总纲部分共有五条修正案（第三十六条至第四十条），其中在宪法第一条第二款之后增写"中国共产党领导是中国特色社会主义最本质的特征"，明确规定中国共产党的执政地位，体现了"党的领导、人民当家作主和依法治国的有机统一"；在国家机构序列中增加"监察委员会"，将"倡导社会主义核心价值观""宪法宣誓制度"[1]写入宪法。第三章国家机构部分共有十二条修正案（第四十一条至第五十二条），主要包括三方面的内容：其一，完善国家领导体制，删去了国家主席"连续任职不得超过两届"的内容，实现党的总书记、国家主席、中央军委主席在制度上"三位一体"的设置；其二，完善人民代表大会制度，将原来的"法律委员会"改为"宪法和法律委员会"，加强宪法的实施与监督，设区的市的人民代表大会和它们的常务委员会，可以依照法律规定制定地方性法规[2]；其三，增设"监察委员会"，概括规定了监察委员会的性质地位、人员组成、任期任届、领导体制、工作机制等，体现了深化国家监察体制改革，推进国家治理体系和治理能力现代化的制度成果，为监察法的制定提供了宪法依据。

---

〔1〕　2015 年 7 月 1 日第十二届全国人民代表大会常务委员会第十五次会议通过关于实行宪法宣誓制度的决定，2018 年 2 月 24 日第十二届全国人民代表大会常务委员会第三十三次会议修订了宣誓誓词。

〔2〕　宪法第 100 条增加一款，作为第 2 款："设区的市的人民代表大会和它们的常务委员会，在不同宪法、法律、行政法规和本省、自治区的地方性法规相抵触的前提下，可以依照法律规定制定地方性法规，报本省、自治区人民代表大会常务委员会批准后施行。"该修正案是对 2015 年 3 月第十二届全国人民代表大会第三次会议关于修改《中华人民共和国立法法》的决定的概括性采纳。

本次宪法的修正所形成的二十一条修正案，其中有部分修正案属于文字性的完善，例如第四十一、四十二、四十三、四十八、四十九、五十、五十一条都是在中央和地方国家机构序列增加或删除行政监察机关（属于行政机构序列）。总体而言，这次宪法修正丰富了指导思想，完善了人民代表大会制度、国家领导体制，推进了国家治理体系的现代化，体现了"对宪法作部分修改、不作大改的原则，做到既顺应党和人民事业发展要求，又遵循宪法法律发展规律，保持宪法连续性、稳定性、权威性"。

第六节　宪法相关法

宪法相关法是与宪法联系紧密，涉及国家基本制度或权力配置模式的法律部门。组织法是其中最为重要的一个组成部分。英文中"宪法"一词为"constitution"，其本义即"组织法"或者"构成法"。可以说，宪法不仅是人民权利的保障法，而且是国家机关的大组织法。宪法中有"国家机构"一章，即是国家组织的纲要，由此产生具体展开的国家机构组织法，我们可以将之视为"小宪法"。这些组织法系宪法相关法中最为重要的组成部分，体现了国家的权力配置与组织安排。我国国家机构组织法中，可以依据机构权力属性，从横向将"组织法"分为权力机关组织法、行政机关组织法、司法机关组织法等部分；也可以按照中央与地方的关系，从纵向将"组织法"分为中央国家机构组织法与地方国家机构组织法等部分。

1954 年 9 月 20 日—21 日，第一届全国人民代表大会第一次会议通过宪法的同时，还通过了全国人民代表大会组织法、国务院组织法、地方各级人大和地方各级人民委员会组织法、人民法院组织法、人民检察院组织法五部国家机构组织法[1]。"文化大革命"结束后，党的十一届三中全会顺利召开，民主集中制得以恢复。1979 年第五届全国人民代表大会第二次会议通过了对 1978 年宪法的第一次修正，同时审议通过了刑法、刑事诉讼法、全国人民代表大会和地方各级人民代表大会选举法、地方各级人大和地方各级人民政府组织法、人民法院组织法、人民检察院组织法、中外合资经营企业法等七部法律[2]。1982 年 12 月第五届全国人民代表大会第五次会议通过 1982 年宪法、全国人民代表大会组织法、国务院组织法、关于修改全国人民代表大会和地方各级人民代表大会选举法的决定、关于修改地方各级人民代表大会和地方各级人民政府组织法的决定等法律[3]。由此可见，国家机构组织法、选举法等宪法相关法的变迁与宪法变迁相一致。

一、全国人民代表大会组织法和国务院组织法

在中央层面，新中国成立后至 1954 年宪法实施期间，规定中央国家政权机关组织法和国家政务最高执行机关组织法的法律是中央人民政府组织法与政务院组织法。中央人民政府组织法于 1949 年 9 月 27 日中国人民政治协商会议第一届全体会议通过。

---

[1] 万其刚等编著：《人民代表大会制度简史》，中国民主法制出版社 2015 年版，第 39 页。

[2] 万其刚等编著：《人民代表大会制度简史》，中国民主法制出版社 2015 年版，第 122 页。

[3] 万其刚等编著：《人民代表大会制度简史》，中国民主法制出版社 2015 年版，第 152 页。

中央人民政府组织法规定，在普选的全国人民代表大会召开前，由中国人民政治协商会议全体会议暂时执行全国人民代表大会的职权，选举中华人民共和国中央人民政府委员会，并将国家权力交付给该委员会行使。中央人民政府委员会的法律地位为对外代表中华人民共和国，对内领导国家政权。其他国家机关由该机关产生，"中央人民政府委员会组织政务院，以为国家政务的最高执行机关；组织人民革命军事委员会，以为国家军事的最高统辖机关；组织最高人民法院及最高人民检察署，以为国家的最高审判机关及检察机关"。因此，此时的"中央人民政府"是一个"大政府"的概念。同时该法规定，政务院为国家政务的最高执行机关，实行总理负责制，下设内务部、外交部、司法部等30个部、会、院、署、行。由此产生了政务院及其所属各机关组织通则，共十条，对政务院内部厅、司、处、科、局、室、组、所及会的组织、负责人、其他人员、会议制度等内容进行简要规定。此即国务院组织法的前身。这一模式持续至第一届全国人民代表大会第一次会议召开、1954 年宪法及全国人民代表大会组织法与国务院组织法颁布方才改变。

（一）1954 年全国人民代表大会组织法、国务院组织法

1. 1954 年全国人民代表大会组织法

1954 年 9 月 20 日下午，第一届全国人民代表大会第一次会议一致通过宪法，并通过全国人民代表大会组织法。全国人民代表大会组织法分为"全国人民代表大会会议""全国人民代表大会常务委员会""全国人民代表大会各委员会""全国人民代表大会代表"，共四章三十八条，对大会、常委会、各委员会及人大代表作出规定。

根据 1954 年宪法规定，全国人民代表大会是最高国家权力

机关，全国人民代表大会是行使国家立法权的唯一机关，每届任期四年，每年举行一次会议，由全国人民代表大会常务委员会召集。全国人民代表大会组织法，系对宪法中全国人民代表大会内容的细化与落实。全国人民代表大会会议的召集依据宪法第二十五条进行，其召集的主体是上届全国人民代表大会常务委员会，时间为本届全国人民代表大会代表选举完成后的二个月。代表资格审查委员会对代表资格进行审查，并向全国人民代表大会提出报告。以选出代表的选举单位作为组成标准，全国人民代表大会代表应当组成代表小组。代表小组在每次大会会议前，应当就全国人民代表大会常务委员会提出的会议准备事项进行充分交流、交换意见；在会议期间，就全国人民代表大会或者其主席团提出的事项进行小组讨论。因此，代表小组履行其职权的基本方式为交换意见与小组讨论。

全国人民代表大会每次会议开始前，选举主席团、秘书长，并通过会议议程。主席团产生后，主持全国人民代表大会会议，并经过相互推选若干人，轮流担任会议执行主席；相互推选常务主席若干人，召集主持主席团会议。主席团选定秘书处副秘书长若干人，在秘书长领导下工作。经主席团决定，国务院及其部委、国防委员会、最高人民法院、最高人民检察院的负责人员中非代表人员，可以列席大会会议。

有权向全国人民代表大会提出议案的主体有：中华人民共和国主席、副主席，全国人民代表大会的代表、主席团、常务委员会和各委员会，国务院。中华人民共和国主席、副主席、全国人民代表大会常务委员会组成人员、最高人民法院院长、最高人民检察院检察长的人选，由全国人民代表大会代表联合提名或者单独提名；国务院总理和国务院其他组成人员、国防委员会副主席和委员的人选，依照宪法第二十七条的规定提名。向全国人民代表大会提出的议案，由主席团直接或交付有关委员会单独审查或者联合审查后提请全国人民代表大会会议讨论。但应注意的是，全国人民代表大会会议对于宪法的修改案（三分之二的多数通过）、法律案和其他议案（过半数通过）的通过，依照宪法第二十九条的规定。表决方式为无记名投票方式或者采用举手表决。会议公开举行，或经大会决议秘密举行。会议期间，应为少数民族代表准备必要的翻译。

宪法规定，全国人民代表大会常务委员会是全国人民代表大会的常设机关。全国人民代表大会常务委员会行使宪法第三十一条规定的职权。委员长、副委员长、秘书长和委员，由每届全国人民代表大会在第一次会议中选出。委员长的职权有：（1）主持常务委员会会议和常务委员会的工作；（2）提请常委会任命副秘书长若干人；（3）召集常务委员会会议（每月2次，必要时可以增加或者减少）。有权向全国人民代表大会常务委员会提案的主体有：中华人民共和国主席、副主席，全国人民代表大会常务委员会委员长、副委员长和委员，民族委员会和法案委员会，国务院。其中，决定国务院副总理、各部部长、各委员会主任、秘书长的个别任免案和决定驻外全权代表的任免案，最高人民法院副院长、庭长、副庭长、审判员和审判委员会委员的任免案以及最高人民检察院副检察长、检察员和检察委员会委员的任免案，分别由国务院总理与常委会委员长向常委会提出。向常委会提出的议案，由委员长提请常务委员会会议讨论，或者交付有关委员会单独审查或者联合审查后提请常务委员会会议讨论。决议通过方式为过半数通过。常委会在全国人民代表大会每次会议举行期间，必须向全国人民代表大会提出工作报告。

　　全国人民代表大会设立各委员会，协助全国人民代表大会工作。其设置的委员会有：民族委员会、法案委员会、预算委员会、代表资格审查委员会和其他需要设立的委员会。在大会闭会期间，民族委员会和法案委员会协助全国人民代表大会常务委员会工作。各委员会都由主任委员一人、副主任委员若干人和委员若干人组成。主任委员主持委员会会议和委员会的工作。此外，依照宪法第三十五条的规定，全国人民代表大会及其常务委员会可以组织特定问题的调查委员会，并临时决定其组织和工作。

　　宪法规定，全国人民代表大会代表享有针对国务院及其各部委的质问权，非经大会或常委会许可不受逮捕或审判的权利，但也应接受原选举单位监督，且原选举单位有权随时撤换本单位选出的代表。就质问权的行使，全国人民代表大会组织法规定，质问案经过全国人民代表大会会议主席团或者全国人民代表大会常务委员会提交受质问的机关，受质问的机关必须向全国人民代表大会或者全国人民代表大会常务委员会负责答复。就刑事豁免权，全国人民代表大会组织法规定，如果代表因为是现行犯被拘留，执行拘留的机关必须立即报请全国人民代表大会或者全国人民代表大会常务委员会批准。就受原选举单位的监督，全国人民代表大会组织法规定，代表的撤换必须由原选举单位以全体代表的过半数通过。如代表因故不能担任其职务，应由原选举单位补选。此外，全国人民代表大会代表在出席全国人民代表大会会议和执行其他属于代表的职务的时候，国家根据需要给予适当的津贴和物质上的便利。

　　2. 1954 年国务院组织法

　　1954 年 5 月 28 日，刘少奇主持宪法起草委员会第三次全体会议，大会讨论了宪法草案初稿第二章 1—4 节内容，其中包括国务院的设置。李维汉汇报了召集人联席会议的建议，其中包括将中央人民政府改成国务院。经讨论，确定了宪法草案第四十九条的内容[1]。由此，1954 年宪法规定，中华人民共和国国务院，即中央人民政府，是最高国家权力机关的执行机关，是最高国家行政机关。在此基础上，1954 年 9 月 12 日宪法起草委员会第九次全体会议修正通过了起草小组起草的国务院组织法草案，提交第一届全国人民代表大会第一次会议审议。1954 年 9 月 21 日，第一届全国人民代表大会第一次会议通过国务院组织法，共九条，9 月 28 日，国家主席毛泽东发布命令公布施行。

国务院组织法第一条宣示其制定依据为宪法第四十八条第二款。第一，就国务院组成而言，宪法不再列举国务院下设各组成部门，改由国务院组织法列举。国务院组织法明确列举各部委共计 35 个：内务部、外交部、国防部、公安部、司法部、监察部、国家计划委员会、国家建设委员会、财政部、粮食部、商业部、对外贸易部、重工业部、第一机械工业部、第二机械工业部、燃料工业部、地质部、建筑工程部、纺织工业部、轻工业部、地方工业部、铁道部、交通部、邮电部、农业部、林业部、水利部、劳动部、文化部、高等教育部、教育部、卫生部、体育运动委员会、民族事务委员会、华侨事务委员会。国务院各部和各委员会

---

[1]　关于中央人民政府模式的变动，可参见王贵松：《国务院的宪法地位》，《中外法学》2021 年第 1 期；韩大元：《1954 年宪法制定过程》，法律出版社 2014 年版，第 272—280 页。此次与会代表有黄炎培、董必武、陈叔通、邓小平、刘少奇、田家英等人。刘少奇指出，"中国的习惯'行政机关'就是政府机关"。田家英与邓小平认为，国家最高行政机关是国务院的真正定义，这一表述必不可少。但是，此时草案表述为："中华人民共和国国务院是中华人民共和国政府，是最高国家权力机关的执行机关，是最高国家行政机关。"这一模式改变了新中国成立初期中央人民政府的"大政府"结构，中央人民政府由此不再是政务院、革命军事委员会、最高人民法院及最高人民检察署的上级机关。

的增减或者合并，经总理提出，由全国人民代表大会决定，在其闭会期间由全国人大常委会决定。各部委的负责人和内设人员如下：各部设部长一人和副部长若干人，并且可以按照需要设部长助理若干人；各委员会设主任一人，副主任和委员各若干人。第二，国务院可以按照需要设立若干直属机构，主办各项专门业务。这些机构的设立、合并或者撤销，由总理提请全国人民代表大会常务委员会批准。第三，国务院可以按照需要设立若干办公机构，协助总理分别掌管国务院所属各部门的工作。第四，国务院设立秘书厅，由秘书长领导，设副秘书长若干人协助秘书长工作。

国务院会议分为两种，即全体会议与常务会议。全体会议由总理、副总理、各部部长、各委员会主任、秘书长组成，每月举行一次，在必要的时候由总理临时召集；常务会议由总理、副总理、秘书长组成。国务院组织法第五条规定，国务院全体会议或者国务院常务会议的通过，是国务院发布的决议和命令的必经程序。该法还列举了国务院能够依法任免行政人员类别。

（二）1982 年全国人民代表大会组织法及相关法、国务院组织法

1. 1982 年全国人民代表大会组织法

为配合 1982 年宪法实施，1982 年 12 月 6 日，第五届全国人民代表大会第五次会议审议全国人民代表大会组织法、国务院组织法、人民法院组织法和人民检察院组织法等 4 个法律草案。

全国人大常委会副委员长兼法制委员会主任习仲勋对法律草案作说明，指出：“这次提请大会审议的《全国人民代表大会组织法（草案）》，是在 1954 年制定的《全国人民代表大会组织法》的基础上，由全国人大常委会办公厅和法制委员会草拟的。……这次拟订的《全国人民代表大会组织法（草案）》，根

据宪法的有关规定，并总结我国建立全国人民代表大会以来的工作经验，对 1954 年制定的《全国人民代表大会组织法》作了较大的修改和补充，主要是对全国人大和全国人大常委会的组织和工作程序作了一系列的具体的规定。"[1] 12 月 10 日，第五届全国人民代表大会第五次会议通过全国人民代表大会组织法，当天由第五届全国人民代表大会第五次会议主席团公布施行。1982 年全国人民代表大会组织法并未改变此前的四章式结构，共四十六条。

1982 年宪法规定，中华人民共和国全国人民代表大会是最高国家权力机关。它的常设机关是全国人民代表大会常务委员会。全国人民代表大会和全国人民代表大会常务委员会行使国家立法权。这一规定改变了 1954 年宪法中"全国人民代表大会是行使国家立法权的唯一机关"的规定。

两部宪法对于全国人大及其常委会行使的职权变动

1954 年宪法	1982 年宪法
第二十七条　全国人民代表大会行使下列职权： （一）修改宪法； （二）制定法律； （三）监督宪法的实施； （四）选举中华人民共和国主席、副主席； （五）根据中华人民共和国主席的提名，决定国务院总理的人选，根据国务院总理的提名，决定国务院组成人员的人选； （六）根据中华人民共和国主席的提名，决定国防委员会副主席和委员的人选；	第六十二条　全国人民代表大会行使下列职权： （一）修改宪法； （二）监督宪法的实施； （三）制定和修改刑事、民事、国家机构的和其他的基本法律； （四）选举中华人民共和国主席、副主席； （五）根据中华人民共和国主席的提名，决定国务院总理的人选；根据国务院总理的提名，决定国务院副总理、国务委员、各部部长、各委员会主任、审计长、秘书长的人选；

[1]　习仲勋：《关于四个法律案的说明》，《中华人民共和国国务院公报》1982 年第 20 期。

114

1954 年宪法	1982 年宪法
（七）选举最高人民法院院长； （八）选举最高人民检察院检察长； （九）决定国民经济计划； （十）审查和批准国家的预算和决算； （十一）批准省、自治区和直辖市的划分； （十二）决定大赦； （十三）决定战争和和平的问题； （十四）全国人民代表大会认为应当由它行使的其他职权。 第三十一条　全国人民代表大会常务委员会行使下列职权： （一）主持全国人民代表大会代表的选举； （二）召集全国人民代表大会会议； （三）解释法律； （四）制定法令； （五）监督国务院、最高人民法院和最高人民检察院的工作； （六）撤销国务院的同宪法、法律和法令相抵触的决议和命令； （七）改变或者撤销省、自治区、直辖市国家权力机关的不适当的决议； （八）在全国人民代表大会闭会期间，决定国务院副总理、各部部长、各委员会主任、秘书长的个别任免； （九）任免最高人民法院副院长、审判员和审判委员会委员； （十）任免最高人民检察院副检察长、检察员和检察委员会委员； （十一）决定驻外全权代表的任免； （十二）决定同外国缔结的条约的批准和废除； （十三）规定军人和外交人员的衔级和其他专门衔级； （十四）规定和决定授予国家的勋章和荣誉称号； （十五）决定特赦；	（六）选举中央军事委员会主席；根据中央军事委员会主席的提名，决定中央军事委员会其他组成人员的人选； （七）选举最高人民法院院长； （八）选举最高人民检察院检察长； （九）审查和批准国民经济和社会发展计划和计划执行情况的报告； （十）审查和批准国家的预算和预算执行情况的报告； （十一）改变或者撤销全国人民代表大会常务委员会不适当的决定； （十二）批准省、自治区和直辖市的建置； （十三）决定特别行政区的设立及其制度； （十四）决定战争和和平的问题； （十五）应当由最高国家权力机关行使的其他职权。 第六十七条　全国人民代表大会常务委员会行使下列职权： （一）解释宪法，监督宪法的实施； （二）制定和修改除应当由全国人民代表大会制定的法律以外的其他法律； （三）在全国人民代表大会闭会期间，对全国人民代表大会制定的法律进行部分补充和修改，但是不得同该法律的基本原则相抵触； （四）解释法律； （五）在全国人民代表大会闭会期间，审查和批准国民经济和社会发展计划、国家预算在执行过程中所必须作的部分调整方案； （六）监督国务院、中央军事委员会、最高人民法院和最高人民检察院的工作； （七）撤销国务院制定的同宪法、法律相抵触的行政法规、决定和命令； （八）撤销省、自治区、直辖市国家权力机关制定的同宪法、法律和行政法规相抵触的地方性法规和决议； （九）在全国人民代表大会闭会期间，根据国务院总理的提名，决定部长、委员会主任、审计长、秘书长的人选；

1954 年宪法	1982 年宪法
（十六）在全国人民代表大会闭会期间，如果遇到国家遭受武装侵犯或者必须履行国际间共同防止侵略的条约的情况，决定战争状态的宣布； （十七）决定全国总动员或者局部动员； （十八）决定全国或者部分地区的戒严； （十九）全国人民代表大会授予的其他职权。	（十）在全国人民代表大会闭会期间，根据中央军事委员会主席的提名，决定中央军事委员会其他组成人员的人选； （十一）根据最高人民法院院长的提请，任免最高人民法院副院长、审判员、审判委员会委员和军事法院院长； （十二）根据最高人民检察院检察长的提请，任免最高人民检察院副检察长、检察员、检察委员会委员和军事检察院检察长，并且批准省、自治区、直辖市的人民检察院检察长的任免； （十三）决定驻外全权代表的任免； （十四）决定同外国缔结的条约和重要协定的批准和废除； （十五）规定军人和外交人员的衔级制度和其他专门衔级制度； （十六）规定和决定授予国家的勋章和荣誉称号； （十七）决定特赦； （十八）在全国人民代表大会闭会期间，如果遇到国家遭受武装侵犯或者必须履行国际间共同防止侵略的条约的情况，决定战争状态的宣布； （十九）决定全国总动员或者局部动员； （二十）决定全国或者个别省、自治区、直辖市的戒严； （二十一）全国人民代表大会授予的其他职权。

由上表可见，1982 年宪法使得全国人大及其常委会的职权范围发生了较大变动，其职能的表述也更为精准与周密。尤其就全国人大常委会的职权变动而言，将解释法律、制定法令变更为"（一）解释宪法，监督宪法的实施；（二）制定和修改除应当由

全国人民代表大会制定的法律以外的其他法律；（三）在全国人民代表大会闭会期间，对全国人民代表大会制定的法律进行部分补充和修改，但是不得同该法律的基本原则相抵触"，全国人大常委会由此获取宪法解释权和法律制定、修改权，其职权得以进一步扩展。与此同时，1982年宪法也丰富了全国人大各委员会的设置："全国人民代表大会设立民族委员会、法律委员会、财政经济委员会、教育科学文化卫生委员会、外事委员会、华侨委员会和其他需要设立的专门委员会。在全国人民代表大会闭会期间，各专门委员会受全国人民代表大会常务委员会的领导。各专门委员会在全国人民代表大会和全国人民代表大会常务委员会领导下，研究、审议和拟订有关议案。"

1982年全国人民代表大会组织法完善了会前相关制度。第一，增加了预备会议制度，为正式会议的召开奠定良好基础，"全国人民代表大会每次会议举行预备会议，选举本次会议的主席团和秘书长，通过本次会议的议程和其他准备事项的决定。预备会议由全国人民代表大会常务委员会主持。每届全国人民代表大会第一次会议的预备会议，由上届全国人民代表大会常务委员会主持"。第二，增设提案撤回制度，"向全国人民代表大会提出的议案，在交付大会表决前，提案人要求撤回的，对该议案的审议即行终止"。

1982年全国人民代表大会组织法在"代表小组"制度的基础上构建了"代表团"制度，"全国人民代表大会代表按照选举单位组成代表团。各代表团分别推选代表团团长、副团长"。代表团的职权范围如下：第一，代表团在全国人大会议召开期间的发表意见职能，"在会议期间，对全国人民代表大会的各项议案进行审议，并可以由代表团团长或者由代表团推派的代表，在主席团会议上或者大会全体会议上，代表代表团对审议的议案发表意见"。第二，代表团有审议表决各类提案的权力，"全国人民代表大会主席团、全国人民代表大会常务委员会、全国人民代表大会各专门委员会、国务院、中央军事委员会、最高人民法院、最高人民检察院在各自职权范围内提出议案由主席团决定交各代表团审议，或者并交有关的专门委员会审议、提出报告，再由主席团审议决定提交大会表决"。第三，代表团本身具有提案职能，"一个代表团或者三十名以上的代表，可以向全国人民代表大会提出属于全国人民代表大会职权范围内的议案，由主席团决定是否列入大会议程，或者先交有关的专门委员会审议、提出是否列入大会议程的意见，再决定是否列入大会议程"。

1982 年全国人民代表大会组织法在全国人大代表质问权基础上发展了"质询案"制度与"询问"制度，强化了代表、代表团、代表团会议的监督职能。第十六条、第三十三条构建了质询案制度，列表如下；第十七条构建了询问制度，"在全国人民代表大会审议议案的时候，代表可以向有关国家机关提出询问，由有关机关派人在代表小组或者代表团会议上进行说明"。

1982 年全国人民代表大会组织法中质询案制度的规定

	质询主体	提出质询案	接受答复	发表意见
第十六条	在全国人民代表大会会议期间，一个代表团或者三十名以上的代表。	可以书面提出对国务院和国务院各部、各委员会的质询案。	由主席团决定交受质询机关书面答复，或者由受质询机关的领导人在主席团会议上或者有关的专门委员会会议上或者有关的代表团会议上口头答复。	在主席团会议或者专门委员会会议上答复的，提质询案的代表团团长或者提质询案的代表可以列席会议，发表意见。

	质询主体	提出质询案	接受答复	发表意见
第三十三条	在常务委员会会议期间，常务委员会组成人员十人以上。	可以向常务委员会书面提出对国务院和国务院各部、各委员会的质询。	由委员长会议决定交受质询机关书面答复，或者由受质询机关的领导人在常务委员会会议上或者有关的专门委员会会议上口头答复。	在专门委员会会议上答复的，提质询案的常务委员会组成人员可以出席会议，发表意见。

1982 年全国人民代表大会组织法完善国家领导人的任免制度。第一，1954 年全国人民代表大会组织法以第九条、第十条第二款、第十七条规定主席、副主席、全国人民代表大会常务委员会组成人员、最高人民法院院长、最高人民检察院检察长的人选，由全国人民代表大会代表联合提名或者单独提名；全国人民代表大会常务委员会委员长、副委员长、秘书长和委员，由每届全国人民代表大会在第一次会议中选出。但是，提名后正式候选人如何产生却未予以明确规定。1982 年全国人民代表大会组织法第十三条将上述两条主要内容予以合并，并规定"全国人民代表大会常务委员会委员长、副委员长、秘书长、委员的人选，中华人民共和国主席、副主席的人选，中央军事委员会主席的人选，最高人民法院院长和最高人民检察院检察长的人选，由主席团提名，经各代表团酝酿协商后，再由主席团根据多数代表的意见确定正式候选人名单"。其中强调主席团的提名权与代表团的酝酿协商权与多数意见表决权，强化了代表团在国家领导人任免过程中发挥的功能，也完善了上述人员从提名到最终确定正式候选人的整个流程和制度。第二，第十五条确立了较为严格的国家领导人罢免案制度，"全国人民代表大会三个以上的代表团或者十分之一以上的代表，可以提出对于全国人民代表大会常务委员会的组成人员，中华人民共和国主席、副主席，国务院和中央军事委员会的组成人

员，最高人民法院院长和最高人民检察院检察长的罢免案，由主席团提请大会审议"，赋予了全国人大代表罢免国家领导人的权力与途径，实现全国人大及其代表对国家领导人的监督。

1982年全国人民代表大会组织法完善常务委员会组织与常委会会议制度。1954年全国人民代表大会组织法的"全国人民代表大会常务委员会"章为九条，1982年全国人民代表大会组织法的"全国人民代表大会常务委员会"章为十三条。除了条文数量的增多，1982年"全国人民代表大会常务委员会"章的内容更为丰富、细致、合理。第一，详细规定了常委会的人员组成、产生机制与任职禁止事项。第二十三条规定，常委会的组成人员包括委员长、副委员长若干人，秘书长、委员若干人。产生机制为由全国人民代表大会从代表中选出。与此同时，"常务委员会的组成人员不得担任国家行政机关、审判机关和检察机关的职务"。第二，将原第十七条第二款与原第十八条合并，完善为新法第二十四条。除沿袭"常务委员会委员长主持常务委员会会议和常务委员会的工作"的规定外，新增强调副委员长、秘书长协助职能的规定，"副委员长、秘书长协助委员长工作。副委员长受委员长的委托，可以代行委员长的部分职权"，同时规定"委员长因为健康情况不能工作或者缺位的时候，由常务委员会在副委员长中推选一人代理委员长的职务，直到委员长恢复健康或者全国人民代表大会选出新的委员长为止"，并将之改为第二十四条第二款。第三，将常委会副秘书长若干人由委员长提请常委会"任命"，改为提请常委会"任免"，完善了人事逻辑。第四，将常委会会议由"每月两次"改为"每两月举行一次"，并规定列席制度，"常务委员会举行会议的时候，可以由各省、自治区、直辖市的人民代表大会常务委员会派主任或者副主任一人列席会议，发表意见"。

1982 年全国人民代表大会组织法新设委员长会议制度。第一，第二十五条规定了委员长会议的人员组成，"常务委员会的委员长、副委员长、秘书长组成委员长会议"。第二，第二十五条规定了委员长会议的主要职能范围，"处理常务委员会的重要日常工作：（一）决定常务委员会每次会议的会期，拟定会议议程草案；（二）对向常务委员会提出的议案和质询案，决定交由有关的专门委员会审议或者提请常务委员会全体会议审议；（三）指导和协调各专门委员会的日常工作；（四）处理常务委员会其他重要日常工作"。第三，第三十二条规定了委员长会议对于议案提请常委会、专门委员会审议的决定权，"全国人民代表大会各专门委员会，国务院，中央军事委员会，最高人民法院，最高人民检察院，可以向常务委员会提出属于常务委员会职权范围内的议案，由委员长会议决定提请常务委员会会议审议，或者先交有关的专门委员会审议、提出报告，再提请常务委员会会议审议。常务委员会组成人员十人以上可以向常务委员会提出属于常务委员会职权范围内的议案，由委员长会议决定是否提请常务委员会会议审议，或者先交有关的专门委员会审议、提出报告，再决定是否提请常务委员会会议审议"。第四，第三十五条规定了委员长会议对于补充任命专门委员会委会副主任委员或委员的提名权，"在大会闭会期间，全国人民代表大会常务委员会可以补充任命专门委员会的个别副主任委员和部分委员，由委员长会议提名，常务委员会会议通过"。委员长会议在各国家机关与全国人大常委会、各专门委员会之间起到了衔接与缓冲的作用，处理委员长的重要日常工作，有利于提升全国人大及其常委会的工作效率。

1982 年全国人民代表大会组织法完善了专门委员会的设置，新增了工作委员会的设置。依据 1982 年宪法第七十条〔1〕规定，1982 年全国人民代表大会组织法将 1954 年全国人民代表大会组织法第二十五条视为专门委员会的代表资格审查委员会排除并单列，改由新法第二十六条规定，新法第三十五条与 1982 年宪法第七十条保持一致，取消主任委员为 1 人的规定，完善了委员会主任委员与副主任委员的产生机制，"各专门委员会的主任委员、副主任委员和委员的人选由主席团在代表中提名，大会通过。在大会闭会期间，全国人民代表大会常务委员会可以补充任命专门委员会的个别副主任委员和部分委员，由委员长会议提名，常务委员会会议通过"。此外，1982 年全国人民代表大会组织法第二十八条规定："常务委员会可以根据需要设立工作委员会。工作委员会的主任、副主任和委员由委员长提请常务委员会任免。"

全国人大专门委员会的设置情况〔2〕

专门委员会的新增与完善		
时间	会议	设立或更名的专门委员会
1988 年 3 月	第七届全国人民代表大会第一次会议	内务司法委员会
1993 年 3 月	第八届全国人民代表大会第一次会议	环境保护委员会

---

〔1〕 1982 年宪法第 70 条规定："全国人民代表大会设立民族委员会、法律委员会、财政经济委员会、教育科学文化卫生委员会、外事委员会、华侨委员会和其他需要设立的专门委员会。""在全国人民代表大会和全国人民代表大会常务委员会领导下，研究、审议和拟订有关议案"。

〔2〕《全国人大专门委员会是全国人大的什么机构?》，中国人大网，http://www.npc. gov. cn/zgrdw/npc/rdgl/rdzd/2000—12/07/content_8653. htm。

续表

时间	会议	设立或更名的专门委员会
1994 年 3 月	第八届全国人民代表大会第二次会议	将环境保护委员会更名为环境与资源保护委员会
1998 年 3 月	第九届全国人民代表大会第一次会议	农业与农村委员会
2018 年 3 月	第十三届全国人民代表大会第一次会议	社会建设委员会
2018 年 3 月	第十三届全国人民代表大会第一次会议	将全国人民代表大会法律委员会更名为全国人民代表大会宪法和法律委员会
		将全国人民代表大会内务司法委员会更名为全国人民代表大会监察和司法委员会
工作委员会的新增与完善		
1983 年 9 月	第六届全国人民代表大会常务委员会第二次会议	决定将全国人民代表大会常务委员会法制委员会改为全国人民代表大会常务委员会法制工作委员会
1990 年 4 月	第七届全国人民代表大会第三次会议	决定在香港特别行政区基本法实施时设立全国人民代表大会常务委员会香港特别行政区基本法委员会
1993 年 3 月	第八届全国人民代表大会第一次会议	决定在澳门特别行政区基本法实施时设立全国人民代表大会常务委员会澳门特别行政区基本法委员会
1998 年 12 月	第九届全国人民代表大会常务委员会第六次会议	决定设立全国人民代表大会常务委员会预算工作委员会

2021 年 3 月 11 日，第十三届全国人民代表大会第四次会议通过《全国人民代表大会关于修改〈中华人民共和国全国人民代表大会组织法〉的决定》，同日，由中华人民共和国主席习近平以主席令第七十三号公布，自 2021 年 3 月 12 日起施行[1]。修改

---

〔1〕《中华人民共和国全国人民代表大会组织法》，《人民日报》2021 年 3 月 12 日第 5 版。

后的全国人民代表大会组织法分为"总则""全国人民代表大会会议""全国人民代表大会常务委员会""全国人民代表大会各委员会""全国人民代表大会代表"五章，较以往多出"总则"一章，共四十九条。

2021年3月5日，全国人民代表大会常务委员会副委员长王晨在第十三届全国人民代表大会第四次会议上作关于《中华人民共和国全国人民代表大会组织法（修正草案）》的说明，并提请会议审议。对于本次修法过程，王晨副委员长作了如下描述：

"以习近平同志为核心的党中央高度重视全国人大组织法修改工作。2020年7月，习近平总书记主持召开中央政治局常委会会议，听取并原则同意全国人大常委会党组关于全国人大组织法修正草案的请示汇报。习近平总书记作出的重要指示，为做好修法工作、人大工作提供了重要指导和根本遵循。

"根据立法工作安排，全国人大常委会法工委于2019年初启动全国人大组织法的修改工作，经广泛征求各方面意见、认真研究，提出了全国人大组织法修正草案。期间主要开展了以下工作：一是认真学习、深刻领会习近平总书记关于坚持和完善人民代表大会制度的重要思想和习近平法治思想，组织对全国人大组织法有关问题开展专题研究，认真梳理全国人大代表提出的有关议案、建议和各方面提出的意见建议。二是全国人大宪法法律委、全国人大常委会法工委多次召开座谈会，分别听取全国人大各专门委员会、常委会办事机构和工作机构，部分常委会委员，全国人大机关部分老同志以及专家学者对修法的意见和建议，根据各方面的意见研究提出修正草案。三是将全国人大组织法修正草案送中央有关部门、单位和各省（自治区、直辖市）人大、基层立法联系点和有关人民团体、部分高等院校和研究机构征求意见。四是到部分地方进行调研，了解地方人大及其常委会在组织制度和工作制度方面好的经验做法。

"2020 年 8 月，十三届全国人大常委会第二十一次会议对全国人大组织法修正草案进行了初次审议。常委会组成人员普遍认为，修正草案贯彻落实党中央决策部署和修改后宪法的规定，总结吸收人民代表大会制度实践的新经验新成果，突出加强党对人大工作的全面领导，有利于更好坚持和完善人民代表大会制度。2020 年 12 月，十三届全国人大常委会第二十四次会议对全国人大组织法修正草案进行了再次审议，并决定提请十三届全国人大四次会议审议。

"全国人大组织法修正草案经全国人大常委会两次会议审议后，全国人大常委会办公厅将修正草案印发十三届全国人大代表，组织部署全国人大代表研读讨论，征求代表意见，并先后两次在中国人大网全文公布草案征求社会公众意见。

"2021 年 2 月 2 日，全国人大宪法法律委召开会议，根据全国人大常委会组成人员的审议意见、代表研读讨论中提出的意见和各方面的意见，对全国人大组织法修正草案作了进一步修改完善。全国人大宪法法律委认为，经过全国人大常委会两次审议和广泛征求意见，全国人大组织法修正草案充分吸收各方面的意见建议，已经比较成熟。据此，形成了提请本次会议审议的《中华人民共和国全国人民代表大会组织法（修正草案）》。"〔1〕

根据王晨副委员长的说明，本次修法主要内容有以下六个方面。

第一，增设"总则"一章，总领本法。1954 年全国人民代

---

〔1〕　王晨：《关于〈中华人民共和国全国人民代表大会组织法（修正草案）〉的说明》，《人民日报》2021 年 3 月 6 日第 7 版。

表大会组织法是全国人大最早制定的一批法律,未设置总则部分,1982 年再次制定时,因循以往,也未增设。本次修改增设"总则"一章共七条,提纲挈领,引领整部法律。规定了立法目的与依据(为了健全全国人大及其常委会的组织和工作制度,保障和规范其行使职权,坚持和完善人民代表大会制度,保证人民当家作主,根据宪法,制定本法,第一条)、全国人大的法律地位(最高国家权力机关,第二条)、党的领导与指导思想(坚持中国共产党的领导,坚持以马克思列宁主义、毛泽东思想、邓小平理论、"三个代表"重要思想、科学发展观、习近平新时代中国特色社会主义思想为指导,依照宪法和法律规定行使职权,第三条)、全国人大的人民性(坚持全过程人民民主,第四条)、全国人大及其常委会的工作任务(行使国家立法权,决定重大事项,监督宪法和法律的实施等,第五条)、全国人大及其常委会的组织和活动原则(民主集中制,第六条)、全国人民代表大会及其常务委员会的涉外方面(积极开展对外交往,加强同各国议会、国际和地区议会组织的交流与合作,第七条)。

第二,完善全国人民代表大会主席团和全国人大常委会委员长会议职权相关规定。(1)明确主席团的职责范围。第十四条规定,"主席团处理下列事项:(一)根据会议议程决定会议日程;(二)决定会议期间代表提出议案的截止时间;(三)听取和审议关于议案处理意见的报告,决定会议期间提出的议案是否列入会议议程;(四)听取和审议秘书处和有关专门委员会关于各项议案和报告审议、审查情况的报告,决定是否将议案和决定草案、决议草案提请会议表决;(五)听取主席团常务主席关于国家机构组成人员人选名单的说明,提名由会议选举的国家机构组成人员的人选,依照法定程序确定正式候选人名单;(六)提出会议选举和决定任命的办法草案；（七）组织由会议选举或者决定任命的国家机构组成人员的宪法宣誓；（八）其他应当由主席团处理的事项"。（2）强化主席团常务主席的职能。第十五条规定，"主席团常务主席就拟提请主席团审议事项，听取秘书处和有关专门委员会的报告，向主席团提出建议。主席团常务主席可以对会议日程作必要的调整"。（3）进一步细化委员长会议的职责范围。第二十五条规定，"常务委员会的委员长、副委员长、秘书长组成委员长会议，处理常务委员会的重要日常工作：（一）决定常务委员会每次会议的会期，拟订会议议程草案，必要时提出调整会议议程的建议；（二）对向常务委员会提出的议案和质询案，决定交由有关的专门委员会审议或者提请常务委员会全体会议审议；（三）决定是否将议案和决定草案、决议草案提请常务委员会全体会议表决，对暂不交付表决的，提出下一步处理意见；（四）通过常务委员会年度工作要点、立法工作计划、监督工作计划、代表工作计划、专项工作规划和工作规范性文件等；（五）指导和协调各专门委员会的日常工作；（六）处理常务委员会其他重要日常工作"。

第三，完善全国人大专门委员会相关规定。（1）推动专门委员会工作规范化、制度化，明确规定全国人大现有的 10 个专门委员会名称。第三十四条规定，"全国人民代表大会设立民族委员会、宪法和法律委员会、监察和司法委员会、财政经济委员会、教育科学文化卫生委员会、外事委员会、华侨委员会、环境与资源保护委员会、农业与农村委员会、社会建设委员会和全国人民代表大会认为需要设立的其他专门委员会"。（2）规定专门委员会任期与全国人大任期相同。第三十五条规定，"各专门委员会每届任期同全国人民代表大会每届任期相同，履行职责到下届全国人民代表大会产生新的专门委员会为止"。（3）增加专门委员会工作职责，第三十七条增加专门委员会职责有组织起草有关法律草案，承担全国人大常委会听取和审议专项工作报告、执法检查、专题询问有关具体工作，听取"一府一委两院"专题汇报，研究办理代表建议和有关督办工作等。（4）根据《深化党和国家机构改革方案》，完善两个专门委员会的职权范围。第三十九条规定，宪法和法律委员会承担推动宪法实施、开展宪法解释、推进合宪性审查、加强宪法监督、配合宪法宣传等工作职责。第四十条规定，财政经济委员会对国务院提出的国民经济和社会发展计划草案、规划纲要草案、中央和地方预算草案、中央决算草案以及相关报告和调整方案进行审查，提出初步审查意见、审查结果报告；其他专门委员会可以就有关草案和报告向财政经济委员会提出意见。

第四，适应监察体制改革需要增加相关内容。2018 年宪法第三章"国家机关"下增加第七节"监察委员会"，第一百二十五条规定，中华人民共和国国家监察委员会是最高监察机关。为与宪法保持一致，2021 年修正的全国人民代表大会组织法有以下调整：（1）赋予国家监察委员会提案权。第十六条规定，国家监察委与全国人大主席团，全国人人常委会，全国人大各专门委员会，国务院，中央军委，最高人民法院，最高人民检察院，均享有向全国人大提出全国人大职权内的议案的权利；第二十九条规定，国家监察委与委员长会议，全国人大各专门委员会，国务院，中央军委，最高人民法院，最高人民检察院，常务会组成人员十人以联名，均享有向全国人大常委会提出全国人大常委会职权内的议案的权利。（2）常委会组成人员不得担任国家监察机关的职务。第二十三条第三款规定，常务委员会的组成人员不得担任国家行政机关、监察机关、审判机关和检察机关的职务。
（3）增设国家监察委员会主任的提名与罢免制度。第十八条规定，国家监察委主任与全国人大常委会委员长、副委员长、秘书长、委员的人选，国家主席、副主席的人选，中央军委的人选，最高人民法院院长和最高人民检察院检察长的人选，均由主席团提名，经各代表团酝酿协商后，再由主席团根据多数代表的意见确定正式候选人名单；第二十条规定，全国人大主席团、三个以上的代表团或者十分之一以上的代表可以提出对国家监察委主任与全国人大常委会组成人员，国家主席，副主席，国务院和中央军委组成人员，最高人民法院院长和最高人民检察院检察长的罢免案，并由主席团提请大会审议。（4）增设对国家监察委员会及其主任的质询制度。第二十一条规定，全国人大会议期间，一个代表团或者三十名以上的代表联名，可以书面形式，对国家监察委与国务院以及国务院各部门、最高人民法院、最高人民检察院提出质询案；第三十条规定，常委会会议期间，常务委员会组成人员十人以上联名，可以向常务委员会以书面形式，对国家监察委与国务院以及国务院各部门、最高人民法院、最高人民检察院提出质询案。（5）完善各专门委员会工作中涉及国家监察委的范围。第三十七条规定，各专委会应当按照全国人大常委会的工作安排，听取国家监察委的专题汇报，并提出建议；各专门委员会应当审查全国人大常委会交付的被认为同宪法、法律相抵触的国家监察委员会的监察法规，并提出意见。

第五，健全全国人大常委会人事任免权。第三十一条规定，常务委员会在全国人民代表大会闭会期间，根据国务院总理的提名，可以决定国务院其他组成人员的任免；根据中央军事委员会主席的提名，可以决定中央军事委员会其他组成人员的任免。第三十二条规定，常务委员会在全国人民代表大会闭会期间，根据委员长会议、国务院总理的提请，可以决定撤销国务院其他个别组成人员的职务；根据中央军事委员会主席的提请，可以决定撤销中央军事委员会其他个别组成人员的职务。

第六，加强代表工作，尊重代表主体地位，密切与代表的联系。（1）完善与代表联系的工作机制，支持和保障代表依法履职。第四十五条规定："全国人民代表大会常务委员会和各专门委员会、工作委员会应当同代表保持密切联系，听取代表的意见和建议，支持和保障代表依法履职，扩大代表对各项工作的参与，充分发挥代表作用。全国人民代表大会常务委员会建立健全常务委员会组成人员和各专门委员会、工作委员会联系代表的工作机制。全国人民代表大会常务委员会办事机构和工作机构为代表履行职责提供服务保障。"（2）全国人大代表的建议、批评和意见，应当认真办理、负责答复。第四十六条规定："全国人民代表大会代表向全国人民代表大会或者全国人民代表大会常务委员会提出的对各方面工作的建议、批评和意见，由全国人民代表大会常务委员会办事机构交由有关机关、组织研究办理并负责答复。对全国人民代表大会代表提出的建议、批评和意见，有关机关、组织应当与代表联系沟通，充分听取意见，介绍有关情况，认真研究办理，及时予以答复。全国人民代表大会有关专门委员会和常务委员会办事机构应当加强对办理工作的督促检查。常务委员会办事机构每年向常务委员会报告代表建议、批评和意见的办理情况，并予以公开。"

2. 选举法、代表法与全国人大议事规则

为顺利选举全国人大代表，特制定选举法。1979年7月1日，第五届全国人民代表大会第二次会议通过全国人民代表大会和地方各级人民代表大会选举法，自 1980 年 1 月 1 日起施行。
1982 年 12 月 10 日，第五届全国人民代表大会第五次会议对选举
法作出第一次修正。1986 年 12 月 2 日，第六届全国人民代表大
会常务委员会第十八次会议对选举法作出第二次修正，分别对少
数民族代表比例、代表候选人推荐、全国人民代表大会代表名额
及分配、选民登记手续、代表的辞职、补选和罢免等问题作了新
的规定。1995 年 2 月 28 日，第八届全国人民代表大会常务委员
会第十二次会议对选举法作出第三次修正，修改后的选举法共五
十三条，调整了农村与城市每一代表所代表的人口数的比例，将
省、自治区和全国两级人大中农村与城市每一代表所代表的人口
数的比例，从原来的 5∶1、8∶1 修改为 4∶1，还对选区划分、
预选、选举时间、罢免程序等作了规定。2004 年 10 月 27 日，第
十届全国人民代表大会常务委员会第十二次会议对选举法作出第
四次修正，完善了关于直接选举时确定正式代表候选人的方式、
介绍代表候选人、罢免和对破坏选举的制裁的规定。2010 年 3 月
14 日，第十一届全国人民代表大会第三次会议对选举法作出第五
次修正，修改后的选举法共五十七条，规定城乡按相同人口比例
选举人大代表，全国人民代表大会代表名额由全国人民代表大会
常务委员会根据各省、自治区、直辖市的人口数按照每一代表所
代表的城乡人口数相同的原则并按照保证各地区、各民族、各方
面都有适当数量代表的要求进行分配。修改后的选举法还对人大
代表的广泛性、选举机构、保障选民和代表的选举权、对破坏选
举行为的调查处理等作了规定。2015 年 8 月 29 日，第十二届全
国人民代表大会常务委员会第十六次会议对选举法作出第六次修
正，增加了关于加强代表选举工作的内容。2020 年 10 月 17 日，
第十三届全国人民代表大会常务委员会第二十二次会议通过《关

于修改〈中华人民共和国全国人民代表大会和地方各级人民代表大会选举法〉的决定》，对选举法作出第七次修正。第一，增加强化党的领导、人民当家作主、依法治国有机结合的原则性条款，"全国人民代表大会和地方各级人民代表大会代表的选举工作，坚持中国共产党的领导，坚持充分发扬民主，坚持严格依法办事"（第二条）。第二，适度调整了不设区的市县级、乡镇级代表名额及其上限。第三，将原第十三条[1]改为第十四条，增加一款，作为第二款："依照前款规定重新确定代表名额的，省、自治区、直辖市的人民代表大会常务委员会应当在三十日内将重新确定代表名额的情况报全国人民代表大会常务委员会备案。"第四，将原第五十七条改为第五十八条，第二款"国家工作人员有前款所列行为的，还应当依法给予行政处分"改为"国家工作人员有前款所列行为的，还应当由监察机关给予政务处分或者由所在机关、单位给予处分"。

	基数	增加名额	上下幅度
不设区的市、市辖区、县、自治县	140 名	每 5000 人，+1 名	人口≥150 万，代表总名额≤450 名 人口≤5 万，代表总名额≤140 名（可）
乡、民族乡、镇	45 名	每 1500 人，+1 名	代表总名额≤160 名 人口≤2000，代表总名额≤45 名（可）

为保障人大代表履行自身职能，强化人大代表主体地位，制定代表法。1992 年 4 月 3 日，第七届全国人民代表大会第五次会议通过全国人民代表大会和地方各级人民代表大会代表法，同日，国家主席杨尚昆签署第五十六号主席令公布，自公布之

---

[1] 原第 13 条为："地方各级人民代表大会的代表总名额经确定后，不再变动。如果由于行政区划变动或者由于重大工程建设等原因造成人口较大变动的，该级人民代表大会的代表总名额依照本法的规定重新确定。"

日起施行。全国人民代表大会和地方各级人民代表大会代表法包括"总则""代表在本级人民代表大会会议期间的工作""代表在本级人民代表大会闭会期间的活动""代表执行职务的保障""停止执行代表职务和代表资格终止""附则"，共六章四十四条。代表法在总则中明确规定："全国人民代表大会代表是最高国家权力机关组成人员，地方各级人民代表大会代表是地方各级国家权力机关组成人员。"

2009 年 8 月 27 日，第十一届全国人民代表大会常务委员会第十次会议通过《关于修改部分法律的决定》，根据刑法和治安管理处罚法对代表法相关内容进行修改。2010 年 10 月 28 日，第十一届全国人民代表大会常务委员会第十七次会议通过关于修改《中华人民共和国全国人民代表大会和地方各级人民代表大会代表法》的决定，同日，国家主席胡锦涛签署第三十八号主席令公布，自公布之日起施行。修改后的代表法共五十二条，其中第五章更名为"对代表的监督"，目的在于督促代表正确履职。2015 年 8 月 29 日，第十二届全国人民代表大会常务委员会第二十六次会议通过关于修改《中华人民共和国地方各级人民代表大会和地方各级人民政府组织法》《中华人民共和国全国人民代表大会和地方各级人民代表大会选举法》《中华人民共和国全国人民代表大会和地方各级人民代表大会代表法》的决定，强化代表的视察工作，专题调研，提出建议、批评和意见，参与执法检查活动等职责。

此外，1989 年 4 月 4 日第七届全国人民代表大会第二次会议通过全国人民代表大会议事规则，内容包括"会议的举行""议案的提出和审议""审议工作报告、审查国家计划和国家预算""国家机构组成人员的选举、罢免、任免和辞职""询问和质询"

"调查委员会""发言和表决"，共七章五十四条，并根据 2021 年 3 月 11 日第十三届全国人民代表大会第四次会议关于修改《中华人民共和国全国人民代表大会议事规则》的决定予以修正，与 2021 年修正的全国人民代表大会组织法相适应，另增加"公布""附则"两章，共九章六十六条[1]。1987 年 11 月 24 日第六届全国人民代表大会常务委员会第二十三次会议通过全国人民代表大会常务委员会议事规则，内容包括"会议的召开""议案的提出和审议""听取和审议工作报告""质询""发言和表决"，共五章三十四条，并于 2009 年、2022 年两次修正。

3. 1982 年国务院组织法

1982 年 12 月 10 日，第五届全国人民代表大会第五次会议通过国务院组织法，共十一条。同日，全国人大常委会委员长叶剑英签署第十四号委员长令公布施行。

1982 年国务院组织法第一条系立法依据，"根据中华人民共和国宪法有关国务院的规定，制定本组织法"。第二条第一款规定了国务院的组成人员，分别是总理、副总理、国务委员、各部部长、各委员会主任、审计长、秘书长。

1982 年宪法第八十六条第二款规定，"国务院实行总理负责制。各部、各委员会实行部长、主任负责制"，第八十八条规定，"总理领导国务院的工作"。国务院组织法第二条第二款规定，"国务院实行总理负责制。总理领导国务院的工作。副总理、国务委员协助总理工作"，第九条第二款规定，"各部、各委员会实行部长、主任负责制。各部部长、各委员会主任领导本部门的工作，召集和主持部务会议或者委员会会议、委务会议，签署上报

---

〔1〕《全国人民代表大会关于修改〈中华人民共和国全国人民代表大会议事规则〉的决定》，《中华人民共和国全国人民代表大会常务委员会公报》2021 年第 3 期。

国务院的重要请示、报告和下达的命令、指示。副部长、副主任协助部长、主任工作"。正因如此，国务院工作中的重大事项，均须经总理同意。第五条规定总理签署同意权，"国务院发布的决定、命令和行政法规，向全国人民代表大会或者全国人民代表大会常务委员会提出的议案，任免人员，由总理签署"。如此，在最高国家行政机关中，正副主次，井然有序。

国务院组织法第四条规定了国务院会议制度。国务院会议分为国务院全体会议和国务院常务会议。第一，组成人员。国务院全体会议由国务院全体成员组成。国务院常务会议由总理、副总理、国务委员、秘书长组成。第二，总理为召集人，两种会议是国务院工作中重大问题处理的必经程序。总理召集和主持国务院全体会议和国务院常务会议。国务院工作中的重大问题，必须经国务院常务会议或者国务院全体会议讨论决定。与1954年国务院组织法不同的是，1982年国务院组织法取消了"国务院全体会议每月举行一次"的规定，采取了弹性的会议制度。

国务院组织法对国务院内部机构作了原则性规定。国务院组成部门的内容，仅由第八条规定，"国务院各部、各委员会的设立、撤销或者合并，经总理提出，由全国人民代表大会决定；在全国人民代表大会闭会期间，由全国人民代表大会常务委员会决定"。第十条规定了各部委对于重大事项的请示义务和对于职权内事项的命令发布权。各部、各委员会工作中的方针、政策、计划和重大行政措施，应向国务院请示报告，由国务院决定。根据法律和国务院的决定，主管部、委员会可以在本部门的权限内发布命令、指示和规章。第十一条简要规定了直属机构和办事机构的设置，"国务院可以根据工作需要和精简的原则，设立若干直属机构主管各项专门业务，设立若干办事机构协助总理办理专门事项。每个机构设负责人二至五人"。

国务院组织法对于国务院组成部门、直属机构、办事机构均未详细规定，其原因是改革开放以来，国务院机构改革频繁，组织结构变动剧烈，如果予以明确列举，可能会导致法律频繁更改，不利于维系法律的稳定性。

二、地方各级人民代表大会和地方各级人民政府组织法

在地方层面上，规定地方权力机关与地方行政机关组织规范的法律为地方各级人民代表大会和地方各级人民政府组织法。我国实行"议行合一"的模式，权力机关及其执行机关的关系非常紧密。地方组织法将两种机关组织规范放在一部法律中予以规定，也体现了"议行合一"的权力配置模式。

（一）1954 年地方组织法

1954 年 9 月 20 日第一届全国人民代表大会第一次会议通过宪法。宪法第二章"国家机构"第四节为"地方各级人民代表大会和地方各级人民委员会"专节。第五十三条明确了"地方各级"的行政区划范围：（一）全国分为省、自治区、直辖市；（二）省、自治区分为自治州、县、自治县、市；（三）县、自治县分为乡、民族乡、镇。第五十四条规定，省、直辖市、县、市、市辖区、乡、民族乡、镇设立人民代表大会和人民委员会。第五十五条规定，地方各级人民代表大会都是地方国家权力机关。第六十二条规定，地方各级人民委员会，即地方各级人民政府，是地方各级人民代表大会的执行机关，是地方各级国家行政机关。地方各级行政机关的表述方式与国务院的法律地位表述方式保持一致。第五十九条规定，地方各级人民代表大会选举并且有权罢免本级人

民委员会的组成人员。县级以上的人民代表大会选举并且有权罢免本级人民法院院长。由此构建出地方上权力机关与政府机关、司法机关之间的权力配置关系。

1954 年 9 月 12 日，宪法起草委员会第九次全体会议修正通过了起草小组起草的地方各级人民代表大会和地方各级人民委员会组织法草案，提交第一届全国人民代表大会第一次会议审议。1954 年 9 月 21 日上午，第一届全国人民代表大会第一次会议通过地方各级人民代表大会和地方各级人民委员会组织法。1954 年地方组织法设置"总则"、"地方各级人民代表大会"和"地方各级人民委员会"，共三章四十二条，作为对宪法中地方国家机构组织的细化与落实。

第一章"总则"内容仅二条。第一条总领全法，规定地方人民代表大会和人民委员会设置的行政区划范围为"省、直辖市、县、市、市辖区、乡、民族乡、镇"。第二条为排除性的条款，"自治区、自治州、自治县的自治机关的组织和工作，依照中华人民共和国宪法第二章第五节的规定"，即另由民族区域自治法规范。

第二章为"地方各级人民代表大会"。第三条规定地方各级人大的法律地位为"地方国家权力机关"。第四、第五条规定选举办法和任期，省、直辖市、县、设区的市的人民代表大会代表由下一级的人民代表大会选举，每届任期四年；不设区的市、市辖区、乡、民族乡、镇的人民代表大会代表由选民直接选举，每届任期二年。名额和代表产生办法的依据是选举法。应当保障少数民族有适当的代表名额。

第六条、第七条分别规定县级以上的与乡、民族乡、镇的人民代表大会的职权范围。列表比较如下（其中有完全相同者予以合并）。

	县级以上的地方各级人大职权（第六条）	乡、民族乡、镇人大职权（第七条）
1	保证法律、法令和上级人民代表大会决议的遵守和执行	
2	在职权范围内通过和发布决议	
3	规划经济建设、文化建设、公共事业、优抚工作和救济工作	批准农业、手工业的生产计划，决定互助合作事业和其他经济工作的具体计划
		规划公共事业
		决定文化、教育、卫生、优抚和救济工作的实施计划
4	审查和批准预算和决算	审查财政收支
5	选举本级人民委员会的组成人员	选举本级人民委员会的组成人员
6	选举本级人民法院院长，省、直辖市的人民代表大会并且选举中级人民法院院长	—
7	选举上一级人民代表大会代表	
8	听取和审查本级人民委员会和人民法院的工作报告	听取和审查本级人民委员会的工作报告
9	改变或者撤销本级人民委员会的不适当的决议和命令	
10	改变或者撤销下一级人民代表大会的不适当的决议和下一级人民委员会的不适当的决议和命令	—
11	保护公共财产，维护公共秩序，保障公民权利	
12	保障少数民族的平等权利	
地方各级人民代表大会有权罢免本级人民委员会的组成人员和由它选出的人民法院院长。（第八条）		

　　第九条至第十六条规定地方人大会议召开的相关内容。第一，召集会议的频次。地方各级人民代表大会会议由本级人民委员会召集。省、直辖市、县、市、市辖区的人民代表大会会议每年举行两次，交通不便的省可以每年举行一次；乡、民族乡、镇

的人民代表大会会议每三个月举行一次。地方各级人民委员会如果认为必要或者有五分之一的代表提议，可以临时召集本级人民代表大会会议。第二，主席团职权。地方各级应选举主席团主持人民代表大会会议。县级以上的人民代表大会会议设秘书长一人，人选由主席团提名，由人民代表大会会议通过；副秘书长若干人，人选由主席团决定。地方人大举行会议时，主席团领导代表资格审查委员会、议案审查委员会和其他需要设立的委员会开展工作。第三，关于提案及其决议。地方人大举行会议时，代表和主席团、本级人民委员会，都有权提出议案。上述议案由主席团提请人民代表大会会议讨论，或者交付议案审查委员会审查后提请人民代表大会会议讨论。决议以全体代表的过半数通过。第四，地方人民委员会组成人员和法院院长人选，由本级人大代表联合提名或者单独提名。县级以上人员选举，采用无记名投票方式；乡镇级人员的选举，可以采用举手方式。第五，列席问题。地方人大举行会议时，本级人民委员会所属各工作部门负责人员和人民法院院长、人民检察院检察长可以列席。

　　第十七条至第二十二条为地方人大代表的权利与义务。代表享有如下权利：第一，质问权。地方人大举行会议时，代表有权向本级人民委员会及其各工作部门提出的质问，经过主席团提交受质问的机关。受质问的机关必须在会议中负责答复。第二，刑事豁免权。代表出席人大会议期间，非经主席团同意不受逮捕或者审判，如果因为是现行犯被拘留，执行拘留的机关必须立即报请主席团批准。第三，物质便利权。代表在出席人民代表大会会议期间，国家根据需要给予往返的旅费和必要的物质上的便利。代表应当履行下列义务：第一，应当和原选举单位或者选民保持密切联系，宣传法律、法令和政策，协助本级人民委员会推行工作，并且向人民代表大会和人民委员会反映群众的意见和要求。第二，接受原选举单位或者选民的监督。第三，代表因故不能担任代表职务的时候，由原选举单位或者由原选区选民补选。

第三章为"地方各级人民委员会"。地方各级人民委员会的法律地位是地方各级人民政府、地方各级人民代表大会的执行机关、地方各级国家行政机关。地方人民委员会对本级人大和上级行政机关负责并报告工作。全国地方人民委员会都是国务院统一领导下的国家行政机关，服从国务院的领导。就任期而言，省人民委员会每届任期四年。直辖市、县、市、市辖区、乡、民族乡、镇的人民委员会每届任期两年。就会议频次而言，县级以上的人民委员会会议每月举行一次，乡、民族乡、镇人民委员会会议每半月举行一次，在必要的时候都可以临时举行。就相关人员列席人民委员会会议而言，地方各级人民委员会举行会议的时候，可以邀请有关人员列席；县级以上的人民委员会举行会议的时候，本级法院院长、检察院检察长可以列席。各级人民委员会可以成立的工作部门。各工作部门实行双重领导，省、直辖市人民委员会的各工作部门受人民委员会的统一领导，并且受国务院主管部门的领导；县、市、市辖区人民委员会的各工作部门受人民委员会的统一领导，并且受上级人民委员会主管部门的领导。最后，第四十二条规定了各级人民委员会的派出机关，列表如下。

级别	限制条件	批准机关	派出机关
省人民委员会		国务院	专员公署
县人民委员会	在必要的时候	省人民委员会	区公所
市辖区、不设区的市人民委员会		上级人民委员会	街道办事处

地方组织法于 1955 年、1956 年进行修正，修正内容均为第二十五条关于"地方各级人民委员会组成人员的名额"的内容。1955 年 7 月 30 日，第一届全国人民代表大会第二次会议通过《中华人民共和国第一届全国人民代表大会第二次会议关于撤销热河省、西康省并修改中华人民共和国地方各级人民代表大会和地方各级人民委员会组织法第二十五条第二款第（一）项规定的决议》，其中第三条为："修改中华人民共和国地方各级人民代表大会和地方各级人民委员会组织法第二十五条第二款第一项的规定为：省、直辖市二十五人至五十五人，人口特多的省，必须超过五十五人的时候，须经国务院批准。"1956 年 6 月 30 日，第一届全国人民代表大会第三次会议通过《中华人民共和国第一届全国人民代表大会第三次会议关于修改中华人民共和国地方各级人民代表大会和地方各级人民委员会组织法第二十五条第二款第四项第五项规定的决议》。修改为内容为："一、中华人民共和国地方各级人民代表大会和地方各级人民委员会组织法第二十五条第二款第四项'市辖区九人至二十一人；'的规定，修改为：'市辖区九人至二十一人，人口特多的市辖区至多不超过二十七人；'二、中华人民共和国地方各级人民代表大会和地方各级人民委员会组织法第二十五条第二款第五项'乡、民族乡、镇三人至十三人。'的规定，修改为：'乡、民族乡、镇五人至十五人，人口特多的乡、民族乡、镇至多不超过二十五人。'"上述修正内容主要体现了在地方各级人民委员会组成人员的名额问题上，对人口特别多的地区名额加以变动与协调，使得一般性与特殊性相结合，保障了人大代表选举的公平性与均衡性。

（二）1979 年地方组织法

1979 年上半年，全国人民代表大会常务委员会法制委员会会同有关部门拟订了地方各级人民代表大会和地方各级人民政府组织法等七个法律草案，并交第五届全国人民代表大会第二次会议审议。1979 年 6 月 26 日，全国人民代表大会法案委员会主任、常务委员会法制委员会主任彭真就七个法律草案作说明：

为了扩大人民民主，加强和健全社会主义法制，保证和便于九亿人民管理国家大事，同时进一步发挥地方的积极性，适应全国工作着重点的转移和经济体制改革的需要，这次提出的两个草案，对地方政权组织和选举制度，作了一些重要改革。主要是：

第一，县以上地方各级人民代表大会设立常务委员会，由主任和副主任、委员若干人组成。地方各级革命委员会改为人民政府，并相应地恢复省长、市长、自治区主席和州长、县长等职称。地方人民代表大会及其常务委员会是地方的国家权力机关，地方人民政府是地方的行政机关。地方人民政府的组成人员由地方人民代表大会及其常务委员会分别选举、罢免或者任免。地方人民政府对地方人民代表大会及其常务委员会负责并报告工作。由于这个改革，在全国县以上各级地方范围内，人民经过自己的代表、代表大会和它的常务委员会，将大大加强对县以上地方各级人民政府的管理和监督，大大加强自己行使管理国家的权利。

第二，根据中共中央和毛泽东同志多次强调要扩大地方权力，发挥中央和地方两个积极性的思想，按照我国的实际情况和长期以来进行政治、经济、文化改革和建设的经验，这次提出的草案，规定省、自治区、直辖市人民代表大会及其常务委员会根据本行政区域的具体情况和实际需要，在和国家宪法、法律、政策、法令、政令不抵触的前提下，可以制定和颁布地方性法规。

第三，保障人民自由行使选举权利和罢免权利，是人民当家作主、管理国家的重要保证，也是实行民主集中制的重要基础。这次提出的选举法（草案）规定：（1）实行自下而上、自上而下、充分民主地提候选人的办法。在提候选人过程中，中国共产党、各民主党派、各人民团体和任何选民或者代表（只要有三人以上附议），都可以提出代表候选人。候选人正式名单应由参加选举的选民或者代表反复酝酿讨论，民主协商直至在必要时举行预选决定。（2）将候选人和应选人等额选举的办法改为候选人的名额多于应选人的名额。

第四，把直接选举人民代表大会代表的范围扩大到县一级。在一个县的范围内，群众对于本县国家机关和国家工作人员的情况是比较熟悉和了解的，实行直接选举不仅可以比较容易地保证民主选举，而且便于人民群众对县级国家机关和国家工作人员实行有效的监督。

第五，规定地方各级人民代表大会代表有向人民代表大会和它的常务委员会反映群众的意见和要求的权利和义务。在人民代表大会举行会议的时候，代表有权向本级人民政府，或者本级人民政府所属各工作部门提出质询，经过大会主席团提交受质询的机关，受质询的机关必须在会议中负责答复。为了保证代表能够充分行使代表职权，规定县级以上地方各级人民代表大会代表非经本级人民代表大会常务委员会同意，不受逮捕或者审判[1]。

1979 年 6 月 30 日，第五届全国人民代表大会第二次会议主席团会议通过《第五届全国人民代表大会法案委员会关于七个法律草案的审查报告》："代表们认为地方各级人民代表大会和地方各级人民政府组织法（草案）、全国人民代表大会和地方各级人民代

---

〔1〕 彭真：《关于七个法律草案的说明》，《人民司法》1979 年第 7 期。

表大会选举法（草案）对于扩大人民民主，加强和健全社会主义法制，贯彻执行民主集中制原则，保证九亿人民管理国家大事，进一步发挥地方的积极性，都将起有力的促进作用。"[1]

1979 年 7 月 1 日，第五届全国人民代表大会第二次会议通过地方各级人民代表大会和地方各级人民政府组织法，7 月 4 日，全国人大常委会委员长叶剑英签署第一号委员长令公布，自 1980 年 1 月 1 日起施行。1979 年地方组织法共四章四十二条。其结构体例上保留"总则""各级人民代表大会"两章，增加"县级以上的地方各级人民代表大会常务委员会"作为第三章，将"地方各级人民委员会"修改为"地方各级人民政府"作为第四章。

就内容而言，1979 年地方组织法在以下方面进行完善：第一，完善地方人大和政府的任期和开会周期。1979 年地方组织法将省、自治区、直辖市的人民代表大会每届任期由四年延长为五年，自治州、县、自治县、市、市辖区的则由两年延长为三年。将地方人大开会周期统一为"地方各级人民代表大会会议每年至少举行一次"。第二，扩大直接民主选举的范围。将直接选举人民代表大会代表的范围扩大到县一级，规定县、自治县、不设区的市、市辖区、人民公社、镇的人民代表大会代表由选民直接选举。第三，完善地方人大常委会制度。县以上地方各级人民代表大会设立常务委员会，由主任和副主任、委员若干人组成，规定常务委员会会议每两个月至少举行一次，并明确常务委员会的组成人员不得兼任本级其他国家机关的组成人员。地方人民政府的

---

[1] 全国人大常委会办公厅编：《第五届全国人民代表大会法案委员会关于七个法律草案的审查报告》，《中华人民共和国现行法律文献分类汇编》上册，中国民主法制出版社 2004 年版，第 260 页。

组成人员由地方人民代表大会及其常务委员会分别选举、罢免或者任免。地方人民政府对地方人民代表大会及其常务委员会负责并报告工作。第四，赋予地方人大制定地方性法规的权力。省、自治区、直辖市人民代表大会及其常务委员会根据本行政区域的具体情况和实际需要，在同国家宪法、法律、政策、法令、政令不抵触的前提下，可以制定和颁布地方性法规。第五，细化地方各级人民政府负责人的产生机制。县级以上的地方各级人民代表大会决定省长、副省长，自治区主席、副主席，市长、副市长，州长、副州长，县长、副县长，区长、副区长的人选；县级以上的地方各级人民代表大会常务委员会在本级人民代表大会闭会期间，决定副省长、自治区副主席、副市长、副州长、副县长、副区长的个别任免；在省长、自治区主席、市长、州长、县长、区长因故不能担任职务的时候，决定代理的人选。

1982 年 12 月 10 日第五届全国人民代表大会第五次会议、1986 年 12 月 2 日第六届全国人民代表大会常务委员会第十八次会议、1995 年 2 月 28 日第八届全国人民代表大会常务委员会第十二次会议、2004 年 10 月 27 日第十届全国人民代表大会常务委员会第十二次会议、2015 年 8 月 29 日第十二届全国人民代表大会常务委员会第十六次会议、2022 年 3 月 11 日第十三届全国人民代表大会第五次会议分别对 1979 年地方组织法进行完善与修改。

（三）2022 年地方组织法

为贯彻坚持全过程人民民主、完善地方人大组织设置、应对新冠肺炎疫情对地方组织法带来的挑战，地方组织法的修改工作被提上第十三届全国人民代表大会第五次会议的议程。2022 年 3 月 5 日，在第十三届全国人民代表大会第五次会议上，全国人民代表大会常务委员会副委员长王晨就《中华人民共和国地方各级人民代表大会和地方各级人民政府组织法（修正草案）》作了说明。他指出，本次地方组织法修改主要有以下几点必要性和重大意义：一是新时代坚持党的全面领导，保证党领导人民依法有效治理国家的必然要求；二是不断发展全过程人民民主，保证人民当家作主的重大举措；三是深入贯彻党中央全面依法治国战略部署，推进全面依法治国的制度保障；四是坚持和完善人民代表大会制度，深化党和国家机构改革，推进国家治理体系和治理能力现代化的现实需要。本次修改的指导思想是坚持以习近平新时代中国特色社会主义思想为指导和根本遵循，全面贯彻党的十九大、十九届历次全会精神和修改后的宪法有关规定精神，坚持党的领导、人民当家作主、依法治国有机统一，适应新形势新要求，健全和完善地方政权机关的组织和工作制度，更好坚持和完善人民代表大会制度，不断发展全过程人民民主，充分发挥中国特色社会主义民主政治的独特优势，推进国家治理体系和治理能力现代化。从修改内容来说，充实"总则"一章内容，完善地方各级人大及其常委会、地方各级人民政府的组织、职权等相关规定，此外，还作了一些文字表述性、法律衔接性的修改和完善，将第二章、第三章、第四章的内容分节规定，并对部分条文顺序作了调整。根据十三届全国人民代表大会五次会议日程安排，2022 年 3 月 7 日下午，各代表团对地方组织法修正草案进行了审议。大会秘书处法案组及时收集、整理代表提出的意见。宪法和法律委员会对代表提出的意见逐条认真研究，对地方组织法修正草案进行了修改完善。3 月 7 日晚，第十三届全国人民代表大会宪法和法律委员会召开全体会议，根据各代表团的审议意见，对地方各级人民代表大会和地方各级人民政府组织法修正草案等法律草案进行统一审议〔1〕。2022 年 3 月 8 日，第十三届全国人民代表大会第五次会议主席团第二次会议通过《第十三届全国人民代表大会宪法和法律委员会关于〈中华人民共和国地方各级人民代表大会和地方各级人民政府组织法（修正草案）〉审议结果的报告》〔2〕。2022 年 3 月 11 日，大会通过《全国人民代表大会关于修改〈中华人民共和国地方各级人民代表大会和地方各级人民政府组织法〉的决定》〔3〕。

本次修正聚焦在以下五个方面：（1）专门规定"坚持和发展全过程人民民主"，强化地方人大与政府落实全过程人民民主的意识，增加第四条规定，"地方各级人民代表大会、县级以上的地方各级人民代表大会常务委员会和地方各级人民政府坚持以人民为中心，坚持和发展全过程人民民主，始终同人民保持密切联系，倾听人民的意见和建议，为人民服务，对人民负责，受人民监督"，与全国人民代表大会共同推进发展全过程人民民主。（2）规范地方人大专门委员会、常委会工作机构设置。第三十三条规定："省、自治区、直辖市、自治州、设区的市的人民代表大会根据需要，可以设法制委员会、财政经济委员会、教育科学文化卫生委员会、环境与资源保护委员会、社会建设委员会和其他需要设立的专门委员会；县、自治县、

---

〔1〕《全国人民代表大会宪法和法律委员会召开全体会议对地方组织法修正草案等进行统一审议》，中国人大网，http://www.npc.gov.cn/npc/c30834/202203/e6974cb58f6a4a29827789b1c98 41140.shtml。

〔2〕《第十三届全国人民代表大会宪法和法律委员会关于〈中华人民共和国地方各级人民代表大会和地方各级人民政府组织法（修正草案）〉审议结果的报告》，中国人大网，http://www.npc.gov.cn/npc/c30834/202203/dbb8d976266d4a099a3c6eb6b80022a3.shtml。

〔3〕《全国人民代表大会关于修改〈中华人民共和国地方各级人民代表大会和地方各级人民政府组织法〉的决定》，中国人大网，http://www.npc.gov.cn/npc/c30834/202203/a1ebf1e8f9f045 deb0d7f5147bfaa3a5.shtml。

不设区的市、市辖区的人民代表大会根据需要，可以设法制委员会、财政经济委员会等专门委员会。"（3）完善乡镇街道基层公共管理等职权。在第十二条增加第（四）项，规定乡、民族乡、镇人大"审查和批准本行政区域内的预算和预算执行情况的报告，监督本级预算的执行，审查和批准本级预算的调整方案，审查和批准本级决算"。增加第八十六条规定"街道办事处在本辖区内办理派出它的人民政府交办的公共服务、公共管理、公共安全等工作，依法履行综合管理、统筹协调、应急处置和行政执法等职责，反映居民的意见和要求"。新增第八十八条规定"乡、民族乡、镇的人民政府和街道办事处可以根据实际情况建立居民列席有关会议的制度"。（4）对地方人大和政府依法履职作出具体要求。增加第五条规定："地方各级人民代表大会、县级以上的地方各级人民代表大会常务委员会和地方各级人民政府遵循在中央的统一领导下、充分发挥地方的主动性积极性的原则，保证宪法、法律和行政法规在本行政区域的实施。"同时，明确了建设法治政府、服务型政府、廉洁政府、诚信政府等原则要求，增加第六十二条规定："地方各级人民政府应当维护宪法和法律权威，坚持依法行政，建设职能科学、权责法定、执法严明、公开公正、智能高效、廉洁诚信、人民满意的法治政府。"（5）补充完善地方政府的组织和工作机制。修改后第七十九条规定"地方各级人民政府根据工作需要和优化协同高效以及精干的原则，设立必要的工作部门"；新增第八十条规定"县级以上的地方各级人民政府根据国家区域发展战略，结合地方实际需要，可以共同建立跨行政区划的区域协同发展工作机制，加强区域合作"；新增第八十一条规定"县级以上的地方各级人民政府根据应对重大突发事件的需要，可以建立跨部门指挥协调机制"[1]。本次修法工作，为强化人大监督落实全过程人民民主、完善工作制度充分发挥代表作用、听民声汇民意坚持科学立法民主立法作出了重大努力，是地方组织法从理念到机能的提升与完善。

三、民族区域自治法、基层群众自治组织法

（一）民族区域自治法

1954 年宪法第三条第四款规定："各少数民族聚居的地方实行区域自治。各民族自治地方都是中华人民共和国不可分离的部分。"1982 年宪法第四条第三款规定："各少数民族聚居的地方实行区域自治，设立自治机关，行使自治权。各民族自治地方都是中华人民共和国不可分离的部分。"民族区域自治制度，是经宪法确认的地方重要制度。

1951 年 12 月，中央人民政府民族事务委员会第二次（扩大）会议通过民族区域自治实施纲要（草案），交中央人民政府审核。1952 年 2 月 12 日，中央人民政府政务院第一百二十五次政务会议召开，会议听取和批准中央人民政府民族事务委员会主任委员李维汉所作的《关于中央人民政府民族事务委员会第二次（扩大）会议的报告》，原则通过民族区域自治实施纲要。1952 年 8 月 8 日，中央人民政府委员会第十八次会议听取了中央人民

---

〔1〕《聚焦地方组织法修正草案四大看点》，中国人大网，http://www.npc.gov.cn/npc/c30834/202203/b411624816444f338360abeafbdea7ce.shtml；《全国人民代表大会关于修改〈中华人民共和国地方各级人民代表大会和地方各级人民政府组织法〉的决定》，中国人大网，http://www.npc.gov.cn/npc/c30834/202203/a1ebf1e8f9f045deb0d7f5147bfaa3a5.shtml；《中华人民共和国地方各级人民代表大会和地方各级人民政府组织法》，中国政府网，http://www.gov.cn/xinwen/2022-03/12/content_5678642.htm。

政府委员、民族事务委员会副主任委员乌兰夫《关于〈中华人民共和国民族区域自治实施纲领〉的报告》，批准了民族区域自治实施纲领，8 月 9 日，中央人民政府主席毛泽东签署命令公布施行。民族区域自治实施纲领包括"总则""自治区""自治机关""自治权利""自治区内的民族关系""上级人民政府的领导原则""附则"，共七章四十条。

为适应改革开放后的社会经济发展与变化，全国人大民族委员会拟定了民族区域自治法（草案），以保障民族区域自治制度的健康发展。1984 年 5 月，第六届全国人大第二次会议审议民族区域自治法（草案），全国人大常委会副委员长、全国人大民族委员会主任委员阿沛·阿旺晋美在会上作《关于〈中华人民共和国民族区域自治法（草案）〉的说明》。1984 年 5 月 31 日，第六届全国人大第二次会议通过《中华人民共和国民族区域自治法》，同日，国家主席李先念签署第十三号主席令公布，自 1984 年 10 月 1 日起施行。民族区域自治法包括"序言"和"总则""民族自治地方的建立和自治机关的组成""自治机关的自治权""民族自治地方的人民法院和人民检察院""民族自治地方内的民族关系""上级国家机关的领导和帮助""附则"，共七章六十七条。

民族区域自治法序言部分指出："中华人民共和国是全国各族人民共同缔造的统一的多民族国家。民族区域自治是中国共产党运用马克思列宁主义解决我国民族问题的基本政策，是国家的一项重要政治制度。……中华人民共和国民族区域自治法是实施宪法规定的民族区域自治制度的基本法律。"

总则部分规定，民族自治地方设立自治机关，自治机关是国家的一级地方政权机关。民族自治地方的自治机关实行民主集中制的原则，并必须维护国家的统一，保证宪法和法律在本地方的遵守和执行。民族自治地方的自治机关与上级国家机关的关系是：民族自治地方的自治机关要把国家的整体利益放在首位，积极完成上级国家机关交给的各项任务；上级国家机关保障民族自治地方的自治机关行使自治权，并且依据民族自治地方的特点和需要，努力帮助民族自治地方加速发展社会主义建设事业。各民族公民不受民族歧视与压迫，不得破坏民族团结和制造民族分裂，有权使用本民族的语言文字、保持本民族的风俗习惯、享有宗教信仰自由但也应当履行不得利用宗教进行破坏社会秩序、损害公民身体健康、妨碍国家教育制度的义务。

关于民族自治机关，第十五条至第十七条规定，民族自治地方的自治机关是自治区、自治州、自治县的人民代表大会和人民政府。民族自治地方的人民政府对本级人民代表大会和上一级国家行政机关负责并报告工作，在本级人民代表大会闭会期间，对本级人民代表大会常务委员会负责并报告工作。各民族自治地方的人民政府都是国务院统一领导下的国家行政机关，都服从国务院。民族自治地方的人民政府实行自治区主席、自治州州长、自治县县长负责制。民族自治地方的自治机关的组织和工作，根据宪法和法律，由民族自治地方的自治条例或者单行条例规定。与此同时，不论是民族自治地方人大抑或政府，都应当尽量保障有适当数量的该区域民族或其他少数民族人员的参与。

民族自治地方自治机关享有的自治权如下：（1）自治条例和单行条例的立法权。自治机关有权依照当地民族的政治、经济和文化的特点，制定自治条例和单行条例，但也应当履行报请批准和备案的义务。（2）变通执行权。上级国家机关的决议、决定、命令和指示，如有不适合民族自治地方实际情况的，报经该上级国家机关批准，变通执行或者停止执行。（3）少数民族干部培养使用权。民族自治地方的企业、事业单位在招收人员的时候，要优先招收少数民族人员；并且可以从农村和牧区少数民族人口中招收，但须报请批准。（4）地方公安部队组建权。自治机关依照国家的军事制度和当地的实际需要，经国务院批准，可以组织本地方维护社会治安的公安部队。（5）管理地方财政的自治权。凡是依照国家财政体制属于民族自治地方的财政收入，都应当由民族自治地方的自治机关自主地安排使用。（6）社会事业自治权。自治机关有权在国家计划的指导下，自主地安排和管理地方性的经济建设事业。（7）民族文化事业自主权。自主地发展具有民族形式和民族特点的文学、艺术、新闻、出版、广播、电影、电视等民族文化事业等。

民族自治地方的人民法院和人民检察院对本级人民代表大会及其常务委员会负责。其领导成员和工作人员中，应当有实行区域自治的民族的人员。民族自治地方的人民法院和人民检察院应当用当地通用的语言审理和检察案件。保障各民族公民都有使用本民族语言文字进行诉讼的权利。对于不通晓当地通用的语言文字的诉讼参与人，应当为他们翻译。法律文书应当根据实际需要，使用当地通用的一种或者几种文字。

上级国家机关从财政、物资、技术等多方面给予民族自治地方支持，在专项资金设立、民族贸易政策、财政收支、生产生活资料分配、投资、贷款、税收、生产、供应、运输、销售、资源开发建设、教育事业等方面给予民族自治地方政策倾斜，帮助民族自治地方推进社会主义建设事业，加快民族自治区域的经济文化发展。

2001 年 2 月 28 日，第九届全国人大常委会第二十次会议通过关于修改《中华人民共和国民族区域自治法》的决定，共三十九条。同日，国家主席江泽民签署第四十六号主席令公布，自公布之日起施行[1]。

（二）基层群众自治组织法

1. 城市居民委员会组织法

1989 年 12 月 26 日，第七届全国人民代表大会常务委员会第十一次会议通过《中华人民共和国城市居民委员会组织法》，不分章，共二十三条。主要内容如下：（1）居民委员会组织的性质。第二条第一款规定，居民委员会是居民自我管理、自我教育、自我服务的基层群众性自治组织。（2）居民委员会的任务。第三条规定居民委员会的任务，包括宣传宪法、法律、法规和国家的政策，维护居民的合法权益，教育居民履行依法应尽的义务，爱护公共财产，开展多种形式的社会主义精神文明建设活动；办理本居住地区居民的公共事务和公益事业；调解民间纠纷；协助维护社会治安；协助人民政府或者它的派出机关做好与居民利益有关的公共卫生、计划生育、优抚救济、青少年教育等项工作；向人民政府或者它的派出机关反映居民的意见、要求和提出建议。（3）居民委员会的组成与组织。第七条规定，居民委员会由主任、副主任和委员共五至九人组成。多民族居住地区，居民委员会中应当有人数较少的民族的成员。第十三条规定，居民委员会根据需要设人民调解、治安保卫、公共卫生等委员会。（4）居民委员会成员的选举与任期。第八条第一款规定，居民委员会主任、副主任和委员，由本居住地区全体有选举权的居民或者由每户派代表选举产生；根据居民意见，也可以由每个居民小组选举代表二至三人选举产生。居民委员会每届任期三年，其成

［1］《全国人民代表大会常务委员会关于修改〈中华人民共和国民族区域自治法〉的决定》，《中华人民共和国国务院公报》2001 年第 14 期。

员可以连选连任。（5）居民委员会的工作原则。居民委员会决定问题，采取少数服从多数的原则。居民委员会进行工作，应当采取民主的方法，不得强迫命令。（6）居民公约。第十五条规定，居民公约由居民会议讨论制定，报不设区的市、市辖区的人民政府或者它的派出机关备案，由居民委员会监督执行。居民应当遵守居民会议的决议和居民公约。但其内容不得与宪法、法律、法规和国家的政策相抵触。

2018年12月29日，第十三届全国人民代表大会常务委员会第七次会议通过关于修改村民委员会组织法、城市居民委员会组织法的决定。修改居民委员会成员选举与任期的规定一条，将城市居民委员会组织法第八条第一款修改为："居民委员会主任、副主任和委员，由本居住地区全体有选举权的居民或者由每户派代表选举产生；根据居民意见，也可以由每个居民小组选举代表二至三人选举产生。居民委员会每届任期五年，其成员可以连选连任。"

2. 村民委员会组织法

1987年11月24日，第六届全国人民代表大会常务委员会第二十三次会议通过《中华人民共和国村民委员会组织法（试行）》，不分章，共二十一条。主要内容如下：（1）村民委员会的性质。第二条规定，村民委员会是村民自我管理、自我教育、自我服务的基层群众性自治组织，办理本村的公共事务和公益事业，调解民间纠纷，协助维护社会治安，向人民政府反映村民的意见、要求和提出建议。（2）村民委员会的任务。①经济方面的任务。第四条规定，村民委员会应当支持和组织村民发展生产、供销、信用、消费等各种形式的合作经济，承担本村生产的服务和协调工作，促进农村社会主义生产建设和社会主义商品经济的发展。村民委员会应当尊重集体经济组织依照法律规定独立进行经济活动的自主权，维护集体经济组织和村民、承包经营户、联户或者合伙的合法的财产权和其他合法的权利和利益。村民委员会依照法律规定，管理本村属于村民集体所有的土地和其他财产，教育村民合理利用自然资源，保护和改善生态环境。②法律与社会道德方面的任务。第五条规定，村民委员会应当宣传宪法、法律、法规和国家的政策，教育和推动村民履行依法应尽的义务，爱护公共财产，维护村民的合法权利和利益，促进村和村之间的团结、互助，开展多种形式的社会主义精神文明建设活动。（3）村民委员会的组成与组织。第七条、第八条规定，村民委员会由主任、副主任和委员共三至七人组成。村民委员会主任、副主任和委员，由村民直接选举产生。村民委员会每届任期三年，其成员可以连选连任。第十四条规定，村民委员会根据需要设人民调解、治安保卫、公共卫生等委员会。（4）村民委员会的工作原则。村民委员会决定问题的时候，采取少数服从多数的原则。第十二条规定，村民委员会进行工作，应当坚持群众路线，充分发扬民主，认真听取不同意见，不得强迫命令，不得打击报复。（5）村规民约。村规民约由村民会议讨论制定，报乡、民族乡、镇的人民政府备案，由村民委员会监督、执行。村规民约不得与宪法、法律和法规相抵触。

1998 年 11 月 4 日，第九届全国人民代表大会常务委员会第五次会议通过《中华人民共和国村民委员会组织法》，村民委员会组织法（试行）废止。1998 年村民委员会组织法不分章，共三十条。主要修改内容如下：（1）完善村民委员会性质的表述。除此前规定的"村民自我管理、自我教育、自我服务的基层群众性自治组织"外，增加了"实行民主选举、民主决策、民主管理、民主监督"的民主性表述。（2）新增保障村民自治的内容。规定乡镇人民政府不得干预依法属于村民自治范围内的事项。（3）在村民委员会经济方面的任务中，新增关于"市场经济""维护以家庭承包经营为基础、统分结合的双层经营体制"等内容。（4）在村民委员会法律与社会道德方面的任务中，新增关于"发展文化教育，普及科技知识"的内容。（5）在强调村民委员会任期三年的基础上，新增"届满应当及时举行换届选举"的表述。（6）新增村民享有选举权与被选举权的内容。规定有选举权和被选举权的村民名单，应当在选举日的二十日以前公布。村民委员会的选举，由村民选举委员会主持。村民选举委员会成员由村民会议或者各村民小组推选产生。选举村民委员会，由本村有选举权的村民直接提名候选人。候选人的名额应当多于应选名额。选举村民委员会，有选举权的村民的过半数投票，选举有效；候选人获得参加投票的村民的过半数的选票，始得当选。选举实行无记名投票、公开计票的方法，选举结果应当当场公布。选举时，设立秘密写票处。具体选举办法由省、自治区、直辖市的人民代表大会常务委员会规定。但以威胁、贿赂、伪造选票等不正当手段当选的，其当选无效。（7）办理涉及村民利益事项的必经程序。涉及村民利益的下列事项，村民委员会必须提请村民会议讨论决定，方可办理：①乡统筹的收缴方法，村提留的收缴及使用；②本村享受误工补贴的人数及补贴标准；③从村集体经济所得收益的使用；④村办学校、村建道路等村公益事业的经费筹集方案；⑤村集体经济项目的立项、承包方案及村公益事业的建设承包方案；⑥村民的承包经营方案；⑦宅基地的使用方案；⑧村民会议认为应当由村民会议讨论决定的涉及村民利益的其他事项。（8）完善村规民约相关条款。村民会议可以制定和修改村民自治章程、村规民约，并报乡、民族乡、镇的人民政府备案。村民自治章程、村规民约以及村民会议或者村民代表讨论决定的事项不得与宪法、法律、法规和国家的政策相抵触，不得有侵犯村民的人身权利、民主权利和合法财产权利的内容。

2010 年 10 月 28 日，第十一届全国人民代表大会常务委员会第十七次会议通过对村民委员会组织法的修订。修订后的村民委员会组织法采取分章体例，分为"总则""村民委员会的组成和职责""村民委员会的选举""村民会议和村民代表会议""民主管理和民主监督""附则"，共六章四十一条。本次修订除采取分章体例外，主要是对 1998 年村民委员会组织法进行完善。较为引人注意的内容如下：（1）设立村务监督机构。村应当建立村务监督委员会或者其他形式的村务监督机构，负责村民民主理财，监督村务公开等制度的落实，其成员由村民会议或者村民代表会议在村民中推选产生，其中应有具备财会、管理知识的人员。村民委员会成员及其近亲属不得担任村务监督机构成员。村务监督机构成员向村民会议和村民代表会议负责，可以列席村民委员会会议。（2）村民合法权利受村委会及其成员侵害时的救济手段。村民委员会或者村民委员会成员作出的决定侵害村民合法权益的，受侵害的村民可以申请人民法院予以撤销，责任人依法承担法律责任。

2018 年 12 月 29 日，第十三届全国人民代表大会常务委员会第七次会议通过《关于修改〈中华人民共和国村民委员会组织法〉〈中华人民共和国城市居民委员会组织法〉的决定》。修改村民委员会成员选举与任期的规定一条，将村民委员会组织法第十一条第二款修改为："村民委员会每届任期五年，届满应当及时举行换届选举。村民委员会成员可以连选连任。"

四、监察法、监察官法

（一）监察法

1997 年 5 月 9 日，第八届全国人民代表大会常务委员会第二十五次会议通过《中华人民共和国行政监察法》，同日，国家主席江泽民签署第八十五号主席令公布，自公布之日起施行。行政监察法包括"总则""监察机关和监察人员""监察机关的职责""监察机关的权限""监察程序""法律责任""附则"共七章四十八条。但行政监察法覆盖的对象仅为国家行政机关、国家公务员和国家行政机关任命的其他人员，离"无禁区、全覆盖、零容忍"的反腐目标仍存在差距，不利于深化正风反腐行动。

2016 年 10 月，中共中央纪委会同全国人民代表大会常务委员会法制工作委员会共同组成国家监察立法工作专班，在吸收改革试点地区的实践经验的基础上形成了监察法（草案）。2017 年 6 月中旬，中共中央政治局常委会会议审议并原则同意中共全国人民代表大会常务委员会党组关于监察法（草案）几个主要问题的请示。2017 年 6 月下旬，第十二届全国人民代表大会常务委员会第二十八次会议对监察法（草案）进行了初次审议；2017 年 12 月，第十二届全国人民代表大会常务委员会第三十一次会议对监察法（草案）进行再次审议，决定将草案提请全国人民代表大会审议。2018 年 1 月，全国人民代表大会常务委员会根据宪法修正案（草案）精神对监察法（草案）作进一步修改，经中共中央政治局常委会会议原则同意并作进一步完善后，提请第十三届全国人民代表大会第一次会议审议。2018 年 3 月 5 日，第十三届全国人民代表大会第一次会议召开，3 月 13 日，第十二届全国人民代表大会常务委员会副委员长李建国在会上作《关于〈中华人民共和国监察法（草案）〉的说明》。

2018年3月11日，第十三届全国人民代表大会第一次会议通过宪法修正案，增加了有关监察委员会的规定。3月20日，第十三届全国人民代表大会第一次会议通过《中华人民共和国监察法》，同日，国家主席习近平签署第三号主席令公布，自公布之日起施行。监察法包括"总则""监察机关及其职责""监察范围和管辖""监察权限""监察程序""反腐败国际合作""对监察机关和监察人员的监督""法律责任""附则"，共九章六十九条。至此，我国监察法规从行政监察法这一行政法，转变为监察法这一宪法相关法。与此同时，监察法既是组织法，也是程序法。

监察法立法的指导思想和任务是"坚持中国共产党对国家监察工作的领导，以马克思列宁主义、毛泽东思想、邓小平理论、'三个代表'重要思想、科学发展观、习近平新时代中国特色社会主义思想为指导，构建集中统一、权威高效的中国特色国家监察体制""国家监察工作坚持标本兼治、综合治理，强化监督问责，严厉惩治腐败；深化改革、健全法治，有效制约和监督权力；加强法治教育和道德教育，弘扬中华优秀传统文化，构建不敢腐、不能腐、不想腐的长效机制"。监察委员会行使监察权时，应当遵循独立监察原则、与公检法等部门配合制约原则、依法监察原则、当事人平等原则、权责对等原则、惩戒与教育相结合原则。

中华人民共和国国家监察委员会是最高监察机关。省、自治区、直辖市、自治州、县、自治县、市、市辖区设立监察委员会。国家监察委员会由全国人民代表大会产生，负责全国监察工作。各级监察委员会对本级人大及其常委会负责，并接受其监督。监察委员会系统内部实行垂直领导模式。

监察委员会履行监督、调查、处置的职责范围如下：（1）对公职人员开展廉政教育，对其依法履职、秉公用权、廉洁从政从业以及道德操守情况进行监督检查；（2）对涉嫌贪污贿赂、滥用职权、玩忽职守、权力寻租、利益输送、徇私舞弊以及浪费国家资财等职务违法和职务犯罪进行调查；（3）对违法的公职人员依法作出政务处分决定；对履行职责不力、失职失责的领导人员进行问责；对涉嫌职务犯罪的，将调查结果移送人民检察院依法审查、提起公诉；向监察对象所在单位提出监察建议。

作为监察机关监察对象的公职人员和有关人员范围如下：（1）中国共产党机关、人民代表大会及其常务委员会机关、人民政府、监察委员会、人民法院、人民检察院、中国人民政治协商会议各级委员会机关、民主党派机关和工商业联合会机关的公务员，以及参照公务员法管理的人员；（2）法律、法规授权或者受国家机关依法委托管理公共事务的组织中从事公务的人员；（3）国有企业管理人员；（4）公办的教育、科研、文化、医疗卫生、体育等单位中从事管理的人员；（5）基层群众性自治组织中从事管理的人员；（6）其他依法履行公职的人员。由此构建"无禁区、全覆盖、零死角"的监察制度。

监察机关的监察权限有调查取证权、谈话或要求说明情况权、要求陈述供述权、询问证人权、留置权（针对四种情形：涉及案情重大、复杂的；可能逃跑、自杀的；可能串供或者伪造、隐匿、毁灭证据的；可能有其他妨碍调查行为的）、冻结财产权、搜查权、调取查封扣押（财产、文件、电子数据等）权、采取技术调查措施权、通缉在逃被调查人权、限制出境权等权限。

　　监察机关应当严格按照程序开展工作，建立问题线索处置、调查、审理各部门相互协调、相互制约的工作机制。应当依法履行审批程序，成立核查组，予以初步核实。如监察对象涉及职务违法犯罪，应当依法办理立案手续。立案后，应召开专题会议，研究确定调查方案，决定需要采取的调查措施。立案调查决定应当向被调查人宣布，并通报相关组织。涉嫌严重职务违法或者职务犯罪的，应当通知被调查人家属，并向社会公开发布。调查过程中，应当认真收集证据，查明违法犯罪事实，形成证据链。但禁止以非法方式收集证据。采取调查措施时，应出示证件，出具书面通知，二人以上进行，形成笔录、报告等书面材料，由相关人员签章。讯问、搜查、查封、扣押时，应全程录音录像。采取留置措施，应报上级监察委员会批准，一般不得超过 3 个月。采取留置措施后，在 24 小时内通知被留置人员单位与家属。根据监督、调查结果，依法作出处置；如无证据证明违法犯罪行为，应当销案。处置方式如下：（1）对有职务违法行为但情节较轻的公职人员，按照管理权限，直接或者委托有关机关、人员，进行谈话提醒、批评教育、责令检查，或者予以诫勉；（2）对违法的公职人员依照法定程序作出警告、记过、记大过、降级、撤职、开除等政务处分决定；（3）对不履行或者不正确履行职责负有责任的领导人员，按照管理权限对其直接作出问责决定，或者向有权作出问责决定的机关提出问责建议；（4）对涉嫌职务犯罪的，监察机关经调查认为犯罪事实清楚，证据确实、充分的，制作起诉意见书，连同案卷材料、证据一并移送人民检察院依法审查、提起公诉；（5）对监察对象所在单位廉政建设和履行职责存在的问题等提出监察建议。

　　国家监察委员会统筹协调与其他国家、地区、国际组织开展的反腐败国际交流、合作，组织反腐败国际条约实施工作。各级监察委员会应当接受本级人民代表大会及其常务委员会的监督，接受民主监督、社会监督、舆论监督。监察人员适用回避制度。监察法还明确细致列举了在监察活动中各类人员的法律责任。

（二）监察官法

2020 年 12 月 22 日在第十三届全国人民代表大会常务委员会第二十四次会议上，全国人大监察和司法委员会主任委员吴玉良作了《关于〈中华人民共和国监察官法（草案）〉的说明》。制定监察官法的必要性如下：（1）坚持和加强党对国家监察工作领导的必然要求；（2）深化国家监察体制改革的重要举措；（3）促进监察官依法履行职责的重要保障；（4）建设高素质专业化监察官队伍的现实需要。

制定监察官法列入全国人大常委会 2020 年度立法工作计划，起草工作由国家监察委员会牵头，全国人大监察和司法委员会、全国人大常委会法制工作委员会参加。国家监察委员会深入调查研究，广泛听取意见，多次修改后形成草案初稿，于 2020 年 2 月 13 日提交全国人大常委会办公厅，建议依法启动立法工作程序。[1]2021 年 4 月 2 日，宪法和法律委员会召开会议，根据常委会组成人员的审议意见和各方面的意见，对草案进行了逐条审议。监察和司法委员会、国家监察委员会有关负责同志列席了会议。4 月 20 日，宪法和法律委员会召开会议，对草案再次进行了

---

〔1〕 吴玉良：《关于〈中华人民共和国监察官法（草案）〉的说明——2020 年 12 月 22 日在第十三届全国人民代表大会常务委员会第二十四次会议上》，中国人大网，http://www.npc.gov.cn/npc/c30834/202108/e438b7ae17534e63a3a1d18bb725db98.shtml。

审议。[1]2021 年 8 月 20 日，第十三届全国人民代表大会常务委员会第三十次会议通过《中华人民共和国监察官法》，自 2022 年 1 月 1 日起施行。

监察官法共九章六十八条，分别是"总则""监察官的职责、义务和权利""监察官的条件和选用""监察官的任免""监察官的管理""监察官的考核和奖励""监察官的监督和惩戒""监察官的职业保障""附则"。监察官法最为重要的内容如下。

（1）监察官的范围和基本要求。第三条规定："监察官包括下列人员：（一）各级监察委员会的主任、副主任、委员；（二）各级监察委员会机关中的监察人员；（三）各级监察委员会派驻或者派出到中国共产党机关、国家机关、法律法规授权或者委托管理公共事务的组织和单位以及所管辖的行政区域等的监察机构中的监察人员、监察专员；（四）其他依法行使监察权的监察机构中的监察人员。对各级监察委员会派驻到国有企业的监察机构工作人员、监察专员，以及国有企业中其他依法行使监察权的监察机构工作人员的监督管理，参照执行本法有关规定。"为突出对监察官的严格要求，第四、第五条规定监察官应当忠诚坚定、担当尽责、清正廉洁，密切联系群众，维护宪法和法律的尊严和权威，以事实为根据，以法律为准绳，客观公正地履行职责，保障当事人的合法权益。

（2）监察官职责、义务和权利。依据监察法的规定，监察官法第九条明确规定："监察官依法履行下列职责：（一）对公职人员开展廉政教育；（二）对公职人员依法履职、秉公用权、廉

---

[1]《全国人民代表大会宪法和法律委员会关于〈中华人民共和国监察官法（草案）〉修改情况的汇报》，中国人大网，http://www.npc.gov.cn/npc/c30834/202108/b3a9eb432ef94fb18 288fd1f103669c2. shtml。

洁从政从业以及道德操守情况进行监督检查；（三）对法律规定由监察机关管辖的职务违法和职务犯罪进行调查；（四）根据监督、调查的结果，对办理的监察事项提出处置意见；（五）开展反腐败国际合作方面的工作；（六）法律规定的其他职责。"根据监察工作特点和要求，第十条列明了监察官应当履行的九项义务，要求监察官自觉坚持中国共产党领导，模范遵守宪法和法律，忠于职守，勤勉尽责，提高工作质量和效率，依法保障监察对象及有关人员的合法权益等。

（3）监察官的条件、选用。为打造高素质专业化的监察官队伍，监察官法第十二条明确监察官的任职条件，规定监察官应当具有中华人民共和国国籍，具有良好的政治素质、道德品行和廉洁作风，具备运用法律、法规、政策实施监督、调查、处置等能力，具备普通高等学校本科及以上学历。在任职限制方面作了严格规定，第十三条规定不得担任监察官的人员如下：（一）因犯罪受过刑事处罚，以及因犯罪情节轻微被人民检察院依法作出不起诉决定或者被人民法院依法免予刑事处罚的；（二）被撤销中国共产党党内职务、留党察看、开除党籍的；（三）被撤职或者开除公职的；（四）被依法列为失信联合惩戒对象的；（五）配偶已移居国（境）外，或者没有配偶但是子女均已移居国（境）外的；（六）法律规定的其他情形。第十四、第十五条规定，监察官的选用坚持德才兼备、以德为先，坚持五湖四海、任人唯贤，初任监察官采用考试、考核的办法，从符合监察官条件的人员中择优选用，录用监察官应当依照法律和国家有关规定采取公开考试、严格考察、平等竞争、择优录取的办法。

（4）监察官的任免。根据宪法和监察法相关规定，监察官法第十九条以列举方式明确了国家监察委员会、地方各级监察委员会、新疆生产建设兵团各级监察委员会主任、副主任、委员的任免方式，并规定其他监察官的任免，按照管理权限和规定的程序办理。第二十三条规定了监察官的任职回避制度，与干部选拔任用相关规定衔接，规定监察官不得在本人成长地担任县级监察委员会主任，一般不得在本人成长地担任设区的市级监察委员会主任。

（5）监察官的监督和惩戒。对监督者的监督是制定本法的重中之重。监察官法首先在总则第七条规定："监察机关应当建立健全对监察官的监督制度和机制，确保权力受到严格约束。监察官应当自觉接受组织监督和民主监督、社会监督、舆论监督。"其次，以第七章专章规定"监察官的监督和惩戒"，以党内法规、国家法律中对纪检监察干部的监督规范为基础，并吸收纪检监察体制改革成功经验，强调监察官应当坚持中国共产党的领导、管理和监督（第二条），监察机关应当建立健全对监察官的监督制度和机制，接受民主监督、社会监督、舆论监督（第七条）；强调监察机关应当加强内部监督制约机制建设，任何单位和个人对监察官的违纪违法行为有权检举、控告，监察官应当及时调查处理执法机关、司法机关等发现的监察官违纪违法履行职责的问题线索，充分发挥特约监察员的监督作用（第四十二—四十五条）；明确了监察官不得打听案情和说情干预登记备案、工作回避、保密、离任回避、规范亲属从业等具体监督措施（第四十六—五十一条）；明确责任追究制度，并对追责豁免情形进行了规定（第五十四条）。同时，还针对监察工作特点，具体规定了监察官违纪违法应当承担的法律责任及暂时停止履行职务的规定（第五十二条、第五十三条）。

五、人民法院组织法、人民检察院组织法

1949 年中央人民政府组织法规定最高人民法院为全国最高审判机关，并负责领导和监督全国各级审判机关的审判工作，又规定最高人民检察署对政府机关、公务人员和全国国民之严格遵守法律，负最高的检察责任。1951 年 9 月 3 日，中央人民政府第十二次会议通过人民法院暂行组织条例（共六章三十九条）、最高人民检察署暂行组织条例（共十七条）和各级地方人民检察署组织通则（共七条），9 月 4 日，中央人民政府公布施行。两部暂行组织条例与一部组织通则为人民法院组织法、人民检察院组织法出台积累了立法经验和运行经验。

1954 年宪法规定，中华人民共和国最高人民法院、地方各级人民法院和专门人民法院行使审判权。最高人民法院是最高审判机关。中华人民共和国最高人民检察院对于国务院所属各部门、地方各级国家机关、国家机关工作人员和公民是否遵守法律，行使检察权。地方各级人民检察院和专门人民检察院，依照法律规定的范围行使检察权。1982 年宪法规定，中华人民共和国人民法院是国家的审判机关。最高人民法院是最高审判机关。中华人民共和国人民检察院是国家的法律监督机关。最高人民检察院是最高检察机关。全国人民代表大会先后于 1954 年和 1979 年制定了人民法院组织法、人民检察院组织法，1983 年、1986 年、2006 年、2018 年全国人大常委会对两部组织法进行了多次修改。

（一）1954 年人民法院组织法、人民检察院组织法

1953 年 1 月 13 日，中央人民政府委员会第二十次会议决议成立以毛泽东为主席、由 33 人组成的宪法起草委员会。宪法起

草委员会组织起草小组分别起草了全国人民代表大会组织法、人民法院组织法、人民检察院组织法等五个法律草案。其中人民法院组织法由最高人民法院和司法部负责起草，时任司法部副部长李木庵、最高人民法院委员兼刑事审判庭庭长贾潜和最高人民法院委员兼司法部办公厅主任王怀安组成三人小组负责起草工作，李木庵任组长。初稿完成后，经当时中共中央主管政法工作的领导彭真、董必武和中央人民政府各部委负责人讨论修改完善，交中共中央通过后，提交第一届全国人民代表大会第一次会议审议。1954 年 9 月 21 日下午，第一届全国人民代表大会第一次会议通过人民法院组织法、人民检察院组织法。9 月 27 日，一届全国人大一次会议选举董必武、张鼎丞分别担任中华人民共和国最高人民法院院长、最高人民检察院检察长。

1. 1954 年人民法院组织法

人民法院组织法包括"总则""人民法院的组织和职权""人民法院的审判人员和其他人员"，共三章四十条。主要内容如下。

（1）行使审判权的机构及其设置。行使审判权的法院为基层人民法院、中级人民法院、高级人民法院、最高人民法院以及专门人民法院。高级人民法院和专门人民法院的设置，由司法部报请国务院批准；中级人民法院和基层人民法院的设置，由省、自治区、直辖市的司法行政机关报请省、直辖市人民委员会或者自治区自治机关批准。

（2）人民法院的任务。其任务是审判刑事案件和民事案件，并且通过审判活动，惩办一切犯罪分子，解决民事纠纷，以保卫人民民主制度，维护公共秩序，保护公共财产，保护公民的权利和合法利益，保障国家的社会主义建设和社会主义改造事业的顺利进行。

（3）审判独立原则、审判公开原则以及平等原则。人民法院独立进行审判，只服从法律。人民法院审理案件，除法律规定的特别情况外，一律公开进行。人民法院审判案件，对于一切公民，不分民族、种族、性别、职业、社会出身、宗教信仰、教育程度、财产状况、居住期限，在适用法律上一律平等。

（4）公民在诉讼中拥有的权利。公民有使用本民族语言文字进行诉讼的权利。当事人不具备语言文字识别能力时，法院应为其提供相应便利。被告人有获得辩护的权利。除自己辩护外，还可以由律师、近亲属、监护人、指定辩护人等人员为其辩护。

（5）法院审判活动，实行陪审制、合议制、两审终审制、回避制。此外，构建审判监督制度。各级人民法院院长对本院已经发生法律效力的判决和裁定，如果发现在认定事实上或者在适用法律上确有错误，必须提交审判委员会处理。生效裁判确有错误的，应当由法院系统进行再审，或者由检察院系统进行抗诉。

（6）各级人民法院设审判委员会。审判委员会的任务是总结审判经验，讨论重大的或者疑难的案件和其他有关审判工作的问题。地方各级人民法院审判委员会委员，由院长提请本级人民委员会任免；最高人民法院审判委员会委员，由最高人民法院院长提请全国人民代表大会常务委员会任免。各级人民法院审判委员会会议由院长主持，本级人民检察院检察长有权列席。

（7）各级法院对同级人大或其常委会负责并汇报工作，上下级法院之间为监督与被监督的关系，在法院行政事务方面，受司法行政机构管理。最高人民法院对全国人民代表大会负责并报告工作；在全国人民代表大会闭会期间，对全国人民代表大会常务委员会负责并报告工作。地方各级人民法院对本级人民代表大会负责并报告工作。下级人民法院的审判工作受上级人民法院监督。各级人民法院的司法行政工作由司法行政机构管理。

此外，1954 年人民法院组织法规定了各级人民法院的组织与职权，人民法院的审判人员与其他人员（包括院长、庭长、审判员、人民陪审员、执行员、书记员），各级人民法院的人员编制和办公机构由司法部另行规定。

2. 1954 年人民检察院组织法

人民检察院组织法包括"总则""人民检察院行使职权的程序""人民检察院人员的任免"，共三章二十二条。主要内容如下。

（1）检察系统的机构设置。中华人民共和国设立最高人民检察院、地方各级人民检察院和专门人民检察院。地方各级人民检察院分为省、自治区、直辖市、自治州、县、市、自治县人民检察院。省、自治区、直辖市人民检察院按照需要可以设立分院。直辖市和设区的市人民检察院按照需要可以设立市辖区人民检察院。专门人民检察院的组织由全国人民代表大会常务委员会另行规定。各级人民检察院各设检察长一人，副检察长若干人和检察员若干人。地方各级人民检察院和专门人民检察院在上级人民检察院的领导下，并且一律在最高人民检察院的统一领导下，进行工作。

（2）检察院的职权。最高人民检察院对于国务院所属各部门、地方各级国家机关、国家机关工作人员和公民是否遵守法律，行使检察权。地方各级人民检察院，依照本法第二章规定的程序行使下列职权：①对于地方国家机关的决议、命令和措施是否合法，国家机关工作人员和公民是否遵守法律，实行监督；②对于刑事案件进行侦查，提起公诉，支持公诉；③对于侦查机关的侦查活动是否合法，实行监督；④对于人民法院的审判活动是否合法，实行监督；⑤对于刑事案件判决的执行和劳动改造机关的活动是否合法，实行监督；⑥对于有关国家和人民利益的重要民事案件有权提起诉讼或者参加诉讼。

（3）检察院行使检察权遵循平等原则（对于任何公民，不分民族、种族、性别、职业、社会出身、宗教信仰、教育程度、财产状况、居住期限，在适用法律上一律平等）、独立原则（不受地方国家机关干涉）。

（4）检察机关内部及检察机关与人大机关的关系。地方各级人民检察院和专门人民检察院在上级人民检察院的领导下，并且一律在最高人民检察院的统一领导下，进行工作。最高人民检察院对全国人民代表大会负责并报告工作；在全国人民代表大会闭会期间，对全国人民代表大会常务委员会负责并报告工作。

此外，1954年人民检察院组织法还规定了检察院行使职权的程序、检察院人员的任免等内容。

（二）1979年人民法院组织法、人民检察院组织法

1978年宪法规定，最高人民法院、地方各级人民法院和专门人民法院行使审判权。最高人民法院是最高审判机关。最高人民检察院对于国务院所属各部门、地方各级国家机关、国家机关工作人员和公民是否遵守宪法和法律，行使检察权。地方各级人民检察院和专门人民检察院，依照法律规定的范围行使检察权。人民检察院的组织由法律规定。根据宪法，1979年7月1日，第五届全国人民代表大会第二次会议通过人民法院组织法、人民检察院组织法。7月5日，全国人民代表大会常务委员会委员长叶剑英签署第三号委员长令公布，自1980年1月1日起施行。

1983 年 8 月底—9 月初，第六届全国人民代表大会常务委员会举行第二次会议，全国人民代表大会常务委员会秘书长、法制委员会副主任王汉斌在会议上就修改人民法院组织法和人民检察院组织法作说明，指出"有些规定需要根据宪法和实践经验作适当修改"[1]。1983 年 9 月 2 日，第六届全国人民代表大会常务委员会第二次会议通过《全国人民代表大会常务委员会关于修改〈中华人民共和国人民检察院组织法〉的决定》《全国人民代表大会常务委员会关于修改〈中华人民共和国人民法院组织法〉的决定》，对人民法院组织法、人民检察院组织法作出修改，同日，国家主席李先念签署第五号、第六号主席令公布施行。

1. 1979 年人民法院组织法

1979 年人民法院组织法设置"总则""人民法院的组织和职权""人民法院的审判人员和其他人员"，共三章四十二条。1979 年人民法院组织法是对 1954 年人民法院组织法的完善，原则修改较少[2]。

1979 年人民法院组织法修改的内容如下：（1）完善关于专门人民法院的表述，将"专门人民法院"修改为"军事法院等专门人民法院"，并删去"专门人民法院包括：军事法院、铁路运输法院、水上运输法院、森林法院、其他专门法院"。（2）完善审判独立原则，将"人民法院独立进行审判，只服从法律"修改为"人民法院依照法律规定独立行使审判权，不受行政机关、社会团体和个人的干涉"，使得其表述更为规范、准确，更符合立法语言。（3）完善独任审判制度，规定"人民法院审判第一

---

〔1〕《王汉斌在六届人大常委会二次会议上作说明 适当修改人民法院组织法和人民检察院组织法》，《人民司法》1983 年第 10 期。

〔2〕 彭真：《关于七个法律草案的说明》，《人民司法》1979 年第 7 期。

审案件，由审判员组成合议庭或者由审判员和人民陪审员组成合议庭进行；简单的民事案件、轻微的刑事案件和法律另有规定的案件，可以由审判员一人独任审判"。（4）下放死刑复核权，将"死刑案件由最高人民法院判决或者核准"修改为"死刑案件除由最高人民法院判决的以外，应当报请最高人民法院核准。杀人、强奸、抢劫、爆炸以及其他严重危害公共安全和社会治安判处死刑的案件的核准权，最高人民法院在必要的时候，得授权省、自治区、直辖市的高级人民法院行使"。（5）取消司法行政机关管辖法院司法行政工作的安排，改由法院自行承担，删去"各级人民法院的司法行政工作由司法行政机关管理"、"在上级司法行政机关授予的职权范围内管理司法行政工作"和"各级人民法院的设置、人员编制和办公机构由司法行政机关另行规定"三处内容，将"各级人民法院按照需要可以设助理审判员，由司法行政机关任免"修改为"各级人民法院按照需要可以设助理审判员，由本级人民法院任免"。（6）完善法院内部组织，规定基层人民法院、中级人民法院除设置刑事、民事审判庭外，还应设置经济审判庭。（7）强化对审判人员的专业素养要求，规定"人民法院的审判人员必须具有法律专业知识"。

1986 年 12 月 2 日，第六届全国人民代表大会常务委员会第十八次会议通过《全国人民代表大会常务委员会关于修改〈中华人民共和国地方各级人民代表大会和地方各级人民政府组织法〉的决定》。1983 年人民法院组织法第三十五条第二款规定："在省内按地区设立的和在直辖市内设立的中级人民法院院长，由省、直辖市人民代表大会选举，副院长、庭长、副庭长和审判员由省、直辖市人民代表大会常务委员会任免。"根据本决定修改为："在省、自治区内按地区设立的和在直辖市内设立的中级人民法院院长、副院长、庭长、副庭长和审判员，由省、自治区、直辖市的人民代表大会常务委员会任免。"

2006年10月31日，第十届全国人民代表大会常务委员会第二十四次会议决定修改人民法院组织法，规定："死刑除依法由最高人民法院判决的以外，应当报请最高人民法院核准。"自2007年1月1日起，死刑复核权收归最高人民法院统一行使。

2. 1979年人民检察院组织法

1979年人民检察院组织法设置"总则""人民检察院行使职权的程序""人民检察院的机构设置和人员的任免"，共三章二十八条。1979年人民检察院组织法针对1954年人民检察院组织法进行了较大幅度的修改[1]。

1979年人民检察院组织法规定内容如下：（1）检察院的法律地位，是"国家的法律监督机关"。各级人民检察院行使下列职权：①对于叛国案、分裂国家案以及严重破坏国家的政策、法律、法令、政令统一实施的重大犯罪案件，行使检察权。②对于直接受理的刑事案件，进行侦查。③对于公安机关侦查的案件，进行审查，决定是否逮捕、起诉或者免予起诉；对于公安机关的侦查活动是否合法，实行监督。④对于刑事案件提起公诉，支持公诉；对于人民法院的审判活动是否合法，实行监督。⑤对于刑事案件判决、裁定的执行和监狱、看守所、劳动改造机关的活动是否合法，实行监督。上述职权均是检察院所行使的法律监督权的展开与落实。（2）人民检察院依法保障公民针对违法的国家工作人员的控诉权，且在工作中必须坚持实事求是，贯彻执行群众路线，倾听群众意见，接受群众监督，调查研究，重证据不轻信

---

[1] 彭真：《关于七个法律草案的说明》，《人民司法》1979年第7期。

口供，严禁逼供，正确区分和处理敌我矛盾和人民内部矛盾。（3）人民检察院行使职权须遵循平等原则（对于任何公民，在适用法律上一律平等，不允许有任何特权）与独立原则（不受其他行政机关、团体和个人的干涉）。（4）检察院对同级人大及其常委会负责并报告工作。检察系统内部实行垂直领导。此外，完善了人民检察院行使职权的程序、人民检察院机构设置与任免等相关内容。

　　1983 年的修改主要体现在以下两个方面：（1）完善检察机关设置的表述。将"中华人民共和国设立最高人民检察院、地方各级人民检察院和专门人民检察院"修改为"中华人民共和国设立最高人民检察院、地方各级人民检察院和军事检察院等专门人民检察院"，并删去"专门人民检察院包括：军事检察院、铁路运输检察院、水上运输检察院、其他专门检察院"；将第二十一条第一款"最高人民检察院设置刑事、法纪、监所、经济等检察厅，并且可以按照需要，设立其他业务机构"和第二款"地方各级人民检察院和专门人民检察院可以设置相应的业务机构"，修改为"最高人民检察院根据需要，设立若干检察厅和其他业务机构。地方各级人民检察院可以分别设立相应的检察处、科和其他业务机构"。（2）完善地方各级人民检察院人员的任免程序。各级人民检察院检察长、副检察长和检察委员会委员的任免，须报请上级人民检察院检察长提请该级人大常委会批准。将第二十二条第二款修改为"省、自治区、直辖市人民检察院检察长的任免，须报最高人民检察院检察长提请全国人民代表大会常务委员会批准"，并将第二十三条第二款修改为"自治州、省辖市、县、市、市辖区人民检察院检察长的任免，须报上一级人民检察院检察长提请该级人民代表大会常务委员会批准"。

1986 年 12 月 2 日，第六届全国人民代表大会常务委员会第十八次会议决定修改地方组织法，由此人民检察院组织法第二十二条第一款"省、自治区、直辖市人民检察院检察长和人民检察院分院检察长由省、自治区、直辖市人民代表大会选举和罢免，副检察长、检察委员会委员和检察员由省、自治区、直辖市人民检察院检察长提请本级人民代表大会常务委员会任免"，根据新修改的地方组织法修改为"省、自治区、直辖市人民检察院检察长由省、自治区、直辖市人民代表大会选举和罢免，副检察长、检察委员会委员、检察员和人民检察院分院检察长、副检察长、检察委员会委员、检察员由省、自治区、直辖市人民检察院检察长提请本级人民代表大会常务委员会任免"。

（三）2018 年人民法院组织法、人民检察院组织法

1. 2018 年人民法院组织法

2016 年 9 月，最高人民法院正式向全国人民代表大会内务司法委员会提交了人民法院组织法（修改建议稿）。全国人民代表大会内务司法委员会在最高人民法院人民法院组织法（修改建议稿）的基础上，开展了调研论证，形成人民法院组织法（修订草案），并于 2017 年 8 月提请第一次审议。2017 年 8 月 28 日，在第十二届全国人民代表大会常务委员会第二十九次会议上，全国人大内务司法委员会副主任委员王胜明作了《关于〈中华人民共和国人民法院组织法（修订草案）〉的说明》。首次审议后，由全国人民代表大会常务委员会法制工作委员会牵头组织研究论证，于 2018 年 6 月提请第十三届全国人民代表大会常务委员会第三次会议第二次审议。全国人民代表大会常务委员会于 2018 年 6 月 29 日发布公告，广泛征求社会各界的意见。全国人民代表大会常务委员会法制工作委员会在梳理反馈意见的基础上，进

一步修改完善修订草案。2018年10月23日，第十三届全国人民代表大会常务委员会第六次会议审议人民法院组织法（修订草案）三次审议稿，并于10月26日表决通过，同日，国家主席习近平签署第十一号主席令公布，自2019年1月1日起施行。

修订后的人民法院组织法包括"总则""人民法院的设置和职权""人民法院的审判组织""人民法院的人员组成""人民法院行使职权的保障""附则"，共六章五十九条。修订前人民法院组织法共三章四十条，可见修改完善的内容较多。增加的主要内容一是现行人民法院组织法施行以来，全国人大及其常委会有关人民法院组织的新规定，如海事法院、新疆生产建设兵团法院等规定；二是深化司法体制改革的有关成果。变动内容主要如下。

（1）增加立法依据。第一条规定，为了规范人民法院的设置、组织和职权，保障人民法院依法履行职责，根据宪法，制定本法。

（2）清晰规定人民法院的任务和基本原则。①规定人民法院的任务，根据人民法院性质及其职能，表述为："人民法院通过审判刑事案件、民事案件、行政案件以及法律规定的其他案件，惩罚犯罪，保障无罪的人不受刑事追究，解决民事、行政纠纷，保护个人和组织的合法权益，监督行政机关依法行使职权，维护国家安全和社会秩序，维护社会公平正义，维护国家法制统一、尊严和权威，保障中国特色社会主义建设的顺利进行。"②根据审判工作要求和深化司法体制改革实践，规定了人民法院依法设立、依法独立行使审判权、适用法律人人平等、司法公正、司法民主、司法公开和司法责任制等基本原则。

（3）完善人民法院的设置和职权相关规定。①增加"新疆维吾尔自治区生产建设兵团人民法院"的规定,"在新疆生产建设兵团设立的人民法院的组织、案件管辖范围和法官任免,依照全国人民代表大会常务委员会的有关规定"。②完善专门人民法院的类别,规定专门人民法院包括军事法院和海事法院、知识产权法院、金融法院等。

(4)完善人民法院的内设机构。①增设专业审判庭、综合业务机构、审判辅助机构和行政管理机构等内设机构。②增设最高人民法院巡回法庭制度,规定"最高人民法院可以设巡回法庭,审理最高人民法院依法确定的案件。巡回法庭是最高人民法院的组成部分。巡回法庭的判决和裁定即最高人民法院的判决和裁定"。

(5)强化审判委员会的职权与职责,完善主审法官、合议庭办案责任制,让审理者裁判、由裁判者负责。①明确审判委员会构成,"由院长、副院长和若干资深法官组成,成员应当为单数"。②规定审判委员会会议类别,"审判委员会会议分为全体会议和专业委员会会议。中级以上人民法院根据审判工作需要,可以按照审判委员会委员专业和工作分工,召开刑事审判、民事行政审判等专业委员会会议""审判委员会召开全体会议和专业委员会会议,应当有其组成人员的过半数出席",实行民主集中制,同级检察长或者检察长委托的副检察长可以列席审判委员会会议。③明确审判委员会职能为:总结审判工作经验;讨论决定重大、疑难、复杂案件的法律适用;讨论决定本院已经发生法律效力的判决、裁定、调解书是否应当再审;讨论决定其他有关审判工作的重大问题。此外,最高人民法院对属于审判工作中具体应用法律的问题进行解释,应当由审判委员会全体会议讨论通过;发布指导性案例,可以由审判委员会专业委员会会议讨论通过。

（6）完善人民法院的组成人员和其他人员相关规定。①规定法院组成人员，"人民法院的审判人员由院长、副院长、审判委员会委员和审判员等人员组成"，并对各级人民法院院长、副院长、审判委员会委员和其他法官的产生办法作出规定。②明确人民法院院长、副院长职责及其专业资格。首先，规定"人民法院院长负责本院全面工作，监督本院审判工作，管理本院行政事务。人民法院副院长协助院长工作"；其次，规定院长、副院长、审判委员会委员的专业资格，"院长应当具有法学专业知识和法律职业经历。副院长、审判委员会委员应当从法官、检察官或者其他具备法官、检察官条件的人员中产生"。③增设遴选制度，规定"法官从取得法律职业资格并且具备法律规定的其他条件的人员中选任。初任法官应当由法官遴选委员会进行专业能力审核。上级人民法院的法官一般从下级人民法院的法官中择优遴选"。

（7）增设人员分类管理制度和法官员额制度。①人员分类管理。人民法院的法官、审判辅助人员和司法行政人员实行分类管理。②法官员额制。法官员额根据案件数量、经济社会发展情况、人口数量和人民法院审级等因素确定。最高人民法院法官员额由最高人民法院商有关部门确定。地方各级人民法院法官员额，在省、自治区、直辖市内实行总量控制、动态管理。

2. 2018 年人民检察院组织法

为修改人民检察院组织法，最高人民检察院成立了人民检察院组织法修改工作领导小组和修改专班，深入调查研究，广泛征求意见，向全国人民代表大会内务司法委员会报送了人民检察院组织法（修改草案建议稿）。全国人民代表大会内务司法委员会充分吸收最高人民检察院意见，又征求了相关中央国家机关和社会各界的意见，形成了人民检察院组织法（修订草案）。2017 年 6 月 8 日，内务司法委员会召开全体会议，讨论通过了人民检察院组织法（修订草案）。2017 年 8 月，第十二届全国人民代表大会常务委员会第二十九次会议对草案进行了第一次审议。2017 年 8 月 28 日，全国人大内务司法委员会副主任委员何晔晖在该会议上作了《关于〈中华人民共和国人民检察院组织法（修订草案）〉的说明》。2018 年 6 月，人民检察院组织法（修订草案）提请十三届全国人民代表大会常务委员会第三次会议进行了第二次审议。2018 年 10 月，第十三届全国人民代表大会常务委员会第六次会议审议人民检察院组织法（修订草案）三次审议稿，并于 10 月 26 日表决通过，同日，国家主席习近平签署第十二号主席令公布，自 2019 年 1 月 1 日起施行。修订后的人民检察院组织法包括"总则""人民检察院的设置和职权""人民检察院的办案组织""人民检察院的人员组成""人民检察院行使职权的保障""附则"，共六章五十三条。主要内容有如下几点。

（1）增加立法依据。第一条规定，为了规范人民检察院的设置、组织和职权，保障人民检察院依法履行职责，根据宪法，制定本法。

（2）清晰规定人民检察院的性质和任务。①根据宪法规定，明确规定人民检察院是国家的法律监督机关。②明确检察院的任务是"通过行使检察权，追诉犯罪，维护国家安全和社会秩序，维护个人和组织的合法权益，维护国家利益和社会公共利益，保障法律正确实施，维护社会公平正义，维护国家法制统一、尊严和权威，保障中国特色社会主义建设的顺利进行"。

（3）规范检察工作的基本原则和工作体制。①人民检察院依法设立、依法独立行使检察权、适用法律人人平等、司法公正、司法民主、司法公开和司法责任制等基本原则。②体现检察一体化原则，明确规定"最高人民检察院领导地方各级人民检察院和专门人民检察院的工作，上级人民检察院领导下级人民检察院的工作"，同时压实检察长的领导责任与决定权，"检察官在检察长领导下开展工作，重大办案事项由检察长决定。检察长可以将部分职权委托检察官行使，可以授权检察官签发法律文书"。③强化办案责任制。明确规定"人民检察院实行检察官办案责任制。检察官对其职权范围内就案件作出的决定负责。检察长、检察委员会对案件作出决定的，承担相应责任"。

（4）完善人民检察院的机构设置和办案组织。①完善人民检察院的分类。新设在新疆生产建设兵团的人民检察院、专门人民检察院以及省级人民检察院和设区的市级人民检察院获准在辖区内特定区域设立的人民检察院（派出机构）。②完善人民检察院的内设机构。根据工作需要，检察院可以设置必要的业务机关、综合业务机关、检察辅助机构和行政管理机构。③完善检察官办案组和独任检察官制度。规定检察院办理案件，根据案件情况可以由一名检察官独任办理，也可以由两名以上检察官组成办案组办理。由检察官办案组办理的，检察长应当指定一名检察官担任主办检察官，组织、指挥办案组办理案件。根据"谁办案谁负责"的要求，规定检察官对其职权范围内就案件作出的决定负责。④设置人民检察院派驻检察室和巡回检察制度。明确规定，人民检察院根据检察工作需要，可以在监狱、看守所等场所设立检察室，行使派出它的人民检察院的部分职权，也可以对上述场所进行巡回检察。设置检察室应当从严掌握，规定省级人民检察院设立检察室，应当经最高人民检察院和省级有关部门同意；设区的市级人民检察院、基层人民检察院设立检察室，应当经省级人民检察院和省级有关部门同意。

（5）适应国家监察体制改革、三大诉讼法修改的新要求。①规定人民检察院依照法律规定对有关刑事案件行使侦查权。人民检察院行使侦查权的具体情形，应当"依照法律规定"，主要指依照刑事诉讼法、监察法的规定。②规定人民检察院依照法律规定提起公益诉讼，即根据新修改的民事诉讼法、行政诉讼法增加。

（6）明确规定人民检察院检察长、副检察长职责。①人民检察院检察长领导本院检察工作，管理本院行政事务。人民检察院副检察长协助检察长工作。②检察官在检察长领导下开展工作，重大办案事项由检察长决定。检察长可以将部分职权委托检察官行使，可以授权检察官签发法律文书。③检察长应当具有法学专业知识和法律职业经历。副检察长、检察委员会委员应当从检察官、法官或者其他具备检察官、法官条件的人员中产生。

（7）完善检察院人员分类管理制度和检察官员额制。①人民检察院的检察官、检察辅助人员和司法行政人员实行分类管理。②检察官实行员额制。检察官员额根据案件数量、经济社会发展情况、人口数量和人民检察院层级等因素确定。最高人民检察院检察官员额由最高人民检察院商有关部门确定。地方各级人民检察院检察官员额，在省、自治区、直辖市内实行总量控制、动态管理。

（8）新增人民检察院行使职权的制度保障，对此作出专章规定。①任何单位或者个人不得要求检察官从事超出法定职责范围的事务。对于领导干部等干预司法活动、插手具体案件处理，或者人民检察院内部人员过问案件情况的，办案人员应当全面如实记录并报告；有违法违纪情形的，由有关机关根据情节轻重追究行为人的责任。②人民检察院采取必要措施，维护办案安全。对妨碍人民检察院依法行使职权的违法犯罪行为，依法追究法律责任。③人民检察院实行培训制度，检察官、检察辅助人员和司法行政人员应当接受理论和业务培训。④人民检察院人员编制实行专项管理。⑤人民检察院的经费按照事权划分的原则列入财政预算，保障检察工作需要。⑥人民检察院应当加强信息化建设，运用现代信息技术，促进司法公开，提高工作效率。

六、其他宪法相关法

（一）国家标志类

1. 国旗法

1990年6月28日，第七届全国人民代表大会常务委员会第十四次会议通过《中华人民共和国国旗法》，共计二十条，规定中华人民共和国国旗是五星红旗，是中华人民共和国的象征和标志，应受到每个公民和组织的尊重和爱护。

在直立的旗杆上升降国旗，应当徐徐升降。升起时，必须将国旗升至杆顶；降下时，不得使国旗落地。不得升挂破损、污损、褪色或者不合规格的国旗。国旗及其图案不得用作商标和广告，不得用于私人丧事活动。在公众场合故意以焚烧、毁损、涂划、玷污、践踏等方式侮辱中华人民共和国国旗的，依法追究刑事责任；情节较轻的，参照治安管理处罚条例的处罚规定，由公安机关处以十五日以下拘留。

国旗法还规定了下半旗志哀的人员范围与情形：（1）中华人民共和国主席、全国人民代表大会常务委员会委员长、国务院总理、中央军事委员会主席；（2）中国人民政治协商会议全国委员会主席；（3）对中华人民共和国作出杰出贡献的人；（4）对世界和平或者人类进步事业作出杰出贡献的人。发生特别重大伤亡的不幸事件或者严重自然灾害造成重大伤亡时，可以下半旗志哀。

1990 年国旗法关于升挂国旗的规定

时间	场所或者机构	升挂国旗的要求
每日	（一）北京天安门广场、新华门；（二）全国人民代表大会常务委员会，国务院，中央军事委员会，最高人民法院，最高人民检察院，中国人民政治协商会议全国委员会；（三）外交部；（四）出境入境的机场、港口、火车站和其他边境口岸，边防海防哨所。	应当升挂国旗
工作日	国务院各部门，地方各级人民代表大会常务委员会，人民政府，人民法院，人民检察院，中国人民政治协商会议地方各级委员会	应当升挂国旗
除寒假、暑假和星期日外	全日制学校	应当每日升挂国旗
国庆节、国际劳动节、元旦和春节	各级国家机关和各人民团体	应当升挂国旗
国庆节、国际劳动节、元旦和春节	企业事业组织，村民委员会、居民委员会，城镇居民院（楼）以及广场、公园等公共活动场所	有条件的可以升挂国旗
	不以春节为传统节日的少数民族地区	春节是否升挂国旗，由民族自治地方的自治机关规定
在民族自治地方成立纪念日和主要传统民族节日	民族自治地方	可以升挂国旗
举行重大庆祝、纪念活动，大型文化、体育活动，大型展览会		可以升挂国旗

　　为适应 2005 年治安管理处罚法颁布，2009 年 8 月 27 日全国人民代表大会常务委员会对国旗法作出修改，将《中华人民共和国国旗法》第十九条修改为："在公共场合故意以焚烧、毁损、涂划、玷污、践踏等方式侮辱中华人民共和国国旗的，依法追究刑事责任；情节较轻的，由公安机关处以十五日以下拘留。"

　　2020 年 10 月 17 日，第十三届全国人民代表大会常务委员会第二十二次会议通过关于修改《中华人民共和国国旗法》的决定。比较显著的修改在于：（1）完善了国旗使用的规定等。如增加规定"国家倡导公民和组织在适宜的场合使用国旗及其图案，表达爱国情感；公民和组织在网络中使用国旗图案，应当遵守相关网络管理规定，不得损害国旗尊严；网络使用的国旗图案标准版本在中国人大网和中国政府网上发布"（第九条）；"不得升挂或者使用破损、污损、褪色或者不合规格的国旗，不得倒挂、倒插或者以其他有损国旗尊严的方式升挂、使用国旗。不得随意丢弃国旗。破损、污损、褪色或者不合规格的国旗应当按照国家有关规定收回、处置。大型群众性活动结束后，活动主办方应当收回或者妥善处置活动现场使用的国旗"（第十九条）；"国旗及其图案不得用作商标、授予专利权的外观设计和商业广告，不得用于私人丧事活动等不适宜的情形"（第二十条）。（2）增加第十六条，规定特殊人士哀悼仪式上遗体、灵柩或者骨灰盒覆盖国旗的内容。特殊人士包括下半旗志哀的人士范围（中华人民共和国主席、全国人民代表大会常务委员会委员长、国务院总理、中央军事委员会主席；中国人民政治协商会议全国委员会主席；对中华人民共和国作出杰出贡献的人；对世界和平或者人类进步事业作出杰出贡献的人）外，还包括烈士、国家规定的其他人士。覆盖国旗时，国旗不得触及地面，仪式结束后应当将国旗收回保存。（3）增加关于国家监察委员会的相关内容，细化升挂国旗的规定。

2020 年国旗法关于升挂国旗的规定

时间	场所或者机构	升挂国旗的要求
每日	（一）北京天安门广场、新华门；（二）中国共产党中央委员会，全国人民代表大会常务委员会，国务院，中央军事委员会，中国共产党中央纪律检查委员会，国家监察委员会，最高人民法院，最高人民检察院，中国人民政治协商会议全国委员会；（三）外交部；（四）出境入境的机场、港口、火车站和其他边境口岸，边防海防哨所	应当升挂国旗
工作日	（一）中国共产党中央各部门和地方各级委员会；（二）国务院各部门；（三）地方各级人民代表大会常务委员会；（四）地方各级人民政府；（五）中国共产党地方各级纪律检查委员会，地方各级监察委员会；（六）地方各级人民法院和专门人民法院；（七）地方各级人民检察院和专门人民检察院；（八）中国人民政治协商会议地方各级委员会；（九）各民主党派、各人民团体；（十）中央人民政府驻香港特别行政区有关机构，中央人民政府驻澳门特别行政区有关机构	应当升挂国旗
除寒假、暑假和星期日外的每日	全日制学校	应当升挂国旗
除寒假、暑假和星期日外的每日	有条件的幼儿园	应当升挂国旗
在开放日	图书馆、博物馆、文化馆、美术馆、科技馆、纪念馆、展览馆、体育馆、青少年宫等公共文化体育设施	应当升挂、悬挂国旗
国庆节、国际劳动节、元旦、春节和国家宪法日等重要节日、纪念日	各级国家机关、各人民团体以及大型广场、公园等公共活动场所	应当升挂国旗

时间	场所或者机构	升挂国旗的要求
国庆节、国际劳动节、元旦、春节和国家宪法日等重要节日、纪念日	企业事业组织,村民委员会、居民委员会,居民院(楼、小区)	有条件的应当升挂国旗
在民族自治地方成立纪念日和主要传统民族节日	民族自治地方	应当升挂国旗
举行宪法宣誓仪式时	宣誓场所	应当悬挂国旗
举行重大庆祝、纪念活动,大型文化、体育活动,大型展览会		可以升挂国旗

2. 国徽法

1991 年 3 月 2 日,第七届全国人民代表大会常务委员会第十八次会议通过《中华人民共和国国徽法》,共计十五条。规定中华人民共和国国徽,中间是五星照耀下的天安门,周围是谷穗和齿轮,国徽是中华人民共和国的象征和标志,应受一切个人和组织的尊重和爱护。

国徽及其图案不得用于:(1)商标、广告;(2)日常生活的陈设布置;(3)私人庆吊活动;(4)国务院办公厅规定不得使用国徽及其图案的其他场合。不得悬挂破损、污损或者不合规格的国徽。在公众场合故意以焚烧、毁损、涂划、玷污、践踏等方式侮辱中华人民共和国国徽的,依法追究刑事责任;情节较轻的,参照治安管理处罚条例的处罚规定,由公安机关处以十五日以下拘留。

国徽法还规定了应当悬挂国徽、印刻国徽图案的情形。

机构或场所	悬挂国徽的要求
（一）县级以上各级人民代表大会常务委员会；（二）县级以上各级人民政府；（三）中央军事委员会；（四）各级人民法院和专门人民法院；（五）各级人民检察院和专门人民检察院；（六）外交部；（七）国家驻外使馆、领馆和其他外交代表机构。乡、民族乡、镇的人民政府可以悬挂国徽，具体办法由省、自治区、直辖市的人民政府根据实际情况规定	应当悬挂国徽。国徽应当悬挂在机关正门上方正中处
（一）北京天安门城楼，人民大会堂；（二）县级以上各级人民代表大会及其常务委员会会议厅；（三）各级人民法院和专门人民法院的审判庭；（四）出境入境口岸的适当场所	应当悬挂国徽
机构的印章/文书、出版物	**印刻国徽图案的要求**
（一）全国人民代表大会常务委员会，国务院，中央军事委员会，最高人民法院，最高人民检察院；（二）全国人民代表大会各专门委员会和全国人民代表大会常务委员会办公厅、工作委员会，国务院各部、各委员会、各直属机构、国务院办公厅以及国务院规定应当使用刻有国徽图案印章的办事机构，中央军事委员会办公厅以及中央军事委员会规定应当使用刻有国徽图案印章的其他机构；（三）县级以上地方各级人民代表大会常务委员会，人民政府，人民法院，人民检察院，专门人民法院，专门人民检察院；（四）国家驻外使馆、领馆和其他外交代表机构	应当刻有国徽图案
（一）全国人民代表大会常务委员会、中华人民共和国主席和国务院颁发的荣誉证书、任命书、外交文书；（二）中华人民共和国主席、全国人民代表大会常务委员会委员长、国务院总理、中央军事委员会主席、最高人民法院院长和最高人民检察院检察长以职务名义对外使用的信封、信笺、请柬等；（三）全国人民代表大会常务委员会公报、国务院公报、最高人民法院公报和最高人民检察院公报的封面；（四）国家出版的法律、法规正式版本的封面	应当印有国徽图案

为适应 2005 年治安管理处罚法颁布，2009 年 8 月 27 日，第十一届全国人民代表大会常务委员会第十次会议通过的《全国人民代表大会常务委员会关于修改部分法律的决定》对国徽法作出修改，将《中华人民共和国国徽法》第十三条修改为："在公共

场合故意以焚烧、毁损、涂划、玷污、践踏等方式侮辱中华人民共和国国徽的，依法追究刑事责任；情节较轻的，由公安机关处以十五日以下拘留。"

2020年10月17日，第十三届全国人民代表大会常务委员会第二十二次会议通过关于修改《中华人民共和国国徽法》的决定，主要是与国家监察委员会的成立相适应，增加了涉及监察委员会的相关内容。此外，完善"可以使用国徽的情形"的规定，增加"标示国界线的界桩、界碑和标示领海基点方位的标志碑以及其他用于显示国家主权的标志物可以使用国徽图案。中国人民银行发行的法定货币可以使用国徽图案"（第九条）；"下列证件、证照可以使用国徽图案：（一）国家机关工作人员的工作证件、执法证件等；（二）国家机关颁发的营业执照、许可证书、批准证书、资格证书、权利证书等；（三）居民身份证，中华人民共和国护照等法定出入境证件。国家机关和武装力量的徽章可以将国徽图案作为核心图案。公民在庄重的场合可以佩戴国徽徽章，表达爱国情感"（第十条）。

3. 国歌法

2017年9月1日，第十二届全国人民代表大会常务委员会第二十九次会议通过《中华人民共和国国歌法》，共计十五条，规定中华人民共和国国歌是《义勇军进行曲》，国歌是中华人民共和国的象征和标志，应受一切个人与组织的尊重和爱护。

全国人民代表大会会议和地方各级人民代表大会会议的开幕与闭幕、中国人民政治协商会议全国委员会会议和地方各级委员会会议的开幕与闭幕；各政党各人民团体的各级代表大会、宪法宣誓仪式、升国旗仪式，各级机关举行或者组织的重大庆典、表彰、纪念仪式等，国家公祭仪式、重大外交活动、重大体育赛事、其他应当奏唱国歌的场合，应当奏唱国歌。国家倡导公民和组织在适宜的场合奏唱国歌，表达爱国情感。

不得采取有损国歌尊严的奏唱形式，不得有不尊重国歌的行为，国歌不得用于或者变相用于商标、商业广告，不得在私人丧事活动等不适宜的场合使用，不得作为公共场所的背景音乐等。

（二）维护国家主权、领土完整、国家安全类

1. 戒严法

1996 年 3 月 1 日，第八届全国人民代表大会常务委员会第十八次会议通过《中华人民共和国戒严法》，共五章三十二条，分别为"总则""戒严的实施""实施戒严的措施""戒严执勤人员的职责""附则"。戒严法规定：（1）戒严的条件与戒严令发布及执行主体。在发生严重危及国家的统一、安全或者社会公共安全的动乱、暴乱或者严重骚乱，不采取非常措施不足以维护社会秩序、保护人民的生命和财产安全的紧急状态时，国家可以决定实行戒严。全国或者个别省、自治区、直辖市的戒严，由国务院提请全国人民代表大会常务委员会决定；中华人民共和国主席根据全国人民代表大会常务委员会的决定，发布戒严令。省、自治区、直辖市的范围内部分地区的戒严，由国务院决定，国务院总理发布戒严令。戒严任务由人民警察、人民武装警察执行；必要时，国务院可以向中央军事委员会提出，由中央军事委员会决定派出人民解放军协助执行戒严任务。（2）戒严地区的社会秩序维护与私权利保障。戒严地区内的人民政府应当依照本法采取必要的措施，尽快恢复正常社会秩序，保障人民的生命和财产安全以及基本生活必需品的供应。戒严地区内的一切组织和个人，必须严格遵守戒严令和实施戒严令的规定，积极协助人民政府恢复正常社会秩序。国家对遵守戒严令和实施戒严令的规定的组织和个

人，采取有效措施保护其合法权益不受侵犯。（3）戒严的实施与解除。全国或者个别省、自治区、直辖市的戒严，由国务院组织实施。省、自治区、直辖市的范围内部分地区的戒严，由省、自治区、直辖市人民政府组织实施；必要时，国务院可以直接组织实施。戒严令应当规定戒严的地域范围、起始时间、实施机关等事项。戒严的紧急状态消除后，应当及时解除戒严等。

2. 反分裂国家法

2005 年 3 月 14 日，第十届全国人民代表大会第三次会议通过《反分裂国家法》，不分章，共十条。该法是目前我国法律体系中唯一一部不以"中华人民共和国"作为前缀的法律，其原因是该法的制定目的是"为了反对和遏制'台独'分裂势力分裂国家，促进祖国和平统一，维护我国台湾海峡地区和平稳定，维护国家主权和领土完整，维护中华民族的根本利益"。主要内容包括如下。

（1）强调我国台湾问题是历史遗留问题，也是中国的内部事务。第三条规定："台湾问题是中国内战的遗留问题。解决台湾问题，实现祖国统一，是中国的内部事务，不受任何外国势力的干涉。"

（2）以法律方式确认"一个中国原则"。《反分裂国家法》第二条规定："世界上只有一个中国，大陆和台湾同属一个中国，中国的主权和领土完整不容分割。维护国家主权和领土完整是包括台湾同胞在内的全中国人民的共同义务。台湾是中国的一部分。国家绝不允许'台独'分裂势力以任何名义、任何方式把台湾从中国分裂出去。"第五条规定："坚持一个中国原则，是实现祖国和平统一的基础。以和平方式实现祖国统一，最符合台湾海峡两岸同胞的根本利益。国家以最大的诚意，尽最大的努力，实现和平统一。国家和平统一后，台湾可以实行不同于大陆的制度，高度自治。"

（3）实现祖国统一的任务、方式与步骤。首先，宣示了统一祖国的任务。第四条规定："完成统一祖国的大业是包括台湾同胞在内的全中国人民的神圣职责。"其次，在和平稳定的情形下，应当促进两岸关系发展。第六条规定促进两岸关系的途径包括："（一）鼓励和推动两岸人员往来，增进了解，增强互信；（二）鼓励和推动两岸经济交流与合作，直接通邮通航通商，密切两岸经济关系，互利互惠；（三）鼓励和推动两岸教育、科技、文化、卫生、体育交流，共同弘扬中华文化的优秀传统；（四）鼓励和推动两岸共同打击犯罪；（五）鼓励和推动有利于维护台湾海峡地区和平稳定、发展两岸关系的其他活动。国家依法保护台湾同胞的权利和利益。"再次，声明和平谈判是两岸统一的重要方式。第七条规定："国家主张通过台湾海峡两岸平等的协商和谈判，实现和平统一。协商和谈判可以有步骤、分阶段进行，方式可以灵活多样。台湾海峡两岸可以就下列事项进行协商和谈判：（一）正式结束两岸敌对状态；（二）发展两岸关系的规划；（三）和平统一的步骤和安排；（四）台湾当局的政治地位；（五）台湾地区在国际上与其地位相适应的活动空间；（六）与实现和平统一有关的其他任何问题。"最后，在和平谈判统一方式行不通的情形下，国家得采取非和平方式及其他必要措施捍卫国家主权和领土完整。第八条规定："'台独'分裂势力以任何名义、任何方式造成台湾从中国分裂出去的事实，或者发生将会导致台湾从中国分裂出去的重大事变，或者和平统一的可能性完全丧失，国家得采取非和平方式及其他必要措施，捍卫国家主权和领土完整。依照前款规定采取非和平方式及其他必要措施，由国务院、中央军事委员会决定和组织实施，并及时向全国人民代表大会常务委员会报告。"第九条是第八条的逻辑延续："依照本法规定采取非和平方式及其他必要措施并组织实施时，国家尽最大可能保护台湾平民和在台湾的外国人的生命财产安全和其他正当权益，减少损失；同时，国家依法保护台湾同胞在中国其他地区的权利和利益。"

3. 反间谍法

（1）1993 年国家安全法

1993 年 2 月 22 日，第七届全国人民代表大会常务委员会第三十次会议通过《中华人民共和国国家安全法》，分为"总则""国家安全机关在国家安全工作中的职权""公民和组织维护国家安全的义务和权利""法律责任""附则"，共五章三十四条。1993 年国家安全法主要是以反间谍工作为核心的国家安全法。

1993 年国家安全法规定：①主管机关。国家安全机关是本法规定的国家安全工作的主管机关。国家安全机关和公安机关密切配合，共同维护国家安全。②危害国家安全行为的界定。主要以间谍行为为基础。第四条规定本法所称危害国家安全的行为，是指境外机构、组织、个人实施或者指使、资助他人实施的，或者境内组织、个人与境外机构、组织、个人相勾结实施的下列危害中华人民共和国国家安全的行为，包括：a. 阴谋颠覆政府，分裂国家，推翻社会主义制度的；b. 参加间谍组织或者接受间谍组织及其代理人的任务的；c. 窃取、刺探、收买、非法提供国家秘密的；d. 策动、勾引、收买国家工作人员叛变的；e. 进行危害国家安全的其他破坏活动的。③国家安全机关在国家安全工作中的职权。国家安全机关工作人员依法执行职务受法律保护。其职权包括：a. 依法行使侦查、拘留、预审和执行逮捕以及法律规定的其他职权；b. 在出示相应证件的条件下，有权查验中国公民或者境外人员的身份证明，向有关组织和人员调查、询问有关情况；c. 在出示相应证件的条件下，可以进入有关场所，经批准可以进入限制进入的有关地区、场所、单位，查看或者调阅有关的档案、资料、物品；d. 在依法执行紧急任务的情况下，经出示相应证件，可以优先乘坐公共交通工具，遇交通阻碍时，优先通行，且必要时按照国家有关规定，可以优先使用机关、团体、企业事业组织和个人的交通工具、通信工具、场地和建筑物，用后应当及时归还，并支付适当费用，造成损失的应当赔偿；e. 经过严格的批准手续，可以采取技术侦查措施；f. 可以查验组织和个人的电子通信工具、器材等设备、设施；g. 可以提请海关、边防等检查机关对有关人员和资料、器材免检。但是，国家安全机关应当严格依法办事，不得超越职权、滥用职权，不得侵犯组织和个人的合法权益。④公民和组织维护国家安全的义务和权利。公民和有关组织提供便利条件或者其他协助；发现危害国家安全的行为及时报告；应当如实提供相关证据；保守所知悉的国家安全工作的国家秘密。任何个人和组织不得非法持有属于国家秘密的文件、资料和其他物品；不得非法持有、使用窃听、窃照等专用间谍器材。针对国家安全机关及其工作人员超越职权、滥用职权和其他违法行为，任何公民和组织都有权向上级国家安全机关或者有关部门检举、控告。⑤法律责任。规定境外机构、组织、个人实施或者指使、资助他人实施，或者境内组织、个人与境外机构、组织、个人相勾结实施危害中华人民共和国国家安全的行为，构成犯罪的，依法追究刑事责任。但对于犯间谍罪自首或者有立功表现的人员，可以从轻、减轻或者免除处罚，有重大立功表现的给予奖励。在境外受胁迫或者受诱骗参加敌对组织，从事危害中华人民共和国国家安全的活动，及时、如实说明情况的，不予追究。

危害国家安全的行为	相应处罚
明知他人有间谍犯罪行为，在国家安全机关向其调查有关情况、收集有关证据时，拒绝提供的	由其所在单位或者上级主管部门予以行政处分，或者由国家安全机关处十五日以下拘留；情节严重的，比照刑法第一百六十二条的规定处罚
以暴力、威胁方法阻碍国家安全机关依法执行国家安全工作任务的	依照刑法第一百五十七条的规定处罚
故意阻碍国家安全机关依法执行国家安全工作任务，未使用暴力、威胁方法	造成严重后果，比照刑法第一百五十七条的规定处罚；情节较轻的，由国家安全机关处十五日以下拘留
故意或者过失泄露有关国家安全工作的国家秘密的	由国家安全机关处十五日以下拘留；构成犯罪的，依法追究刑事责任
对非法持有属于国家秘密的文件、资料和其他物品的，以及非法持有、使用专用间谍器材的	国家安全机关可以依法对其人身、物品、住处和其他有关的地方进行搜查；对其非法持有的属于国家秘密的文件、资料和其他物品，以及非法持有、使用的专用间谍器材予以没收
非法持有属于国家秘密的文件、资料和其他物品，构成泄露国家秘密罪的	依法追究刑事责任
境外人员违反本法的	可以限期离境或者驱逐出境

2009 年 8 月 27 日第十一届全国人民代表大会常务委员会第十次会议通过《全国人民代表大会常务委员会关于修改部分法律的决定》对国家安全法作出部分修改，将《中华人民共和国国家安全法》第二十六条、第二十七条、第三十二条的"依照刑法第×条的规定""比照刑法第×条的规定"修改为"依照刑法有关规定"。

（2）2014 年反间谍法

2014 年 11 月 1 日第十二届全国人民代表大会常务委员会第

十一次会议通过《中华人民共和国反间谍法》，分为"总则""国家安全机关在反间谍工作中的职权""公民和组织的义务和权利""法律责任""附则"，共五章四十条。反间谍法的制定，主要是将1993年国家安全法中关于"国家安全"总体性质的内容，转化为专门的"反间谍工作"的规定，同时完善、细化原有的规定。

将此前的宏观国家安全工作，收缩和集中到"反间谍工作"。1993年国家安全法第一条规定："为了维护国家安全，保卫中华人民共和国人民民主专政的政权和社会主义制度，保障改革开放和社会主义现代化建设的顺利进行，根据宪法，制定本法。"反间谍法第一条规定："为了防范、制止和惩治间谍行为，维护国家安全，根据宪法，制定本法。"1993年国家安全法第二条规定："国家安全机关是本法规定的国家安全工作的主管机关。国家安全机关和公安机关按照国家规定的职权划分，各司其职，密切配合，维护国家安全。"反间谍法第三条规定："国家安全机关是反间谍工作的主管机关。公安、保密行政管理等其他有关部门和军队有关部门按照职责分工，密切配合，加强协调，依法做好有关工作。"其他条文也将1993年国家安全法中的"国家安全工作"替换为"反间谍工作"，将"危害国家安全的行为"替换为"间谍行为"。

在1993年国家安全法基础上，完善国家安全机关的反间谍手段。例如，第十五条新增了反间谍工作中的"查封、扣押、冻结"手段："国家安全机关对用于间谍行为的工具和其他财物，以及用于资助间谍行为的资金、场所、物资，经设区的市级以上国家安全机关负责人批准，可以依法查封、扣押、冻结。"第十六条完善了反间谍工作中的技术侦查："国家安全机关根据反间谍工作需要，可以会同有关部门制定反间谍技术防范标准，指导有关部门落实反间谍技术防范措施，对存在隐患的部门，经过严格的批准手续，可以进行反间谍技术防范检查和检测。"第十七条第二款新增对组织和个人信息的保护："国家安全机关及其工作人员依法履行反间谍工作职责获取的组织和个人的信息、材料，只能用于反间谍工作。"第三十六条第二款规定了国家安全机关在反间谍工作中没收财物的保管和去向问题："国家安全机关没收的财物，一律上缴国库。"

反间谍法的效力问题。第四十条规定："本法自公布之日起施行。1993 年 2 月 22 日第七届全国人民代表大会常务委员会第三十次会议通过的《中华人民共和国国家安全法》同时废止。"

（3）2023 年反间谍法修订

2023 年 4 月 26 日，第十四届全国人民代表大会常务委员会第二次会议修订《中华人民共和国反间谍法》。经修订后，反间谍法分为"总则""安全防范""调查处置""保障与监督""法律责任""附则"，共六章七十一条。从"职权""权利义务"转向"行为"，从逻辑上调整体例。将 2014 年反间谍法"国家安全机关在反间谍工作中的职权""公民和组织的义务和权利"两章，按照"安全防范""调查处置""保障与监督"三种行为模式重新编排，使得相应规范更为集中。修改和完善的主要内容如下。

①在立法指导思想上，贯彻落实党的二十大精神，强化对于党的领导和保护人民利益的表述。第一条规定："为了加强反间谍工作，防范、制止和惩治间谍行为，维护国家安全，保护人民利益，根据宪法，制定本法。"第二条规定："反间谍工作坚持党中央集中统一领导，坚持总体国家安全观，坚持公开工作与秘密工作相结合、专门工作与群众路线相结合，坚持积极防御、依法

惩治、标本兼治，筑牢国家安全人民防线。"将党的领导、保护人民利益和反间谍工作紧密结合在一起。

②完善"间谍行为"定义，增加网络信息、数据资料等内容。第四条第一款第三、四项规定："（三）间谍组织及其代理人以外的其他境外机构、组织、个人实施或者指使、资助他人实施，或者境内机构、组织、个人与其相勾结实施的窃取、刺探、收买、非法提供国家秘密、情报以及其他关系国家安全和利益的文件、数据、资料、物品，或者策动、引诱、胁迫、收买国家工作人员叛变的活动；（四）间谍组织及其代理人实施或者指使、资助他人实施，或者境内外机构、组织、个人与其相勾结实施针对国家机关、涉密单位或者关键信息基础设施等的网络攻击、侵入、干扰、控制、破坏等活动……"此外，增加针对第三国的间谍行为。第四条第二款规定："间谍组织及其代理人在中华人民共和国领域内，或者利用中华人民共和国的公民、组织或者其他条件，从事针对第三国的间谍活动，危害中华人民共和国国家安全的，适用本法。"

③"完善安全防范"。a. 将原第十九条"机关、团体和其他组织应当对本单位的人员进行维护国家安全的教育，动员、组织本单位的人员防范、制止间谍行为"，提到现今第十二条的位置，并扩充为"国家机关、人民团体、企业事业组织和其他社会组织承担本单位反间谍安全防范工作的主体责任，落实反间谍安全防范措施，对本单位的人员进行维护国家安全的教育，动员、组织本单位的人员防范、制止间谍行为"。b. 强化反间谍宣传教育，强调各级政府、新闻传播单位、国安机关的宣传教育职责。第十三条规定："各级人民政府和有关部门应当组织开展反间谍安全防范宣传教育，将反间谍安全防范知识纳入教育、培训、普法宣

传内容，增强全民反间谍安全防范意识和国家安全素养。新闻、广播、电视、文化、互联网信息服务等单位，应当面向社会有针对性地开展反间谍宣传教育。国家安全机关应当根据反间谍安全防范形势，指导有关单位开展反间谍宣传教育活动，提高防范意识和能力。"c.建立反间谍安全防范重点单位管理制度、反间谍安全防范工作制度和涉及国家安全事项的建设项目许可制度等。第十七条规定："国家建立反间谍安全防范重点单位管理制度。反间谍安全防范重点单位应当建立反间谍安全防范工作制度，履行反间谍安全防范工作要求，明确内设职能部门和人员承担反间谍安全防范职责。"第二十一条第一款规定："在重要国家机关、国防军工单位和其他重要涉密单位以及重要军事设施的周边安全控制区域内新建、改建、扩建建设项目的，由国家安全机关实施涉及国家安全事项的建设项目许可。"

④细化、完善国家安全机关的调查处置行为及其程序，规范执法活动。a.完善传唤、询问的程序。明确传唤证传唤、口头传唤、强制传唤的情形，限制询问时长，禁止连续传唤和询问。第二十七条规定："需要传唤违反本法的人员接受调查的，经国家安全机关办案部门负责人批准，使用传唤证传唤。对现场发现的违反本法的人员，国家安全机关工作人员依照规定出示工作证件，可以口头传唤，但应当在询问笔录中注明。传唤的原因和依据应当告知被传唤人。对无正当理由拒不接受传唤或者逃避传唤的人，可以强制传唤。国家安全机关应当在被传唤人所在市、县内的指定地点或者其住所进行询问。国家安全机关对被传唤人应当及时询问查证。询问查证的时间不得超过八小时；情况复杂，可能适用行政拘留或者涉嫌犯罪的，询问查证的时间不得超过二十四小时。国家安全机关应当为被传唤人提供必要的饮食和休息

时间。严禁连续传唤。"b. 规范执法程序，明确执法人数，强化制作笔录规范，采取重要执法措施应使用全程录音录像进行执法记录。第三十一条规定："国家安全机关工作人员在反间谍工作中采取查阅、调取、传唤、检查、查询、查封、扣押、冻结等措施，应当由二人以上进行，依照有关规定出示工作证件及相关法律文书，并由相关人员在有关笔录等书面材料上签名、盖章。国家安全机关工作人员进行检查、查封、扣押等重要取证工作，应当对全过程进行录音录像，留存备查。"

⑤增加查阅调取数据、不准出入境、应对网络攻击等行政执法职权。a. 第二十五、第二十六条新增国家安全机关工作人员在符合法定条件的情形下，有权检验个人和组织的电子设备、设施和有关程序、工具，拒绝整改或者整改后仍存在危害国家安全隐患的，可以予以查封、扣押；经批准，可以查阅、调取有关的文件、数据、资料、物品。b. 第三十三、三十四、三十五条规定了不准出入境制度。中国公民出境存在造成危害或国家利益重大损失的可能性的，国务院国家安全主管部门可以以决定方式，限制其在一定期限内不得出境，移民管理机构协助实施。涉嫌间谍人员，省级以上国家安全机关可以通知移民管理机构不准其出境。境外人员入境后存在进行危害中华人民共和国国家安全活动的可能性的，国务院国家安全主管部门可以通知移民管理机构不准其入境。移民管理机构应当配合执行相关规定。但在不准出境、入境情形消失后，国家安全机关应当及时撤销不准出境、入境决定，并通知移民管理机构。c. 增加间谍行为的网络信息内容或者网络攻击的执法方式。第三十六条第一款规定："国家安全机关发现涉及间谍行为的网络信息内容或者网络攻击等风险，应当依照《中华人民共和国网络安全法》规定的职责分工，及时通报有

关部门，由其依法处置或者责令电信业务经营者、互联网服务提供者及时采取修复漏洞、加固网络防护、停止传输、消除程序和内容、暂停相关服务、下架相关应用、关闭相关网站等措施，保存相关记录。情况紧急，不立即采取措施将对国家安全造成严重危害的，由国家安全机关责令有关单位修复漏洞、停止相关传输、暂停相关服务，并通报有关部门。"

⑥增加对国家秘密、情报的鉴定评估机制。第三十八条规定："对违反本法规定，涉嫌犯罪，需要对有关事项是否属于国家秘密或者情报进行鉴定以及需要对危害后果进行评估的，由国家保密部门或者省、自治区、直辖市保密部门按照程序在一定期限内进行鉴定和组织评估。"

⑦加强对反间谍工作的保障。第四十七条新增了反间谍工作人员的安置制度："对为反间谍工作做出贡献并需要安置的人员，国家给予妥善安置。公安、民政、财政、卫生健康、教育、人力资源和社会保障、退役军人事务、医疗保障、移民管理等有关部门以及国有企业事业单位应当协助国家安全机关做好安置工作。"第四十八条新增抚恤优待制度："对因开展反间谍工作或者支持、协助反间谍工作导致伤残或者牺牲、死亡的人员，根据国家有关规定给予相应的抚恤优待。"第四十九、五十条规定，国家鼓励反间谍领域科技创新，发挥科技在反间谍工作中的作用。国家安全机关应当加强反间谍专业力量人才队伍建设和专业训练，提升反间谍工作能力。对国家安全机关工作人员应当有计划地进行政治、理论和业务培训。培训应当坚持理论联系实际、按需施教、讲求实效，提高专业能力。换言之，提升反间谍工作人员的科技、政治、理论、业务素养。

⑧加强对反间谍工作人员的监督。第五十一条规定国家安全

机关内部监督和安全审查制度："国家安全机关应当严格执行内部监督和安全审查制度，对其工作人员遵守法律和纪律等情况进行监督，并依法采取必要措施，定期或者不定期进行安全审查。"第五十二条规定，任何个人和组织对国家安全机关及其工作人员超越职权、滥用职权和其他违法行为，享有向上级国家安全机关或者监察机关、人民检察院等有关部门检举、控告的权利，任何个人和组织不得压制和打击报复。相关机关、部门受理检举、控告后，及时查清事实，依法处理，并将处理结果及时告知检举人、控告人。

4. 国家安全法

2015 年 7 月 1 日，第十二届全国人民代表大会常务委员会第十五次会议通过新的《中华人民共和国国家安全法》，分为"总则""维护国家安全的任务""维护国家安全的职责""国家安全制度""国家安全保障""公民组织的义务和权利""附则"，共七章八十四条。核心内容如下。

（1）指导思想与党的领导。第三条规定："国家安全工作应当坚持总体国家安全观，以人民安全为宗旨，以政治安全为根本，以经济安全为基础，以军事、文化、社会安全为保障，以促进国际安全为依托，维护各领域国家安全，构建国家安全体系，走中国特色国家安全道路。"第四条规定："坚持中国共产党对国家安全工作的领导，建立集中统一、高效权威的国家安全领导体制。"

（2）"国家安全"的界定。第二条规定："国家安全是指国家政权、主权、统一和领土完整、人民福祉、经济社会可持续发展和国家其他重大利益相对处于没有危险和不受内外威胁的状态，以及保障持续安全状态的能力。"

（3）国家安全领域的划定。突破1993年国家安全法以反间谍活动为主的国家安全工作思想，第二章"维护国家安全的任务"将"国家安全"划分为政治安全、人民安全、领土安全、军事安全、经济安全、金融安全、资源能源安全、粮食安全、文化安全、科技安全、网络与信息安全、社会安全、生态安全、核安全、外层空间及国际海底区域和极地安全、海外利益安全等领域。

（4）国家安全的专门机关。包括国家安全机关、公安机关、有关军事机关，第四十二条规定："国家安全机关、公安机关依法搜集涉及国家安全的情报信息，在国家安全工作中依法行使侦查、拘留、预审和执行逮捕以及法律规定的其他职权。有关军事机关在国家安全工作中依法行使相关职权。"

（5）建立健全国家安全风险监测预警制度、国家安全审查监管制度、国家安全危机管控制度。第五十七条规定："国家健全国家安全风险监测预警制度，根据国家安全风险程度，及时发布相应风险预警。"第五十九条规定："国家建立国家安全审查和监管的制度和机制，对影响或者可能影响国家安全的外商投资、特定物项和关键技术、网络信息技术产品和服务、涉及国家安全事项的建设项目，以及其他重大事项和活动，进行国家安全审查，有效预防和化解国家安全风险。"第六十二条规定："国家建立统一领导、协同联动、有序高效的国家安全危机管控制度。"

（6）健全国家安全保障体系和国家安全法律制度体系。第五章规定，国家健全国家安全保障体系，增强维护国家安全的能力。国家健全国家安全法律制度体系，推动国家安全法治建设。统筹涉及国家安全的不同法律。与刑法、反间谍法、突发事件应对法、对外贸易法、外商投资法等法律的关联和衔接。

（7）公民和组织维护国家安全的义务。包括：①遵守宪法、法律法规关于国家安全的有关规定；②及时报告危害国家安全活动的线索；③如实提供所知悉的涉及危害国家安全活动的证据；④为国家安全工作提供便利条件或者其他协助；⑤向国家安全机关、公安机关和有关军事机关提供必要的支持和协助；⑥保守所知悉的国家秘密；⑦法律、行政法规规定的其他义务。任何个人和组织不得有危害国家安全的行为，不得向危害国家安全的个人或者组织提供任何资助或者协助。

5. 反外国制裁法

2021 年 6 月 10 日，第十三届全国人民代表大会常务委员会第二十九次会议通过《中华人民共和国反外国制裁法》，不分章，共十六条。本法的立法目的是"维护国家主权、安全、发展利益，保护我国公民、组织的合法权益"。

第二条宣示我国外交政策和态度，"中华人民共和国坚持独立自主的和平外交政策，坚持互相尊重主权和领土完整、互不侵犯、互不干涉内政、平等互利、和平共处的五项原则，维护以联合国为核心的国际体系和以国际法为基础的国际秩序，发展同世界各国的友好合作，推动构建人类命运共同体"。第三条声明，如有任何国家推行霸权主义和强权政治，借以干涉中国内政，都会遭到中国的反对和反制，"外国国家违反国际法和国际关系基本准则，以各种借口或者依据其本国法律对我国进行遏制、打压，对我国公民、组织采取歧视性限制措施，干涉我国内政的，我国有权采取相应反制措施"。主要内容如下。

建立反制清单制度与反制措施。国务院有关部门可以决定将直接或者间接参与制定、决定、实施本法第三条规定的歧视性限制措施的个人、组织列入反制清单。此外，对于列入反制清单个人的配偶和直系亲属、列入反制清单组织的高级管理人员或者实际控制人、由列入反制清单个人担任高级管理人员的组织、由列入反制清单个人和组织实际控制或者参与设立与运营的组织，国务院有关部门还可以决定对下列个人、组织采取反制措施。反制措施包括：（1）不予签发签证、不准入境、注销签证或者驱逐出境；（2）查封、扣押、冻结在我国境内的动产、不动产和其他各类财产；（3）禁止或者限制我国境内的组织、个人与其进行有关交易、合作等活动；（4）其他必要措施。国务院有关部门在采取反制措施时，根据实际情况，可以决定采取上述一种或者几种措施。

反制清单决定与反制措施决定的效力与变更。国务院有关部门依据本法关于反制清单、反制措施作出的决定为最终决定。采取反制措施所依据的情形发生变化的，国务院有关部门可以暂停、变更或者取消有关反制措施。反制清单和反制措施的确定、暂停、变更或者取消，由外交部或者国务院其他有关部门发布命令予以公布。

为更好地落实反制清单、反制措施制度，国家设立反外国制裁工作协调机制，负责统筹协调相关工作。国务院有关部门应当加强协同配合和信息共享，按照各自职责和任务分工确定和实施有关反制措施。

境内个人与组织的执行义务与禁止事项。（1）执行国务院有关部门决定的义务。我国境内的组织和个人应当执行国务院有关部门采取的反制措施。不执行相关决定的组织和个人，国务院有关部门依法予以处理，限制或者禁止其从事相关活动。任何组织和个人不执行、不配合实施反制措施的，依法追究法律责任。（2）不得配合外国歧视性限制措施的义务。任何组织和个人均不得执行或者协助执行外国国家对我国公民、组织采取的歧视性限制措施。组织和个人违反前款规定，侵害我国公民、组织合法权益的，我国公民、组织可以依法向人民法院提起诉讼，要求其停止侵害、赔偿损失。

对于危害我国主权、安全、发展利益的行为，除本法规定外，有关法律、行政法规、部门规章可以规定采取其他必要的反制措施。对于外国国家、组织或者个人实施、协助、支持危害我国主权、安全、发展利益的行为，需要采取必要反制措施的，参照本法有关规定执行。

6. 陆地国界法

2021 年 10 月 23 日，第十三届全国人民代表大会常务委员会第三十一次会议通过《中华人民共和国陆地国界法》，分为"总则""陆地国界的划定和勘定""陆地国界及边境的防卫""陆地国界及边境的管理""陆地国界事务的国际合作""法律责任""附则"，共计七章六十二条。主要内容包括如下。

（1）本法立法目的为"规范和加强陆地国界工作，保障陆地国界及边境的安全稳定，促进我国与陆地邻国睦邻友好和交流合作，维护国家主权、安全和领土完整"。调整事项范围为"中华人民共和国陆地国界的划定和勘定，陆地国界及边境的防卫、管理和建设，陆地国界事务的国际合作等"。

（2）明确"陆地国界""界标"等概念的定义。陆地国界是指划分中华人民共和国与陆地邻国接壤的领陆和内水的界限。陆地国界垂直划分中华人民共和国与陆地邻国的领空和底土。中华人民共和国陆地国界内侧一定范围内的区域为边境。界标是指竖立在陆地国界上或者陆地国界两侧，在实地标示陆地国界走向，且其地理坐标已测定并记载于勘界条约或者联合检查条约中的标志，包括基本界标、辅助界标、导标和浮标等。

（3）规定陆地国界工作的领导体制、国家机关部门职责、军队和地方人民政府职责等基本内容。①国家对陆地国界工作实行统一的领导。中华人民共和国的主权和领土完整神圣不可侵犯。国家采取有效措施，坚决维护领土主权和陆地国界安全，防范和打击任何损害领土主权和破坏陆地国界的行为。②国务院不同职能部门的职责。外交部负责陆地国界涉外事务，参与陆地国界管理相关工作，牵头开展对外谈判、缔约、履约及国际合作，处理需要通过外交途径解决的问题，组织开展国界线和界标维护管理。国务院公安部门负责边境地区公安工作，指导、监督边境公安机关加强社会治安管理，防范和打击边境违法犯罪活动。海关总署负责边境口岸等的进出境相关监督管理工作，依法组织实施进出境交通运输工具、货物、物品和人员的海关监管、检疫。国家移民管理部门负责边境地区移民管理工作，依法组织实施出入境边防检查、边民往来管理和边境地区边防管理。国务院其他有关部门按照各自职责分工，依法行使职权，开展相关工作。③军事机关的职责。在中央军事委员会领导下，有关军事机关组织、指导、协调陆地国界及边境的防卫管控、维护社会稳定、处置突发事件、边防合作及相关工作，中国人民解放军、中国人民武装警察部队按照各自任务分工，警戒守卫陆地国界，抵御武装侵略，处置陆地国界及边境重大突发事件和恐怖活动，会同或者协助地方有关部门防范、制止和打击非法越界，保卫陆地国界及边境的安全稳定。④边境地方政府的职责。边境省、自治区的各级人民代表大会及其常务委员会在本行政区域内，保证有关陆地国界及边境的法律法规的遵守和执行。边境省、自治区的各级人民政府依照法律法规规定管理本行政区域内的陆地国界及边境相关工作。⑤统筹协调机构的作用。军地有关部门、单位依托有关统筹协调机构，合力推进强边固防，组织开展边防防卫管控、边防基础设施建设与维护管理等工作，共同维护陆地国界及边境的安全稳定与正常秩序。

（4）陆地国界的划定和勘定。①划界条约。国家与陆地邻国通过谈判缔结划定陆地国界的条约，规定陆地国界的走向和位置。划定陆地国界的条约应当依照法律规定由国务院提请全国人民代表大会常务委员会决定批准，由中华人民共和国主席根据全国人民代表大会常务委员会的决定予以批准。②勘界条约。国家与陆地邻国根据划界条约，实地勘定陆地国界并缔结勘界条约。勘界条约应当依照法律规定由国务院核准。③陆地国界联合检查与重新勘定。为保持国界线清晰稳定，国家与有关陆地邻国开展陆地国界联合检查，缔结联合检查条约。勘定陆地国界依据的自然地理环境发生无法恢复原状的重大变化时，国家可与陆地邻国协商，重新勘定陆地国界。④界标。国家设置界标在实地标示陆地国界。界标的位置、种类、规格、材质及设置方式等，由外交部与陆地邻国相关部门协商确定。

（5）陆地国界及边境的防卫。①解放军、武警部队的职责。中国人民解放军、中国人民武装警察部队应当在边境开展边防执勤、管控，组织演训和勘察等活动，坚决防范、制止和打击入侵、蚕食、渗透、挑衅等行为，守卫陆地国界，维护边境安全稳定。②边境各级政府、组织和个人的义务。边境省、自治区的各级人民政府统筹资源配置，加强维护国界安全的群防队伍建设，支持和配合边防执勤、管控工作。边境省、自治区的各级人民政府建设基础设施，应当统筹兼顾陆地国界及边境防卫需求。公民和组织应当支持边防执勤、管控活动，为其提供便利条件或者其他协助。③边境禁区的划定。国家根据边防管控需要，可以在靠近陆地国界的特定区域划定边境禁区并设置警示标志，禁止无关人员进入。④边防基础设施的建设。国家根据陆地国界及边境防卫需要，可以在陆地国界内侧建设拦阻、交通、通信、监控、警戒、防卫及辅助设施等边防基础设施，也可以与陆地邻国协商后在陆地国界线上建设拦阻设施。

（6）陆地国界及边境的管理。①管理的原则。国家对陆地国界及边境的管理和相关建设实行统筹协调、分工负责、依法管理。陆地国界及边境管理应当保障陆地国界清晰和安全稳定。②跨境合作的原则。依照本法规定在边境地区设立经济、贸易、旅游等跨境合作区域或者开展跨境合作活动，应当符合边防管控要求，不得危害边防安全。③重大事项报告制度。在陆地国界及边境管理中遇有重要情况和重大问题，有关地方人民政府、军事机关应当立即按照规定向上级机关报告。④边境地方政府管理陆地国界及边境的法律渊源。边境省、自治区可以根据本行政区域的具体情况和实际需要制定地方性法规、地方政府规章，对陆地国界及边境管理执行中的问题作出规定。

（7）陆地国界事务的国际合作。①合作原则。国家按照平等互利原则与陆地邻国开展国际合作，处理陆地国界事务，推进安全合作，深化互利共赢。②国际边境联合委员会。国家可以与有关陆地邻国协商建立边界联合委员会机制，指导和协调有关国际合作，执行有关条约，协商并处理与陆地国界管理有关的重要事项。③军事边防合作机制。有关军事机关可以与陆地邻国相关部门建立边防合作机制，沟通协商边防交往合作中的重大事项与问题，通过与陆地邻国相关边防机构建立边防会谈会晤机制，交涉处理边防有关事务，巩固和发展睦邻友好关系，共同维护陆地国界的安全稳定。④边防代表机制。国家可以与有关陆地邻国在相应国界地段协商建立边界（边防）代表机制，由代表、副代表和相关工作人员组成，通过会谈、会晤和联合调查等方式处理边界事件、日常纠纷等问题。⑤国际行政执法合作。公安、海关、移民等部门可以与陆地邻国相关部门建立合作机制，交流信息，开展执法合作，共同防范和打击跨界违法犯罪活动。⑥反恐军事合作。国家有关主管机关和有关军事机关可以与陆地邻国相关部门开展合作，共同打击恐怖主义、分裂主义和极端主义活动。⑦其他方面的边境合作。包括经济、旅游、文化、体育、抢险救灾和生态环境、口岸建设和管理、自然资源利用、生态环境保护、疫情防控、应急管理等领域。建立相互通报、信息共享、技术与人才交流等合作机制。

（8）违反本法的法律责任。一般组织和个人违反本法的规定，情形不严重的，将受到赔偿损失、罚款等治安管理处罚。国家机关及其工作人员在陆地国界工作中不履行法定职责，泄露国家秘密或者滥用职权、玩忽职守、徇私舞弊的，对直接负责的主管人员和其他直接责任人员，依法给予处分。违反本法规定，构成犯罪的，依法追究刑事责任。

（三）特别行政区类

1. 香港特别行政区基本法

1990 年 4 月 4 日，第七届全国人民代表大会第三次会议通过《中华人民共和国香港特别行政区基本法》。《中华人民共和国香港特别行政区基本法》除序言外，包括"总则""中央和香港特别行政区的关系""居民的基本权利和义务""政治体制""经济""教育、科学、文化、体育、宗教、劳工和社会服务""对外事务""本法的解释和修改""附则"，共九章一百六十条。第四章"政治体制"下设"行政长官""行政机关""立法机关""司法机关""区域组织""公务人员"等六节。第五章"经济"下设"财政、金融、贸易和工商业""土地契约""航运""民用航空"等四节。此外，还包括附件一：香港特别行政区行政长官的产生办法，附件二：香港特别行政区立法会的产生办法和表决程序，附件三：在香港特别行政区实施的全国性法律，以及香港特别行政区区旗、区徽图案。自 1997 年 7 月 1 日起实施。

1997 年 7 月 1 日，第八届全国人民代表大会常务委员会第二十六次会议通过关于《中华人民共和国香港特别行政区基本法》附件三所列全国性法律增减的决定：（1）在《中华人民共和国香港特别行政区基本法》附件三中增加《中华人民共和国国旗法》《中华人民共和国领事特权与豁免条例》《中华人民共和国国徽法》《中华人民共和国领海及毗连区法》《中华人民共和国香港特别行政区驻军法》；（2）在《中华人民共和国香港特别行政区基本法》附件三中删去《中央人民政府公布中华人民共和国国徽的命令》（附：国徽图案、说明、使用办法）。1998 年 11 月 4 日，第九届全国人民代表大会常务委员会第五次会议通过关于增加《中华人民共和国香港特别行政区基本法》附件三所列全国性法律的决定，增加《中华人民共和国专属经济区和大陆架法》。2005 年 10 月 27 日，第十届全国人民代表大会常务委员会第十八次会议通过在《中华人民共和国香港特别行政区基本法》附件三中增加全国性法律的决定，增加《中华人民共和国外国中央银行财产司法强制措施豁免法》。2010 年 8 月 28 日，第十一届全国人民代表大会常务委员会第十六次会议批准《中华人民共和国香港特别行政区基本法附件一香港特别行政区行政长官的产生办法》修正案，并对《中华人民共和国香港特别行政区基本法附件二香港特别行政区立法会的产生办法和表决程序》修正案予以备案。2017 年 11 月 4 日，第十二届全国人民代表大会常务委员会第三十次会议通过关于增加《中华人民共和国香港特别行政区基本法》附件三所列全国性法律的决定，增加《中华人民共和国国歌法》。2020 年 6 月 30 日，第十三届全国人民代表大会常务委员会第二十次会议通过关于增加《中华人民共和国香港特别行政区基本法》附件三所列全国性法律的决定，增加全国性法律《中华人民共和国香港特别行政区维护国家安全法》，并由香港特别行政区在当地公布实施。2021 年 3 月 30 日，中华人民共和国第十三届全国人民代表大会常务委员会第二十七次会议修订通过《中华人民共和国香港特别行政区基本法附件一香港特别行政区行政长官的产生办法》《中华人民共和国香港特别行政区基本法附件二香港特别行政区立法会的产生办法和表决程序》，自 2021 年 3 月 31 日起施行。

1996 年 12 月 30 日，第八届全国人民代表大会常务委员会第二十三次会议通过《中华人民共和国香港特别行政区驻军法》，包括"总则""香港驻军的职责""香港驻军与香港特别行政区政府的关系""香港驻军人员的义务与纪律""香港驻军人员的司法管辖""附则"，共六章三十条。2020 年 6 月 30 日，第十三届全国人民代表大会常务委员会第二十次会议通过《中华人民共和国香港特别行政区维护国家安全法》，包括"总则""香港特别行政区维护国家安全的职责和机构""罪行和处罚""案件管辖、法律适用和程序""中央人民政府驻香港特别行政区维护国家安全机构""附则"，共六章六十六条。第二章"香港特别行政区维护国家安全的职责和机构"下设有"职责""机构"二节。第三章"罪行和处罚"下设有"分裂国家罪""颠覆国家政权罪""恐怖活动罪""勾结外国或者境外势力危害国家安全罪""其他处罚规定""效力范围"等六节。

2. 澳门特别行政区基本法

1993年3月31日，第八届全国人民代表大会第一次会议通过《中华人民共和国澳门特别行政区基本法》。《中华人民共和国澳门特别行政区基本法》除序言外，包括"总则""中央和澳门特别行政区的关系""居民的基本权利和义务""政治体制""经济""文化和社会事务""对外事务""本法的解释和修改""附则"，共九章一百四十五条。第四章"政治体制"下设"行政长官""行政机关""立法机关""司法机关""市政机构""公务人员""宣誓效忠"等七节。此外，还包括附件一：澳门特别行政区行政长官的产生办法，附件二：澳门特别行政区立法会的产生办法，附件三：在澳门特别行政区实施的全国性法律，以及澳门特别行政区区旗、区徽图案。自1999年12月20日起实施。

1999年12月20日，第九届全国人民代表大会常务委员会第十三次会议通过关于增加《中华人民共和国澳门特别行政区基本法》附件三所列全国性法律的决定，增加《中华人民共和国专属经济区和大陆架法》《中华人民共和国澳门特别行政区驻军法》。2005年10月27日，第十届全国人民代表大会常务委员会第十八次会议通过关于增加《中华人民共和国澳门特别行政区基本法》附件三所列全国性法律的决定，增加《中华人民共和国外国中央银行财产司法强制措施豁免法》。2012年6月30日，第十一届全国人民代表大会常务委员会第二十七次会议批准《中华人民共和国澳门特别行政区基本法附件一澳门特别行政区行政长官的产生办法》修正案，并对《中华人民共和国澳门特别行政区基本法附件二澳门特别行政区立法会的产生办法》修正案予以备案。2017

年 11 月 4 日，第十二届全国人民代表大会常务委员会第三十次会议通过关于增加《中华人民共和国澳门特别行政区基本法》附件三所列全国性法律的决定，增加《中华人民共和国国歌法》。

1999 年 6 月 28 日，第九届全国人民代表大会常务委员会第十次会议通过《中华人民共和国澳门特别行政区驻军法》，包括"总则""澳门驻军的职责""澳门驻军与澳门特别行政区政府的关系""澳门驻军人员的义务与纪律""澳门驻军人员的司法管辖""附则"，共六章三十条。

（四）保障公民权利、荣誉类

1. 国籍法

1980 年 9 月 10 日，第五届全国人民代表大会第三次会议通过《中华人民共和国国籍法》，共十八条。该法第一条即规定："中华人民共和国国籍的取得、丧失和恢复，都适用本法。"主要内容可分为国籍的取得、国籍的丧失和国籍管理三个部分。

第三条规定，我国不承认公民具有双重国籍的原则。根据这一原则，第八条规定，被批准加入中国国籍的，不得再保留外国国籍；第九条规定，定居外国的中国公民自愿加入或取得外国国籍的，自动丧失中国国籍。

中华人民共和国国籍的取得有以下方式：（1）在原始国籍的赋予上采取血统主义和出生地主义相结合的原则。父母双方或一方为中国公民，本人出生在中国，具有中国国籍（但父母双方或一方为中国公民并定居在外国，本人出生时即具有外国国籍的，不具有中国国籍）；父母无国籍或国籍不明，定居在中国，本人出生在中国，具有中国国籍。（2）外国人或无国籍人愿意遵守中国宪法和法律，并具备以下条件的，可以依中国法律申请加入中国国籍：①中国人的近亲属；②定居在中国；③有其他正当理由。

中华人民共和国国籍的丧失方式包括：（1）中国公民取得外国国籍，不再保留中国国籍；（2）申请退出中国国籍并获得批准。但国家工作人员和现役军人不得退出中国国籍。曾有过中国国籍的外国人，具有正当理由，可以申请恢复中国国籍；被批准恢复中国国籍的，不得再保留外国国籍。

国籍管理及其主管机关。申请办理中国国籍的取得、丧失和恢复，受理机关为国内公安局及国外的中国外交代表机关和领事机关，申请经公安部审批后发给证书。国籍法公布前，已经取得中国国籍的或已经丧失中国国籍的，继续有效。

2. 集会游行示威法

1989 年 10 月 31 日，第七届全国人民代表大会常务委员会第十次会议通过《中华人民共和国集会游行示威法》，共五章三十六条，各章分别为"总则""集会游行示威的申请和许可""集会游行示威的举行""法律责任""附则"。

该法第一条规定："为了保障公民依法行使集会、游行、示威的权利，维护社会安定和公共秩序，根据宪法，制定本法。"表明其宪法相关法的地位，并依据宪法赋予公民集会、游行、示威的基本权利，各级政府需保障公民权利的行使（第三条），公民行使权利时必须遵守宪法和法律，不得损害国家的、社会的、集体的利益和其他公民的合法的自由和权利，不得携带武器、管制刀具和爆炸物，不得使用暴力或者煽动使用暴力（第四条、第五条）。在中国境内集会、游行、示威，均适用该法，以在露天公共场所进行、表达共同意愿为要素，但不包括文娱、体育活动，正常的宗教活动和传统的民间习俗活动（第二条）。

集会、游行、示威的主管机关为各地公安机关（第六条）。举行集会、游行、示威，须向主管机关提出申请并获得许可，负责人须将相关活动信息向主管机关递交和报告，主管机关根据申请作出许可或不许可的决定。申请举行的集会、游行、示威不得违反宪法所确定的基本原则，不得危害国家统一、主权和领土完整，不得煽动民族分裂，不得直接危害公共安全或严重破坏社会秩序（第十二条）。集会、游行、示威的举行须遵守第三章的规定，包括举行的时间、地点、方式等，主管机关派出人民警察维持秩序。集会、游行、示威违反治安管理行为的，依照治安管理处罚条例有关规定予以处罚（第二十八条）；有犯罪行为的，依照刑法有关规定追究刑事责任（第二十九条）。

2009 年 8 月 27 日，第十一届全国人民代表大会常务委员会第十次会议通过《全国人民代表大会常务委员会关于修改部分法律的决定》，对集会游行示威法作出部分修改。第二十九条有关刑事责任的规定，在原来"依照刑法有关规定追究刑事责任"的表述基础上，增加了具体的刑法条文指引，分别是刑法第一百五十八、一百五十九、一百六十三条，在行文中明确了刑事责任的依据。

另外，该法两版第三十五条均规定："国务院公安部门可以根据本法制定实施条例，报国务院批准施行。省、自治区、直辖市的人民代表大会常务委员会可以根据本法制定实施办法。"据此，1992 年 5 月 12 日，经国务院批准，公安部发布了《中华人民共和国集会游行示威法实施条例》，共五章三十三条。该实施条例 2011 年 1 月 8 日修订，修改内容主要集中在法律责任部分的第二十四、二十九条。第二十四条在原条文"拒绝、阻碍人民警察依法执行维持交通秩序和社会秩序职务的，依照治安管理处罚条例的规定予以处罚"的基础上增加了"应当给予治安管理处罚的"，旨在避免治安管理处罚的滥用。第二十九条的修改简化了原条文的表述，即删除了关于治安管理处罚和附带民事诉讼的规定，仅保留"在举行集会、游行、示威的过程中，破坏公私财物或者侵害他人身体造成伤亡的，应当依法承担赔偿责任"，避免了行文的重复。

3. 国家勋章和国家荣誉称号法

2015 年 12 月 27 日，第十二届全国人民代表大会常务委员会第十八次会议通过《中华人民共和国国家勋章和国家荣誉称号法》，共二十一条。该法第一条规定："为了褒奖在中国特色社会主义建设中作出突出贡献的杰出人士，弘扬民族精神和时代精神，激发全国各族人民建设富强、民主、文明、和谐的社会主义现代化国家的积极性，实现中华民族伟大复兴，根据宪法，制定本法。"国家勋章和国家荣誉称号为国家最高荣誉。国家勋章分为"共和国勋章"和"友谊勋章"，"共和国勋章"授予在中国特色社会主义建设和保卫国家中作出巨大贡献、建立卓越功勋的杰出人士，"友谊勋章"授予在我国社会主义现代化建设和促进中外交流合作、维护世界和平中作出杰出贡献的外国人。国家荣誉称号授予在经济、社会、国防、外交、教育、科技、文化、卫生、体育等各领域各行业作出重大贡献、享有崇高声誉的杰出人士。

国家勋章、国家荣誉称号授予的流程规定在该法的第四条至第九条。（1）提议及决定。全国人民代表大会常务委员会委员长会议根据各方面的建议，向全国人民代表大会常务委员会提出授予国家勋章、国家荣誉称号的议案。国务院、中央军事委员会可以向全国人民代表大会常务委员会提出授予国家勋章、国家荣誉称号的议案。全国人民代表大会常务委员会决定授予国家勋章和国家荣誉称号。（2）授予的程序。中华人民共和国主席根据全国人民代表大会常务委员会的决定，向国家勋章和国家荣誉称号获得者授予国家勋章、国家荣誉称号奖章，签发证书。中华人民共和国主席进行国事活动，可以直接授予外国政要、国际友人等人士"友谊勋章"。国家在国庆日或者其他重大节日、纪念日，举行颁授国家勋章、国家荣誉称号的仪式；必要时，也可以在其他时间举行颁授国家勋章、国家荣誉称号的仪式。

国家设立国家功勋簿，记载国家勋章和国家荣誉称号获得者及其功绩。国家勋章和国家荣誉称号获得者应当受到国家和社会的尊重，享有受邀参加国家庆典和其他重大活动等崇高礼遇和国家规定的待遇。国家和社会通过多种形式，宣传国家勋章和国家荣誉称号获得者的卓越功绩和杰出事迹。

4. 英雄烈士保护法

2018 年 4 月 27 日，第十三届全国人民代表大会常务委员会第二次会议通过《中华人民共和国英雄烈士保护法》，共三十条。

该法开篇即表明立法之依据、原则、目的及意义。（1）为了加强对英雄烈士的保护，维护社会公共利益，传承和弘扬英雄烈士精神、爱国主义精神，培育和践行社会主义核心价值观，激发实现中华民族伟大复兴中国梦的强大精神力量，根据宪法，制定本法。（2）国家和人民永远尊崇、铭记英雄烈士为国家、人民和民族作出的牺牲和贡献。近代以来，为了争取民族独立和人民解放，实现国家富强和人民幸福，促进世界和平和人类进步而毕生奋斗、英勇献身的英雄烈士，功勋彪炳史册，精神永垂不朽。（3）英雄烈士事迹和精神是中华民族的共同历史记忆和社会主义核心价值观的重要体现。国家保护英雄烈士，对英雄烈士予以褒扬、纪念，加强对英雄烈士事迹和精神的宣传、教育，维护英雄烈士尊严和合法权益。全社会都应当崇尚、学习、捍卫英雄烈士。

各级人民政府应当加强对英雄烈士的保护，将宣传、弘扬英雄烈士事迹和精神作为社会主义精神文明建设的重要内容。各地政府、军队应做好英雄烈士保护工作，各地政府应将英雄烈士保护工作经费纳入预算。在每年9月30日烈士纪念日、清明节和重要纪念日，中央和地方按照该法规定组织开展英雄烈士纪念活动。

国家建立并保护英雄烈士纪念设施，纪念、缅怀英雄烈士。县级以上人民政府应当将英雄烈士纪念设施建设和保护纳入国民经济和社会发展规划、城乡规划，加强对英雄烈士纪念设施的保护和管理；对具有重要纪念意义、教育意义的英雄烈士纪念设施依照《中华人民共和国文物保护法》的规定，核定公布为文物保护单位。中央财政对革命老区、民族地区、边疆地区、贫困地区英雄烈士纪念设施的修缮保护，应当按照国家规定予以补助。

该法还对英雄烈士的安葬、祭扫制度和礼仪规范等作出相关规定。英雄烈士在国外安葬的，中华人民共和国驻该国外交、领事代表机构应当结合驻在国实际情况组织开展祭扫活动。

国家鼓励和支持开展对英雄烈士事迹和精神的研究，以辩证唯物主义和历史唯物主义为指导认识和记述历史。各级政府、军队有关部门、教育部门、文化新闻广播等机构，均负有宣传英雄烈士事迹的义务。

国家实行英雄烈士抚恤优待制度。英雄烈士遗属按照国家规定享受教育、就业、养老、住房、医疗等方面的优待。抚恤优待水平应当与国民经济和社会发展相适应并逐步提高。国务院有关部门、军队有关部门和地方人民政府应当关心英雄烈士遗属的生活情况，每年定期走访慰问英雄烈士遗属。

禁止歪曲、丑化、亵渎、否定英雄烈士事迹和精神，包括在公共场合、互联网或利用广播电视、电影、出版物等，侮辱、诽谤英雄烈士或发布相关信息，损害英雄烈士的姓名、肖像、名誉、荣誉的，公安、文化、新闻出版、广播电视、电影、网信、市场监督管理、负责英雄烈士保护工作的部门发现相关行为的，应当依法及时处理。对侵害英雄烈士的姓名、肖像、名誉、荣誉的行为，英雄烈士的近亲属可以依法向人民法院提起诉讼。上述行为损害社会公共利益的，依法承担民事责任；构成违反治安管理行为的，由公安机关依法给予治安管理处罚；构成犯罪的，依法追究刑事责任。

第三章

刑法体系的创建与发展

第一节　全国人大及其常委会的
刑事立法历程

　　中华人民共和国成立之前，中国共产党领导的革命根据地政权的最高权力机关、立法机关和民意机关已经开始刑事立法方面的探索活动。如《关于惩治贪污浪费行为》（1933 年 12 月 15 日中华苏维埃共和国中央执行委员会训令第 26 号）、《中华苏维埃共和国惩治反革命条例》（1934 年 4 月 8 日中华苏维埃共和国中央执行委员会中字第 6 号命令公布）、《陕甘宁边区抗战时期惩治汉奸条例（草案）》（1939 年边区参议会通过）、《陕甘宁边区抗战时期惩治盗匪条例（草案）》（1939 年边区参议会通过）、《陕甘宁边区禁烟禁毒条例（草案）》（1941 年边区参议会通过）等刑事立法。根据 1934 年 2 月 17 日公布的《中华苏维埃共和国中央苏维埃组织法》，中华苏维埃共和国中央执行委员会系全国苏维埃代表大会闭幕期间的最高权力机关，有权颁布各种法律与命令[1]。根据 1939 年 2 月边区第一届参议会通过的《陕甘宁边区各级参议会组织条例》，边区各级参议会为边区之各级民意

---

〔1〕《中华苏维埃共和国中央苏维埃组织法》，张希坡编著：《革命根据地法律文献选辑》（第二辑）上卷，中国人民大学出版社 2017 年版，第 285—286 页。

机关[1]。因此，也可以说，一方面，根据地时期的刑事立法为中华苏维埃共和国与陕甘宁边区社会安定提供了有力的保障；另一方面，更值得注意的是，根据地时期的刑事立法为全国人民代表大会的刑事立法活动奠定了一定程度的理论与实践基础。

中华人民共和国成立之后，刑事法律法规急需制定。为适应中华人民共和国成立后刑事司法和社会秩序的基本需求，配合镇压反革命与展开"三反""五反"运动，制定了一系列关于刑法的政策指示、单行法规或者法令，根据《共同纲领》的精神先后颁布了几个重要的单行刑法及涉及刑事的法律法令，如1950年的《关于镇压反革命活动的指示》《关于严禁鸦片烟毒的通令》《禁止珍贵文物图书出口暂行办法》、1951年的《中华人民共和国惩治反革命条例》《妨害国家货币治罪暂行条例》《保守国家机密暂行条例》、1952年的《中华人民共和国惩治贪污条例》《管制反革命分子暂行办法》等[2]。但是，这些政策或者单行法规并不成体系，数量有限，较为有针对性而缺乏覆盖性与全面性，仍然不能满足刑事司法层面的规则适用需要。

与此同时，新中国成立后刑事立法也被正式提上日程，可由于种种原因，刑法典的出台一直延期。但是，这并不表示立法机关完全停止了刑事立法起草活动。早在1954年第一届全国人民代表大会召开后，全国人大常委会就着手刑事立法以及民事立法的准备工作。经过9个月，全国人大常委会办公厅法律室、研究室拟定了刑法草案。刑法草案初稿经过征求意见与反

---

〔1〕《陕甘宁边区各级参议会组织条例》，韩延龙、常兆儒编著：《中国新民主主义革命时期根据地法制文献选编》第二卷，中国社会科学出版社1981年版，第181页。

〔2〕 韩延龙主编：《中华人民共和国法制通史》（上），中共中央党校出版社1998年版，第477页；利子平、蒋帛婷：《新中国刑法的立法源流与展望》，知识产权出版社2015年版，序言，第1页。

复修改，在 1957 年便已经形成了第二十二稿。经审议，1957
年 6 月 28 日，全国人大常委会第七十七次会议听取全国人大法
案委员会副主任武新宇关于刑法草案的说明，会议决定将该草
案发给全国人大代表征求意见，并授权全国人大常委会审议修
改[1]。在 1950 年到 1979 年近三十年间，刑法起草小组共起草刑
法草案三十八稿。这三十八个草案稿为 1979 年刑法典的出台做
好了充分准备工作，尤其是第三十三稿，正是"七九刑法"的原
型与基础。1997 年刑法典是根据时代发展需要，针对 1979 年刑
法典予以修改完善的产物，其中变动较大，但是刑法典至此基本
定型。此后，全国人大常委会通过制定刑法修正案与刑事单行法
以及出台立法解释使刑法典得到进一步发展完善，从而保障刑事
立法的稳定性与灵活性。

从 1950 年到 1979 年刑法颁布之前，立法机关对刑事立法
共完成三十八个草案，其中能够找到文件内容的有 1950 年刑法
大纲草案（共一百五十七条，下文简称《大纲草案》）、1954
年刑法指导原则草案（初稿）（共七十六条，简称《指导原则
草案》）、1956 年刑法草案（草稿）（共二百六十一条，简称
"第十三稿"）、1957 年刑法草案（草稿）（共二百一十六条，
简称"第二十一稿"）、1957 年刑法草案（草稿）（共二百一十
五条，简称"第二十二稿"）、1962 年刑法草案（草稿）（共二
百条，简称"第二十七稿"）、1963 年刑法草案（草稿）（共二
百零四条，简称"第三十稿"）、1963 年刑法草案（草稿）（共
二百零六条，简称"第三十三稿"）、1978 年刑法草案（修订
稿）（共二百四十一条，简称"第三十四稿"）、1979 年 2 月刑

---

〔1〕 万其刚等编著：《人民代表大会制度简史》，中国民主法制出版社 2015 年
版，第 244 页。

法草案（修订二稿）（共二百四十一条，简称"第三十五稿"）、1979 年 3 月 31 日刑法草案（法制委员会修正第一稿）（共一百九十九条，简称"第三十六稿"）、1979 年 5 月 12 日刑法草案（法制委员会修正第二稿）（共一百九十条，简称"第三十七稿"）、1979 年 6 月 30 日刑法草案（共一百九十九条，简称"第三十八稿"）〔1〕。在全国人大及其常委会的努力下，《大纲草案》实现了"从无到有"的转变，第二十二稿、第三十三稿均报送过中央并经过法律委员会和领导人审议，其中第三十三稿经彭真指定作为 1979 年刑法的立法基础〔2〕。1979 年刑法实施过程中，全国人大常委会先后通过 20 多部单行刑法，并产生了 117 个附属刑法。经整合与清理，1997 年刑法应运而生。现行刑法正是 1997 年刑法，全国人大及其常委会对其发展完善的方式是制定刑法修正案。目前，1997 年刑法共有 11 个修正案，极大程度强化了刑法的内部逻辑并丰富了刑法的整体体系。

刑事立法一向是全国人大及其常委会重视的立法项目。1995 年 8 月，在全国人大机关改革过程中，专门在法制工作委员会下设置独立的刑法室〔3〕。第十届全国人民代表大会及其常务委员会

〔1〕 高铭暄、赵秉志：《新中国刑法立法文献资料总览》（上），中国人民公安大学出版社 1998 年版。

〔2〕 高铭暄编著：《中华人民共和国刑法的孕育和诞生》，法律出版社 1981 年版，前言，第 4 页。

〔3〕 全国人大常委会法制委员会内部机构，1982 年逐渐演变成办公室、刑法室、民法国家法室、经济法室、研究室共 5 个室。1983 年 9 月六届全国人大常委会第二次会议决定将法制委员会改为法制工作委员会。参见陈斯喜：《人民代表大会制度概论》，中国民主法制出版社 2016 年版，第 60—64 页。最初，法制工作委员会下设法律室、政策研究室和办公室。1985 年改设办公室、刑法室、民法国家法室、经济法室和研究室。1987 年，民法国家法室分成民法室和国家法行政法室。1995 年 8 月，法制工作委员会下设置的机构有：办公室、刑法室、民法室、国家法行政法室、经济法室、研究室、机关党委。参见万其刚等编著：《人民代表大会制度简史》，中国民主法制出版社 2015 年版，第 183、233 页。

（任期从 2003 年 3 月至 2008 年 3 月）的立法活动中，有刑法修正案（五）、刑法修正案（六）、《关于〈刑法〉有关信用卡规定的解释》《关于〈刑法〉有关文物的规定适用于具有科学价值的古脊椎动物化石、古人类化石的解释》《关于〈刑法〉有关出口退税、抵扣税款的其他发票规定的解释》[1]。第十一届全国人民代表大会及其常务委员会（任期从 2008 年 3 月至 2013 年 3 月）的立法活动中，有刑法修正案（七）、刑法修正案（八）[2]。第十二届全国人民代表大会及其常务委员会（任期从 2013 年 3 月至 2018 年 3 月）的立法活动中，有刑法修正案（九）、刑法修正案（十）。第十三届全国人民代表大会及其常务委员会（任期从 2018 年 3 月至 2023 年 3 月）的立法活动中，有刑法修正案（十一）。2003 年 4 月，吴邦国指出，中国特色社会主义法律体系的标准中的第一条就是，涵盖各方面的法律部门，即宪法和宪法相关法、民法商法、行政法、经济法、社会法、刑法、诉讼与非诉讼程序法这七个法律部门要齐全[3]。

第二节　刑法典："七九刑法"与"九七刑法"

人民代表大会制度是中华人民共和国刑法典顺利出台的制

---

〔1〕　万其刚等编著：《人民代表大会制度简史》，中国民主法制出版社 2015 年版，第 257—258 页。

〔2〕　万其刚等编著：《人民代表大会制度简史》，中国民主法制出版社 2015 年版，第 259 页。

〔3〕　万其刚等编著：《人民代表大会制度简史》，中国民主法制出版社 2015 年版，第 263 页。

度保障。经过了近三十年、修改 38 个草案的准备与酝酿，1979 年刑法（下文简称"七九刑法"）终于应运而生。"七九刑法"是在粉碎"四人帮"、召开党的十一届三中全会、迎接改革开放的时代背景下制定、通过的。1997 年刑法（下文简称"九七刑法"）是在"七九刑法"的条文不能继续适应社会发展需要的情形下，对"七九刑法"进行修改完善而来的。中华人民共和国成立以来，正式公布的刑法典正是"七九刑法"与"九七刑法"。"七九刑法"呈现出对于刑法草案"三十三稿"较强的继承性，而"九七刑法"则根据改革开放之后的新形势进行了较大规模修改。例如，废除了"反革命罪"并将之整体性修改为"危害国家安全罪"，废除了诬告陷害罪的"反坐原则"，删除投机倒把罪、流氓罪，并将贪污贿赂罪进行专章规定，在体系上、观念上、深度上、精确度上均取得了重大进步。

一、1979 年刑法

全国人民代表大会在 1979 年刑法的制定中发挥了重要作用。1978 年 10 月底，时任中共中央政法领导小组常务委员陶希晋[1]召集修订组全体人员到北京军区招待所集中开会，决定在刑法（草案）第三十三稿的基础上进行修改，制定刑法。起草小组成员各自按照分派的任务，对社会形势的变化和随之出现的情况进行分析研究，重新仔细阅读古今中外的刑法资料。经过反复讨论和研究，在不到两个月的时间内，刑法草案修订组就拿出了刑法（草案）讨论稿。稿子送到中央和北京市有关部门进行调查征询，

---

[1] 从 1978 年 6 月起，陶希晋同志先后担任中共中央政法领导小组常务委员、全国人大常委会法制委员会副主任、全国人大法律委员会顾问等职务。

收回了大量修改意见，并据此形成了刑法草案（修改一稿）（即第三十四稿）。陶希晋认为必须进一步征求意见，修订组的成员又分编成三人一组，形成 10 个小组，赶在春节前，分赴 14 个省市，遍邀基层司法干部进行座谈讨论。

1978 年 12 月，中共十一届三中全会召开，法制意识逐渐建立。在这一时代背景下，修订组成员对新修订的刑法草案（修订一稿）进行逐条讨论和修改，形成了刑法草案（修订二稿）（即第三十五稿）。陶希晋把刑法草案（修订二稿）呈送中央政法领导小组，请求开会审议。

1979 年 2 月，第五届全国人大常委会第六次会议决定设立全国人大常委会法制委员会。会议通过了由八十人组成的法制委员会名单，彭真为主任，胡乔木、谭政、王首道、史良（女）、安子文、杨秀峰、高克林、武新宇、陶希晋、沙千里为副主任，委员六十九人，3 月开始正式办公。9 月，中共中央批准成立法制委机关党组，任命武新宇为党组书记，刘复之为党组副书记，王汉斌为党组成员。11 月，第五届全国人大常委会第十二次会议任命武新宇为秘书长，刘复之为第一副秘书长，王汉斌为副秘书长[1]。再度担任全国人大常委会法制委员会主任的彭真，重新着手进行刑事立法的相关工作。中央政法领导小组副组长黄火青拿到刑法草案（修订二稿），首先呈报彭真，由彭真决定是否向上提交。

1979 年 3 月 9 日，全国人大常委会法制委员会召开第一次立法会议，彭真、武新宇、陶希晋均参加会议。参会人员对于采用哪一稿进行讨论各执一词。此时，彭真指出第三十三稿经过中央

---

〔1〕《全国人大常委会法制工作委员会简介》，中国人大网，http://www.npc.gov.cn/npc/fgw001/202009/37a38fef089e499bb63b9d58ceda9ba4.shtml。

政治局审查，是具有基础的草案，而第三十五稿没有经过正式开会讨论，因此不能直接用于讨论，只能对第三十三稿进行审议。但是第三十五稿可以作为第三十三稿的重要参考和补充资料。新一轮的修订工作中，产生了五个稿子。其中第四稿在中央政治局相关会议上，得到了原则性通过，并对其中部分细节提出修改的要求，形成了第五稿。中央政治局拿到第五稿进行审阅后，同意提交全国人大常委会法制委员会全体会议和第五届全国人大常委会第八次会议进行审议，两个会议对第五稿审议后，根据审议中提出的相关意见作进一步修改，随即提交五届全国人大二次会议审议[1]。

　　1979 年 6 月 26 日，全国人大常委会副委员长彭真在第五届全国人大第二次会议上[2]就七个法律草案[3]作说明。首先，彭真对草拟法律案的时代背景作了总体的介绍，陈述了"文化大革命"结束之后，"四人帮"流毒尚未完全肃清，各种不良思潮与极端思潮迅速滋生，由此产生了建立社会主义法制的迫切需求，使得普通民众的日常生活有章可循，使得国家司法机关制裁犯罪

---

　　〔1〕 高铭暄口述，傅跃建整理：《我与刑法七十年》，北京大学出版社 2018 年版，第 31—37 页；高铭暄编著：《中华人民共和国刑法的孕育和诞生》，法律出版社 1981 年版，前言，第 4—5 页。

　　〔2〕 第五届全国人大第二次会议于 1979 年 6 月 18 日—7 月 1 日在北京举行。会议的主要议程是：听取和审议政府工作报告，听取和审议全国人大常委会工作报告，听取和审议最高人民法院工作报告（书面）、最高人民检察院工作报告（书面）；决定 1979 年国民经济计划；审查 1978 年国家决算和 1979 年国家预算；修改宪法；制定几个重要的法律；人事任免事项。参见《第五届全国人民代表大会第二次会议简况》，中国人大网，http://www. npc. gov. cn/zgrdw/npc/dbdhhy/content_5592. htm。

　　〔3〕 七个法律草案分别是地方各级人民代表大会和地方各级人民政府组织法（草案）、全国人民代表大会和地方各级人民代表大会选举法（草案）、刑法（草案）、刑事诉讼法（草案）、人民法院组织法（草案）、人民检察院组织法（草案）、中外合资经营企业法（草案）。

行为的相关活动有法可依：

"从今年开始，全国工作的着重点转移到社会主义现代化建设方面来。随着这个历史性的转变，我国必须认真地加强社会主义民主和社会主义法制。没有健全的社会主义法制，就很难实现健全的社会主义民主。华国锋同志在政府工作报告中指出：'我国封建主义的历史很长，经济文化比较落后。''四人帮'的流毒也还没有肃清。在这种情况下，专制主义、官僚主义、特权思想、家长作风以及小资产阶级个人主义、自由主义、无政府主义，很容易滋长。现在有些地方和单位，人民的积极性和创造性还受到压抑，人民的人身权利、民主权利和其他权利有时还得不到可靠的保障。这一切表明，要充分实现社会主义民主，必须逐步健全社会主义法制，使九亿人民办事有章可循，坏人干坏事有个约束和制裁。因此，'人心思法'，全国人民都迫切要求有健全的法制。"[1]

就刑事立法本身而言，彭真首先对刑法的属性与任务进行明确的定位，随后从保障社会与公民财产权利、保护公民人身权利、打击严重犯罪、明确犯罪行为的构成、严格限制类推适用、减少死刑使用、保障公民民主权利、严格区分刑法与其他社会规范的界限、确定刑法的时效问题等方面展开了对刑事立法的相关内容进行说明：

"刑法草案在'文化大革命'以前已有三十几稿。一九五七年的第二十二稿曾提交一届四次人大会议征求代表意见并授权人大常委会审议修改。一九六三年的第三十三稿，曾经中共中央政治局常委和毛泽东同志原则审查过。这次提出的草案是

---

〔1〕　高铭暄、赵秉志：《新中国刑法立法文献资料总览》（上），中国人民公安大学出版社1998年版，第555页。

以第三十三稿为基础，根据十几年来的经验和新的情况、新的问题，由法制委员会会同各有关部门共同做了补充和修改……刑法是国家的基本法之一。刑法（草案）是以马列主义毛泽东思想为指针，结合我国实行无产阶级领导的工农联盟为基础的人民民主专政即无产阶级专政的具体经验制订的。它的任务是'用刑罚同一切反革命和其他刑事犯罪行为作斗争'，以利于保护人民和国家的利益，巩固和发展安定团结、生动活泼的政治局面，保证社会主义现代化建设的顺利进行。

"第一，刑法的重要任务之一是保护社会主义社会的公共财产和个人合法财产。草案规定：要保护全民所有的财产和劳动群众集体所有的财产，同时也要保护私人所有的一切合法财产，包括公民的合法收入、储蓄、房屋和其他生活资料，以及依法归个人、家庭所有或使用的自留地、自留畜、自留树等生产资料。

"第二，刑法（草案）明确规定'保护公民的人身权利、民主权利和其它权利，不受任何人、任何机关非法侵犯'。规定严禁刑讯逼供，严禁聚众'打、砸、抢'，严禁非法拘禁，严禁诬告陷害。凡捏造事实诬告陷害他人（包括犯人）的，参照他所诬陷的罪行的性质、情节、后果和量刑标准给以刑事处分。在'文化大革命'中，由于林彪、'四人帮'大搞刑讯逼供、打砸抢，非法拘禁和诬陷、迫害，造成了大批冤案、假案、错案，后果极为严重。因此，在刑法中规定'严禁'这些罪行是符合群众愿望的，也是完全必要的。

"刑法（草案）规定，'以暴力或者其他办法，包括用"大字报""小字报"，公然侮辱他人或者捏造事实诽谤他人，情节严重的，处三年以下有期徒刑或者拘役'。当然，我们必须继续坚持不抓辫子、不扣帽子、不打棍子的'三不主义'，保护工作中的批评和反批评，讨论问题时不同意见的相互反驳，以及对领导、对工作提出的批评建议的权利，这些必须同诽谤、侮辱严格加以区别。国家既不允许以刑法（草案）的这个规定为借口压制批评、压制民主，也不允许以民主为借口对他人进行侮辱诽谤。

"第三，刑法的打击锋芒是针对反革命和其他犯罪行为的。刑法（草案）对于现行的重大的反革命罪和那些情节恶劣、危害社会后果严重、群众痛恨的刑事犯罪，规定了较重的刑罚。对于反革命罪中情节特别恶劣、对国家和人民危害特别严重的，以及对于杀人、抢劫、放火、决水、爆炸、投毒等后果严重的，规定了可以判处死刑。

"为了防止罪名的滥用，关于反革命罪，刑法（草案）明确规定限于'以推翻无产阶级专政的政权和社会主义制度为目的危害中华人民共和国的行为'，对其他各种刑事犯罪也作了比较明确的规定。对没有明文规定的犯罪，严格限制了类推的应用，规定类推的使用应一律报请最高人民法院核准。

"第四，我国现在还不能也不应废除死刑，但应尽量减少使用。早在1951年，中共中央和毛泽东同志就再三提出要尽量减少死刑。现在，建国将近三十年，特别在粉碎'四人帮'以后，全国形势日益安定，因此刑法（草案）减少了判处死刑罪的条款。为了贯彻少杀的方针和力求避免发生不可挽救的冤案、假案、错案，这次恢复了死刑一律由最高人民法院判决或者核准的规定。同时，还保留了我国特有的死刑也可以缓刑的规定。

"第五，刑法既要充分保护人民行使民主权利，又要切实维护社会秩序、生产秩序、工作秩序、教学科研秩序和人民群众生活秩序。因此，草案规定'禁止任何人利用任何手段扰乱社会秩序'。我们绝不应给任何反革命分子、敌特间谍分子和人民的其它敌人以任何危害人民、破坏社会主义事业的自由和权利。

"第六，刑法的任务限于处理刑事犯罪问题。不能把应按党纪、政纪和民法、行政法、经济法处理的并不触犯刑法的问题，列入刑法，追究刑事责任。因此，这类问题都不列入刑法。

"第七，刑法（草案）规定，本法自颁布施行之日（1980年1月1日）起生效。颁布施行以前历史上遗留的问题和案件，按照党和国家过去一贯的方针、政策、法律、法令处理。"[1]

从彭真所说的以上几点内容可以看出，"文化大革命"的结束与"四人帮"的粉碎是刑法出台的重大背景，由此，防止"文化大革命"期间的乱象再次发生也是刑法承担的重大使命。正是因为"四人帮"大搞刑讯逼供、扰乱社会秩序，滋长了社会上产生打砸抢、诬告陷害、诽谤侮辱等诸多乱象，侵害社会公共财产与个人合法财产权利、人身权利与民主权利，才会有草案说明中重点突出地保障个人财产权利、人身权利和民主权利以及严禁反革命活动、刑讯逼供、打砸抢、诬告陷害、诽谤侮辱、扰乱社会秩序、司法类推适用等方面具体内容。可见，以上相关条文是针对"文化大革命"期间社会乱象展开的回应性立法活动。

"七九刑法"是对1979年6月30日由五届全国人大二次会议秘书处印发的刑法草案第三十八稿进行表决产生的。换言之，尽管第三十三稿是"七九刑法"的重要基础，但是草案直到第三十八稿仍有修改，最终定稿，"审议中又作了个别修改。最后于

---

〔1〕 高铭暄、赵秉志：《新中国刑法立法文献资料总览》（上），中国人民公安大学出版社1998年版，第556—558页。

七月一日下午四点零五分，获得一致通过，七月六日正式公布"[1]。

经表决通过后，1979 年 7 月 6 日全国人大常委会委员长叶剑英以委员长令第五号的方式，宣布了刑法的公布："中华人民共和国第五届全国人民代表大会第二次会议于一九七九年七月一日通过了《中华人民共和国刑法》，现予公布，自一九八〇年一月一日起施行。"[2] 至此，中华人民共和国第一部刑法正式诞生。"七九刑法"分"总则"与"分则"，共二编一百九十二条。"总则—分则"这一模式实际上从《大纲草案》就产生了，经过"七九刑法"的立法确认，一直延续至今。

（一）总则部分

"七九刑法"总则部分共五章八十九条，分别是"刑法的指导思想、任务和适用范围""犯罪""刑罚""刑罚的具体适用""其他规定"。

1. 关于"刑法的指导思想、任务和适用范围"章

（1）关于刑法的指导思想。"七九刑法"在第一条规定刑法的指导思想："中华人民共和国刑法，以马克思列宁主义毛泽东思想为指针，以宪法为根据，依照惩办与宽大相结合的政策，结合中国各族人民实行无产阶级领导的、工农联盟为基础的人民民主专政即无产阶级专政和进行社会主义革命、社会主义建设的具体经验及实际情况制定。"[3] 本条是以第三十三稿的第一条为基

---

〔1〕　高铭暄编著：《中华人民共和国刑法的孕育和诞生》，法律出版社 1981 年版，前言，第 4—5 页。

〔2〕　高铭暄、赵秉志：《新中国刑法立法文献资料总览》（上），中国人民公安大学出版社 1998 年版，第 559 页。

〔3〕　高铭暄、赵秉志：《新中国刑法立法文献资料总览》（上），中国人民公安大学出版社 1998 年版，第 528—529 页。

础，结合新经验加以完善而成的。

（2）关于刑法的任务。"七九刑法"在第二条的位置规定了"刑法的任务"。本条也基本承袭第三十三稿关于刑法任务的内容，并加以完善："中华人民共和国刑法的任务，是用刑罚同一切反革命和其他刑事犯罪行为作斗争，以保卫无产阶级专政制度，保护社会主义的全民所有的财产和劳动群众集体所有的财产，保护公民私人所有的合法财产，保护公民的人身权利、民主权利和其他权利，维护社会秩序、生产秩序、工作秩序、教学科研秩序和人民群众生活秩序，保障社会主义革命和社会主义建设事业的顺利进行。"[1]

与第三十三稿不同的是：第一，第三十三稿宣称要捍卫的政权性质是"工人阶级领导的、工农联盟为基础的人民民主专政制度"，而"七九刑法"宣称要捍卫的政权性质是"无产阶级专政制度"；第二，关于社会秩序的规定，"七九刑法"的规定比第三十三稿所称"社会秩序"更加清晰，"维护社会秩序、生产秩序、工作秩序、教学科研秩序和人民群众生活秩序"；第三，关于财产所有权性质的规定，第三十三稿表述为"保护国家所有的和集体所有的公共财产，保护公民所有的合法财产"，而"七九刑法"则表述为"保护社会主义的全民所有的财产和劳动群众集体所有的财产，保护公民私人所有的合法财产"，一方面强调了全民所有而非国家所有，另一方面强调了公民私有财产的合法性；第四，关于公民权利的保障问题，第三十三稿表述为"保护公民的人身和其他权利"，而"七九刑法"则表述为"保护公民

---

[1] 高铭暄、赵秉志：《新中国刑法立法文献资料总览》（上），中国人民公安大学出版社1998年版，第529页。

的人身权利、民主权利和其他权利"〔1〕，对于公民权利的列举更加全面。

（3）关于刑法的空间效力。"七九刑法"第三条对于刑法的空间效力进行规定："凡在中华人民共和国领域内犯罪的，除法律有特别规定的以外，都适用本法。凡在中华人民共和国船舶或者飞机内犯罪的，也适用本法。犯罪的行为或者结果有一项发生在中华人民共和国领域内的，就认为是在中华人民共和国领域内犯罪。"〔2〕第二款根据新的形势增加扩大了对于"领域"的界定，弥补了"第二十二稿""第三十三稿"遗留的漏洞。

第四条规定："中华人民共和国公民在中华人民共和国领域外犯下列各罪的，适用本法：（一）反革命罪；（二）伪造国家货币罪（第一百二十二条），伪造有价证券罪（第一百二十三条）；（三）贪污罪（第一百五十五条），受贿罪（第一百八十五条），泄露国家机密罪（第一百八十六条）；（四）冒充国家工作人员招摇撞骗罪（第一百六十六条），伪造公文、证件、印章罪（第一百六十七条）。"〔3〕较之于第三十三稿，本条增加了在国外犯"贪污罪"适用本法，与此同时删除了在国外犯"侵犯国家所有的和集体所有的公共财产罪""侵犯公民所有的合法财产罪""侵犯人身权利罪"三项罪名适用本法的规定。

第五条规定"中华人民共和国公民在中华人民共和国领域外犯前条以外的罪，而按本法规定的最低刑为三年以上有期徒刑

---

〔1〕　高铭暄、赵秉志：《新中国刑法立法文献资料总览》（上），中国人民公安大学出版社1998年版，第339、529页。

〔2〕　高铭暄、赵秉志：《新中国刑法立法文献资料总览》（上），中国人民公安大学出版社1998年版，第529页。

〔3〕　高铭暄、赵秉志：《新中国刑法立法文献资料总览》（上），中国人民公安大学出版社1998年版，第529页。

的，也适用本法；但是按照犯罪地的法律不受处罚的除外"，延续了"第三十三稿"第五条"最低刑为三年以上有期徒刑的可以适用本法"的规定。第六条规定外国人在国外对中国国家或者公民犯罪的情形，"外国人在中华人民共和国领域外对中华人民共和国国家或者公民犯罪，而按本法规定的最低刑为三年以上有期徒刑的，可以适用本法；但是按照犯罪地的法律不受处罚的除外"。第七条规定"凡在中华人民共和国领域外犯罪、依照本法应当负刑事责任的，虽然经过外国审判，仍然可以依照本法处理；但是在外国已经受过刑罚处罚的，可以免除或者减轻处罚"。第八条规定外交豁免的情形，"享有外交特权和豁免权的外国人的刑事责任问题，通过外交途径解决"[1]。

（4）关于刑法的时间效力

"七九刑法"第九条规定："本法自一九八〇年一月一日起生效。中华人民共和国成立以后本法施行以前的行为，如果当时的法律、法令、政策不认为是犯罪的，适用当时的法律、法令、政策。如果当时的法律、法令、政策认为是犯罪的，依照本法总则第四章第八节的规定应当追诉的，按照当时的法律、法令、政策追究刑事责任。但是，如果本法不认为是犯罪或者处刑较轻的，适用本法。"[2]

刑法第九条所体现的也是从旧兼从轻原则。按照这条的规定，1949年10月1日至1979年12月31日这段时间内发生的行为，要按以下办法解决：①当时的法律、法令、政策不认为犯罪

---

〔1〕 高铭暄、赵秉志：《新中国刑法立法文献资料总览》（上），中国人民公安大学出版社1998年版，第529—530页。

〔2〕 高铭暄、赵秉志：《新中国刑法立法文献资料总览》（上），中国人民公安大学出版社1998年版，第530页。

的行为，不论现在的刑法如何规定，均不认为犯罪；②当时的法律、法令、政策认为犯罪，而现在的刑法不认为犯罪的，只要该行为未经审判或者判决未确定的即不认为犯罪；③当时的法律、法令、政策和现在的刑法都认为犯罪，而且未过追诉时效的，除了现在的刑法处刑较轻的适用现在的刑法外，都按照当时的法律、法令、政策追究刑事责任。[1]

2. 关于"犯罪"章

"七九刑法"中"犯罪"一章，分为"犯罪和刑事责任""犯罪的预备、未遂和中止""共同犯罪"三节，共十七条。

（1）关于犯罪的定义。"七九刑法"第十条规定："一切危害国家主权和领土完整，危害无产阶级专政制度，破坏社会主义革命和社会主义建设，破坏社会秩序，侵犯全民所有的财产或者劳动群众集体所有的财产，侵犯公民私人所有的合法财产，侵犯公民的人身权利、民主权利和其他权利，以及其他危害社会的行为，依照法律应当受刑罚处罚的，都是犯罪；但是情节显著轻微危害不大的，不认为是犯罪。"[2]

正因为刑法保护的对象，正是犯罪行为侵害的对象，因此犯罪的定义与刑法的任务相互呼应、相互契合，"这个概念是运用马克思主义的观点和方法，对中国社会上存在的各种犯罪现象所作的科学概括，它是我们划分罪与非罪界限的总标准"；与此同时，犯罪行为是危害社会、触犯刑法且应当受到刑罚处罚的行为。另外，与"第二十二稿"和"第三十三稿"不同的是，

---

〔1〕 高铭暄编著：《中华人民共和国刑法的孕育和诞生》，法律出版社1981年版，第33页。

〔2〕 高铭暄、赵秉志：《新中国刑法立法文献资料总览》（上），中国人民公安大学出版社1998年版，第530页。

"第二十二稿"在本条"但书"的表述是"情节显著轻微危害不大的，不以犯罪论处"，"第三十三稿"的表述是"情节轻微危害不大的，不以犯罪论处"，而本条的表述是"情节显著轻微危害不大的，不认为是犯罪"，因此，本条"但书"所承担的功能是"从原则上划分罪与非罪，而不是划分论处不论处的界限"[1]。

（2）关于故意犯罪和过失犯罪。"七九刑法"第十一条对于故意犯罪进行规定："明知自己的行为会发生危害社会的结果，并且希望或者放任这种结果发生，因而构成犯罪的，是故意犯罪。故意犯罪，应当负刑事责任。"第十二条对于过失犯罪进行规定："应当预见自己的行为可能发生危害社会的结果，因为疏忽大意而没有预见，或者已经预见而轻信能够避免，以致发生这种结果的，是过失犯罪。过失犯罪，法律有规定的才负刑事责任。"第十三条对于非故意、非过失而不认为是犯罪的情形进行了规定："行为在客观上虽然造成了损害结果，但是不是出于故意或者过失，而是由于不能抗拒或者不能预见的原因所引起的，不认为是犯罪。"[2] 本规定基本继承了"第三十三稿"的相关内容。

（3）关于刑事责任年龄。"七九刑法"第十四条对于刑事责任年龄问题进行了规定，"已满十六岁的人犯罪，应当负刑事责任。已满十四岁不满十六岁的人，犯杀人、重伤、抢劫、放火、惯窃罪或者其他严重破坏社会秩序罪，应当负刑事责任。已满十

---

〔1〕 高铭暄编著：《中华人民共和国刑法的孕育和诞生》，法律出版社 1981 年版，第 35—37 页。

〔2〕 高铭暄、赵秉志：《新中国刑法立法文献资料总览》（上），中国人民公安大学出版社 1998 年版，第 530—531 页。

四岁不满十八岁的人犯罪，应当从轻或者减轻处罚。因不满十六岁不处罚的，责令他的家长或者监护人加以管教；在必要的时候，也可以由政府收容教养"[1]，"刑法第十四条基本上维持了三十三稿相应条文的内容，仅在第二款列举的罪名中增加'抢劫'一项，把'严重偷窃罪'改为'惯窃罪'，把'严重破坏交通罪'改为'其他严重破坏社会秩序罪'，这样概括得全面些，不致把已满十四岁不满十六岁的人在实践中所犯的一些严重罪行放纵了。另外，把第四款中的'家属'改为'家长'，更为确切。第十四条关于刑事责任年龄的规定，以及第四十四条关于未成年人犯罪不适用死刑的规定，体现了我们国家对下一代的关怀和保护，对少年犯宽大处理和着重于教育、改造和挽救的精神。此外，第二十六条还规定：教唆未成年人犯罪的，应当从重处罚，以打击和防止坏人将少年、儿童引入歧途。这也是对未成年人关怀和保护的表现"[2]。

（4）关于精神病人和聋哑人的刑事责任能力问题。第十五条对于精神病人在发病期间造成危害后果进行规定："精神病人在不能辨认或者不能控制自己行为的时候造成危害结果的，不负刑事责任；但是应当责令他的家属或者监护人严加看管和医疗。间歇性的精神病人在精神正常的时候犯罪，应当负刑事责任。醉酒的人犯罪，应当负刑事责任。"本条首先将精神病人分为两种情况：（1）精神病人在不能辨认或者不能控制自己行为的时候；（2）间歇性的精神病人在精神正常的时候。前者是缺乏自我控制

---

〔1〕 高铭暄、赵秉志：《新中国刑法立法文献资料总览》（上），中国人民公安大学出版社 1998 年版，第 531 页。

〔2〕 高铭暄编著：《中华人民共和国刑法的孕育和诞生》，法律出版社 1981 年版，第 40—41 页。

能力的，从而不具备刑事责任能力，而后者在清醒的情况下自然是具备刑事责任能力的，因此必须加以区别。与此同时，醉酒者当然应然负刑事责任。

第十六条规定："又聋又哑的人或者盲人犯罪，可以从轻、减轻或者免除处罚。"[1] 本条与"第三十三稿"相比，首先增加了"盲人"，其次增加了"免除处罚"的可能性，由此增加了犯罪主体，同时减轻了处罚力度，体现出宽大政策与人道主义精神。

（5）关于正当防卫与紧急避险。第十七条对正当防卫以及防卫过当作出了规定："为了使公共利益、本人或者他人的人身和其他权利免受正在进行的不法侵害，而采取的正当防卫行为，不负刑事责任。正当防卫超过必要限度造成不应有的危害的，应当负刑事责任；但是应当酌情减轻或者免除处罚。"第十八条对紧急避险以及避险过当作出了规定："为了使公共利益、本人或者他人的人身和其他权利免受正在发生的危险，不得已采取的紧急避险行为，不负刑事责任。紧急避险超过必要限度造成不应有的危害的，应当负刑事责任；但是应当酌情减轻或者免除处罚。第一款中关于避免本人危险的规定，不适用于职务上、业务上负有特定责任的人。"[2]

（6）关于犯罪的形态。"七九刑法"规定的犯罪形态有"犯罪预备""犯罪未遂""犯罪中止"三种。第十九条规定了犯罪预备："为了犯罪，准备工具、制造条件的，是犯罪预备。对于

---

〔1〕 高铭暄、赵秉志：《新中国刑法立法文献资料总览》（上），中国人民公安大学出版社1998年版，第531页。

〔2〕 高铭暄、赵秉志：《新中国刑法立法文献资料总览》（上），中国人民公安大学出版社1998年版，第531页。

预备犯，可以比照既遂犯从轻、减轻处罚或者免除处罚。"犯罪预备的规定维持了"第三十三稿"的内容，相较于"第二十二稿"，仅补充了"免除处罚"的内容。第二十条规定了犯罪未遂："已经着手实行犯罪，由于犯罪分子意志以外的原因而未得逞的，是犯罪未遂。对于未遂犯，可以比照既遂犯从轻或者减轻处罚。"本条仅将"由于……未遂"修改为"由于……未得逞"，属于修辞上的变动，其余亦均维持"第三十三稿"的相关内容。第二十一条规定了犯罪中止："在犯罪过程中，自动中止犯罪或者自动有效地防止犯罪结果发生的，是犯罪中止。对于中止犯，应当免除或者减轻处罚。"对于中止犯的处理体现了宽大的刑事政策，以及鼓励犯罪分子主动放弃犯罪的刑事立法态度[1]。

　　（7）关于共同犯罪。"七九刑法"第二十二条规定了共同犯罪的定义："共同犯罪是指二人以上共同故意犯罪。二人以上共同过失犯罪，不以共同犯罪论处；应当负刑事责任的，按照他们所犯的罪分别处罚。"第二十三条至第二十六条分别规定了"主犯""从犯""胁从犯""教唆犯"的定义及其处罚。第二十三条规定"主犯"相关内容："组织、领导犯罪集团进行犯罪活动的或者在共同犯罪中起主要作用的，是主犯。对于主犯，除本法分则已有规定的以外，应当从重处罚。"第二十四条规定"从犯"相关内容："在共同犯罪中起次要或者辅助作用的，是从犯。对于从犯，应当比照主犯从轻、减轻处罚或者免除处罚。"第二十五条规定"胁从犯"的相应内容："对于被胁迫、被诱骗参加犯罪的，应当按照他的犯罪情节，比照从犯减轻处罚或者免除处

---

〔1〕　高铭暄、赵秉志：《新中国刑法立法文献资料总览》（上），中国人民公安大学出版社1998年版，第532页。

罚。"第二十六条规定:"教唆他人犯罪的,应当按照他在共同犯罪中所起的作用处罚。教唆不满十八岁的人犯罪的,应当从重处罚。如果被教唆的人没有犯被教唆的罪,对于教唆犯,可以从轻或者减轻处罚。"[1]

3. 关于"刑罚"章

在刑罚一章规定了主刑与附加刑:"第二十七条 刑罚分为主刑和附加刑。第二十八条 主刑的种类如下:(一)管制;(二)拘役;(三)有期徒刑;(四)无期徒刑;(五)死刑。第二十九条 附加刑的种类如下:(一)罚金;(二)剥夺政治权利;(三)没收财产。附加刑也可以独立适用。"[2]

其中,剥夺政治权利的渊源可以追溯至《大纲草案》第二十二条对"褫夺政治权"的规定,第一款规定了褫夺政治权者被褫夺的权利内容:"一、选举权与被选举权;二、担任国家公职之权;三、被选举担任公共团体职务之权;四、受国家的勋章、奖章及荣誉称号之权。"1954年9月30日草拟的指导原则草案第十七条第一款将"剥夺政治权利"的内容,修改"国家公职"为"国家机关行政职务",增补"(三)参加人民武装;(四)言论、出版、集会、结社、游行、示威的自由"。其中第三项、第四项的变动,极有可能与同年9月20日通过的宪法有关,遂将某些"宪法权利"纳入可被刑罚剥夺的"政治权利"之范畴;与此同时,也废除了对于担任公共团体职务的限制。至1956年"第十三稿",将指导原则草案第十七条第一款

---

〔1〕 高铭暄、赵秉志:《新中国刑法立法文献资料总览》(上),中国人民公安大学出版社1998年版,第532页。

〔2〕 高铭暄、赵秉志:《新中国刑法立法文献资料总览》(上),中国人民公安大学出版社1998年版,第533页。

第三项废除。1957 年"第二十一稿"第五十五条第一款删除接受勋章及荣誉一项，第三项增补"担任审判员、陪审员、检察员、律师的权利"，恢复剥夺"担任人民团体领导职务的权利"为第四项，完整表述为："（一）选举权和被选举权；（二）担任国家机关行政职务的权利；（三）担任审判员、陪审员、检察员、律师的权利；（四）担任人民团体领导职务的权利"。1957 年"第二十二稿"第五十四条第一款、1962 年第"二十七稿"第五十三条第一款延续此制。1963 年"第三十稿"第五十四条第一款在此基础上，修改第二项为"担任国家机关、企业、事业单位行政职务的权利"，增加第五项为"（五）担任学校教师和行政职务的权利"。"第三十三稿"第五十四条第一款延续第三十稿的相关规定。1978 年"第三十四稿"第四十七条第一款将第五项内容恢复为"享受荣誉称号的权利"。1979 年"第三十五稿"第四十条第一款在第二项中吸纳人民团体领导职务，整合为"担任国家机关、企业、事业单位和人民团体领导职务的权利"，将"第三十四稿"第四十七条第一款第五项改为第四项，第三项仍然是剥夺担任司法官与律师的权利。1979 年"第三十六稿"第五十一条重新恢复对于 1978 年宪法第四十五条相关权利的剥夺，并将担任人民团体领导职务权利之剥夺从"第三十五稿"第四十条第一款第二项中分离出来形成第五项，第四项则承袭上一稿中关于剥夺担任司法官与律师权利之规定。1979 年"第三十七稿"第四十九条再次删除剥夺担任司法人员与律师的规定，调整、整合后完整表述为"（一）选举权和被选举权；（二）宪法第四十五条规定的各种权利；（三）担任国家机关行政职务的权利；（四）担任企业、事业单位和人民团体领导职务的权利"。1979 年"第三十八稿"第五十条、"七九刑法"第五十条、"九七刑法"

第五十四条，在规定剥夺政治权利刑方面，均沿袭此规定〔1〕。

（二）分则部分

"七九刑法"的第二编分则部分共一百零三条，分为"反革命罪""危害公共安全罪""破坏社会主义经济秩序罪""侵犯公民人身权利、民主权利罪""侵犯财产罪""妨害社会管理秩序罪""妨害婚姻、家庭罪""渎职罪"八章。

1. 关于"反革命罪"章

"七九刑法"第二编第一章"反革命罪"共有十五条。第九十条规定了反革命罪的定义："以推翻无产阶级专政的政权和社会主义制度为目的的、危害中华人民共和国的行为，都是反革命罪。"〔2〕在章首规定反革命罪的定义，表现了立法者对于本章所调整的罪行的高度重视。本章所规定的犯罪行为是直接危害无产阶级政权和社会主义制度的行为，本章内容基本沿袭了"第三十三稿"的相关内容。事实上，本法是对于多次草案中"反革命罪"设计的第一次立法确认，也是最后一次立法确认。因为到"九七刑法"中，具有浓厚政治意味的"反革命罪"便正式退出了历史舞台。另外，本章吸纳了原第二章危害公共安全罪中的"聚众劫狱或者暴动越狱"一罪，删除"国家工作人员叛变的行为"等罪名。

本章列明的犯罪行为有：（1）勾结外国，阴谋危害祖国主权、领土完整和安全的行为（第九十一条）；（2）阴谋颠覆政府、分裂国家的行为（第九十二条）；（3）策动国家工作人员、武装部队、

---

〔1〕 高铭暄、赵秉志：《新中国刑法立法文献资料总览》（上），中国人民公安大学出版社1998年版，第12、142、174、197、232、261、290、317、346、374、408、443、471、504、536页。

〔2〕 高铭暄、赵秉志：《新中国刑法立法文献资料总览》（上），中国人民公安大学出版社1998年版，第541页。

人民警察、民兵叛变或叛乱的行为（第九十三条）；（4）投敌叛变、率领武装部队叛变的行为（第九十四条）；（5）持械聚众叛乱的行为（第九十五条）；（6）聚众劫狱或者组织越狱（第九十六条）；（7）间谍、资敌行为，即为敌人窃取、刺探、提供情报，参加特务、间谍组织或者接受敌人派遣任务，为敌人供给军火、军用物资等（第九十七条）；（8）组织、领导或积极参加反革命集团的行为（第九十八条）；（9）利用封建会道门进行反革命活动的行为（第九十九条）；（10）以反革命为目的从事破坏的行为（第一百条）；（11）以反革命为目的，投放毒物、散布病菌（第一百零一条）；（12）以反革命为目的煽动群众抗拒破坏法律法令实施、以反革命标语传单等宣传方式煽动推翻无产阶级专政政权或者社会主义制度的行为（第一百零二条）。第一百零三条规定，除第九十八条、第九十九条、第一百零二条外，若对国家、人民危害特别严重，情节特别恶劣，均可以判处死刑。第一百零四条规定，对于本章犯罪可以并处没收财产[1]。

2. 关于"危害公共安全罪"章

本章规定的犯罪行为侵害的犯罪对象是社会公共安全，共十一条，较之"第三十三稿"减少了十条。本章规定的犯罪行为有：（1）放火、决水等危险方法破坏公共建筑或其他公私财产的行为（第一百零五条）；（2）放火、决水、爆炸、投毒或其他危险方式致人重伤、死亡或者公私财产遭受重大损失的（第一百零六条）；（3）破坏交通工具使之发生倾覆、毁坏危险，尚未造成严重后果的行为（第一百零七条）；（4）破坏交通设施足以使交通工具倾覆、毁坏危险，尚未造成严重后果的行为（第一百零八

---

〔1〕 高铭暄、赵秉志：《新中国刑法立法文献资料总览》（上），中国人民公安大学出版社 1998 年版，第 541—543 页。

条）；（5）破坏电力煤气等易燃易爆设备危害公共安全，尚未造成严重后果的行为（第一百零九条）；（6）破坏交通工具、交通设备、电力煤气设备、易燃易爆设备造成严重后果的行为（第一百一十条）；（7）破坏通讯设备危害公共安全（第一百一十一条）；（8）非法制造、买卖、运输枪支、弹药，或者盗窃、抢夺国家机关、军警人员枪支、弹药的行为（第一百一十二条，"第三十三稿"中三条罪名合并为一条）；（9）交通运输人员过失致人重伤死亡或者公私财产重大损失的行为（第一百一十三条）；（10）工厂、矿山、林场、建筑企业或者其他企业、事业单位的职工，由于不服管理、违反规章制度，或者强令工人违章冒险作业，因而发生重大伤亡事故，造成严重后果的行为（第一百一十四条）；（11）违反爆炸性、易燃性、放射性、毒害性、腐蚀性物品的管理规定，在生产、储存、运输、使用中发生重大事故，造成严重后果的行为（第一百一十五条）[1]。

3. 关于"破坏社会主义经济秩序罪"章

"破坏社会主义经济秩序罪"章共有十五条。本章规制的犯罪行为包括：（1）违反海关法规进行走私且情节严重的（第一百一十六条）；（2）违反金融、外汇、金银、工商管理法规，投机倒把且情节严重的（第一百一十七条）；（3）以走私、投机倒把为常业的，走私、投机倒把数额巨大的或者走私、投机倒把集团的，是首要分子的（第一百一十八条）；（4）国家工作人员利用职务上的便利犯走私、投机倒把罪的（第一百一十九条）；（5）以营利为目的，伪造或者倒卖计划供应票证，且情节严重的（第一百二十条）；（6）违反税收法规，偷税、抗税，情节严重

---

〔1〕 高铭暄、赵秉志：《新中国刑法立法文献资料总览》（上），中国人民公安大学出版社1998年版，第544—545页。

的（第一百二十一条）；（7）伪造国家货币或者贩运伪造的国家货币的，及首要分子或者情节特别严重的（第一百二十二条）；（8）伪造支票、股票或者其他有价证券的（第一百二十三条）；（9）以营利为目的，伪造车票、船票、邮票、税票、货票的，及情节严重的（第一百二十四条）；（10）由于泄愤报复或者其他个人目的，毁坏机器设备、残害耕畜或者以其他方法破坏集体生产的，及情节严重的（第一百二十五条）；（11）挪用国家救灾、抢险、防汛、优抚、救济款物，情节严重的，及情节特别严重的（第一百二十六条）；（12）违反商标管理法规，工商企业假冒其他企业已经注册的商标的直接责任人员（第一百二十七条）；（13）违反保护森林法规，盗伐、滥伐森林或者其他林木，情节严重的（第一百二十八条）；（14）违反保护水产资源法规，在禁渔区、禁渔期或者使用禁用的工具、方法捕捞水产品，情节严重的（第一百二十九条）；（15）违反狩猎法规，在禁猎区、禁猎期或者使用禁用的工具、方法进行狩猎，破坏珍禽、珍兽或者其他野生动物资源，情节严重的（第一百三十条）。[1]

4. 关于"侵犯公民人身权利、民主权利罪"章

较之第三十三稿，"七九刑法"将对于民主权利的侵犯行为纳入本章的调整范围之内，并于章首设置独立的第一百三十一条，作为本章的总括性规定："保护公民的人身权利、民主权利和其他权利，不受任何人、任何机关非法侵犯。违法侵犯情节严重的，对直接责任人员予以刑事处分。"[2] "七九刑法"中，在

〔1〕 高铭暄、赵秉志：《新中国刑法立法文献资料总览》（上），中国人民公安大学出版社1998年版，第545—547页。

〔2〕 高铭暄、赵秉志：《新中国刑法立法文献资料总览》（上），中国人民公安大学出版社1998年版，第547页。

章首设置有总括性规定的章节仅有"反革命罪"一章与本章，可见立法者对于运用国家公权力针对侵犯人身权利与民主权利的犯罪行为进行严厉打击抱有较高的立法期待。

本章规定的犯罪行为侵害的犯罪对象是人身权利，包括生命权、健康权、自由权利、性选择权、政治权利等方面，共十九条。本章规定的犯罪行为有：关于本章内容规定的总体规定（第一百三十一条）、故意杀人的行为（第一百三十二条）、过失杀人的行为（此处未使用"过失致人死亡"的表述，第一百三十三条）、故意伤害的行为（第一百三十四条）、过失伤害致人重伤的行为（第一百三十五条）、刑讯逼供的行为（第一百三十六条）、聚众"打砸抢"的行为（第一百三十七条）、诬告陷害的行为（第一百三十八条）、强奸妇女的行为（将奸淫幼女与轮奸作为从重处罚的情节，将致人重伤、死亡的行为作为从重情节，第一百三十九条）、强迫妇女卖淫的行为（第一百四十条）、拐卖人口的行为（第一百四十一条）、破坏选举的行为（第一百四十二条）、非法拘禁的行为（第一百四十三条）、非法搜查的行为（第一百四十四条）、侮辱诽谤的行为（本条为亲告罪，第一百四十五条）、国家工作人员报复陷害的行为（第一百四十六条）、非法剥夺宗教自由或侵犯少数民族风俗习惯的行为（第一百四十七条）、在侦查审判中作虚假证明、鉴定、记录、翻译意图陷害他人或者隐匿罪证的行为（第一百四十八条）、侵犯公民通信自由（第一百四十九条）[1]。"七九刑法"将第三十三稿中关于船长与医务人员（第一百五十四——一百五十五条）的相关罪名予以删除。

---

〔1〕 高铭暄、赵秉志：《新中国刑法立法文献资料总览》（上），中国人民公安大学出版社1998年版，第547—549页。

值得注意的是，本章有四条以"严禁"为开头的条文，分别是第一百三十六——一百三十八条以及第一百四十三条。"严禁"这一词汇，并非常用的刑法语言，相反带有更多的是政策性、行政性、命令性的意味，体现了中国高层对于此四条的高度关注。这一立法模式因循了加大对于侵犯人身权利、民主权利的打击力度的立法思路，具体内容如下：

第一百三十六条　严禁刑讯逼供。国家工作人员对人犯实行刑讯逼供的，处三年以下有期徒刑或者拘役。以肉刑致人伤残的，以伤害罪从重论处。

第一百三十七条　严禁聚众"打砸抢"。因"打砸抢"致人伤残、死亡的，以伤害罪、杀人罪论处。毁坏或者抢走公私财物的，除判令退赔外，首要分子以抢劫罪论处。犯前款罪，可以单独判处剥夺政治权利。

第一百三十八条　严禁用任何方法、手段诬告陷害干部、群众。凡捏造事实诬告陷害他人（包括犯人）的，参照所诬陷的罪行的性质、情节、后果和量刑标准给予刑事处分。国家工作人员犯诬陷罪的，从重处罚。不是有意诬陷，而是错告，或者检举失实的，不适用前款规定。

第一百四十三条　严禁非法拘禁他人，或者以其他方法非法剥夺他人人身自由。违者处三年以下有期徒刑、拘役或者剥夺政治权利。具有殴打、侮辱情节的，从重处罚。犯前款罪，致人重伤的，处三年以上十年以下有期徒刑；致人死亡的，处七年以上有期徒刑。

正如 1979 年 6 月 26 日彭真在第五届全国人大第二次会议上作说明那样："刑法（草案）明确规定'保护公民的人身权利、民主权利和其它权利，不受任何人、任何机关非法侵犯'。

规定严禁刑讯逼供，严禁聚众'打、砸、抢'，严禁非法拘禁，严禁诬告陷害。凡捏造事实诬告陷害他人（包括犯人）的，参照他所诬陷的罪行的性质、情节、后果和量刑标准给以刑事处分。在'文化大革命'中，由于林彪、'四人帮'大搞刑讯逼供、打砸抢，非法拘禁和诬陷、迫害，造成了大批冤案、假案、错案，后果极为严重。因此，在刑法中规定'严禁'这些罪行是符合群众愿望的，也是完全必要的。"可见中央层面对于"文化大革命"期间出现的诬告等社会现象进行了深刻的反思，尽管在表述上还有完善的空间，但是仍然不失为一种政治和法制的进步。

关于诬告罪，不同时期的草案对其应当归属何章或者行为描述应当如何具体化多有变动。《大纲草案》将之规定在第五章"妨害国家统治秩序罪"的第七十一条："企图陷害或捏造事实而诬告他人者，处以两年以下监禁。诬告他人犯重罪或致他人受重大之损害者，处以三年以上七年以下监禁"；第二十二稿第一百八十七条规定："意图使他人受刑事处分，而诬告他人的，处五年以下有期徒刑；造成严重后果的，按照他所诬告的罪处罚。但是误告的，不适用本条的规定。"可见第二十二稿采用了罪刑法定与诬告反坐相结合的立法模式，带有明显的调和主义色彩。第三十三稿将本罪移置于第七章"妨害管理秩序罪"第一百七十七条："意图陷害他人受刑事处分而诬告的，处三年以下有期徒刑；情节严重的，处三年以下十年以上有期徒刑。但是错告的不适用本条规定。"1978 年第三十四稿对诬告陷害罪作专章（第一百六十九——一百七十三条）规定，但仍按照"处三年以上十年以下有期徒刑"进行处理，以示警诫；1979 年第三十五稿于第六章基本因袭之；1979 年第三十六稿停止使用专章模式，将诬告陷害罪放置在第四章"侵犯公民人身权利、民主权利罪"下的第一百四十三条，明确提出适用"反坐原则"，并以"严禁"作为本条开头："严禁诬告迫害干部、群众。凡捏造事实、伪造证据，凭空诬陷他人（包括犯人）的，依反坐原则论处。司法工作人员犯诬陷罪的，从重处罚"，且删除错告不适用本条的规定，有一定矫枉过正的嫌疑；1979 年第三十七稿第四章第一百三十六条沿袭"依反坐原则论处"的表述，进一步加强了对"任何方法、手段"的诬告陷害行为的打击力度，将"诬陷"与"迫害"联系在一起，并将从重处罚的对象由"司法工作人员"扩大至"国家工作人员"："严禁用任何方法、手段诬陷迫害干部、群众。凡捏造事实诬陷他人（包括犯人）的，依反坐原则论处。国家工作人员犯诬陷罪的，从重处罚"；第三十八稿第四章第一百三十八条将反坐原则加以明确规定，并重新吸纳错告与检举失实不坐，体现了立法上的理性回归："严禁用任何方法、手段诬告陷害干部、群众。凡捏造事实诬陷他人（包括犯人）的，参照所诬陷的罪行的性质、情节、后果和量刑标准予以刑事处分。国家工作人员犯诬陷罪的，从重处罚。不是有意诬陷，而是错告，或者检举失实的，不适用前款规定。"这一表述被 1979 年刑法所采纳[1]。本罪名引起了学界的争议，有学者直接主张"诬告有罪，必须反坐"[2]，也有学者明确表达反对意见，"刑法分则按反坐精神对诬陷罪进行惩罚的规定，不仅在理论上没有什么重大意义，反而使它的社会主义性质大为减色"[3]。1997 年刑法依照罪

---

〔1〕 高铭暄、赵秉志：《新中国刑法立法文献资料总览》（上），中国人民公安大学出版社 1998 年版，第 152、278、362、391、425、456、483、517、548 页。

〔2〕 郭裕：《诬告有罪，必须反坐》，《社会科学研究》1979 年第 4 期。

〔3〕 林向荣：《试论"诬告反坐"》，《现代法学》1980 年第 2 期。

刑法定原则，废除了反坐精神，恢复法定刑幅度规定，"捏造事实诬告陷害他人，意图使他人受刑事追究，情节严重的，处三年以下有期徒刑、拘役或者管制；造成严重后果的，处三年以上十年以下有期徒刑。国家机关工作人员犯前款罪的，从重处罚"。

另外，值得关注的是，《大纲草案》第一百二十一——一百二十三条，分别规定了"故意杀人罪""义愤杀人罪""过失杀人罪"三种杀人罪。1954 年指导原则草案第五十一条废除了"义愤杀人罪"，合并故意、过失而分别两款以为"杀人罪"，其中从重处罚的情节为"（一）因为敌视他人的揭发、检举或者其他正义行为而杀人；（二）使用放火、放毒或者其他能够杀死多数人的危险方法而杀人的；（三）杀害二人以上的；（四）对被害人一贯虐待又加以杀害的；（五）为了消灭犯罪证据而杀人的；（六）为了嫁祸于人而杀人或者杀人后嫁祸于人的；（七）杀人动机特别恶劣或者手段特别残酷的"，似乎本条较之《大纲草案》第一百二十一条第二款更为具体完善。但是在 1956 年第十三稿第二百二十四条、1957 年第二十一稿第一百四十九条、1957 年第二十二稿第一百四十八条（第二款规定，为国家或人民利益义愤杀人可以减免刑罚）、1962 年第二十七稿第一百三十六条、1963 年第三十稿第一百四十一条、1963 年第三十三稿第一百四十二条中，均未规定加重情形。但是在 1978 年第三十四稿中，第一百四十五条系以专门条款规定了判处死刑或无期徒刑的故意杀人罪，"（一）抢劫、盗窃杀人的；（二）强奸杀人的；（三）为毁灭罪证杀人灭口的；（四）因自己的罪行被揭发而杀害检举人的；（五）其他犯罪情节恶劣，民愤极大的"。1979 年第三十五稿第一百四十七条沿用以上五种情形作为从重情节，但值得注意的是，该条刑罚排序为"处十年以上有期徒刑、无期徒刑或者死刑"。第三十六稿第一百三十七条再次删除从重情节规定，第三十七稿第一百三十条、第三十八稿第一百三十二条、1979 年刑法第一百三十二条、1997 年刑法第二百三十二条，则完全承袭不作从重情形的特殊规定，仅对一般情形与情节较轻的作了量刑幅度的区分[1]。

5. 关于"侵犯财产罪"章

"侵犯财产罪"章共计七条，主要规制侵犯公私财物的犯罪行为。本章分别规定了以下罪名：（1）抢劫罪，即以暴力、胁迫或者其他方法抢劫公私财物的行为（第一百五十条）；（2）盗窃罪、诈骗罪、抢夺罪，即盗窃、诈骗、抢夺公私财物数额较大的行为（第一百五十一条）；（3）惯窃、惯骗或者盗窃、诈骗、抢夺公私财物数额巨大的（第一百五十二条）；（4）转化型抢劫罪，即犯盗窃、诈骗、抢夺罪，为窝藏赃物、抗拒逮捕或者毁灭罪证而当场使用暴力或者以暴力相威胁的（第一百五十三条）；（5）敲诈勒索罪，即敲诈勒索公私财物及情节严重的（第一百五十四条）；（6）贪污罪，即国家工作人员（及受国家机关、企业、事业单位、人民团体委托从事公务的人员）利用职务上的便利，贪污公共财物的，及数额巨大、情节严重的、情节特别严重的（第一百五十五条）。本条与"渎职罪"章第一条"行贿罪""受贿罪"由于均为职务犯罪中的经济犯罪，因此在 1997 年刑法中经扩展独立成为"贪污受贿罪"章；（7）故意毁坏公私财物罪，即故意毁坏公私财物，情节严重的（第一百五十六条）[2]。

---

〔1〕　高铭暄、赵秉志：《新中国刑法立法文献资料总览》（上），中国人民公安大学出版社 1998 年版，第 53、182、219、245、274、302、330、358、388、422—423、455、483、516、547 页。

〔2〕　高铭暄、赵秉志：《新中国刑法立法文献资料总览》（上），中国人民公安大学出版社 1998 年版，第 549—550 页。

6. 关于"妨害社会管理秩序罪"章

"妨害社会管理秩序罪"章共计二十二条。与1997年刑法的"妨害社会管理秩序罪"章不同的是，1979年刑法的"妨害社会管理秩序罪"未分小节。本章主要规制的犯罪行为包括：（1）以暴力、威胁方法阻碍国家工作人员依法执行职务的，或者拒不执行人民法院已经发生法律效力的判决、裁定的（第一百五十七条）；（2）扰乱社会秩序情节严重，致使工作、生产、营业和教学、科研无法进行，国家和社会遭受严重损失的，是首要分子的（第一百五十八条）；（3）聚众扰乱车站、码头、民用航空站、商场、公园、影剧院、展览会、运动场或者其他公共场所秩序，聚众堵塞交通或者破坏交通秩序，抗拒、阻碍国家治安管理工作人员依法执行职务，情节严重的（第一百五十九条）；（4）聚众斗殴，寻衅滋事，侮辱妇女或者进行其他流氓活动，破坏公共秩序，情节恶劣的，及作为流氓集团首要分子的（第一百六十条）；（5）依法被逮捕、关押的犯罪分子脱逃的（第一百六十一条）；（6）窝藏或者作假证明包庇反革命分子的（第一百六十二条）；（7）违反枪支管理规定，私藏枪支、弹药，拒不交出的（第一百六十三条）；（8）以营利为目的，制造、贩卖假药危害人民健康的，及造成严重后果的（第一百六十四条）；（9）神汉、巫婆借迷信进行造谣、诈骗财物活动的，及情节严重的（第一百六十五条）；（10）冒充国家工作人员招摇撞骗的，及情节严重的（第一百六十六条）；（11）伪造、变造或者盗窃、抢夺、毁灭国家机关、企业、事业单位、人民团体的公文、证件、印章的，及情节严重的（第一百六十七条）；（12）以营利为目的，聚众赌博或者以赌博为业的（第一百六十八条）；（13）以营利为目的，引诱、容留妇女卖淫的，及情节严重的（第一百六十九条）；（14）以营利为目的，制作、贩卖淫书、淫画的（第一百七十条）；（15）制造、贩卖、运输鸦片、海洛因、吗啡或者其他毒品的，及一贯或者大量制造、贩卖、运输前款毒品的（第一百七十一条）；（16）明知是犯罪所得的赃物而予以窝藏或者代为销售的（第一百七十二条）；（17）违反保护文物法规，盗运珍贵文物出口的，及情节严重的（第一百七十三条）；（18）故意破坏国家保护的珍贵文物、名胜古迹的（第一百七十四条）；（19）故意破坏国家边境的界碑、界桩或者永久性测量标志的，及以叛国为目的实施破坏行为的，前者处三年以下有期徒刑或者拘役，后者按照反革命罪处罚（第一百七十五条）；（20）违反出入国境管理法规，偷越国（边）境，情节严重的（第一百七十六条）；（21）以营利为目的，组织、运送他人偷越国（边）境的（第一百七十七条）；（22）违反国境卫生检疫规定，引起检疫传染病的传播，或者有引起检疫传染病传播严重危险的（第一百七十八条）[1]。

7. 关于"妨害婚姻、家庭罪"章

本章规定的犯罪行为侵害的犯罪对象是婚姻权利、婚姻关系与家庭成员人身权利，共六条。本章的犯罪行为有：暴力干涉他人婚姻自由的行为（第一百七十九条）、重婚的行为（第一百八十条）、破坏军婚罪（第一百八十一条）、虐待家庭成员的行为（第一百八十二条）、负有扶养义务而拒绝支付相应费用的行为（第一百八十三条）、拐骗未满十四岁的男女脱离家庭的行为（第一百八十四条）[2]。草案的起草者将妨害婚姻家庭罪作为单

---

〔1〕　高铭暄、赵秉志：《新中国刑法立法文献资料总览》（上），中国人民公安大学出版社1998年版，第550—553页。

〔2〕　高铭暄、赵秉志：《新中国刑法立法文献资料总览》（上），中国人民公安大学出版社1998年版，第553—554页。

章规定，除对以往草案的沿袭，还有中国传统社会历来重视婚姻家庭伦常的原因。现行刑法对本章所涉及的相关内容不再作单章规定，而与其他各章尤其是侵害人身权利章节相结合。

历次刑法草案中"妨害婚姻家庭罪"章节条目[1]

	干涉婚姻自由	借婚姻关系索取财物	重婚	虐待	遗弃	诱拐男女脱离家庭	破坏他人婚姻家庭	破坏军婚
大纲草案第十二章[2]	149	154	151			155		
指导原则草案	无专章							
第十三稿第九章	256	257	258	259	260	261		
第二十一稿第六章	178	179	180	181	182	183		
第二十二稿第六章	177	178	179	180	181	183		
第三十稿第六章	165	166	167	169	170	171	168	
第三十三稿第六章	166	167	168	170	171	172	169	
第三十四稿第九章	192	193	194	197	198	199	195	196
第三十五稿第九章	191	192	193	196	197	198	194	195
第三十六稿第九章	186		187	189	190	191		188
第三十七稿第七章	177		178	180	181	182		179
第三十八稿第七章	179		180	182	183	184		181

[1] 高铭暄、赵秉志：《新中国刑法立法文献资料总览》（上），中国人民公安大学出版社1998年版。

[2] 《大纲草案》第147、148、150、152、153、156条（共计6条）仅为该草案所有，于其余诸草案均未见，故未列入表格，仅于正文中陈述。

	干涉婚姻自由	借婚姻关系索取财物	重婚	虐待	遗弃	诱拐男女脱离家庭	破坏他人婚姻家庭	破坏军婚
1979年刑法第七章	179		180	182	183	184		181
1997年刑法	无专章							

根据以上表格可见，在历次草案中，凡有独立"妨害婚姻家庭罪"一章者，"干涉婚姻自由罪""重婚罪""虐待罪""遗弃罪""诱拐男女脱离家庭罪"几乎一直存在；"借婚姻关系索取财物罪""破坏他人婚姻家庭罪"，因时代环境与社会风气的改变，逐渐淡化并消失；"破坏军婚罪"逐步强化。另外，指导原则草案与1997年刑法不设专章，而被其他章节或者其他罪名或者其他法规所吸收。

8. 关于"渎职罪"章

"渎职罪"章共八条，规制的犯罪行为包括：（1）受贿罪、行贿罪，国家工作人员利用职务上的便利收受贿赂的及致使国家或者公民利益遭受严重损失的（第一百八十五条第一、二款），向国家工作人员行贿或者介绍贿赂的（第一百八十五条第三款），1997年刑法将之与贪污罪合并，扩展为"贪污贿赂罪"章；（2）国家工作人员违反国家保密法规，泄露国家重要机密，情节严重的（第一百八十六条）；（3）国家工作人员由于玩忽职守，致使公共财产、国家和人民利益遭受重大损失的（第一百八十七条）；（4）司法工作人员徇私舞弊，对明知是无罪的人而使他受追诉、对明知是有罪的人而故意包庇不使他受追诉，或者故意颠倒黑白做枉法裁判的，及情节严重的（第一百八十八条）；（5）司法工作人员违反监管法规，对被监管人实行体罚虐待，情节严重及情节特别严重的（第一百八十九

条）；（6）司法工作人员私放罪犯的，处五年以下有期徒刑或
者拘役，及情节严重的（第一百九十条）；（7）邮电工作人
员私自开拆或者隐匿、毁弃邮件、电报的（第一百九十一条第一
款），但实施上述行为而窃取财物的，依照贪污罪从重处罚
（第一百九十一条第二款）。此外，本章（及1979年刑法）的
最后一条[1]，单独用一条规定对于情节轻微渎职犯罪的行政处
分，"国家工作人员犯本章之罪，情节轻微的，可以由主管部门
酌情予以行政处分"（第一百九十二条）。[2]

二、1997 年刑法

在"七九刑法"实施期间，全国人大常委会先后通过20多部
单行刑法，分别是惩治军人违反职责罪暂行条例（1981年6月10
日五届全国人大常委会第十九次会议通过）、全国人大常委会关于
死刑案件核准问题的决定（1981年6月10日五届全国人大常委会
第十九次会议通过）、关于处理逃跑或重新犯罪的劳改犯和劳教人
员的决定（1981年6月10日五届全国人大常委会第十九次会议通
过）、关于严惩严重破坏经济的罪犯的决定（1982年3月8日五届
全国人大常委会第二十二次会议通过）、关于宽大释放全部在押的
原国民党县团级以下党政军特人员的决定（1982年3月8日
全国人大常委会第二十二次会议通过）、关于严惩严重危害社会治
安的犯罪分子的决定（1983年9月2日六届全国人大常委会第二
次会议通过）、关于中华人民共和国缔结或者参加的国际条约所规

---

〔1〕 1979年刑法未设置附则。
〔2〕 高铭暄、赵秉志：《新中国刑法立法文献资料总览》（上），中国人民公安大
学出版社1998年版，第554—555页。

定的罪行行使刑事管辖权的决定（1987 年 6 月 23 日六届全国人大常委会第二十一次会议通过）、关于惩治贪污罪贿赂罪的补充规定（1988 年 1 月 21 日六届全国人大常委会第二十四次会议通过）、关于惩治走私罪的补充规定（1988 年 1 月 21 日六届全国人大常委会第二十四次会议通过）、关于惩治泄露国家秘密犯罪的补充规定（1988 年 9 月 5 日七届全国人大常委会第三次会议通过）、关于惩治捕杀国家重点保护的珍贵、濒危野生动物犯罪的补充规定（1988 年 11 月 8 日七届全国人大常委会第四次会议通过）、关于惩治侮辱中华人民共和国国旗国徽罪的规定（1990 年 6 月 28 日七届全国人大常委会第十四次会议通过）、关于惩治走私、制作、贩卖、传播淫秽物品的犯罪分子的决定（1990 年 12 月 28 日七届全国人大常委会第十七次会议通过）、关于禁毒的决定（1990 年 12 月 28 日七届全国人大常委会第十七次会议通过）、关于惩治盗掘古文化遗址古墓葬犯罪的补充决定（1991 年 6 月 29 日七届全国人大常委会第二十次会议通过）、关于严惩拐卖、绑架妇女、儿童的犯罪分子的决定（1991 年 9 月 4 日七届全国人大常委会第二十一次会议通过）、关于严禁卖淫嫖娼的决定（1991 年 9 月 4 日七届全国人大常委会第二十一次会议通过）、关于惩治偷税、抗税的补充规定（1992 年 9 月 4 日七届全国人大常委会第二十七次会议通过）、关于惩治劫持航空器犯罪分子的决定（1992 年 12 月 28 日七届全国人大常委会第二十九次会议通过）、关于惩治假冒注册商标犯罪的补充规定（1993 年 2 月 22 日七届全国人大常委会第三十次会议通过）、关于惩治生产销售伪劣商品犯罪的决定（1993 年 7 月 2 日八届全国人大常委会第二次会议通过）、关于严惩组织、运送他人偷越国（边）境罪的补充规定（1994 年 3 月 5 日八届全国人大常委会第六次会议通过）、关于惩治侵犯著作权的犯罪的决定

(1994 年 7 月 5 日八届全国人大常委会第八次会议通过)、关于惩治违反公司法的犯罪的决定(1995 年 2 月 28 日八届全国人大常委会第十二次会议通过)、关于惩治破坏金融秩序犯罪的决定(1995 年 6 月 30 日八届全国人大常委会第十四次会议通过)、关于惩治虚开、伪造和非法出售增值税专用发票犯罪的决定(1995 年 8 月 23 日八届全国人大常委会第十五次会议通过)等。以上单行刑法,连同分散在其他部门法中的 117 个附属刑法,全部被整合到"九七刑法"中,因而失效。

此间社会形态与 1979 年制定刑法时已然有较大变动,加之数量较多的单行刑法和附属刑法亟待整合与清理,因此对"七九刑法"进行修订变成了立法机关的重大工作之一。在 1988 年 7 月第七届全国人大常委会第二次会议上,刑法的全面修改被正式提上议事日程。1993 年 12 月,全国人大常委会法工委委托中国人民大学法学院刑法教研室修改刑法总则,由高铭暄教授成立修改小组。自 1993 年 12 月接受委托至 1994 年 9 月,人民大学刑法总则修改小组完成了刑法总则大纲一份与刑法总则修改稿四份,全国人大常委会法工委 1996 年 8 月在此基础上完成刑法总则修改稿。1996 年 3 月刑事诉讼法完成第一次修正后,刑法修改工作显得更加迫切。1996 年 8 月 12 日—16 日,全国人大常委会法工委邀请高铭暄、王作富、马克昌、曹子丹、单长宗、储槐植参加刑法修改座谈探讨会[1]。

1996 年 12 月 24 日,全国人大常委会副委员长王汉斌作了《关于〈中华人民共和国刑法(修订草案)〉的说明》[2]。他肯

---

〔1〕 高铭暄口述,傅跃建整理:《我与刑法七十年》,北京大学出版社 2018 年版,第 39—41 页。

〔2〕 高铭暄、赵秉志:《新中国刑法立法文献资料总览》(中),中国人民公安大学出版社 1998 年版,第 1534—1544 页。

定了"七九刑法"对于社会主义法制与秩序的作用与贡献，同时也指出了相应问题，论证修订的必要性：

一是制定刑法时对有些犯罪行为研究得还不够，规定得不够具体，不好操作，或者执行时随意性较大，如渎职罪、流氓罪、投机倒把罪三个"口袋"规定都比较笼统；二是有些犯罪行为现在已经变得很严重，如走私犯罪和毒品犯罪，需要相应加重刑罚；三是随着十几年来我国政治、经济和社会生活的发展变化，出现了许多新情况、新问题，发生了一些新的犯罪行为，特别是经济犯罪，如金融犯罪、证券犯罪、利用增值税专用发票犯罪，还有黑社会性质的有组织的犯罪、计算机犯罪等。为了适应与犯罪斗争的实际需要，有必要对刑法进行修改完善。

针对本次修订刑法的目的，主要有三个方面：（1）制定一部统一的、比较完备的刑法典，吸收决定、补充规定以及附属刑法的内容，将拟制定的反贪污贿赂法的内容编入刑法；（2）注意保持法律的连续性和稳定性，在文字表述和量刑规定上，原则上不需要修改的就尽量不修改；（3）对一些原来比较笼统、原则的规定，尽量把犯罪行为研究清楚，作为具体规定，"七九刑法"为一百九十二条，草案为三百八十四条，增加了一百九十二条。

王汉斌对修订规定主要内容和问题进行具体说明：（1）进一步明确规定刑法基本原则，明确规定罪刑法定原则，取消类推规定，明确规定法律面前人人平等原则，与宪法中的规定保持一致，明确规定罪刑相当原则，各个条文之间对罪刑要统一平衡，不能畸重或者畸轻；（2）关于减刑、假释，原本的条文在实际执行中，由于对确有悔改没有明确界限，也没有严格的程序，处理随意性较大，存在问题较多，同时要维护法院判决执行的严肃性，严格明确假释条件，对于累犯和暴力性犯罪判处无期徒刑的犯罪分子不适用假释，明确规定减刑、假释程序；（3）关于在法定刑以下判处刑罚，在实际执行中，对于判处法定最低刑没有统一具体的标准，随意性很大，因此适用这一规定必须经过严格的程序；（4）关于正当防卫，实践中界限不清，随意性较大，此次明确受害人和其他公民对于暴力侵害所采取的制止不法侵害行为均是正当防卫行为，适度扩大正当防卫的范围；（5）为鼓励犯罪分子自首、立功，草案对自首、立功作了较为宽大的处刑规定；（6）关于反革命罪，随着国家政治、经济、文化的发展，反革命罪的罪名适用遇到一些新问题，在实践中也难以认定，草案将反革命罪一章改为危害国家安全罪，明确具体的相应犯罪行为[1]，能够更有力地打击危害国家安全的犯罪活动，这次修改反革命罪，"对反革命罪原来的规定，可以适用普通刑事犯罪的，都尽量按普通刑事犯罪追究……是考虑到我们国家已经从革命时期进入建设时期，从过去大规模的群众性的阶级斗争进入集中力量进行社会主义现代化建设的历史新时期……对危害中华人民共和国的行为，规定适用危害国家安全罪比适用反革命罪更为适合"，但是过去依照刑法反革命罪已经判刑的案件不改变；（7）关于投机倒把罪，过去规定过于笼统，界限不清晰，因此草案按照具体犯罪行为定罪，不再笼统规定投机倒把罪，避免执法出现过度随意；（8）过去的流氓罪规定比较笼统，实际执行中定性的随意性较大，修订草案将该罪具体规定为侮辱猥亵妇女罪、聚众淫乱

---

〔1〕 在此次刑法修订之前，很多刑法学者都对"反革命罪"的修订献计献策。例如，1995 年高铭暄教授在《法制日报》上发表文章，认为应当将"反革命罪"修改为"危害国家安全罪"。参见高铭暄口述，傅跃建整理：《我与刑法七十年》，北京大学出版社 2018 年版，第 41—44 页。

罪、聚众斗殴罪、寻衅滋事罪；（9）关于贪污贿赂罪，这次修订将 1988 年关于惩治贪污贿赂罪的补充规定和最高人民检察院起草的反贪污贿赂法合并编为刑法的一章，明确国家工作人员的范围，并根据经济形势变化提高贪污贿赂罪法定最低刑的数额；（10）关于渎职罪，之前对于渎职罪规定过于笼统，玩忽职守罪规定处罚偏轻，本次修订将民事、经济、行政法律中"比照""依照"刑法玩忽职守罪、徇私舞弊罪追究刑事责任的条文修改为刑法的具体条款，并根据新形势将渎职犯罪的七条增加至三十二条，并对滥用职权、玩忽职守的犯罪行为造成的不同危害后果对应规定了不同程度的刑罚处罚；（11）增加黑社会犯罪、计算机犯罪、证券犯罪以及一些新型犯罪的相应规定；（12）关于死刑，有的人士认为应当减少死刑条文数量，但是考虑到目前社会治安严峻，减少死刑的条件尚不成熟，此次修订对于死刑原则上不减少也不增加；（13）关于吸收军职罪条例，本次修订将军职罪修改合并纳入刑法，制定一部统一、完备的刑法典，正在同军委法制局进行研究，草案尚未纳入军职罪具体条文。

第八届全国人大常委会第二十三次会议对刑法（修订草案）进行初步审议。会后，王汉斌、任建新、罗干等领导人召集中央政法委、最高人民法院、最高人民检察院、公安部、国家安全部、司法部和法律委、内务司法委、法工委、国务院法制局、军委法制局的负责人于 1997 年 1 月 6 日—9 日举行了四天会议，对修订草案中重大的、有争议的问题进行研讨修改。法律委员会、内务司法委员会于 1 月 13 日—24 日召开会议，对修订草案进行逐条审议修改。经过修改，修订草案的条文从三百八十四条增加到四百四十六条。1997 年 2 月 19 日，全国人大常委会副委员长王汉斌受委员长会议委托，作了《关于〈中华人民共和国刑法（修订草案)〉修改意见的汇报》[1]。王汉斌就完善正当防卫规定、增加资助境内组织进行严重危害国家安全活动的行为追究刑事责任的规定、增加组织领导参加恐怖组织罪相关规定、增加洗钱罪相关规定、针对境内人员窃取国家机密和非法持有国家机密等犯罪行为加以规定、增加单位走私犯罪的处罚规定、增加打击破坏土地或草原资源犯罪行为的规定（但如果能够通过行政处分解决的问题不纳入刑法中）、增加个人贪污数额在一万元以上积极退赃的可以从轻处罚（有利于挽回贪污犯罪行为给国家造成的损失）、经同军委法制局研究同意将军人违反职责罪作为刑法分则一章、增加危害国防利益罪一章。1997 年 3 月 14 日，第八届全国人大第五次会议完成对刑法的修订，自 1997 年 10 月 1 日起开始施行。

"七九刑法"与"九七刑法"目录对照

"七九刑法"目录	"九七刑法"目录
第一编　总则	第一编　总则
第一章　刑法的指导思想、任务和适用范围	第一章　刑法的任务、基本原则和适用范围
	第二章　犯罪
第二章　犯罪	第一节　犯罪和刑事责任
第一节　犯罪和刑事责任	第二节　犯罪的预备、未遂和中止
第二节　犯罪的预备、未遂和中止	第三节　共同犯罪
第三节　共同犯罪	第四节　单位犯罪
第三章　刑罚	第三章　刑罚
第一节　刑罚的种类	第一节　刑罚的种类
第二节　管制	第二节　管制
第三节　拘役	第三节　拘役
第四节　有期徒刑、无期徒刑	第四节　有期徒刑、无期徒刑
第五节　死刑	第五节　死刑
第六节　罚金	第六节　罚金

〔1〕　高铭暄、赵秉志：《新中国刑法立法文献资料总览》（中），中国人民公安大学出版社 1998 年版，第 1534—1544 页。

续表

"七九刑法"目录	"九七刑法"目录
第七节　剥夺政治权利	第七节　剥夺政治权利
第八节　没收财产	第八节　没收财产
第四章　刑罚的具体运用	第四章　刑罚的具体运用
第一节　量刑	第一节　量刑
第二节　累犯	第二节　累犯
第三节　自首和立功	第三节　自首和立功
第四节　数罪并罚	第四节　数罪并罚
第五节　缓刑	第五节　缓刑
第六节　减刑	第六节　减刑
第七节　假释	第七节　假释
第八节　时效	第八节　时效
第五章　其他规定	第五章　其他规定
第二编　分则	第二编　分则
第一章　反革命罪	第一章　危害国家安全罪
第二章　危害公共安全罪	第二章　危害公共安全罪
第三章　破坏社会主义经济秩序罪	第三章　破坏社会主义市场经济秩序罪
	第一节　生产、销售伪劣商品罪
第四章　侵犯公民人身权利、民主权利罪	第二节　走私罪
	第三节　妨害对公司、企业的管理秩序罪
	第四节　破坏金融管理秩序罪
第五章　侵犯财产罪	第五节　金融诈骗罪
	第六节　危害税收征管罪
第六章　妨害社会管理秩序罪	第七节　侵犯知识产权罪
	第八节　扰乱市场秩序罪
第七章　妨害婚姻、家庭罪	
	第四章　侵犯公民人身权利、民主权利罪
第八章　渎职罪	
	第五章　侵犯财产罪
	第六章　妨害社会管理秩序罪
	第一节　扰乱公共秩序罪
	第二节　妨害司法罪
	第三节　妨害国（边）境管理罪
	第四节　妨害文物管理罪

"七九刑法"目录	"九七刑法"目录
	第五节　危害公共卫生罪 第六节　破坏环境资源保护罪 第七节　走私、贩卖、运输、制造毒品罪 第八节　组织、强迫、引诱、容留、介绍卖淫罪 第九节　制作、贩卖、传播淫秽物品罪 第七章　危害国防利益罪 第八章　贪污贿赂罪 第九章　渎职罪 第十章　军人违反职责罪 附则

对照"七九刑法"和"九七刑法"的目录部分，可以看出以下几个明显的差异：第一，"九七刑法"第一章删除了指导思想，增补了基本原则，以及第二章根据现实需求增补"单位犯罪"一节，除此之外，从体例结构上看，总则部分变动较少，分则部分变动较多；第二，取消"反革命罪"，整章修改为"危害国家安全罪"；第三，根据社会主义市场经济建设和发展需要，将"破坏社会主义经济秩序罪"改为"破坏社会主义市场经济秩序罪"，并明确规定该章罪名之下归纳出八种较为具体的犯罪行为，形成了较为清晰的分类；第四，在"妨害社会管理秩序罪"一章下归纳出九种较为具体的犯罪行为，使之较为体系化、逻辑化；第五，删除"妨害婚姻、家庭罪"，将之分散到其他各章；第六，增加"危害国防利益罪""贪污贿赂罪""军人违反职责罪"。

（一）总则部分

"九七刑法"第一编总则部分共五章一百零一条，分别是

"刑法的任务、基本原则和适用范围""犯罪""刑罚""刑罚的具体运用""其他规定"。除第一章标题有较为明显的变动，此体例与"七九刑法"几乎完全一致。

1. 关于刑法的任务

"九七刑法"删除了刑法指导思想的规定，取而代之的第一条是一种制定刑法的目的和依据："为了惩罚犯罪，保护人民，根据宪法，结合我国同犯罪作斗争的具体经验及实际情况，制定本法。"其中当然还存留指导思想的影子，但是较之"七九刑法"的指导思想而言，本条规定体现出了一种去政治化和语言简练化的特征。第二条规定了刑法的任务，也呈现出同样的特征。

2. 关于刑法基本原则

"九七刑法"总则部分最为亮点的是明确规定了三个刑法基本原则。

第三条　法律明文规定为犯罪行为的，依照法律定罪处刑；法律没有明文规定为犯罪行为的，不得定罪处刑。

第四条　对任何人犯罪，在适用法律上一律平等。不允许任何人有超越法律的特权。

第五条　刑罚的轻重，应当与犯罪分子所犯罪行和承担的刑事责任相适应。

第三条称为"罪刑法定原则"，第四条称为"罪刑平等原则"，第五条称为"罪责刑相适应原则"。刑法中明确规定三条刑法基本原则的意义是非常重大的。基本原则是贯穿在刑法之中、在刑事立法和刑事司法中亦应当遵守的根本性准则，是保障犯罪嫌疑人、被告人合法权利的明确条文。换言之，此三条要废除的是类推适用、刑事法律领域可能存在的特权以及司法过程中判刑畸轻畸重的弊端。

3. 关于管辖权

"九七刑法"将"七九刑法"的第四条（中国公民在国外犯反革命罪，伪造国家货币罪，伪造有价证券罪，贪污罪，受贿罪，泄露国家机密罪，冒充国家工作人员招摇撞骗罪，伪造公文、证件、印章罪等四类犯罪行为的，适用本法）与第五条（中国公民在国外犯除以上四类罪行以外且依照本法最低刑为三年以上有期徒刑的，也适用本法，但是按照犯罪地的法律不受处罚的除外）进行合并，规定为："中华人民共和国公民在中华人民共和国领域外犯本法规定之罪的，适用本法，但是按本法规定的最高刑为三年以下有期徒刑的，可以不予追究。"另外，增加了一个强调性的条款："中华人民共和国国家工作人员和军人在中华人民共和国领域外犯本法规定之罪的，适用本法。"一方面体现了"罪刑平等原则"，另一方面与"九七刑法"单章规定贪污贿赂罪、渎职罪、军人违反职责罪相适应。

增加第九条为普遍管辖权的规定："对于中华人民共和国缔结或者参加的国际条约所规定的罪行，中华人民共和国在所承担条约义务的范围内行使刑事管辖权的，适用本法。"

4. 关于特殊人员的刑事责任能力

严格对于精神病人刑事责任能力的认定，"九七刑法"增加了"经法定程序鉴定确认的"才能不负刑事责任。另外"九七刑法"完善了对于精神病人犯罪后的管理，不再只依靠"家属或者监护人严加看管和医疗"，而是增加了政府的监管能力，"在必要的时候，由政府强制医疗"。与此同时，"九七刑法"在精神病人、间歇性精神病人和醉酒的人三类之外增加了一类情形，即"尚未完全丧失辨认或者控制自己行为能力的精神病人犯罪的"，在刑事责任认定上"应当负刑事责任"，但是在处罚上"可以从轻或者减轻"。

5. 关于正当防卫

"九七刑法"在"七九刑法"正当防卫规定上，增加了"无过当之防卫"："对正在进行行凶、杀人、抢劫、强奸、绑架以及其他严重危及人身安全的暴力犯罪，采取防卫行为，造成不法侵害人伤亡的，不属于防卫过当，不负刑事责任。"

6. 关于完善主犯与单位犯罪等犯罪主体的规定

在主犯相关规定上，"九七刑法"增加了犯罪集团及其首要分子的罪刑问题："三人以上为共同实施犯罪而组成的较为固定的犯罪组织，是犯罪集团。对组织、领导犯罪集团的首要分子，按照集团所犯的全部罪行处罚。"并将"七九刑法"对于主犯从重处罚的规定，修改为对于组织、领导犯罪集团的首要分子以外的主犯，"应当按照其所参与的或者组织、指挥的全部犯罪处罚"。

"九七刑法"在增加第二章"犯罪"中增加第四节"单位犯罪"，规定负刑事责任的范围及其处罚问题，所谓"单位"包括"公司、企业、事业单位、机关、团体"，其实施犯罪应当负刑事责任，处罚方式为"单位犯罪的，对单位判处罚金，并对其直接负责的主管人员和其他直接责任人员判处刑罚"。

7. 关于刑罚及其具体运用

"九七刑法"将拘役从"十五日以上"修改为"一个月以上"。在规定死刑缓期执行的条款中，删除"七九刑法"中"实行劳动改造，以观后效"。在罚金刑执行的方面，增加随时追缴的规定，"对于不能全部缴纳罚金的，人民法院在任何时候发现被执行人有可以执行的财产，应当随时追缴"。"九七刑法"完善了"七九刑法"中关于剥夺政治权利附加、独立适用的规则，将应当剥夺政治权利的"反革命分子"修改为"危害国家安全的犯罪分子",将可以剥夺政治权利的"严重破坏社会秩序的犯罪分子"明确为"故意杀人、强奸、放火、爆炸、投毒、抢劫等严重破坏社会秩序的犯罪分子",并增加了按照分则规定独立适用剥夺政治权利刑的规定。对于没收财产刑的规定中,增加"没收全部财产的,应当对犯罪分子个人及其扶养的家属保留必需的生活费用",体现刑法的人道主义精神。

"九七刑法"将"七九刑法"中"在法定刑以下判处刑罚"的规定更加严格化,"七九刑法"规定本条适用,在"犯罪分子虽然不具有本法规定的减轻处罚情节"情况下,只要再满足"如果根据案件的具体情况,判处法定刑的最低刑还是过重的"这一条件,"经人民法院审判委员会决定"就可以在法定刑以下判处刑罚,而"九七刑法"提高了适用门槛,在"犯罪分子虽然不具有本法规定的减轻处罚情节"情况下,必须是"根据案件的特殊情况",并将负责适用本条款的机关由"人民法院审判委员会决定"修改为"经最高人民法院核准"。在对于犯罪物品的处理方面,"九七刑法"增加了"对被害人的合法财产,应当及时返还"以及"没收的财物和罚金,一律上缴国库,不得挪用和自行处理",区分了被害人的合法财产和犯罪物品,保障了被害人合法的财产权利,同时明确了没收财物和罚金的去向和管理。关于累犯的规定中,相应将"反革命分子"修改为"危害国家安全的犯罪分子"。

关于自首、立功、减刑、假释的方面。完善关于"自首"和"立功"的规定,鼓励犯罪分子"自首""立功",可以从轻、减轻或免除处罚。第七十五条增加了缓刑犯应当遵守的义务和规定。第七十八条明确了减刑的适用条件,包括阻止、检举重大犯罪活动、有发明创造或者重大技术革新、舍己救人、在抗灾抢险中有突出表现或有其他重大贡献等情况,应当减刑;同时在第七十九条明确减刑的适用程序，由执行机关向中级以上人民法院提出减刑建议书，人民法院应当组成合议庭进行审理，对确有悔改或者立功事实的，裁定予以减刑。第八十一条增加了不得假释的情形，"对累犯以及因杀人、爆炸、抢劫、强奸、绑架等暴力性犯罪被判处十年以上有期徒刑、无期徒刑的犯罪分子，不得假释"，第八十二条明确假释程序依照减刑程序进行，同时在第八十四条规定假释犯应当遵守的规定。"九七刑法"第八十六条完善了"七九刑法"第七十五条关于假释犯再犯新罪撤销假释的规定，增加了"发现被假释的犯罪分子在判决宣告以前还有其他罪没有判决的"与"有违反法律、行政法规或者国务院公安部门有关假释的监督管理规定的行为"撤销假释的规定。

另外还值得关注的是，第五章"其他规定"第一百条首次规定了"前科报告制度"："依法受过刑事处罚的人，在入伍、就业的时候，应当如实向有关单位报告自己曾受过刑事处罚，不得隐瞒。"本条设置实际上是为了提高社会对于曾犯罪人员应当保持的警惕性。

（二）分则部分

"九七刑法"的第二编分则部分共三百五十条，较之"七九刑法"分则的九十三条有大幅度的增加，分为"危害国家安全罪""危害公共安全罪""破坏社会主义市场经济秩序罪""侵犯公民人身权利、民主权利罪""侵犯财产罪""妨害社会管理秩序罪""危害国防利益罪""贪污贿赂罪""渎职罪""军人违反职责罪"十章。条文的增加、体例的变动，体现了修订后的刑法典适应变动的社会环境。

1. 关于"危害国家安全罪"章

"九七刑法"第二编第一章"危害国家安全罪"共有十二条，

分别是"背叛国家罪""分裂国家罪、煽动分裂国家罪""武装叛乱、暴乱罪""颠覆国家政权罪、煽动颠覆国家政权罪""与境外勾结的处罚规定""资助危害国家安全犯罪活动罪""投敌叛变罪""叛逃罪""间谍罪""为境外窃取、刺探、收买、非法提供国家秘密、情报罪""资敌罪"等具体罪名以及"危害国家安全罪适用死刑、没收财产的规定"相关规定。

本章由"七九刑法"的"反革命罪"修改发展而来。"危害国家安全罪"替换了"反革命罪",首先是对于改革开放之后的国内局势变迁进行确认,对于社会主义从革命斗争年代进入政治经济文化全面发展年代的确认,适应了客观历史环境的需求;其次是将政治话语置换为法律术语;再次能够有效避免主观归罪,将犯罪行为的客观方面进行具体规定,能够有效促成主客观相一致,从而尽可能避免冤假错案的发生。从《大纲草案》开始,中国历次草案与第一部正式立法中均规定有"反革命罪","反革命罪"的立法活动甚至可以追溯到国民大革命时期。因此,"九七刑法"首度将"反革命罪"整体修改变更,可以说是中华人民共和国立法史甚至中国近代立法史上的一个重要事件,"要在刑法中彻底消除已然存在数十年的'反革命罪',这不仅仅是一项单纯的立法工作,还涉及社会理念等各个方面"[1]。毫无疑问,这不仅是刑事立法朝着科学化方向迈进的产物,也是刑事立法契合社会发展方向的体现。

2. 关于"危害公共安全罪"章

危害公共安全罪是指故意或者过失地实施危害不特定多数人的生命、健康或者重大公私财产安全行为,其保护法益是公共安

---

〔1〕 高铭暄口述,傅跃建整理:《我与刑法七十年》,北京大学出版社 2018 年版,第 42 页。

全。1997年刑法"危害公共安全罪"章共计二十六条，较1979年刑法，该章增加了十五条。

其中，放火罪，决水罪，爆炸罪，以危险方法危害公共安全罪，失火罪，过失决水罪，过失爆炸罪，过失投毒罪，过失以危险方法危害公共安全罪，破坏交通设施罪，破坏电力设备罪，破坏易燃易爆设备罪，破坏交通工具罪，过失损坏交通工具罪，过失损坏交通设施罪，过失损坏电力设备罪，过失损坏易燃易爆设备罪，过失损坏广播电视设施、公用电信设施罪，重大责任事故罪，危险物品肇事罪等20余个罪名是直接源自1979年刑法。

新增近20个罪名：（1）投毒罪；（2）组织、领导、参加恐怖组织罪；（3）涉及交通安全类的危害公共安全罪，包括"劫持航空器罪""劫持船只、汽车罪""暴力危及飞行安全罪""重大飞行事故罪""铁路运营安全事故罪""交通肇事罪"；（4）涉及枪支类的危害公共安全罪，包括"违规制造、销售枪支罪""非法持有、私藏枪支、弹药罪""非法出租、出借枪支罪""丢失枪支不报罪""非法携带枪支、弹药、管制刀具、危险物品危及公共安全罪"；（5）非法买卖、运输核材料罪；（6）涉及安全事故或消防责任的危害公共安全罪，包括"重大劳动安全事故罪""工程重大安全事故罪""教育设施重大安全事故罪""消防责任事故罪"等。

此外，对1979年刑法"危害公共安全罪"章中已有的罪名内容加以完善：（1）在破坏交通工具罪中增加破坏航空器的行为；（2）将1979年刑法"破坏通讯设备罪"中的"破坏广播电台、电报、电话或者其他通讯设备"等行为修改为"破坏广播电视设施、公用电信设施罪"，将该罪名规制的犯罪行为表述为"破坏广播电视设施、公用电信设施"；（3）将1979年刑法第一百一十二条规定的非法制造、买卖、运输枪支、弹药的，或者盗窃、抢夺国家机关、军警人员、民兵的枪支、弹药的危害公共安全犯罪行为，拆分为三个罪名，同时增加邮寄、储存等行为以及爆炸物等犯罪对象，分为"非法制造、买卖、运输、邮寄、储存枪支、弹药、爆炸物罪""盗窃、抢夺枪支、弹药、爆炸物罪""抢劫枪支、弹药、爆炸物罪"（由1997年刑法第一百二十五条、第一百二十七条规定）。

3. 关于"破坏社会主义市场经济秩序罪"章

"破坏社会主义市场经济秩序罪"一章，在《大纲草案》被命名为"经济上的犯罪"（与"职务上的犯罪"相对应），在"七九刑法"中为"破坏社会主义经济秩序罪"。1978年以来，市场经济逐步得到重视和发展。1992年初，邓小平发表南方谈话，提出了"计划和市场都是经济手段""发展才是硬道理"等重要论断，为社会主义市场经济的建设与探索奠定了坚实基础，此后社会主义市场经济蓬勃发展。"九七刑法"在刑法分则的标题中直接体现"社会主义市场经济"，正是对于国内经济发展局势的回应与反馈。

本章共九十二个条文，按照经济秩序之下需要保护的不同法益，分为"生产、销售伪劣商品罪""走私罪""妨害对公司、企业的管理秩序罪""破坏金融管理秩序罪""金融诈骗罪""危害税收征管罪""侵犯知识产权罪""扰乱市场秩序罪"等八个类别，将原本较为混乱的条文进行归类，呈现出罪名与罪名之间的共性以及本章内部的逻辑性与体系性，也体现了刑事立法技术的整合能力与进步趋势。其中多数罪名是根据新的经济形势和新型经济类犯罪制定的，最为明显的就是"侵犯知识产权罪"。

4. 关于"侵犯公民人身权利、民主权利"章

"侵犯公民人身权利、民主权利"章共三十一个条文、三十

四个罪名。公民的人身权利包括人的生命权（即生存权）和健康权。公民的民主权利主要是指公民依法享有的选举权、被选举权、通信自由权等。[1]

　　本章规定了以下几种类型的罪名：（1）规制侵犯公民人身权利行为的罪名，包括侵犯公民生命权、健康权、人身自由权、性自主决定权、儿童身心健康权、名誉权、劳动意思决定自由与意思实现自由、住宅不受侵犯等方面的人身权利，"故意杀人罪""过失致人死亡罪""故意伤害罪""过失致人重伤罪""强奸罪""奸淫幼女罪""强制猥亵、侮辱妇女罪""猥亵儿童罪""非法拘禁罪""绑架罪""拐卖妇女、儿童罪""收买被拐卖的妇女、儿童罪""妨害公务罪""聚众阻碍解救被收买的妇女、儿童罪""诬告陷害罪""侮辱罪""诽谤罪""强迫职工劳动罪""非法搜查罪""非法侵入住宅罪""刑讯逼供罪""暴力取证罪""虐待被监管人罪"；（2）规制侵犯公民民主权利行为的罪名，包括"煽动民族仇恨、民族歧视罪""出版歧视、侮辱少数民族作品罪""非法剥夺公民宗教信仰自由罪""侵犯少数民族风俗习惯罪""侵犯通信自由罪""私自开拆、隐匿、毁弃邮件、电报罪""报复陷害罪""打击报复会计、统计人员罪""破坏选举罪"等；（3）从1979年刑法"妨害婚姻、家庭罪"章移至1997年刑法本章中的罪名，包括"暴力干涉婚姻自由罪""重婚罪""破坏军婚罪""虐待罪""遗弃罪""拐骗儿童罪"等6个罪名，保护的法益是公民的婚姻、家庭权利。

　　应当注意的是，1997年刑法不再单独规定"保护公民的人身权利、民主权利和其他权利，不受任何人、任何机关非法侵

---

〔1〕《什么是侵犯公民人身权利、民主权利罪？这类犯罪有什么特点？》，中国人大网，http://www.npc.gov.cn/npc/c2373/200204/39c2fc12c49c47958623d46ba4db1bcc.shtml。

犯。违法侵犯情节严重的，对直接责任人员予以刑事处分"（1979 年刑法"侵犯公民人身权利、民主权利罪"第一百三十一条）。这一调整体现我国改革开放以来政治法律环境取得了长足的进步，单独使用一条对本章主旨加以强调已经不再必要。

5. 关于"侵犯财产罪"章

"侵犯财产罪"章共十四个条文、十四个罪名。较之于 1979 年"侵犯财产罪"章的七条内容，1997 年"侵犯财产罪"章也有明显的发展与完善：（1）保留、完善部分条款。保留敲诈勒索罪（将其刑幅下限修改为管制，将其上限修改为有期徒刑十年）、故意毁坏财物罪（将其刑幅上限从有期徒刑三年修改为有期徒刑七年）；保留转化型抢劫罪的专条规定模式；完善抢劫罪加重情节的规定，明确"（一）入户抢劫的；（二）在公共交通工具上抢劫的；（三）抢劫银行或者其他金融机构的；（四）多次抢劫或者抢劫数额巨大的；（五）抢劫致人重伤、死亡的；（六）冒充军警人员抢劫的；（七）持枪抢劫的；（八）抢劫军用物资或者抢险、救灾、救济物资的"等八种情节为抢劫罪的加重情节；完善盗窃罪的规定，将 1979 年"盗窃罪"的"盗窃、诈骗、抢夺公私财物数额较大的，处五年以下有期徒刑、拘役或者管制"规定，完善为"盗窃公私财物，数额较大或者多次盗窃的，处三年以下有期徒刑、拘役或者管制，并处或者单处罚金；数额巨大或者有其他严重情节的，处三年以上十年以下有期徒刑，并处罚金；数额特别巨大或者有其他特别严重情节的，处十年以上有期徒刑或者无期徒刑，并处罚金或者没收财产；有下列情形之一的，处无期徒刑或者死刑，并处没收财产：（一）盗窃金融机构，数额特别巨大的；（二）盗窃珍贵文物，情节严重的"，同时将"以牟利为目的，盗接他人通信线路、复制他人电信码号或者明知是盗接、复制的电信设备、设施而使用的"行为，也按照盗窃罪处罚。
（2）将盗窃罪、诈骗罪、抢夺罪从 1979 年刑法第一百五十一条
一个条文，拆分为 1997 年第二百六十四、二百六十五、二百六
十六、二百六十七条等多个条文。（3）新增"聚众哄抢罪""侵
占罪""职务侵占罪""挪用资金罪""挪用公款罪""挪用特定
款物罪""破坏生产经营罪"等罪名。（4）取消"惯窃、惯骗或
者盗窃、诈骗、抢夺公私财物数额巨大的，处五年以上十年以下
有期徒刑；情节特别严重的，处十年以上有期徒刑或者无期徒
刑，可以并处没收财产"的规定。（5）将 1979 年"侵犯财产罪"
章中的"贪污罪"移入 1997 年新设的"贪污受贿罪"章。

6. 关于"贪污贿赂罪"章和"渎职罪"章

"贪污贿赂罪"和"渎职罪"两章均是对职务犯罪的规定。

"贪污贿赂罪"章共十五条，规定了"贪污罪""挪用公款
罪""受贿罪""单位受贿罪""行贿罪""单位行贿罪""介绍
贿赂罪""巨额财产来源不明罪""隐瞒境外存款罪""私分国有
资产罪""私分罚没财物罪"等罪名，多数采用了"定义—处
罚"分为两条进行规定的模式。本章系将 1988 年关于惩治贪污
罪的补充规定和最高人民检察院起草的反贪污贿赂法合并编写，
成为刑法的一个专章。在没有形成专章之时，贪污罪是归属在侵
犯财产罪中作为侵犯公私财产这一客体存在的。"九七刑法"将
之列为专章，首先意味着立法者对于该罪属性认识的进步，即从
侵犯财产到损害国家工作人员廉洁性。同时，也可以看出刑罚对
贪污贿赂犯罪行为的打击力度、立法者对国家工作人员廉洁性的
重视程度，也是本次刑法修订的创新之举。"渎职罪"一章共有
二十三条、三十二个罪名。较之 1979 年刑法"渎职罪"章仅有
八个条文，1997 年"渎职罪"章有大幅的丰富与完善：（1）将

1979 年刑法"渎职罪"章中的"行贿罪""受贿罪"从本章移入 1997 年刑法"贪污贿赂罪"章，将 1979 年刑法"渎职罪"章的"破坏监管秩序罪"移入 1997 年刑法第六章"妨害社会管理秩序罪"的第二节"妨害司法罪"，将 1979 年刑法"渎职罪"章的"私拆、隐匿、毁弃邮件、电报罪"移入 1997 年刑法第四章"侵犯公民人身权利、民主权利罪"之下；（2）完善部分条款，将原"泄露国家秘密罪"分解细化为"故意泄露国家秘密罪""过失泄露国家秘密罪"，将原"徇私枉法罪"中"司法工作人员徇私舞弊，对明知是无罪的人而使他受追诉、对明知是有罪的人而故意包庇不使他受追诉，或者故意颠倒黑白做枉法裁判的"完善为"司法工作人员徇私枉法、徇情枉法，对明知是无罪的人而使他受追诉、对明知是有罪的人而故意包庇不使他受追诉，或者在刑事审判活动中故意违背事实和法律作枉法裁判的"，将原"私放罪犯罪"的"司法工作人员私放罪犯的"行为改为"私放在押人员罪"的"司法工作人员私放在押的犯罪嫌疑人、被告人或者罪犯的"行为；（3）新设"滥用职权罪""民事、行政枉法裁判罪""失职致使在押人员脱逃罪""徇私舞弊减刑、假释、暂予监外执行罪""徇私舞弊不移交刑事案件罪""滥用管理公司、证券职权罪""徇私舞弊不征、少征税款罪""徇私舞弊发售发票、抵扣税款、出口退税罪""违法提供出口退税凭证罪""国家机关工作人员签订、履行合同失职被骗罪""违法发放林木采伐许可证罪""环境监管失职罪""传染病防治失职罪""非法批准征用、占用土地罪""非法低价出让国有土地使用权罪""放纵走私罪""商检徇私舞弊罪""商检失职罪""动植物检疫徇私舞弊罪""动植物检疫失职罪""放纵制售伪劣商品犯罪行为罪""办理偷越国（边）境人员出入境证件罪""放行偷越国（边）境人员罪""不解救被拐卖、绑架妇女、儿童罪""阻碍解救被拐卖、绑架妇女、儿童罪""帮助犯罪分子逃避处罚罪""招收公务员、学生徇私舞弊罪""失职造成珍贵文物损毁、流失罪"等20余个罪名；（4）保留"玩忽职守罪"等罪名；（5）不再用刑法规定对于情节轻微渎职犯罪的行政处分，删除1979年刑法第一百九十二条"国家工作人员犯本章之罪，情节轻微的，可以由主管部门酌情予以行政处分"这一条文。

7. 关于"危害国防利益罪"章与"军人违反职责罪"章

此二章均与国防军事相关，均是结合军委法制局（甚至军委）意见、与军委法制局共同合作完成的内容。在"七九刑法"的基础上增加此二章，将侵犯国防军事利益相关的犯罪及其处罚纳入普通刑法调整范畴中，可以有效提升刑法的统一性与完整性，并体现了"九七刑法"的创造性和新颖性。

"危害国防利益罪"一章，规定了"阻碍军人执行职务罪""阻碍军事行动罪""破坏武器装备、军事设施、军事通信罪""故意提供不合格武器装备、军事设施罪与过失提供不合格武器装备、军事设施罪""聚众冲击军事禁区罪""聚众扰乱军事管理区秩序罪""冒充军人招摇撞骗罪""煽动军人逃离部队罪""雇用逃离部队军人罪""接送不合格兵员罪""伪造、变造、买卖武装部队公文、证件、印章罪""盗窃、抢夺武装部队公文、证件、印章罪""非法生产、买卖军用标志罪""战时拒绝、逃避征召、军事训练罪""战时拒绝、逃避服役罪""战时故意提供虚假敌情罪""战时造谣扰乱军心罪""战时窝藏逃离部队军人罪""战时拒绝、故意延误军事订货罪""战时拒绝军事征用罪"等侵犯危害国防利益的犯罪行为及处罚规则。

"军人违反职责罪"一章，规定了是特殊主体的犯罪行为，包括

"战时违抗命令罪""隐瞒、谎报军情罪；拒传、假传军令罪""投降罪""战时临阵脱逃罪""擅离、玩忽军事职守罪""阻碍执行军事职务罪""指使部属违反职责罪""违令作战消极罪""拒不救援友邻部队罪""军人叛逃罪""非法获取军事秘密罪""为境外窃取、刺探、收买、非法提供军事秘密罪""故意泄露军事秘密罪；过失泄露军事秘密罪""战时造谣惑众罪""战时自伤罪""逃离部队罪""武器装备肇事罪""擅自改变武器装备编配用途罪""盗窃、抢夺武器装备、军用物资罪""盗窃、抢夺枪支、弹药、爆炸物罪""非法出卖、转让武器装备罪""遗弃武器装备罪""遗失武器装备罪""擅自出卖、转让军队房地产罪""虐待部属罪""遗弃伤病军人罪""战时拒不救治伤病军人罪""战时残害居民、掠夺居民财物罪""私放俘虏罪""虐待俘虏罪"等军人犯罪行为。

第三节　"九七刑法"后刑事立法的发展

1997 年刑法的出台，标志了中国刑事立法体系的基本定型。但是，法律经过法典化之后就会产生诸如僵化性、滞后性等弊端，因此，立法者不得不定期对于法典进行修改与完善，以避免法典因为定型而产生与社会现实严重脱节的问题。中国刑事法律的立法者一方面通过制定刑法修正案的方式对刑法典予以完善，从而在保持刑法整体稳定性的情况下为刑法典注入时代活力；另一方面通过对刑法典中不甚清晰的内容进行立法解释，从而推动了刑事立法的进一步发展。到目前为止，全国人民代表大会及其常务委员会已经颁布了 11 个刑法修正案与 15 个刑法的立法解释。另外应当注意的是，中国目前还保留了一个刑事单行法，即 1998 年 12 月 29 日第九届全国人大常委会第六次会议通过的关于惩治骗购外汇、逃汇和非法买卖外汇犯罪的决定。

一、刑法修正案

1997 年刑法制定之后，中国社会加速发展，社会形势日新月异、翻天覆地。尤其是进入 2000 年之后，犯罪行为的增加、犯罪手段的更新、法制观念的进步，形成了对"九七刑法"的冲击。全国人大常委会决定使用刑法修正案的方式完成刑事立法的更新。

（一）刑法修正案

第一部刑法修正案系由第九届全国人大常委会第十三次会议于 1999 年 12 月 25 日通过，同日国家主席江泽民签署第二十七号主席令予以公布，自公布之日起施行。修正案共九条，增加、修改、完善了关于"隐匿、故意销毁会计凭证、会计账簿、财务会计报告罪""国有公司、企业、事业单位滥用职权罪与失职罪""擅自设立金融机构罪""伪造、变造、转让金融机构经营许可证、批准文件罪""内幕交易、泄露内幕信息罪""编造并传播证券、期货交易虚假信息罪""诱骗投资者买卖证券、期货合约罪""操纵证券、期货市场罪""挪用资金罪""非法经营罪"等犯罪行为的规范与制裁。修正案制定与颁行的目的是"惩治破坏社会主义市场经济秩序的犯罪，保障社会主义现代化建设的顺利进行"。本修正案丰富、完善了刑法"破坏社会主义市场经济秩序罪"一章的内容，对于保障社会主义市场经济健康发展，打击经济、金融犯罪有重大帮助。

（二）刑法修正案（二）

刑法修正案（二）的出台是因为"九七刑法"中对于破坏耕

地、林地的相关规定，不能覆盖新产生的破坏耕地、林地犯罪行为。在破坏耕地方面，"根据1997年刑法的规定，只有非法占用耕地改作他用的行为才构成犯罪，对于非法占用林地等农用地以及其他土地的行为并没有规定为犯罪……实践中一些地方为了发展地方经济，非法占用耕地用于基本建设的情况非常严重，耕地减少速度过快，如果不加以特殊保护，国家粮食安全将无法保证"；在破坏林地方面，出现了一些新方式，"在刑法执行过程中……主要问题一是实践中毁林开垦的行为人往往一把火把林木烧掉或者使用机械毁坏，然后从事种植、养殖、建设等活动……另外，实践中也出现了一些非法占用草地、养殖水面等其他农用地的行为，有的对土地资源以及生态环境的破坏非常严重，也需要依法追究刑事责任"[1]。

因此，"为了惩治毁林开垦和乱占滥用林地的犯罪，切实保护森林资源"，2001年8月31日第九届全国人大常委会第二十三次会议通过刑法修正案（二），同日国家主席江泽民签署第五十六号主席令予以公布并施行，具体规定为："将刑法第三百四十二条修改为：违反土地管理法规，非法占用耕地、林地等农用地，改变被占用土地用途，数量较大，造成耕地、林地等农用地大量毁坏的，处五年以下有期徒刑或者拘役，并处或者单处罚金。"[2]

（三）刑法修正案（三）

刑法修正案（三）产生的背景主要是国际反恐高潮的兴起。一方面，美国"9·11"恐怖袭击事件后，国际社会开展了各种形式的反对恐怖犯罪活动斗争；另一方面，中国于2001年10月

---

〔1〕《中华人民共和国刑法修正案（二）》，《中华人民共和国全国人民代表大会常务委员会公报》2021年第S1期。

〔2〕《中华人民共和国刑法修正案（二）》，《中华人民共和国全国人民代表大会常务委员会公报》2021年第S1期。

29 日完成了加入《制止恐怖主义爆炸的国际公约》法律批准程序。因此，"为了适应国内的反恐怖犯罪活动斗争的需要，结合当前国际、国内的恐怖犯罪活动的发展趋势及其特点，对刑法作一些适时的修改，使刑法成为打击各种恐怖犯罪活动的有力武器，也成为当前刑事立法的一个重要课题和迫切的任务"[1]。

2001 年 12 月 29 日，第九届全国人大常委会第二十五次会议通过刑法修正案（三），同日国家主席江泽民签署第六十四号主席令公布并施行，共九条，旨在"惩治恐怖活动犯罪，保障国家和人民生命、财产安全，维护社会秩序"，增加、修改、完善的主要内容包括：第一，将"危险物质"的范围扩大到"毒害性、放射性、传染病病原体等物质"，相应修改完善刑法第二章"危害公共安全罪"第一百一十四、一百一十五、一百二十五、一百二十七条"关于投放、非法制造、买卖、运输、储存、盗窃、抢夺、抢劫危险物质罪"等相关条文，扩大实施危害的场所，加大打击力度；第二，在第二百九十一条之后增加"投放虚假危险物质罪""编造、故意传播虚假恐怖信息罪"；第三，加大对于第一百二十条关于"组织、领导、参加恐怖活动组织"打击力度，将从事恐怖活动组织的行为区分在恐怖组织中规定不同作用及其惩罚，并增加第一百二十一条之一为"资助恐怖活动罪"；第四，加大对于第一百九十一条"洗钱罪"惩治力度，将洗钱罪的违法所得对象扩大为"毒品犯罪、黑社会性质的组织犯罪、恐怖活动犯罪、走私犯罪的违法所得及其产生的收益"[2]。

---

〔1〕《中华人民共和国刑法修正案（三）》，《中华人民共和国全国人民代表大会常务委员会公报》2021 年第 S1 期。

〔2〕《中华人民共和国刑法修正案（三）》，《中华人民共和国全国人民代表大会常务委员会公报》2021 年第 S1 期。

（四）刑法修正案（四）

2002 年 12 月 28 日，第九届全国人大常委会第三十一次会议通过刑法修正案（四），共九条，同日国家主席江泽民签署第六十八号主席令予以公布并施行。本次修正的目的是"惩治破坏社会主义市场经济秩序、妨害社会管理秩序和国家机关工作人员的渎职犯罪行为，保障社会主义现代化建设的顺利进行，保障公民的人身安全"，修正的主要方面包括"生产、销售不符合标准的医用器材罪""走私废物罪""以走私罪论处的间接走私行为""雇用童工从事危重劳动罪""非法采伐、毁坏国家重点保护植物罪""盗伐林木罪""徇私枉法罪"等[1]。

（五）刑法修正案（五）

2005 年 2 月 28 日，第十届全国人大常委会第十四次会议通过刑法修正案（五），共四条，同日国家主席胡锦涛签署第三十二号主席令予以公布并施行。本次修正主要针对"妨害信用卡管理罪""信用卡诈骗罪""破坏武器装备、军事设施、军事通信罪"。本次修改主要完善了信用卡犯罪的种类。如其规定的妨害信用卡管理罪，其种类包括"（一）明知是伪造的信用卡而持有、运输的，或者明知是伪造的空白信用卡而持有、运输，数量较大的；（二）非法持有他人信用卡，数量较大的；（三）使用虚假的身份证明骗领信用卡的；（四）出售、购买、为他人提供伪造的信用卡或者以虚假的身份证明骗领的信用卡的。窃取、收买或者非法提供他人信用卡信息资料的"；而"信用卡诈骗罪"中的犯罪行为则包括"（一）使用伪造的信用卡，或者使用以虚假的身份证明骗领的信用卡的；（二）使用作废的信用卡的；

---

〔1〕《中华人民共和国刑法修正案（四）》，《中华人民共和国全国人民代表大会常务委员会公报》2021 年第 S1 期。

（三）冒用他人信用卡的；（四）恶意透支的"[1]。

（六）刑法修正案（六）

2006 年 6 月 29 日，第十届全国人大常委会第二十二次会议通过刑法修正案（六），共二十一条，同日国家主席胡锦涛签署第五十一号主席令予以公布并施行。本修正案主要针对以下内容进行完善、修改：（1）安全事故类犯罪，包括修改"重大责任事故罪""重大劳动安全事故罪"，增加"大型群众性活动重大安全事故罪""不报、谎报安全事故罪"；（2）公司企业犯罪，包括修改"违规披露、不披露重要信息罪""非国家工作人员受贿罪""对非国家工作人员行贿罪"，增加"虚假破产罪""背信损害上市公司利益罪"；（3）金融机构犯罪，修改"操纵证券、期货市场罪""违法发放贷款罪""吸收客户资金不入账罪""违规出具金融票证罪""洗钱罪"，增加"骗取贷款、票据承兑、金融票证罪""背信运用受托财产罪""违法运用资金罪""枉法仲裁罪"；（4）其他类犯罪，包括增加"组织残疾人、儿童乞讨罪"，修改"赌博罪"[2]。

（七）刑法修正案（七）

2008 年 12 月 23 日上午，十一届全国人大常委会第六次会议分组审议刑法修正案（七）（草案）。2009 年 2 月 28 日，第十一届全国人大常委会第七次会议通过刑法修正案（七），共十五条，同日国家主席胡锦涛签署第十号主席令予以公布并施行。本修正案主要针对以下内容进行完善、修改：（一）关于破坏社会主义市场经济秩序犯罪，包括修改"走私国家禁止进出口的货物、物品罪"；修改"内幕交易、泄露内幕信息罪"并增加"利用未公

---

〔1〕《中华人民共和国刑法修正案（五）》，《中华人民共和国全国人民代表大会常务委员会公报》2021 年第 S1 期。

〔2〕《中华人民共和国刑法修正案（六）》，《中华人民共和国全国人民代表大会常务委员会公报》2021 年第 S1 期。

开信息交易罪"；修改"逃税罪"；增加"组织、领导传销活动罪"；修改"非法经营罪"第三项。（二）关于侵犯公民权利犯罪，修改"绑架罪"；增加"出售、非法提供公民个人信息罪"；增加"组织未成年人进行违反治安管理活动罪"。（三）关于妨害社会管理秩序罪，增加"非法获取计算机信息系统数据、非法控制计算机信息系统罪""提供侵入、非法控制计算机信息系统程序、工具罪"；修改"妨害动植物防疫、检疫罪"。（四）关于危害国防利益罪，修改"非法生产、买卖武装部队制式服装罪"，并增加"伪造、盗窃、买卖、非法提供、非法使用武装部队专用标志罪"。（五）关于贪污贿赂犯罪，增加"利用影响力受贿罪"；修改"巨额财产来源不明罪"。

2009年3月，全国人大常委会法工委刑法室撰文对于刑法修正案（七）的起草过程与最终文本给予了高度评价："刑法修正案（七）是根据经济和社会形势发展的需要，在充分听取各方面意见的基础上对刑法所作的一次新的修正，是刑事法律自我完善的最新体现。这次刑法修正主要有如下几个特点：一是注意入罪与出罪相结合、从严与从宽相协调，较好地体现了宽严相济的刑事政策。例如对刑法第二百零一条、第二百三十九条的修改。二是具有一定的前瞻性，充分体现了对公民个人权利的尊重与保护，如对非法泄露公民个人信息行为予以惩处的规定。三是进一步加大了对腐败犯罪的打击力度，增加了影响力交易犯罪的规定，提高了巨额财产来源不明罪的法定刑。四是，在起草过程中，为充分听取群众的意见，在网上向社会普遍征求意见，鼓励公众参与到刑事立法中来。"[1]

---

〔1〕 许永安：《刑法修正案（七）的立法背景与主要内容》，中国人大网，http://www.npc.gov.cn/npc/c221/200903/46f9675cee024100b0a73b48053255f6.shtml。

（八）刑法修正案（八）

2010 年 8 月 23 日在第十一届全国人大常委会第十六次会议上，李适时作了《关于〈中华人民共和国刑法修正案（八）（草案）〉的说明》[1] 他首先对刑法修正案（八）立法背景进行介绍：

1997 年第八届全国人大第五次会议全面修订了刑法。此后，全国人大常委会又根据惩治犯罪的需要，先后通过了一个决定和七个刑法修正案，对刑法作出修改、补充。一些全国人大代表、社会有关方面提出，近年来，随着经济社会的发展，又出现了一些新的情况和问题，需要对刑法的有关规定作出修改。中央关于深化司法体制和工作机制改革的意见也要求进一步落实宽严相济的刑事政策，对刑法作出必要的调整和修改。从 2009 年下半年开始，法制工作委员会即着手对当前刑事犯罪中出现的新的情况和问题进行深入调查研究，反复与最高人民法院、最高人民检察院、国务院法制办、公安部、国家安全部、司法部等部门进行研究，多次听取一些全国人大代表、地方人大代表、地方人大常委会以及专家学者的意见。在充分论证并取得基本共识的基础上，形成了刑法修正案（八）（草案）。

本次修正中，关于减少死刑、完善惩治黑社会犯罪及寻衅滋事罪的规定、完善对未成年人和老年人犯罪从宽处理的规定、构建社区矫正制度的建议是本次修正案草案的四大亮点。

1. 适当减少死刑罪名

"经与各有关方面反复研究，一致认为我国的刑罚结构总体

---

〔1〕　李适时：《全国人民代表大会法律委员会关于〈中华人民共和国刑法修正案（八）（草案）〉审议结果的报告——2011 年 2 月 23 日在第十一届全国人民代表大会常务委员会第十九次会议上》，《中华人民共和国全国人民代表大会常务委员会公报》2011 年第 2 期，第 3 页。

上能够适应当前惩治犯罪，教育改造罪犯，预防和减少犯罪的需要。但在实际执行中也存在一些问题，需要通过修改刑法适当调整。一是，刑法规定的死刑罪名较多，共 68 个，从司法实践看，有些罪名较少适用，可以适当减少。二是，根据我国现阶段经济社会发展实际，适当取消一些经济性非暴力犯罪的死刑，不会给我国社会稳定大局和治安形势带来负面影响。三是，判处死刑缓期执行的犯罪分子，实际执行的期限较短，对一些罪行严重的犯罪分子，难以起到惩戒作用，应当严格限制减刑……建议取消 13 个经济性非暴力犯罪的死刑。具体是：走私文物罪，走私贵重金属罪，走私珍贵动物、珍贵动物制品罪，走私普通货物、物品罪，票据诈骗罪，金融凭证诈骗罪，信用证诈骗罪，虚开增值税专用发票、用于骗取出口退税、抵扣税款发票罪，伪造、出售伪造的增值税专用发票罪，盗窃罪，传授犯罪方法罪，盗掘古文化遗址、古墓葬罪，盗掘古人类化石、古脊椎动物化石罪。以上拟取消的 13 个死刑罪名，占死刑罪名总数的 19.1%。"

2. 完善黑社会性质组织犯罪与寻衅滋事罪的法律规定

"明确黑社会性质组织犯罪的特征，加大惩处力度。刑法第二百九十四条对黑社会性质组织犯罪作了规定。2002 年全国人大常委会《关于〈中华人民共和国刑法〉第二百九十四条第一款的解释》，对'黑社会性质的组织'的特征作了明确界定，为打击黑社会性质组织犯罪提供了法律依据。建议将全国人大常委会法律解释的内容纳入该条，对黑社会性质组织的特征在法律上作出明确规定；同时，增加规定财产刑，对这类犯罪除处以自由刑外，还可以并处罚金、没收财产。

"完善寻衅滋事罪的规定，从严惩处首要分子。刑法第二百九十三条规定了寻衅滋事罪，规定处以五年以下有期徒刑、拘役或者管制。一些地方提出，一些犯罪分子时常纠集他人，横行乡里，严重扰乱社会治安秩序，扰乱人民群众的正常生活。由于这类滋扰群众行为的个案难以构成重罪，即使被追究刑事责任，也关不了多长时间，抓了放，放了抓，社会不得安宁，群众没有安全感。据此，建议在该条中增加规定：纠集他人多次实施寻衅滋事行为，严重破坏社会秩序的，处五年以上十年以下有期徒刑，可以并处罚金。"

刑法修正案（八）前后黑社会性质组织犯罪与寻衅滋事罪条文变化

修正前	修正后
第二百九十三条【寻衅滋事罪】有下列寻衅滋事行为之一，破坏社会秩序的，处五年以下有期徒刑、拘役或者管制： （一）随意殴打他人，情节恶劣的； （二）追逐、拦截、辱骂他人，情节恶劣的； （三）强拿硬要或者任意损毁、占用公私财物，情节严重的； （四）在公共场所起哄闹事，造成公共场所秩序严重混乱的。 第二百九十四条【组织、领导、参加黑社会性质组织罪】组织、领导和积极参加以暴力、威胁或者其他手段，有组织地进行违法犯罪活动，称霸一方，为非作恶，欺压、残害群众，严重破坏经济、社会生活秩序的黑社会性质的组织的，处三年以上十年以下有期徒刑；其他参加的，处三年以下有期徒刑、拘役、管制或者剥夺政治权利。 【入境发展黑社会组织罪】境外的黑社会组织的人员到中华人民共和国境内发展组织成员的，处三年以上十年以下有期徒刑。犯前两款罪又有其他犯罪行为的，依照数罪并罚的规定处罚。 【包庇、纵容黑社会性质组织罪】国家机关工作人员包庇黑社会性质的组织，或者纵容黑社会性质的组织进行违法犯罪活动的，处三年以下有期徒刑、拘役或者剥夺政治权利；情节严重的，处三年以上十年以下有期徒刑。	第二百九十三条【寻衅滋事罪】有下列寻衅滋事行为之一，破坏社会秩序的，处五年以下有期徒刑、拘役或者管制： （一）随意殴打他人，情节恶劣的； （二）追逐、拦截、辱骂、恐吓他人，情节恶劣的； （三）强拿硬要或者任意损毁、占用公私财物，情节严重的； （四）在公共场所起哄闹事，造成公共场所秩序严重混乱的。 纠集他人多次实施前款行为，严重破坏社会秩序的，处五年以上十年以下有期徒刑，可以并处罚金。 第二百九十四条【组织、领导、参加黑社会性质组织罪】组织、领导黑社会性质的组织的，处七年以上有期徒刑，并处没收财产；积极参加的，处三年以上七年以下有期徒刑，可以并处罚金或者没收财产；其他参加的，处三年以下有期徒刑、拘役、管制或者剥夺政治权利，可以并处罚金。 【入境发展黑社会组织罪】境外的黑社会组织的人员到中华人民共和国境内发展组织成员的，处三年以上十年以下有期徒刑。 【包庇、纵容黑社会性质组织罪】国家机关工作人员包庇黑社会性质的组织，或者纵容黑社会性质的组织进行违法犯罪活动的，处五年以下有期徒刑；情节严重的，处五年以上有期徒刑。

修正前	修正后
	犯前三款罪又有其他犯罪行为的，依照数罪并罚的规定处罚。 黑社会性质的组织应当同时具备以下特征： （一）形成较稳定的犯罪组织，人数较多，有明确的组织者、领导者，骨干成员基本固定； （二）有组织地通过违法犯罪活动或者其他手段获取经济利益，具有一定的经济实力，以支持该组织的活动； （三）以暴力、威胁或者其他手段，有组织地多次进行违法犯罪活动，为非作恶，欺压、残害群众； （四）通过实施违法犯罪活动，或者利用国家工作人员的包庇或者纵容，称霸一方，在一定区域或者行业内，形成非法控制或者重大影响，严重破坏经济、社会生活秩序。

3. 完善对未成年人和老年人犯罪从宽处理的规定

"对未成年人犯罪予以从宽处理，刑法中已有规定。对老年人犯罪予以从宽处理，刑法虽未明确规定，但在司法实践中一般也有体现。根据有关方面意见，建议对刑法作出补充：一是，对犯罪时不满十八周岁的人不作为累犯。二是，对不满十八周岁的人和已满七十五周岁的人犯罪，只要符合缓刑条件的，应当予以缓刑。三是，已满七十五周岁的人故意犯罪的，可以从轻或者减轻处罚，过失犯罪的，应当从轻或者减轻处罚。四是，对已满七十五周岁的人，不适用死刑。五是，对未满十八周岁的人犯罪被判处五年有期徒刑以下刑罚的，免除其前科报告义务。"

4. 完善管制刑及缓刑、假释的执行方式，建立社区矫正制度

"管制是限制人身自由但不予关押的刑罚。有些人大代表提出，需要根据新的情况，对管制的执行方式适时调整，有针对性

地对被判处管制的犯罪分子进行必要的行为管束，以适应对其改造和预防再犯罪的需要。据此，建议规定：对判处管制的罪犯，根据其犯罪情况，可以判令其在管制期间不得从事特定活动，不得进入特定区域、场所，不得接触特定的人。同时，根据一些人大代表和地方的意见，建议在刑法中规定，对管制、缓刑、假释等犯罪分子实行社区矫正。"

2010 年 8 月 25 日上午，十一届全国人大常委会第十六次会议分组审议刑法修正案（八）草案。参会代表对刑法修正案（八）草案提出相应修改意见[1]。会后，全国人大常委会法工委针对参会代表所提建议与意见，对草案进行进一步修改。

2010 年 12 月 20 日下午，十一届全国人大常委会第十八次会议举行第一次全体会议，全国人大法律委员会副主任委员李适时作《关于〈刑法修正案（八）〉草案修改情况的汇报》[2]。2010 年 12 月 21 日下午，十一届全国人大常委会第十八次会议举行分组会，分组审议刑法修正案（八）草案等法律草案[3]。

2011 年 2 月 23 日上午，十一届全国人大常委会第十九次会议举行分组会，分组审议刑法修正案（八）草案[4]。2011 年 2 月 25 日，第十一届全国人大常委会第十九次会议通过刑法修正

---

　　〔1〕《十一届全国人大常委会第十六次会议分组审议刑法修正案（八）草案》，中国人大网，http://www.npc.gov.cn/zgrdw/huiyi/cwh/1116/2010—08/25/content_1590940.htm。

　　〔2〕李适时：《全国人民代表大会法律委员会关于〈中华人民共和国刑法修正案（八）（草案）〉修改情况的汇报——2010 年 12 月 20 日在第十一届全国人民代表大会常务委员会第十八次会议上》，《中华人民共和国全国人民代表大会常务委员会公报》2011 年第 2 期。

　　〔3〕《常委会十八次会议举行　审议刑法修正案（八）草案等》，中国人大网，http://www.npc.gov.cn/zgrdw/huiyi/cwh/1118/2010—12/21/content_1610061.htm。

　　〔4〕《十一届全国人大常委会第十九次会议分组审议刑法修正案（八）草案》，中国人大网，http://www.npc.gov.cn/zgrdw/huiyi/cwh/1119/2011—02/23/content_1622009.htm。

案（八）。刑法修正案（八）全文共五十条。

除前文李适时作说明时论及的内容外，"醉驾入刑"颇值得一提。本次修正将醉酒驾驶纳入刑法调控的范围之内，在刑法第一百三十三条后增加一条，作为第一百三十三条之一："在道路上驾驶机动车追逐竞驶，情节恶劣的，或者在道路上醉酒驾驶机动车的，处拘役，并处罚金。有前款行为，同时构成其他犯罪的，依照处罚较重的规定定罪处罚。"

刑法修正案（八）前后交通肇事罪条文变化

修正前	修正后
第一百三十三条【交通肇事罪】违反交通运输管理法规，因而发生重大事故，致人重伤、死亡或者使公私财产遭受重大损失的，处三年以下有期徒刑或者拘役；交通运输肇事后逃逸或者有其他特别恶劣情节的，处三年以上七年以下有期徒刑；因逃逸致人死亡的，处七年以上有期徒刑。	第一百三十三条【交通肇事罪】违反交通运输管理法规，因而发生重大事故，致人重伤、死亡或者使公私财产遭受重大损失的，处三年以下有期徒刑或者拘役；交通运输肇事后逃逸或者有其他特别恶劣情节的，处三年以上七年以下有期徒刑；因逃逸致人死亡的，处七年以上有期徒刑。 第一百三十三条之一【危险驾驶罪】在道路上驾驶机动车追逐竞驶，情节恶劣的，或者在道路上醉酒驾驶机动车的，处拘役，并处罚金。 有前款行为，同时构成其他犯罪的，依照处罚较重的规定定罪处罚。

在刑法修正案（八）施行之后，有评论对"醉驾入刑"给予高度的评价，主要表示"醉驾入刑"能够有效降低酒后驾驶致人死伤事故的发生率，体现出刑罚对于犯罪分子的威慑能力与对于普通公民的积极引导：

自5月1日实施以来，公安机关查处酒后驾车数量、查处醉酒驾车数量、因酒后驾车造成交通事故死亡人数、因醉酒驾车造成交通事故死亡人数四项指标同比均大幅下降，下降幅度全部超过三成。从短短三个多月的法律实施情况看，效果极佳，酒驾减少幅度之大，可谓立竿见影。应该说，这条法律条款的修改是公共安全立法领域中的一个标杆。其特点有三：一是执行标准具体量化，可操作性强。法律规定，酒后驾车指驾驶人员每 100 毫升的血液中酒精含量大于或等于 20 毫克，并小于 80 毫克；醉酒驾车指每 100 毫升血液中酒精含量达到或超过 80 毫克。什么是醉驾，一台小小的酒精测试仪，就可以让交警一清二楚，让受罚者心服口服。二是醉驾一律入刑的法律严厉性，无论是对普通百姓，还是对公职人员，都震慑力极大。三是公安部门统一指挥，严格执法。有知情者说，交警会没收手机，断绝其拉关系、说情的可能，使得权力寻租、人情关系等干扰办案的现象大大减少。[1]

（九）刑法修正案（九）

2014 年 10 月 26 日，十二届全国人大常委会第十一次会议召开，根据委员长会议的建议，本次会议将审议刑法修正案（九）草案等法律案。

2014 年 10 月 27 日，第十二届全国人大常委会第十一次会议举行第一次全体会议。全国人大常委会法制工作委员会主任李适时作关于刑法修正案（九）（草案）的说明，对刑法修正案（九）的产生背景进行介绍："一段时间以来，全国人大代表、政法机关和有关部门都提出了一些修改刑法的意见，其中，十二届全国人大第一次会议以来，全国人大代表共提出修改刑法的议案 81 件。这次需要通过修改刑法解决的主要问题：一是，一些地方近年来多次发生严重暴力恐怖案件，网络犯罪也呈现新的特

---

〔1〕 致远：《"醉驾入刑"的立法理念值得效仿》，《中国人大》2011 年第 14 期，第 7 页。

点，有必要从总体国家安全观出发，统筹考虑刑法与本次常委会会议审议的反恐怖主义法、反间谍法等维护国家安全方面法律草案的衔接配套，修改、补充刑法的有关规定。二是，随着反腐败斗争的深入，需要进一步完善刑法的相关规定，为惩腐肃贪提供法律支持。三是，落实党中央关于逐步减少适用死刑罪名的要求，并做好劳动教养制度废除后法律上的衔接。因此，根据新的情况，针对上述问题对刑法有关规定作出调整、完善，是必要的。"[1] 会议初次审议了刑法修正案（九）（草案）。2014 年 11 月4 日—12 月 3 日，草案在中国人大网公布，向社会公开征求意见。之后，根据全国人大常委会组成人员和各方面的意见，对草案作了修改，形成了刑法修正案（九）（草案二次审议稿）。2015 年 6月，第十二届全国人大常委会第十五次会议对草案二次审议稿进行审议[2]。

2015 年 8 月 24 日下午，十二届全国人大常委会第十六次会议举行第一次全体会议，全国人大法律委员会主任委员乔晓阳作关于刑法修正案（九）草案审议结果的报告。2015 年 8 月 29日，第十二届全国人大常委会第十六次会议闭幕，会议表决通过刑法修正案（九）。同日，国家主席习近平签署第十号主席令予以公布。刑法修正案（九）共五十条，主要包括：（1）逐步减少适用死刑罪名；（2）维护公共安全，加大对恐怖主义、极端主义犯罪的惩治力度；（3）维护信息网络安全，完善惩处网络犯罪的法律规定；（4）进一步强化人权保障，加强对公民人身权利的

---

〔1〕《关于〈中华人民共和国刑法修正案（九）（草案）〉的说明》，《全国人民代表大会年鉴》，中国民主法制出版社 2015 年版，第 424—427 页。

〔2〕《刑法修正案（九）（草案二次审议稿）条文》，中国人大网，http://www.npc.gov.cn/npc/c1481/201507/63e80d5afd2d4deab54ef70db4e20474.shtml。

保护；（5）进一步完善反腐败的制度规定，加大对腐败犯罪的惩处力度；（6）维护社会诚信，惩治失信、背信行为；（7）加强社会治理，维护社会秩序。其中值得关注的具体修改是：

1. 进一步减少 9 个适用死刑的罪名

进一步减少适用死刑的罪名。经与各有关方面研究，对走私武器、弹药罪，走私核材料罪，走私假币罪，伪造货币罪，集资诈骗罪，组织卖淫罪，强迫卖淫罪，阻碍执行军事职务罪，战时造谣惑众罪等 9 个罪的刑罚规定作出调整，取消死刑（中国现有适用死刑的罪名 55 个，取消这 9 个后尚有 46 个）。

全国人大常委会法制工作委员会主任李适时介绍说，实践表明，2011 年出台的刑法修正案（八）取消 13 个经济性非暴力犯罪的死刑，没有对社会治安形势形成负面影响，社会各方面对减少死刑罪名反应正面。中国一贯坚持既保留死刑，又严格控制和慎重适用死刑的做法。适度减少死刑的立法规定和司法适用，有助于落实刑罚人道主义的精神，有助于推动社会主义法治事业的建设与进步。

有评论指出："事实上，对死刑的保留与否，既不能完全抱着对法治文明价值的理想化追求，也不能完全陷入治理的现实主义窠臼。它需要在不同的社会治理领域，综合考虑遏制犯罪与法治文明的价值平衡，同时还要兼顾死刑本身的成本与效益。而在取消部分死刑罪名的中间道路上，法律的修改就体现出了仰望法治文明星空的价值追求，同时也立足于国情民情和治理犯罪的需要，于平衡中求进步。"[1]

---

〔1〕　傅达林：《减少死刑罪名是法治文明的进步》，《新华每日电讯》2014 年 10 月 28 日第 3 版。

2. 增加打击网络造谣、传谣的犯罪行为

针对在信息网络或者其他媒体上恶意编造、传播虚假信息，严重扰乱社会秩序的情况，增加规定编造、传播虚假信息的犯罪。在刑法第二百九十一条之一中增加一款作为第二款："编造虚假的险情、疫情、灾情、警情，在信息网络或者其他媒体上传播，或者明知是上述虚假信息，故意在信息网络或者其他媒体上传播，严重扰乱社会秩序的，处三年以下有期徒刑、拘役或者管制；造成严重后果的，处三年以上七年以下有期徒刑。"

3. 扩大猥亵罪的犯罪对象范畴

修改强制猥亵、侮辱妇女罪，猥亵儿童罪，扩大适用范围，同时加大对情节恶劣情形的惩处力度。通过将原本的"猥亵妇女"修改为"猥亵他人"，从而实现了对男性权利的保护。刑法第二百三十七条修改为："以暴力、胁迫或者其他方法强制猥亵他人或者侮辱妇女的，处五年以下有期徒刑或者拘役。聚众或者在公共场所当众犯前款罪的，或者有其他恶劣情节的，处五年以上有期徒刑。猥亵儿童的，依照前两款的规定从重处罚"。

刑法修正案（九）前后猥亵罪条文变化

修正前	修正后
第二百三十七条【强制猥亵、侮辱妇女罪、猥亵儿童罪】 以暴力、胁迫或者其他方法强制猥亵妇女或者侮辱妇女的，处五年以下有期徒刑或者拘役。 聚众或者在公共场所当众犯前款罪的，处五年以上有期徒刑。 猥亵儿童的，依照前两款的规定从重处罚。	第二百三十七条【强制猥亵妇女罪、猥亵儿童罪】 以暴力、胁迫或者其他方法强制猥亵他人或者侮辱妇女的，处五年以下有期刑或者拘役。 聚众或者在公共场所当众犯前款罪的，或者有其他恶劣情节的，处五年以上有期徒刑。 猥亵儿童的，依照前两款的规定从重处罚。

4. 针对重特大贪污犯罪分子增设"终身监禁"的刑罚

2015 年 8 月 24 日提请全国人大常委会审议的刑法修正案

（九）草案三审稿新增规定：对犯贪污、受贿罪，被判处死刑缓期执行的，人民法院根据犯罪情节等情况可以同时决定在其死刑缓期执行二年期满依法减为无期徒刑后，终身监禁，不得减刑、假释。在惩处贪腐犯罪中引入终身监禁，在中国刑法修订史上尚属首次，受到各界广泛关注。此举对于打击贪腐犯罪，对接中央反腐决策部署，符合出台《中共中央政法委关于严格规范减刑、假释、暂予监外执行切实防止司法腐败的意见》的价值导向，"多位专家认为，在慎用死刑、减少死刑的趋势下，参考世界各国的做法，终身监禁是尽量不折损法律威慑力的替代性措施。在已经废除死刑的国家，终身监禁就是最严厉的刑罚。按照罪刑相适应的法律原则，从依法本可判处死刑的巨贪开始尝试终身监禁，是积极而稳妥的选择"[1]。

刑法修正案（九）前后刑罚处罚条文的变化

修正前	修正后
第三百八十三条【对犯贪污罪的处罚规定】对犯贪污罪的，根据情节轻重，分别依照下列规定处罚： （一）个人贪污数额在十万元以上的，处十年以上有期徒刑或者无期徒刑，可以并处没收财产；情节特别严重的，处死刑，并处没收财产。 （二）个人贪污数额在五万元以上不满十万元的，处五年以上有期徒刑，可以并处没收财产；情节特别严重的，处无期徒刑，并处没收财产。	第三百八十三条【贪污罪的处罚规定】对犯贪污罪的，根据情节轻重，分别依照下列规定处罚： （一）贪污数额较大或者有其他较重情节的，处三年以下有期徒刑或者拘役，并处罚金。 （二）贪污数额巨大或者有其他严重情节的，处三年以上十年以下有期徒刑，并处罚金或者没收财产。

---

　　[1]　傅达林：《减少死刑罪名是法治文明的进步》，《新华每日电讯》2014年10月28日第3版。

修正前	修正后
（三）个人贪污数额在五千元以上不满五万元的，处一年以上七年以下有期徒刑；情节严重的，处七年以上十年以下有期徒刑。个人贪污数额在五千元以上不满一万元，犯罪后有悔改表现、积极退赃的，可以减轻处罚或者免予刑事处罚，由其所在单位或者上级主管机关给予行政处分。 （四）个人贪污数额不满五千元，情节较重的，处二年以下有期徒刑或者拘役；情节较轻的，由其所在单位或者上级主管机关酌情给予行政处分。 对多次贪污未经处理的，按照累计贪污数额处罚。	（三）贪污数额特别巨大或者有其他特别严重情节的，处十年以上有期徒刑或者无期徒刑，并处罚金或者没收财产；数额特别巨大，并使国家和人民利益遭受特别重大损失的，处无期徒刑或者死刑，并处没收财产。 对多次贪污未经处理的，按照累计贪污数额处罚。 犯第一款罪，在提起公诉前如实供述自己罪行、真诚悔罪、积极退赃，避免、减少损害结果的发生，有第一项规定情形的，可以从轻、减轻或者免除处罚；有第二项、第三项规定情形的，可以从轻处罚。 犯第一款罪，有第三项规定情形被判处死刑缓期执行的，人民法院根据犯罪情节等情况可以同时决定在其死刑缓期执行二年期满依法减为无期徒刑后，终身监禁，不得减刑、假释。

5. 废除"嫖宿幼女罪"

刑法修正案（九）取消了历来争议颇多的嫖宿幼女罪。对于"九七刑法"首次规定本罪的立法初衷，中国政法大学刑事司法学院刑法研究所所长阮齐林作了介绍："上世纪 90 年代严打卖淫嫖娼时，司法机关发现有幼女涉及其中，有的卖淫组织者还故意隐瞒幼女年龄，不少嫖客便借此声称不知道对方是幼女，以图逃避强奸罪的处罚。为了更严厉打击这种犯罪行为，1997 年修改的刑法中增加了嫖宿幼女罪。"但是事与愿违，吉林省辽源市中级人民法院院长李春刚指出："从罪名上讲，'嫖宿幼女罪'其实是将收受金钱、财物与异性发生性关系的幼女视作具有性自主能力人员。而实际上，未满 14 周岁的幼女由于心智尚未成熟，不具有性自主能力。'嫖宿幼女罪'却在这个基本规定上'松动'

了，可以依据'给钱就是嫖宿'来认定罪行，这明显与强奸罪是相冲突的。另外，'嫖宿幼女罪'假定了幼女可以成为'卖淫'主体，这与中国民法中相关未成年人的民事行为能力的界定有所冲突。因而，'嫖宿幼女罪'在法理上站不住脚。"[1] 因此，废除嫖宿幼女罪后，可直接适用刑法第二百三十六条中规定的奸淫幼女罪论处，从而加大对于幼女的保护力度。

（十）刑法修正案（十）

2017 年 11 月 4 日，第十二届全国人民代表大会常务委员会第三十次会议通过刑法修正案（十）。刑法修正案（十）是专门针对侮辱国歌这一犯罪行为制定的，其立法目的是"惩治侮辱国歌的犯罪行为，切实维护国歌奏唱、使用的严肃性和国家尊严"，具体内容为："在公共场合，故意以焚烧、毁损、涂划、玷污、践踏等方式侮辱中华人民共和国国旗、国徽的，处三年以下有期徒刑、拘役、管制或者剥夺政治权利。在公共场合，故意篡改中华人民共和国国歌歌词、曲谱，以歪曲、贬损方式奏唱国歌，或者以其他方式侮辱国歌，情节严重的，依照前款的规定处罚。"

（十一）刑法修正案（十一）

2020 年 12 月 26 日，第十三届全国人民代表大会常务委员会第二十四次会议通过刑法修正案（十一），并将于 2021 年 3 月 1 日起正式实施。此次修改主要围绕维护人民群众生命安全、安全生产、金融市场秩序、知识产权、生态环境、与疫情防控相关的公共卫生安全等领域的刑法治理和保护。

本次刑法修正案（十一）新增或修改的内容涉及以下罪名：

---

〔1〕《"嫖宿幼女罪"为何引发存废之争?》，中国人大网，http://www.npc.gov.cn/zgrdw/npc/xinwen/2015—08/26/content_1944402.htm。

（1）妨害安全驾驶罪（刑法第一百三十三条之二）；（2）强令、组织他人违章冒险作业罪（刑法第一百三十四条第二款）；（3）危险作业罪（刑法第一百三十四条之一）；（4）生产、销售、提供假药罪（刑法第一百四十一条）；（5）生产、销售、提供劣药罪（刑法第一百四十二条）；（6）妨害药品管理罪（刑法第一百四十二条之一）；（7）欺诈发行证券罪（刑法第一百六十条）；（8）为境外窃取、刺探、收买、非法提供商业秘密罪（刑法第二百一十九条之一）；（9）负有照护职责人员性侵罪（刑法第二百三十六条之一）；（10）袭警罪（刑法第二百七十七条第五款）；（11）冒名顶替罪（刑法第二百八十条之二）；（12）高空抛物罪（刑法第二百九十一条之二）；（13）催收非法债务罪（刑法第二百九十三条之一）；（14）侵害英雄烈士名誉、荣誉罪（刑法第二百九十九条之一）；（15）组织参与国（境）外赌博罪（刑法第三百零三条）；（16）非法采集人类遗传资源、走私人类遗传资源材料罪（刑法第三百三十四条之一）；（17）非法植入基因编辑、克隆胚胎罪（刑法第三百三十六条之一）；（18）非法捕猎、收购、运输、出售陆生野生动物罪（刑法第三百四十一条）；（19）破坏自然保护地罪（刑法第三百四十二条之一）；（20）非法引进、释放、丢弃外来入侵物种罪（刑法第三百四十四条之一）；（21）妨害兴奋剂管理罪（刑法第三百五十五条之一）；（22）食品、药品监管渎职罪（刑法第四百零八条之一）等。

此外，本次刑法修正案中较为重要的修改内容还包括：（1）积极回应未成年人犯罪低龄化趋势，个别下调法定最低刑事责任年龄。将刑法第十七条修改为："已满十六周岁的人犯罪，应当负刑事责任。已满十四周岁不满十六周岁的人，犯故意杀人、故意伤害致人重伤或者死亡、强奸、抢劫、贩卖毒品、放火、爆炸、投放危险物质罪的，应当负刑事责任。已满十二周岁不满十四周岁的人，犯故意杀人、故意伤害罪，致人死亡或者以特别残忍手段致人重伤造成严重残疾，情节恶劣，经最高人民检察院核准追诉的，应当负刑事责任。对依照前三款规定追究刑事责任的不满十八周岁的人，应当从轻或者减轻处罚。因不满十六周岁不予刑事处罚的，责令其父母或者其他监护人加以管教；在必要的时候，依法进行专门矫治教育。"因此，针对特定暴力犯罪，最低刑事责任年龄下调至 12 周岁。但是，应对和治理未成年人犯罪低龄化，并不能单纯依靠刑罚手段，最终还是要依靠家庭、学校、社会的协同治理，因此本条同时专门规定了父母的管教责任与专门矫治教育。（2）奸淫不满十周岁的幼女或者造成幼女伤害的行为列入强奸罪的加重情节。在刑法第二百三十六条第三款增加一项"（五）奸淫不满十周岁的幼女或者造成幼女伤害的"，因此可对奸淫不满十周岁的幼女或者造成幼女伤害的犯罪人处十年以上有期徒刑、无期徒刑或者死刑。（3）完善猥亵儿童罪，对犯猥亵儿童罪及其加重情节加以具体规定。将刑法第二百三十七条第三款修改为："猥亵儿童的，处五年以下有期徒刑；有下列情形之一的，处五年以上有期徒刑：（一）猥亵儿童多人或者多次的；（二）聚众猥亵儿童的，或者在公共场所当众猥亵儿童，情节恶劣的；（三）造成儿童伤害或者其他严重后果的；（四）猥亵手段恶劣或者有其他恶劣情节的。"（4）适应军队改革情况，对军人违反职责罪的主体范围作出完善，明确军队文职人员适用军人违反职责罪规定。将刑法第四百五十条修改为："本章适用于中国人民解放军的现役军官、文职干部、士兵及具有军籍的学员和中国人民武装警察部队的现役警官、文职干部、士兵及具有军籍的学员以及文职人员、执行军事任务的预备役人员和其他人员。"

二、单行刑事立法

1979 年刑法颁布后，全国人大常委会先后颁布实施了 23 个单行刑法。这 23 个单行刑法或因纳入 1997 年刑法废止，或不再适用废止。在 1997 年以后，除了修正案，全国人大常委会于 1998 年还通过《关于惩治骗购外汇、逃汇和非法买卖外汇犯罪的决定》（以下简称"九八决定"）、2021 年通过反有组织犯罪法、2022 年通过反电信网络诈骗法。"九八决定" 及两部法律为我国现行有效的单行刑法。

（一）"九八决定"

1998 年 12 月 29 日，九届全国人大常委会第六次会议通过"九八决定"，同日由国家主席江泽民签署第十四号主席令发布，"九八决定" 共九条。

"九八决定" 产生的时代背景是 1994 年中国取消外汇额度制，实行有管理的浮动汇率制。1997 年，以泰铢大幅度贬值为起端，金融危机首先自泰国爆发，随即以迅猛之势席卷东南亚，进而蔓延至韩国、日本。国内一些不法分子，无视国家外汇管理法规，通过伪造或变造进出口凭证和商业单据等非法手段大肆骗购外汇和非法买卖外汇，破坏了国家金融管理秩序，严重危及国家经济安全[1]。"九八决定" 主要内容如下。

1. 增加"骗汇罪"，对于骗购外汇且数额较大的犯罪行为加以规定：（1）明确骗购外汇的行为包括"使用伪造、变造的海关签发的报关单、进口证明、外汇管理部门核准件等凭证和单

---

[1] 黄京平、蒋熙辉：《评关于外汇犯罪的单行刑法及相关司法解释》，《刑事法判解》第三卷，法律出版社 2000 年版。

据""重复使用海关签发的报关单、进口证明、外汇管理部门核准件等凭证和单据""以其他方式骗购外汇"的行为；（2）"伪造、变造海关签发的报关单、进口证明、外汇管理部门核准件等凭证和单据，并用于骗购外汇"的行为应当依照前款的规定从重处罚；（3）明知用于骗购外汇而提供人民币资金的，以共犯论处；（4）单位犯本罪的相应处罚。

2. 修改、完善刑法第一百九十条逃汇罪的规定，加大对于逃汇犯罪行为的打击力度。

"九八决定"前后逃汇罪条文的变化

"九七刑法"第一百九十条	"九八决定"修改完善后的规定
国有公司、企业或者其他国有单位，违反国家规定，擅自将外汇存放境外，或者将境内的外汇非法转移到境外，情节严重的，对单位判处罚金，并对其直接负责的主管人员和其他直接责任人员，处五年以下有期徒刑或者拘役。	公司、企业或者其他单位，违反国家规定，擅自将外汇存放境外，或者将境内的外汇非法转移到境外，数额较大的，对单位判处逃汇数额百分之五以上百分之三十以下罚金，并对其直接负责的主管人员和其他直接责任人员处五年以下有期徒刑或者拘役；数额巨大或者有其他严重情节的，对单位判处逃汇数额百分之五以上百分之三十以下罚金，并对其直接负责的主管人员和其他直接责任人员处五年以上有期徒刑。

3. 在国家规定的交易场所以外非法买卖外汇，扰乱市场秩序，情节严重的，依照刑法第二百二十五条规定的"非法经营罪"定罪处罚。单位犯前款罪的，依照刑法第二百三十一条规定的"单位犯扰乱市场秩序罪的处罚规定"处罚。

4. 买卖伪造、变造的海关签发的报关单、进口证明、外汇管理部门核准件等凭证和单据或者国家机关的其他公文、证件、印章的行为，按照第二百八十条规定的"伪造、变造、买卖国家机关公文、证件、印章罪"定罪处罚。

5. 海关、外汇管理部门以及金融机构、从事对外贸易经营活动的公司、企业或者其他单位的工作人员故意或过失犯相关罪的定罪处罚规则。

（1）海关、外汇管理部门以及金融机构、从事对外贸易经营活动的公司、企业或者其他单位的工作人员与骗购外汇或者逃汇的行为人通谋，为其提供购买外汇的有关凭证或者其他便利的，或者明知是伪造、变造的凭证和单据而售汇、付汇的，以共犯论，从重处罚。

（2）海关、外汇管理部门的工作人员严重不负责任，造成大量外汇被骗购或者逃汇，致使国家利益遭受重大损失的，依照刑法第三百九十七条规定的"玩忽职守罪"定罪处罚。

（3）金融机构、从事对外贸易经营活动的公司、企业的工作人员严重不负责任，造成大量外汇被骗购或者逃汇，致使国家利益遭受重大损失的，依照刑法第一百六十七条所规定的"签订、履行合同失职被骗罪"定罪处罚。

6. 依"九八决定"追缴、没收的财物和罚金，一律上缴国库。"九八决定"的立法目的，正如决定开篇所作介绍的那样是"惩治骗购外汇、逃汇和非法买卖外汇的犯罪行为，维护国家外汇管理秩序"。因此，不论是对个体加以惩罚，抑或对企业、公司及其工作人员加以惩罚，还是对海关、外汇管理部门的工作人员加以惩罚，均是保障国家外汇管理秩序所对应的法益，由此构成了刑法典之外打击外汇犯罪的新体系。

（二）反有组织犯罪法

截至2020年9月，全国扫黑办挂牌督办的111起案件中，已办结39起，尚在侦查阶段3起、审查起诉阶段6起、审判阶段63起，查处涉黑涉恶腐败及"保护伞"3869人，查封、扣押、冻结涉案资产 1280 亿余元。[1]

按照党中央部署，全国人大常委会将制定反有组织犯罪法列入了 2020 年度立法工作计划，中央政法委牵头，公安部具体负责，成立了起草工作领导小组和工作专班。起草过程中，多次征求中央纪委国家监委、中央组织部、中央宣传部等 23 家全国扫黑除恶专项斗争领导小组成员单位和全国人大常委会法工委的意见，同时向各地各有关部门特别是基层执法部门和一线政法干警征求了意见。在总结实践经验、深入调查研究、广泛听取意见、开展专题论证、反复讨论修改的基础上，形成了草案。2020 年 12 月 22 日，在第十三届全国人民代表大会常务委员会第二十四次会议上，全国人大常委会法制工作委员会副主任李宁作了《关于〈中华人民共和国反有组织犯罪法（草案）〉的说明》。[2]

据李宁介绍，起草工作坚持以习近平新时代中国特色社会主义思想为指导，认真贯彻落实习近平法治思想和以习近平同志为核心的党中央关于扫黑除恶的决策部署，依照宪法、刑法、刑事诉讼法等有关法律规定，系统总结扫黑除恶专项斗争实践经验，推动扫黑除恶工作机制化、常态化开展，提升扫黑除恶工作法治化、规范化、专业化水平，为遏制有组织犯罪滋生蔓延、推进国家治理体系和治理能力现代化提供法治保障。起草过程中，重点把握了以下原则：一是坚持法治思维。深入把握有组织犯罪规律特点，坚持打击与预防相结合、实体与程序相结合、权力与责任相结合。二是坚持问题导向。聚焦有组织犯罪新动向，对法律规

---

〔1〕《全国扫黑办 111 起挂牌督办案：办结 39 起查处"保护伞"3869 人》，中国长安网，http://www.chinapeace.gov.cn/chinapeace/c100007/2020-09/28/content_12398592.shtml。

〔2〕李宁：《关于〈中华人民共和国反有组织犯罪法（草案）〉的说明——2020 年 12 月 22 日在第十三届全国人民代表大会常务委员会第二十四次会议上》，《中华人民共和国全国人民代表大会常务委员会公报》2022 年第 1 期。

定不明确、法律适用不统一、依法惩治不精准等问题作出相应规定。三是坚持统一协调。妥善处理与刑法、刑事诉讼法及其他法律、现行规范性文件的关系，切实维护法律体系的统一性、协调性。四是从国情和实际出发，广泛听取各方面意见特别是基层的意见建议，合理借鉴境外有益经验。

2021 年 12 月 24 日，第十三届全国人民代表大会常务委员会第三十二次会议通过《中华人民共和国反有组织犯罪法》，自2022 年 5 月 1 日起施行。反有组织犯罪法设有"总则""预防和治理""案件办理""涉案财产认定和处置""国家工作人员涉有组织犯罪的处理""国际合作""保障措施""法律责任""附则"，共九章七十七条。

本法规定了"软暴力"手段的认定，明确为谋取非法利益或者形成非法影响，有组织地进行滋扰、纠缠、哄闹、聚众造势等，对他人形成心理强制，足以限制人身自由、危及人身财产安全，影响正常社会秩序、经济秩序的，可以认定为有组织犯罪的犯罪手段。加强行业监管是铲除黑恶势力滋生土壤的关键措施，反有组织犯罪法对行业监管职责作出明确规定，市场监管、金融监管、自然资源、交通运输等行业主管部门应当会同公安机关，建立健全行业有组织犯罪预防和治理长效机制，对相关行业领域内有组织犯罪情况进行监测分析，对有组织犯罪易发的行业领域加强监督管理。为防止黑恶势力侵害未成年人，反有组织犯罪法完善学校的防范职责和报告义务，增加有关部门对未成年人开展反有组织犯罪宣传教育的规定，规定对涉及未成年人的有组织犯罪活动依法从重追究刑事责任等。[1] 本法的出台促成了中央领

---

〔1〕《反有组织犯罪法通过！扫黑除恶有了专门法》，最高人民检察院官网，ht-tps：//www. spp. gov. cn/spp/zdgz/202112/t20211224_539705. shtml。

导部署的扫黑除恶经验的法治化，也有利于和谐社会、法治社会的建设，有利于基层治理的有序化、制度化与规范化。

（三）反电信网络诈骗法

为贯彻落实党中央决策部署，以习近平总书记关于打击治理电信网络诈骗工作的重要指示批示精神为指导思想，完善反电信网络诈骗法律制度建设，全国人大常委会法工委会同有关方面积极开展研究起草工作。首先，深入调查研究，到各有关行业主管部门、互联网企业、电信企业，以及浙江、云南、江苏、北京等地调研；商请有关部门提供统计数据分析和案例；系统梳理现有政策文件、总结实践经验；委托有关方面对国外电信网络管理制度、反电信网络诈骗法律制度等进行研究。其次，广泛听取意见，多次召开座谈会听取中央有关部门、企业和地方的意见，听取部分全国人大代表意见，将草案征求意见稿印发中央有关部门和部分省（市）等征求意见。最后，会同公安部、工信部、中国人民银行、中央网信办等就立法中的主要问题深入研究论证，形成共识。[1]

2022 年 9 月 2 日，第十三届全国人民代表大会常务委员会第三十六次会议通过《中华人民共和国反电信网络诈骗法》，分为"总则""电信治理""金融治理""互联网治理""综合措施""法律责任""附则"七章，共计五十条，自 2022 年 12 月 1 日起施行。本法强调多个国家机关的联合行动。第七条规定："有关部门、单位在反电信网络诈骗工作中应当密切协作，实现跨行业、跨地域协同配合、快速联动，加强专业队伍建设，有效打击治理电信网络诈骗活动。"具体而言，第六条明确规定，国务院、

---

〔1〕《关于〈中华人民共和国反电信网络诈骗法（草案）〉的说明——2021 年 10 月 19 日在第十三届全国人民代表大会常务委员会第三十一次会议上》，中国人大网，http://www.npc.gov.cn/npc/c30834/202209/7019159f23fd4e93ab5617b0d98cdb68.shtml。

地方各级人民政府、公安机关、人民法院、人民检察院，以及电信业务经营者、银行业金融机构、非银行支付机构、互联网服务提供者，从中央到地方、从防治到惩治，多层次多方位打击电信网络诈骗。第八条规定，各级人民政府、教育行政、市场监管、民政等有关部门和村民委员会、居民委员会，应当加大反电信网络诈骗宣传教育。在落实责任的过程中，应当注重国际执法合作。第三十七条规定："国务院公安部门等会同外交部门加强国际执法司法合作，与有关国家、地区、国际组织建立有效合作机制，通过开展国际警务合作等方式，提升在信息交流、调查取证、侦查抓捕、追赃挽损等方面的合作水平，有效打击遏制跨境电信网络诈骗活动。"

本法还集中规定了"法律责任"。违反本法的电信网络诈骗活动犯罪行为实施者、电信业务经营者、银行业金融机构、非银行支付机构、互联网服务提供者等不同主体，应当承担民事责任、行政责任乃至刑事责任。压实反电信网络诈骗工作有关部门、单位的工作人员的职责，如有滥用职权、玩忽职守、徇私舞弊，或者有其他违反本法规定行为，构成犯罪的，追究其刑事责任。

在反电信网络诈骗的救济方面，明确规定人民检察院可以依法向人民法院提起电信网络诈骗公益诉讼。有关单位和个人对相关机关依照本法作出的行政处罚和行政强制措施决定不服的，可以依法申请行政复议或者提起行政诉讼。

三、全国人大常委会关于刑法的解释

立法解释是全国人大常委会针对立法文本中不甚清晰、在司法适用中存在疑问的法律条文进行有权解释的行为，其效力等同法律。自 2000 年全国人大常委会出台关于刑法的第一个立法解释至今，一共制定 15 个关于刑法的立法解释（其中两个被修正）。为清晰呈现，现将关于刑法的立法解释按照时间及会议、文件名称、内容，列表如下。

全国人大常委会关于刑法的立法解释

序号	时间（会议）	文件名称	内容
1	2000 年 4 月 29 日第九届全国人大常委会第十五次会议通过	关于《中华人民共和国刑法》第九十三条第二款的解释	村民委员会等村基层组织人员协助人民政府从事下列行政管理工作时，属于刑法第九十三条第二款规定的"其他依照法律从事公务的人员"：（一）救灾、抢险、防汛、优抚、扶贫、移民、救济款物的管理；（二）社会捐助公益事业款物的管理；（三）国有土地的经营和管理；（四）土地征用补偿费用的管理；（五）代征、代缴税款；（六）有关计划生育、户籍、征兵工作；（七）协助人民政府从事的其他行政管理工作。 村民委员会等村基层组织人员从事前款规定的公务，利用职务上的便利，非法占有公共财物、挪用公款、索取他人财物或者非法收受他人财物，构成犯罪的，适用刑法第三百八十二条和第三百八十三条贪污罪、第三百八十四条挪用公款罪、第三百八十五条和第三百八十六条受贿罪的规定。
2	2001 年 8 月 31 日第九届全国人大常委会第二十三次会议通过	关于《中华人民共和国刑法》第二百二十八条、第三百四十二条、第四百一十条的解释	刑法第二百二十八条、第三百四十二条、第四百一十条规定的"违反土地管理法规"，是指违反土地管理法、森林法、草原法等法律以及有关行政法规中关于土地管理的规定。 刑法第四百一十条规定的"非法批准征用、占用土地"，是指非法批准征用、占用耕地、林地等农用地以及其他土地。

序号	时间（会议）	文件名称	内容
3	2002 年 4 月 28 日第九届全国人大常委会第二十七次会议通过	关于《中华人民共和国刑法》第二百九十四条第一款的解释	刑法第二百九十四条第一款规定的"黑社会性质的组织"应当同时具备以下特征： （一）形成较稳定的犯罪组织，人数较多，有明确的组织者、领导者，骨干成员基本固定； （二）有组织地通过违法犯罪活动或者其他手段获取经济利益，具有一定的经济实力，以支持该组织的活动； （三）以暴力、威胁或者其他手段，有组织地多次进行违法犯罪活动，为非作恶，欺压、残害群众； （四）通过实施违法犯罪活动，或者利用国家工作人员的包庇或者纵容，称霸一方，在一定区域或者行业内，形成非法控制或者重大影响，严重破坏经济、社会生活秩序。
4		关于《中华人民共和国刑法》第三百八十四条第一款的解释	有下列情形之一的，属于挪用公款"归个人使用"：（一）将公款供本人、亲友或者其他自然人使用的；（二）以个人名义将公款供其他单位使用的；（三）个人决定以单位名义将公款供其他单位使用，谋取个人利益的。
5	2002 年 8 月 29 日第九届全国人大常委会第二十九次会议通过	关于《中华人民共和国刑法》第三百一十三条的解释	刑法第三百一十三条规定的"人民法院的判决、裁定"，是指人民法院依法作出的具有执行内容并已发生法律效力的判决、裁定。人民法院为依法执行支付令、生效的调解书、仲裁裁决、公证债权文书等所作的裁定属于该条规定的裁定。 下列情形属于刑法第三百一十三条规定的"有能力执行而拒不执行，情节严重"的情形： （一）被执行人隐藏、转移、故意毁损财产或者无偿转让财产、以明显不合理的低价转让财产，致使判决、裁定无法执行的；

序号	时间（会议）	文件名称	内容
			（二）担保人或者被执行人隐藏、转移、故意毁损或者转让已向人民法院提供担保的财产，致使判决、裁定无法执行的； （三）协助执行义务人接到人民法院协助执行通知书后，拒不协助执行，致使判决、裁定无法执行的； （四）被执行人、担保人、协助执行义务人与国家机关工作人员通谋，利用国家机关工作人员的职权妨害执行，致使判决、裁定无法执行的； （五）其他有能力执行而拒不执行，情节严重的情形。 国家机关工作人员有上述第四项行为的，以拒不执行判决、裁定罪的共犯追究刑事责任。国家机关工作人员收受贿赂或者滥用职权，有上述第四项行为的，同时又构成刑法第三百八十五条、第三百九十七条规定之罪的，依照处罚较重的规定定罪处罚。
6	2002 年 12 月 28 日第九届全国人大常委会第三十一次会议通过	关于《中华人民共和国刑法》第九章渎职罪主体适用问题的解释	在依照法律、法规规定行使国家行政管理职权的组织中从事公务的人员，或者在受国家机关委托代表国家机关行使职权的组织中从事公务的人员，或者虽未列入国家机关人员编制但在国家机关中从事公务的人员，在代表国家机关行使职权时，有渎职行为，构成犯罪的，依照刑法关于渎职罪的规定追究刑事责任。
7	2004 年 12 月 29 日第十届全国人大常委会第十三次会议通过	关于《中华人民共和国刑法》有关信用卡规定的解释	刑法规定的"信用卡"，是指由商业银行或者其他金融机构发行的具有消费支付、信用贷款、转账结算、存取现金等全部功能或者部分功能的电子支付卡。

续表

序号	时间（会议）	文件名称	内容
8	2005 年 12 月 29 日第十届全国人大常委会第十九次会议通过	关于《中华人民共和国刑法》有关文物的规定适用于具有科学价值的古脊椎动物化石、古人类化石的解释	刑法有关文物的规定，适用于具有科学价值的古脊椎动物化石、古人类化石。
9		关于《中华人民共和国刑法》有关出口退税、抵扣税款的其他发票规定的解释	刑法规定的"出口退税、抵扣税款的其他发票"，是指除增值税专用发票以外的，具有出口退税、抵扣税款功能的收付款凭证或者完税凭证。
10	2009 年 8 月 27 日第十一届全国人大常委会第十次会议通过	关于《中华人民共和国刑法》第九十三条第二款的解释	村民委员会等村基层组织人员协助人民政府从事下列行政管理工作，属于刑法第九十三条第二款规定的"其他依照法律从事公务的人员"：（一）救灾、抢险、防汛、优抚、扶贫、移民、救济款物的管理；（二）社会捐助公益事业款物的管理；（三）国有土地的经营和管理；（四）土地征收、征用补偿费用的管理；（五）代征、代缴税款；（六）有关计划生育、户籍、征兵工作；（七）协助人民政府从事的其他行政管理工作。 村民委员会等村基层组织人员从事前款规定的公务，利用职务上的便利，非法占有公共财物、挪用公款、索取他人财物或者非法收受他人财物，构成犯罪的，适用刑法第二百八十二条和第三百八十三条贪污罪、第三百八十四条挪用公款罪、第三百八十五条和第三百八十六条受贿罪的规定。
11		关于《中华人民共和国刑法》第二百二十八条、第三百四十二条、第四百一十条的解释	刑法第二百二十八条、第三百四十二条、第四百一十条规定的"违反土地管理法规"，是指违反土地管理法、森林法、草原法等法律以及有关行政法规中关于土地管理的规定。 刑法第四百一十条规定的"非法批准征收、征用、占用土地"，是指非法批准征收、征用、占用耕地、林地等农用地以及其他土地。

序号	时间（会议）	文件名称	内容
12	2014 年 4 月 24 日第十二届全国人大常委会第八次会议通过	关于《中华人民共和国刑法》第三百四十一条、第三百一十二条的解释	知道或者应当知道是国家重点保护的珍贵、濒危野生动物及其制品，为食用或者其他目的而非法购买的，属于刑法第三百四十一条第一款规定的非法收购国家重点保护的珍贵、濒危野生动物及其制品的行为。知道或者应当知道是刑法第三百四十一条第二款规定的非法狩猎的野生动物而购买的，属于刑法第三百一十二条第一款规定的明知是犯罪所得而收购的行为。
13		关于《中华人民共和国刑法》第二百六十六条的解释	以欺诈、伪造证明材料或者其他手段骗取养老、医疗、工伤、失业、生育等社会保险金或者其他社会保障待遇的，属于刑法第二百六十六条规定的诈骗公私财物的行为。
14		关于《中华人民共和国刑法》第三十条的解释	公司、企业、事业单位、机关、团体等单位实施刑法规定的危害社会的行为，刑法分则和其他法律未规定追究单位的刑事责任的，对组织、策划、实施该危害社会行为的人依法追究刑事责任。
15		关于《中华人民共和国刑法》第一百五十八条、第一百五十九条的解释	刑法第一百五十八条、第一百五十九条的规定，只适用于依法实行注册资本实缴登记制的公司。

315

第四章

民法体系的创建与发展

第一节　全国人大及其常委会的民事立法历程

新中国成立至 1978 年，全国人大的民事立法处于初创阶段，并受到了国家政治环境的影响。中华人民共和国成立之初，党和国家对于民法的重要性有着清晰的认识。1949 年—1956 年，中国学习苏联的民法理论，1950 年颁布了婚姻法，这是新中国的第一部民事立法，此外还颁布了如保护民族工商业、保护典当等债权债务关系的法律法规。

1954 年颁布中华人民共和国第一部宪法后，第一届全国人大常委会开始了民法典的第一次起草工作。1956 年 12 月完成民法的第一个草案。由于时局的原因，这部草案未获通过。1962 年，根据毛泽东主席"不仅刑法需要，民法也需要"的指示，全国人大第二次启动民法典的起草工作，并于 1964 年 7 月完成了民法第二次草案。这次民法典的编纂也因为政治运动而中止。

1978 年以后，随着改革开放的深入和社会主义市场经济的逐步建立，社会经济持续、健康发展，民事立法真正迎来了发展时期。1979 年全国人大常委会启动的第三次民法典的起草，"由于民法牵涉范围很广泛很复杂，经济体制改革刚开始，我们还缺乏经验，制定完整的民法典的条件还不成熟，只好先将那些急需的、比较成熟的部分制定单行法"[1]。此次民法典的起草工作由于社会仍处于转型时期而中断，1982 年 6 月，全国人大常委会解散"民法起草小组"，并决定"两步走"的方针，即先起草颁布一些社会急需的民事单行法，待条件具备时再制定民法典。这期间完成的民法草案第四稿也成了此后多个单行法的立法基础。全国人大常委会法工委于 1983 年重新组建民法起草小组，推进民事立法。1986 年，《中华人民共和国民法通则》颁布实施，"成为我国民事立法上的一个重要里程碑，标志着我国民法向完备系统化方向迈出了重要的一步"[2]。民法通则虽然仅有 156 个条文，从内容来看，不仅包括了一部民法典总则的内容，同时在"民事权利"和"民事责任"两章将民法分则的内容包括在内，为保障社会经济的发展起到了重要作用。

按照"两步走""成熟一个制定一个"的立法方针，这一时期制定的单行法有商标法（1982 年）、专利法（1984 年）、继承法（1985 年）、涉外经济合同法（1985 年）、著作权法（1990 年）和收养法（1991 年）。建立社会主义市场经济体制的经济体制改革目标明确提出（1992 年）后，担保法（1995 年）、合同法（1999 年）、农村土地承包法（2002 年）、物权法（2007 年）、侵权责任法（2009 年）等民事单行法陆续制定出来。其中，具有里程碑意义的民事立法有合同法、物权法、侵权责任法。

为了保障改革开放的顺利进行和市场经济的发展，1981 年 12 月 13 日第五届全国人民代表大会常务委员会第四次会议通过

---

〔1〕 王汉斌：《关于〈中华人民共和国民法通则（草案）〉的说明》，《人民日报》1986 年 4 月 17 日。

〔2〕 佟柔：《我国民法调整对象问题的研究》，北京大学出版社 2008 年版，第 23 页。

《中华人民共和国经济合同法》，1985 年 3 月 21 日第六届全国人民代表大会常务委员会第十次会议通过《中华人民共和国涉外经济合同法》和 1987 年 6 月 23 日第六届全国人民代表大会常务委员会第二十一次会议通过《中华人民共和国技术合同法》。三部合同法被称为"经济合同法"体系，在改革开放初期对于市场的健康发展起到了积极作用。此后，随着改革开放的日益深化和商品经济的发展，三部法律的滞后性也逐渐凸显。同时，中国申请加入世贸组织，为了与国际接轨，急需制定统一的合同法。因此，根据第八届全国人大常委会的立法规划，自 1993 年 10 月开始了合同法立法工作。经各方面近 6 年的共同努力，合同法于 1999 年颁布。合同法取代了"经济合同法体系"，从中国改革开放、发展社会主义市场经济、建立全国统一的大市场和与国际接轨的实际出发，广泛参考借鉴发达国家和地区成功的立法经验和判例学说，并与国际公约和国际惯例协调一致[1]，是调整合同关系的基本法律，有力地维护了社会主义市场经济的良好秩序。

这一时期的重要立法还有物权法。物权法的起草工作始于 1993 年。全国人大常委会对制定物权法高度重视。2002 年 12 月，九届全国人大常委会把制定物权法列入重要议程，并对民法草案的物权法编进行了初次审议。九届全国人大常委会 2005 年 7 月将物权法草案向社会全文公布，共收到人民群众提出的意见 1 万多件；并先后召开 100 多次座谈会和几次论证会，还到一些地方进行专题调研，充分听取部分全国人大代表、基层群众、专家

---

〔1〕　梁慧星：《统一合同法：成功与不足》（上），《中外法学》1999 年第 6 期；梁慧星：《统一合同法：成功与不足》（下），《中外法学》2000 年第 1 期。

学者、中央有关部门等各方面的意见[1]。全国人大常委会高度重视各方面的意见，历时 13 年，经过 8 次审议，于 2007 年十届全国人大五次会议表决通过。该法的制定审议次数之多在我国立法史上是空前的。

2002 年 2 月 20 日，时任全国人民代表大会常务委员会委员长李鹏明确提出，"起草民法典，把物权法的内容包括进去，争取提交本届人大常委会进行一审，留给下届人大完成"。自此，开启了第四次民法典起草工作，并于 2002 年 12 月 23 日在九届全国人大常委会第三十一次会议进行第一次审议。

第四次民法典的起草为侵权责任法的起草奠定了基础。在 2002 年起草完成的民法（草案）中列有侵权责任法一编。2002 年 12 月，九届全国人大常委会第三十一次会议初次对民法（草案）侵权责任法编进行了审议。由于民法草案涉及内容复杂、广泛，一并研究修改历时较长，十届全国人大常委会决定采取分编审议的方式。根据十届、十一届全国人大常委会的立法规划，2008 年法制工作委员会对侵权责任法的立法再次启动。在民法草案侵权责任法编的基础上，经过调研、召开研讨会、听取各方面意见和反复修改，形成了侵权责任法草案。全国人大常委会经过三次审议和向社会公开征求对草案的意见及多次修改，2009 年 12 月，十一届全国人大常委会第十二次会议对草案进行了第四次审议，并于 12 月 26 日通过了《中华人民共和国侵权责任法》。

2011 年 3 月 14 日，第十一届全国人民代表大会第四次会议批准的全国人大常委会工作报告宣布：以宪法为统帅，以宪法相关法、民法商法等多个法律部门的法律为主干，由法律、行

---

[1] 王兆国：《关于〈中华人民共和国物权法（草案）〉的说明》，《人民日报》2007 年 3 月 9 日第 2 版。

政法规、地方性法规等多个层次的法律规范构成的中国特色社会主义法律体系已经形成。在民事立法领域，以民法通则为统帅，民事单行法为支柱，其他法律行政法规中的民法规范及最高人民法院的司法解释为补充的民事法律体系事实上基本形成[1]。

2014 年 10 月，《中共中央关于全面推进依法治国若干重大问题的决定》提出"完善以宪法为核心的中国特色社会主义法律体系""编纂民法典"。2015 年，中共中央办公厅、国务院办公厅印发《中央有关部门贯彻实施党的十八届四中全会〈决定〉重要举措分工方案》，明确全国人大常委会法工委负责协调民法典编纂任务，并指定最高人民法院、最高人民检察院、国务院法制办、中国社会科学院、中国法学会等五单位提供研究协助。之后，全国人大常委会法工委牵头成立由五家单位参加的民法典编纂工作协调小组，并成立民法典编纂工作专班。2015 年 3 月 20 日，全国人大常委会法工委召开民法典编纂工作协调小组第一次会议，正式启动民法典编纂工作。全国人大常委会法工委明确了"两步走"的编纂思路，即先编制民法典总则，再整合其他民商法律为民法典。

2015 年—2017 年全国人大常委会将制定民法典总则部分列为最重要的民事立法任务。2017 年 3 月 15 日，《中华人民共和国民法总则》经全国人民代表大会第五次会议表决通过并颁布。民法总则的顺利颁布，为编纂民法典各分编奠定了良好的基础，也意味着民法典编纂第一步的顺利完成。在此基础上，全国人大常委会抓紧开展作为民法典编纂的第二步——各分编编纂工作。在

---

〔1〕 朱广新：《民法法典化的历程与特色》，《中国法律评论》2020 年第 3 期。

民法典各分编编纂上采取的方案为：先分别草拟各分编草案，把民法典各分编草案作为一个整体提出；之后，根据实际情况将草案各分编分成几个单元分别进行若干次审议和修改完善，最后合成民法典草案提请审议。2019 年 11 月，经多次修改审议，拆分审议的民法典各分编草案，与已实施的民法总则一起合并为民法典（草案）。2020 年 5 月 26 日民法典（草案）提请十三届全国人大三次会议审议，5 月 28 日《中华人民共和国民法典》表决通过。历经长期努力，期盼已久的民法典终于出台。

第二节　民法典

一、民法典的编纂历程

中华人民共和国成立后，历届政府和领导人都十分重视民法典的起草工作，前后五次启动民法典的编纂。中华人民共和国成立初期，中央人民政府法制委员会就启动了中国民法典的起草工作。1954 年，第一届全国人大常委会开始民法典的起草，经过广泛的民间调查，吸取新中国成立前革命苏区的立法经验，并借鉴苏联民法典，于 1956 年 12 月完成了新中国第一个民法草稿，并开始在全国征求意见。这次民法典草案以 1922 年的苏俄民法典为蓝本，分总则、所有权、债权和继承，共四编五百二十五条。因"整风""反右"等政治运动，民法典的起草工作中断。

1962 年，根据毛泽东主席"不仅刑法要，民法也需要"的指示，全国人大再次启动民法典的起草工作。这次起草工作是在

"以阶级斗争为纲"的形势下进行的，反对采用西方和苏联的民法典制定的经验和模式，在指导思想上强调总结自己的经验，创建自己的法典。1964 年 7 月完成了民法第二次草案。这次草案分总则、财产的所有、财产的流通等三编，共二十四章，计二百六十二条。

1979 年 11 月，全国人大常委会组建了民法起草小组，开始第三次民法典的起草工作，至 1982 年 5 月完成了四个民法草案。民法草案第四稿的内容包括：民法的任务和基本原则、民事主体、财产所有权、合同、智力成果权、财产继承权、民事责任和其他规定，共八编四百六十五条。但由于当时中国刚刚实行改革开放和市场经济体制改革，处于社会转型时期，立法机关决定先制定单行法，待时机成熟后再制定民法典。立法机关在民法草案第四稿的基础上着手制定了民法通则，1986 年 4 月 12 日第六届全国人大常委会第四次会议通过，1987 年 1 月 1 日起实施。

1998 年 3 月，全国人大常委会专门成立了民法起草研究工作小组，负责研究编纂民法典草案，确定了采取分步单行立法，然后汇总为民法典的做法。全国人大常委会法制工作委员会组织法学专家分别起草民法典的总则和部分分编，于 2002 年 4 月初完成了专家建议稿。与此同时，法制工作委员会民法室也完成了民法典室内稿。同年 8 月，法制工作委员会以室内稿为基础，参照专家建议稿，最终形成了民法典草案（第五稿）。该草案分为九编，共一千二百零九条，于 2002 年 12 月 23 日提交全国人大常委会审议。但学界对民法典草案观点的争议过大，制定工作暂停。

2014 年，中共十八届四中全会在《中共中央关于全面推进依法治国若干重大问题的决定》中，明确提出编纂民法典的立法任务。2015 年第五次民法典的编纂工作再次启动。按照中央有关部门贯彻落实党的十八届四中全会决定重要举措分工方案，此次民法典编纂工作由全国人大常委会法制工作委员会负责。2015年3月，全国人大常委会法制工作委员会牵头成立了由最高人民法院、最高人民检察院、国务院法制办、中国社会科学院、中国法学会5家单位参加的民法典编纂工作协调小组，组建形成了立法工作者、理论研究者、实务工作者"三结合"的民法典编纂工作专班。2015年3月，全国人大常委会法工委明确了"两步走"的编纂思路，即先编制民法典总则，再整合其他民商法律为民法典。

制定民法典总则部分，成为全国人大常委会2015年至2017年最重要的民事立法任务。2015年8月28日，民法典编纂工作专班以中国社会科学院、中国法学会等单位草拟的"民法总则专家建议草案"为基础，参考结合各种立法意见和建议，制定出民法总则（民法室室内稿）。2016年1月，民法典编纂工作专班将民法总则（民法室室内稿）向民法典编纂工作协调小组成员单位和其他各单位征求意见的基础上，草拟出民法总则（草案）（征求意见稿）。在内部两次征求意见并修改后，2016年2月2日，全国人大常委会法工委正式公开发布民法总则（草案）（征求意见稿），向地方人大、高等院校等相关部门、单位征求意见和建议。在征求意见的基础上，经过五个多月的研讨和修改，2016年6月最终形成民法总则（草案）。

2016年6月27日，民法总则（草案）提请第十二届全国人大常委会第二十一次会议审议。2016年6月28日下午，十二届全国人大常委会第二十一次会议对民法总则（草案）（一审稿）进行了初次审议。常委会组成人员和列席人员普遍认为，民法总则（草案）（一审稿）主旨明确、体系完备、结构严谨、行文规范，既有较强的针对性，又有一定的创新性和前瞻性，符合中国国情，体现中国特色，是一部很好的草案。就草案的具体问题，常委会组成人员和列席人员还提出了十分详细的意见和建议[1]。

2016 年 7 月 5 日，第一次审议后的民法总则（草案）通过中国人大网公开向社会各界征求意见。全国人大常委会于 2016 年 10 月和 11 月在北京、四川、宁夏和上海召开 4 次座谈会，直接听取中央有关部门以及各省、自治区、直辖市人大常委会和部分全国人大代表、基层立法联系点代表、法律实务工作者和专家学者等各方面的意见，并到基层进行实地调研[2]。

2016 年 10 月、12 月，公开征求意见并多次修改的民法总则（草案）提请全国人大常委会第二次、第三次审议。最终，2017 年 3 月 15 日，民法总则经第十二届全国人民代表大会第五次会议表决通过并颁布。

民法总则的顺利颁布，为编纂民法典各分编奠定了良好的基础，也意味着民法典编纂第一步的顺利完成。在此基础上，全国人大常委会抓紧开展民法典各分编编纂工作。民法典各分编草案条文数量多，为在有限时间内实现既定立法目标，立法机关在民法典各分编编纂上采取的方案为：先分别草拟各分编草案，把民法典各分编草案作为一个整体提出；之后，根据实际情况将草案各分编分成几个单元分别进行若干次审议和修改完善，最后合成民法典草案提请审议。

2016 年下半年，民法典各分编起草的准备工作已经开始进

---

〔1〕 张鸣起：《〈中华人民共和国民法总则〉的制定》，《中国法学》2017 年第 2 期。

〔2〕 李建国：《关于〈中华人民共和国民法总则（草案）〉的说明》，《人民日报》2017 年 3 月 9 日第 5 版。

行。民法典编纂工作协调小组的成员单位——中国社会科学院、中国法学会等单位分别就现有的民事法律提出问题清单和草案专家建议稿。民法典编纂工作专班根据草案专家建议稿和各种编纂信息草拟了民法典各分编草案（民法室室内稿）。2017 年 7 月 28 日，民法继承编（草案）率先完成，此后民法合同编（草案）、民法婚姻家庭编（草案）、民法侵权责任编（草案）、民法物权编（草案）次第完成草拟工作[1]。各分编的民法室室内稿送至民法典编纂工作协调小组的五家成员单位及其他单位，对完成的民法典各分编草案（民法室室内稿）提出意见和建议。

民法典各分编起草过程中，最大争议之一为人格权是否独立成编。对于民法典中人格权是否独立成编，民法学界的争论十分激烈。在全国人大常委会法制工作委员会多次组织的民法总则草案（室内稿）专家座谈会上，对于人格权是否独立成编的争议始终较大。2017 年 10 月 18 日，习近平总书记在中国共产党第十九次全国代表大会上的报告指出，"加快社会治安防控体系建设，依法打击和惩治黄赌毒黑拐骗等违法犯罪活动，保护人民人身权、财产权、人格权"。民法典编纂工作专班在考虑学者们建议的基础上，认为"人格权是民事主体对其特定的人格利益享有的权利，关系到每个人的人格尊严，是民事主体最基本、最重要的权利。保护人格权、维护人格尊严，是我国法治建设的重要任务，近年来加强人格权保护的呼声和期待较多。为了贯彻党的十九大和十九届二中全会关于'保护人民人身权、财产权、人格权'的精神，落实宪法关于'公民的人格尊严不受侵犯'的要求，综合考虑各方面意见，总结我国现有人格权法律规范的实践

---

[1] 朱广新：《民法法典化的历程与特色》，《中国法律评论》2020 年第 3 期。

经验，在民法典中增加人格权编是较为妥当、可取的"〔1〕。于是增补拟订民法人格权编（草案）（2017 年 11 月 15 日民法室室内稿）。2018 年 3 月 15 日，全国人大常委会法工委向更大范围的单位和个人发出了人格权编草案征求意见稿，以收集意见。

在征求内部意见的基础上，民法典编纂工作专班对各分编草案"民法室室内稿"予以修改，进而形成民法典各分编草案征求意见稿。此后，民法典编纂工作专班向更大范围的单位和个人发出征求意见稿以收集意见，经过近半年的研讨和修改，形成民法典各分编（草案）。2018 年 8 月 27 日，民法典各分编（草案）以物权、合同、人格权、婚姻家庭、继承、侵权责任六编体系提交第十三届全国人大常委会第五次会议进行初次审议。

由于民法典各分编条文众多，十三届全国人大常委会对民法典各分编进行了拆分审议：分别于 2018 年 12 月第七次会议、2019 年 4 月第十次会议、2019 年 6 月第十一次会议对侵权责任编和合同编、物权编和人格权编、继承编和婚姻家庭编进行了二审；分别于 2019 年 8 月第十二次会议、2019 年 10 月第十四次会议完成了对侵权责任编和人格权编、婚姻家庭编的三审工作。

2019 年 11 月，经拆分审议的民法典各分编草案，与已实施的民法总则一起合并为民法典（草案），重新编排条文序号。2019 年 11 月 27 日—29 日，全国人大宪法和法律委员会对民法典（草案）进行了初次审议。全国人大常委会法工委对草案进行了多次修改完善，经委员长会议决定，于 2019 年 12 月提交十三届全国人大常委会第十五次会议进行审议。经审议，全国人大常

---

〔1〕　全国人大常委会法制工作委员会民法室：《新时代应运而生的民法典各分编草案》，《吉林人大》2019 年第 1 期。

委会委员长会议作出决定，将提请第十三届全国人民代表大会第三次会议审议。全国人大常委会办公厅将草案印发十三届全国人大代表征求意见，并在会后向各有关部门、地方人大和基层立法联系点发函以及在中国人大网公布民法典（草案），广泛征求社会公众意见。

2020 年 4 月，全国人大宪法和法律委员会根据各方意见，对民法典（草案）进行了修改，形成了提交第十三届全国人民代表大会第三次会议审议的民法典（草案）。4 月 29 日，全国人大常委会法工委将法典草案再次发送各地人大代表处听取意见。2020 年 5 月 26 日，民法典草案提请十三届全国人大三次会议审议，2020 年 5 月 28 日，民法典以 2879 票赞成、2 票反对、5 票弃权表决通过。

二、编纂民法典的指导思想和基本原则

民法典的编纂在我国立法史上具有里程碑意义。以习近平同志为核心的党中央高度重视民法典编纂工作，将编纂民法典列入党中央重要工作议程。十二届、十三届全国人大常委会高度重视这一立法工作，将编纂民法典纳入全国人大常委会立法规划和年度立法工作计划，积极持续推进。

民法典工作确定的指导思想是：高举中国特色社会主义伟大旗帜，以马克思列宁主义、毛泽东思想、邓小平理论、"三个代表"重要思想、科学发展观、习近平新时代中国特色社会主义思想为指导，增强"四个意识"，坚定"四个自信"，做到"两个维护"，全面贯彻党的十八大、十九大和有关中央全会精神，坚持党的领导、人民当家作主、依法治国有机统一，紧紧围绕统筹

推进"五位一体"总体布局和协调推进"四个全面"战略布局，紧紧围绕建设中国特色社会主义法治体系、建设社会主义法治国家，总结实践经验，适应时代要求，对我国现行的、制定于不同时期的民法通则、物权法、合同法、担保法、婚姻法、收养法、继承法、侵权责任法和人格权方面的民事法律规范进行全面系统的编订纂修，形成一部具有中国特色、体现时代特点、反映人民意愿的民法典，为新时代坚持和完善中国特色社会主义制度、实现"两个一百年"奋斗目标、实现中华民族伟大复兴中国梦提供完备的民事法治保障[1]。

在民法典的编纂工作中遵循和体现了以下的基本原则[2]。

一是坚持正确政治方向，全面贯彻习近平总书记全面依法治国新理念新思想新战略，坚决贯彻党中央的决策部署，坚持服务党和国家工作大局，充分发挥民法典在坚持和完善中国特色社会主义制度、推进国家治理体系和治理能力现代化中的重要作用。2016年6月、2018年8月、2019年12月，习近平总书记三次主持中央政治局常委会会议，听取并原则同意全国人大常委会党组就民法典编纂工作所作的请示汇报，对民法典编纂工作作出重要指示，为民法典编纂工作提供了重要指导和基本遵循。

二是坚持以人民为中心，以保护民事权利为出发点和落脚点，切实回应人民的法治需求，更好地满足人民日益增长的美好生活需要，充分实现好、维护好、发展好最广大人民的根本利

---

〔1〕 王晨：《关于〈中华人民共和国民法典（草案）〉的说明——2020年5月22日在第十三届全国人民代表大会第三次会议上》，《中国人大》2020年第12期。
〔2〕 王晨：《关于〈中华人民共和国民法典（草案）〉的说明——2020年5月22日在第十三届全国人民代表大会第三次会议上》，《中国人大》2020年第12期。

益。民法典以保障民众的民事权利为核心，与民众的日常生活息息相关。从 2016 年 6 月民法总则草案提请全国人大常委会审议，到 2019 年 12 月民法典草案首次合体亮相，民法典草案共 10 次提请全国人大常委会进行审议。在此期间，全国人大常委会通过中国人大网公开征求社会公众意见，总共有 425600 余人参与，提出的意见总数达到 102 万条[1]。全国人大常委会的每次审议修改都广泛听取民众的意见建议，保障了人民群众对民法典编纂的参与和民法典编纂的民主性。

三是坚持立足国情和实际，全面总结我国改革开放 40 多年来民事立法和实践经验，以法典化方式巩固、确认和发展民事法治建设成果，以实践需求指引立法方向，提高民事法律制度的针对性、有效性、适应性，发挥法治的引领、规范、保障作用。民法典以实践需求为立法方向，对司法实践反映强烈或者社会关注度较高的问题，加以立法回应。

四是坚持依法治国与以德治国相结合，注重将社会主义核心价值观融入民事法律规范，大力弘扬传统美德和社会公德，强化规则意识，倡导契约精神，维护公序良俗。民法典总则编第一章第一条开宗明义规定了"弘扬社会主义核心价值观"；将"平等、公正、诚信、节约资源、保护生态环境、不得违背公序良俗"作为基本原则写入民法典；民法典婚姻家庭编倡导树立优良家风，重视家庭文明建设，并对维护平等、和睦、文明的婚姻家庭关系作出规定，这些都集中体现了民法典将依法治国与以德治国相结合，将社会主义核心价值观贯穿在民法的指导原则中。

---

〔1〕《话说民法典——这条路走了 66 年　民法典编纂的历史沿革》，新华网，https://baijiahao.baidu.com/s？id=1667338851487159809&wfr=spider&for=pc。

五是坚持科学立法、民主立法、依法立法，不断增强民事法律规范的系统性、完整性，既保持民事法律制度的连续性、稳定性，又保持适度的前瞻性、开放性，同时处理好、衔接好法典化民事法律制度下各类规范之间的关系。

三、民法典的主要框架和内容

民法典共七编一千二百六十条，各编依次为总则、物权、合同、人格权、婚姻家庭、继承、侵权责任，以及附则。主要内容有如下。

（一）关于第一编"总则"

第一编"总则"共十章，二百零四个条文，规定民事活动必须遵循的基本原则和一般性规则，统领民法典各分编。第一编基本保持现行民法总则的结构和内容不变，根据法典编纂体系化要求对个别条款作了文字修改，并将"附则"部分移到民法典草案的最后。

第一章"基本规定"规定了民法典的立法目的和依据。其中，将"弘扬社会主义核心价值观"作为一项重要的立法目的，体现坚持依法治国与以德治国相结合的鲜明中国特色。同时，规定了民法典的调整对象，并确立了平等、自愿、公平、诚信、守法、公序良俗和绿色等民法基本原则。

第二至四章是民事主体相关内容。第二章"自然人"，自然人是最基本的民事主体。民法典规定了自然人的民事权利能力和民事行为能力制度、监护制度、宣告失踪和宣告死亡制度，并对个体工商户和农村承包经营户作了规定。新冠肺炎疫情发生以来，全国人大常委会高度关注，为疫情防控工作提供法治保障提出明确的工作要求，同时结合民法典编纂工作，对与疫情相关的民事法律制度进行梳理研究和完善。[1]在新冠肺炎疫情防控的大背景下，民法典对监护制度作了进一步完善。民法典第三十四条增加第四款："因发生突发事件等紧急情况，监护人暂时无法履行监护职责，被监护人的生活处于无人照料状态的，被监护人住所地的居民委员会、村民委员会或者民政部门应当为被监护人安排必要的临时生活照料措施。"第三章是"法人"，规定了法人的定义、成立原则和条件、住所等，并对营利法人、非营利法人、特别法人三类法人分别作了具体规定。第四章"非法人组织"。非法人组织是不具有法人资格，但是能够依法以自己的名义从事民事活动的组织。民法典对非法人组织的设立、责任承担、解散、清算等作了规定。

第五章是"民事权利"。规定了民事权利制度，包括各种人身权利和财产权利。为建设创新型国家，民法典对知识产权作了概括性规定，并对数据、网络虚拟财产的保护作了原则性规定。此外，还规定了民事权利的取得和行使规则等内容。

第六、七章是"民事法律行为"和"代理"。民事法律行为是民事主体通过意思表示设立、变更、终止民事法律关系的行为，代理是民事主体通过代理人实施民事法律行为的制度。第六章第一节规定了民事法律行为的定义、成立、形式和生效时间等内容；第二节规定了意思表示的生效、方式、撤回和解释等内容；第三节规定了民事法律行为的效力制度。第三节第一百四十五条中，对时间表达方式进行了变更，将民法总则"一个月内"修改为"三十日内"，使表达方式更加精确，避免了现实中可能

---

〔1〕 王晨：《关于〈中华人民共和国民法典（草案）〉的说明——2020年5月22日在第十三届全国人民代表大会第三次会议上》，《中国人大》2020年第12期。

出现的争议（第一百五十二条和第一百七十一条修改同理）。第七章规定了代理的适用范围、效力、类型等代理制度。

第八、九、十章分别是"民事责任"、"诉讼时效"和"期间计算"相关内容。民事责任是民事主体违反民事义务的法律后果，是保障和维护民事权利的重要制度。诉讼时效是权利人在法定期间内不行使权利，权利不受保护的法律制度，其功能主要是促使权利人及时行使权利、维护交易安全、稳定法律秩序。第八章规定了民事责任的承担方式，以及不可抗力、正当防卫、紧急避险、自愿实施紧急救助等特殊的民事责任承担问题。第九章规定了诉讼时效的期间及其起算、法律效果，诉讼时效的中止、中断等内容。第十章规定了期间的计算单位、起算、结束和顺延等内容。

（二）关于第二编"物权"

第二编"物权"共五个分编，二十章，二百五十八个条文。第一分编"通则"中，第一章为"一般规定"，对物权法中物权的一般规定删繁就简，并完善了基本经济制度的表述。党的十九届四中全会通过的《中共中央关于坚持和完善中国特色社会主义制度　推进国家治理体系和治理能力现代化若干重大问题的决定》对社会主义基本经济制度有了新的表述，物权编第二百零六条将有关基本经济制度的规定修改为："国家坚持和完善公有制为主体、多种所有制经济共同发展，按劳分配为主体、多种分配方式并存，社会主义市场经济体制等社会主义基本经济制度。"[1]，体现了民法典与时俱进的精神。物权编第二百零七条规定："国家、集体、私人的物权和其他权利人的物权受法律平

---

〔1〕　张鸣起：《民法典分编的编纂》，《中国法学》2020 年第 3 期。

等保护，任何组织或者个人不得侵犯。"同物权法第四条规定相比，在保护前面增加了"平等"二字，反映出物权保护理念的重大转变。民法典物权编确立的国家、集体和私人的物权受法律平等保护的规定，体现了平等保护原则在民法典中的重要地位。

第二章是"物权的设立、变更、转让和消灭"。第一节是"不动产登记"。第二百一十九条增设规定："利害关系人不得公开、非法使用权利人的不动产登记资料。"这一修改参照了2015年正式施行的《不动产登记暂行条例》中第二十七、二十八和三十二条的相关内容，在保障权利人、利害关系人查询复制不动产登记资料的同时，增设了权利人、利害关系人的相关义务，对于保护权利人的隐私，防止不动产登记资料被不当利用具有现实意义[1]。第二百二十三条中取消了不动产登记具体收费标准的委任性规定。第二节"动产交付"规定了动产物权的设立以及简易交付、指示交付和占有改定等。第三节"其他规定"包括由法律文书或征收决定、因继承和事实行为导致的物权变动，并在第二百三十条中删除因受遗赠取得物权的有关规定。

第三章"物权的保护"规定了物权受到侵害时的保护方式，包括物权确认、返还原物、排除妨害、恢复原状、损害赔偿等请求权，在第二百三十六条中删去停止侵害的责任承担方式。

物权编的第二分编为"所有权"编。第四章"一般规定"中，第二百四十三条第二款在"足额支付"前增加"及时"，在补偿范围里增加"农村村民住宅"，完善了不动产的征收规则。第五章"国家所有权、集体所有权和私人所有权"增加第二百四十八条，明确规定："无居民海岛属于国家所有，国务院代表国

---

〔1〕 魏丽华：《从〈物权法〉到〈民法典〉物权编——不动产物权制度有了这些新变化》，《资源与人居环境》2020年第7期。

家行使无居民海岛所有权"。第六章"业主的建筑物区分所有权"进一步完善业主的建筑物区分所有权制度。第二百七十八条规定了由业主共同决定的事项，以及不同事项的表决比例；第二百八十一条增加规定了紧急情况下使用维修资金的特别程序。

第三分编为"用益物权"，明确了用益物权人的基本权利和义务，以及建设用地使用权、宅基地使用权、地役权等用益物权。第十一章"土地承包经营权"中，为落实农村承包地"三权分置"改革的要求，第三百三十九—三百四十二条增加土地经营权的流转、设立等规定。第十二章"建设用地使用权"第三百五十九条明确"住宅建设用地使用权期限届满的，自动续期；续期费用的缴纳或者减免，依照法律、行政法规的规定办理"。民法典增加第十四章"居住权"，明确居住权原则上无偿设立，居住权人有权按照合同约定或者遗嘱，经登记占有、使用他人的住宅，以满足其稳定的生活居住需要。

第四分编为"担保物权"，包括一般规定、抵押权、质权和留置权的具体规则。对担保物权部分的修改：第三百八十八条明确融资租赁、保理、所有权保留等非典型担保合同的担保功能，增加规定担保合同包括抵押合同、质押合同和其他具有担保功能的合同，扩大了担保合同的范围；删除有关担保物权具体登记机构的规定，为建立统一的动产抵押和权利质押登记制度留下空间；第四百条、第四百二十七条简化抵押合同、质押合同的一般条款；第四百一十四条进一步明确实现担保物权的统一受偿规则等，优化了营商环境[1]。

第五分编为"占有"，对占有的调整范围、无权占有情形下

---

〔1〕 王晨：《关于〈中华人民共和国民法典（草案）〉的说明——2020年5月22日在第十三届全国人民代表大会第三次会议上》，《中国人大》2020年第12期。

的损害赔偿责任、原物及孳息的返还以及占有保护等作出了规定。

(三)关于第三编"合同"

第三编"合同"共三个分编,二十九章,五百二十六个条文。在体例结构上,以第一分编"通则"代替债法总则。民法典没有设置单独的债编,而是在合同法规定的基础上,在合同编通则中进一步补充完善债的一般规则,如增加选择之债、按份之债、连带之债等具体规则,让合同编的通则发挥债法总则的体系整合功能[1]。另外,设立第三分编"准合同"编,规定无因管理和不当得利制度,对"总则"编的概括性条文作出具体阐释。

在内容上,民法典在第一分编"通则"中修改完善了合同制度体系。第二章"合同的订立"第四百七十一条引入要约、承诺方式之外的其他缔约方式;第四百九十一条对电子合同的订立作出规定;第四百九十五条增加了预约合同规定,以完善合同订立规则。第四章"合同的履行"中,第五百二十二条完善了第三人合同相关规定;第五百三十三条确认了情势变更制度。民法典新增第五章"合同的保全",完善了代位权行使等规定。第六章"合同的变更和转让"中第五百五十二条增设了并存的债务承担;第七章"合同的权利义务终止"中第五百六十条增加债的清偿抵充规则,第五百六十二—五百六十六条完善了合同解除规定等[2]。

另外,民法典在第二分编"典型合同"分编增加了四类典型合同:保证合同(第十三章)、保理合同(第十六章)、物业服务合同(第二十四章)以及合伙合同(第二十七章),规范了我

---

〔1〕 石宏:《合同编的重大发展和创新》,《中国法学》2020 年第 4 期。
〔2〕 石宏:《合同编的重大发展和创新》,《中国法学》2020 年第 4 期。

国新时期市场发展的新热点、新问题。

（四）关于第四编"人格权"

第四编"人格权"共六章，五十一个条文。人格权是民事主体对其特定的人格利益享有的权利，是民事主体最基本的权利。党的十九大报告明确指出，要"保护人民人身权、财产权、人格权"〔1〕，人格权独立成编的举措适应并体现了新时代对个人权益保护的需要。在体例结构上，人格权编采用"总—分结构"，在第一章规定一般人格权规则后，分别就不同具体人格权进行了较为详细的规定。

第二章"生命权、身体权和健康权"中，第一千零六——千零九条确立了器官捐献的基本规则，并对人体买卖、人体临床试验以及人体基因、人体胚胎等有关医学和科研活动进行了规范；第一千零一十条规定了性骚扰的认定标准，以及机关、企业、学校等单位防止和制止性骚扰的义务。

第三章"姓名权和名称权"中，第一千零一十五条规定自然人选取姓氏的规则。第四章"肖像权"规定了肖像权的权利内容及许可使用肖像的规则，明确禁止侵害他人的肖像权。第五章"名誉权和荣誉权"规定了名誉权和荣誉权的内容，对行为人实施新闻报道、舆论监督等行为涉及的民事责任承担，以及行为人是否尽到合理核实义务的认定等。第六章"隐私权和个人信息保护"中，明确了隐私和个人信息的定义，第一千零三十六——千零三十九条对个人信息主体与信息处理者的权利义务作出了规定，在现行有关法律的基础上，为未来个人信息保护法的制定留下空间。

---

〔1〕《习近平提出，提高保障和改善民生水平，加强和创新社会治理》，中国共产党新闻网，http://cpc.people.com.cn/19th/n1/2017/1018/c414305—29594508.html。

（五）关于第五编"婚姻家庭"

第五编"婚姻家庭"共五章，七十九个条文。第一章"一般规定"中，第一千零四十三条增加了"树立优良家风，弘扬家庭美德，重视家庭文明建设"的倡导性规定；第一千零四十五条增加了亲属、近亲属、家庭成员的基本概念，对婚姻家庭编进行总领。

第二章"结婚"中，强化了对婚姻当事人意愿和婚姻自由权的重视。第一千零五十二条将受胁迫一方请求撤销婚姻的期间起算点由"自结婚登记之日起"修改为"自胁迫行为终止之日起"。第一千零五十三条删除将"患有医学上认为不应当结婚的疾病"作为禁止结婚的情形的规定，并改为要求应"在结婚登记前如实告知"，否则另一方可请求撤销婚姻。第一千零五十四条增设第二款，赋予了无过错方在婚姻无效或者被撤销时的损害赔偿请求权。

第三章"家庭关系"规定了夫妻关系、父母子女关系和其他近亲属关系。第一千零六十四条吸收 2018 年新司法解释的规定，明确了夫妻共同债务的范围。第一千零六十六条完善婚内夫妻共同财产分割制度，以保障夫妻双方平等财产权。第一千零七十三条规定亲子关系中的利害关系人"亲子关系异议权"，但限制了成年子女提起亲子关系否认之诉的权利，以避免成年子女逃避履行赡养父母的义务，有利于维护社会整体血缘关系秩序[1]。

第四章"离婚"。针对离婚率高问题，增加第一千零七十七条离婚冷静期制度以维护家庭稳定。针对离婚诉讼中的"久调不

---

〔1〕 张鸣起：《民法典分编的编纂》，《中国法学》2020 年第 3 期。

判"现象，增加第一千零七十九条，规定"经人民法院判决不准
离婚后，双方又分居满一年，一方再次提起离婚诉讼的，应当准
予离婚"。第一千零八十八条完善离婚救济制度中的家务劳动补
偿规则，以保障对家庭负担较多义务一方的权益，体现婚姻家庭
编对弱势群体合法利益的保护。第一千零九十一条增设了离婚损
害赔偿法定事由的兜底性条款，规定"有其他重大过错"的，无
过错方也有权请求损害赔偿，体现了平等保护原则。

第五章"收养"规定收养关系的成立、收养的效力、收养关
系的解除等制度。第一千零九十三条删除收养法关于被收养人
"不满十四周岁"的条件限制，修改为符合条件的未成年人均可
被收养。第一千零九十八条紧跟国家计划生育政策的调整，将收
养人须无子女的要求修改为"收养人无子女或者只有一名子女"；
增加规定收养人"无不利于被收养人健康成长的违法犯罪记录"
的前提条件，体现了保护未成年人的理念。第一千一百零二条将
无配偶收养应满足年龄相差 40 周岁以上规定的范围由"男性收
养女性"修改为"收养异性子女"，体现了男女平等原则。

（六）关于第六编"继承"

第六编"继承"共四章，四十五个条文。第一章"一般规
定"规定了继承的基本规则和制度。第一千一百二十一条增加规
定了相互有继承关系的数人在同一事件中死亡，且难以确定死亡
时间时的继承规则。第一千一百二十五条增加对继承人的宽恕制
度，并将"以欺诈、胁迫手段迫使或者妨碍被继承人设立、变更
或者撤回遗嘱，情节严重"的行为增设为相对丧失继承权的法定
事由，以保护遗嘱人的意思真实有效。

第二章"法定继承"规定了法定继承制度，明确了继承权男
女平等原则，规定了法定继承人的顺序和范围，以及遗产分配的

基本制度。第一千一百二十八条增加"被继承人的兄弟姐妹先于被继承人死亡的，由被继承人的兄弟姐妹的子女代位继承"，使民事主体的财产得到更好的保护。

第三章"遗嘱继承和遗赠"规定了遗嘱继承和遗赠制度。第一千一百三十六、一千一百三十七条增加了打印、录像等新的遗嘱形式。第一千一百四十二条补充了根据遗嘱人行为判定遗嘱撤回的规定，并删除了现行继承法关于公证遗嘱效力优先的规定，确立了遗嘱设立在后效力优先原则，体现对遗嘱人真实意愿的尊重。

第四章"遗产的处理"规定了遗产处理的程序和规则。第一千一百四十五——一千一百四十九条确立了遗产管理人制度，明确遗产管理人的产生方式、职责、未尽职责的民事责任承担以及报酬等内容，以确保遗产得到妥善管理，民事主体的利益得到切实保护。第一千一百五十八条完善遗赠扶养协议制度，适当扩大了扶养人范围，明确"继承人以外的组织或者个人"均可以成为扶养人。第一千一百六十条规定归国家所有的无人继承遗产应当用于公益事业，明确了国家取得遗产的公益目的。

（七）关于第七编"侵权责任"

第七编"侵权责任"共十章，九十五个条文。第一章"一般规定"规定了侵权责任的归责原则、多数人侵权的责任承担、侵权责任的减轻或者免除等一般规则。第一千一百七十六条确立"自甘风险"规则，规定"自愿参加具有一定风险的文体活动，因其他参加者的行为受到损害的，受害人不得请求其他参加者承担侵权责任；但是，其他参加者对损害的发生有故意或者重大过失的除外"。第一千一百七十七条规定"自助行为"，明确"合法权益受到侵害，情况紧迫且不能及时获得国家机关保护，不立即采取措施将使其合法权益受到难以弥补的损害的，受害人可以在保护自己合法权益的必要范围内采取扣留侵权人的财物等合理措施，但是应当立即请求有关国家机关处理。受害人采取的措施不当造成他人损害的，应当承担侵权责任"。

第二章"损害赔偿"规定了侵害人身权益和财产权益的赔偿规则、精神损害赔偿规则等。第一千一百八十三条将精神损害赔偿的适用范围延伸到财产领域中具有人身意义的特定物，完善了精神损害赔偿制度。第一千一百八十五条增设侵害知识产权的惩罚性赔偿，有利于提高侵权违法成本，加强对知识产权的保护力度。

第三章"责任主体的特殊规定"规定了无民事行为能力人、限制民事行为能力人及其监护人的侵权责任，用人单位的侵权责任，网络侵权责任，以及公共场所的安全保障义务等。第一千一百八十九条增加委托监护的侵权责任规定。第一千一百九十二条第二款增加提供劳务期间第三人的行为造成提供劳务一方损害的侵权责任和补偿责任。[1]为了更好保护权利人的利益，平衡网络用户和网络服务提供者之间的利益，第一千一百九十四——一千一百九十七条细化了网络侵权责任制度，完善了权利人通知规则和网络服务提供者的转通知规则；增加"因错误通知造成网络用户或网络服务提供者损害的，应当承担侵权责任"的规定。

第四章至第十章分别对产品生产销售、机动车交通事故、医疗、环境污染和生态破坏、高度危险、饲养动物、建筑物和物件等领域的具体侵权责任规则作出了规定。第四章"产品责任"第

---

[1]　张鸣起：《民法典分编的编纂》，《中国法学》2020 年第 3 期。

一千二百零六条增加规定，依照有关规定"采取召回措施的，生产者、销售者应当负担被侵权人因此支出的必要费用"。第五章"机动车交通事故责任"中第一千二百一十三条明确了交通事故损害赔偿的顺序，即先由机动车强制保险理赔，不足部分由机动车商业保险理赔，仍不足的由侵权人赔偿。第一千二百一十七条新增明确了好意同乘规则，对相关社会问题进行规制。第六章"医疗损害责任"中第一千二百一十九、一千二百二十六条明确了医务人员的说明义务，并加强了对患者隐私和个人信息的保护。第七章"环境污染和生态破坏责任"中第一千二百三十二、一千二百三十四、一千二百三十五条分别增加规定生态环境损害的惩罚性赔偿制度、修复和赔偿范围，提高了环境违法成本。第八章"高度危险责任"中第一千二百三十九条明确了占有或者使用高致病性危险物造成他人损害的侵权责任。第十章"建筑物和物件损害责任"中，第一千二百五十四条针对近年频发的高空抛物案件，规定"由可能加害的建筑物使用人给予补偿"，强调建筑物管理人的安全保障义务以及有关机关依法及时调查的职责。

（八）关于"附则"

民法典最后部分"附则"共两个条文，第一千二百六十条明确在 2021 年 1 月 1 日民法典正式施行之时，婚姻法、继承法、民法通则、收养法、担保法、合同法、物权法、侵权责任法、民法总则将同时废止。2014 年第十二届全国人大常委会第十一次会议通过的《全国人民代表大会常务委员会关于〈中华人民共和国民法通则〉第九十九条第一款、〈中华人民共和国婚姻法〉第二十二条的解释》，作为与民法通则、婚姻法相关的法律解释，也同时废止。

第三节　民法总则

一、民法通则

（一）民法通则的制定

民法总则是大陆法系民法典的开篇，是民法典的重要组成部分，它奠定了整个民法典的基石。从中国的立法实践来看，民法总则的制定与修改与民法典的编纂密不可分。我国曾于1954年、1962年、1979年、2001年、2015年五次启动民法典的编纂工作，前四次均未成功。1979年11月至1982年5月，在第三次民法典的起草工作中，先后完成了四个民法草案。但由于当时中国刚刚实行改革开放和市场经济体制改革，处于社会转型时期，立法机关决定先制定单行法，待时机成熟后再制定民法典。立法机关在民法草案第四稿的基础上着手制定了民法通则，于1986年4月12日第六届全国人大常委会第四次会议通过，从1987年1月1日起实施。虽然是以"通则"的形式出现，却标志着中国民法向法典化、体系化迈出了关键性的一步，并为中国民法的发展奠定了立法基础[1]。此后，根据2009年8月27日第十一届全国人大常委会第十次会议《关于修改部分法律的决定》，对民法通则中不适应社会主义市场经济的部分进行了修改。

---

[1] 余能斌、侯向磊、余立力：《世纪之交看新中国民商法的发展》，《法学评论》1998年第5期。

（二）民法通则的主要框架和内容

民法通则作为中华人民共和国第一部民事基本法，为市场经济的发展和社会生活提供了民事法律制度的基本框架。民法通则是一部只有一百五十六个条文的法律，却不仅规定了民法有关总则的一般性规则，而且对于民事权利、民事责任等都作出了规定，因而是在中国当代社会最急需民法促进社会发展之时出现的一部"小型"民法[1]。民法通则中的"通"字可以包含三层意思：（1）它不仅包含总则的一般规定，而且还包含分则的一部分内容。哪些成熟了就规定哪些，哪些需要就规定哪些，不受总则、分则的限制。（2）它是民事立法的原则规定。虽然有些部分规定得详细些，有些部分简单些，但总体来说，只是原则性规定。（3）它是调整横向财产关系的基本法。一切其他法律部门（婚姻法、劳动法、经济法、土地法、国际贸易法等）中的横向财产关系都要受民法通则规范的管辖。各种包含横向财产关系的单行法都要以它的规范为准则[2]。

民法通则共九章一百五十六条，包括"基本原则""公民（自然人）""法人""民事法律行为和代理""民事权利""民事责任""诉讼时效""涉外民事关系的法律适用""附则"。主要内容如下。

1. 第一章"基本原则"，共八条，主要规定了民法的立法宗旨和基本原则。民法通则第一条指出了本法的立法宗旨："为了保障公民、法人的合法的民事权益，正确调整民事关系，适应社会主义现代化建设事业发展的需要，根据宪法和中国实际情况，

---

〔1〕 杨立新：《从民法通则到民法总则：中国当代民法的历史性跨越》，《中国社会科学》2018 年第 2 期。

〔2〕 江平：《〈中华人民共和国民法通则〉剖析》，《政法论坛》1986 年第 3 期。

总结民事活动的实践经验，制定本法。"第二条确定了民法的调整对象为"平等主体的公民之间、法人之间、公民和法人之间的财产关系和人身关系"。此前关于民法的调整对象学界有着长期的争论，争论的焦点是企业之间的经济关系应由民法调整还是由经济法调整。这一规定"以法律的形式确定了民法调整的社会关系范围，为中国自第一次民法典编纂以来困扰着理论界和立法界的民法调整对象问题作出了结论；也以立法的方式平息了1979年以来民法学界和经济法学界围绕着民法调整对象问题展开的长达七年的理论之争"[1]。同时，规定了当事人在民事活动中地位平等，确定了民法的自愿原则、公平原则、诚实信用原则，强调公民、法人的合法的民事权益受法律保护，任何组织和个人不得侵犯。

2. 第二章"公民（自然人）"，共二十七条。本章主要规定了公民的民事权利能力和民事行为能力，规定了监护制度，包括对未成年人和精神病人的监护，建立了宣告失踪和宣告死亡制度，还规定了个体工商户和农村承包经营户及个人合伙等制度。

3. 第三章"法人制度"，共十八条。规定了法人的一般规则，将其界定为"法人是具有民事权利能力和民事行为能力，依法独立享有民事权利和承担民事义务的组织"。规定其民事权利能力和民事行为能力，始于成立时，在法人终止时消灭。本章对其成立的条件、法定代表人、住所等问题作了一般规定。同时，还规定了企业法人、机关法人、事业单位法人和社会团体法人，以及联营等具体制度。

4. 第四章规定民事法律行为和代理制度，共十七条。第五十

---

〔1〕 柳经纬：《民法典编纂的历史印记》，《河南财经政法大学学报》2019年第3期。

四条将民事行为界定为"公民或者法人设立、变更、终止民事权利和民事义务的合法行为"。规定了民事法律行为的有效、无效，以及可变更可撤销的民事法律行为。对于民事法律行为效力的规定颇具社会转型时期的时代特色。同时，本章还较为具体地规定了代理制度。

5. 第五章为"民事权利"，共三十五条。规定了公民所享有的民事权利，包括：（1）财产所有权和与所有权有关的财产权，其中包括所有权、使用权、经营权、承包权、相邻权和继承权。为了使通则更易为人们所理解，法律避免使用"物权"一词。这就为概括所有权以外的其他物权带来困难。用"与所有权有关的财产权"来代替"其他物权"，只能是相对准确。因为严格说来，任何财产权，包括债权、知识产权也与所有权有关[1]。（2）债权。在债权部分，民法通则规定了合同之债、不当得利之债和无因管理之债，但没有规定侵权行为之债。为了方便理解，将侵权行为放在民事责任一章中去规定。同时，也是出于方便人们理解的目的，把抵押权和留置权放在债权中，而并没有放在学理分类的物权部分。（3）人格权。对于宪法中只作政治性、原则性规定的人身权，本法以专节的形式具体加以规范。规定公民享有生命健康权、姓名权、肖像权、名誉权、荣誉权和婚姻自主权，规定法人享有名称权、名誉权、荣誉权等权利。在"民事权利"一章对人身权作出专节规定，将人身权提升到与物权、债权和知识产权同等重要的法律地位，彰显了对人的权利的重视。（4）知识产权。民法通则放弃了民法草案四稿中使用的"智力成果权"一词，为与国际接轨，采用了国际通用的"知识产权"

---

[1] 江平：《〈中华人民共和国民法通则〉剖析》，《政法论坛》1986年第3期。

的名称，规定著作权、专利权、商标权、发现权、发明权及其他科技成果权六种知识产权。

6. 第六章"民事责任"，共二十九条，以四节分别规定民事责任的一般性规定、违反合同的民事责任、侵权的民事责任和承担民事责任的方法。从各国民法典的惯例来看，一般都没有关于民事责任的单独规定，对于不同的民事责任，分别由债编、物权编、亲属编、继承编等单独规定。民法通则在起草时设想把所有的民事责任放到一起来规定，形成完整的民事责任规则体系。之所以提出这样的想法，不仅是由于当时没有合同法、物权法，也没有侵权责任法，必须解决司法实践对民事责任具体规范的急需；更重要的是，立法者想要作出一个民事立法的创新，规定一个完整的民事责任制度[1]。

7. 第七章为"诉讼时效"，共七条。为了防止权利的滥用，督促权利人尽快行使权利，设立了诉讼时效制度，并规定了诉讼时效的期间、诉讼时效的中止与中断。但民法通则规定一般的诉讼时效期间为两年，有过短之嫌。

8. 第八章对涉外民事关系的法律适用问题作了专章规定，共九条。本章主要对涉外物权关系、涉外合同关系、涉外侵权关系、涉外婚姻家庭关系、涉外继承关系等涉外民事关系的法律适用作出了规定。

9. 第九章"附则"，共六条。本章对本法的变通适用、本法的效力、生效时间作出规定，并对本法中一些词汇作出了法律解释。

2009 年 8 月 27 日，第十一届全国人大常委会第十次会议通

---

〔1〕 杨立新：《从民法通则到民法总则：中国当代民法的历史性跨越》，《中国社会科学》2018 年第 2 期。

过《关于修改部分法律的决定》，对民法通则中明显不适应社会主义市场经济和社会发展要求的规定作出修改，包括：（1）将民法通则第七条修改为："民事活动应当尊重社会公德，不得损害社会公共利益，扰乱社会经济秩序。"（2）删去第五十八条第一款第六项："经济合同违反国家指令性计划的"。

二、民法总则

（一）民法总则的起草与出台

根据中共中央的决策部署，十二届全国人大及其常委会将编纂民法典和制定民法总则作为立法工作的重点任务。2016 年 6 月、10 月、12 月，全国人大常委会先后三次审议了民法总则草案，并且先后三次于会后将草案审议稿在中国人大网公布，征求社会公众意见，两次将草案印送全国人大代表征求意见，还将草案印发中央有关部门、地方人大、法学教学科研机构征求意见。与此同时，全国人大常委会到基层进行实地调研，并于 2016 年 10 月和 11 月在宁夏、上海等地召开 4 次座谈会，听取有关部门、地方人大常委会和基层机关、法律实务工作者和专家学者等的意见。民法总则草案是在深入调查研究，广泛听取全国人大代表、全国政协委员和社会各界意见的基础上，反复修改形成的，体现了科学立法、民主立法的精神[1]。2017 年 3 月 15 日，第十二届全国人大常委会第五次会议召开，《中华人民共和国民法总则》获得了高票通过。民法总则的通过标志着全国人大常委会法工委

---

〔1〕 李建国：《关于〈中华人民共和国民法总则（草案）〉的说明——2017 年 3 月 8 日在第十二届全国人民代表大会第五次会议上》，《人民日报》2017 年 3 月 9 日，第 5 版。

民法典制定分"两步走"的编纂思路实现了第一步，为民法典的制定奠定了良好的基础。

（二）民法总则主要框架和内容

李建国在第十二届全国人大常委会第五次会议上所作的《〈关于中华人民共和国民法总则（草案）〉的说明》中，指明了起草民法总则草案的原则。在起草过程中，遵循了编纂民法典的指导思想和基本原则，并注意把握以下几点：一是既坚持问题导向，着力解决社会生活中纷繁复杂的问题，又尊重立法规律，讲法理、讲体系。二是既尊重民事立法的历史延续性，又适应当前经济社会发展的客观要求。三是既传承中国优秀的法律文化传统，又借鉴外国立法的有益经验。中华优秀传统文化的思想精华，与民法的理念和原则是相通的。制定民法总则，必须坚定文化自信，同时，要有世界眼光，善于学习外国的立法经验，借鉴人类法治文明成果，但决不照搬外国法治理念和模式[1]。

民法总则共十一章二百零六条，包括基本规定、自然人、法人、非法人组织、民事权利、民事法律行为、代理、民事责任、诉讼时效、期间计算、附则。主要内容如下。

1. 第一章"基本规定"，共十二个条文。民法通则第一章的名称为"基本原则"，民法总则改为"基本规定"，是采纳草案审议时人大代表的意见，以准确地涵盖本章的内容。因为在本章，除了民法的基本原则，还规定了立法目的、立法依据、调整对象、法律适用条款等内容。关于立法目的，民法总则第一条中规定："为了保护民事主体的合法权益，调整民事关系，维护社

---

〔1〕　李建国：《关于〈中华人民共和国民法总则（草案）〉的说明——2017年3月8日在第十二届全国人民代表大会第五次会议上》，《人民日报》2017年3月9日，第5版。

会和经济秩序，适应中国特色社会主义发展要求，弘扬社会主义核心价值观，根据宪法，制定本法。"关于民法的调整对象，民法总则第二条规定："民法调整平等主体的自然人、法人和非法人组织之间的人身关系和财产关系。"与民法通则第二条关于"中华人民共和国民法调整平等主体的公民之间、法人之间、公民和法人之间的财产关系和人身关系"的规定相比较，不仅确定了自然人的正式称谓、增加了非法人组织为民事主体，更重要的是调换人身关系和财产关系的先后位置，总则将人身关系放在财产关系之前，体现了对于人的尊严与价值的尊重，突出了民法以人为本的理念。关于民法的基本原则，重申了民法通则规定的平等、自愿、公平、诚信原则，删除了等价有偿原则，而等价有偿并非统一适用于民法的全部；调整了民事活动的界限，民法通则中的社会公德、社会公共利益和社会经济秩序的用语调整为"公序良俗"，以与传统民法相接轨，与法学界的习惯表达保持一致〔1〕。增加了"绿色原则"，民法总则第九条规定："民事主体从事民事活动，应当有利于节约资源、保护生态环境。"这样规定，既传承了天地人和、人与自然和谐共生的中国优秀传统文化理念，又体现了中共十八大以来的新发展理念，与中国是人口大国、需要长期处理好人与资源生态的矛盾这样一个国情相适应〔2〕。

关于民事法律的适用规则，本章第十条规定："处理民事纠纷，应当依照法律；法律没有规定的，可以适用习惯，但是不得违背公序良俗。"本条取消了民法通则中国家政策的民法法

〔1〕 张志坡：《中国民法的新发展——从〈民法通则〉到〈民法总则〉》，《辽宁师范大学学报（社会科学版）》2018 年第 4 期。

〔2〕 李建国：《关于〈中华人民共和国民法总则（草案）〉的说明——2017 年 3 月 8 日在第十二届全国人民代表大会第五次会议上》，《人民日报》2017 年 3 月 9 日，第 5 版。

源地位，将民事习惯纳入法源中。但未将法理列为第三种法源，其理由：一是按照中国的国情，在法律规定和习惯之外，还有最高人民法院制定和发布的各种司法解释和指导性案例可供援用或参考[1]。二是其他法律对民事关系有特别规定的，依照其规定。明确了民法总则与民商事特别法的关系。

2. 第二章"自然人"，共四十四个条文。较之民法通则，民法总则不再使用"公民"的概念，仅使用"自然人"的概念，将私法与公法在立法上作了更为清晰的界分。民法总则吸收了关于部分权利能力的最新理论成果，对部分权利能力作了明确规定：第十六条规定了胎儿在涉及遗产继承、接受赠与等利益保护时，视为具有民事权利能力。权利能力制度是承担民事权利和义务资格的唯一核心内涵，避免了人格概念的含混不清，体现了德国汇编法学派高超的立法技术。但是受当时的哲学和社会认识所限，立法者仅将权利能力赋予从出生到死亡阶段的自然人，以及符合法定条件的组织即法人。随着社会的发展和人格尊严观念的提升，并未被赋予权利能力的人的存在形态，例如胎儿和死者，迫切需要得到法律的保护；不具有法人资格的某些组织也会广泛参与社会交往，产生了作为主体参与法律关系的诉求[2]。除了本章对于胎儿利益的保护，第一百八十五条对英雄烈士等死者人格利益的保护以及第三章对法人的部分权利能力的规定，也都体现了这一理论成果。

本章将自然人无行为能力年龄的上限由 10 周岁调整为 8 周岁，同时将无民事行为能力或者限制民事行为能力的成年人的范

---

〔1〕　梁慧星：《中国民法总则的制定》，《北方法学》2017 年第 1 期。

〔2〕　杨立新：《从民法通则到民法总则：中国当代民法的历史性跨越》，《中国社会科学》2018 年第 2 期。

围界定为"不能辨认自己行为的成年人"和"不能完全辨认自己行为的成年人",而不论其引起原因是否是民法通则中规定的"精神病人"。

民法总则借鉴了老年人权益保障法的老年监护的意定监护制度,将其扩展至成年人。民法总则第三十三条规定:"具有完全民事行为能力的成年人,可以与近亲属、其他愿意担任监护人的个人或者有关组织事先协商,以书面形式确定自己的监护人。协商确定的监护人在该成年人丧失或者部分丧失民事行为能力时,履行监护职责。"这一制度使成年人可以确定自己丧失或者部分丧失民事行为能力时的监护人,符合世界成年监护制度改革的趋势。

此外,与民法总则相比,本章还明确规定限制民事行为能力人可以独立实施纯获利益的民事法律行为,规定了民政部门作为监护人的情形,规定了遗嘱指定监护人制等。这些变化回应了社会现实的需求,也体现了保障弱者、人文关怀的理念。

3. 第三章"法人",共四十五个条文。随着中国经济社会的发展,新的组织形式不断出现,法人形态发生了较大变化。为适应社会变化,民法总则"法人"一章改变了民法通则中将法人分为企业法人和非企业法人(包括机关法人、事业单位法人和社团法人)的做法,分为四节,包括一般规定、营利法人、非营利法人和特别法人。民法总则创造性地使用了"特别法人"的法律术语,将机关法人、农村集体经济组织法人、城镇农村的合作经济组织法人和基层群众性自治组织法人统一归入特别法人一类。赋予其独立法人地位的理由为:机关设立的目的是履行公共管理等职能,这与其他法人组织存在明显差别;农村集体经济组织具有鲜明的中国特色,赋予其法人地位符合中共中央有关改革精神,有利于完善农村集体经济实现形式和运行机制，增强农村集体经济发展活力；村民委员会、居民委员会等基层群众性自治组织在设立、变更和终止以及行使职能和责任承担上都有其特殊性；城镇、农村的合作经济组织对内具有共益性或者互益性，对外也可以从事经营活动，依照法律的规定取得法人资格后，作为特别法人[1]。

4. 第四章"非法人组织"，共七个条文。民法总则借鉴德国法"非法人团体"的概念，将"非法人组织"认定为自然人、法人之外的第三类民事主体，专章予以规定。这样的篇章设计适应了市场经济主体的多样性，有助于这些组织开展民事活动，有助于发挥多种市场经济主体的积极性。本章第一百零二条规定："非法人组织是不具有法人资格，但是能够依法以自己的名义从事民事活动的组织。"非法人组织包括个人独资企业、合伙企业、不具有法人资格的专业服务机构等。其与法人的最大区别在于责任的承担上，当非法人组织的财产不足以清偿债务的，其出资人或者设立人承担无限责任。本章还具体规定了非法人组织的登记与设立、无限责任、解散与清算等内容。

5. 第五章"民事权利"，共二十四个条文。在篇章的顺序上，较之民法通则，"民事权利"一章被放到民事法律行为和代理制度之前，凸显了人本主义的思想和对私权保护的重视。本章保留了民法通则"民事权利"一章的基本框架，仍以列举的方式对人格权、身份权、物权、债权、知识产权、继承权、股权和其他投资性权利等进行保护。但在权利的具体内容上规定有所减少，主要是不再发挥民法通则"小民法典"的作用，而回归总则的功能，将具体民事权利留待各分则具体规定。

---

〔1〕 李建国：《关于〈中华人民共和国民法总则（草案）〉的说明》，《中华人民共和国全国人民代表大会常务委员会公报》2017年第2期。

在民事权利的种类上，增加了一些新型权利或权益，如增加了自然人的隐私权。强调对个人信息的保护，第一百一十一条规定："自然人的个人信息受法律保护。任何组织和个人需要获取他人个人信息的，应当依法取得并确保信息安全，不得非法收集、使用、加工、传输他人个人信息，不得非法买卖、提供或者公开他人个人信息。"增加对数据和网络虚拟财产的保护，第一百二十七条规定，法律对数据、网络虚拟财产的保护有规定的，依照其规定。这些都具有鲜明的时代特色，反映了互联网和大数据时代发展的需要。

6. 第六章"民事法律行为"，共二十八个条文。民法总则"民事法律行为"一章对民法通则作了较大的改革。其主要原因是民法通则关于民事法律行为的规定停留在计划经济时代，不能满足时代的需要，也与 1999 年合同法的相关规定存在不小的冲突。为了适应全球经济一体化的发展，本章以意思表示为中心，对相关规则及民事法律行为效力制度作出了统一规定，协调了与合同法的关系，注重与国际规则的接轨。其变化主要体现在：（1）扩充了民事法律行为的内涵，将其界定为"民事主体通过意思表示设立、变更、终止民事法律关系的行为"。既包括合法的法律行为，也包括无效、可撤销和效力待定的法律行为，改变了原民法通则将其界定为"合法行为"而产生的逻辑冲突。（2）对民事法律行为的核心要素"意思表示"作了专节规定。意思表示是构成民事法律行为的基础，在民法通则中，只是在第五十五条中将"意思表示真实"作为民事法律行为的生效要件之一列明，并未具体规定。本章对意思表示的方式、生效和撤回等作了具体规定。（3）完善了民事法律行为的效力规则。增加规定了虚假行为的规定，增加了隐藏的法律行为、第三方欺诈的法律行为、第三方胁迫的法律行为；取消了乘人之危的民事行为的规定，取消了关于可变更民事行为的规定，将乘人之危与显失公平的民事法律行为统一规定为一种可撤销的民事法律行为。此外，本章还增加决议行为作为民事法律行为的一种，在附条件的民事法律行为之外增加附期限的法律行为，使得民事法律行为的规范体系更加完整。

7. 第七章"代理"，共十五个条文。民法通则将"民事法律行为和代理"规定在一章中，而民法总则将代理规定为单独一章，分为"一般规定""委托代理""代理终止"三节，提高了代理制度的地位，细化了对于代理制度的规定。同时，本章改变了民法通则中关于代理的分类，明确规定了委托代理和法定代理两种类型，不再将民法通则中的指定代理作为独立的代理类型，而将其视为法定代理的一种特殊类型。本章还完善了代理的一般规则以及委托代理制度，并增加了共同代理、自己代理和双方代理、职务代理，以及无权代理时善意第三人的请求权等内容。

8. 第八章"民事责任"，共十二个条文。民法总则保留了民法通则的特色，仍以专章对民事责任加以规定。但考虑到违约责任已由合同法加以规定，侵权责任在侵权责任法中已有规定，以后民法典的分则也将对违约责任和侵权责任加以规定，因此，民法总则"民事责任"一章没有规定两者。因此，此章之下条文也大大减少，不再设节。

9. 第九章"诉讼时效"，共十二个条文，主要规定了诉讼时效的期限、诉讼时效的中止、中断以及不适用诉讼时效的情形等。与民法通则相比，其主要改变为：一是将原有民法通则规定的二年一般诉讼时效期间延长为三年，并增加了请求权不适用诉讼时效的规定，以更好地保护债权人合法权益；二是规定"未成年人遭受性侵害的损害赔偿请求权的诉讼时效期间，自受害人年满十八周岁之日起计算"，以加强对未成年人的保护。这些都体现了民法总则对私权保护的加强。

10. 第十章"期间计算"，共五个条文。从结构上看，"期间计算"的相关内容规定在民法通则"附则"当中，在民法总则中则将其独立出来，专章加以规定。在内容上，本章在延续民法通则对于期间规定的基础上，增加了"终期"的计算方法，并规定"期间的计算方法依照本法的规定，但是法律另有规定或者当事人另有约定的除外"，赋予当事人约定期间计算方法的权利。

11. 第十一章"附则"，共二个条文。本章对"以上""以下""以内""届满"等词汇的法律含义进行规定，并规定本法开始施行的时间。

值得注意的是，如前所述，民法通则既规定了民法的一些基本制度和一般性规则，也有对合同、所有权及其他财产权、民事责任、涉外民事关系法律适用等具体制度的规定，而民法总则仅为民法典的开篇，是对民事基本原则、制度和一般性规则的规定。民法通则规定的合同、所有权及其他财产权、民事责任等具体内容还需要在编纂民法典各分编时，对现行分散的法律加以整合修订，纳入分编之中。据此，民法总则草案通过后民法通则并没有废止，仍然有效。在法律适用上，民法总则没有规定的，适用民法通则或单行法的规定；民法总则与民法通则的规定存在不一致的，根据新法优于旧法的原则，适用民法总则的规定。直至2021年1月1日《中华人民共和国民法典》实施之日起，民法总则与民法通则才同时废止。

第四节　物权法

一、物权法

（一）物权法的起草

1. 物权法起草的背景

物权法是确认、利用和保护财产的基本法律，是调整财产关系的重要法律。物权法律制度既涉及国家的基本经济制度，也关系到普通百姓的切身利益，是重要的民事基本法，是中国社会主义市场经济的重要法律制度。

新中国成立后，曾几次尝试起草民法典。第一次是1954年开始，至1956年12月完成民法草案，分为总则、所有权、债、继承四编，共五百二十五条。此后因整风、反右运动的开展导致起草工作中断。第二次是1962年开始，至1964年7月完成民法草案试拟稿，分总则、财产的所有、财产的流转三编。因1964年开始的"四清运动"而中断。这两次起草的民法典草案，都未采用物权概念，未规定物权法编。

中共十一届三中全会后，民法典起草再次被提上日程。1979年11月—1982年5月，全国人大常委会先后起草了民法草案（一至四稿）。至1982年，考虑到经济体制改革刚刚开始，各种经济关系处在变动中，决定暂停民法典起草，转而采取先分别制定民事单行法，待条件具备时再制定民法典的立法方针。至1985年，已先后颁布经济合同法、涉外经济合同法、继承法、专利法、商标法等单行法。鉴于民事立法中若干基本原则和基本制度不应由单行法分别规定,1986 年颁布民法通则[1]。

1986 年 4 月 12 日六届全国人大四次会议通过的民法通则,专门有一节规定了物权。由于对是否采用物权概念发生分歧,此节的名称为"财产所有权和与财产所有权有关的财产权"。其中包含十三个条文,主要规定了哪些财产属于国家、集体所有;国家、集体所有的土地、森林、山岭、草原等自然资源可以依法交由单位和个人使用和收益;国家所有的矿藏可以依法由企业开采或者公民采挖;国有企业的经营权和土地承包经营权都属于物权的性质;明确提出公民的个人财产,不仅包括房屋等生活资料,还包括法律允许公民所有的生产资料;对财产所有权的转移时间,财产的共有、埋藏物、隐藏物、遗失物和漂流物的归属及相邻关系等物权内容,均作了简要规定[2]。

1999 年 3 月 15 日九届全国人大二次会议颁行的合同法对社会主义市场经济条件下物的流通进行了规范,进一步明确物的权利归属关系成为一项日益紧迫的任务,物权立法提上议事日程。1999 年的宪法修改将个体经济、私营经济等非公有制经济界定为社会主义市场经济的重要组成部分,2004 年 3 月 14 日,十届全国人大二次会议通过的宪法修正案明确规定"公民的合法的私有财产不受侵犯",为物权法的制定铺平了道路。

2. 物权法的起草过程

1998 年 1 月 13 日,第八届全国人大常委会副委员长王汉斌邀请五位民法教授召开民法典起草座谈会。五位教授一致认为起

---

[1] 梁慧星:《中国物权法的制定》,《私法研究》2008 年第 1 期。

[2] 吴坤等:《物权法草案面世的台前幕后 从否定到肯定的历史》,《法制日报》2005 年 7 月 20 日。

草民法典的条件已经具备，王汉斌副委员长遂决定恢复民法典起草工作，并委托九位学者专家组成民法起草工作小组，负责起草民法典草案和物权法草案。

1998 年 3 月 25 日—27 日民法起草工作小组第一次会议召开，议定"三步走"的规划：第一步，制定统一合同法，实现市场交易规则的完善、统一和与国际接轨；第二步，从 1998 年起，用 4 年—5 年的时间制定物权法，实现财产归属关系基本规则的完善、统一和与国际接轨；第三步，在 2010 年前制定民法典，最终完成建立完善的法律体系的目标。用 4 年—5 年的时间制定物权法，是"三步走"的第二步。

1998 年 3 月，民法起草工作小组委托民法学者组成物权法起草小组。2001 年底，全国人大常委会法工委在民法学者起草的物权法草案建议稿的基础上，完成了物权法草案（征求意见稿），并发给了各地人民法院征求意见[1]。

2002 年 1 月下旬，全国人大常委会法工委将物权法（征求意见稿）印发部分省、自治区、直辖市、较大的市和经济特区，以及中央有关部门和法学教学研究机构等单位征求意见。2002 年 12 月 23 日，第九届全国人大常委会第三十一次会议审议了民法草案，其中第二编为物权法。在会议上全国人大常委会法制工作委员会主任顾昂然对民法草案中的物权法作了说明。民法草案物权法的主要内容包括物权法的调整范围、物权法的基本原则、所有权、用益物权、担保物权、登记制度、物权的保护等内容，此外，草案还对相邻关系、共有、善意取得、拾得遗失物、发现埋藏物、占有等作出了规定。

---

[1]　彭东昱：《一路走来物权法》，《中国人大》2007 年第 4 期。

会后，法工委就民法草案第二编物权法中的主要问题先后在北京、重庆、吉林、辽宁、安徽、江苏等地进行了调研，并与国务院法制办、国土资源部、建设部、农业部等部门座谈。

2004年7月、8月，法制工作委员会分别召开了法院系统和专家的研讨会。法律委员会根据常委会组成人员以及地方、部门和专家的意见，对民法草案第二编物权法进行了修改，形成了物权法（草案）。[1]

2004年10月22日，十届全国人大常委会第十二次会议对民法典中物权法草案单独进行第二次审议。在十届全国人大常委会第十二次会议上，主要修改了国有企业的财产权、农民集体所有权、建筑物区分所有权、特许物权等部分。法律委员会按上述修改意见对民法草案物权法作了修改，提出了物权法草案二次审议稿。

会后，法律委、法工委召开座谈会，听取中央有关部门、单位、专家的意见，还就草案二次审议稿中关于不动产登记、国有资产管理、建筑物区分所有权等问题在北京、上海、河北进行了调研。

法律委员会于2004年11月3日—5日召开会议，根据常委会组成人员的审议意见和各方面的意见，对草案二次审议稿进行了逐条审议。会后，法律委员会、法制工作委员会着重从三个方面对草案二次审议稿进行了研究修改：一是突出重点，解决物权法当前急需规范的现实问题；二是对草案二次审议稿涉及的几个重大问题，如不动产登记机构是否统一、农村宅基地使用权能否转让等，作出规定；三是对草案二次审议稿规定的内容尽可能表述得简明扼要、通俗易懂。

---

〔1〕《全国人大法律委员会关于〈中华人民共和国物权法（草案）〉的情况汇报——在十届全国人大常委会第十二次会议上》，《中国人大》2005年第S1期。

2005 年 6 月 8 日、6 月 23 日，法律委员会召开会议，再次对草案二次审议稿进行了审议。最高人民法院负责人列席了会议。草案二次审议稿原有二十二章、共二百九十七条。经修改，删去二章、六十一条，增加三十三条，现为二十章、共二百六十九条。〔1〕 在此基础上形成了物权法草案的第三次审议稿。

2005 年 6 月 26 日，第十届全国人大常委会第十六次会议第三次审议了物权法草案。2005 年 7 月 10 日，第十届全国人大常委会将物权法草案向社会公布征求意见。截至 8 月 20 日，立法机关共收到包括 26 个省市和 15 个较大的市的人大常委会、47 个中央有关部门、16 个大公司、22 个法学教学研究机构和法学专家提出的修改建议 11543 件。法律委和法工委对上述各方面的意见和常委会组成人员的审议意见进行了综合研究，归纳出意见比较集中的 10 个问题，并提出了初步修改意见。2005 年 9 月 26 日，吴邦国委员长主持座谈会，听取一些全国人大代表和有关方面对物权法草案几个问题修改方案的意见。2005 年 10 月 22 日，十届全国人大常委会第十八次会议第四次审议了物权法草案，并决定将草案提交全国人大会议审议通过的时间推迟至 2007 年。

2006 年 1 月，受吴邦国委员长委托，盛华仁副委员长主持召开座谈会，听取中央有关部门的负责人和专家对物权法草案几个重大问题的意见。

2006 年 4 月，法律委、法工委组织调研组赴上海、江苏、河南、湖南等地，就国有企业财产权、城镇集体所有权、建筑物区分所有权、土地承包经营权、宅基地使用权、土地征收、拆迁补偿等问题进行调研，听取基层群众和有关方面的意见。

---

〔1〕《全国人大法律委员会关于〈中华人民共和国物权法（草案）〉的情况汇报——在十届全国人大常委会第十二次会议上》，《中国人大》2005 年第 S1 期。

2006年6月，法律委、法工委召开物权法草案立法论证会，就是否具体界定"公共利益"、能否以"应收账款"作担保等几个专业性较强的问题，听取法学教学科研单位和有关部门的专家意见[1]。

2006年8月22日，十届全国人大常委会第二十三次会议第五次审议了物权法草案。五审稿提出，从中国的国情和实际出发制定物权法，首要的问题是必须全面、准确地体现中国公有制为主体、多种所有制经济共同发展的基本经济制度。制定物权法，既要体现中国的基本经济制度，也要体现对国家财产、集体财产和私有财产平等保护的原则，并增加关于基本经济制度和防止国有企业财产流失的规定。规定无约定车位归业主共有。同时，此稿未对"公共利益"作出界定。对这一问题，全国人大法律委建议由有关单行法作出规定为宜。对城镇集体所有权归属等问题认为时机不成熟，未作出界定。

2006年9月，王兆国、盛华仁副委员长受吴邦国委员长委托，主持召开座谈会，进一步听取中央有关部门负责人和专家学者对物权法草案几个重要问题的意见。2006年10月27日，十届全国人大常委会第二十四次会议第六次审议了物权法草案。第六次审议的物权法草案把维护国家基本经济制度作为物权法的立法目的，把有关基本经济制度的规定作为基本原则写入总则，明确公私财产平等保护，加大国家资产保护力度，并进一步细化征收补偿的规定。2006年12月26日，十届全国人大常委会第二十五次会议第七次审议了物权法草案。此次草案首次对城镇集体财产作出原则规定，即城镇集体所有的不动产和动产，依照法律、行政法规的规定由本集体享有占有、使用、收益和处分的权利。规

---

〔1〕 彭东昱：《一路走来物权法》，《中国人大》2007年第4期。

定宅基地适用土地管理法等法律规定；删去前几次审议稿中质押公路、桥梁收费权的有关条款；规定哪些财产归国家所有由法律规定，并规定土地承包期届满可继续承包。这次会议决定将物权法草案提交十届全国人大五次会议审议表决。

2007 年 1 月 12 日，全国人大常委会办公厅将物权法草案发送各位全国人大代表，并有计划地组织各省（市、区）全国人大代表研读、讨论物权法草案，做好审议准备。2007 年 3 月 5 日，十届全国人大五次会议召开，3 月 8 日，王兆国副委员长代表常务委员会作关于物权法（草案）的说明，近三千名人大代表对物权法草案进行了审议，3 月 16 日，《中华人民共和国物权法》以高票获得通过。同日，国家主席胡锦涛签署第六十二号主席令，公布物权法，自 2007 年 10 月 1 日起施行。

（二）物权法的主要内容

制定物权法总的原则是：以邓小平理论和"三个代表"重要思想为指导，全面贯彻落实科学发展观，坚持正确的政治方向，从中国的国情和实际出发，全面准确地体现和坚持社会主义基本经济制度；依据宪法和法律规定，对国家、集体和私人的物权实行平等保护的原则，同时针对国有财产流失的情况，加强对国有财产的保护；全面准确地体现现阶段党在农村的基本政策，维护广大农民群众的利益；针对现实生活中迫切需要规范的问题，统筹协调各种利益关系，促进社会和谐。总之，制定物权法必须始终坚持正确的政治方向，坚持物权法的中国特色，坚持一切从实际出发[1]。物权法共五编，十九章，二百

---

〔1〕　王兆国：《关于〈中华人民共和国物权法（草案）〉的说明——2007 年 3 月 8 日在第十届全国人民代表大会第五次会议上》，《中华人民共和国全国人民代表大会常务委员会公报》2007 年第 3 期。

四十七条，主要内容如下。

1. 第一编"总则"，共三章三十八个条文。

第一章"基本原则"，共八个条文，分别对立法目的、调整范围、国家基本经济制度、物权法的基本原则、物权法和其他法律的关系等作了规定。第一条指明了立法的目的和依据："为了维护国家基本经济制度，维护社会主义市场经济秩序，明确物的归属，发挥物的效用，保护权利人的物权，根据宪法，制定本法。"第二条规定物权法的调整范围："因物的归属和利用而产生的民事关系，适用本法。"并将物分为不动产和动产。界定物权为"权利人依法对特定的物享有直接支配和排他的权利"，将其分为所有权、用益物权和担保物权。

第三条至第七条规定物权法的基本原则。在立法过程中，有人认为，中国是社会主义国家，国有经济是国民经济中的主导力量，中国的物权法要突出保护公有制。有人认为，物权法属于私法，要突出对私有财产的保护。物权法把坚持以公有制为主体、多种所有制经济共同发展的基本经济制度作为物权法的基本原则，因此，第三条明确规定："国家在社会主义初级阶段，坚持公有制为主体、多种所有制经济共同发展的基本经济制度。国家巩固和发展公有制经济，鼓励、支持和引导非公有制经济的发展。"这一基本原则作为物权法的核心，贯穿并体现在整部物权法的始终。同时，物权关系具有平等的关系是物权法存在的前提，没有平等关系就没有物权法。因此，物权法将保障一切市场主体的平等法律地位和发展权利作为基本原则。

第四条规定平等保护国家、集体和私人的物权的原则："国家、集体、私人的物权和其他权利人的物权受法律保护，任何单位和个人不得侵犯。"对于此条，物权法草案说明作了较为详细的解释："宪法规定：'国家实行社会主义市场经济'。公平竞争、平等保护、优胜劣汰是市场经济的基本法则。在社会主义市场经济条件下，各种所有制经济形成的市场主体都在统一的市场上运作并发生相互关系，各种市场主体都处于平等地位，享有相同权利，遵守相同规则，承担相同责任。如果对各种市场主体不给予平等保护，解决纠纷的办法、承担的法律责任不一样，就不可能发展社会主义市场经济，也不可能坚持和完善社会主义基本经济制度。为了适应社会主义市场经济发展的要求，中共十六届三中全会进一步明确'要保障所有市场主体的平等法律地位和发展权利'。即使不进入市场交易的财产，宪法也明确规定：'公民的合法的私有财产不受侵犯。'国家依照法律规定保护公民的私有财产权和继承权。在财产归属依法确定的前提下，作为物权主体，不论是国家、集体，还是私人，对他们的物权也都应当给予平等保护。平等保护不是说不同所有制经济在国民经济中的地位和作用是相同的。依据宪法规定，公有制经济是主体，国有经济是主导力量，非公有制经济是社会主义市场经济的重要组成部分，两者在国民经济中的地位和作用是不同的。这主要体现在国家宏观调控、公共资源配置、市场准入等方面，在关系国家安全和国民经济命脉的重要行业和关键领域，必须确保国有经济的控制力，而这些是由经济法、行政法予以规定的。"

第五条至第七条分别规定了物权法定原则、物权公示原则、取得和行使物权遵守法律、尊重社会公德原则。第八条规定物权法与其他法律的关系："其他相关法律对物权另有特别规定的，依照其规定。"

第二章"物权的设立、变更、转让和消灭"，对确认物权的规则区分不动产和动产作了规定。第九条规定不动产生效的规则——不动产物权登记生效，依法属于国家所有的自然资源，所有权可以不登记。本条的规定，是第一章不动产公示原则的具体体现。这也说明不动产物权登记是不动产物权的法定公示手段，是不动产物权设立、变更、转让和消灭的生效要件，也是不动产物权依法获得承认和保护的依据[1]。关于本条第二款，在立法征求意见的过程中，有一种意见认为，这样规定不利于对国家所有的自然资源的管理，也不利于对自然资源的利用。建议将其修改为国家所有的自然资源也应登记，并具体规定由哪个部门登记、管理、开发和利用。应当指出，在实践中，为了加强对国有自然资源的管理和有效利用，有关管理部门对国有自然资源进行资产性登记。一些法律法规也有这方面的规定。但这种资产性登记，与物权法规定的作为公示方法的不动产物权登记性质上是不同的，它只是管理部门为"摸清家底"而从事的一种管理行为，并不产生物权法上的效力[2]。

第十条至第二十二条，规定了不动产登记机构和国家统一登记制度，登记应提供的材料，登记机关的职责，登记机关禁止从事的行为，登记的效力，合同效力和物权效力的区分，不动产登记簿效力及其管理机构，不动产登记簿与不动产权属证书的关系，不动产登记资料查询、复制，不动产更正登记和异议登记、预告登记，登记错误赔偿责任，登记收费问题等。

依照物权公示原则，第二十三条至第二十七条规定了动产物权的设立和转让生效的一般原则——除法律另有规定外，自交付

---

〔1〕 全国人大常委会法工委：《中华人民共和国物权法释义》，法律出版社2007年版，第39页。

〔2〕 全国人大常委会法工委：《中华人民共和国物权法释义》，法律出版社2007年版，第42页。

时发生效力。第二十八条至第三十一条规定了非依法律行为进行的物权变动。存在如下几种情况：第一，因人民法院、仲裁委员会的法律文书或者人民政府的征收决定等而发生的物权变动；第二，因继承或者受遗赠而取得物权；第三，因合法建造、拆除房屋等事实行为设立和消灭物权。

第三章"物权的保护"，对权利人可以通过确认权利、返还原物、消除危险、排除妨害、损害赔偿等多种方法保护物权作了规定。

2. 第二编"所有权"，自第四章至第九章，共六章。

第四章"一般规定"，对所有权人的权利，征收、征用等作了规定。所有权是物权的基础，所有权是对物的支配权。第三十九条规定了所有权的基本内容，所有权人对自己的不动产或者动产，依法享有占有、使用、收益和处分的权利。这一规定延续了民法通则第七十一条对所有权规定的四项内容——占有、使用、收益和处分的权利。

征收、征用是政府对所有权进行限制的行为，会导致所有权的损害。近年来，由于社会经济的发展和公共建设的需要，征收征用较为频繁。在物权法制定过程中，对于征收的问题，争议和意见比较多，主要集中在征收的公共利益和征收补偿两个方面。（1）关于公共利益。有人认为，应在物权法中明确界定公共利益的范围，以限制有的地方政府滥用征收权力，侵害群众利益。在立法过程中，曾将"为了公共利益的需要"修改为"为了发展公益事业、维护国家安全等公共利益的需要"，但有关部门和专家认为这样规定仍不清晰。全国人大法律委员会、全国人大常委会法制工作委员会会同国务院法制办、国土资源部等部门以及专家反复研究，一致认为：在不同领域内，在不同情形下，公共利益是不同的，情况相当复杂，物权法难以对公共利益作出统一的具体界定，还是分别由土地管理法、城市房地产管理法等单行法律规定较为切合实际。有的现行法律如信托法、测绘法已经对公共利益的范围作了一些具体界定[1]。（2）关于征收补偿。有人认为，在现实生活中，存在征收土地的补偿标准过低、补偿不到位的问题，侵害群众利益，建议对补偿问题作出具体规定。有人建议规定为"相应补偿"，有人建议规定为"合理补偿"，有人建议规定为"充分补偿"，有人建议规定为"根据市场价格予以补偿"。第四十二条第二款、第三款就补偿原则和补偿内容作了明确规定。考虑到各地的发展很不平衡，具体的补偿标准和补偿办法，宜由土地管理法等有关法律依照本法规定的补偿原则和补偿内容，根据不同情况作出规定[2]。针对现实生活中补偿不到位和侵占补偿费用的行为，本条第四款明确规定，任何单位和个人不得贪污、挪用、私分、截留、拖欠征收补偿费等费用。

第五章"国家所有权和集体所有权、私人所有权"，对国有财产的范围，行使国家所有权的主体，加大对国有资产的保护等作了规定；规定了集体财产的范围和归属；规定了私人所有权的内容和对私人所有权的保护。

在征求意见过程中，对如何在物权法中确定国有财产的范围存在争议。因此，物权法对国有财产的范围以概括性加具体规定的方式作了规定。第四十五条第一款规定："法律规定属于国家所有的财产，属于国家所有即全民所有。"第四十六条至第五十

---

[1] 全国人大常委会法工委：《中华人民共和国物权法释义》，法律出版社2007年版，第94页。

[2] 全国人大常委会法工委：《中华人民共和国物权法释义》，法律出版社2007年版，第114页。

二条以现行法律的规定为依据对国家所有的财产作了列举规定。关于国家所有权的行使，有的人认为，由"国务院代表国家行使国家所有权"可操作性不强；有的人提出，国有自然资源的所有权实际上有不少是由地方人民政府具体行使的，应规定地方人民政府也有权代表国家具体行使国有自然资源的所有权；有人建议，明确实践中行使所有权的地方各级政府同国务院之间的关系是委托还是授权；还有人认为，应该由全国人大常委会代表国家行使国有财产所有权。立法机关经研究认为，依据宪法规定，全国人大常委会是最高国家权力机关，国务院是最高国家权力机关的执行机关。全国人大常委会代表全国人民行使国家权力，体现在依法就关系国家全局的重大问题作出决定，而具体执行机关是国务院。中国的许多法律已经明确规定由国务院代表国家行使所有权。如土地管理法第二条、矿产资源法第三条、水法第三条、草原法第九条、海域使用管理法第三条。中共十五届四中全会报告中指出："国务院代表国家统一行使国有资产所有权，中央和地方政府分级管理国有资产，授权大型企业、企业集团和控股公司经营国有资产。"[1]

第五十八条至第六十三条对集体财产的范围和归属作了规定。物权法明确规定："农村集体经济组织实行家庭承包经营为基础、统分结合的双层经营体制。"并以专章分别规定了"土地承包经营权"和"宅基地使用权"。对于农村集体所有权的立法争议，集中在关于土地承包经营权、宅基地使用权的转让和抵押能否放开的问题。考虑到当时中国农村社会保障体系尚未全面建立，土地承包经营权和宅基地使用权是农民安身立命之本，从全

---

〔1〕　全国人大常委会法工委：《中华人民共和国物权法释义》，法律出版社2007年版，第172页。

国范围看，现在放开土地承包经营权、宅基地使用权的转让和抵押的条件尚不成熟。为了维护现行法律和现阶段国家有关农村土地政策，并为今后修改有关法律或者调整有关政策留有余地，物权法规定："土地承包经营权人依照农村土地承包法的规定有权将土地承包经营权采取转包、互换、转让等方式流转。""宅基地使用权的取得、行使和转让，适用土地管理法等法律和国家有关规定。"[1]

在物权法草案审议和征求意见过程中，有人提出，物权法应当明确规定，城镇集体财产属于本集体成员集体所有。中国的城镇集体企业是在计划经济条件下逐步形成的，在几十年的进程中，几经变化，有些集体企业是由国有企业为安排子女就业、知青回城设立的，有些集体企业是国有企业在改制中为分离辅业、安置富余人员设立的。从在北京、上海、江苏和湖南等地调研的情况看，城镇集体企业产生的历史背景和资金构成十分复杂。目前按照中共十六大以来的精神，城镇集体企业改革还在继续深化。鉴于这种历史和现实的情况，而且城镇集体财产不像农民集体所有的财产属于本集体成员所有那样清晰、稳定，城镇集体企业成员也不像农村集体经济组织成员那样相对固定，因而难以不加区别地规定为"属于本集体成员集体所有"[2]。因此，第六十一条从物权的角度作了原则规定，即"城镇集体所有的不动产和动产，依照法律、行政法规的规定由本集体享有占有、使用、收

---

〔1〕 王兆国：《关于〈中华人民共和国物权法（草案）〉的说明——2007年3月8日在第十届全国人民代表大会第五次会议上》，《中华人民共和国全国人民代表大会常务委员会公报》2007年第3期。

〔2〕 王兆国：《关于〈中华人民共和国物权法（草案）〉的说明——2007年3月8日在第十届全国人民代表大会第五次会议上》，《中华人民共和国全国人民代表大会常务委员会公报》2007年第3期。

益和处分的权利"。

对私人财产进行保护，既是广大群众的要求，也是社会和社会主义市场经济发展的需要。2004 年宪法修正案明确规定，公民的合法的私有财产不受侵犯，国家依照法律规定保护公民的私有财产权和继承权。民法通则第七十五条明确规定，公民的合法财产受法律保护，禁止任何组织或者个人侵占、哄抢、破坏或者非法查封、扣押、冻结、没收。物权法依据宪法和民法通则对私人所有权的范围和保护作了规定。

第六章至第九章，分别对业主的建筑物区分所有权、相邻关系、共有等作了规定。

建筑物区分所有权是一项复合型权利，系由专有所有权、共有所有权及区分所有人对建筑物及居住于建筑物上的人的行为的管理权所构成。[1] 物权法第六章明确规定业主对建筑物内的住宅、经营性用房等专有部分享有所有权，对专有部分以外的共有部分和公用场所享有共有和共同管理的权利和义务。此外，第六章还对小区内的车库、车位的归属，业主委员会的产生、职能，业主和物业服务机构的关系等，作了规定。

在现代社会，人们越来越意识到所有权不能是完全绝对的，所有权的行使不能妨碍社会的进步和他人的合法权利，因此，世界各国的立法取向更加注重不动产所有权的"社会性义务"，给不动产所有权提出了更多的限制性要求。相邻关系即是为了便利毗邻的不动产所有人、用益物权人或占有人而作的规定。相邻关系是一种物权，但不是独立的物权，而属于所有权中的内容。其

---

〔1〕　陈华彬:《业主的建筑物区分所有权——评〈物权法草案第六章〉》,《中外法学》2006 年第 1 期。

实质上是相邻不动产所有人或使用人行使权利的延伸限制。[1] 1986 年通过的民法通则第八十三条及最高人民法院相关的司法解释对不动产相邻关系的原则作了原则性规定，但较为简单，不足以适应社会的发展。新颁布的物权法在此基础上用九个条文对相邻关系制度作了规定，以促进不动产所有权的合理行使，维护不动产相邻各方利益的平衡。

1986 年通过的民法通则对共有仅在第七十八条作了规定，物权法在民法通则和最高人民法院民法通则的司法解释的基础上在第八章对共有制度作出了规定，共有十三个条文，与前者比较，物权法在许多方面都予以了改进和完善。第九章"所有权取得的特别规定"一章，主要对善意取得制度、遗失物等取得所有权的特殊形式作了法律规定。

3. 第三编"用益物权"，由第十章至第十四章共五章加以规定。

第十章"一般规定"，对用益物权人的权利、自然资源的用益物权制度等作了规定。第十一章至第十四章，对具体的用益物权种类、土地承包经营权、建设用地使用权、宅基地使用权、地役权等分章作了规定。

用益物权一章的特点较为鲜明，从制度内容设计上看，物权法对各个具体的用益物权的内涵、设立、变更、转让、消灭等都作了较为详细的规定；为适应社会发展的趋势，首次将海域使用权、探矿权等准物权纳入了物权法的保护范围之内，第一百二十二条规定："依法取得的海域使用权受法律保护"，第一百二十三条规定："依法取得的探矿权、采矿权、取水权和使用水域、滩

---

[1] 王利明：《物权法研究》，中国人民大学出版社 2007 年版，第 501 页。

涂从事养殖、捕捞的权利受法律保护"；物权法首次承认了空间可以作为独立的权利客体，物权法第一百三十六条规定："建设用地使用权可以在土地的地表、地上或者地下分别设立。新设立的建设用地使用权，不得损害已设立的用益物权"；物权法在土地承包经营权、宅基地使用权的转让和抵押上，既维护现行法律和现阶段国家有关农村土地政策，又为未来法律的修改和政策的调整保留了空间，因此仅作原则性规定。第一百二十八条规定："土地承包经营权人依照农村土地承包法的规定，有权将土地承包经营权采取转包、互换、转让等方式流转"，第一百五十三条规定："宅基地使用权的取得、行使和转让，适用土地管理法等法律和国家有关规定。"

　　在物权法的起草过程中，对用益物权的概念和范围的界定有着较多的分歧。2002 年 1 月物权法草案（征求意见稿）未对用益物权的概念和范围加以界定。2005 年 7 月物权法草案第一百二十三条将用益物权定义为"对他人所有的不动产，享有占有、使用和收益的权利"。2005 年 10 月物权法草案（修改稿）第一百二十二条则改为"对他人所有的不动产或者动产，享有占有、使用和收益的权利"。此后的修改稿都延续了这一界定，物权法第一百一十七条也沿用 2005 年修改稿的意见："用益物权人对他人所有的不动产或者动产，依法享有占有、使用和收益的权利。"至此，物权法不但为用益物权设置了定义性规定，而且直接揭示了用益物权的客体范围既包括不动产，也包括动产。但在具体的用益物权种类中，动产用益物权尚付阙如（特别法中也无此类权利），为此学界仍存在一定的争议[1]。

---

〔1〕　温世扬：《从〈物权法〉到"物权编"——我国用益物权制度的完善》，《法律科学（西北政法大学学报）》2018 年第 6 期。

对物权法用益物权的体系构建，立法过程中学界也存在着不同意见。其中既有用益物权称谓之争（如将传统民法上的"地上权"表述为"基地使用权""土地使用权"抑或"建设用地使用权"），也有用益物权类型取舍之争（主要是典权的存废和居住权的取舍问题）[1]。在梁慧星教授主持起草的物权法草案专家建议稿（以下简称"梁稿"）中提出的意见是：在物权法中制定用益物权，应当设立基地使用权、农地使用权、邻地利用权和典权。在王利明教授主持起草的物权法草案专家建议稿（以下简称"王稿"）中，提出的意见是：在物权法中制定用益物权，应当设立土地使用权、农村土地承包经营权、宅基地使用权、地役权、典权、空间利用权、特许物权等七种用益物权。王稿和梁稿对用益物权的名称存在争议。此外，"王稿"除了对"梁稿"提出的四种用益物权提出肯定的意见，还增加了空间利用权和特许物权的概念，并将宅基地使用权作为一章单独规定。

在 2001 年全国人大常委会法工委召开的第一次物权法研讨会上，专家除了肯定"梁稿"和"王稿"提出的上述意见，还提出了一些新的意见。这些意见主要是增加新的、实践中需要规定的用益物权种类。比较一致的意见，一是增加典权；二是增加居住权；三是增加空间权；四是增加规定特许物权；五是物权法要更多地规定物役权。在 2005 年 10 月 22 日全国人大常委会讨论的物权法（草案修改稿）中，规定了以下用益物权种类：一是土地承包经营权；二是建设用地使用权；三是宅基地使用权；四是地役权；五是居住权。

这次规定延续了草案全民征求意见稿，没有规定典权。简略

---

〔1〕 侯水平、黄果天等：《物权法争点详析》，法律出版社 2007 年版，第 261—269 页。

地规定了分层地上权，是将分层地上权作为建设用地使用权的一种进行规定的，实际上是空间建设用地使用权。同时，将乡村的建设用地使用权归属于建设用地使用权的大概念，作为建设用地使用权中的一个部分。这样实际上是将建设用地使用权作为一个体系对待，其中包括国有的建设用地使用权、空间建设用地使用权和乡村的建设用地使用权。除此之外，在用益物权的一般规定中，对海域使用权和特许物权作了原则性的规定[1]。物权法颁行时，保留了空间利用权、特许物权、土地承包经营权、建设用地使用权、宅基地使用权、地役权等用益物权类型，对典权和居住权未作规定。

4. 第四编"担保物权"，自第十五章至第十八章，共四章。

第十五章"一般规定"，对担保物权共同适用的规则作了规定。第十六章至第十八章，分别对抵押权、质权、留置权等担保物权作了规定。我国于1995年颁布实施的担保法对抵押权、质权和留置权三种担保物权作了较为全面的规定。物权法在担保法的基础上，根据实践中出现的一些新情况、新问题，吸收国外担保物权立法的先进经验，对担保物权制度作了补充、修改和完善。

根据担保法第四十一条、第四十二条、第六十四条、第七十九条的规定，抵押合同或质押合同自登记之日或质物交付质权人占有时生效。这样的规定混淆了抵押合同或者质押合同与抵押权或质权生效的区别，不利于保护债权人的利益。物权法对担保法的规定作了修改，明确区分了担保物权合同成立与担保物权生效。物权法第十五条规定："当事人之间订立有关设立、变更、

---

〔1〕 杨立新:《关于完善物权法用益物权体系的若干意见》，《民商法理争议问题：用益物权》，中国人民大学出版社2007年版，第56页。

转让和消灭不动产物权的合同，除法律另有规定或者合同另有约定外，自合同成立时生效；未办理物权登记的，不影响合同效力。"第一百八十七条规定："以本法第一百八十条第一款第一项至第三项规定的财产或者第三项规定的正在建造的建筑物抵押的，应当办理抵押登记。抵押权自登记时设立。"第二百一十二条规定："质权自出质人交付质押财产时设立。"

担保法第三十四条主要规定了不动产可以进行抵押，对动产抵押未作规定。物权法扩展了可抵押财产的范围：一是将规定的可以抵押的财产范围扩展到动产如生产设备、原材料、半成品、产品。二是规定未完成的工程，如正在建造的建筑物、船舶、航空器可以抵押。三是将在浮动抵押制度中，将未来动产也纳入可以抵押的财产范围中。四是将可供抵押的财产由抵押人"所有"的财产扩大到抵押人"有权处分"的财产。五是将担保财产概括为"法律、行政法规未禁止抵押的其他财产"。担保法第三十四条将抵押物概括为"依法可以抵押的其他财产"。即只有法律明文规定可以抵押的财产才属于抵押物的范围，而物权法第一百八十条遵循法不禁止即为合法的规定，实际上是确立了抵押财产范围开放的原则，赋予当事人更大的意思自治权。六是规定应收账款、可以转让的基金份额可以出质。七是扩大了留置权的适用范围。根据担保法第八十四条的规定，留置权仅产生于保管、运输、加工承揽等合同关系，而不适用其他法律关系。物权法第二百三十条规定："债务人不履行到期债务，债权人可以留置已经合法占有的债务人的动产，并有权就该动产优先受偿。"因此根据此规定，留置权的适用范围不局限于特定的几种法律关系中，只要债务人不履行到期债务，没有法律或者合同的其他规定，债权人就可以留置其合法占有的债务人的动产。

根据担保法司法解释的规定，担保物权的行使期限，为担保物权所担保的债权的诉讼时效结束后的二年。物权法第二百零二条规定："抵押权人应当在主债权诉讼时效期间行使抵押权；未行使的，人民法院不予保护。"根据物权法的规定，抵押权人行使抵押权的时效将与所担保的主债权诉讼时效相同，缩短了抵押权的时效。不过，物权法并未规定质权、留置权时效，但为了避免质权人、留置权人滥用权利、怠于行使权利，物权法赋予了出质人、债务人行使质权、留置权的请求权。

对同一债权上的物的担保与人的担保并存时的责任承担作了修改。担保法第二十八条采取了"物的担保责任绝对优先"规则。债权人只能先行使担保物权，在不能完全受偿时，可以就剩余的部分再向保证人主张，保证人仅对物的担保以外的债权额承担保证责任。该规则不利于债权人利益的保障。物权法对物的担保与人的担保并存时责任承担规则进行了修改，规定首先债权人应当按照约定实现债权；没有约定或者约定不明确，债务人自己提供物的担保的，债权人应当先就该物的担保实现债权；遵循"物的担保责任与人的担保责任平等"规则，在没有约定或者约定不明确，第三人提供物的担保的，债权人可以就物的担保实现债权，也可以要求保证人承担保证责任。

5. 第五编"占有"，第十九章以五个条文对占有制度进行了规定。

第二百四十一条规定了占有的一般规则，第二百四十二条至第二百四十四条规定了占有人与返还原物请求权人的权利义务，第二百四十五条规定了占有保护制度。条文简略，并不能全面地规定占有制度，而占有又涉及无因管理、不当得利、侵权责任等若干复杂问题，法律并无明确规定，所以导致物权法出台后，关于占有制度的争议比较多。

二、担保法

担保，是指在借贷、买卖、货物运输、加工承揽等经济活动中，债权人为保障其债权实现的，要求债务人向债权人提供担保的合同。改革开放以来，在国民经济持续快速增长的同时，我国的担保行业随之取得了长足发展，但同时一些问题也逐渐暴露出来，如担保的主体资格不够明确，可作为抵押物的财产不够清楚，当事人在担保中的权利义务不够明确，担保的程序不够健全等，这些都急需立法加以明确。担保法的起草工作始于1992年。在起草过程中广泛听取了有关部门、人民法院和法律专家的意见，在总结我国担保制度实践经验的基础上，借鉴国外有关法律规定和国际通行做法，起草了担保法草案。八届全国人大常委会第十二次会议对担保法（草案）进行了初步审议。会后，法制工作委员会广泛征求意见，并于6月8日、16日召开会议，根据全国人大常委会的审议意见和地方、部门、法律专家的意见，对草案进行了审议，同时提出了相应的修改意见。1995年6月30日，第八届全国人大常委会第十四次会议通过了《中华人民共和国担保法》，并予以公布，自1995年10月1日起施行。

担保法共七章九十六条，第一章总则对该法的立法目的、适用范围、担保方式和基本原则作出了规定。本章是根据担保制度自身的特征作出的规定，对担保制度起着指导作用；第二章是关于保证担保方式的规定，分别对保证人、保证方式、保证合同和保证责任作出了规定；第三章是关于抵押担保方式的规定，对抵押和抵押物、抵押合同和抵押物登记、抵押的效力、抵押权的实现以及最高额抵押作出了规定；第四章是对质押担保方式的规定，对动产质押和权利质押作出了规定；第五章和第六章则分别规定了留置担保方式和定金担保方式；第七章附则对动产与不动产的定义、担保合同的表现形式、担保物折价或变卖的价格确定、本法的例外以及实施日期作出了规定。

担保制度是民商事法律中的一项重要制度，其在维护市场经济秩序健康有序运行、维护当事人合法权益、维护司法公正和法律权威方面有着重要的作用。担保法为规制担保制度提供了基本的行为规范。

三、农村土地承包法

农村土地承包法的起草工作始于 1999 年 1 月。农村土地承包法是 1949 年中华人民共和国成立以来所通过的第一部涉及农村土地承包的相关法律。其发展历程大致可以分为几个阶段。

第一阶段：按照九届全国人大常委会立法规划的要求，全国人大农业与农村委员会组成了由有关部门领导和专家学者参加的农村土地承包法起草组，于 1999 年 1 月着手起草草案。起草组在深入调查研究和广泛征求意见的基础上，经过反复论证、多次修改，拟定了草案。2002 年 8 月 29 日，第九届全国人大常委会第二十九次会议通过了《中华人民共和国农村土地承包法》，并于同日由国家主席江泽民签署第七十三号主席令予以公布。

第二阶段：2009 年 8 月 27 日，第十一届全国人大常委会第十次会议通过了《关于修改部分法律的决定》，该决定同意删去农村土地承包法第十六条、第五十九条，这是农村土地承包法第一次修正。

第三阶段：2018 年 12 月 29 日，第十三届全国人大常委会第七次会议表决通过了关于修改农村土地承包法的决定。此次农村土地承包法根据国家经济发展和农村土地政策作出了重大修改。

（一）2002 年农村土地承包法的主要内容

以家庭承包经营为基础、统分结合的双层经营体制是党在农村的一项基本政策，调动了广大农民生产的积极性，促进了农村经济的发展。1993 年，中共中央提出"在原定的耕地承包期到期之后，再延长 30 年不变"，受到广大农民的拥护。中共十五届三中全会通过的《中共中央关于农业和农村工作若干重大问题的决定》明确提出："要坚定不移地贯彻土地承包期再延长三十年的政策，同时要抓紧制定确保农村土地承包关系长期稳定的法律法规，赋予农民长期而有保障的土地使用权。"实施二十多年来，中国农村土地承包政策已逐步成熟，农民也亟须立法保障其在农村土地承包中的权利。

农村土地承包法在制定过程中主要体现了以下原则：一是以维护农村土地承包关系的长期稳定为第一要义；二是坚持自愿、公开、公平、公正的原则，正确处理国家、集体、农民三者的利益关系；三是在稳定承包关系的基础上，支持和保护土地承包经营权依法自愿、有偿流转；四是注意与延包工作的实践相衔接，确认延包合同有效，本法实施后，凡符合国家有关规定的，不得再进行变更或者调整；五是原则性与灵活性相结合，考虑到各地情况差别很大，对一些问题只作原则性规定，给地方制定具体办法留有一定的空间[1]。

2002 年农村土地承包法共五章六十五条。分为"总则""家庭承包""其他方式的承包""争议的解决和法律责任""附则"，突出家庭承包及土地承包经营权的保护和流转。本法所说的农村土地是指农民集体所有和国家所有依法由农民集体使用的耕地、林地、草地、园地、养殖水面，以及依法用于农业的荒山、荒沟、荒丘、荒滩等。对农村土地，一般采取农村集体经济组织内部的家庭承包方式，不宜采取家庭承包方式的荒山、荒沟、荒丘、荒滩等农村土地，可以采取招标、拍卖、公开协商等方式承包。

第一章为总则部分，共十一条，分别规定了本法的制定目的，农村土地的认定方式，我国实行的农村土地制度，农村土地发包方以及承包方的主体资格限制等内容。

第二章家庭承包，分别规定了发包方和承包方的权利和义务，承包的原则和程序，承包期限和承包合同，土地承包经营权的保护，土地承包经营权的流转等五节内容。第二章为农村土地承包法重点章节，涉及诸多实体权利条款，并以立法的形式确定了耕地的承包期为三十年，草地的承包期为三十年至五十年，林地的承包期为三十年至七十年；特殊林木的林地承包期，经国务院林业行政主管部门批准可以延长。

第三章为其他方式的承包，规定了不宜采取家庭承包方式的荒山、荒沟、荒丘、荒滩等农村土地，通过招标、拍卖、公开协商等方式承包的，适用本章规定。

第四章为争议的解决和法律责任。因土地承包经营发生纠纷的，双方当事人可以通过协商解决，请求村民委员会、乡（镇）

---

〔1〕　柳随年：《关于〈中华人民共和国农村土地承包法（草案）〉的说明》，《中华人民共和国全国人民代表大会常务委员会公报》2002 年第 5 期。

人民政府等调解，向农村土地承包仲裁机构申请仲裁，向人民法院起诉等方式进行解决。第五十六条规定："任何组织和个人侵害土地承包经营权、土地经营权的，应当承担民事责任。"

第五章为附则，对本法实施以前所进行的承包、预留机动地等问题进行了规定，并且赋予各省、自治区、直辖市较大自主权，可根据实际情况，制定实施办法。第六十五条规定："本法自 2003 年 3 月 1 日起施行。"

（二）2009 年农村土地承包法的修正

2009 年 8 月 27 日，第十一届全国人大常委会第十次会议通过关于修改部分法律的决定，决定中明确将农村土地承包法第十六条、第五十九条中的"征用"修改为"征收、征用"，此为农村土地承包法的第一次修正。

（三）2018 年农村土地承包法的修正

1. 修改农村土地承包法的必要性

实行以家庭承包经营为基础、统分结合的双层经营体制，是农村改革的重大成果，是宪法确立的农村基本经营制度。农村土地承包法 2003 年施行以来，对稳定农村基本经营制度，赋予农民长期而有保障的土地承包经营权，增加农民收入，促进农业、农村经济健康发展和农村社会和谐稳定，发挥了重大作用。

中共十八大以来，中共中央对稳定和完善农村基本经营制度、深化农村集体土地制度改革提出一系列方针政策。中共十九大报告明确指出第二轮土地承包到期后再延长三十年。从农业农村的现实情况看，随着富余劳动力转移到城镇就业，各类合作社、农业产业化龙头企业等新型经营主体大量涌现，土地流转面积不断扩大，规模化、集约化经营水平不断提升，呈现"家庭承包，多元经营"的格局。农业产业化、水利化、机械化及科技进步等，都对完善农村生产关系提出新的要求。把实践检验行之有效的农村土地承包政策和成功经验及时转化为法律规范，是修改农村土地承包法首先要考虑的问题。适应农村生产力发展的新要求，稳定和完善适合国情的农村基本经营制度，是修改农村土地承包法的基本出发点[1]。

2015年，第十二届全国人大常委会将修改农村土地承包法列入立法规划中，由全国人大农业与农村委员会牵头修改，中央农办、农业部等部门参与。在修改过程中，作了广泛深入的调查研究，认真听取31个省、市、自治区的基层干部和农民群众、有关部门和相关专家的意见，形成了农村土地承包法修正案草案。经过三年的调研、论证、沟通协调工作和多次修改，2018年12月29日下午，十三届全国人大常委会第七次会议表决通过了关于修改农村土地承包法的决定。修正后的农村土地承包法共五章七十条，自2019年1月1日起施行。

2. 农村土地承包法修改的总体思路及主要内容

农村土地承包法修改的总体思路是：全面贯彻中共十八大、十九大和历次中央全会精神，围绕处理好农民和土地的关系这条主线，坚持农村基本经营制度不动摇，进一步赋予农民充分而有保障的土地权利，为提高农业农村现代化水平，推动实施乡村振兴战略和城乡融合发展，保持农村社会和谐稳定提供制度保障[2]。修改的主要如下。

---

〔1〕《农村土地承包法修正案草案解读》，中国人大网，http://www.npc.gov.cn/npc/c183/201711/86c5ce19df724bcc9664bc81d2b98386.shtml。

〔2〕刘振伟：《关于〈中华人民共和国农村土地承包法修正案（草案）〉的说明》，《中华人民共和国全国人民代表大会常务委员会公报》2019年第1期。

（1）"三权分置"制度的法制化

中共十八届三中全会通过的《中共中央关于全面深化改革若干重大问题的决定》强调："赋予农民对承包地占有、使用、收益、流转及承包经营权抵押、担保权能，允许农民以承包经营权入股发展农业产业化经营。"2016年中央一号文件正式提出："在落实农村土地集体所有权的基础上，稳定农户承包权，放活土地经营权。"由此，农地三权分置被正式明确。修改后的农村土地承包法将三权分置制度化、法律化。家庭承包方式取得的土地承包经营权可以自己经营，也可以保留土地承包权，流转其承包地的土地经营权，由他人经营。同时，明确了土地承包权和土地经营权的权能。承包方可以自主决定依法采取出租（转包）、入股或者其他方式向他人流转土地经营权。承包方可以用承包地的土地经营权向金融机构融资担保。受让方通过流转取得的土地经营权，经承包方书面同意并向发包方备案，可以向金融机构融资担保。为了加强对土地承包权的保护，承包土地的经营权流转后，承包方与发包方的承包关系不变，承包方的土地承包权不变。

（2）进一步稳定农村土地承包关系

"三农"问题最核心的问题就是维护好农村秩序，维护好农村秩序的关键就在于要稳定农村土地承包关系，修改后的农村土地承包法进一步延长了土地的承包期。第二十一条修改为："耕地的承包期为三十年。草地的承包期为三十年至五十年。林地的承包期为三十年至七十年。前款规定的耕地承包期届满后再延长三十年，草地、林地承包期届满后依照前款规定相应延长。"

（3）保护进城农民的土地利益

近年来，越来越多的农民选择进城务工，进城后其原有的承包地如何处理一直被社会所热议。修改后的农村土地承包法明确保护进城农户的土地承包经营权。第二十七条规定："国家保护进城农户的土地承包经营权。不得以退出土地承包经营权作为农户进城落户的条件。承包期内，承包农户进城落户的，引导支持其按照自愿有偿原则依法在本集体经济组织内转让土地承包经营权或者将承包地交回发包方，也可以鼓励其流转土地经营权。"

（4）进一步加强对农村妇女土地权益的保护

修改后的农村土地承包法为了实现对农村妇女土地权益的保护，增加了两项规定：一是第十六条第二款强调："农户内家庭成员依法平等享有承包土地的各项权益。"二是第二十四条第二款规定："土地承包经营权证或者林权证等证书应当将具有土地承包经营权的全部家庭成员列入。"这些新规定都有利于保护农村妇女的土地承包利益。

第五节　合同法

一、合同法的制定

中华人民共和国成立以后，国民党的六法全书被废除。合同立法开始了崭新的起点。1950 年—1956 年，为了恢复国民经济，开展有计划的经济建设，适应当时多种经济成分并存的经济结构，国家在经济领域广泛实行合同制度。至 1956 年，中央各部委共制定了四十多种合同法规。1956 年 12 月完成的民法草案中，设有合同通则性规定及买卖等十六种合同。1958 年以后，生产资料所有制的社会主义改造已经完成，中国实行集中统一的计划经济体制，作为商品交换法律形式的合同制度被取消[1]。虽然从1961年开始，中国曾短暂地恢复过合同法律制度并制定了许多合同法规，但由于时政的变化，1966年以后，合同法律制度再次被取消。

随着改革开放和中国社会经济的发展，全国人大先后制定了经济合同法、涉外经济合同法、技术合同法三部合同法。它们对于维护公民的合法权利，维护正常的市场秩序，促进改革开放和经济发展起了重要的作用。但是，1992年确立了经济体制改革的目标建立社会主义市场经济体制以来，这三部法律已经不能适应社会发展的需要。主要体现在：一是三部合同法分别适用于国内经济合同、涉外经济合同、技术合同，三部合同法相互间存在不协调甚至矛盾的现象，割裂了国内市场与国际市场、技术市场与其他商品市场的关系，而市场交易应适用统一的交易规则；二是三部合同法内容重复，而合同的订立、合同的效力以及违约责任等方面的规定又较为概括，缺乏规范合同关系基本的规则和制度，缺乏可操作性[2]；三是缺少系统的合同总则性规定。民法通则中有关合同的规定，尚无法作为合同法总则适用。实际上，民法通则对于三个合同法也未起到"统"的作用[3]；四是合同法的种类规定过少，合同法的适用范围未能覆盖社会的全部经济生活，大量发生在社会生活中的合同关系缺少规范。特别是在加入世界贸易组织（WTO）前夕，为了与国际接轨，中国急需制定

---

[1] 张广兴：《中华人民共和国合同法的起草》，《法学研究》1995年第5期。

[2] 靳宝兰：《从"三足鼎立"走向统一的合同法——〈中华人民共和国合同法〉起草情况简介》，《中国人民公安大学学报（社会科学版）》1999年第3期。

[3] 张广兴：《中华人民共和国合同法的起草》，《法学研究》1995年第5期。

统一的合同法。因此，根据第八届全国人大常委会的立法规划，自1993年10月开始了合同法立法工作。

1993年10月，全国人大常委会法制工作委员会在北京召开了专家研讨会，7位专家参与讨论并提出了中国合同法立法方案，从此开始了制定统一合同法的立法工作。1995年1月形成了由全国12个法律院所的专家学者参与起草的合同法建议稿并提交法工委。1995年10月，法工委民法室以专家建议稿为基础起草了合同法试拟稿。1996年5月27日—6月7日，法工委在北京召开会议，修改统一合同法草案，最后形成合同法试拟稿第三稿。其后在第三稿基础上法工委修改形成了合同法（征求意见稿）[1]。

根据各方面意见修改后，于1998年8月九届全国人大常委会第四次会议第一次审议了合同法草案。会后根据常委会的决定，将合同法（草案）公布，全面征求意见。共收到中央有关部门、地方、企业事业单位和个人对合同法草案的意见160多份。李鹏委员长针对审议中提出的主要问题牵头进行多次调查研究。全国人大法律委员会、财政经济委员会和全国人大常委会法制工作委员会联合召开了有关部门、企业事业单位和法律专家的座谈会，征求意见。根据常委会组成人员的审议意见和各方面的意见，对合同法草案又作了较多的修改、补充。合同法草案经九届全国人大常委会第四次、第五次、第六次、第七次会议审议，决定提请九届全国人大第二次会议审议[2]。

1999年3月9日，在第九届全国人大常委会第二次会议上，

---

〔1〕 郭明瑞：《〈合同法〉的立法经验》，《中国社会科学报》2009年11月24日第7版。

〔2〕 顾昂然：《关于〈中华人民共和国合同法（草案）〉的说明》，《人大工作通讯》1999年第1期。

全国人大常委会法制工作委员会主任顾昂然向大会作关于合同法（草案）的说明。在说明中，他指出此次制定合同法的指导思想是："以邓小平理论为指导，坚持从中国实际出发，并借鉴国外的有益经验，制定一部统一的、较为完备的合同法，以保障社会主义市场经济健康发展。注意保持法律的连续性和稳定性，以经济合同法、涉外经济合同法和技术合同法为基础，总结实践经验，加以补充完善。注重可操作性，把近十年来行之有效的有关合同的行政法规和司法解释的规定，尽量吸收进来，对需要增加的，尽可能作出具体规定。"[1] 合同法（草案）说明分为六个部分：（1）关于调整范围，合同是平等主体的自然人、法人、其他组织之间设立、变更、终止民事权利义务关系的协议。这是根据民法通则的规定作出的。合同法调整的是平等主体之间的民事关系，主要调整法人、其他组织之间的经济贸易合同关系，同时还包括自然人之间的买卖、租赁、借贷、赠与等合同关系。（2）关于基本原则，主要包括平等、自愿原则，公平、诚实信用原则，守法原则。（3）关于合同的订立，合同法草案主要规定了当事人应当具有相应的主体资格；订立合同的形式，合同法草案规定，当事人订立合同，有书面形式、口头形式和其他形式；合同一般包括什么内容；要约、承诺。（4）关于合同的履行，合同法草案强调全面履行的原则和诚实信用原则，并规定了履行抗辩权、代位权、撤销权等权利义务。（5）关于违约责任，规定了继续履行、采取补救措施或者赔偿损失等违约责任，并规定了定金、预期违约等制度。（6）合同法草案的分则对现行三部合同法规定的购销、供用电、借款、租赁、承揽、建设工程、运输、仓储保

---

[1] 顾昂然：《关于〈中华人民共和国合同法（草案）〉的说明》，《人大工作通讯》1999年第1期。

管、技术等合同，都予以保留，并增加规定了融资租赁、赠与、委托、行纪、居间等合同[1]。

《中华人民共和国合同法》于 1999 年 3 月 15 日由第九届全国人大第二次会议通过，并于当年 10 月 1 日起实施，经济合同法、涉外经济合同法、技术合同法同时废止。合同法对保护合同当事人的合法权益、规范市场交易行为、建立市场经济体制都具有十分重要的意义。

二、合同法的主要内容

合同法采用总则和分则的形式，其中总则部分八章，包括合同订立、效力、履行、变更、转让、终止、违约等一般性规定；分则十五章，共规定了 15 类有名合同。全文共四百二十八条。

（一）关于总则第一章"一般规定"

总则第一章"一般规定"共八条，主要对合同法的立法目的、合同法的调整范围以及合同法的基本原则作了规定。合同法的第一条规定了制定合同法的目的是："为了保护合同当事人的合法权益，维护社会经济秩序，促进社会主义现代化建设，制定本法。"改革开放后制定的经济合同法、涉外经济合同法和技术合同法三部合同法已不能适应改革开放的不断深化和经济的快速发展，也不能涵盖社会生活中广泛存在的合同类型，充分保护当事人的利益。为实现中共十四大关于建立社会主义市场经济体制的要求，以三个合同法为基础，总结实践经验，同时，从中国实际出发，充分借鉴国外合同法律的有益经验制定这部统一合

---

〔1〕　顾昂然：《关于〈中华人民共和国合同法（草案）〉的说明》，《人大工作通讯》1999 年第 1 期。

同法。

合同法第二条规定了合同法的调整范围："本法所称合同是平等主体的自然人、法人、其他组织之间设立、变更、终止民事权利义务关系的协议。婚姻、收养、监护等有关身份关系的协议，适用其他法律的规定。"提交全国人大常委会审议的合同法草案关于合同的调整范围是这样规定的："本法所称合同是平等主体的公民、法人、其他组织之间设立、变更、终止债权债务关系的协议。"在修改、审议过程中，对"公民"和"债权债务关系"作了修改。有的委员和专家提出，外国人对中国的投资和经济贸易往来，也需要适用合同法，而"公民"一词不能包括这种情况。为此，本条将"公民"修改为"自然人"，既包括中国人，也包括外国人和无国籍人。有的委员、部门和专家提出，鉴于对债权债务关系一词容易产生不同理解，对合同法调整范围的表述还是用"民事权利义务关系"为好。为此，本条将"债权债务关系"修改为"民事权利义务关系"[1]。较之三部合同法，统一的合同法的适用范围有所扩大，在合同主体上，既包括中国的自然人、组织之间订立的合同，也包括外国的自然人和组织；在合同的类型上，不仅是经济合同、技术合同，包括所有当事人设立、变更、终止民事权利义务关系的协议。同时，本法所说的民事权利义务关系，主要是指财产关系，有关婚姻、收养、监护等身份关系的协议不适用合同法的规定。

合同法第三条至第七条，分别规定了合同法的基本原则。第三条可归纳为平等原则，是指地位平等的合同当事人，在权利义务对等的基础上，经充分自愿协商一致，订立、修改、履行合同

---

〔1〕《中华人民共和国合同法释义》，中国人大网，http://www.npc.gov.cn/zgrdw/npc/flsyywd/minshang/2000—11/25/content_8363.htm。

的原则。这一原则贯穿在订立和履行合同的全过程，主要包括：合同当事人的法律地位一律平等；合同中的权利义务对等；合同当事人在自愿的基础上就合同条款达成一致。第四条可归纳为自愿原则。合同当事人可以按照自己的意志决定是否订立合同，并确定和调整合同的权利义务关系。自愿原则包括当事人可以依自己意愿决定是否签订合同，和谁确立合同，自愿决定合同的内容，可以协议补充、协议变更有关内容；双方也可以自愿协议解除合同；并可以约定违约责任，自愿选择解决争议的方式。只要不违背法律、行政法规的强制性规定和公序良俗，合同当事人有权决定。第五条为公平原则，要求合同双方当事人之间的权利义务要基本对等和合理，要大体上平衡，合同风险的分担和违约责任的确定要大体平衡和合理。公平原则是为了防止当事人滥用权力，维护和平衡当事人之间的利益。第六条为诚实信用原则，诚实信用原则是民法中的帝王条款，也是合同法的基本原则。诚实信用原则要求一切民事主体在合同关系中讲究信用，在不损害他人利益、社会利益、国家利益的前提下，谋求自己的利益。诚实信用原则本是社会基本道德的范畴，因其在维护市场秩序，保护公民权利方面的重要作用而上升为法律规范。第七条为遵守法律，不得损害社会公共利益原则。合同不仅涉及双方当事人的利益，在一些情况下可能涉及国家市场秩序、社会公共利益和社会公德。因此，合同法虽然规定自愿原则以鼓励交易，以促进交易的开展，发挥当事人的主动性、积极性和创造性，但合同主体的自愿不是完全无限制的，必须遵守法律、遵守公共秩序和善良风俗，以维护社会秩序和国家利益。

第八条规定了依法成立的合同的效力："依法成立的合同，对当事人具有法律约束力。当事人应当按照约定履行自己的义务，不得擅自变更或者解除合同。依法成立的合同，受法律保护。"所谓受法律保护，是指当事人如不按照约定履行自己的义务，将承担违约责任，并且以国家强制力保证这种责任的实现。

（二）关于总则第二章"合同的订立"

总则第二章"合同的订立"共三十五条，对订立合同的主体资格、合同的形式、合同的主要条款、要约与承诺制度、格式条款、缔约过失责任等作了规定。

合同法第九条对合同当事人的资格作了相应的规定，要求当事人订立合同，应当具有相应的民事权利能力和民事行为能力，并规定当事人依法可以委托代理人订立合同。合同法第十条规定了合同的形式："当事人订立合同，有书面形式、口头形式和其他形式。法律、行政法规规定采用书面形式的，应当采用书面形式。当事人约定采用书面形式的，应当采用书面形式。"在制定合同法的过程中，对于合同的形式有不少意见，归纳起来有两种。一种意见是，合同法应当规定合同必须以书面形式订立，口头合同容易发生争议；另一种意见是，合同可以书面、口头或者其他形式订立，凡是不违反法律，民事主体双方自愿订立的合同就是有效的，合同法不应对合同再规定限制条件。在起草的过程中，有关合同形式条文的写法也数易其稿[1]。最终，考虑到口头合同在社会中的广泛存在，以及简易方便的特点，合同法承认其效力，并规定在法律规定和当事人约定书面形式的情况下，应采用书面形式。合同法第十一条对书面形式作了界定，规定"书面形式是指合同书、信件和数据电文（包括电报、电传、传真、电子数据交换和电子邮件）等可以有形地表现所载内容的形式"。

---

〔1〕《中华人民共和国合同法释义》，中国人大网，http://www.npc.gov.cn/zgrdw/npc/flsyywd/minshang/2000—11/25/content_8363.htm。

二十世纪七八十年代，在一些发达国家电子数据和电子商务逐渐兴起，为适应这种趋势，美国、英国、澳大利亚等国家修改了相关的证据规则，并承认电子数据和电子合同的效力，联合国国际贸易法委员会第二十九届会议还于 1996 年 6 月通过了贸易法委员会电子商业示范法。20 世纪 90 年代，中国电子商务合同应用已初见端倪，一些部门、单位和专家也建议合同法中应当确认采用电子数据交换和电子邮件等形式订立的合同的有效性。为了与国际接轨，并结合中国现实，本条明确规定了电子数据交换和电子邮件作为合同的形式，并以"可以有形地表现所载内容的形式"概括表明并不限于此两种形式。合同法第十二条是对合同主要条款和示范文本的规定。主要是为了提示当事人在订立合同时更好地明确各自的权利义务，减少纠纷的产生。

合同法第十三条规定了订立合同的方式："当事人订立合同，采取要约、承诺方式。"第十四条至第二十条对要约制度作了具体规定。第二十一条至第三十一条规定了承诺制度。当事人订立合同的过程，是对双方的权利义务协商一致的过程。向对方提出合同条件作出签订合同的意思表示称为"要约"，而另一方如果表示接受就称为"承诺"。在合同法颁布前，中国的民事立法并无有关要约与承诺制度的规定。这导致对于合同成立缺乏具体的判断标准，也不利于双方责任的厘清。为了分清各方当事人的责任，充分保障当事人的权益，合同法具体规定了要约的定义及其构成要件、要约邀请、要约的生效、要约的撤回、要约的撤销、要约的失效、承诺的定义、承诺的方式、承诺的到达时间、承诺的生效时间、承诺的撤回与撤销、承诺对要约内容的变更等内容。

一般情况下，根据合同法第二十五条的规定，承诺生效时合同成立，这是较为普遍的情况。第三十二条至第三十五条规定了在书面或数据电文的形式下，合同成立的时间和地点：（1）当事人采用合同书形式订立合同的，自双方当事人签字或者盖章时合同成立。这是中国企业间订立合同的一般方式。（2）当事人采用信件、数据电文等形式订立合同的，可以在合同成立之前要求签订确认书。签订确认书时合同成立。在合同成立之前，指的是在承诺生效前。如果当事人在承诺生效后即合同成立后提出签订确认书的要求，则与承诺生效即合同成立的规定相矛盾。（3）承诺生效的地点为合同成立的地点。采用数据电文形式订立合同的，收件人的主营业地为合同成立的地点；没有主营业地的，其经常居住地为合同成立的地点。当事人另有约定的，按照其约定。

此外，本章的第三十六条至第四十三条还对合同缔结过程中的一些情况，如应当采用书面形式而未采用的合同的成立，对没有签字或者盖章的合同书的成立，对依照国家的指令性任务和国家订货任务订立的合同，以及格式条款和缔约过失责任作出了规定。

（三）关于总则第三章"合同的效力"

本章从第四十四条至第五十九条共十六个条文，是关于合同效力的规定。合同的效力，指当事人之间已经成立的合同根据相关法律进行评价所可能发生的各种法律约束力和后果。本章对合同的生效时间、附条件的合同、附期限的合同、效力待定合同、表见代理合同、无效合同、可撤销合同等合同效力的主要问题作了规定，基本上完备了中国的合同效力制度。

较之民法通则和废止的三部合同法，合同法在合同效力上规定的变化主要体现在：第一，缩小了无效合同的范围。为了适应市场经济的发展，赋予市场主体更多的自主权，减少之前实践中大量合同被裁判为无效合同的情况，合同法缩小了无效合同的范围。对于用欺诈、胁迫手段订立的合同，不再统一规定无效，只有在损害国家利益时才为无效；只有违反了这些法律、行政法规的强制性规定的合同才无效，违反其他规范性文件并不必然产生合同无效的效力；对于超越代理权签订的合同，不再规定为无效，而是效力待定的合同。第二，增加了合同可撤销及效力待定合同的规定。关于合同的可撤销条款和效力未定合同条款见于民法通则第五十九条、第六十六条，合同法在此基础上增加了相应条款，完备了立法体系。第三，对撤销权作了限制性规定。对于可变更可撤销合同，当事人请求变更的，人民法院或者仲裁机构不得撤销。另外规定，行使撤销权的期限为具有撤销权的当事人自知道或者应当知道撤销事之日起 1 年。其中的"1 年"是除斥期间，撤销权因经过这一期间而丧失。

（四）关于总则第四章"合同的履行"

本章共十七条，是关于合同履行的规定。合同的履行，是指合同当事人按照合同的约定或者法律的规定，全面、适当地完成合同义务，使当事人双方的合同权利义务得以实现的过程。本章主要规定了合同当事人在合同履行过程中的权利义务以及合同中止履行的条件等。合同法第六十条规定了合同当事人履行合同全面、诚信的原则。第六十一条、第六十二条规定了合同条款存在缺欠时的履行规则。对质量、价款、履行地点、履行方式、履行期限、履行费用未作出约定，或者约定不明确，当事人可以协议补充确定。不能达成补充协议的，可以通过合同的有关条款或者交易习惯确定。如果合同当事人依照这一规定仍不能确定有关合同内容的，直接依照第六十二条法律规定的规则加以确定。第六十三条规定了执行政府定价或者政府指导价的合同，合同履行过程中价格发生变动时的履行规则。六十四条、第六十五条规定了债务人向第三人履行债务的规则和第三人向债权人履行债务的规则。第六十六、六十七、六十八、六十九条对同时履行抗辩权、后履行抗辩权、不安抗辩权加以规定。此外，本章还规定了债权人发生变化时的履行规则、债务人提前履行债务规则、债务人部分履行债务规则、代位权与撤销权等。

（五）关于总则第五章"合同的变更和转让"

本章是关于合同的变更和转让的规定，共十四条，主要内容为：（1）合同的变更。根据合同法第七十七条的规定，当事人协商一致可以变更合同。合同的变更，是指合同成立以后、履行完毕之前，由双方当事人协商一致对合同的内容所进行的调整和修改。合同的变更必须遵守双方的意思表示，经双方达成一致。同时，有关法律、行政法规规定变更合同应当办理批准、登记等手续的，当事人必须履行相应的手续后，变更才有效。合同变更的内容必须明确，不能产生歧义，因此，当双方当事人对合同变更的内容约定不明确的，推定为未变更。（2）合同转让，是指合同当事人依法将合同的全部或者部分权利义务转让给他人的行为。合同的转让是合同主体的改变，而不是合同内容的修改。合同转让一般包括合同权利的转让、合同义务的转让、合同权利义务的一并转让三种。合同法第七十九条至第八十九条具体对这三类情况的转让条件、当事人的权利义务、责任的承担进行了规定。

（六）关于总则第六章"合同的权利义务终止"

本章共十六条，是关于合同的权利义务终止的规定。合同权利义务的终止，是指合同当事人双方终止合同关系，使因合同而产生的双方当事人之间的权利、义务关系归于消灭。本章规定了合同终止的法定原因：（1）协议解除，合同法第九十三条规定当事人协商一致，可以解除合同。当事人可以约定一方解除合同的条件。解除合同的条件成就时，解除权人可以解除合同。（2）法定解除，是指合同成立后，因符合了法律规定的合同解除条件，当事人一方行使法定解除权而终止合同。合同法第九十三条规定了当事人可以解除合同的 5 种法定条件：①因不可抗力致使不能实现合同目的；②在履行期限届满之前，当事人一方明确表示或者以自己的行为表明不履行主要债务；③当事人一方迟延履行主要债务，经催告后在合理期限内仍未履行；④当事人一方迟延履行债务或者有其他违约行为致使不能实现合同目的；⑤法律规定的其他情形。（3）抵销是终止合同关系的一种合法方式，指的是互负债务的当事人依照法律规定或协商一致后，使双方债权债务同时消灭。抵销具有相互清偿的作用，因此一般发生在履行期限届至的债务间。按照抵销产生的原因，可分为法定抵销和协议抵销两种形式，合同法第九十九条和第一百条对此分别加以规定。（4）提存指由于债权人的原因而无法向其交付合同标的物时，债务人将该标的物交给提存机关而使合同权利义务终止的制度。因债权人拒绝受领或者不能受领标的物，导致债务人无法按照约定履行债务，从而承担不利后果，显失公平，因此，合同法规定提存制度以保护债务人的利益。（5）免除指债权人抛弃债权，使权利义务消灭的行为。合同法第一百零五条规定："债权人免除债务人部分或者全部债务的，合同的权利义务部分或者全部终止。"（6）混同指债权人和债务人同归于一人，致使合同关系及其他债的关系消灭的事实。合同关系是双方当事人的权利义务关系，当债权人和债务人混同，合同失去存在基础，自然应当终止。同时，合同法规定，合同权利义务虽然终止，当事人仍应当遵循诚实信用原则，根据交易习惯履行通知、协助、保密等义务。同时，合同权利义务终止，不影响合同中结算和清理条款的效力。

（七）关于总则第七章"违约责任"

总则第七章违约责任共十六条，对承担违约责任的方式、预期违约制度、损失赔偿额的确定、违约金制度、定金及违约责任与侵权责任的竞合等内容作出了规定。违约责任是指合同当事人一方不履行合同义务或者履行合同义务不符合约定时，依照法律规定或者合同的约定所应承担的民事责任。我国合同法确定了严格责任原则。所谓严格责任，又称无过错责任，是指违约发生以后，无论违约方的主观是否存在故意或过失，只要违约的结果是因违约方的行为造成，就应承担责任的制度。对于违约责任的种类，合同法主要有以下几种：①合同的不履行和不适当履行。按照合同是否履行与履行状况，违约行为可分为合同的不履行和不适当履行。合同的不履行，指当事人不履行合同义务。合同的不适当履行，又称不完全给付，指当事人履行合同义务不符合约定的条件。前者指的是全部不履行义务的行为，后者包括部分不履行行为，履行方式不适当，履行地点不适当，其他违反附随义务的行为等。②预期违约，即在合同履行期限到来之前，当事人一方明确表示或者以自己的行为表明不履行合同的行为。合同法第一百零八条规定："当事人一方明确表示或者以自己的行为表明不履行合同义务的，对方可以在履行期限届满之前要求其承担违约责任。"合同法规定了承担违约责任的方式有继续履行、采取补救措施、赔偿损失和支付违约金、定金。同时，合同法对违约责任的免责事由、违约责任与侵权责任的竞合等作出了规定。

（八）关于总则第八章"其他规定"

本章共七条，对总则其他部分没有规定的一些一般情况加以规定：（1）第一百二十三条规定是对其他法律对合同另有规定的法律适用。在合同法之外有其他法律对合同另有专门规定的，如商标法、著作权法、保险法等法律，应优先单行法对有关合同的规定。（2）对无名合同的法律适用。第一百二十四条规定，本法分则或者其他法律没有明文规定的合同，适用本法总则的规定，并可以参照本法分则或者其他法律最相类似的规定。（3）合同条款发生争议或者词句不一致的解释问题。根据第一百二十五条的规定，当事人对合同条款的理解有争议的，应当按照合同所使用的词句、合同的有关条款、合同的目的、交易习惯以及诚实信用原则，确定该条款的真实意思。合同文本采用两种以上文字订立并约定具有同等效力的，对各文本使用的词句推定具有相同含义。各文本使用的词句不一致的，应当根据合同的目的予以解释。此外，本章还对涉外合同法律适用、对合同的监督处理、对合同争议处理方式等作出了明确规定。

（九）关于合同分则的规定

合同法分则共十五章，具体规定了买卖合同，供电、水、气、热力合同，赠与合同，借款合同，租赁合同，融资租赁合同，承揽合同，建设工程合同，运输合同，技术合同，保管合同，仓储合同，委托合同，行纪合同，居间合同十五大类的独立有名合同。有名合同具体规定了合同当事人的权利义务关系，对于平衡当事人利益、指导司法审判都具有重要意义：其一，有名合同规范具有补充当事人约定的疏漏，使合同内容臻于完善的作用。其二，有名合同规范中设有强制性规范，在当事人的约定损害国家利益、社会公共利益或者第三人利益，或者使当事人之间的利益状态严重失衡时，可以矫正该约定，以保护国家利益、社会公共利益和第三人的利益，保护当事人的合法权益。其三，提供交易的选择。交易者虽然只需依照其需求及能力，基本上即可透过协商折冲，作成互蒙其利的交易，但交易可能遭遇的典型风险何在，如何使其降低，这类规范就可能有一定的提示功能。其四，透过有名合同，对各种典型交易中双方权利义务与风险成本的公平分配，使其负担一定的"指导图像"功能，特别是对于民间不断扩大生产的定型化和合同条款，有其制衡功能[1]。不过，由于法律的滞后性，合同法分则规定的 15 种有名合同并不能穷尽社会经济生活中所有的合同形式，因此分则的规定不是限制性的、封闭式的，随着社会的发展，新的合同形式渐成规则，被法律所认可，可以变成有名合同。同时，对于合同法分则没有规定的合同形式，合同法并不因此确定其无效。合同法第一百二十四条规定，可以适用总则的规定，并可以参照适用分则或者其他法律最相类似的规定，正是针对无名合同而作的。

第六节　亲属法与继承法

一、婚姻法

中国社会主义婚姻家庭立法，经历了一个漫长的发展过程。马克思曾经指出，在生产、交换和消费发展到一定阶段时，就会

---

〔1〕　柳经纬：《合同法：原理·图解·案例·司考》，中国民主法制出版社 2014年版，第 32 页。

有一定的社会制度，一定的家庭、等级或阶级组织。可见，婚姻家庭是一个社会的缩影，中国社会主义婚姻家庭立法的发展过程，就是中国社会变革的反映。其发展历程大致可以分为几个阶段：第一阶段是从 1950 年婚姻法的制定出台到 1980 年婚姻法的发展变化。中央人民政府委员会第七次会议通过的 1950 年婚姻法是社会主义婚姻家庭立法的初步探索。第二阶段是从全国人大1980 年对《中华人民共和国婚姻法》进行修改到 2001 年婚姻法的进一步修正。2001 年全国人大对婚姻法的修正至今，为婚姻家庭立法发展的第三阶段。

（一）1950 年婚姻法

1. 1950 年婚姻法出台前的探索和实践

在中华人民共和国成立前夕，社会各界对婚姻自由的需求和渴望已经十分浓厚。1949 年 9 月《中国人民政治协商会议共同纲领》宣布："中华人民共和国废除束缚妇女的封建制度，妇女在政治的、经济的、文化教育的、社会的生活各方面，均有与男子平等的权利。实行男女婚姻自由。注意保护母亲、婴儿和儿童。"这一具有临时宪法性质的文件对妇女社会地位的宣告和确定，为后期婚姻法的出台奠定了基础。

在前期走访调查的过程中，中共中央妇女运动委员会了解到社会对于新婚姻法关注较多的问题在于"离婚自由问题"[1]。这是源于中国社会在封建礼教下桎梏了几百年，广大青年男女长期饱受封建包办婚姻的痛苦，强烈渴望婚姻自由，并且希望通过法律途径结束非自由意志建立的婚姻关系。这在中共中央妇女运动委员会对于婚姻问题的专题调查中有所体现：在山西、河北、察

---

〔1〕　周由强：《当代中国婚姻法治的变迁（1949—2003）》，博士学位论文，中共中央党校，2004 年。

哈尔等省已解放的农村中，婚姻案件占民事案件的比例，少的占
33.3%，最多的达99%。在北平、天津、西安、哈尔滨等已解放
的城郊，婚姻案件少则占民事案件中的11.9%，多的占48.9%。
在婚姻案件中离婚及解除婚约的，在上述农村中平均占54%，城
市或城郊中少则占51%，多则占84%。离婚原因主要是包办、强
迫、买卖婚姻，虐待妇女，重婚，通奸以及遗弃等，约占婚姻案
件的70%—80%；女方是原告，提出离婚的约占58%—92%。[1]
这证明婚姻自由是广大群众特别是妇女的迫切要求。

1950年2月28日，最高人民法院给广州市人民法院《关于
目前一般婚姻案件的处理原则的指示》中指出了目前处理婚姻案
件的几点原则性意见：（1）男女婚姻自由，一切包办强迫和买卖
婚姻制度均已废除，但新中国成立前已成事实的不予追究；
（2）离婚以自由自愿为原则，革命军人配偶离婚办法，暂时参考
前晋冀鲁豫、陕甘宁、晋察冀各边区暂行婚姻条例精神处理；
（3）离婚妇女可以要求从家庭财产中分得自己应有的一份；
（4）子女不因父母离婚而消灭其血亲关系[2]。

以上这几点原则性意见体现了婚姻法的几大基本原则，主要
包括：婚姻自由、一夫一妻、夫妻平等、保护妇女和儿童等。

2. 1950年婚姻法的制定与出台

早在1948年冬，中共中央妇女运动委员会和中共中央法律委
员会就已经着手准备起草婚姻法草案。中华人民共和国成立以后，
婚姻法草案先后经法制委员会与全国民主妇女联合会及其他有关

---

〔1〕 罗琼、段永强：《罗琼访谈录》，中国妇女出版社2000年版，第102—
103页。
〔2〕《最高人民法院关于目前对于一般婚姻、贪污案件的处理原则的指示》
(1950年2月28日)。

机关代表联席会议原则通过，政务院政治法律委员会第四次会议修正通过，又经过政务院第二十二次会议讨论，并由毛泽东主持，中央人民政府委员会副主席、委员、政务院总理、副总理和委员以及政协全国委员会常务委员等参加的联席座谈会讨论两次[1]。

与此同时，他们还向各民主党派、地方司法机关、内务部和部分地方民政机关、妇女团体及其他群众团体、部分少数民族代表等征求意见；研究各解放区相关婚姻条例、人民法院工作报告、专题总结、判决书、调解书、统计材料等，并对有关婚姻问题进行实地调查，理论和实际相结合；还翻译出版了苏联和其他国家有关法典和书籍，参考了中国历史上有关婚姻制度的某些史料。对某些专门性问题（如中表婚与遗传影响问题等）也曾作了些调查研究[2]。

1950年4月13日，陈绍禹在中央人民政府委员会第七次会议上作了《关于中华人民共和国婚姻法起草经过和起草理由的报告》。婚姻法于1950年4月13日经中央人民政府委员会第七次会议通过。1950年4月30日中央人民政府发布关于公布施行中华人民共和国婚姻法的命令。

1950年颁布的婚姻法是中华人民共和国颁布的第一部法律，是中国人民长期革命斗争，特别是"五四"运动以来反封建斗争经验的结晶之一，是中国广大人民的历史性创造。婚姻法的颁布稳定了中华人民共和国成立初期的家庭生活，从家庭细胞微观角度将旧中国所遗留的封建主义思想残余逐步清除，建立了新民主主义婚姻制度，建立了平等和睦的新式家庭。大批中华人民共和国的男女公民，特别是妇女群体，得到了婚姻自由和男女平等的

---

〔1〕　张希坡：《中国婚姻立法史》，人民出版社2004年版，第204页。

〔2〕　张希坡：《中国婚姻立法史》，人民出版社2004年版，第204页。

权利，也更积极地参与中华人民共和国的建设活动和政治生活。

（二）1980 年婚姻法

1. 1980 年婚姻法修改的时代背景

1978 年国家实行改革开放的新政策。这一年是重拾法制的一年，对于婚姻家庭以及妇女运动同样也是极为重要的一年。在过去的十年中，婚姻法治领域出现了一些问题，比如，在谈婚论嫁中"政治成分"成为主要判断因素，20 世纪 50 年代以来建立的以感情为基础的婚姻家庭关系再次被撕裂。包办婚姻、买卖婚姻、童养媳、借婚姻索取财物等封建陋习再次抬头，民众苦不堪言。更有甚者，许多青年男女因为恋爱婚姻问题而自杀、被杀。显然，1950 年制定的婚姻法已经不再适应社会的需要，一些新需求、新问题亟待解决，这是 1980 年婚姻法修改的现实必要。

1978 年 3 月 5 日第五届全国人大常委会第一次会议通过了宪法修正案，其中对于"妇女在政治的、经济的、文化的、社会的和家庭的生活各方面有同男子平等的权利""男女婚姻自主。婚姻、家庭、母亲和儿童受国家的保护""国家提倡和推行计划生育""国家特别关怀青少年的健康成长"等内容作出了规定。宪法的这一补充修改，可以视为党和国家对于此前社会主义法制破坏严重的经验教训的总结，切实大力落实"发扬社会主义民主，加强社会主义法制"的方针，也为进一步修改婚姻法提供了法律依据。

1978 年 10 月 7 日，全国妇联主席康克清曾向中央呈送《关于再度建议修改婚姻法向中央的请示报告》，报告中对于以上存在的新情况新问题进行了陈述，并阐述了修订婚姻法的社会基础和现实需要[1]。1978 年 10 月，中央政法小组召开的座谈会提出

---

[1] 详见 1978 年 10 月 7 日，全国妇联主席康克清向中央呈送的《关于再度建议修改婚姻法向中央的请示报告》。

着手修订婚姻法。1978 年 11 月 7 日，根据中央对全国妇联关于修改婚姻法报告的批示，全国妇联邀请民政部、卫生部、最高人民法院等 10 个单位的负责人在北京开会，决定成立修改婚姻法小组，全国妇联主席康克清任组长[1]。在 1950 年婚姻法的基础上，根据 30 年的实践经验和新的情况新的问题，进行了具体的修订工作。1980 年 9 月 2 日，武新宇作了《关于〈中华人民共和国婚姻法（修改草案）〉的说明》。主要说明以下问题：法定结婚年龄问题、离婚问题、财产继承问题、关于旁系血亲间禁止结婚问题、关于男方成为女方家庭成员的问题、少数民族地区制定变通补充的规定，以及婚姻法的实施等[2]。

修订后的婚姻法于 1980 年 9 月 10 日经第五届全国人大常委会第三次会议正式通过，自 1981 年 1 月 1 日起开始施行。同时宣布 1950 年 5 月 1 日颁布施行的婚姻法自本法施行之日起废止。

2. 1980 年婚姻法的主要修改和补充内容

1980 年婚姻法对于原婚姻法的修改主要可以体现为以下几个方面。

（1）婚龄问题

这一问题与 20 世纪 70 年代实行的"计划生育政策"联系在一起。计划生育是中华人民共和国成立以来对于社会生活风尚和习俗观念的重要转变，以前人们的普遍观念是"多子多福""养儿防老"，并且由于之前的医疗水平低，人口死亡率高，家庭生育过少不利于生产建设和国防储备。但随着经济水平的发展，我

---

〔1〕　周由强：《当代中国婚姻法治的变迁（1949—2003）》，博士学位论文，中共中央党校，2004 年，第 92 页。

〔2〕　武新宇：《关于〈中华人民共和国婚姻法（修改草案）〉的说明》，《中华人民共和国国务院公报》1980 年第 13 期。

国逐渐呈现了"高生育率、低死亡率"的现象，人口增长速度过快，国家因此出台计划生育政策，这一政策同时影响着社会家庭结构和生育观念。

由于计划生育政策的影响，对婚龄问题也产生了新的讨论。1950 年婚姻法对于婚龄的规定是"男 20 岁，女 18 岁"，随着社会对于"少生优生""晚婚晚育"的普遍认可，最后在走访调查的基础上，草案对于新的婚龄确定为"男 22 岁，女 20 岁"。

（2）离婚问题

这一问题上的修订体现了从 20 世纪 50 年代相对"过激"的离婚政策，到在社会主义新形势下提倡夫妻之间和谐互助，建设民主和睦的家庭的转变。

20 世纪 50 年代出台的婚姻法可以视为是对封建礼教枷锁的挣脱和断绝，因此对于离婚问题采取的态度主要是"坚决""充分尊重个人自由"，只要男女一方坚决要求离婚，经调解无效即可离婚。但在婚姻法实施的 30 年中，轻率离婚也导致了道德水平下降、离婚率高居不下的现象，原有的婚姻家庭稳定性被破坏，也严重损害了家庭在社会主义建设事业中的细胞单元的凝聚作用。加之存在资本主义腐朽思想侵蚀的可能，1980 年婚姻法在修订过程中特别注意了对离婚问题的规定，"如感情确已破裂，调解无效，应准予离婚"，并且强调人民法院在审理过程中要注意判断感情是否破裂，这样一来就赋予了法院较大的裁量权，也使得离婚问题的解决更加灵活，适应社会发展需要。

（3）家庭关系问题

在家庭关系问题上，1980 年婚姻法主要作了如下调整。

第一，夫妻关系上，除了保留原有对夫妻平等权利的规定，还增加了前述关于"实行计划生育的义务"。

第二，亲子关系上，除重申亲子之间互有抚养教育和赡养扶助的义务之外，还增加了"父母不履行抚养义务时，未成年的或不能独立生活的子女，有要求父母付给抚养费的权利""子女不履行赡养义务时，无劳动能力的或生活困难的父母，有要求子女给付抚养费的权利"的规定，并同时明确规定"父母有管教和保护未成年子女的权利和义务，以及对于未成年子女造成的损害，负有赔偿经济损失的义务"。

第三，祖孙和兄弟姊妹关系上，这一方面的关系被列入1980年婚姻法的调整规范。规定"祖父母、外祖父母和孙子女、外孙子女之间存在抚养和赡养的义务，兄、姊，对于未成年的弟、妹有扶养义务"[1]。

3. 1980年婚姻法修订背后的社会讨论

1980年对婚姻法的修改中最难处理的是关于离婚的规定。1950年婚姻法中有关的离婚表述有两点。第一，"男女双方自愿离婚的，准予离婚。"对这一项普遍无异议。第二，"男女一方坚决要求离婚的，经区人民政府和司法机关调解无效时，亦准予离婚。"而这条规定引起了一场争论。

一种观点认为，该规定完全正确，是对人们感情生活的理性尊重。情感是维系婚姻的伦理契约，强制感情已破裂的两人同住屋檐下，只会压制并扭曲人性，随时可能爆发一场后果难料的冲突。持这种观点的，城里人、知识界和领导干部居多。一些学者引用恩格斯的经典言论："没有感情的婚姻是不道德的婚姻。"这种主张，当时被称为"感情说"。

另一种观点认为，一方坚决要求离婚，调解无效就能离，这

---

〔1〕 张希坡：《中国婚姻立法史》，人民出版社2004年版，第232页。

实际为婚外恋、第三者插足等不道德行为开了方便之门。他们主张:一方要求离婚,理由正当的,准予离婚;理由不正当的,不准离婚。所谓理由不正当,主要是喜新厌旧、另寻新欢、第三者插足之类。这种主张,当时被称为"理由说"。两方各持己见。这一条应该如何修改,其实质是法律支持和提倡何种婚姻的问题。

婚姻自由也包含离婚自由。不能用法律的强制力维持感情破裂的婚姻,这是离婚自由的底线。为此,法制委员会在彭真的指导下提出了修改方案:"人民法院审理离婚案件,应当进行调解;如感情确已破裂,调解无效,应准予离婚。"

在表决程序中,争论的焦点主要是"感情确已破裂"这一限制,支持意见认为"合理可行",反对意见认为"难以操作",最后表决结果,赞成修改方案占大多数,修改方案获得了通过[1]。

(三) 2001 年婚姻法的修正

1. 2001 年婚姻法的修改和出台

随着改革开放的深入,社会主义市场经济的快速发展,中国在政治、经济、社会、文化等诸多方面都发生了重大变革,婚姻家庭方面也出现了新的风貌和新的问题。新的变化主要表现在公民的权利法治意识的增强和婚姻法基本原则的深入人心。进入 21世纪,人们的思想观念发生了很大转变,婚姻法所体现的基本原则已经被普遍接受,婚姻自由成为主流,民主和谐的家庭结构也愈加清晰。新的问题则主要表现在婚恋问题上有放任、轻率的倾向,离婚率逐年上升,家庭暴力时有发生。在对于新的问题的审判实践中,1980 年婚姻法存在的缺陷日益显露,比如,规定内容

---

〔1〕 张春生:《1980 年婚姻法修改背后的故事》,中国人大网,http://www.npc. gov.cn/zgrdw/npc/xinwen/2014—09/29/content_1880290.htm。

过于原则，不便于实际操作；规定的内容已经和社会发展脱节，需要制定新的符合社会发展需要的规定指导婚姻家庭建设等，再次修改婚姻法的呼声愈加强烈。

早在 1990 年，中国法学会婚姻法学研究会编的《当代中国婚姻家庭问题》一书中，就已经提出要完善婚姻家庭法制的立法建议。1993 年，全国人大内务司法委员会主持召开了修改婚姻法的论证会，与会代表一致认为，修改婚姻法是必要的也是可行的[1]。

1995 年 10 月，根据第八届全国人大常委会第十六次会议的决定，将修改婚姻法列入立法规划。全国人大常委会法工委在前期工作的基础上，于 2000 年 8 月形成了婚姻法修正案的第一稿，10 月提交第九届全国人大常委会第十八次会议进行审议。全国人大常委会法制工作委员会副主任胡康生于 10 月 23 日向会议作了《关于〈中华人民共和国婚姻法〉修正案（草案）的说明》[2]，主要对重婚问题、家庭暴力、结婚条件及无效婚姻、夫妻财产制、离婚问题、保障老年人权益和关于法律责任等问题加以说明，这些都是对 1980 年婚姻法作出较大修改的重点问题[3]。

2000 年 1 月 11 日，全国人大常委会决定将婚姻法修正案（草案）向全社会公布，征求全民意见。2000 年 4 月，全国妇联在全国范围组织展开婚姻法修改民众意愿调查。经过长期调查和反复讨论，2001 年 4 月 28 日，第九届全国人大常委会第二十一次会议正式投票表决通过了关于修改《中华人民共和国婚姻法》

---

〔1〕　张希坡：《中国婚姻立法史》，人民出版社 2004 年版，第 245 页。

〔2〕　胡康生：《关于〈中华人民共和国婚姻法〉修正案（草案）的说明》，《中华人民共和国全国人民代表大会常务委员会公报》2001 年第 4 期。

〔3〕　张希坡：《中国婚姻立法史》，人民出版社 2004 年版，第 246 页。

的决定。同日，国家主席江泽民签署第五十一号主席令，公布上述决定，自公布之日起施行。

2. 2001年婚姻法修正的特征

从前述婚姻法的修正背景可知，对于婚姻法的修改需求自20世纪90年代就已经有所体现，并在1990年中旬开始筹措酝酿。为什么距离上次修订婚姻法仅十年就再次产生了修正婚姻法的需要呢？

这和当时的特殊社会环境和背景有着密切联系。随着改革开放进程的深入，人们思想变化相对于前几十年而言频率更高，社会各界所接触的信息相对于从前而言也是呈爆炸式增长，许多外国的思潮、观念和生活方式也随着国际间的开放往来而涌入，对我国原有的社会结构产生了深刻影响。

与此同时，社会主义市场经济的发展极大地刺激了公民在财产方面的自由程度，也催生了在婚姻家庭中对于财产占有、所有、分配和消费的新问题，人们在一段婚姻中除了要求情感上的自由，也越来越关注自身的财产安全和所得收益。一些过去为社会所普遍认同的婚姻家庭观念发生变化，并且公民的道德水平下降现象也折射到家庭关系上，使传统的婚姻家庭价值观念体系经受严峻的挑战，如"包二奶""家庭暴力"等具有时代背景特色的现象显现，再一次冲击着家庭作为社会单元细胞发挥社会生产和建设的作用，因此，对于原婚姻法的修正再次提上日程，社会大众呼唤推动婚姻法的修改。

此次修正婚姻法同样在社会和学界产生了广泛而深刻的讨论，其中最重要的讨论集中于婚姻法是解决道德问题还是法律问题，这是一个基本问题，关系到婚姻法的整个立法精神以及如何指导实践审判，因此，学者们也都纷纷表达了自己的观点。

一些学者、立法者力主应在婚姻法中规定夫妻之间负有忠实义务，且违反此义务之配偶及"第三者"都将承担民事责任[1]。但这一观点被很多人反对，原因主要在于法律和道德应该存在边界，法律的主要宗旨不是用来制止不道德行为的，而是在于维护社会稳定，保障公民的合法权益。婚姻中的道德问题应该仅保留在道德层面，而不应该和法律规定相混淆。

对于这个问题的讨论体现了在新时代背景下，人们对于法律所发挥的规范作用的要求和态度，这一讨论的不同观点也在法律修正过程中被借鉴吸收。为了方便具体实际操作，2001年婚姻法修正以后，又相继出台了三部关于婚姻法适用的司法解释，对于相关内容作出具体详细规定，用以解决现实中不断出现的新问题。

二、收养法

（一）收养法的立法历程

收养制度，是拟制血亲的亲子关系建立的法定途径，是婚姻家庭法的重要组成部分，收养法在维系拟定亲属关系、维护婚姻家庭的稳定和保护未成年人等方面发挥着重要作用。中华人民共和国成立后，中国的收养法立法大致经历了以下三个阶段。

第一阶段：在1992年之前，中国没有统一的收养立法。有关收养关系的规定和立法精神散落于婚姻法、户口登记条例、最高人民法院的司法解释以及个案批复之中。1950年婚姻法第十三条规定了养父母与养子女间适用父母子女间的权利和义务关系，

---

[1] 巫昌祯：《"婚外恋"是违反法律和道德的行为》，《民主与法制》1997年第21期；夏吟兰：《再谈"第三者"》，《民主与法制》1997年第19期；邓宏碧：《完善中国婚姻家庭制度的法律思考》（下），《现代法学》1997年第2期。

但是缺少对于收养关系的成立、效力、终止等问题的系统规定。1958年通过的户口登记条例第十九条规定，"公民因结婚、离婚、收养……引起户口变动的时候，由户主或本人向户口登记机关申报变更登记"[1]，对收养关系予以认可。此外，最高人民法院的司法解释以及个案批复也对收养关系起到了调整作用，但总体较为分散、立法存在缺失。

第二阶段：1991年七届全国人大常委会第二十次会议对收养法（草案）进行了初步审议。会后，法律委员会和法制工作委员会将草案印发各省、自治区、直辖市和中央有关部门征求意见，并邀请司法部、民政部、计生委、国务院法制局、最高人民法院、全国妇联等部门和法律专家进行座谈，征求意见。法律委员会于1991年12月9日和13日召开会议，根据常委会委员和全国人大内务司法委员会的审议意见以及各地方、各方面的意见，对草案进行了审议。1991年12月29日第七届全国人大常委会第二十三次会议通过《中华人民共和国收养法》，于1992年4月1日起正式施行。这是中华人民共和国成立四十多年第一部保护合法的收养关系，维护收养关系当事人合法权利的重要法律[2]。

第三阶段：1998年九届全国人大常委会第四次会议对收养法（修正草案）进行了初步审议。会后，法律委员会、法制工作委员会将草案印发各省、自治区、直辖市人大常委会和中央有关部门、法学教学研究单位征求意见。法律委员会、内务司法委员会和法制工作委员会联合召开座谈会，听取了有关部门和法律专家

---

〔1〕《中华人民共和国司法行政历史文件汇编（1950—1985）》，法律出版社1987年版。

〔2〕 宋汝棻：《全国人民代表大会法律委员会对〈中华人民共和国收养法（草案）〉审议结果的报告》，北大法律信息网，http://www.pkulaw.cn/fulltext_form.aspx?Db = protocol&Gid = a8d2d1 d2b63ddb8dfaf8563f4683e82ebdfb。

的意见。法律委员会于 10 月 6 日和 21 日召开会议对修正草案进行了审议。内务司法委员会的负责人列席了 10 月 6 日的会议。法律委员会认为，收养法实施六年来，对保护合法的收养关系，维护收养关系当事人的权利，发挥了重要作用。根据收养法实施以来出现的问题，适当放宽收养条件，进一步完善收养程序，对收养法进行修改是必要的[1]。九届全国人大常委会第五次会议通过了关于修改收养法的决定，对收养法作了相应修正并重新予以公布。修改后的收养法于 1999 年 4 月 1 日起施行。1998 年 11 月 4 日，国家主席江泽民签署第十号主席令公布。1992 年收养法经 1998 年修改后沿用至今。

（二）收养法的主要内容

1991 年通过的收养法共六章三十四条，包括"总则""收养关系的成立""收养的效力""收养关系的解除""法律责任和附则"等内容，结构合理，内容较为完整。

第一章总则部分，共三个条文，主要确定了制定收养法的目的与原则。从收养法立法宗旨来看，保护合法收养关系，维护收养关系当事人的权利。收养的原则有利于被收养的未成年人的抚养、成长，遵循平等自愿的原则，并不得违背社会公德。同时，强调了收养不得违背计划生育的法律、法规。

第二章为收养关系的成立。关于收养的条件，被收养人应是不满十四周岁的未成年人并满足以下条件：（1）丧失父母的孤儿；（2）查找不到生父母的弃婴和儿童；（3）生父母有特殊困难无力抚养的子女。收养人应当同时具备下列条件：（1）无子

---

〔1〕　张绪武：《全国人民代表大会法律委员会关于〈中华人民共和国收养法（修订草案）〉审议结果的报告》，《中华人民共和国全国人民代表大会常务委员会公报》1998 年第 5 期。

女；（2）有抚养教育被收养人的能力；（3）年满三十五周岁。无配偶的男性收养女性的，收养人与被收养人的年龄应当相差四十周岁以上。年满三十五周岁的无子女的公民收养三代以内同辈旁系血亲的子女，可以不受收养法第四条第三项的规定"生父母有特殊困难无力抚养的子女"和收养法第六条第三项的规定"有特殊困难无力收养子女的生父母"的限制、被收养人不满十四周岁的限制。同时，本章还规定具有送养资格的人限定为孤儿的监护人、社会福利机构、有特殊困难无力抚养子女的生父母。

在收养程序上，根据收养的情况不同而有所区别。收养查找不到生父母的弃婴和儿童以及社会福利机构抚养的孤儿的，采用收养登记的方式，登记部门为县级以上民政部门。在送养的情况下，应遵循自愿原则。收养人、送养人依照本法规定的收养、送养条件订立书面协议，并可以办理收养公证；收养人或者送养人要求办理收养公证的，应当办理收养公证。

第三章关于收养的效力，共三个条文。一方面，自收养关系成立之日起，拟制的亲子关系建立。养父母与养子女间的权利义务关系，适用法律关于父母子女关系的规定。另一方面，养子女与生父母之间的法律上的权利、义务消灭。同时，第二十四条规定违反民法通则第五十五条和本法规定的收养行为无法律效力。

第四章关于收养关系的解除，共五个条文，对解除收养法律关系的条件、程序及法律后果作出了明确规定。解除收养法律关系的条件包括：（1）收养人在被收养人成年以前，一般不得解除收养关系，但收养人、送养人双方协议解除的除外，养子女年满十周岁以上的，应当征得本人同意。（2）收养人不履行抚养义务，有虐待、遗弃等侵害未成年养子女合法权益行为的，送养人有权要求解除养父母与养子女间的收养关系。（3）养父母与成年养子女关系恶化、无法共同生活的，可以协议解除收养关系。以上情况不能达成协议的，可以向人民法院起诉。在程序上，当事人解除收养关系应当达成书面协议。收养关系是经民政部门登记成立的，应当到民政部门办理解除收养关系的登记。收养关系是经公证证明的，应当到公证处办理解除收养关系的公证证明。收养关系解除，拟制亲子关系结束。同时，第二十八条、第二十九条对身份问题和收养关系解除之后的经济赔偿问题作了规定。

第五章关于法律责任，仅用第三十条一个条文，以列举的方式具体规定了拐卖儿童、遗弃幼儿以及出卖亲生子女三种情形的法律责任。

第六章为附则部分，以三个条文对民族自治地方变通本法、国务院制定实施办法和本法的实施日期作出规定。

（三）收养法的修正

1998 年 8 月 24 日，在第九届全国人大常委会第四次会议上，民政部部长多吉才让对收养法的修正原因作了说明："自 1992 年 4 月 1 日实施以来，对于规范收养行为，保护合法的收养关系，发挥了重要的作用。同时，6 年多的实践也反映出收养法存在的一些问题：一是，对收养条件规定得过严，致使一些有抚养能力又愿意收养儿童的人难以收养，多数社会福利机构又超负荷抚养孤儿、弃婴，在福利院的孩子生活条件差，没有家庭温暖，不利于这些孩子的健康成长。同时，由于法律规定的收养条件过严，一些群众超出法律规定条件收养孩子，形成事实收养。二是，收养程序不统一。成立收养关系，可以到民政部门登记，也可以由收养人与被收养人的监护人订立协议，还可以由收养人与被收养人的监护人订立协议、经民政部门登记后再办理公证。"[1] 因此，1998年收养法的修正主要集中在两个方面：（1）一是放宽收养条件的限制。放宽收养社会福利机构抚养的查找不到生父母的儿童的条件，"收养未成年孤儿和社会福利机构抚养的查找不到生父母的儿童，不受收养人无子女和只能收养1名子女的限制"；根据现实情况，将收养人年龄由35周岁调整至30周岁；放宽继父母收养继子女的条件。继父或者继母经继子女的生父母同意，可以收养继子女，并可以不受本法和被收养人不满十四岁及收养一名子女的限制。（2）统一收养程序。改变了之前收养程序不统一的状况，规定收养关系统一经民政部门登记，规定自愿订立收养协议和公证的原则；加强国家公权力的监督和干预，规定收养查找不到生父母的弃婴和儿童的，办理登记的民政部门应当在登记前予以公告，以及公安部门应当依照国家有关规定为被收养人办理户口登记。这些修改修正了1992年收养法存在的收养条件过于严苛、收养程序不够规范等问题。除此之外，此次收养法还完善了涉外收养的相关规定，增设保障收养人和被收养人合法权益原则等，有利于本法的进一步完善。

三、继承法

（一）继承法的立法历程

继承法是民法的重要组成部分，也是一个国家最能体现民族文化和特征的法律。中国传统的继承制度起源较早，陈陈相因，并且饶有特色。中华人民共和国成立后，继承法立法受到重视，

---

〔1〕 多吉才让：《关于〈中华人民共和国收养法（修订草案）〉的说明》，《中华人民共和国全国人民代表大会常务委员会公报》1998年第5期。

但在正式的继承法出台之前，对财产继承关系的调整依据散见于最高人民法院的司法解释以及个案批复之中，如 1958 年 3 月 29 日《国务院关于农业合作社中五保户死后的私有财产处理给司法部的批复》，1957 年 8 月 10 日司法部公布的《关于继承人不在国内无法表示接受或放弃继承权应如何处理问题的批复》，1962 年 9 月 13 日《最高人民法院关于几个继承问题的批复》，1964 年 1 月 27 日《最高人民法院司法行政厅关于公证托收华侨遗产的有关事项问题的复函》等。

纵观中华人民共和国成立以来继承法的起草，是与民法典的起草分不开的。1954 年，全国人大常委会组织起草民法，至 1956 年 12 月完成民法的第一个草案。草案分为总则、所有权、债、继承四编，继承编由 1958 年 3 月起草完成。由于民法草案并未通过，继承编部分也随之废弃。

1964 年 2 月，全国人大常委会重新成立民法研究小组，开始了中华人民共和国成立后的第二次民法起草工作，至 1964 年 7 月完成民法草案试拟稿。因受到当时国际国内政治形势的影响，本次草案将继承和侵权行为等内容排除在外。

第三次民法草案的起草始于 1979 年 11 月，全国人大常委会法制委员会重启起草工作，至 1982 年形成草案第四稿。第四稿民法草案包括八编，分别为民法的任务和基本原则、民事主体、财产所有权、合同、智力成果权、财产继承权、民事责任和其他规定，共四十三章四百六十五条。但当时，人们普遍认为民法牵涉面很广、很复杂，经济体制还在进行改革的过程中，难以制定完整的民法，对于经济合同法、继承法等比较成熟的部分，先作为单行法提请全国人大和人大常委会审议。

继承法（草案）是由全国人大常委会法制工作委员会会同最

高人民法院在民法草案（四稿）财产继承权编的基础上，经听取意见，多次研究修改而拟订的。在修改拟订过程中，法工委到福建、广东、北京、陕西、甘肃等地进行了调查，收集有关继承的案例，总结实践经验，特别是法院审理继承案件的实践经验，并多次召开有关单位和专家参加的各种座谈会进行研究，还参考外国的有关资料。1984年9月，法工委将草案印发各省、自治区、直辖市人大常委会，全国政协和中央有关部门、单位以及政法院系、研究机构的专家征求意见，进行修改。1985年提请全国人大常委会第九次、第十次会议进行审议和修改，提请六届全国人大三次会议审议[1]。《中华人民共和国继承法》于1985年4月10日第六届全国人大第三次会议通过，同日，国家主席李先念签署第二十四号主席令公布，自1985年10月1日起施行。继承法是中华人民共和国第一部调整家庭财产关系的基本法，1985年通过后适用至今，未经过修改。

（二）继承法的主要体例和内容

继承法共有五章，分"总则""法定继承""遗嘱继承和遗赠""遗产的处理""附则"，共三十七条。

第一章是关于继承权的一些基本规定，共八条，包括继承法的立法宗旨、继承开始的时间、遗产范围、遗产转移方式、行使继承权的代理、丧失继承权、诉讼时效等内容。本章第一条明确了继承法的立法依据为宪法规定。全国人大常委会秘书长、法制工作委员会主任王汉斌在《关于〈中华人民共和国继承法（草案）〉的说明》中指出："我国公民合法的私有财产，包括个人所有的合法的生活资料和法律允许个人所有的生产资料，都受到

---

〔1〕 王汉斌：《关于〈中华人民共和国继承法（草案）〉的说明》，《中华人民共和国国务院公报》1985年第12期。

宪法和法律的保护。这就产生了个人合法财产的继承权的问题。从实际情况来看，中华人民共和国成立以来，包括生产资料所有制的社会主义改造基本完成以后，以至'文化大革命'中错误地批判所谓资产阶级法权时，群众中一直承认个人合法财产的继承权。继 1954 年宪法之后，1982 年宪法重新规定国家依照法律规定保护公民的私有财产的继承权，这是拨乱反正的一个重要方面。近几年来，随着城乡经济的发展，公民个人的收入和财产增加了，继承问题在群众中越来越受重视，继承纠纷也逐年增加。根据宪法关于保护继承权的规定，总结中国处理遗产继承的经验和民间好的做法，制定继承法。"[1]　实施继承法的主要目的是妥善处理遗产继承，促进家庭成员之间的和睦团结互助和社会安定；保护私有财产权，调动社会积极因素，促进社会主义经济的发展。

本章还规定了如下基本问题：（1）继承开始的时间。第二条规定继承开始的时间从被继承人死亡时开始。继承，是公民死亡后，按照法定程序，将死者遗留的个人财产，移转给继承人。因此，被继承人死亡的时间即为继承开始之时。（2）遗产范围。第三条、第四条用一般概括加具体列举的方式规定了遗产的范围。遗产是公民死亡时遗留的个人合法财产，包括：①公民的收入；②公民的房屋、储蓄和生活用品；③公民的林木、牲畜和家禽；④公民的文物、图书资料；⑤法律允许公民所有的生产资料；⑥公民的著作权、专利权中的财产权利；⑦公民的其他合法财产。为保护个人承包的利益，个人承包应得的个人收益，属于遗产的范围。个人承包，依照法律允许由继承人继续承包的，按照

---

〔1〕　王汉斌：《关于〈中华人民共和国继承法（草案）〉的说明》，《中华人民共和国国务院公报》1985 年第 12 期。

承包合同办理。(3)继承的方式包括法定继承、遗嘱继承、遗赠扶养协议。继承方式的顺序为：有遗赠扶养协议的，应首先按此协议办理；没有遗赠扶养协议而有遗嘱的，应按遗嘱继承的方式办理；两者都没有的，按照法定继承的方式办理。这样的顺序，体现了对被继承人生前依法处分个人财产的自由的充分尊重。(4)继承人丧失继承权的情况。丧失继承权，是指继承人因存在法律规定的违法行为，被依法取消其继承被继承人遗产的资格。继承法规定继承人丧失继承权的情况有：①故意杀害被继承人的；②为争夺遗产而杀害其他继承人的；③遗弃被继承人的，或者虐待被继承人情节严重的；④伪造、篡改或者销毁遗嘱，情节严重的。此外，本章还对继承恢复请求权的诉讼时效作出了规定。

第二章"法定继承"共七条，主要规定了法定继承人、继承顺序、代位继承、遗产应继份额的分配、酌情分配等内容。(1)法定继承人和继承顺序。继承法规定的法定继承人和继承顺序为：第一顺序的继承人有：配偶、子女、父母；对公婆或岳父母尽了主要赡养义务的丧偶儿媳、丧偶女婿；先于被继承人死亡的子女的直系晚辈血亲，代被继承人子女继承，属第一顺序继承人。兄弟姐妹、祖父母、外祖父母为第二顺序继承人。当被继承人有第一顺序继承人存在时，先由第一顺序继承人继承，只有在没有第一顺序继承人或者第一顺序继承人全部放弃或丧失继承权时，第二顺序继承人方能继承。(2)对于遗产应继份额的分配原则。继承权男女平等，同一顺序继承人继承遗产的份额，一般应当均等。对生活有特殊困难的缺乏劳动能力的继承人，分配遗产时，应当予以照顾。对被继承人尽了主要扶养义务或者与被继承人共同生活的继承人，分配遗产时，可以多分。有扶养能力和有扶养条件的继承人，不尽扶养义务的，分配遗产时，应当不分或者少分。（3）继承人以外的几种遗产取得人。对继承人以外的依靠被继承人扶养的缺乏劳动能力又没有生活来源的人，或者继承人以外的对被继承人扶养较多的人，可以分给他们适当的遗产。

第三章"遗嘱继承和遗赠"，包括遗嘱继承和遗赠的概念、遗嘱方式、遗嘱内容、遗嘱的撤销、遗嘱的执行人等内容。遗嘱是被继承人生前根据自身的意愿按照法律规定的方式对合法财产进行处分，在其死后发生效力的民事法律行为。遗赠，是指公民以遗嘱的方式表示在其死后将其遗产的一部或全部赠给国家、集体或者法定继承人以外的人的法律行为。立遗嘱者须有完全民事行为能力，无行为能力人或者限制行为能力人所立的遗嘱无效。遗嘱必须表示遗嘱人的真实意思，受胁迫、欺骗所立的遗嘱无效。继承法遵循有限制的遗嘱自由原则，为此，第十九条规定了必留份制度："遗嘱应当对缺乏劳动能力又没有生活来源的继承人保留必要的遗产份额。"这一规定的目的在于保障继承人的基本生活需要。遗嘱的方式主要有自书遗嘱、代书遗嘱、录音遗嘱、口头遗嘱、公证遗嘱，遗嘱人可以撤销、变更自己所立的遗嘱。立有数份遗嘱，内容相抵触的，以最后的遗嘱为准。自书遗嘱、代书遗嘱、录音遗嘱、口头遗嘱，不得撤销、变更公证遗嘱。

第四章为"遗产的处理"，共十二条，规定了继承开始后的通知、遗产的保管、继承的表示、遗产分割、清偿债务等内容。因从继承开始到遗产分配完毕，一般都要经过一段时间，为了维护继承人的利益，本章规定，存有遗产的人，应当妥善保管遗产，任何人不得侵吞或者争抢。遗产在夫妻共同财产或家庭共有财产之中的，遗产分割时，应当先分出他人的财产。遗产分割时，应当保留胎儿的继承份额。遗嘱继承人丧失继承权的、放弃继承权等情况时，按照法定继承处理。除此之外，本章还规定对继承、受遗赠作出接受或放弃的表示、遗产分割有利于生产和生活需要的原则等问题。

第五章附则部分，对变通规定本法、涉外继承的法律适用、施行时间作出了规定。

目前，继承法出台已过三十多年，学者们普遍认为中国的社会经济结构、私有财产状况、家庭关系等与其颁布之时相比已发生了很大变化，继承法已无法满足和应对当今社会经济生活的需求。因此，建议立法机关应及时对继承法进行修订完善[1]。对继承法的意见多集中在制度简单、遗产的范围太窄、继承权的丧失条件、法定继承人的范围和顺序、遗嘱继承的修改、必留份制度等问题上。随着民法典出台，继承制度也随之作了修改。

第七节　侵权责任法

一、侵权责任法的制定

侵权立法始于 1986 年制定的民法通则，其中专设"民事责任"一章，对归责原则、责任方式、典型的侵权类型作了规定，

---

〔1〕　王利明：《继承法修改的若干问题》，《社会科学战线》2013 年第 7 期。

奠定了中国侵权责任法律制度的基础。除民法通则外，消费者权益保护法、产品质量法等法律对相关侵权责任也作了一些规定。这些规定对于明确责任、规范人们的行为、指导司法审判具有重要作用。但是，随着经济社会的发展，人们权利意识的提高，新的侵权类型不断出现，已有法律已不能适应社会生活和审判实践的需要。主要体现在：一是，有关侵权责任的规定比较原则，一些基本制度缺失。民法通则对侵权责任的请求权人、人身损害赔偿的范围和标准、精神损害赔偿的适用范围、共同危险行为、社会安全保障义务等侵权责任的主要内容没有明确规定；二是，一些现实生活中矛盾比较突出的特殊侵权行为以及新出现的侵权类型无法可依或者规定比较简单，缺少可操作性；三是，一些规定有不一致的地方。例如，关于医疗损害的赔偿，最高人民法院规定的人身损害赔偿标准与医疗事故处理条例规定的标准不同，不利于纠纷的解决；四是，一些侵权责任的规定比较分散。对于侵权的规则，除了民法通则有规定外，一些单行法和最高人民法院的司法解释也有规定，这影响了法律的整体性和统一适用[1]。

侵权责任法的起草始于 2002 年起草完成的民法（草案）。民法（草案）共九编一千二百多条，其中列有侵权责任法一编。2002 年 12 月，九届全国人大常委会第三十一次会议初次对民法（草案）侵权责任法编进行了审议。由于民法草案涉及内容复杂、广泛，一并研究修改历时较长，十届全国人大常委会采取了分编审议的方式。在物权法由十届全国人大五次会议审议通过后，根据十届、十一届全国人大常委会的立法规划，2008 年法制工作委员会再次启动对侵权责任法的立法工作。在民法草案侵权责任法

---

〔1〕 扈纪华、石宏：《侵权责任法立法情况介绍》，《人民司法·应用》2010 年第 3 期。

编的基础上，认真研究了国内规定和国外一般做法，并先后在北京、上海、浙江、黑龙江等地进行调研，召开了法院系统和部分民法专家参加的研讨会，听取各方面意见，形成了侵权责任法草案。草案于 2008 年 12 月进行了第二次审议，会后，全国人大常委会法制工作委员会将草案印发各省（区、市）、中央有关部门和法学教学研究机构等单位征求意见。2009 年 10 月第三次审议后，全国人大常委会通过中国人大网向社会公开征求对草案的意见，共收到 3468 条意见和建议，收到单位和个人修改意见的信函 21 件[1]。2009 年 12 月，十一届全国人大常委会第十二次会议对草案进行了第四次审议，并于 12 月 26 日通过了《中华人民共和国侵权责任法》，同日国家主席胡锦涛签署第二十一号主席令公布，自 2010 年 7 月 1 日起施行。

全国人大法律委员会副主任委员李适时在《全国人民代表大会法律委员会关于〈中华人民共和国侵权责任法（草案）〉主要问题的汇报》中指出，制定侵权责任法总的原则是："以邓小平理论和'三个代表'重要思想为指导，贯彻落实科学发展观，贯彻中共十六大和十七大精神，完善侵权责任法律制度，减少民事纠纷，维护广大人民群众的合法权益，促进社会公平正义，促进社会和谐稳定。侵权责任法是中国特色社会主义法律体系中的支架性法律。制定侵权责任法要适应改革发展稳定的要求，妥善处理好现实性与前瞻性、稳定性与变动性、原则性与可操作性的关系。侵权责任法涉及广大人民群众的切身利益，社会普遍关注。要坚持以人为本，着重解决与人民群众利益密切相关、矛盾突出、各方面意见又比较一致的问题。对现实生活中公民、法人受

---

〔1〕 扈纪华、石宏：《侵权责任法立法情况介绍》，《人民司法·应用》2010 年第 3 期。

到的民事侵害，如产品缺陷、机动车交通事故、医疗事故、环境污染、网络侵权、动物致人损害，等等，要充分保护其合法权益，同时要考虑中国现阶段经济社会发展水平，公平合理地确定赔偿范围和赔偿标准。对存在争议，目前还没有把握的一些问题暂不作规定，根据实际情况进一步研究论证。制定侵权责任法要借鉴国外的有益经验，但不照抄照搬，必须从中国的实际出发，总结实践经验，把多年来行之有效的行政法规和司法解释的规定吸收到草案中，进一步完善中国的侵权责任法律制度。"[1]

二、侵权责任法的内容

侵权责任法以一般条款和具体列举相结合的方式全面保护民事权益，共十二章九十二条，涉及面广，内容丰富，主要规定了以下内容。

（一）关于第一章"一般规定"

侵权责任法第一章"一般规定"共五条，主要对侵权责任法的立法目的、侵权责任法的适用范围、侵权责任的请求权人、侵权责任与刑事责任和行政责任的关系、侵权责任法与其他法律的关系等内容作了规定。侵权责任法的目的是"保护民事主体的合法权益，明确侵权责任，预防并制裁侵权行为，促进社会和谐稳定"。在侵权责任法的立法目的中，可以看到"以被侵权人保护为中心"的指导思想，亦可以窥见作为私法的侵权法在对公共秩序上的追求和社会本位的立法思想。对于侵权责任法的适用范

---

〔1〕 李适时：《全国人民代表大会法律委员会关于〈中华人民共和国侵权责任法（草案）〉主要问题的汇报》，《中华人民共和国全国人民代表大会常务委员会公报》2010 年第 1 期。

围，各国民法存在着差异，法国民法典、日本民法典对侵权行为作了概括规定，德国民法典没有作概括规定，而是在第八百二十三条、第八百二十六条具体规定侵权形态。我国的侵权责任法在比较各种模式利弊的基础上，最终采取"概括＋列举"的方式。第二条第一款明确侵权责任法的保护对象为"民事权益"，这就把民事权益之外的其他权益排除在侵权责任法的保护范围之外。第二款明确了民事权益的内涵，列举了一些主要的具体的民事权益——"生命权、健康权、姓名权、名誉权、荣誉权、肖像权、隐私权、婚姻自主权、监护权、所有权、用益物权、担保物权、著作权、专利权、商标专用权、发现权、股权、继承权等人身、财产权益"。第三条明确了被侵权人请求权的规定。侵权责任与刑事责任和行政责任的关系、侵权责任法与其他法律的关系等内容作了规定。第四条规定了侵权责任和行政责任、刑事责任竞合时，在财产赔偿和处罚上侵权责任优先的原则。第五条规定了侵权责任法与其他法律对侵权责任另有特别规定的，依特别法的原则，这也是特别法优于一般法在侵权领域的适用。

（二）关于第二章"责任构成和责任方式"

侵权责任法第二章"责任构成和责任方式"包括第六条至第二十五条共二十个条文，主要规定了侵权责任的归责原则、共同侵权、侵权责任的承担方式、人身和财产损害赔偿、精神损害赔偿、公平责任等内容。在本章，我国侵权责任制度实行过错责任和无过错责任相结合的"二元"归责原则。过错责任原则是行为人对损害的发生有过错才承担侵权责任，没有过错不承担侵权责任。在过错责任原则中，通常由受害人证明行为人是否有过错，但在一些情况下也适用过错推定。所谓过错推定是指根据法律规定推定行为人有过错，行为人不能证明自己没有过错的，应当承担侵权责任[1]。过错责任原则是资本主义国家民法的三大支柱性原则之一，是个人自由和权利的体现。但是，随着资本主义国家经济社会的发展，工业化的加速，伴随而来的是事故的大量发生，在过错责任制度下，大量受害人得不到赔偿，激化了社会矛盾。无过错责任原则由此得以产生并在各国逐渐被采用。民法通则确立了无过错责任原则，本法第七条在此基础上进一步明确了无过错责任原则的内涵。

本章第八条至第十四条是关于数人实施侵权行为及责任的承担的规定。第八条规定了共同侵权制度的构成要件，二人以上共同实施侵权行为，造成他人损害的，应当承担连带责任。第十一条属分别侵权制度，二人以上分别实施侵权行为造成同一损害，但每个人的侵权行为都足以造成全部损害的，行为人承担连带责任。第十二条同属分别侵权制度，二人以上分别实施侵权行为造成同一损害，第十一条的构成要件更加严格，要求"每个人的侵权行为都足以造成全部损害"，在不满足第十一条的构成要件时，承担按份责任。在起草过程中，有观点认为共同侵权制度属于特殊侵权，分别侵权制度属于一般侵权，一般侵权可以根据本法第六条或者第七条的规定解决，可以不作专条规定。经研究，起草者认为，在侵权责任法中同时规定共同侵权与分别侵权，有助于完善数人侵权制度[2]。

侵权责任方式是行为人的行为构成侵权责任，所应承担的具体法律后果。随着当代社会侵权形态的多样化，侵权责任方

---

〔1〕　王胜明主编：《中华人民共和国侵权责任法释义》（第2版），法律出版社2013年版，第49页。

〔2〕　王胜明主编：《中华人民共和国侵权责任法释义》（第2版），法律出版社2013年版，第78页。

式也需要进一步多元化。侵权责任法正体现了这一发展趋势。第十五条规定了八种承担民事责任的方式，包括停止侵害；排除妨碍；消除危险；返还财产；恢复原状；赔偿损失；赔礼道歉；消除影响、恢复名誉等。这些侵权责任的方式，可以单独适用，也可以合并适用，为全面救济被害人的权利提供了法律依据。

第二十二条规定了精神损害赔偿制度。大陆法系和英美法系的主要国家都对精神损害赔偿制度作出了规定，但赔偿范围的大小与赔偿责任却有着不小的区别。侵权责任法制定以前，我国当时的法律没有明确规定精神损害赔偿，但2001年2月20日最高人民法院《关于确定民事侵权精神损害赔偿责任若干问题的解释》规定精神损害赔偿的范围。在制定侵权责任法的过程中，对于精神损害赔偿的适用范围及是否规定和如何规定精神损害赔偿额存在着不小的争议。最终，在综合各方意见和反复研究的基础上，第二十二条规定，在符合"侵害他人人身权益"，排除侵犯财产权益等情况，同时，"造成他人严重精神损害的"，排除一般性精神损害等情况的条件下，被侵权人可以请求精神损害赔偿。

此外，本章还确定了侵害人身的财产损害赔偿范围、死亡赔偿金的确定方法、侵害人身及财产的财产损失计算方法，以及公平责任等。这些条文具有很强的现实针对性，对于明确规则原则，确定具体赔偿范围和标准，指导司法审判均具有重要意义。

（三）关于第三章"不承担责任和减轻责任的情形"

本法第三章"不承担责任和减轻责任的情形"包括第二十六条至第三十一条共六个条文，规定了六种不承担责任和减轻责任的具体情形。关于本章的章名在立法过程中曾有不同意见。在学者建议稿中的侵权行为编均用"抗辩事由"作为章名或者节名，还有学者建议使用"免责事由"一词。侵权责任法没有将"免责事由"作为章名,还将2002年12月九届全国人大常委会第三十一次会议审议的民法(草案)中的侵权责任法一编使用的"抗辩事由"修改为"不承担责任和减轻责任的情形"。这样修改的主要理由是免责事由与抗辩事由存在一定差异。免责事由是法定的,顾名思义是法定的免除责任的事由。抗辩事由是指被告针对原告的诉讼请求而提出的使自己免责或减轻责任的事由。免责事由是一个小概念,抗辩事由是一个大概念。当事人所主张的抗辩事由,不仅包括法定的免责事由,也包括法律虽无明确规定,但可以使自己免责或减轻责任的事由。使用"免责事由"作为本章的章名,从字面看,不能包括减轻责任的情形,而且"免责"的前提是有责任,但有些情形,如不可抗力,双方都没有责任。使用"抗辩事由"作为章名,又难以一一列举全部的抗辩情形,况且叫"抗辩事由"也不够通俗,不易为民众所理解。所以本章的章名最终被确定为"不承担责任和减轻责任的情形"〔1〕。对于"不承担责任和减轻责任的情形"的具体情形,在立法过程中也有深入讨论,最后确定了过失相抵、受害人故意、第三人行为、不可抗力、正当防卫、紧急避险六种具体的情况。

(四)关于第四章"关于责任主体的特殊规定"

本法第四章"关于责任主体的特殊规定"共九条,主要规定了监护人的侵权责任,完全无民事行为能力人暂时丧失意识后造成他人损害的侵权责任,网络侵权责任,学校、幼儿园等教育机构的责任等。本章的规定,在归责原则上或承担责任主体上具有特殊性:(1)关于无民事行为能力人、限制民事行为能力人之侵

---

〔1〕　王胜明主编:《中华人民共和国侵权责任法释义》(第2版),法律出版社2013年版,第125页。

权责任归属，既不同于一般的无过错责任，因为无民事行为能力人和限制行为能力人的行为构成了侵权，监护人才承担相应责任；也不同于过错推定责任，监护人如果能够证明其尽到监护责任的，只能减轻其侵权责任，而不能免除。同时，行为人和责任人是分离的，也不同于一般的归责原则。（2）侵权责任法第三十三条对完全民事行为能力人暂时丧失意识后的侵权责任作了规定。完全民事行为能力人对自己的行为暂时没有意识或者失去控制造成他人损害有过错的，应当承担侵权责任；没有过错的，根据行为人的经济状况对受害人适当补偿。其中的"过错"指的是对导致其丧失意识存在过错，失去意识之后没有过错可言。（3）增加了网络侵权的责任规定。网络用户、网络服务提供者利用网络侵害他人民事权益的，应当承担侵权责任。网络用户利用网络服务实施侵权行为的，被侵权人有权通知网络服务提供者采取删除、屏蔽、断开链接等必要措施。网络服务提供者接到通知后未及时采取必要措施的，对损害的扩大部分与该网络用户承担连带责任。网络服务商不知道的情况下，被侵权人不通知的网络服务商不承担责任。网络服务提供者知道网络用户利用其网络服务侵害他人民事权益，未采取必要措施的，与该网络用户承担连带责任。（4）对未成年人在学校、幼儿园受到伤害时学校、幼儿园的赔偿责任，根据未成年人的年龄和民事行为能力分别作出规定：①无民事行为能力人在幼儿园、学校或者其他教育机构学习、生活期间受到人身损害的，采用过错推定原则，幼儿园、学校或者其他教育机构应当承担赔偿责任，但能够证明尽到教育、管理职责的除外。②限制民事行为能力人在学校或者其他教育机构学习、生活期间受到人身损害，采用过错责任原则，学校或者其他教育机构未尽到教育、管理职责的，承担相应的赔偿责任。

③无民事行为能力人或者限制民事行为能力人在幼儿园、学校或者其他教育机构学习、生活期间，受到幼儿园、学校或者其他教育机构以外的人员人身损害的，由侵权人承担侵权责任。幼儿园、学校或者其他教育机构未尽到管理职责的，根据补偿责任原则，承担相应的赔偿责任。

（五）第五章至第十一章对不同类型侵权责任的具体规定

第五章"产品责任"共七条，在产品质量法规定基础上，对生产者、销售者、运输者和仓储者的产品责任以及追偿制度作了明确规定。本章的产品责任是指产品缺陷而产生的他人人身、财产安全的侵权责任，而非因产品瑕疵而产生的民事责任。主要包括：（1）因产品缺陷危及他人人身、财产安全的，受害人有权要求生产者、销售者承担消除危险、排除妨碍等侵权责任。其中生产者承担的是无过错责任，销售者承担的是过错责任。（2）产品投入流通后发现存在缺陷的，生产者、销售者应当及时采取警示、召回等补救措施。未及时采取补救措施或者补救措施不力造成损害的，应当承担侵权责任。（3）明知产品存在缺陷仍然生产、销售，造成他人死亡或者健康严重损害的，被侵权人有权请求相应的惩罚性赔偿。

第六章"机动车交通事故责任"包括第四十八条至第五十三条六个条文，主要规定了机动车发生交通事故的责任承担问题：（1）机动车发生交通事故造成损害承担责任的原则规定，即依照道路交通安全法的有关规定承担责任。（2）因租赁、借用等情形机动车所有人与使用人不是同一人时，发生交通事故后属于该机动车一方责任的，由保险公司在机动车强制保险责任限额范围内予以赔偿。不足部分，由机动车使用人承担赔偿责任；机动车所有人对损害的发生有过错的，承担相应的赔偿责任。（3）当事人之间已经以买卖等方式转让并交付机动车但未办理所有权转移登记，发生交通事故后属于该机动车一方责任的，由保险公司在机动车强制保险责任限额范围内予以赔偿。不足部分，由受让人承担赔偿责任。(4) 买卖拼装的或者已达到报废标准的机动车，发生交通事故造成损害的，买卖双方承担连带责任。(5) 盗窃、抢劫或者抢夺的机动车发生交通事故造成损害的，由盗窃人、抢劫人或者抢夺人承担赔偿责任。

第七章是关于医疗损害责任的规定，共十一个条文。对于医疗损害责任，区分不同情况作了规定：(1) 诊疗损害实行过错责任。第五十四条规定："患者在诊疗活动中受到损害，医疗机构及其医务人员有过错的，由医疗机构承担赔偿责任。"同时，在一些情况下规定了推定过错责任，第五十八条规定："患者有损害，因下列情形之一的，推定医务人员有过错：(一) 违反法律、行政法规、规章以及其他有关诊疗规范的规定；(二) 隐匿或者拒绝提供与纠纷有关的病例资料；(三) 伪造、篡改或者销毁病历资料。"(2) 医务人员未尽告知义务的赔偿责任。需要实施手术、特殊检查、特殊治疗的，医务人员应当及时向患者说明医疗风险、替代医疗方案等情况，并取得其书面同意；不宜向患者说明的，应当向患者的近亲属说明，并取得其书面同意。医务人员未尽到这一义务，造成患者损害的，医疗机构应当承担赔偿责任。但抢救危急患者等紧急情况的除外。(3) 因药品、消毒药剂、医疗器械的缺陷，或者输入不合格的血液造成患者损害的，实行无过错责任。

第八章是关于环境污染责任的规定，从第六十五条至第六十八条共四个条文。主要规定了污染者的无过错责任，污染者应当就法律规定的不承担责任或者减轻责任的情形及其行为与损害之间不存在因果关系承担举证责任。此外，还规定了存在数个污染者的责任承担与第三人的过错污染环境造成损害的责任承担问题。

第九章主要包括第六十九条至第七十七条九个条文，是关于高度危险责任的规定。高度危险责任是指从事高空、高压、易燃、易爆、剧毒、放射性、高速运输工具等对周围环境有高度危险的作业对他人造成损害的赔偿责任。根据本章的规定，对于高度危险作业一般情况下采用无过错责任，但根据情况的不同，如因不可抗力、受害人故意、被侵权人对损害结果有重大过失等，可以免除或减轻高度危险作业者的责任。

第十章饲养动物损害责任中，根据不同情况作出了责任承担的规定：（1）饲养的动物造成他人损害的，动物饲养人或者管理人应当承担无过错责任，但能够证明损害是因被侵权人故意或者重大过失造成的，可以不承担或者减轻责任。（2）未对动物采取安全措施造成他人损害的，动物饲养人或者管理人应当承担侵权责任。这一条并未规定免责事由，即使被侵权人对损害的发生没有过失，动物饲养人或者管理人也不能减轻或者不承担责任。（3）禁止饲养的烈性犬等危险动物造成他人损害的，适用无过错责任原则。（4）动物园动物造成损害的，对动物园适用推定过错原则。（5）遗弃、逃逸动物造成他人损害的，原动物饲养人或者管理人仍应承担侵权责任。

第十一章包括第八十五条至第九十一条共七个条文，是关于物件损害责任的规定。在本章中没有关于物件损害责任的一般性条款规定，而是具体规定了建筑物、构筑物或者其他设施及其搁置物、悬挂物脱落、坠落损害，建筑物、构筑物或者其他设施倒塌损害，抛掷物、坠落物损害，堆放物损害，障碍通行物损害，林木损害和地下工作物损害等七种基本类型的归责原则。"准侵权行为"的物件损害责任，是一种对责任人管领下的物件侵权的替代责任。本章在责任承担方式上，以过错推定原则为一般归责（第八十五、八十八、九十、九十一条），同时规定了建设单位和施工单位对于建筑物等倒塌损害承担连带责任，可能加害的建筑物使用人对于建筑物抛掷物损害承担补偿责任和相应责任主体的追偿权利。

第八节　知识产权法

知识产权法是指因调整知识产权的归属、行使、管理和保护等活动中产生的社会关系的法律规范的总称，一般还指中华人民共和国保护知识产权的制度及执法体系。从 1980 年加入世界知识产权组织以后，全国人大常委会相继制定了商标法、专利法、著作权法等与知识产权相关的法律，从而形成了较为全面的知识产权法律保护体系。我国的知识产权保护制度的筹备、酝酿，起始于 20 世纪 70 年代末期，是伴随着我国的改革开放而起步的。1982 年出台的商标法是中国内地的第一部知识产权法律，标志着中国的知识产权保护制度开始建立。随着 1984 年专利法、1990年著作权法的推出，标志着中国知识产权保护制度的初步形成。

一、商标法

（一）商标法的起草与出台

《中华人民共和国商标法》是在 1982 年 8 月 23 日由第五届

全国人大常委会第二十四次会议审议通过，自 1983 年 3 月 1 日
开始施行。于 1993 年 2 月 22 日根据第七届全国人大常委会第三
十次会议关于修改《中华人民共和国商标法》的决定第一次修
正；为了进一步加强对商标专用权的保护，适应中国加入世界贸
易组织进程的需要，于 2001 年 10 月 27 日根据第九届全国人大常
委会第二十四次会议关于修改《中华人民共和国商标法》的决定
第二次修正；于 2013 年 8 月 30 日根据第十二届全国人大常委会
第四次会议关于修改《中华人民共和国商标法》的决定第三次修
正；于 2019 年 4 月 23 日根据第十三届全国人大常委会第十次会
议关于修改《中华人民共和国建筑法》等八部法律的决定第四次
修正。商标法 1982 年颁布以来历经 4 次修正，条文数量和实质
内容都发生了重大变化，从四十三条增加至七十三条。

1982 年商标法共八章四十三条。

第一章为总则部分。总则部分依次分别说明了商标法制定的
目的；全国商标注册和管理工作的主管单位；商标注册人的主
体；商标应当具备的属性以及禁止使用注册商标等内容。

第二章为商标的注册。规定了注册商标在具体使用中出现各
种问题该如何处理。

第三章为商标注册的审查和核准。规定了商标初审的负责机
关；两个或者两个以上的申请人，在同一种商品或者类似商品
上，以相同或者近似的商标申请注册的处理方式；对驳回申请、
不予公告的商标的权利人的救济途径与方式。

第四章为注册商标的续展、转让和使用许可。注册商标的有
效期为十年，自核准注册之日起计算。注册商标有效期满，需要
继续使用的，应当在期满前六个月内申请续展注册；在此期间未
能提出申请的，可以给予六个月的宽展期。宽展期满仍未提出申

请的，注销其注册商标。每次续展注册的有效期为十年。

第五章为注册商标争议的裁定。对已经注册的商标有争议的，可以自该商标经核准注册之日起一年内，向商标评审委员会申请裁定。商标评审委员会收到裁定申请后，应当通知有关当事人，并限期提出答辩。商标评审委员会作出维持或者撤销有争议的注册商标的终局裁定后，应当书面通知有关当事人。

第六章为商标使用的管理。本章着重规定了对违法使用商标或者未正确使用商标的处理方式。

第七章为注册商标专用权的保护。规定了注册商标权利人所享有的基本权利以及列出了几种典型的侵犯注册商标专用权的表现形式，并且规定了商标权利人权利受到侵害时的救济途径。

第八章为附则。

（二）商标法第一次修正

1993 年 2 月 22 日，第七届全国人大常委会第三十次会议审议并通过了关于修改《中华人民共和国商标法》的决定。随着改革的不断深化，中国国内形势发生了较大变化，确立了社会主义市场经济体制，急需进一步加强对商标的保护。另外，商标法颁布后，中国于 1985 年和 1989 年分别加入《保护工业产权巴黎公约》和《商标国际注册马德里协定》，商标法律制度需要与国际公约接轨。本次修改主要增加了对服务商标的保护内容；完善了对于驰名商标的保护，规定县级以上行政区划的地名或者公众知晓的外国地名不得作为商标；细化商标侵权行为的种类，并加大打击商标侵权假冒行为力度。

（三）商标法第二次修正

2001 年 10 月 27 日，为适应中国加入世界贸易组织的需要，第九届全国人大常委会第二十四次会议审议并通过了关于修改

《中华人民共和国商标法》的决定，自 2001 年 12 月 1 日起施行。此次修改扩大了商标权的主体和客体，自然人可以申请商标注册，将集体商标、证明商标纳入商标法，准予注册立体商标；增加对驰名商标保护的内容，明确了认定驰名商标时应考虑的因素；增加地理标志保护的内容；明确规定"反向假冒"属于商标侵权行为；商标确权程序增加司法审查；增加诉前申请财产保全、证据保全等救济措施；等等。

（四）商标法第三次修正

2013 年 8 月 30 日，第十二届全国人大常委会第四次会议审议并通过了关于修改《中华人民共和国商标法》的决定，于 2014 年 5 月 1 日开始实施。2008 年中国发布了《国家知识产权战略纲要》，明确提出到 2020 年，把中国建设成为知识产权创造、运用、保护和管理水平较高的国家。知识产权法治环境进一步完善。随着市场经济的发展，商标法的实践中出现了不少新的问题。本次修法增加了申请注册和使用商标的诚实信用原则条款；增加了声音商标；增加了对知名商标的保护，完善了对驰名商标的保护；加强了对商标相关不正当竞争行为的规范；增加制止恶意抢注的规定；增加商标侵权行为种类；增加惩罚性赔偿种类；明确了商标注册审查和案件审查的时限等。

（五）商标法第四次修正

2019 年 4 月 23 日，根据第十三届全国人大常委会第十次会议审议通过的关于修改《中华人民共和国建筑法》等八部法律的决定，对商标法进行第四次修正。

本次修改主要涉及六个条款，修改的主要内容集中于打击非真实使用目的的商标恶意注册行为。为打击现实中大量存在的商标抢注和囤积行为，第四条规定"不以使用为目的的恶意商标注册申请，应当予以驳回"。在商标确权程序中规定了严格的审查程序，同时也规定了确权及诉讼程序中的处罚制度，对恶意申请商标注册的，根据情节给予警告、罚款等行政处罚；对恶意提起商标诉讼的，由人民法院依法给予处罚。此外，还提高了商标侵权，尤其是恶意侵犯商标权行为的赔偿金额。这些都有利于遏制商标权的侵权行为。

二、专利法

（一）专利法的起草与出台

《中华人民共和国专利法》于 1984 年 3 月 12 日第六届全国人大常委会第四次会议审议通过，由国家主席李先念签署第十一号主席令予以公布，自 1985 年 4 月 1 日起施行。根据 1992 年 9 月 4 日第七届全国人大常委会第二十七次会议关于修改《中华人民共和国专利法》的决定第一次修正。根据 2000 年 8 月 25 日第九届全国人大常委会第十七次会议关于修改《中华人民共和国专利法》的决定第二次修正。根据 2008 年 12 月 27 日第十一届全国人大常委会第六次会议关于修改《中华人民共和国专利法》的决定第三次修正。根据 2020 年 10 月 17 日第十三届全国人大常委会第二十二次会议关于修改《中华人民共和国专利法》的决定第四次修正。

1978 年，中共中央决定建立专利制度，要求国家科学技术委员会负责筹备工作，成立专利法起草小组。1979 年 1 月 31 日，中美签订了中美科技合作协定，当年 7 月 7 日，中美贸易关系协定签署，在中华人民共和国对外关系的文件中第一次出现了相互保护专利权等知识产权的条款。中国在向国际社会作出承诺的同时，也推动了专利法的起草工作进程。起草之初，先由小组全体研究整体框架结构，然后分工撰写，再经小组集体讨论修改。1979 年 6 月 4 日，专利法起草小组草拟出了专利法草案的第一稿。

1980 年 1 月，国务院批准成立中国专利局。然而，几乎就在同一时刻，围绕"中国该不该要专利制度"的一场大争论也随之爆发。有关工业部门的领导人上书中共中央、国务院，强烈反对建立专利制度，批评在中国搞专利法是"妄图以西方一个模式来解决中国科技发展问题"，认为这在实际上只能保护外国垄断公司的利益，而专利制度是资产阶级手中的工具，掩盖着企业主对科技人员的"超级剥削"，在社会主义中国建立实施专利制度是一个原则、方向和理论性的问题。甚至有的人干脆说，"实行专利制度，将使成果推广更为困难""将是技术领域的一个大倒退""实行专利制度会造成许多技术领域被外国人独霸的局面"[1]。此后，关于构建专利制度的争论一直非常激烈。1981年，原国家科学技术委员会和原中国专利局将专利法草案第 11稿上报国务院，当国务院法制局将草案送有关部门征求意见时，立即遭到有关单位强烈反对。这些单位对草案逐条进行否定，致使国务院无法批准，专利法被迫搁浅[2]。邓小平在关键时刻果断作出"中国需要建立专利制度""专利法以早通过为好"的指示[3]。第五届全国人大常委会第五次会议批准的关于第六个五年计划的报告明确指出，要制定和施行专利法，专利法的起草终

---

〔1〕　韩秀成：《专利往事》，知识产权出版社 2015 年版，第 8 页。

〔2〕　韩秀成：《沧桑巨变：知识产权与改革开放四十年》，《知识产权》2018 年第 9 期。

〔3〕　《知识产权与改革开放 30 年》编委会：《知识产权与改革开放 30 年》，知识产权出版社 2008 年版，第 11、306 页。

于回归正常道路。专利法草案的起草历经了 5 年磨砺。1984 年 3 月 12 日，六届全国人大常委会第四次会议通过了《中华人民共和国专利法》。

1984 年通过的专利法共八章六十九条。依次为"总则""授予专利权的条件""专利的申请""专利申请的审查和批准""专利权的期限、终止和无效""专利实施的强制许可""专利权的保护""附则"。

第一章总则部分共二十一条，说明了制定专利法的目的以及意义。对专利申请审查和受理的主体作出了明确规定；对职务发明、两个以上单位协作或者一个单位接受其他单位委托的研究、设计任务所完成的发明创造的权利归属进行了规定；同时规定：在中国没有经常居所或者营业所的外国人、外国企业或者外国其他组织在中国申请专利和办理其他专利事务的，应当委托中华人民共和国国务院指定的专利代理机构办理。

第二章授予专利权的条件。授予专利权的发明和实用新型，应当具备新颖性、创造性和实用性。

第三章专利的申请。主要规定了专利申请的条件以及流程，包括需要提交申请书的格式、内容等。专利申请人的优先权也是本章的重点之一。

第四章专利申请的审查和批准。专利局可依申请也可自行对发明专利进行实质审查。该章还规定了专利申请异议权。

第五章专利权的期限、终止和无效。发明专利权的期限为十五年，自申请日起计算。实用新型和外观设计专利权的期限为五年，自申请日起计算，期满前专利权人可以申请续展三年。第四十七条规定了专利终止的情形：（一）没有按照规定缴纳年费的；（二）专利权人以书面声明放弃其专利权的。

第六章专利实施的强制许可。发明和实用新型专利权人自专利权被授予之日起满三年，无正当理由没有履行本法第五十一条规定的义务的，专利局根据具备实施条件的单位的申请，可以给予实施该专利的强制许可。专利实施的强制许可分为多种情形。

第七章专利权的保护。对未经专利权人许可，实施其专利的侵权行为，专利权人或者利害关系人可以请求专利管理机关进行处理，也可以直接向人民法院起诉。专利管理机关处理的时候，有权责令侵权人停止侵权行为，并赔偿损失。

第八章为附则部分，规定了专利申请收费制度、授权专利局制定专利法实施细则以及本法自1985年4月1日起施行。

（二）专利法第一次修正

第七届全国人大常委会第二十七次会议于1992年9月4日审议通过了专利法（修正案），对其进行了第一次修正。修改后的专利法于1993年1月1日起施行。这次修改的动力既来自国内经济社会发展的需要，很大程度上也是出于美方的压力，落实中美政府关于保护知识产权的谅解备忘录的承诺。这是一次实质性的修改，经过这次修改，中国的专利法保护水平基本达到与贸易有关的知识产权协定（TRIPS协定）的保护标准。

专利法的第一次修改主要从专利保护的范围、延长专利权的期限、增加对专利产品进口的保护、将对方法专利的保护延及依该方法直接获得的产品、重新规定对专利实施强制许可的条件、增设本国优先权、将授权前的异议程序改为授权后的行政撤销程序等七个方面进行了修改。特别是将食品、药品和用化学方法获得的物质，纳入专利法的保护范围。

（三）专利法第二次修正

2000年8月25日，第九届全国人大常委会第十七次会议审议通过《关于修改〈中华人民共和国专利法〉的决定》，对专利法进行第二次修正。这次修改的动因不同于前次，并非主要来自国际的压力，而是源于国内经济社会需要进行的主动修改。

专利法第二次修正的内容共涉及三十六条，增加四条，删除四条，总条数仍然是六十九条。主要可分为三大部分：为促进科技进步所作的修改；加大保护力度，完善司法和行政执法；简化、完善专利审批程序。具体内容包括以下几项。

1. 为促进科技进步所作的修改：对立法宗旨的修改；取消了全民所有制单位对专利权"持有"的规定；修改了职务发明的界定条件；明确了职务发明人应得的两种待遇，即奖励和报酬。

2. 加大保护力度，完善司法和行政执法：增加了有关"许诺销售"的规定；规定善意使用、销售侵权产品仍属于侵权行为；增加了诉前临时措施；增加了关于侵权赔偿额计算的规定；修改了专利管理机关的职能；发挥行政执法优势，理顺处理专利侵权纠纷和行政执法的关系；对实用新型专利权人起诉他人附加条件。

3. 简化、完善专利审批程序：明确提交专利国际申请（PCT）的法律依据；取消了行政撤销程序；增加了实用新型和外观设计专利权人和其他当事人请求法律救济的力度；简化转让专利权和向外国申请专利的手续；有关审批程序的修改。

（四）专利法第三次修正

2008 年 12 月 27 日，第十一届全国人大常委会第六次会议审议通过《关于修改〈中华人民共和国专利法〉的决定》，对专利法进行第三次修正。这次修改源于 2008 年《国家知识产权战略纲要》的颁布，我国知识产权制度成为推动国家经济发展的一项重要战略。为了配合这一纲要的出台，同时专利保护中出现了许多新问题，在这样的背景下，全国人大常委会进行了本次修法。此次修改主要遵循三点原则。第一，维护专利权人利益与维护公众利益的有机统一。第二，适应国际发展趋势与立足本国国情的有机统一。第三，维持法律稳定性与提高法律适应性的有机统一。[1] 修改的主要内容包括：专利授权标准由"相对新颖性"提高到"绝对新颖性"；加大对专利权的保护力度；简化专利侵权诉讼程序；增加了对遗传资源保护的相关条款。

（五）专利法第四次修正

2014 年中国正式启动专利法第四次修改工作，历时 6 年之久最终完成修改工作。2020 年 10 月 17 日，第十三届全国人民代表大会常务委员会第二十二次会议通过了《关于修改〈中华人民共和国专利法〉的决定》，第四次修改后的专利法于 2021 年 6 月 1 日起施行。此次专利法的修改为全面修改，紧紧围绕党和国家工作全局，以建设知识产权强国为目标，针对我国专利法实施中的突出问题，提出了有针对性的解决方案。主要包括以下方面内容：一是加强对专利权人合法权益的保护，包括加大侵权损害赔偿，完善诉前保全制度，完善专利行政执法，新增诚实信用原则，新增专利权期限补偿制度和药品专利纠纷早期解决机制等；二是促进专利实施和运用，包括完善职务发明制度，新增专利开放许可制度，加强专利公共信息服务等；三是完善专利授权制度，包括进一步完善外观设计保护相关制度，增加不丧失新颖性的情形，完善专利权评价报告制度等。

---

〔1〕《追求专利权与公众利益的平衡》，中国人大网，http://www.npc.gov.cn/huiyi/lfzt/zlfxzaca/2008—08/25/content_1445952.htm。

三、著作权法

（一）著作权法的起草与出台

著作权法是对著作权作出规定的法律，是调整作品创作、传播、使用过程中各种社会关系的法律规范，是国家确认、保障智力创作者合法权益和保证精神生产健康发展的重要法律手段。它的基本内容有：著作权主体，著作权客体，著作权内容，著作权保护，著作权限制，著作权的继承、转让与许可使用，侵权行为和罚则等。著作权法的制定历经 10 年，多次修改，全国人大常委会 3 次审议。它既参考了国际惯例，又注重中国的实际情况，吸收了多方面的意见。

《中华人民共和国著作权法》于 1990 年 9 月 7 日第七届全国人大常委会第十五次会议通过，国家主席杨尚昆签署第三十一号主席令予以公布，该法从 1991 年 6 月 1 日起实施。根据 2001 年 10 月 27 日第九届全国人大常委会第二十四次会议审议通过的《关于修改〈中华人民共和国著作权法〉的决定》第一次修正。根据 2010 年 2 月 26 日第十一届全国人大常委会第十三次会议审议通过的《关于修改〈中华人民共和国著作权法〉的决定》第二次修正。2020 年 11 月 11 日，十三届全国人大常委会第二十三次会议表决通过了《关于修改〈中华人民共和国著作权法〉的决定》，对著作权法进行第三次修正。

1990 年著作权法共六章五十六条。

第一章为总则部分，本法制定目的是："为保护文学、艺术和科学作品作者的著作权，以及与著作权有关的权益，鼓励有益于社会主义精神文明、物质文明建设的作品的创作和传播，促进社会主义文化和科学事业的发展与繁荣，根据宪法制定本法。"规定了享有著作权的主体以及受著作权法保护的对象。

第二章为著作权。规定了著作权人的范围、著作权的内容、著作权归属、权利的保护期、权利的限制等内容。

第三章为著作权许可使用合同。包括合同的必备条款、合同的有效期限、使用作品的付酬标准等。

第四章为出版、表演、录音录像、播放。包括图书、报刊的出版；表演；录音录像；广播电台、电视台播放等四部分。

第五章为法律责任。侵害他人著作权需要承担的法律责任主要为民事责任与行政责任。著作权引起的纠纷可通过调解、仲裁与诉讼等方式解决。

第六章为附则部分，包含词语概念的解释等内容。规定本法自 1991 年 6 月 1 日起施行。

（二）2001 年著作权法的修改

2001 年 10 月 27 日，第九届全国人大常委会第二十四次会议审议通过《关于修改〈中华人民共和国著作权法〉的决定》，由国家主席江泽民签署第五十八号主席令公布施行。这是自著作权法出台后十年来的第一次全面系统的修改。这次修改，在权利的内容、主体、客体，对权利的限制、利用、保护等方面，都作了符合相关国际公约和中国著作权保护实际需要的改动，强化了对权利人权利的保护。主要修改内容为：（1）在权利人的权利保护方面，增设了放映权、信息网络传播权、转让权等三项权利；重新界定发行权，将出租权从发行权中独立出来；扩充表演权、广播权的内容；增加规定原作品著作权人对演绎作品的出版、表演、录音录像的"许可权"。（2）在权利的限制方面，以《伯尔尼公约》和中国的实际为依据，对"合理使用"的有关情形作出更加合理的限制，对"法定许可"制度作出较大修改。（3）增加了著作权保护的客体，在著作权保护的客体中增加了杂技艺术作品和建筑作品。（4）明确著作权集体管理组织与著作权人和相关权利人之间的关系，并对该组织的性质、职能、设立、管理等作出规定。（5）扩大了表演者获取报酬权的获取途径，延长了表演者获取报酬权的保护期限。（6）增加了关于诉前证据保全制度以及民事制裁条款。本次对著作权法的全面修改，解决了原有著作权法存在的一些问题，使中国著作权保护制度与国际公约更趋一致，更有益于对著作权人的保护和版权贸易的发展。

（三）2010 年著作权法的修改

2010 年 2 月 26 日，第十一届全国人大常委会第十三次会议审议通过关于修改《中华人民共和国著作权法》的决定，由国家主席胡锦涛签署第二十六号主席令予以公布，自 2010 年 4 月 1 日起施行。此次修改一是将第四条修改为："著作权人行使著作权，不得违反宪法和法律，不得损害公共利益。国家对作品的出版、传播依法进行监督管理。"二是增加一条法律条文，作为第二十六条："以著作权出质的，由出质人和质权人向国务院著作权行政管理部门办理出质登记。"

（四）2020 年著作权法的修改

2020 年 11 月 11 日，第十三届全国人大常委会第二十三次会议通过关于修改著作权法的决定，这是著作权法实施以来的第三次修改。此次修改是为了满足社会发展的需要，同时吸收了自上次著作权法修改十年来司法实践成果。本次修改新增、修改条款共计四十六条，对作品定义、作品类型、权利归属、权利内容以及合理使用制度等关系著作权保护的基本规则进行了调整。同时还调整了法定赔偿上下限，引入惩罚性赔偿、举证妨碍规则，加强了著作权保护的力度。

第九节 涉外民事关系法律适用法

涉外民事关系法律适用法是规范涉外财产关系和人身关系的基本法律，调整在国际民事交往中产生的包括涉外物权关系、涉外知识产权关系、涉外合同关系、涉外侵权关系、涉外婚姻家庭关系、涉外继承关系等各类涉外民事关系，主要解决上述各类涉外民事关系的法律适用问题[1]。涉外民事关系法律适用法是中国民法和国际私法的重要组成部分，是中国特色社会主义法律体系中的一部重要法律。为解决涉外民事争议，维护当事人合法权益提供法律依据，对于保护当事人合法权益，构建正常的涉外民事法律秩序具有十分重要的意义。

中华人民共和国成立后至改革开放的 30 年，中国的涉外民事交往基本处于停滞状态，涉外民事关系法律适用法的立法几乎为空白。改革开放以来，随着中外经济文化交往的逐渐增多，涉外民事关系法律适用法的立法也越来越受到重视。涉外经济合同法、继承法、收养法、海商法、票据法、合同法等单行法律中都有专门的条文对涉外法律关系进行调整。同时，民法通则第八章对涉外民事关系的法律适用问题所作的专章规定，对于规范现实

---

[1] 黄进：《中国涉外民事关系法律适用法的制定与完善》，《政法论坛》2011 年第 3 期。

中的涉外民事法律关系具有重要意义。此外，最高人民法院对涉外民事关系法律适用所作的司法解释对于指导法院审判也起了重要作用。

随着国内外形势的发展，涉外交往的增多，涉外纠纷也逐渐增多。中国涉外民事争议的数量不断上升。据统计，1979年至2001年，中国各级人民法院共受理涉外涉港澳台民商事案件23340件；2001年至2005年，中国各级人民法院共受理涉外商事海事案件63765件；2009年，中国人民法院共审结涉外民事案件11000件[1]。制定统一、系统的涉外民事关系的法律适用法成为解决涉外纠纷的迫切需要。

全国人大常委会法制工作委员会2002年底完成的民法（草案），其中第九编为涉外民事关系法律适用法，并经2003年3月召开的第十届全国人大第一次会议初步审议。由于民法草案涉及内容复杂、广泛，一并研究修改历时较长，十届全国人大常委会采取了分编审议的方式。涉外民事关系法律适用法的立法审议暂时搁置。

按照全国人大常委会的立法规划，全国人大常委会法工委在2010年上半年完成了涉外民事关系法律适用法（草案），2010年6月到7月，征求各方面专家意见，对草案进行研究修改。2010年8月17日，全国人大法律委员会对草案进行了初次审议，并在此基础上进行修改，完成涉外民事关系法律适用法（草案）（二次审议稿）。同年8月23日—28日，在十一届全国人大常委会第十六次会议上，全国人大法律委员会将二次审议稿提交审议。法律委员会在8月23日的汇报中说明了立法过程及思路：

---

[1] 毛磊、廖文根：《明确法律适用原则 解决涉外民事争议》，中国人大网，http://ww.npc.gov.cn/zgrdw/huiyi/cwh/1116/2010—08/24/content_1590084.htm。

"根据十一届全国人大常委会立法规划和今年立法工作计划，法制工作委员会在民法草案涉外民事关系法律适用法编的基础上抓紧工作，认真研究了中国和德国、瑞士、日本等国家有关规定，以及欧盟、海牙国际私法协会等制定的有关条约性法律文件；赴香港、澳门特别行政区就涉港澳民事关系法律适用问题听取意见；并召开了全国人大外事委员会、最高人民法院、国务院法制办、外交部、商务部以及部分国际私法专家参加的座谈会。经认真听取各方面意见，反复研究修改，形成了涉外民事关系法律适用法草案。""起草涉外民事关系法律适用法总的思路，是从我国的实际出发，适应改革发展稳定的要求，着重解决发生涉外民事争议较多，各方面意见又比较一致的法律适用问题。要把我国多年来行之有效的规定和做法吸收到草案中，同时体现国际上通行做法和新的发展成果，进一步完善我国涉外民事关系法律适用制度。要尽可能做到简明扼要，通俗易懂。"[1] 在十一届全国人大常委会第十六次会议结束后，全国人大常委会将涉外民事关系法律适用法（草案）公布，向社会公开征集意见。

2010年10月，第十一届全国人大常委会第十七次会议召开，在广泛征求意见的基础上形成的涉外民事关系法律适用法（草案三次审议稿）提交这次常委会审议。常委会在审议之后高票通过。10月28日，国家主席胡锦涛签署第三十六号主席令予以公布，《中华人民共和国涉外民事关系法律适用法》自2011年4月1日起施行。

涉外民事关系法律适用法分为"一般规定""民事主体""婚姻家庭""继承""物权""债权""知识产权""附则"，共八章

---

〔1〕　胡康生：《关于〈中华人民共和国涉外民事关系法律适用法（草案）〉主要问题的汇报》，《中华人民共和国全国人民代表大会常务委员会公报》2010年第7期。

五十二条。

本法既总结了中国长期以来在涉外民事立法、司法等方面的经验，立足中国的实际，又注意借鉴世界各国和国际公约制定的成功经验，注重与国际一般做法的接轨。在体系上采用一般规定加各章分列具体涉外民事制度的方式。本法体现了以下适用原则：（1）将最密切联系原则作为涉外民事关系法律适用的"兜底原则"，规定"本法和其他法律对涉外民事关系法律适用没有规定的，适用与该涉外民事关系有最密切联系的法律"，避免在涉外民事关系法律适用方面出现空白。（2）扩大了涉外民事关系当事人选择法律的范围。在"一般规定"部分规定，"当事人依照法律规定可以明示选择涉外民事关系适用的法律。"在婚姻家庭、继承、物权、债权、知识产权等各章，均规定当事人对一些问题可以自行选择适用的法律。这主要是尊重当事人处理民事利益的自由，并适应国际上当事人自行选择适用法律的范围不断扩大的趋势。（3）规定中华人民共和国法律对涉外民事关系有强制性规定的，直接适用该强制性规定。（4）规定了维护国家利益的原则，即外国法律的适用将损害中华人民共和国社会公共利益的，适用中华人民共和国法律。

该法采用经常居所地法作为属人法，以国籍法辅之。对不动产物权，采用多数国家的通行做法，规定不动产物权适用不动产所在地法律。在动产物权的法律适用上，允许当事人先协议选择动产物权适用的法律。对于现实中纠纷多发的涉外合同领域，在司法实践的基础上，并借鉴国外的通行做法，该法规定："当事人可以协议选择合同适用的法律。当事人没有选择的，适用履行义务最能体现该合同特征的一方当事人经常居所地法律或者其他与该合同有最密切联系的法律。"在知识产权的法律适用方面，为有利于知识产权的应用和保护，采取国际上先进的"被请求保护地法"原则。此外，本法还对涉外消费者合同、劳动合同产品责任的法律适用作出了规定，但没有把海商法、民用航空法、票据法等三部商事法律有关法律适用的规定纳入该法。

中国特色社会主义根本政治制度

人民代表大会制度纪实

总 顾 问 王汉斌

编委会主任 乔晓阳

人大立法制度（下）

主 编 张 生

副主编 刘舟祺 邹亚莎 罗冠男

中国出版集团 | 全国百佳图书

中国民主法制出版社 | 出版单位

第五章

商法体系的创建与发展

第一节　全国人大及其常委会的商事立法历程

商法是调整平等主体间商事关系的法律规范的总称，民法与商法之间是一般法和特别法的关系。从中华人民共和国成立到 1979 年，中国没有通过一部正式的商事立法。中华人民共和国第一部民法典草案以苏俄 1922 年民法典为蓝本，体例上民商合一，债编包括相关的商事行为的部分内容。社会主义过渡时期，为调整不同所有制商业之间的经济关系，1950 年 12 月 29 日通过《私营企业暂行条例》，1954 年 9 月政务院通过《公私合营工业企业暂行条例》。

1978 年实行改革开放，计划经济体制被打破，推动了全国人大的商事立法工作。党的十一届三中全会决议提出："在自力更生的基础上，积极发展同世界各国平等互利的经济合作，努力采用世界先进技术和先进设备，并大力加强实现现代化所必需的科学和教育工作。"[1] 邓小平提出，要"向外国的先进管理方法学习"，为了吸引外国投资，加强社会主义现代化建设，要制定

---

〔1〕《中国共产党第十一届中央委员会第三次全体会议公报》，《人民日报》1978 年 12 月 24 日。

"外国人投资法"〔1〕。为了推行改革开放，吸引外商投资，涉外商事立法先行一步，中外合资经营企业法被迅速列入立法议程。1979 年 7 月 1 日，第五届全国人大常委会第二次会议审议通过了《中华人民共和国中外合资经营企业法》，这是中国第一部调整中外合资经营企业的法律，被视为"立法系统的里程碑"："《中外合资经营企业法》的颁布实施，是落实邓小平关于吸引外资、举办中外合资企业战略构想的重要里程碑。但由于历史条件的局限，尽管当时有少数条款还不够完善，但总的来说，它是一部很好的法律，奠定了我国吸引外商直接投资、举办中外合资经营企业的法律基础，为我国吸引和利用外资、促进合资经营企业的快速健康发展，发挥了积极和重大作用。"〔2〕 此后，1986 年 4 月 12 日，第六届全国人大第四次会议通过《中华人民共和国外资企业法》，1988 年 4 月 13 日，第七届全国人大常委会第一次会议通过了《中华人民共和国中外合作经营企业法》，建立起较为完善的规范外商投资的法律体系。此后，1988 年 4 月 13 日，第七届全国人大常委会第一次会议通过《中华人民共和国全民所有制工业企业法》等商事主体法。

1992 年至今，是商法的蓬勃发展期。在商法的立法过程中，全国人大制定的公司法具有里程碑式的意义。改革开放以来，公司数量逐渐增多，对发展经济发挥了越来越重要的作用，但同时也出现了一些问题，急需制定一部统一的规范的公司法。全国人大常委会和国务院都确定要抓紧制定公司法。1983 年由国家经济委员会、国家体制改革委员会开始起草公司法，1986 年改为分别

---

〔1〕 《邓小平文选》第二卷，人民出版社 1983 年版，第 136—140 页。

〔2〕 李岚清：《改革开放初期关于创办合资经营企业的艰难探索》，《党的文献》2008 年第 6 期。

起草有限责任公司条例和股份有限公司条例，1992年由国家体制改革委员会制定了《股份制企业试点办法》《股份有限公司规范意见》《有限责任公司规范意见》等一系列规章。1992年8月，国务院提请全国人大常委会审议有限责任公司法草案。全国人大常委会委员们在审议有限责任公司法草案时提出，为适应社会主义市场经济发展的需要，应当制定一部覆盖面更宽一些、内容比较全面的公司法[1]。1993年，党的十四届三中全会提出"建立适应市场经济要求，产权清晰、权责明确、政企分开、管理科学的现代企业制度"的改革任务。1993年11月，《中共中央关于建立社会主义市场经济体制若干问题的决定》明确提出要建立现代企业制度。制定统一的公司法成为全国人大重要的立法任务。全国人大常委会法制工作委员会在国务院和国务院有关部门拟定的上述条例、规范意见和法律草案的基础上，并参考国外的有关法律规定，汇总起草公司法草案。经过调研、征求意见、起草公司法（草案）初稿、讨论修改等程序，对公司法草案逐条讨论修改，提请全国人大常委会审议。1993年12月29日，第八届全国人大常委会第五次会议通过《中华人民共和国公司法》。"公司法是经济生活中的根本法律，是投资兴业、治企理财的总章程。"[2] 公司法的实施为国有企业转换经营机制、建立现代企业制度、促进社会主义市场经济发展都起到了重要作用。

此后，全国人大先后通过的商事立法有《中华人民共和国票据法》（1995年5月10日第八届全国人大常委会第十三次会议

---

〔1〕　卞耀武：《关于〈中华人民共和国公司法（草案）〉的说明》，北大法律信息网，sclx. pkulaw. cn/fulltext_ form. aspx？ Db = protocol&Gid = a8d2d1d2b63ddb8dc168358f6244f323bdfb。

〔2〕　刘俊海：《改革开放30年来公司立法的回顾与前瞻》，《法学论坛》2008年第3期。

通过)、《中华人民共和国商业银行法》(1995 年 5 月 10 日第八届全国人大常委会第十三次会议通过)、《中华人民共和国保险法》(1995 年 6 月 30 日第八届全国人大常委会第十四次会议通过)、《中华人民共和国合伙企业法》(1997 年 2 月 23 日第八届全国人大常委会第二十四次会议通过)、《中华人民共和国证券法》(1998 年 12 月 29 日第九届全国人大常委会第六次会议通过)、《中华人民共和国个人独资企业法》(1999 年 8 月 30 日第九届全国人大常委会第十一次会议通过)、《中华人民共和国信托法》(2001 年 4 月 28 日第九届全国人大常委会第二十一次会议通过)、《中华人民共和国证券投资基金法》(2003 年 10 月 28 日第十届全国人大常委会第五次会议通过)等,构建了较为完整的市场主体法律制度,中国的商法体系基本形成。

第二节　企业法

一、农民专业合作社法

(一)农民专业合作社法的制定与出台

合作社在中国已有百余年的发展史。20 世纪早期,留学国外的学者将合作经济思想引入我国,并开始有了中国最早的合作社实践。在民主革命时期,毛泽东、刘少奇等党和国家领导人就多次论述过合作社的问题。中华人民共和国成立后,党和政府十分重视合作社的发展和合作社的立法。

1950 年 7 月,在北京召开了中华全国合作社工作者第一届代表会议。会议通过了合作社法（草案）及《中华全国合作社联合总社章程（草案）》等若干重要文件，成立了全国合作社的中央领导机构——中华全国合作社联合总社。合作社法草案中的三种合作社，主要包括消费合作社、供销合作社和手工业生产合作社，而非农业合作社。至1951年合作社发展的重点转向了农业生产合作，1956年，全国人大常委会曾经审议通过《高级农业生产合作社示范章程》，但随着1958年"人民公社"运动的展开，此章程很快废弃。至改革开放前，全国各地还相继建立了供销合作社、手工业合作社、农村信用合作社三大体系，但对中国合作社发展起着实质性指引规范作用的，主要是中国共产党有关合作社发展的各项决议文件以及为之配套的合作社示范章程[1]，并没有相应的法律依据。

改革开放以来，中央确立了党在农村的基本经营制度，即以家庭承包经营为基础，统分结合的双层经营体制，农户的市场经营主体地位也因此确立。但是，由于经营规模小、应对自然风险和市场风险的能力弱，农户在商品生产和经营中遇到很多困难，因此，组织起来共同面对市场风险成为市场经济体制下分散经营的农民的必然选择。其中，受到农民群众普遍欢迎的一种十分重要的组织形式，就是农民专业合作社。但是，由于缺乏明确的立法，农民专业合作社的发展遇到法律地位不明确、组织运行不规范、权利义务不明确等种种问题。为了促进农民农业合作社的发展，在2004年—2006年的中央一号文件中，都明确提出要加快立法进程。2004年，全国人大常委会接受了由300多名人大代表提交的十多个关于制定农民专业合作经济组织法的议案建议，委

---

〔1〕　杜吟棠：《〈农民专业合作社法〉的立法背景、基本特色及其实施问题》，《青岛农业大学学报（社会科学版）》2008年第2期。

托全国人大农业与农村委员会主持起草农民专业合作社法。经过三年的广泛调研、论证、起草和审议修改工作并于 2006 年 6 月提请十届全国人大常委会第二十二次会议审议，经过常委会第二十三次、第二十四次会议三次审议，于 2006 年 10 月 31 日通过了《中华人民共和国农民专业合作社法》，自 2007 年 7 月 1 日起施行。2017 年 12 月 27 日，第十二届全国人大常委会第三十一次会议通过对该法的修订，由国家主席习近平签署第八十三号主席令予以公布，自 2018 年 7 月 1 日起施行。农民专业合作社法是中华人民共和国成立以来所通过的第一部合作社法。2006 年农民专业合作社法的框架内容共分九章五十六条。

第一章"总则"部分共九条，主要规定了本法的立法目的、适用范围、立法原则、主要职能、基本权利和义务等。本章第一条规定了本法的宗旨，主要是支持、引导农民专业合作社的发展，规范农民专业合作社的组织和行为，保护农民专业合作社及其成员的合法权益，促进农业和农村经济的发展。第二条对农民专业合作社进行了界定，规定了农民专业合作社为在农村家庭承包经营基础上，同类农产品的生产经营者或者农业生产经营服务的提供者、利用者，自愿联合、民主管理的互助性经济组织。同时本章还规定了农民专业合作社的主要业务、应当遵循的基本原则，农民专业合作社的法律地位与责任承担方式，农民专业合作社的基本义务等。

第二章为"设立和登记"，共四条。主要规定了农民专业合作社设立的条件，登记程序，设立大会的职权，农民专业合作社的章程、设立程序等内容。农民专业合作社经登记，取得法人资格，对其财产享有占有、使用和处分的权利，并以其所拥有的财产对债务承担责任。

第三章为"成员"，共八条。主要规定了成员资格、农民专业合作社的成员结构，明确了成员的权利和义务，规定了农民专业合作社的表决和选举，成员资格终止的相关事项等。这部法律突出了农民在合作社中的主体地位，规定农民成员的比例不得低于百分之八十。成员享有表决权、选举权和被选举权；利用合作社提供的服务和生产经营设施；按照章程规定或者成员大会决议分享盈余；查阅合作社的章程、成员名册、成员大会或者成员代表大会记录、理事会会议决议、监事会会议决议、财务会计报告和会计账簿等广泛的权利。

第四章为"组织机构"。农民专业合作社成员大会是本社的权力机构，由全体成员组成。本章规定了成员大会的职权、议事规则、临时大会的召集、成员代表大会的设立。同时规定了理事长或者理事会、执行监事或监事会的设立和表决规则，理事长、理事和管理人员的义务和任职限制等。

第五章为"财务管理"，共七条。主要规定了农民专业合作社的财务制度、公积金的提取、盈余分配等，并规定农民专业合作社应当为每个成员设立成员账户，主要记载该成员的出资额，量化为该成员的公积金份额以及该成员与本社的交易量（额）。

第六章为"合并、分立、解散和清算"。本章规定了农民专业合作社合并、分立、解散、清算的程序、法律后果的承担，破产的法律适用等相关内容。

第七章为"扶持政策"。农民专业合作社的发展还处于初始阶段，需要政府的有关部门为其发展提供指导与扶持。本法专设扶持政策一章，从产业政策倾斜、财政支持、金融扶持、税收优惠等方面对农民专业合作社的支持措施。

第八章为"法律责任"。本章针对侵犯农民专业合作社的财产权，进行虚假登记和虚假财务报告等行为应承担的法律责任。

第九章为附则。规定了本法的施行时间。

（二）2017 年农民专业合作社法的修改

农民专业合作社法建立起规范农民专业合作社的基本法律框架，促进了中国农民专业合作社的发展，有利于农村经济的发展和保障农民权益。但是农民专业合作社法的条文简单，并且自该法颁布十年来，农民专业合作社的发展出现了许多新情况，农民专业合作社法的一些规定已不适应合作社实践发展的需要。

中共中央十分重视并高度肯定农民专业合作社在农业农村经济发展中发挥的重要作用。中共十八大以来，中央多次明确提出鼓励农村发展合作经济，鼓励发展农民专业合作和股份合作。相继在 2013 年、2015 年两个中央一号文件中明确要求抓紧研究、适时修改农民专业合作社法。十一届全国人大以来，全国人大代表有 550 人次提出修改农民专业合作社法议案 18 件，要求及时修改农民专业合作社法。修改农民专业合作社法列入调整后的十二届全国人大常委会立法规划和 2017 年立法工作计划。全国人大农业与农村委员会于 2015 年牵头着手农民专业合作社法的修改工作。在修改过程中，征求中央和国务院有关部门，全国 31 个省、自治区、直辖市人大农委，有关科研院所和高等院校，以及有关专业合作社和专家学者的意见，在认真总结实践经验、深入调查研究、反复论证的基础上，形成了农民专业合作社法修订草案[1]。农民专业合作社法于 2017 年 12 月 27 日由十二届全国人大常委会第三十一次会议修订通过。修改的主要内容如下。

第一，取消同类限制，扩大法律调整的范围。新的农民专业

---

〔1〕 陈光国：《关于〈中华人民共和国农民专业合作社（修订草案）〉的说明》，《中华人民共和国全国人民代表大会常务委员会公报》2018 年第 1 期。

合作社法取消了有关"同类"农产品或者"同类"农业生产经营服务中的"同类"的限制,扩大了法律的调整范围,同时以列举的方式明确农民专业合作社经营和服务的业务范围。适应了农民专业合作社并行发展和综合化发展的趋势。第二,增设"农民专业合作社联合社"专章。在修改本法前,实践中已形成了一些联合社,迫切需要法律的规范。本法规定三个以上的农民专业合作社在自愿的基础上,可以出资设立农民专业合作社联合社。其性质为法人,登记类型为农民专业合作社联合社。同时本章还规定了组织机构、治理结构、盈余分配等问题。第三,进一步明确法律责任。针对实践中存在的"空壳社""挂牌社""家庭社",明确规定农民专业合作社连续两年未从事经营活动的,吊销其营业执照。另外,对法律责任等有关内容也作了相应的补充。第四,增加出资形式。修改后的法律规定"农民专业合作社成员可以用货币出资,也可以用实物、知识产权、土地经营权、林权等可以用货币估价并可以依法转让的非货币财产,以及章程规定的其他方式作价出资;但是,法律、行政法规规定不得作为出资的财产除外",出资形式更为多样化。此外,新法对成员新入社和除名、盈余分配等方面加以补充和完善。

二、独资与合伙企业法

(一)个人独资企业法

1. 个人独资企业法的立法历程

通过"一化三改",我国在1956年完成了对工商业和手工业的社会主义改造,实现了社会主义公有制,工商业者、手工业者、私营业主纳入工商联、合作社的旗下。中共十一届三中全会以后，社会主义公有制这一单一走向的所有制格局开始出现松动，才有非公有制性质的私企等的不断涌现。随着私营经济在国民经济中的比重日趋加大，个体工商户开始成为一个社会层面。到九届全国人大二次会议修宪，我国关于私营经济的三种主要形式——独资企业、合伙企业、有限责任公司的主体法律已基本完备[1]。

个人独资企业法是为了规范个人独资企业的行为，保护个人独资企业投资人和债权人的合法权益，维护社会经济秩序而制定的。1999 年 4 月、6 月、8 月，《中华人民共和国个人独资企业法》经历了三次审议和修改，于 1999 年 8 月 30 日由第九届全国人大常委会第十一次会议以 124 人赞成、2 人反对、6 人弃权通过，同日，国家主席江泽民签署第二十号主席令公布，自 2000 年 1 月 1 日起实施。

2. 个人独资企业法的主要内容

个人独资企业法共六章四十八条，按照规则的文本形式与效力等级进行编排，分为"总则""个人独资企业的设立""个人独资企业的投资人及事务管理""个人独资企业的解散和清算""法律责任""附则"。

（1）第一章"总则"部分共计七条，规定的事宜主要是抽象的、总体性、原则性的内容，涉及个人独资企业法的立法目的、适用范围、立法原则。个人独资企业法是调整个人独资企业法律关系的基本法，是规范市场主体行为的法律之一，与公司法、合伙企业法共同构成市场主体法律基本框架。制定个人独资企业法，赋予个人独资企业市场主体法律地位，完善中国市场主

---

[1] 易居：《个人独资企业法出台前后》，《改革先声（新视点）》1999 年第 10 期。

体法律制度，是改革开放不断深化的必然结果。本法的调整对象是个人独资企业法律关系，它的适用范围是依照本法在中国境内设立，由一个自然人投资，财产为投资人个人所有，投资人以其个人财产对企业债务承担无限责任的经营实体。包括符合本法规定条件的现有的个人独资企业和部分个体工商户。不包括国有和集体所有的独资企业，也不包括外商投资的独资企业[1]。

（2）第二章个人独资企业的设立。对个人独资企业设立条件的规定，一方面沿用中国公司企业类立法的做法，另一方面借鉴了世界各国通行惯例，其中包含个人独资企业的 5 个设立条件：①投资人为一个自然人；②有合法的企业名称；③有投资人申报的出资；④有固定的生产经营场所和必要的生产经营条件；⑤有必要的从业人员。这一章内容还包括对申请设立个人独资企业时应提交有关文件的规定，对个人独资企业设立申请书载明事项的规定，对个人独资企业名称要求的规定，对登记机关如何处理个人独资企业设立申请文件的规定，对个人独资企业成立日期及其法律效力的规定，以及对变更登记的规定。

（3）第三章个人独资企业的投资人及事务管理。对个人独资企业投资人的消极资格的规定。一个人投资设立个人独资企业，是为了获得利润而从事生产经营活动，属营利性活动。所以，投资设立个人独资企业的人，不能是法律、行政法规禁止从事营利性活动的人。个人独资企业是由一个自然人出资设立的，法律并未对其出资多少作出限制，所以个人独资企业一般都具有规模较小、设立手续简便、经营灵活的特点，此外又具有方便群众生活以及吸纳劳动力等优势，因此，法律对其设立条件规定得比较宽

---

[1] 易居：《个人独资企业法出台前后》，《改革先声（新视点）》1999 年第 10 期。

松，对于投资人的范围，本法也只是进行了必要的限制，即法律、行政法规禁止从事营利性活动的人，不得作为投资人申请设立个人独资企业。

对个人独资企业财产归属关系的规定。在个人独资企业设立以及从事生产经营过程中所需的财产，基于这些财产形成的法律意义上的财产关系，体现为以财产为具体内容的权利义务关系。本条明确规定了个人独资企业财产所有权的权利人为投资人，有关权利可以依法进行转让或继承。

（4）第四章个人独资企业的解散和清算。对个人独资企业解散情形的规定。企业解散是针对企业成立来说的，企业一经解散，那么其作为经济实体的资格便会消灭。企业解散存在多方面的原因，总的来说，大体上分为强制解散和自行解散两个方面。强制解散是指企业的解散是因为违反了法律、法规的规定，其必须要解散。自行解散是企业自行决定解散或者是除强制解散情形外的情况。本法对个人独资企业解散情形的规定，既包括自行解散，也包括强制解散。

对个人独资企业解散清算的规定。清算是指清理解散企业的财产，收回债权，偿还债务，在此之后若有剩余的财产，依照法律规定再进行分配。当清算程序完毕之后，企业作为经济实体的资格同时也就消灭了。企业无论是自行解散，还是强制解散，都要依法进行清算。对于个人独资企业的清算，本法主要针对以下几个方面的内容作了规定：①清算的方式，包括两种，一种是投资人自行清算，一种是由债权人申请人民法院指定清算人进行清算。②对于投资人自行清算这一方式，为了确保债权人可以掌握个人独资企业解散的情况，方便其及时申报债权，保护债权人的利益，本法规定要求投资人将信息通知和公告债权人。

（5）第五章法律责任。在本部分，对提交虚假文件或采取其他欺骗手段取得企业登记的违法行为，个人独资企业使用的名称与其在登记机关登记的名称不相符合的违法行为，涂改、出租、转让和伪造营业执照的违法犯罪行为以及个人独资企业及其投资人在清算前或清算期间隐匿或转移财产、逃避债务的违法行为等规定了应承担的法律责任。

（6）第六章附则。附则部分规定了外商独资企业不适用本法。同时规定"本法自 2000 年 1 月 1 日起施行"。

（二）合伙企业法

1. 合伙企业法的立法历程

中华人民共和国成立后，经济中具有一定的市场成分，合伙企业在当时的企业形态中占有一定的地位，特别是实行公私合营，使合伙企业得到一定程度的发展。据 1956 年国家统计局统计资料，在当时的企业类型中，公司形式占 8.2%，独资企业形式占 38%，合伙企业占 53.8%。20 世纪 50 年代中期以后，由于三大改造政策的实施，私营企业逐步被改变为不同形式的国有和集体企业，企业划分方式也由所有制性质和行业、地域等标准所代替，以出资方式划分的企业形式，包括合伙企业便失去其存在的基础，从此退出经济领域[1]。改革开放以来，合伙企业在中国取得了较大的发展，截至 1995 年底，中国合伙企业的数量已达近 12 万个，逐步发展为中国市场经济主体的一部分，促进了中国社会主义经济的发展。

---

〔1〕 朱少平：《〈合伙企业法〉修订若干问题》，《中国注册会计师》2007 年第 5 期。

改革开放以来，中国关于合伙的规定主要体现在民法通则当中，其中的规定包括了个人合伙和联营两方面。在此之后，随着私营性的合伙企业的不断发展，国务院在制定私营企业暂行条例时，把合伙企业认定为私营企业来进行规定。

1994 年，在我国建立和完善社会主义市场经济法律制度的背景之下，国家开始进行有关合伙企业法的立法工作。八届全国人大常委会制定了立法规划，财经委员会根据该规划在 1994 年 5 月组建了合伙企业法起草组，小组成员包括财经委员会的组成人员以及来自国家经贸委、国家体改委、农业部和国家工商总局的有关人员。在整个起草阶段，起草组在查阅大量文献资料的基础上，又去实地进行考察和调研，咨询相关专家的意见以及综合中央和地方的意见，反复修改，不断完善，最终形成了合伙企业法（草案）。该草案在经全国人大财经委员会审议通过基础上，1996 年 10 月 23 日，时任全国人大财经委员会副主任委员黄毅诚在第八届全国人大常委会第二十二次会议上作了关于合伙企业法（草案）的说明，提请全国人大常委会审议。《中华人民共和国合伙企业法》于 1997 年 2 月 23 日由第八届全国人大常委会第二十四次会议通过，自 1997 年 8 月 1 日起施行。

该法共九章七十八条，分别对于合伙企业设立与经营的基本原则、合伙企业的设立、合伙企业的财产、合伙企业的事务执行、合伙企业与第三人关系、入伙与退伙、合伙企业的解散与清算以及法律责任与附则等内容作了具体规定。合伙企业法确立了合伙企业的合法地位，建立起规范合伙企业的基本法律框架，有利于鼓励民间投资，促进经济的发展。

2. 合伙企业法的修改

随着经济社会的发展，合伙企业的发展中也出现了一些新问题，迫切需要修改合伙企业法。根据立法规划，全国人大财经委员会负责组织起草合伙企业法（修订草案）。2004年2月，财经委员会会同全国人大常委会有关工作机构、国务院有关部门以及专家学者组成起草组，拟订了修订草案稿。之后又广泛征求意见，形成了草案。2006年4月经全国人大财经委全体会议审议通过后上报全国人大常委会。全国人大常委会经过两次正式审议，合伙企业法的修订草案由第十届全国人大常委会第二十三次会议于2006年8月27日通过，自2007年6月1日起施行。修改后的合伙企业法共六章一百零九条，分别为总则、普通合伙企业、有限合伙企业、合伙企业的解散、清算、法律责任与附则。合伙企业法修改的主要内容包括以下几项。

（1）增加有限合伙制度。为有效地吸引外来融资，促进市场经济的多元化发展，弥补中国现有企业形式的局限，合伙企业法首次确立了有限合伙制度，并以专章对其进行规范。有限合伙是承担无限责任的合伙人与承担有限责任的合伙人共同组成的合伙。修改后的新法增加了"有限合伙的特殊规定"一章，主要规定了有限合伙人的权利与义务，有限合伙的事务执行，以及有限合伙不同于普通合伙的特殊规定等内容。

（2）增加特殊的普通合伙企业规定。特殊的普通合伙企业是普通合伙的一种特殊形式。在这种合伙中，各合伙人承担的仍是无限连带责任，但由于这种制度将合伙人的无限连带责任仅局限于正常经营范围及本人过错，对因他人的过错而引起的合伙债务不再承担无限连带责任，这既有效解决了一些实行合伙制的专业服务机构合伙人因其他合伙人，特别是异地分支机构独立承揽业务、因其合伙人过错产生债务要由总部的合伙人承担无限连带责任等不合理现象，也有利于这类专业服务机构异地发展业务[1]。

（3）法人参与合伙，即允许法人作为合伙人参与对合伙企业的投资，在这类企业中既可以作为特殊的普通合伙企业人，也可以作为无限责任合伙人。按照修改后的第二条第一款的规定，合伙人包括自然人、法人和其他经济组织，即明确规定允许法人参加合伙。

（4）增加合伙企业破产的规定。合伙企业法第九十二条规定："合伙企业不能清偿到期债务的，债权人可以依法向人民法院提出破产申请，也可以要求普通合伙人清偿。合伙企业被依法宣告破产的，普通合伙人对合伙企业仍应承担无限连带责任。"

三、公有制企业法

（一）乡镇企业法

1982 年我国宪法全面修改后，设立了乡政权，实行政社分开，原来的公社、大队逐步转变为乡、村合作经济组织，同时，农村中又出现了一些农民联营的合作企业、合作工业和个体企业，并且向小集镇集中。中共中央、国务院确定将这些企业和原队社企业统称"乡镇企业"。之后，乡镇企业异军突起，截至1996 年，营业收入增加了 60 多倍，吸收农村剩余劳动力 1 亿多人，成为农村经济的重要支柱和国民经济的重要组成部分。早在乡镇企业改名不久，六届全国人大二次会议上，32 名代表联名提出了制定乡镇企业法的议案，以后历次人大会议，都有代表提出立法建议，但是直到 1990 年才出台了一部规范乡镇企业的行政

---

[1]《合伙企业法》修改起草工作组：《〈中华人民共和国合伙企业法（修订）〉条文释义》，上海财经大学出版社 2006 年版，第 253 页。

法规。1993 年八届全国人大常委会为加快建设社会主义市场经济框架，着手制定了两年立法计划和五年立法计划，经田纪云副委员长建议，乡镇企业法列入了两年立法计划[1]。

1993 年 7 月，全国人大财经委员会成立了乡镇企业法起草组，由财经委员会、农业部、国家计委有关人员及部分专家学者参加，着手起草工作，同时委托江苏省人大常委会起草了一份乡镇企业法草稿作为参考。起草组在充分征求各方面意见之后，进行了反复讨论修改，在此基础上拟订了乡镇企业法（草案），提请 1996 年 8 月 23 日在第八届全国人大常委会第二十一次会议初次审议[2]。会后，法律委员会、法制工作委员会广泛征求意见，对草案进行了审议和修改。1996 年 10 月 23 日在第八届全国人大常委会第二十二次会议上提请二审，听取委员的意见，作进一步的修改。《中华人民共和国乡镇企业法》于 1996 年 10 月 29 日由第八届全国人大常委会第二十二次会议通过，自 1997 年 1 月 1 日起施行。

乡镇企业法全文共四十三条，不分章，明确了乡镇企业的概念，规定了乡镇企业的管理，在税收、信贷等方面对乡镇企业进行扶持，保护乡镇企业的合法权益，规范乡镇企业的基本行为，引导和促进乡镇企业发展。

（二）全民所有制工业企业法

中华人民共和国成立后，全民所有制工业企业在我国国家经济中占据十分重要的地位，我国政府相当重视对全民所有制工业

---

〔1〕　姚敏扬：《乡镇企业持续健康发展的保障——〈中华人民共和国乡镇企业法〉》（下），《人大工作通讯》1997 年第 2 期。

〔2〕　柳随年：《关于〈中华人民共和国乡镇企业法（草案）〉的说明》，《中华人民共和国全国人民代表大会常务委员会公报》1996 年第 8 期。

企业的立法工作。中华人民共和国成立初期，原华北人民政府颁布的《关于国营、公营企业中建立工厂管理委员会与职工代表会议的实施条例》仍然具有实施效力。该条例中就规定了实行厂长为主席的管理委员会和职工代表会议的制度。1961 年 9 月，中国出台了"工业七十条"，即《国营工业企业工作条例（草案)》，虽然这一草案并不是立法，但是其在实践中起到了一些法规的功能。改革开放以后，国务院于 1983 年 4 月颁布《国营工业企业暂行条例》。它是中国第一个全面调整国营工业企业的经济关系的法规，《国营工业企业暂行条例》颁布不久因深入进行的经济体制改革而停止实施。

随着社会经济的发展，全民所有制工业企业在国民经济中占有重要地位。截至 1988 年，根据国家统计局公布的数字，我国共有全民所有制工业企业 96841 个，占全国工业企业总数的 19.4%，工业总产值 6201.4 亿元，占全部工业总产值的 68.7%。我国的企业立法必须把全民所有制工业企业作为重点。此外，经济体制改革的成果需要用法律来保护。改革开放以来，围绕搞活企业这个中心环节，国家采取了一系列配套改革措施，增加了企业活力。如国家关于扩大企业自主权的一系列规定，关于横向经济联合的规定，关于实行厂长负责制的决定，等等。这些改革措施经过几年实践检验，证明是行之有效的。此外，各地在推行承包制、租赁制等两权分离的试点中已经积累了丰富的经验[1]。在这种背景之下，亟须统一的全民所有制工业企业法巩固改革的成果，全国人大将全民所有制工业企业法列入立法议程。

1986 年 9 月，中共中央、国务院先行出台了《全民所有制工

---

[1] 参见《为什么要制订全民所有制工业企业法》，《中国经济体制改革》1988 年第 4 期。

业企业厂长工作条例》《全民所有制工业企业职工代表大会条例》，这两个条例为全民所有制工业企业法（草案）的完善奠定了基础。在经过大量调查研究的基础上，几经修改，多次提交全国人大常委会审议，1988 年 4 月 13 日第七届全国人大第一次会议通过《中华人民共和国全民所有制工业企业法》，同日，国家主席杨尚昆签署第三号主席令公布，自 1988 年 8 月 1 日起施行。

全民所有制工业企业法共八章六十九条。第一章总则部分规定了本法的立法宗旨、界定了全民所有制工业企业的范围，规定了根本任务和组织活动原则；第二章对企业的设立、变更和终止的条件、审批程序、登记程序作了明确规定；第三章规定了企业的权利和义务；第四章规定了厂长的产生办法、职权及义务；第五章规定了职工和职工代表大会制度；第六章规定了企业和政府的关系；第七章法律责任规定了企业、企业领导人、政府机关违反本法规定的义务所要承担的责任；第八章为附则，规定了本法的适用范围和实施时间。

2009 年 8 月 27 日，第十一届全国人大常委会第十次会议通过关于修改部分法律的决定，对全民所有制工业企业法进行修改。对明显不适应社会主义市场经济和社会发展要求的条款，以及为了与其他法律的修改相一致作出的修改。修改如下：（1）删去本法中计划经济的相关规定，如全民所有制工业企业法第二条第四款、第二十三条、第三十五条第一款、第五十五条。（2）将全民所有制工业企业法第六十二条、第六十三条中的"依照刑法第×条的规定""比照刑法第×条的规定"修改为"依照刑法有关规定"。（3）为和治安管理处罚法的修改相一致，删去全民所有制工业企业法第六十四条第一款，并对第二款作出修改。

四、外商投资企业法

（一）中外合资经营企业法

1. 中外合资经营企业法立法历程

《中华人民共和国中外合资经营企业法》于 1979 年 7 月 1 日第五届全国人大常委会第二次会议通过，是我国第一部调整中外合资经营企业的法律，也是我国第一部涉外经济法律。当时，我国刚刚开始实行改革开放政策，急需涉外经济方面的法律扩大国际经济合作和技术交流，吸收外商直接投资，引进国外先进技术，以促进中国国民经济的发展。由于当时中国在吸收外商直接投资方面缺乏经验，我们大胆地吸收借鉴外国有关法律的经验，结合中国国情，制定了这部既有明确、坚定的原则，又比较灵活、开放、符合国际惯例的法律。该法条文虽然不多，但内容比较全面，对有关外商直接投资的一系列重大问题简明扼要地作出了规定。其中许多规定对以后这方面的立法，起到了极为重要的指导作用[1]。

1979 年的中外合资经营企业法共十五个条文。第一条明文规定："中华人民共和国为了扩大国际经济合作和技术交流，允许外国公司、企业和其它经济组织或个人（以下简称外国合营者），按照平等互利的原则，经中国政府批准，在中华人民共和国境内，同中国的公司、企业或其它经济组织（以下简称中国合营者）共同举办合营企业。"这部法律最早确立了依法保护私有财产（外国投资者权益）的原则。1979 年 6 月 26 日，时任全国人

---

〔1〕 王柏等编著：《中华人民共和国中外合资经营企业法 中华人民共和国外资企业法 中华人民共和国中外合作经营企业法释义》，中国法制出版社 2001 年版，第 1 页。

大常委会副委员长的彭真在关于这部法律草案的说明中，首先强调的就是"依法保护外国合营者按照经中国政府批准的协议、合同在合营企业的投资和其他合法权益"。这一原则被写进了该法第二条。这部法律确定了最初的现代企业组织形式，构建有限责任公司制度的基本框架。该法第四条规定，合营企业的形式为有限责任公司。同时，该法确定了有限责任制度、公司章程、注册资本制度、董事会制度以及企业自治原则等。该法还首次确立了劳动用工中的雇佣合同制度。第六条规定，合营企业的职工实行雇佣合同制度，通过合同来规范企业与职工之间的关系，打破了传统的公有制企业下职工与企业劳动关系的定位。总的来说，这部法律"奠定了我国吸引外商直接投资，举办中外合资经营企业的法律基础，为我国吸引和利用外资，促进合资经营企业的快速健康发展，发挥了重大作用"[1]。

2. 中外合资经营企业法的修改

在对外开放初期，中外合资经营企业法对于吸引投资、扩大对外经济合作和技术交流起到了重要作用。随着国际局势的变化以及原有中外合资经营企业法在实践中出现的问题，需要对中外合资经营企业法进行修改。

（1）1990 年 4 月七届全国人大常委会第三次会议对此法的一些条款进行了必要的修改和补充，使之更加适用和完善。

本次修改增加了本法的第二条第三款："国家对合营企业不实行国有化和征收；在特殊情况下，根据社会公共利益的需要，对合营企业可以按照法律程序实行征收，并给予相应的补偿。"另外，将第六条第一款修改为："董事长和副董事长由合营各方

---

〔1〕　李岚清：《改革开放初期关于创办合资经营企业的艰难探索》，《党的文献》2008 年第 6 期。

协商确定或由董事会选举产生。中外合营者的一方担任董事长的，由他方担任副董事长"，这样修改符合国际惯例，也比较灵活，实事求是，合乎情理。本次修改将原中外合资经营企业法的第十一条"合营企业的外籍职工的工资收入和其他正当收入，按《中华人民共和国税法》缴纳个人所得税后，可以通过中国银行按外汇管理条例汇往国外"，删去了"通过中国银行"六个字，说明了中国对外汇管理的改革更加合理和放宽，对鼓励外籍职工来华工作发挥良好的积极作用。对于合营企业合营期限的规定，本次修改将原中外合资经营企业法第十二条修改为："合营企业的合营期限，按不同行业、不同情况，作不同的约定。有的行业的合营企业，应当约定合营期限；有的合营企业，可以约定合营期限，也可以不约定合营期限。"从法律上为外商投资创造了更好的投资环境，更好地发挥了鼓励外商投资的积极作用。

（2）为了适应进一步扩大对外开放的形式和需要，适应中国加入世界贸易组织的进程，根据世界贸易组织规则和对外的承诺，2001 年 3 月，九届全国人大第四次会议审议了全国人大常委会提出的中外合资经营企业法修正案（草案），对原法律中与中国进一步扩大对外开放、加入世界贸易组织进程不相适应的内容进行了修改补充，于 2001 年 3 月 15 日通过了关于修改中外合资经营企业法的决定，同日，国家主席江泽民签署第四十八号主席令予以公布，自公布之日起施行。通过这次对中外合资经营企业法的修改，为进一步改善投资环境，吸引外商来华投资，扩大对外经济合作和技术交流，创造了良好的法制条件，也为中国顺利加入世界贸易组织扫清了障碍。

原中外合资经营企业法第二条第二款规定，合营企业的一切活动应遵守中华人民共和国法律、法令和有关条例规定。本次修改将这一条款修改为"合营企业的一切活动应遵守中华人民共和国法律、法规的规定",其实质含义未变,用语更加规范。另外,本次修改将本法第六条第四款修改为"合营企业职工的录用、辞退、报酬、福利、劳动保护、劳动保险等事项,应当通过订立合同加以规定",保障了合营企业及其职工的合法权益。对于第九条第四款,本次修改将"中国的保险公司"修改为"中国境内的保险公司",其范围不限于中国的保险公司,还包括外国保险公司经中国保险监督管理部门批准设立的分支机构。将原中外合资经营企业法第九条第二款修改作为第十条第一款:"合营企业在批准的经营范围内所需的原材料、燃料等物资,按照公平、合理的原则,可以在国内市场或者在国际市场购买。"这一修改进一步完善了市场经济的投资环境,同时也对国内企业提出了更高地参与国际化竞争的要求。根据政企分开的原则,删去了原中外合资经营企业法的第九条第一款"合营企业生产经营计划,应报主管部门备案,并通过经济合同方式执行"的规定。原中外合资经营企业法第十四条仅规定了合营各方发生纠纷时可以通过仲裁方式解决,并未明确合营各方没有在合同中订有仲裁条款的或者事后没有达成书面仲裁协议的怎么办。因此,本次修改增加了本条第二款的规定,明确如果合营各方没有在合同中订有仲裁条款的或者事后没有达成书面仲裁协议的,发生争议的任何一方都可以依法向人民法院起诉。

(3) 2016 年 9 月 3 日,根据第十二届全国人民代表大会常务委员会第二十二次会议通过的关于修改《中华人民共和国外资企业法》等四部法律的决定,对中外合资经营企业法进行第三次修正。其主要变化为增加一条,作为第十五条:"举办合营企业不涉及国家规定实施准入特别管理措施的,对本法第三条、第十

三条、第十四条规定的审批事项，适用备案管理。国家规定的准入特别管理措施由国务院发布或者批准发布。"

（二）中外合作经营企业法

中外合作经营企业法是为了扩大对外经济合作和技术交流，促进外国的企业和其他经济组织或者个人按照平等互利的原则，同我国的企业或者其他经济组织在我国境内共同举办中外合作经营企业。

1979 年我国制定颁布中外合资经营企业法以来，在利用外资在国内兴办企业方面，出现了三种主要的企业形式，即中外合资经营企业、中外合作经营企业和外资企业。兴办中外合作经营企业，中方合作者的出资方式更加灵活，同合资企业和外资企业相比，需要的配套资金少；同时，由于合作企业在一系列问题上是合作各方各司其事、各负其责、自担风险，这就促使合作各方认真负责，努力减少和避免风险，且合作企业的合作期限一般比较短，因此兴办合作企业风险比较小；此外，合作企业经营管理方式灵活简便，适应性强。正因为如此，至 20 世纪 80 年代中期以前，在中国经批准设立的三资企业中，中外合作经营企业的数量占到一半以上，在中国的经济生活中发挥着重要的作用。

作为利用外国直接投资的一种重要形式，合作企业是从 1979 年首先在广东等地发展起来的。随着改革开放的不断深入，合作企业有了很大发展，截至 1987 年 9 月底，全国批准设立的中外合作企业累计达 4793 家，占外商投资企业总数 8984 家的 53.3%，合同金额有 120 多亿美元，实际利用外资 30 多亿美元。随着中外合作企业的发展，认真总结实践经验，将其纳入法制的轨道已是势在必行。在 1980 年 11 月首次全国利用外资工作座谈会上，广东与会代表就提出了中外合作经营企业（事业）试行办法（讨论稿）。以后又多次召开讨论会、座谈会，在长期的酝酿过程中提到了多个方案，反复研究修改。从酝酿、起草到审议通过，前后约 8 年时间，到 1988 年 4 月 13 日，第七届全国人大常委会第一次会议通过了《中华人民共和国中外合作经营企业法》，于 1988 年 4 月 13 日发布实施。[1] 中外合作经营企业法共二十八条，就合作企业的选项立项、谈判签约、审查批准、工商税务登记、企业组织形式、经营管理、会计制度、外汇管理、纳税义务、投资回收、终止清算以及职工权益的保护、合同争议的解决等作了全面系统的规定。

2000 年 10 月 31 日，根据第九届全国人大常委会第十八次会议关于修改《中华人民共和国中外合作经营企业法》的决定对该法第一次修正。原中外合作经营企业法第二十条，对合作企业的外汇收支平衡问题曾经作出规定，要求合作企业自行解决外汇收支平衡，合作企业不能自行解决外汇收支平衡的，可以依照国家规定申请有关机关给予协助。这次修改中外合作经营企业法删去了上述规定，主要原因是，在中国实行改革开放初期，中国对外贸易并不是很发达，外汇短缺，国家外汇储备相对较少。出于保证国家外汇收支平衡的考虑，当时要求企业自行解决外汇收支平衡是完全必要的。随着我国外贸、外汇体制改革不断深化，对外贸易持续发展，国家外汇储备增加，有必要对本法作出上述修改。

2016 年 9 月 3 日，根据第十二届全国人大常委会第二十二次会议关于修改《中华人民共和国外资企业法》等四部法律的决定对该法第二次修正。本次修改，在原有中外合作经营企业法基础

---

〔1〕 王雪江：《〈中外合作经营企业法〉的诞生及特点》，《国际经济合作》1988 年第 8 期。

上增加一条，作为第二十五条："举办合作企业不涉及国家规定实施准入特别管理措施的，对本法第五条、第七条、第十条、第十二条第二款、第二十四条规定的审批事项，适用备案管理。国家规定的准入特别管理措施由国务院发布或者批准发布。"

2016 年 11 月 7 日，根据第十二届全国人大常委会第二十四次会议关于修改《中华人民共和国对外贸易法》等十二部法律的决定对该法第三次修正。本次修改删去了原中外合作经营企业法第二十一条第二款中的部分条文："合作企业合同约定外国合作者在缴纳所得税前回收投资的，必须向财政税务机关提出申请，由财政税务机关依照国家有关税收的规定审查批准。"

2017 年 11 月 4 日，根据第十二届全国人大常委会第三十次会议关于修改《中华人民共和国会计法》等十一部法律的决定对该法第四次修正。根据相关法律的规定，本法第十二条第二款已不属于审批事项，因此，删去第十二条第二款中的"报审查批准机关批准"，并删去第二十五条中的"第十二条第二款"。

（三）外资企业法

改革开放以来，国家的工作中心转移到经济建设上来，利用外资工作进入一个新的阶段。为了规范外商投资法律关系，适应对外开放、引进外资的需要，实行对外开放政策以来，我国就着手建立有中国特色的外商投资企业法律制度。1979 年 7 月 1 日第五届全国人大常委会第二次会议通过了中外合资经营企业法。在此之后，一些外商就提出在中国设立全部都是外商投资的企业。为了拓宽中国利用外资的渠道，1982 年，中国就允许外商在经济特区投资外资企业，后来推广到全国。一些地方和部门觉得有必要制定一部外资企业法，来解决实践中外资企业设立和管理中出现的问题。国务院在总结实践经验的基础上拟定了外资企业法

（草案），并于 1986 年 1 月 10 日提请全国人大常委会审议。第六届全国人大常委会第十四次、第十五次会议对草案进行了审议、修改，并决定提请六届全国人大四次会议审议。《中华人民共和国外资企业法》于 1986 年 4 月 12 日经六届全国人大四次会议通过，并公布施行。

本法共二十四条。第一条规定了制定外资企业法的目的是扩大对外经济合作和技术交流，促进我国国民经济发展的需要，保护外资企业的合法权益。该法第二条对外资企业的概念进行了界定，规定外资企业是依照中国有关法律在中国境内设立的全部资本由外国投资者投资的企业。同时，该法还对设立外资企业的条件、程序，外资企业的外汇收支平衡问题，对外资企业的鼓励措施，对外资企业的监督管理等作出规定。外资企业法是继中外合资经营企业法后我国利用外资的又一重要法律。

随着中国经济体制改革的深化，对外开放水平的不断提高，特别是在建立和完善有中国特色的社会主义市场经济体制过程中，中国的税收、外贸、外汇、金融体制以及企业管理方式发生了很大变化，宏观调控和企业管理水平有很大提高，加入世界贸易组织的谈判取得了相当大的进展，外资企业法原有的一些规定与中国现行政策、规定不尽一致，有些规定与世贸组织规则不相符合。为了适应进一步扩大对外开放的形势和需要，推动中国加入世界贸易组织进程，需要根据中国对外开放的实践经验、世界贸易组织规则和中国在加入世贸组织谈判中的对外承诺，对外资企业法进行修改。根据以上原则，国务院于 2000 年 9 月向九届全国人大常委会提请审议三个外商投资企业法的修正案草案。九届全国人大常委会第十八次会议于 2000 年 10 月 31 日审议通过关于修改《中华人民共和国外资企业法》的决定，对外资企业法进行了修正。

本次修改取消了有关外资企业出口义务的规定，一方面是出于使外资企业保持外汇收支平衡的考虑；另一方面也是要适应外向型经济发展的要求。此外，本次修改删去了原外资企业法第十一条第一款中"外资企业的生产经营计划应当报其主管部门备案"的规定，在社会主义市场经济条件下，企业具有充分的经营自主权，政府的作用体现在宏观调控上，不需要去干预企业具体的生产经营活动。原外资企业法第十八条第三款对外资企业的外汇收支平衡问题作出规定，要求外资企业自行解决外汇收支平衡，外资企业的产品经有关主管机关批准在中国市场销售，因而造成企业外汇收支不平衡的，由批准其在中国市场销售的机关负责解决。这次修改外资企业法，删去了上述规定。

2013 年 8 月 30 日，全国人大常委会授权国务院在中国（上海）自由贸易试验区暂停实施"外资三法"规定的部分行政审批事项。2014 年 12 月 28 日，第十二届全国人大常委会第十二次会议通过国务院关于设立自贸区的决定。为进一步深化改革、扩大开放，加快政府职能转变，第十二届全国人大常委会第十二次会议决定：授权国务院在中国（广东）自由贸易试验区、中国（天津）自由贸易试验区、中国（福建）自由贸易试验区以及中国（上海）自由贸易试验区扩展区域内，暂时调整《中华人民共和国外资企业法》《中华人民共和国中外合资经营企业法》《中华人民共和国中外合作经营企业法》《中华人民共和国台湾同胞投资保护法》规定的有关行政审批。上述行政审批的调整在三年内试行，实践证明可行的，修改有关法律；实践证明不宜调整的，恢复施行有关法律规定。2015 年 1 月，商务部公布了旨在取代"外资三法"的外国投资法（草案征求意见稿）。但由于相关问题太过复杂，全面修改这四部法律时机还不成熟[1]。2016 年 9 月 3 日，第十二届全国人大常委会第二十二次会议通过关于修改《中华人民共和国外资企业法》等四部法律的决定，对外资企业法进行了第二次修正，自公布之日起施行。

本次修改在原外资企业法基础上增加一条，作为第二十三条："举办外资企业不涉及国家规定实施准入特别管理措施的，对本法第六条、第十条、第二十条规定的审批事项，适用备案管理。国家规定的准入特别管理措施由国务院发布或者批准发布。"

第三节　公司法

一、公司法的制定历史

中华人民共和国成立后，十分重视公司立法，为鼓励私人资本投资经营，鼓励私营企业的发展，1950 年政务院颁布了私营企业暂行条例，这是中华人民共和国第一部私营企业基本法。暂行条例规定了无限公司、有限公司、股份有限公司、股份两合公司、两合公司五种公司形式，并规定了公司的设立、公司的对内对外关系及对外投资与发行公司债等。1955 年颁布的公私合营工业企业暂行条例，其中包括了有限公司的规定。但随着生产资料私有制社会主义改造的完成，中国全面推行国有化和计划经济，公司组织和公司制度失去了生存土壤。

---

〔1〕 何曼青：《外资法修订"大礼包"》，《中国外汇》2016 年第 19 期。

改革开放后，随着外商投资的引入和私营企业的逐步开放，1979 年五届全国人大二次会议通过了中外合资经营企业法，1983 年国务院发布了中外合资经营企业法实施条例，1987 年六届全国人大四次会议通过了外资企业法。这些外商投资企业立法不仅为外商投资企业在中国的设立、运行和发展提供了法律支持，也为中国 1993 年公司法的出台奠定了基础。

在中国，专门的公司立法始于 1983 年。20 世纪 80 年代，外国投资者在国内兴办公司日益增多，内资公司也逐渐兴起，迫切需要公司法的规范。为此，全国人大常委会和国务院将制定公司法提到立法日程上来。1983 年由国家经委、国家体改委开始起草公司法，1987 年完成并报送国务院。此次的立法虽未得以最终通过和颁布，但加快了公司立法进程，为现行公司法的诞生奠定了基础。1988 年，国务院颁布了私营企业暂行条例，其中包括私营有限责任公司的规定。

1991 年春，公司法的起草被列入第八个五年计划纲要。同年 8 月，国务院和国家体改委将反复修改形成的有限责任公司法（草案）提交国务院常务会议审议，但由于有限责任公司法和全民所有制工业企业法的关系、国有独资企业应否接受有限责任公司法调整等问题未予解决，此草案未通过[1]。1992 年春，邓小平南方谈话为加快公司立法提供了理论支持。国家体改委与国家计委、财政部、中国人民银行、国务院生产办于 1992 年 5 月联合发布了股份制企业试点办法、股份有限公司规范意见、有限责任公司规范意见等公司部门规章。全国人大常委会将公司法列入 1992 年的立法计划。1992 年 8 月，有限责任公司法

---

〔1〕 崔勤之、王保树：《公司法原理》（最新修订第三版），社会科学文献出版社 2006 年版，第 18—20 页。

（草案）提交第七届全国人大常委会第二十七次会议审议，审议过程中委员们认为，草案调整的范围太窄，应该制定一部范围更宽、内容更全面的公司法。

1992 年 9 月，第七届全国人大常委会第二十七次会议闭幕后，全国人大常委会法制工作委员会汇总起草公司法草案。这一过程中，法制工作委员会调查总结公司实践经验，参考国际公司立法，广泛征求各方意见，并在多次修改的基础上完成公司法（草案）。1993 年 2 月公司法（草案）提交第七届全国人大常委会第三十次会议进行了初步审议。此后，经全国人大常委会三次审议和修改，《中华人民共和国公司法》最终于 1993 年 12 月 29 日的八届全国人大常委会第五次会议通过。

公司法是中国法律体系的重要组成部分，是一部规范社会主义市场经济的重要法律。公司法的颁布与实施对保障公司的健康发展，维护社会经济秩序，建立社会主义市场经济体制发挥了重要作用。随着我国社会经济的高速发展，公司法至今共修改过五次，具体为：根据 1999 年 12 月 25 日第九届全国人大常委会第十三次会议《关于修改〈中华人民共和国公司法〉的决定》第一次修正；根据 2004 年 8 月 28 日第十届全国人大常委会第十一次会议《关于修改〈中华人民共和国公司法〉的决定》第二次修正；2005 年 10 月 27 日，第十届全国人大常委会第十八次会议通过对公司法的修订；2013 年 12 月 28 日，第十二届全国人大常委会第六次会议第三次修正；根据 2018 年 10 月 26 日第十三届全国人大常委会第六次会议《关于修改〈中华人民共和国公司法〉的决定》第四次修正。

二、1993年公司法的主要内容

1993年公司法共十一章二百三十个条文。分为总则，有限责任公司的设立和组织机构，股份有限公司的设立和组织机构，股份有限公司的股份发行和转让，公司债券，公司财务、会计，公司合并、分立，公司破产、解散和清算，外国公司的分支机构，法律责任，附则。其主要内容如下。

1. 第一章为总则部分，主要对公司法的立法宗旨、公司的基本形式、股东的权利、公司的权利义务等作了概括说明和一般规定。主要包括：（1）立法目的。公司法第一条说明了其宗旨是"为了适应建立现代企业制度的需要，规范公司的组织和行为，保护公司、股东和债权人的合法权益，维护社会经济秩序，促进社会主义市场经济的发展"。（2）公司的基本形式。在中国境内设立的公司分为有限责任公司和股份有限公司。有限责任公司是股东以其出资额为限对公司承担责任，公司以其全部资产对公司的债务承担责任的公司形式。股份有限公司是把全部资本分为等额股份，股东以其所持股份为限对公司承担责任，公司以其全部资产对公司债务承担责任的企业法人。公司法没有规定无限责任公司、两合公司以及其他公司形式。（3）股东的权利。公司股东作为出资者按投入公司的资本额享有所有者的资产受益、重大决策和选择管理者等权利。公司享有由股东投资形成的全部法人财产权，依法享有民事权利，承担民事责任。同时规定，公司中的国有资产所有权属于国家。（4）公司的住所和公司章程。（5）公司的权利和义务。规定了公司有投资的权利、可以设立分公司，其合法权益受法律保护，不受侵犯。主要义务为保护职工的合法权益，加强劳动保护，实现安全生产；为本公司工会提供必要的活动条件；加强公司职工的职业教育和岗位培训等。

2. 第二章"有限责任公司的设立和组织机构"主要对公司的设立条件、程序和股东的权利义务等作出具体规定。主要包括：（1）设立条件。设立有限责任公司，应当具备下列条件：①股东符合法定人数：有限责任公司由二个以上五十个以下股东共同出资设立。本法没有规定一人有限责任公司，仅规定国家授权投资的机构或者国家授权的部门可以单独投资设立国有独资的有限责任公司。②股东出资达到法定资本最低限额：以生产经营为主的公司人民币五十万元；以商品批发为主的公司人民币五十万元；以商业零售为主的公司人民币三十万元；科技开发、咨询、服务性公司人民币十万元。由此可以看出，公司法所确定的公司最低资本限额较高，体现了公司制度刚刚在中国兴起时，立法者对公司实施较为严格的法定资本制度和较为严格的限制的态度。③股东共同制定公司章程。④有公司名称，建立符合有限责任公司要求的组织机构。⑤有固定的生产经营场所和必要的生产经营条件。（2）设立程序。股东的全部出资经法定的验资机构验资后，由全体股东指定的代表或者共同委托的代理人向公司登记机关申请设立登记，提交公司登记申请书、公司章程、验资证明等文件。法律、行政法规规定需要经有关部门审批的，应当在申请设立登记时提交批准文件。（3）股东的权利和义务。明确股东享有的权利有查阅股东会会议记录和公司财务会计报告、分红权、转让股份及优先购买权。股东的义务主要有股东在公司登记后，不得抽回出资。（4）组织机构。有限责任公司的组织机构包括股东会、董事会、监事会、经理等。本章详细规定了它们的产生、人数、职权、表决方式以及董事、监事、经理等的任职资格。此外，本章还对国有独资公司的设立和组织机构等方面作了特殊规定。

3. 第三章为"股份有限公司的设立和组织机构"，主要对股份有限公司的设立条件、设立方式、设立程序、组织机构等作了较为详细的规定。较之有限责任公司，股份有限公司的法律规定无论在成立条件、设立程序上都更为严格，对组织机构运行的规范也更为细致和复杂。

4. 第四章为"股份有限公司的股份发行和转让"。本章主要对股份的发行、股份的转让、上市公司等作出规定：（1）股份的发行。本章规定了股份有限公司的资本划分为股份，每一股的金额相等。公司的股份采取股票的形式。股份发行的原则为公开、公平、公正的原则，同次发行的股份每股的发行条件、发行价格必须相同，同股同权、同股同利的原则等。股份发行的方式分为由发起人认购全部股份和由发起人认购部分股份，其余向社会公开募集的两种。（2）股份转让。本章规定了股份转让必须在依法设立的证券交易场所进行，并分别规定了对发起人、公司董事、监事、经理等转让股票的限制。（3）上市公司。为保证上市公司的质量，保护投资者的合法权益，本章对股票依法公开发行、公司股本总额、盈利状况、股权分布、资信表现以及其他必要条件等作出规定。同时，规定了对上市公司公开财务报告的要求和暂停股票上市的情况。

5. 第五章为"公司债券"。本章对公司债券的发行与转让作了专章规定，使公司可以发行股票筹集资本，也可以举债筹集资金，以便于公司筹集资本、促进公司的发展，同时保障债权人的利益。本章规定股份有限公司、国有独资公司和两个以上的国有企业或者其他两个以上的国有投资主体投资设立的有限责任公司，为筹集生产经营资金，可以发行公司债券。公司债券是指公司依照法定程序发行的、约定在一定期限还本付息的有价证券。本章规定了发行公司债券的条件，债券的发行条件中，核心在于保证公司的偿债能力、资金的有效使用、筹资行为的规范化和维护债权人的合法权益[1]。此外，本章还对发行公司债券的程序、公司债券的转让以及可转换为股票的公司债券的发行作了规定。

6. 第六章为"公司财务、会计"。公司的财务会计制度是公司运营的核算基础。本章为规范公司的财务运行，防止资本流失损害债权人利益，对财务会计制度作了较为严格的规定。本章规定公司应当在每一会计年度终了时制作财务会计报告，并依法经审查验证。公司分配当年税后利润时，应当提取利润的10%列入公司法定公积金，提取利润的5%—10%列入公司法定公益金。公司法定公积金累计额为公司注册资本的50%以上的，可不再提取。公司的公积金用于弥补公司的亏损，扩大公司生产经营或者转为增加公司资本。公司提取的法定公益金用于本公司职工的集体福利。

7. 第七章为"公司合并、分立"。本章主要规定了公司合并、分立的方式、法定程序，增减注册资本的程序等。在公司合并、分立、增资、减资的法定程序中，均注重对债权人的保护，包含了债权人保护程序。同时，本章还按照当时的资本不变原则，规定公司减少资本后的注册资本不得低于法定的最低限额。

8. 第八章为"公司破产、解散和清算"。公司清算，是指公司出现法定解散事由或者公司章程所规定的解散事由，依法清理公司的债权债务的行为，终结各种法律关系，使公司的法人资格

---

[1] 卞耀武：《关于公司法的制定和实施》，《质量管理》1994年第8期。

归于消灭的程序。公司的解散与公司的破产均会引起公司主体资格的消失，并需要启动公司的清算程序，但是清算组织和清算程序存在不同。本章对清算组的职责、公司的解散与公司的破产方式下的清算程序、清算组成员的义务等作了规定。

9. 第九章为"外国公司的分支机构"。外国公司依照本法规定可以在中国境内设立分支机构，从事生产经营活动。在中国境内从事业务活动，必须遵守中国的法律，不得损害中国的社会公共利益，其合法权益受中国法律保护。本章对外国公司的分支机构在中国境内的审批登记、经营活动、在中国的撤销等作出具体规定。

10. 第十章为"法律责任"。本章对公司设立、组织、运行、清算过程中，公司董事、监事、经理等管理者，清算组成员，相关主管部门，承担资产评估、验资或者验证的机构等主体违反本法规定的法律后果作出规定。其责任的承担方式，既有民事责任，也有行政处罚和刑事处罚。本章规定对于保护公司、股东和债权人的合法权益，保障社会主义市场经济的健康发展具有重要作用。

11. 第十一章为"附则"，主要对本法施行前成立的公司的效力进行规定，并规定本法实施的日期。

1993年公司法建立了公司制度的基本框架，对于规范公司制度，促进市场经济的发展具有重要作用。公司法在很多制度上借鉴了国外的经验，但它制定于社会主义计划经济向市场经济转轨之时，将保护国有资产作为公司法的主要任务之一，众多制度围绕国有企业改制而设计，因而具有鲜明的时代特色。同时，这部公司法的强制性规范远远多于任意性规范，其所规定的法定资本制及蕴含的资本三原则理念亦广受诟病，在制度设计上有诸多不完善，可操作性上也较弱。随着中国市场经济的持续发展及经济形势的变化，此后公司法的修改也是必然之举。

三、公司法的修改

（一）1999 年公司法的修正

1999 年 12 月 25 日，根据第九届全国人大常委会第十三次会议《关于修改〈中华人民共和国公司法〉的决定》对公司法进行了第一次修正，仅对两个条文进行了修改。一是为了适应对国有大中型企业监督体制的改革，在第六十七条增设了国有独资公司监事会。二是为鼓励技术创新，鼓励设立高科技企业的政策，放宽了对高新技术的股份有限公司出资和发行新股、申请股票上市的条件。第二百二十九条增加一款作为第二款："属于高新技术的股份有限公司，发起人以工业产权和非专利技术作价出资的金额占公司注册资本的比例，公司发行新股、申请股票上市的条件，由国务院另行规定。"

（二）2004 年公司法的修正

2004 年 8 月 28 日，第十届全国人大常委会第十一次会议对公司法进行了第二次修正，仅涉及一个条文。主要是为了协调公司法与 2003 年通过的行政许可法之间的冲突，删去第一百三十一条第二款"以超过票面金额为股票发行价格的，须经国务院证券管理部门批准"。

（三）2005 年公司法的修订

2004 年 3 月全国"两会"期间，有 601 位全国人大代表和 13 位全国政协委员提出建议、议案或者提案，要求修订公司法[1]。2004 年 12 月 28 日公司法修订草案提请全国人大常

---

〔1〕　曹康泰：《关于〈中华人民共和国公司法（修订草案）〉的说明》，《中华人民共和国全国人民代表大会常务委员会公报》2005 年第 7 期。

委会审议。经过三次审议，2005 年 10 月 27 日十届全国人大常委会第十八次会议通过了修改后的公司法，并于 2006 年 1 月 1 日正式实施。本次修订借鉴了国外公司法的立法经验，回应了公司法施行十多年以来亟待解决的问题，对理论界和实践界普遍关注的问题进行了修订，反映了我国经济体制改革的进程。本次公司法的修改是一次大规模的、全面的修改。在公司法的理念上有较多改变，增加了新的制度。其修改主要内容如下。

（1）调整了公司设立的最低注册资本额。1993 年公司法规定设立有限责任公司的最低注册资本金分别为 50 万元、30 万元和 10 万元，而 2005 年公司法将其降低为 3 万元。原公司法规定股份有限公司注册资本的最低限额为 1000 万元，修改后的公司法第八十一条规定："股份有限公司注册资本的最低限额为人民币 500 万元。法律、行政法规对股份有限公司注册资本的最低限额有较高规定的，从其规定。"大大降低了公司设立的注册资本门槛。

（2）扩大了股东出资范围和方式。原公司法仅规定了五种出资方式，即货币、实物、工业产权、非专利技术、土地使用权，并规定以工业产权、非专利技术作价出资的金额不得超过有限责任公司注册资本的百分之二十。修改后的公司法第二十七条规定："股东可以用货币出资，也可以用实物、知识产权、土地使用权等可以用货币估价并可以依法转让的非货币财产作价出资。"出资范围不仅限于列举的货币、实物、知识产权和土地使用权，只要符合"可以用货币估价并可以依法转让"的合法财产均可以向公司出资，大大扩展了出资的方式。非货币出资的限制条件也有很大的放宽，规定全体股东的货币出资金额不得低于有限责任公司注册资本的百分之三十。

（3）首次确立了一人有限责任公司制度。修改后的公司法突破了传统的公司社团性理论，在第二章设专节"一人有限责任公司的特别规定"，允许一个自然人或者一个法人投资设立有限责任公司。对一人有限责任公司的最低注册资本限额、机构组织和财务审查等作了特别规定，其制度核心在于既与国际接轨，激励设立一人公司的积极性，同时又维护交易安全，保护债权人的利益。

（4）确立公司法人人格否认制度。公司独立的法人人格和股东的有限责任是一把"双刃剑"，在激励投资、促进经济的同时，极易被滥用，成为危害债权人和社会利益的工具。公司法人人格否认制度正是为了防止这种滥用而规定的例外。修改后的公司法第二十条规定，公司股东滥用股东权利给公司或者其他股东造成损失的，应当依法承担赔偿责任。公司股东滥用公司法人独立地位和股东有限责任，逃避债务，严重损害公司债权人利益的，应当对公司债务承担连带责任。第六十四条则对一人公司作了规定："一人有限责任公司的股东不能证明公司财产独立于股东自己的财产的，应当对公司债务承担连带责任。"

（5）健全完善公司法人治理机构。赋予公司更大的自治空间，在股东大会和董事会制度方面，其议事方式和表决程序，可以由公司章程决定。同时，完善股东会制度，对股东会的召集和主持加以修改补充，增加累积投票制的规定；细化董事会会议制度、议事程序；明确和细化监事会的组成、职权、监事会会议等方面的规定。这些修订有利于贯彻公司自治的理念，完善公司的法人治理结构，健全公司的内部监管责任机制，保障公司的法制化运作[1]。

（6）增加对中小股东利益的保护。原公司法设立了股权平等的原则，追求的是形式平等，但未对大股东的表决权作任何限制。在现实经济生活中，大股东往往利用资本的优势操控公司的经营，中小股东利益得不到保护。为保护中小股东的合法权益，公司法作了很多修改。如增加有限责任公司股东可以查阅公司财务会计账簿的规定，允许公司实行累积投票制，限制关联股东及其董事的表决权，增加有限公司股东退出机制，规定董事、监事不履行职责时股东代表公司提起诉讼的权利等。这些均体现了重视中小股东权益的立法倾向。

（7）增加一章专门规定公司董事、监事和高管人员的资格和义务。原公司法只规定了公司董事和高管人员的忠实义务，修改后的公司法第六章明确董事、监事、高级管理人员应当遵守法律、行政法规和公司章程，对公司负有忠实义务和勤勉义务。本章具体规定了董事、高级管理人员的七种违反忠实和勤勉义务的情况，同时规定董事、高级管理人员执行公司职务时违反法律、行政法规或者公司章程的规定，给公司造成损失的，应当承担赔偿责任。对于董事、监事和高管侵害公司利益，或者他人侵犯公司合法权益或损害股东权利的，赋予股东提起损害赔偿的诉讼权。

（四）2013年公司法的修正

2013年12月28日，第十二届全国人大常委会第六次会议通过对公司法所作的修改，于2014年3月1日起实施。此次公司法修正共涉及十二处条文。放松对公司资本制度的管制，加强对

---

[1]　陈冬：《新〈公司法〉解读：以修改重点为主线》，《河南财政税务高等专科学校学报》2006年第4期。

公司注册资本的股东自治属性，激发企业活力是本次公司资本制度改革的基本目标[1]。修改的主要内容如下。

第一，将注册资本实缴登记制改为认缴登记制。取消了公司发起人应当自公司成立之日起二年内缴足出资，投资公司可以在五年之内缴足出资的规定；取消了一人有限责任公司股东应当一次性足额缴纳出资的规定。公司可以在公司章程中，自行规定其认缴的注册资本出资额、出资方式和出资时间。

第二，放宽了注册资本登记的条件。在现代公司法发展的理念和实践过程中，法定资本制所拟制的公司资本最低限额的债权担保功能正在逐步弱化，质疑声不绝[2]。本次修改取消有限责任公司最低注册资本三万元、一人有限责任公司最低注册资本十万元、股份有限责任公司最低注册资本五百万元的限制。取消了首次出资比例和货币出资比例的限制。

第三，简化了登记事项和登记文件。本次修改不再要求公司首次出资时必须经依法设立的验资机构验资，公司登记时无须提供验资证明。公司股东的实缴出资情况不再作为公司登记的事项，公司的营业执照无须载明实收资本。大大简化了登记程序和事项。

（五）2018 年公司法的修正

2018 年 10 月 26 日，第十三届全国人大常委会第六次会议通过了《关于修改〈中华人民共和国公司法〉的决定》。本次修改主要集中于公司法中第一百四十二条关于公司股份回购的规定。随着公司股份回购需求日渐多样，特别是随着资本市场快速发展和市场环境的变化，上市公司股份回购数量日益增加，且目的更

---

〔1〕 雷兴虎、薛波：《〈公司法〉修订评析》，《新疆社科论坛》2014 年第 4 期。

〔2〕 赵旭东：《从资本信用到资产信用》，《法学研究》2003 年第 5 期。

加多样，公司法关于股份回购的现行规定在实践中存在一些问题，主要是允许股份回购的情形范围较窄，实施股份回购的程序较为复杂（一般须召开股东大会），对公司持有所回购股份的期限规定得比较短等。从境外成熟市场的立法和实践看，公司股份回购特别是上市公司股份回购已经成为资本市场的基础性制度安排。因此，对公司法有关股份回购的规定进行修改完善[1]。

本次修改的主要内容为：一是补充完善允许股份回购的情形。将原公司法规定的"将股份奖励给本公司职工"这一情形修改为"将股份用于员工持股计划或者股权激励"，增加"将股份用于转换上市公司发行的可转换为股票的公司债券"和"上市公司为避免公司遭受重大损害，维护公司价值及股东权益所必需"两种情形，以及"法律、行政法规规定的其他情形"的兜底性规定；二是简化股份回购的程序，提高公司持有本公司股份的数额上限，延长原法律规定的回购期限；三是增加了上市公司股份回购的信息披露义务和公开的集中交易方式的要求。

第四节　破产法

随着改革开放的深入和市场经济的确立，以及因企业经营管理不善出现亏损严重等问题，需要建立企业退出机制。1984 年 5 月，在第六届全国人大二次会议上，就有一些人大代表提出了制定企业破产法的建议。1985 年 7 月，国务院决定启动破产法的立

---

〔1〕 刘士余：《关于〈中华人民共和国公司法修正案（草案）〉的说明》，《中华人民共和国全国人民代表大会常务委员会公报》2018 年第 6 期。

法工作。1986 年 1 月，国务院常务会议原则通过企业破产法草案，经征求意见和进一步修改后，6 月正式列入第六届全国人大常委会第十六次会议日程进行初审。1985 年 8 月 27 日—9 月 5 日，第六届全国人大常委会举行第十七次会议，对企业破产法草案（法律委员会修改稿）进行多次审议，法律委员会多数委员认为制定这部法律的条件还不成熟，不赞成在当时制定企业破产法。经时任委员长的彭真提议，从 9 月 3 日开始，常委会连续 3 天召开联组会议对草案进行讨论，鉴于常委会组成人员对企业破产法草案有重要的不同意见，委员长会议建议，第十七次会议暂不付表决[1]。

11 月 15 日—12 月 2 日，第六届全国人大常委会第十八次会议再次审议修改后的企业破产法（试行草案）。在分组审议中，多数常委会委员对修改后的草案表示赞成，建议本次会议通过。11 月 26 日、29 日，常委会又接连两天举行联组会议，经对修改后的草案进行讨论、协商，终于达成比较一致的意见。《中华人民共和国企业破产法（试行）》最终在六届全国人大常委会第十八次会议上表决通过，出席会议的常委会组成人员 110 人，101 票赞成，9 票弃权[2]。

1993 年，国家经贸委专题调研组出了一份报告，第一次提出建议制定一部新的适应市场经济的破产法，或者是修改现行破产法。1994 年全国人大财经委成立新破产法起草小组。1994 年 10 月 25 日《国务院关于在若干城市试行国有企业破产有关问题的通知》出台。1996 年破产试点城市扩展到 56 个，1997

---

〔1〕　世文：《企业破产法（试行）出台——民主立法的一个范例》，《中国人大》2014 年第 12 期。

〔2〕　郑文阳：《企业破产法（试行）出台》，《法治与社会》2015 年第 2 期。

年扩展到 111 个，2000 年破产试点基本全面推开。2003 年全国人大重新成立了新破产法起草小组，2004 年 5 月和 2006 年 6 月，全国人大财经委召开了两次重要的破产法会议，为新破产法的通过奠定了重要基础。2006 年 8 月 27 日，第十届全国人大常委会第二十三次会议审议并表决通过了《中华人民共和国企业破产法》。表决结果为 157 票赞成、2 票反对、2 票弃权[1]。

　　企业破产法共十二章一百三十六条。第一章为"总则"，明确了本法的立法目的与适用范围。本法明确规定其立法宗旨为规范企业破产程序，公平清理债权债务，保护债权人和债务人的合法权益，维护社会主义市场经济秩序。同时规定："企业法人不能清偿到期债务，并且资产不足以清偿全部债务或者明显缺乏清偿能力的，依照本法规定清理债务。"可以看出，本法的调整范围已经从全民所有制企业扩大到所有企业法人。另外，本法第一次对跨境破产作出了规定："依照本法开始的破产程序，对债务人在中华人民共和国领域外的财产发生效力。"第二章为"申请和受理"，规定了向人民法院提出破产申请的程序和人民法院的受理程序。第三章规定了国际通行的破产管理人制度，明确了管理人的产生办法和职责。第四章为"债务人的财产"，规定了债务人财产的范围，还规定了关于债务人财产的行为无效的情况等。第五章为"破产费用和共益债务"，规定了破产费用和共益债务的范围，并规定破产费用和共益债务由债务人财产先行清偿、随时清偿。第六章规定债权申报程序。第七章规定债权人会议的组成和职责。第八章借鉴国际上的先进经验，第一次规定了企业重整制度，不管是债权人还是债务人，都可以向人民法院提

---

〔1〕 李曙光：《我所经历的破产法立法过程》，《中国经济报告》2013 年第 5 期。

出重整申请，此外还明确了重整的相关法律程序及各方的权利义务。第九章规定和解程序。第十章规定破产清算程序。第十一章规定了企业董事、监事或者高级管理人员、债务人、管理人违反本法的法律责任。第十二章为附则。

第五节　金融法

一、商业银行法

（一）商业银行法的颁布和主要内容

中共十一届三中全会以来，随着改革开放的深化及支持国家经济建设的需要，国家专业银行得以恢复和建立。同时，商业银行的发展速度也在日益加快，逐步形成了以中国人民银行（中央银行）为领导，以国有商业银行为主体，多种金融机构并存、分工协作的金融体系。为适应商业银行的发展，建立一部专门的法律制度势在必行。

1986 年国务院颁布的银行管理暂行条例是我国第一部综合性金融法规，为此后银行法的颁行奠定了基础。全国人大常委会 1988 年制定的五年立法规划和国务院 1989 年立法计划，均将制定银行法列入其中。彭冲副委员长在 1989 年 3 月的七届全国人大二次会议上，谈到要加快经济立法步伐时，明确要求制定银行法。一些人大代表所提交的议案中，也提出制定银行法的要求[1]。

---

〔1〕　刘福寿：《〈我国商业银行法〉出台纪实》，《新金融》1995 年第 7 期。

1992 年，邓小平同志南方谈话的发表和党的十四大的召开，明确要在我国建立社会主义市场经济体制。根据全国人大常委会和国务院的立法要求，1993 年 2 月，中国人民银行成立了新的银行法起草小组，加速了银行法的立法进程。经过五次对银行法草案大的修改，1993 年 10 月形成了银行法（送审稿）。送审稿上报国务院后，国务院法制局在征求意见的基础上对送审稿作了修改，形成了商业银行法（草稿）。草案于 1994 年 8 月由国务院提请八届全国人大常委会第九次会议审议。经两次审议后，第八届全国人大常委会第十三次会议于 1995 年 5 月 10 日通过了《中华人民共和国商业银行法》。

商业银行法是新中国第一部专门的商业银行法律。商业银行法共有九章，分为总则、商业银行的设立和组织机构、对存款人的保护、贷款和其他业务的基本规则、财务会计、监督管理、接管和终止、法律责任和附则，共九十一条。

（1）关于总则部分。第一条是关于商业银行法立法宗旨的规定，从该条中可以看出立法目的包含三个方面：①保护商业银行、存款人和其他客户的合法权益；②规范商业银行的行为，保障商业银行的稳健运行；③促进社会主义市场经济的发展。第二条是关于商业银行的性质的规定，明确规定商业银行是指"依照本法和《中华人民共和国公司法》设立的吸收公众存款、发放贷款、办理结算等业务的企业法人"，依据此条可以看出商业银行的设立条件、业务范围、组织形式、设立程序。第三条是对商业银行具体业务的规定，第四条规定了商业银行的经营原则、权利及责任，主要强调了安全性、效益性和流动性的经营原则。第五条至第十条确定了商业银行与客户之间的平等自愿、诚实信用原则，保障了存款人的合法权益不受侵犯，商业银行之间应遵循公平竞争原则，以防范不正当竞争行为的发生。不正当竞争行为不仅会破坏整个商业银行业的正常运行和发展，对整个金融市场秩序的发展也有着极大的阻碍作用，所以确立公平竞争原则是当时立法形势的内在要求。第十条赋予了中国人民银行的监督管理权，为监督管理制度提供了法律依据。

（2）关于商业银行的设立和组织机构的部分。该部分共有十八条，主要是针对商业银行的设立和组织机构进行专门性的规定。关于商业银行的设立，主要规定了批准机构是中国人民银行，由中国人民银行颁发许可证。同时，规定商业银行的设立条件、需要提交的设立文件和资料，以及商业银行设立分支机构、合并和变更事项登记等，为商业银行如何设立以及如何设立分支机构提供法律依据。关于商业银行的组织机构的规定，主要对组织形式适用公司法，对高级管理人员的限制条件等方面进行详细的规定，为规范商业银行的行为，保障商业银行的稳健运行和维护金融秩序起到了很大的促进作用。

（3）关于存款人保护的部分。该部分共分为五条，主要对保护存款人作出了规定。存款业务作为商业银行的主营业务，避不开与储蓄存款人的紧密联系，而商业银行的负债也是主要由客户存款构成的，因此，存款对于商业银行的发展有着至关重要的作用，相应地存款人的权益保护也由此被重视起来。该部分在后来两次的商业银行法修正中都被完整地保留了下来，可见该部分的立法还是相当完善的。该部分规定了存款人的存款自愿、取款自由、存款有息以及为存款人保密等四个原则，四个原则的规定有效地保护了储蓄存款人应有的法律权益。

（4）关于贷款和其他业务的基本规则的部分。该部分共有二十条，主要对商业银行的贷款、投资、结算、发行金融债券、同业拆借等业务的基本规则作出了详细规定。如第三十四条明确商业银行开展贷款业务必须是在国家产业政策指导下进行，第四十三条关于商业银行不得违反国家规定从事投资业务的规定，第四十五条关于商业银行发行金融债券或者到境外借款，应当依照法律、行政法规的规定报经批准的规定等，根据现实商业银行的发展状况，对相关的运行基本规则作了科学而严谨的规定，为其业务的开展和运行提供了强有力的法律制度保障。

（5）关于财务会计的部分。该部分共有五条，主要是对商业银行的财务会计制度进行详细的规定。1978年以来，中国实行企业基金制度，给予专业银行一定的自主经营权，1983年，建立了利润留成制度，扩大了专业银行的经营自主权，之后银行又采用利税并存制度，后来随着商业银行的兴起和发展，形成了财务管理制度。商业银行的财务会计有着其自身的独特性，因此，专门对其财务会计进行立法也是现实发展的需要，为商业银行的财务会计制度正常运行提供法律依据。

（6）关于监督管理部分。该部分共有五条，对商业银行的内部监督管理制度作了规定，并对国务院银行业监督管理机构、中国人民银行、审计机关对商业银行的监督管理作出规定。赋予了中国人民银行极大的监督管理权和审计监督权，为商业银行的健康有序发展提供保障。

（7）关于接管和终止的部分。该部分共有九条，主要规定了中国人民银行对已经或者可能发生信用危机，严重影响存款人的利益的商业银行采取的接管措施，以及商业银行因解散、被撤销、被宣告破产而终止的三种情形。规定了接管目的、接管的具体实施、接管终止等，以防影响金融业的正常运行。

（8）关于法律责任的部分和附则。①法律责任部分共有十八条，主要规定了商业银行、商业银行的工作人员、借款人、其他单位或者个人违反商业银行法和其他有关法律的规定所应当承担的法律责任。②附则部分共有五条，规定了有关本法适用与生效的一些问题。

（二）商业银行法的修改

1. 商业银行法 2003 年的修改情况

随着商业银行的迅猛发展，商业银行法需要根据实际情况进行修改和完善。2003 年 12 月 27 日第十届全国人大常委会第六次会议通过了关于修改商业银行法的决定，国家主席胡锦涛签署第十三号主席令公布，自 2004 年 2 月 1 日起施行。本次修改将该法从九十一条改为九十五条，并对商业银行法总则、商业银行的设立和组织机构、财务会计、监督管理、法律责任等部分进行了修改，尤其对商业银行的法律责任进行了着重修改。为适应商业银行的现实发展需要，保护存款人的利益，促进金融秩序的健康有序进行，增加了追究法律责任的情形以及提高了违法成本，对商业银行的监管内容进行了强化，拓宽了商业银行的经营业务种类的范围，为推动市场经济的繁荣发展提供了动力。

2. 商业银行法 2015 年的修改情况

2015 年 8 月 24 日，十二届全国人大常委会第十六次会议举行第一次全体会议，中国银行业监督管理委员会主席尚福林作关于商业银行法修正案草案的说明。2015 年 8 月 26 日，第十二届全国人大常委会第十六次会议对商业银行法修正案草案进行了分组审议，并于同年 8 月 29 日通过该修正案。此次对商业银行法的修正主要是删除了第七十五条第三项中"存贷比例"以及第三十九条第一款第二项中的内容。存贷比例的规定原则上是为了抑制信贷过度投放，以降低单一银行的流动风险，但是随着银行业务的逐渐拓宽，其资金来源和流向也越来越多元，存贷比例的存在已经不能发挥它原本存在的价值和作用，反而约束了银行的发展，因此，对其予以删除也是发展形势所趋，至于其他内容本次未作修改。在商业银行业的持续发展过程中可能还会遇到其他的新型问题，这就需要对该法律进行再次修改和完善，以适应行业发展状况，促进社会主义市场经济协调发展，为商业银行的健康发展和繁荣提供更协调的法治环境和更强有力的法治保障。

二、保险法

（一）保险法的颁布与主要内容

新中国成立后，我国的保险业处于长期的停滞状态。1958 年 10 月，西安财贸会议提出，人民公社化以后，保险工作的作用已经消失。从此，虽然对外保留了中国人民保险公司的名义，但国内的保险业务基本停办。直到 1979 年，中国人民银行才恢复了国内保险业务。1985 年，国务院颁布了《保险企业管理暂行条例》，这是我国首部保险行业的法律规范。为了规范保险行业，促进保险行业的健康发展，根据国家的规划，全国人大将保险立法列入立法计划，并授权当时负责全国保险业务监管的中国人民银行起草保险法。

1991 年 10 月 19 日，中国人民银行组建的保险法起草小组在京正式成立。保险法起草小组在广泛借鉴其他国家的立法惯例、立法经验，结合中国保险市场现状和国际趋势，在广泛调研、征求意见、反复修改的基础上完成了保险法（讨论稿）。1992 年 10

月，保险法（讨论稿）由中国人民银行进行审议。1993 年 12 月 31 日，经中国人民银行审定的保险法（送审稿）上报国务院。国务院法制局在征求各方意见的基础上，完成保险法（草案），并经国务院第二十九次常务会议讨论通过，提交全国人民代表大会审议。1995 年 6 月 30 日，《中华人民共和国保险法》经第八届全国人民代表大会常务委员会第十四次会议审议通过，自 1995 年 10 月 1 日起正式施行。

这是中华人民共和国成立以来第一部保险基本法。1995 年通过的保险法共八章一百五十二条，分为总则、保险合同、保险公司、保险经营规则、保险业监督管理、保险代理人和保险经纪人、法律责任和附则八部分。

1. 关于总则部分。第一条是对于立法目的的规定，该法的立法目的主要在于"为了规范保险活动，保护保险活动当事人的合法权益，加强对保险业的监督管理，促进保险事业的健康发展"。第二条是对于保险的含义的界定，明确了保险的具体内涵，指出是一种商业保险行为。第四条至第七条规定了本法的原则。第四条规定保险行为主体应当遵循依法、自愿、诚实信用、公平竞争的原则。第六条规定了强制境内保险的原则："在中华人民共和国境内的法人和其他组织需要办理境内保险的，应当向中华人民共和国境内的保险公司投保。"第八条是对于监督机构的规定，明确国务院金融监督管理部门是对保险业进行监督的法定监督机构。

2. 关于保险合同的部分。该部分总共分为三节六十条，从第九条至第六十八条。第一节是一般规定（第九条至第三十一条）。该节就保险行为主体、保险标的、保险利益、保险合同的效力、保险合同应当具有的事项、保险事故、保险赔偿等事宜进行详细的规定，以规范保险活动，保证保险活动的正常进行。第二节是对于财产保险合同的规定（第三十二条至第五十条）。该节就其含义、具体财产保险合同、保险责任、重复保险、责任保险等进行具体规定，对财产保险合同涉及的法律问题进行具体的规定，以保障该类保险行为得以正常进行。第三节是对于人身保险合同的规定（第五十一条至第六十八条）。该节对于人身保险合同、保险利益、投保人、保险人、被保险人、受益人、保险金、保险合同的效力等进行了详细的规定。

3. 关于保险公司的部分。该部分共有二十二条，从第六十九条至第九十条。第六十九条至第七十条规定了保险公司的组织形式、批准机构。第七十一条至第八十条规定了保险公司的设立条件、注册资本、应当提交的申请资料、申请成立的程序、设立境外代表机构的条件、适用的法律。第八十一条至第八十四条规定了其变更事项、国有独资保险公司设立监事会的情况。第八十五条至第九十条，规定了解散事由、清算组织、破产清偿顺序、破产程序适用法律范围等。

4. 关于保险经营规则的部分。该部分对于保险活动的经营规则进行了详细的规定，该部分共有十五条，从第九十一条至第一百零五条。该部分对保险公司的业务范围、保险资金、保险公司及其工作人员禁止性行为等作了相关规定，为保险公司的经营活动作了相应的保障。

5. 关于保险业的监督管理的部分。全国人大常委会对保险活动的监督作了相关的规定，该部分从第一百零六条至第一百二十一条，共有十六条。主要涉及监督管理的内容、对违反本法的保险公司进行整顿和接管等内容。

6. 关于保险代理人和保险经纪人的部分。本部分共九条，从

第一百二十二条至第一百三十条。主要对保险代理人和保险经纪人的概念进行界定，对保险代理人和保险经纪人的职责、责任承担、资格条件、监管等作出规定。

7. 关于法律责任的部分。该部分共有十六条，从第一百三十一条至第一百四十六条对保险欺诈的具体情形及法律责任，超出经营范围的法律责任以及其他违反本法的情形及其法律责任作了详细的规定。

8. 关于附则的部分。该部分共有六条，主要涉及本法的其他适用范围，如海上保险，中外合资保险公司、外资独资保险公司、外国保险公司分公司，农业保险是否适用本法等。

（二）保险法的修改

1. 2002 年的修改情况

针对中国加入世贸组织对保险业的承诺，第九届全国人大常委会第三十次会议于 2002 年 10 月 28 日通过了关于修改保险法的决定，对保险法进行了修改，同日，国家主席江泽民签署第七十八号主席令公布，自 2003 年 1 月 1 日起施行。这是对保险法的第一次修正。该修改决定涉及条文共有 38 处，从本次的修改来看，更加强调诚实信用原则、保险公司的稳健经营以及保护投保人和保险人的利益，并且加大了保险活动的监管和处罚力度，对保险活动的范围和经营给予了一定程度的放开。

（1）关于总则部分。1995 年保险法第四条中的"遵循自愿和诚实信用的原则"修改为 2002 年保险法的第四条和第五条，即"从事保险活动必须遵守法律、行政法规，尊重社会公德，遵循自愿原则"和"保险活动当事人行使权利、履行义务应当遵循诚实信用原则"。2002 年的保险法新增了社会公德原则，而第五条的诚实信用原则是社会公德原则的具体化，对该原则单独设置一条法律条文，强调了保险活动应着重遵循诚实信用原则。此外，将1995年保险法第八条中的监督管理部门从国务院金融监督管理部门改为国务院保险监督管理机构，自此以法律的形式明确了保监会对保险业的监管职责。

（2）关于保险合同的部分。第一节一般规定的修改主要包括：①1995年保险法中的第二十三条修改为2002年保险法的二十四条，增加了"并将核定结果通知被保险人或者受益人"。增加了保险公司对核定结果负有法定的通知义务，由此被保险人和受益人对于核定结果能够及时知晓并可以切实保护其权益。②1995年保险法中的第三十一条修改为2002年保险法的第三十二条，将"个人隐私"纳入保密义务的范围，这既是宪法的要求也是保险业自身特点的要求，保险业在从业活动过程中会接触大量客户的隐私，因此强调"个人隐私"有利于保护投保人、被保险人、受益人的个人信息。

第三节人身保险合同的修改主要包括：将1995年保险法的第六十七条修改为2002年保险法的第六十八条，增加了"但被保险人或者受益人仍有权向第三者请求赔偿"的内容，即增加了被保险人获得更多地保护其权益的途径。2002年保险法赋予了被保险人在获得赔偿后，享有向第三人的赔偿请求权，增加了被保险人的救济途径。

（3）关于保险公司的部分。将1995年保险法第八十七条增加了一款，作为2002年保险法第八十八条："接受前款规定的人寿保险合同及准备金的，应当维护被保险人、受益人的合法权益。"规定了人寿保险公司在被撤销或者破产时，应将人寿保险合同和准备金转让于其他人寿保险公司，如此规定是为了能够切实有效地保护被保险人、受益人的合法权益。

1995 年保险法第九十一条改为 2002 年保险法的第九十二条，并增加了"但是，经营财产保险业务的保险公司经保险监督管理机构核定，可以经营短期健康保险业务和意外伤害保险业务。保险公司的业务范围由保险监督管理机构依法核定。保险公司只能在被核定的业务范围内从事保险经营活动。保险公司不得兼营本法及其他法律、行政法规规定以外的业务"。该条增加了保险公司的经营范围，保险公司可以经营短期健康保险业务和意外伤害保险业务，其业务范围应当由保险监督管理机构依法核定。

（4）关于保险经营规则的部分。1995 年保险法中第九十三条、第一百零七条、第一百一十九条被修改，并增加了相关内容，主要涉及保险监督机构对保险业的监督职责，对其进行了进一步的完善和增改。1995 年保险法中第一百零二条、第一百零四条、第一百零六条被修改。2002 年保险法基于入世承诺非寿险 20% 的法定再保险分保比例在加入世贸组织后逐年降低 5%，4 年内取消。2002 年保险法基于上述承诺作出修改，即"保险公司应当按照保险监督管理机构的有关规定办理再保险"，不可以自行处理再保险事宜。2002 年保险法第一百零五条扩大了保险公司的资金使用范围，允许其向保险业投资，"保险公司的资金不得用于设立证券经营机构，不得用于设立保险业以外的企业"，该条款的修改既提高了保险公司的偿付能力，也保障了投保人、被保险人和受益人的权益。此外，新保险法将保险险种的基本条款和费率从"由监管部门制定"改为"报保险监管机构备案"，为保险产品的设计提供了法律风险的防范。由此可见，对上述法律条文的修改，表明了其对保险业经营环节方面给予了一定程度的放开。

（5）关于保险业的监督管理部分。修改后的保险法第一百零八条增加了保险监管机构建立健全监管指标体系的内容，对保险公司的偿付能力进行监控；第一百零九条"保险监督管理机构有权查询保险公司在金融机构的存款"，扩大了保险监管机构的监控范围。修改后的保险法第九十四条至第一百零七条，将制定保险条款费率管理办法、再保险管理办法、责任准备金和结转办法等的权力赋予保险监管机构，保护投保人、被保险人和受益人的合法权益。第一百二十三条"依法受聘对保险事故进行评估和鉴定的评估机构和专家，应当依法公正地执行业务。因故意或者过失给保险人或者被保险人造成损害的，依法承担赔偿责任。依法受聘对保险事故进行评估和鉴定的评估机构收取费用，应当依照法律、行政法规的规定办理"。增加了评估和鉴定机构和专家必须公正执行业务，因过错造成损害的应当承担相应的法律责任，并且评估机构必须依法收费，不得乱收费，加强了评估机构和专家的职业道德规范，有助于对其行为进行法律规范。第一百二十二条改变了1995年保险法中只对人身保险公司要求设置精算专业人员、建立精算报告制度的规定，增加了所有保险公司都需要聘用精算专业人员，建立精算报告制度，并且明确规定保险公司必须遵循诚实守信原则，对其经营和财务状况必须反映真实、全面、准确，不得有虚假性、误导性的记载和陈述以及重大遗漏。第一百二十七条则强调保险公司与保险代理人应当签订书面的委托代理协议，并且在协议中依法约定双方的权利义务以及代理事项，明确其权利义务和法律责任。

（6）关于保险代理人和保险经纪人的部分。新保险法明确了保险代理手续费和经纪人佣金，只限于向具有合法资格的保险代理人、保险经纪人支付，不得向其他人支付。新增了第一百三十六条，加强了对保险公司及其代理人违规行为的查处力度。第一百三十一条以列举的方式将代理人的禁止性行为予以明确规定，对保险业的健康有序发展有积极作用和指导意义。

（7）关于法律责任的部分。修改后的保险法第一百三十九条、第一百四十一条加大了对保险公司及其工作人员违规经营和从业的处罚力度，增加了处罚金额，并且情节严重构成犯罪的依法追究刑事责任。第一百四十条、第一百四十九条增加了保险代理人、经纪人违法违规行为的处罚内容，与1995年保险法相比，加大了处罚力度，即使没有违法所得也要罚款。第一百四十二条、第一百四十三条、第一百四十六条、第一百四十七条，增加了限制业务的范围和处罚措施，对部分违法行为增加了追究刑事责任的规定，如此对保险人在从业活动中自觉遵守法律法规具有很大的警示作用。第一百五十条提高了处罚金额，第一百五十四条规定中外合资、外资独资、外国保险公司分公司也适用本法。

2. 2009 年的修改情况

2004 年 10 月，中国保监会会同有关部门正式启动保险法第二次修改的准备工作，2005 年底形成了保险法（修订草案建议稿）并上报国务院法制办。此后，国务院法制办组织听取各方意见，修改形成了保险法（修订草案）。2008 年 8 月 1 日，保险法（修订草案）经国务院常务会议原则通过，提请全国人大常委会审议。2009 年 2 月 28 日，第十一届全国人大常委会第七次会议审议通过，并于 2009 年 10 月 1 日起实施。

此次修改的目的在于进一步规范保险公司的经营行为，加强对被保险人利益的保护，加强和改善对保险市场的监管，有效防范和化解风险，促进保险业健康发展。保险法修订草案进一步明确了保险活动当事人的权利、义务，对保险行业的基本制度和自律规定作了进一步补充、完善，并强化了保险监管机构的职责和监管手段，规定了相应的法律责任。

此次保险法修订后共十章一百九十四条，与 2002 年保险法相比，新增了"保险行业协会"和"保险监督管理机构"的有关规定并进一步细化了保险合同的有关规定，明确了保险活动当事人的权利和义务；修改了保险公司的相关制度；进一步明确了保险监管机构的监管原则和监管职责，增加了保险监管手段和监管措施。此外，还对一些新型违法行为的法律责任进行明确，加大了对违法行为的追究力度。

3. 2014 年的修改情况

2014 年 8 月 31 日第十二届全国人大常委会第十次会议通过了关于修改保险法的决定，对保险法进行了第二次修正。

第十二届全国人大常委会第十次会议对保险法作了如下修改：（1）将第八十二条中的"有公司法第一百四十七条规定的情形"修改为"有公司法第一百四十六条规定的情形"。因公司法在 2013 年 12 月 28 日进行了第三次修正，将公司法原来的第一百四十七条改为了第一百四十六条，所以 2014 年修正的保险法将适用公司法的部分也进行了相应的法条修改，但是法条的基本内容没有变动。（2）将第八十五条修改为："保险公司应当聘用专业人员，建立精算报告制度和合规报告制度。"删除了"保险公司应当聘用经国务院保险监督管理机构认可的精算专业人员，建立精算报告制度"的内容，取消了国务院保险监督管理机构对保险公司精算人员的认可方面的权力，对保险公司的自主经营具有积极的促进作用[1]。

---

〔1〕《全国人民代表大会常务委员会关于修改〈中华人民共和国保险法〉等五部法律的决定》，《中华人民共和国全国人民代表大会常务委员会公报》2014 年第 5 期。

4. 2015 年的修改情况

2015 年 4 月 24 日第十二届全国人大常委会第十四次会议通过关于修改保险法的决定。此次修改共涉及十三个条文，主要集中在简化和取消保险从业机构、人员的资格核准等行政审批事项上。如第一百一十九条配合商事改革，删除了对保险代理、经纪机构设立的前置审批规定。删除了一百三十二条对保险代理，经纪机构分立、合并、变更组织形式，设立分支机构或解散的行政审批规定等。

三、信托法

信托，即信用委托，是一种特殊的理财方式，一种以信用为基础的法律行为，其具有拓宽投资渠道、聚集资金、规避和分散风险以及构筑社会信用体系的职能。中华人民共和国成立后，中国的信托业一度停顿。改革开放后，随着经济的发展，投资主体呈现多元化的趋势，信托业又重新获得了发展。但此后中国信托业的发展并不是一帆风顺，在经营范围上和业务模式上的混乱与无序状态严重影响了这一行业的发展。从 1998 年到 2007 年，国家针对各地基建规模过大，影响信贷收支平衡，全国信贷失控、货币发行量过多，各种信托投资公司发展过快（高峰时共有 1000 多家），管理较乱等情况，共进行了六次整顿。为了调整信托关系，规范信托行为，保护信托当事人的合法权益，促进信托事业的健康发展，全国人大常委会将制定信托法列入立法规划。

根据八届全国人大常委会的立法规划，自 1993 年 8 月起，全国人大财经委员会组织成立了信托法起草小组。起草小组对中国信托业和信托市场的现状、发展前景以及存在的问题进行了调查研究，翻译、整理了大量有关国家信托制度和信托立法的资料。在起草过程中，起草小组通过召开座谈会、研讨会等形式，广泛听取了国务院有关部门、银行系统、法院系统、大专院校、信托投资公司以及有关专家学者的意见，并多次与外国信托法律专家、实业界人士进行研讨。在充分调查信托业实际情况并广泛征求意见的基础上，起草组六易其稿，形成了信托法（草案）。在广泛征求各方意见和多次审议后，2001 年 4 月 18 日，信托法（草案）第三次审议稿在第九届全国人大常委会第二十一次会议上最终通过。《中华人民共和国信托法》历经八年时间起草、修改和审议，终于颁布施行。

在第八届全国人大常委会第二十三次会议上，全国人大财经委员会副主任委员张绪武说明了起草信托法的指导思想：根据建立社会主义市场经济体制的要求，结合中国信托业的现状，借鉴国际上通行的做法，用法律的手段规范信托行为，保护信托当事人的合法权益，强化对信托业的监督管理，促进信托业健康、规范发展。并说明在起草过程中坚持的原则：一是重在对受托人作出约束规定，以维护信托财产的安全，保障受益人的利益。二是根据金融体制改革的需要，体现分业经营。将现有信托机构的业务与银行业务相区别，把信托公司办成符合社会主义市场经济需要的专业财产管理机构，并在此基础上发挥其中长期的金融职能。三是稳定和规范信托公司的经营活动，既要有利于国家对金融业的宏观调控，同时也要照顾到中国信托业发展的现实，尽量减少对信托公司经营活动的冲击。四是既要符合国际通行做法，又要结合中国的国情，具有可操作性[1]。

---

〔1〕 张绪武：《关于〈中华人民共和国信托法（草案）〉的说明》，《中华人民共和国全国人民代表大会常务委员会公报》2001 年第 4 期。

信托法共七章七十四条，除总则和附则外，对信托的设立、信托财产、信托当事人、信托的变更与终止与公益信托作出了规定。第一章总则对信托法的立法目的、适用范围、信托定义、信托机构管理规范的授权以及信托活动的基本原则作出了规定。明确指出信托是委托人基于对受托人的信任，将其财产权委托给受托人，由受托人按委托人的意愿以自己的名义，为受益人的利益或者特定目的，进行管理或者处分的行为。第二章对信托设立的目的要件、形式要件、财产要件、记载事项、信托登记、信托的无效与撤销以及遗嘱信托作出了规定。第三章对信托财产的构成、信托财产与委托人和受托人财产关系、禁止强制执行信托财产、信托财产上的债权债务抵销规则作出了规定。第四章分别从委托人、受托人、受益人的角度对信托当事人作出了规定。第五章规定了信托的变更与终止。第六章规定了公益信托。第七章附则对该法的施行日期作出了规定。

由于发展阶段和实践经验的限制，信托法仅对某些规则作了基本规定，或者是留有一定的空间，以待逐步补充完善，但是这并不影响这部法律的实施，更不影响这部法律作为信托的基本规范所起的作用。

四、证券法

（一）证券法

1990 年 11 月 26 日，上海证券交易所正式成立，同年 12 月 1 日，深圳证券交易所成立。我国的证券市场虽然起步较晚，但是发展十分迅速，亟须制定全国性证券业的基本性法律，以促进我国证券市场的健康发展。全国人大常委会为了在证券业快速发展之时建立必要的法律规范，加快了立法步伐。

证券法草案由全国人大常委会委托有关专家起草。在 1992 年 6 月举行的一次委员长会议上，讨论制定证券法。1992 年 8 月，全国人大常委会证券法起草小组成立，经过四个月的紧张工作，起草了一部我国证券法的草案。1993 年 8 月，证券法提交八届全国人大常委会第三次会议初审，并提出了修改意见。但是，由于对于证券法草案的分歧过大，难以统一，证券法草案的再次审议被搁置。直至 1997 年，证券市场的发展出现了几次大的波动，急需法律规范，同时，为应对 1997 年亚洲金融危机，客观上也需要出台一部证券法。1998 年，证券法草案终于修改完成。1998 年 9 月 22 日，全国人大常委会委员长会议对全国人大法律委员会准备提交再审议的证券法草案进行了讨论。1998 年 12 月 29 日第九届全国人大常委会第六次会议以 135 票赞成、1 人弃权、2 人未按表决器，最终表决通过了《中华人民共和国证券法》。

1998 年出台的证券法分为总则、证券发行、证券交易、上市公司收购、证券交易所、证券公司、证券登记结算机构、证券交易服务机构、证券业协会、证券监督管理机构、法律责任、附则等十二章，共二百一十四条。其主要内容和基本规范包括：关于证券法的立法宗旨和基本原则、关于证券法的调整范围、关于证券市场监督管理体制、关于证券发行、关于证券交易、关于上市公司收购、关于证券交易所、关于证券公司、关于证券登记结算机构、关于证券交易服务机构、关于证券业协会、关于法律责任等规定。

此后，证券法根据需要进行了三次修正和两次修订：根据 2004 年 8 月 28 日第十届全国人大常委会第十一次会议关于修改

《中华人民共和国证券法》的决定第一次修正；2005 年 10 月 27
日第十届全国人大常委会第十八次会议修订；根据 2013 年 6 月
29 日第十二届全国人大常委会第三次会议关于修改《中华人民
共和国文物保护法》等十二部法律的决定第二次修正；根据
2014 年 8 月 31 日第十二届全国人大常委会第十次会议关于修
改《中华人民共和国保险法》等五部法律的决定第三次修正；
2019 年 12 月 28 日第十三届全国人大常委会第十五次会议第二
次修订。

　　2004 年修正的证券法相较于 1998 年版本而言，第二十八条
修改为："股票发行采取溢价发行的，其发行价格由发行人与承
销的证券公司协商确定。"第五十条修改为："公司申请其发行的
公司债券上市交易，由证券交易所依照法定条件和法定程序核
准。"第二十八条的修改说明股票的溢价发行不再由证券监管机
构审批，其背后的法理是按照市场经济的要求，股票的发行价格
应主要通过市场机制形成。由证券监管机构审批股票发行价格，
不能反映股票市场价格的真实走向，还会不适当地加大证券监管
机构对股票价格趋势承担的责任。第五十条的修改说明公司申请
其发行的公司债券上市交易，不再报经证券监管机构审批，其背
后的法理是公司在发行债券时，国务院证券监督管理机构已经依
照公司法的规定进行过审批，因此已批准发行的公司债券上市交
易，可直接由证券交易所依照法定条件和程序核准，不必再由证
券监管机构审批。

　　随着经济和金融体制改革的不断深化和社会主义市场经济不
断发展，证券市场发生了很大变化，在证券发行、交易和证券监
管中出现许多新情况，证券法已经不能完全适应新形势发展的客
观需要：一是部分上市公司的治理结构不健全，质量不高，信息

披露制度不完善，对董事、监事和高级管理人员缺乏诚信义务和法律责任的规定。二是一些证券公司内部控制机制不严、经营活动不规范、外部监管手段不足。三是对投资者特别是中小投资者的合法权益的保护机制不完善，对损害投资者权益的行为缺乏民事责任的规定。四是证券发行、交易、登记结算制度等不够完备，没有为建立多层次资本市场体系留下法律空间。五是对资本市场监管中出现的新情况、新问题缺乏有效的应对手段，有关法律责任的规定过于原则，难以操作，不利于打击违法、违规行为，维护资本市场的秩序。六是证券法调整范围和某些限制性规定已经不适应证券市场的发展，需要补充和完善。2005年修订的证券法首先完善了上市公司的监管制度，提高了上市公司质量；其次加强了对证券公司监管，防范和化解证券市场风险；再次加强了对投资者特别是中小投资者权益的保护力度，完善证券发行、证券交易和证券登记结算制度，规范市场秩序，完善证券监督管理制度，增强对证券市场的监管力度，最后强化了证券违法行为的法律责任[1]。

　　以2013年6月29日第十二届全国人大常委会第三次会议通过的关于修改《中华人民共和国文物保护法》等十二部法律的决定为依据，证券法再一次为适应新形势发展的要求作出修改。本次修改将第一百二十九条第一款修改为："证券公司设立、收购或者撤销分支机构，变更业务范围，增加注册资本且股权结构发生重大调整，减少注册资本，变更持有百分之五以上股权的股东、实际控制人，变更公司章程中的重要条款，合并、分立、停业、解散、破产，必须经国务院证券监督管理机构批准。"这一

---

〔1〕　周正庆：《关于〈中华人民共和国证券法（修订草案）〉的说明》，《中华人民共和国全国人民代表大会常务委员会公报》2005年第7期。

修改使得证券公司的变更批准更具有针对性，更符合时代和实践特点。

2014 年 8 月 31 日第十二届全国人大常委会第十次会议通过的《关于修改〈中华人民共和国保险法〉等五部法律的决定》对证券法进行了第三次修正。其修改内容包括：（1）将第八十九条第一款中的"事先向国务院证券监督管理机构报送"修改为"公告"，第一款第八项中的"报送"修改为"公告"，删去第二款。（2）删去第九十条第一款。（3）将第九十一条修改为："在收购要约确定的承诺期限内，收购人不得撤销其收购要约。收购人需要变更收购要约的，必须及时公告，载明具体变更事项。"（4）将第一百零八条、第一百三十一条第二款中的"有《中华人民共和国公司法》第一百四十七条规定的情形"修改为"有《中华人民共和国公司法》第一百四十六条规定的情形"。（5）删去第二百一十三条中的"报送上市公司收购报告书"和"或者擅自变更收购要约"。

2019 年证券法的修订为本法的全面修改。自 2013 年证券法的修改提上日程，经历了全国人大常委会四次会议的审议，最终在 2019 年 12 月 28 日第十三届全国人大常委会第十五次会议审议后通过。本次修订顺应证券市场改革、监管政策发展的要求，总结资本市场的实践经验和发展规律，进行了一系列的改革完善。本次修订共修改一百六十六个条款，删除二十四个条款，同时新增二十四个条款。其中新设两章对信息披露和投资者保护内容进行专章规定。本次证券法的修改主要内容包括：在总则中扩大了证券法适用范围；全面推行注册制，激发资本市场活力和效率；建立投资者保护制度，完善集体诉讼机制；完善内幕信息管理，防范市场舞弊；将证券服务机构从事证券业务将资格审批改为备案（证券投资咨询服务业务除外）；大幅提高违法行为的处罚力度等。

（二）证券投资基金法

进入 21 世纪，随着信息化时代的来临，金融市场逐渐在社会经济运行中发展起来，作为新兴融资、投资方式的证券基金也崭露头角。但不容忽视的是，与之相伴而来的除了市场风险和管理能力挑战外，还有因市场剧烈波动或其他原因而出现的巨额赎回风险。在这样的背景下，证券投资基金法的制定成为必然趋势。证券投资基金法是为了规范证券投资基金活动，保护投资人及相关当事人的合法权益，促进证券投资基金和资本市场的健康发展而制定的法律。证券投资基金法于 2003 年 10 月 28 日第十届全国人大常委会第五次会议通过，于 2012 年 12 月 28 日第十一届全国人大常委会第三十次会议修订，后根据 2015 年 4 月 24 日第十二届全国人大常委会第十四次会议《关于修改〈中华人民共和国港口法〉等七部法律的决定》修正。

2003 年证券投资基金法共十二章。第一章总则共十一条，主要是对证券投资基金法的立法目的、适用范围、调整对象，证券投资基金活动应当遵循的基本原则，基金合同当事人基本权利义务等事项作出了概括性规定。第二章基金管理人规定了基金相关从业人员的职责，基金管理公司的设立、变更条件，基金从业人员的义务等。第三章共十二条，主要对基金托管人的资格、条件、职责作出规定。第四章基金的募集规定国务院证券监管机构审核对象及审核过程，基金合同、基金招募说明书文件内容等。第五章规定了基金份额上市交易的核准过程。第六章规定了基金份额申购、赎回、登记的管理机构、时间、价格，以及开放式基金保持现金或政府债券的比例要求。第七章规定了基金的运作与信息披露。第八章规定了基金合同的变更、终止与基金财产清算。第九章规定了基金份额持有人的权利及其行使。第十章规定了国务院证券监管机构的职责与义务、证券监管机构工作人员的职责等内容。第十一章规定了基金管理人、基金托管人、有关当事人违反法律规定应负的法律责任。第十二章附则规定了本法生效日期等附属性规定。

随着经济和金融体制改革的不断深化与资本市场的快速发展，中国基金业发生了很大变化，现行证券投资基金法的部分规定已不能完全适应市场发展新形势和基金监管的需要，主要表现在：一是非公开募集基金缺乏法律规定；二是基金治理结构不健全，投资者权益保护力度不足；三是基金的行政管制和运作限制过严，制约基金市场竞争力和活力发挥。为此，根据十一届全国人大常委会立法规划，全国人大财经委组成起草组，于 2009 年开始草案的起草工作。起草组在广泛开展专题调研和课题研究的基础上，认真总结法律实施经验，深入分析存在的问题，充分借鉴国外经验，经反复修改形成了修订草案。2011 年 8 月 23 日，全国人大财经委员会召开第五十五次全体会议，审议并通过了草案[1]。

2012 年修订的证券投资基金法相对于 2003 年有了较大的改动，首先从体例上而言，由原有的十二章变为十五章：第一章总则部分、第二章基金管理人、第三章基金托管人与 2003 年相比，变化不大；第四章基金的运作方式和组织主要规定了基金合同应当约定基金的运作方式、基金份额持有人的权利、基金份额持有人大会的组成和职权、基金份额持有人大会的日常机构的职权

---

〔1〕　吴晓灵：《关于〈中华人民共和国证券投资基金法（修订草案）〉的说明》，《中国人大》2012 年第 19 期。

等；第五章是对基金公开募集的规定；第六章是对公开募集基金的基金份额的交易、申购与赎回的规定；第七章是对公开募集基金的投资与信息披露的规定；第八章对公开募集基金的基金合同的变更、终止与基金财产清算等作了规定；第九章对基金份额持有人行使权利，要求召开基金份额持有人大会、基金份额持有人大会召开的方式以及表决等作了规定；第十章是关于非公开募集基金的规定，共十条，是此次修改证券投资基金法时新增加的内容，将非公开募集基金纳入调整范围；第十一章是关于基金服务机构的规定，共十一条，是此次修改时新增加的章节；第十二章是关于基金行业协会的规定，共四条，是此次修改新增加的内容；第十三章共七条，对国务院证券监督管理机构的监督管理职责、有权采取的措施、进行监督管理的程序，以及对监督管理机构工作人员的要求等作出规定；第十四章对违反证券投资基金法的行为规定了相应的法律责任。最后一章附则分别是基金涉外问题的特别规定、关于公司型或者合伙型基金适用本法的规定和本法生效时间的规定。

2012年修订的证券投资基金法较大变动主要集中于第十章、第十一章、第十二章、第十四章。第十章关于非公开募集基金的规定，其制定背景是非公开募集基金作为一种新的资金募集和投资方式在我国快速发展，逐渐形成较大规模，但却没有相应的法律依据作为规范和支撑，因此滋生出不少社会问题。第十一章是关于基金服务机构的规定，作为证券投资基金行业的衍生行业，基金服务行业也随着证券投资基金行业的发展而得到了快速发展，因此对其进行必要的规制，使之专业化、规范化必不可少。第十二章关于基金行业协会的规定，同样也是因为其伴随着证券投资基金行业的发展而发展，但却缺乏详细规定，难以适应证券投资基金业快速发展的实际需要，故制定法律予以详细化、规范化。第十四章是关于法律责任的规定，科技发展和信息技术进步是一把"双刃剑"，在提高生活生产水平的同时又不停地滋生新的违法现象和社会问题，2003 年的证券投资基金法已无法全面有效对该行业的违法现象进行打击，因此 2012 年的修订对此作了较大的改动。

依据 2015 年 4 月 24 日第十二届全国人大常委会第十四次会议通过的关于修改《中华人民共和国港口法》等七部法律的决定，证券投资基金法删去了第十七条，即不再要求公开募集基金的基金管理人的法定代表人、经营管理主要负责人和从事合规监管的负责人的选任或者改任，报经国务院证券监督管理机构依照本法和其他有关法律、行政法规规定的任职条件进行审核。这是因为国务院坚定不移推进行政审批制度改革，加大简政放权力度，健全监督制约机制，加强对行政审批权运行的监督，不断提高政府管理科学化规范化水平，取消和调整了一批行政审批项目。

五、票据法

（一）票据法的起草与出台

改革开放以后，我国对银行结算制度进行了改革，票据业务逐步建立起来。1989 年，我国制定并实施了以汇票、本票、支票为主体的结算制度，票据逐渐成为结算的重要工具。由于缺少法律规范，票据行为不规范的现象大量存在，影响了正常的行业秩序。1990 年，在部分全国人大代表的建议下，全国人大常委会将票据法的制定列入立法计划。同年，中国人民银行正式成立了票据法起草小组。起草小组在广泛调研、借鉴国外法律制度的基础上，经过多次讨论、修改，完成了票据法（送审稿），于1994年1月报请国务院审议。国务院法制局对送审稿作了进一步修改，于1994年12月5日由国务院常务会议通过，提交全国人大常委会审议。1995年2月21日，八届全国人大常委会第十二次会议进行了初次审议。全国人大常委会有关专门委员会、工作委员会在再次征求意见的基础上进行了研讨、修改，于1995年5月10日八届全国人大常委会第十三次会议审议通过，这是新中国历史上第一部票据法。

票据法共七章一百一十一条，分为"总则""汇票""本票""支票""涉外票据的法律适用""法律责任""附则"。

1. 关于总则部分。该部分共有十八条，主要涉及立法目的、适用范围、票据活动的基本原则、涉及的基本内涵、票据权利的取得、消灭等事项。

2. 关于汇票部分。该部分分为六节七十二条，主要包含的内容有：（1）汇票、出票的定义、必须记载的事项、付款日期的记载形式、汇票的效力等内容，为出票活动提供充分的法律依据；（2）背书的记载事项、责任、效力以及禁止背书的情形等；（3）承兑的定义、期间、效力等；（4）保证的记载事项、连带责任、追索权等；（5）付款；（6）追索权的发生、行使等。

3. 关于本票部分。从第七十三条至第八十一条共九条，主要涉及本票的定义、记载的事项、法律后果、效力等。

4. 关于支票部分。从第八十二条至第九十四条共十三条，主要有支票的概念、记载事项、种类、签章、效力、付款日期和期限等内容，为支票的流通提供法律依据。

5. 关于涉外票据的法律适用。主要是关于国际条约和国际惯例的适用，票据法的适用等内容，为涉外票据活动适用何种法律提供法律依据。

6. 关于法律责任部分。该部分涉及票据欺诈行为的法律责任、票据业务中玩忽职守的法律责任、故意压票的法律责任等，对票据活动中涉及的违法行为进行法律规制，为票据活动的当事人提供法律保障。

7. 关于附则部分。主要是期限的计算、格式，本法的生效日期等内容。

从该法的体例结构上看，我国采取了票据法和民法分离的体例。二者分离有很大的优点：有利于票据法与国际接轨，不断根据现实需要进行修改；票据法有着其本身的特殊性，将其与民法作出区别，可以更好地予以适用和操作；将二者分离，民法作为一般法，其无法对票据相关行为进行规制时，可以依据票据法进行规制，由此票据法则可以作为特别法予以适用。

（二）票据法的修改

票据法自制定实施以来，对票据活动的健康有序发展和正常运行发挥着至关重要的作用，但是，随着经济社会的发展，互联网金融的崛起，1995 年制定的票据法已经越来越不能满足社会日益增长的信用和支付需求，也无法满足国际经济和金融对票据的发展需要，这就需要对票据法进行必要的修改，以满足现实社会发展的需要。对此，2004 年 8 月 28 日，第十届全国人大常委会第十一次会议通过《关于修改〈中华人民共和国票据法〉的决定》，同日，国家主席胡锦涛签署第二十二号主席令公布。此次票据法作如下修改：删去第七十五条，即"本票出票人的资格由中国人民银行审定，具体管理办法由中国人民银行规定"。自此删除了中国人民银行对于本票出票人资格的审定权以及制定的具体管理办法对其的规制。

第六节 海商法

我国不仅是一个大陆国家，也是一个海洋大国，拥有 18000 多千米的海岸线、470 多万平方千米的广阔海域。新中国成立后，极为重视海商立法，在 1951 年政府就组建了海商法起草委员会，希望通过制定海商法促进航运事业的发展，开发和利用我国的海域和海洋资源。从 1952 年起直至 1963 年，海商法草案九易其稿，1963 年，起草委员会向国务院报请审议"海商法草案第九稿"，但由于当时政治局势的影响，海商法的起草工作停滞。

1982 年，海商法起草委员会得以恢复工作。海商法起草委员会在"海商法草案第九稿"的基础上，根据我国国情的变化，借鉴海事海商国际公约和其他国家的规定，起草了草案文稿。文稿经数次征求意见和修改，形成了海商法（送审稿）于 1985 年 1 月提交国务院审议。国务院组建了专门的海商法审查研究小组，对送审稿进行多次修改和审议，于 1992 年 6 月 7 日由国务院提交第七届全国人大常委会。全国人大常委会对草案稿进行了初步审议后，再次征求意见和反复修改。1992 年 11 月 7 日，第七届全国人大常委会第二十八次会议通过了《中华人民共和国海商法》，同日，国家主席杨尚昆签署第六十四号主席令予以公布，自 1993 年 7 月 1 日起施行。

海商法是中国第一部调整海上运输关系、船舶关系的专门性法律，该法的制定填补了中国关于海事法律方面的法制建设的空白。该法共十五章二百七十八条。其主要内容如下。

1. 关于总则的部分。该部分共有六条。第一条是对立法目的的规定，即制定本法是"为了调整海上运输关系、船舶关系，维护当事人各方的合法权益，促进海上运输和经济贸易的发展"。第二条和第三条是关于海上运输和船舶的定义的规定，并且明确规定海上货物运输合同不适用港口之间的海上货物运输。第四条对沿海运输权作出规定。第五条主要是对船舶国旗的悬挂的规定。第六条赋予国务院交通主管部门对海上运输的管理权以及具体管理办法的制定权，但需要报国务院批准后才可以施行。

2. 关于船舶的部分。本部分共有三节，主要涉及船舶所有权、抵押权、优先权的内容。（1）船舶所有权部分共有四条，第七条规定了船舶所有权的定义，明确界定了其内涵，在实践中避免了适用模糊的情况。第八条规定了国家所有的船舶的适用范围。第九条是对于所有权的取得、转让和消灭应当登记的规定，并且要求转让必须签订书面合同。第十条是对于共有船舶的登记对抗的规定。该部分明确了相关权利以及法律的适用范围，对船舶所有权的健康有序发展有着深刻的指导意义。（2）船舶抵押权部分自第十一条至第二十条共有十条。该部分结合民法抵押权的内容，将船舶抵押权界定为："抵押人对于抵押权人提供的作为债务担保的船舶，在抵押人不履行债务时，可以依法拍卖，从卖得的价款中优先受偿的权利。"第十二条规定了可以设定船舶抵押权的主体以及形式，即应当采取书面形式，签订书面的抵押合同才能设立抵押权，第十三条的规定则表明了抵押权采取抵押权登记对抗主义，只有经过登记的抵押权才能对抗第三人。第十四条至第二十条主要对建造中的船舶的抵押权、保险、共有船舶抵押权、权利转让和消灭以及受偿顺序的规定。为船舶抵押权的正常运行提供法律依据。（3）船舶优先权部分自第二十一条至第三十条共有十条。第二十一条规定了船舶优先权的定义，第二十二条规定了具有船舶优先权的海事请求事项。第二十三条和第二十四条是对受偿顺序的规定。第二十五条是对船舶留置权的规定，第二十六条至第三十条是对优先权的转让、行使、消灭的规定。通过对以上十条的规定，保障船舶优先权在实践中得以有效运行。

3. 关于船员的规定。主要对船员的基本范围和权利义务和船长的权利义务进行详细的规定，为船舶的管理和驾驶提供切实可行的法律保障。

4. 关于海上运输合同、海上旅客运输合同、船舶租用合同以及海上拖航合同的部分。主要涉及合同的定义、合同双方当事人的权利和义务、产生的法律责任等内容，在海上运输普遍发展的今天，立法者在立法时遵循了海上各类合同的特殊性，予以分别制定法律法规，显示了海上立法的科学性和严谨性，为海上各种类的合同行为予以法律规制，为海上运输业的发展提供法律方面的保障。

5. 关于海上碰撞、海难救助、共同海损的部分。主要规定了三者的内涵界定、适用原则（如海上碰撞的过失原则、共同海损的举证责任）权利义务、法律责任等。

6. 关于海上赔偿责任限制的部分。主要涉及限制赔偿责任的适用、援引权、被保险人的权利、适用的例外、援引禁止、赔偿限额的计算等内容。如第二百零五条对其他人员的援引权的规定，保护了不负有责任的人员的权利；再如第二百一十条对赔偿限额计算的规定，该条对计算的种类、吨位、限额作了非常详细的规定，很好地保障了权利人根据法律规定应得的赔偿数额，也为责任人的赔偿提供了切实可行的标准。

7. 关于海上保险合同的部分。该部分对内涵的界定、合同必备的内容、保险标的、价值、金额、被保险人的告知义务、未告知的责任、重复保险、合同转让、解除、保费、赔偿等内容作了详细的规定。规定了适用的原则为"按比例赔偿原则"。

8. 关于时效的部分。具体规定了海上货物运输、旅客运输、租用合同、拖航合同、船舶碰撞、海难救助、共同海损分摊、保险合同赔偿、油污损害请求权的时效，以及时效的中止、中断的情形。为海上各类合同的诉讼时效进行法律规定，对于合同双方当事人维护自己的合法权利提供时效的法律依据。

9. 关于涉外关系的法律适用和附则的部分。海上运输自古以来都是与国际海上运输紧密相连的，在国内海域发展海上经济时，与其他国家的海上经济必然有着贸易往来，有贸易往来自然就避免不了会发生海上贸易冲突，这就涉及发生海上贸易冲突时该如何解决冲突的问题。由此，立法者根据这一立法目的制定并出台了涉外方面的法律适用部分，对法律的援引和具体适用作出了相应的规定，为其提供适用的具体法律法规。

海商法从1993年7月1日起实施至今，对维护中国海商法律关系的当事人的利益，保障海上航运的正常秩序和迅速发展起到了非常重要的作用。从海商法的体例来看，我国制定的海商法与国际接轨，其涉外性非常明显，具有很强的技术性和独有的特殊性，如风险特殊。虽然该法的优点非常突出，但在实践中法律的制定往往是滞后于社会实践发展的，如出现新型的海上贸易形式，承运人责任限制的问题，提单的性质和功能的界定问题等，需要立法者在后续的法律工作中进行修改和完善，以适应现实海上航行市场的需要。

第七节　消费者权益保护法

中共十一届三中全会以来，我国制定了一大批有保护消费者权益内容的法律、法规，如食品卫生法（试行）、药品管理法、商标法、计量法、标准化法、产品质量法、工业产品质量责任条例、广告条例等。其中，产品质量法明确规定了生产者销售者因产品质量问题对公民造成人体健康和人身、财产安全损害或者损失时应当承担的民事责任。与此同时，全国绝大多数省、自治区、直辖市先后制定了保护消费者权益的地方性法规。但是这些法律法规都局限于一定的领域或者地区。1992年初，国家工商行政管理总局在全国人大常委会法工委的指导下，着手起草消费者权益保护法，最终形成了消费者权益保护法（草案）。1993年10月31日，第八届全国人大常委会第四次会议全票通过了《中华人民共和国消费者权益保护法》，自1994年1月1日起施行。

这是新中国第一部保护消费者权益的基本法。法律全文共八章五十五条，对消费者的权利、经营者的义务、国家对消费者合法权益的保护、消费者组织争议的解决、法律责任都进行了分章规定。其中重点是消费者享有安全权、知情权、自主选择权、公平交易权、求偿权、结社权、获得有关知识权、人格民俗受尊重权、监督权等九大权利。同时，对经营者的义务作出了明确的规定：经营者向消费者提供的商品和服务必须符合产品质量法和其他法律、法规的规定；对可能危及人身、财产安全的商品和服务，必须作出真实的说明和明确的警示并说明防止危害发生的方法；不得作引人误解的虚假宣传；应当承担包修、包换、包退或者其他质量担保责任，不得故意拖延或者无理拒绝；不得以格式合同、通知、声明、店堂告示等方式作出对消费者不公平、不合理的规定；不得对消费者进行侮辱、诽谤，不得侵犯消费者的人身自由，不得搜查消费者的身体和携带的物品。当经营者有违反法律、法规的行为时，法律规定经营者必须承担民事责任，并有可能被追究刑事责任。作为消费者，在人身、财产权利受到损害时，有权依法获得赔偿；可以要求经营者赔偿，也可以要求生产者赔偿，是接受服务的可以要求服务者赔偿。当消费者与经营者发生有关消费者权益的争论时，可以选择以下途径解决：与经营者协商和解；请求消费者协会调解；向有关行政部门申诉；向仲裁机构申请仲裁；向人民法院提起诉讼。

2009年8月27日，第十一届全国人大常委会第十次会议通过了《关于修改部分法律的决定》，仅将消费者权益保护法第五十二条中的"治安管理处罚条例"修改为"治安管理处罚法"。

1994年八届全国人大常委会第四次会议通过的消费者权益保护法实施近二十年间，消费已经成为推动我国经济增长的强劲动力，但是在消费领域，消费欺诈、不公平的格式条款、消费者维权困难等侵犯消费者权益的状况依然大量存在，并且形式层出不穷。消费的内容和方式也都超过了原来消费者权益保护法所覆盖的范围。消费者权益保护法需要作出相应的修改。

2013年10月25日，第十二届全国人大常委会第五次会议通过了《关于修改〈中华人民共和国消费者权益保护法〉的决定》，对消费者权益保护法进行了第二次修正，自2014年3月15日起施行。

修正后的消费者权益保护法在指导思想方面明确规定："国

家倡导文明、健康、节约资源和保护环境的消费方式，反对浪费。"在消费者权益方面，增加了消费者的个人信息权、无理由解除权，强化其知情权，细化其公平交易的权利。在经营者义务方面，强化经营者的安全保障义务、完善"三包"规定和缺陷产品召回的规定，实行举证责任倒置，严格规制不公平格式条款。在法律责任方面，加重了违法经营者的责任，特别是完善了惩罚性损害赔偿制度；增加了网络交易平台的责任和虚假广告发布者的责任。另外，还明确了消费者协会的诉讼权。这些变化都进一步加强了在社会新情况下对消费者权益的保护。

第八节　电子签名法

2004 年 8 月 28 日，第十届全国人大常委会第十一次会议通过《中华人民共和国电子签名法》，同日，国家主席胡锦涛签署第十八号主席令公布，自 2005 年 4 月 1 日起施行。在 2015 年 4 月 24 日依据第十二届全国人大常委会第十四次会议通过的《关于修改〈中华人民共和国电力法〉等六部法律的决定》进行修正。2019 年 4 月 23 日以第十三届全国人大常委会第十次会议通过的关于修改《中华人民共和国建筑法》等八部法律的决定为依据对其进行第二次修正。

随着互联网的普及和电子商务的繁荣，在传统环境中以纸张等有形载体通过手写签名或者印章来表明身份的方式逐渐被基于虚拟平台上处于无纸化的环境中的电子签名方式所代替。然而几乎所有的新生事物都伴随着风险和漏洞，电子签名方式由于其技术性和专业性以及时空上的隔离性，其效力认定往往容易引发争议。电子签名法正是为了规范电子签名行为，确定电子签名法律效力，维护各方合法权益而制定的法律。这部法律的诞生同时也标志着中国信息化立法进入了新的阶段，于 2004 年终于步入国家层面[1]。2004 年 8 月 28 日第十届全国人大常委会第十一次会议通过的电子签名法是我国历史上电子商务立法的开端。

电子签名法共五章三十六条。首先规定了电子签名法的立法目的和适用范围，以及电子签名的概念。立法目的在于规范电子签名行为、确立电子签名的法律效力、维护有关各方的利益。其次规定了数据电文的法定书面形式要求，即一是能够有形地表现所载内容；二是可以随时调取查用；三是规定了数据电文作为证据使用时的可采性、真实性的规定；四是规定了数据电文的归属和发送地点和接收地点的规定；五是规定了电子签名与认证的内容；六是规定了各类法律责任，包括电子签名人未履行法定义务造成他人损失承担赔偿责任、电子认证服务提供者因过错给电子签名人或者电子签名依赖方造成损失承担赔偿责任、未经许可提供电子认证服务应承担的法律责任、电子认证服务提供者暂停或者终止电子认证服务未按规定报告的法律责任、电子认证服务提供者违法行为应承担的法律责任，伪造、冒用、盗用他人的电子签名的法律责任以及负责电子认证服务业监督管理工作部门的工作人员法律责任。

电子签名法的出台是中国电子商务发展的里程碑，"它的颁布和实施必将扫除电子签名在电子商务、电子政务和其他领域中

---

〔1〕　马说：《〈电子签名法〉解读》，《信息网络安全》2005 年第 8 期。

应用的法律障碍，极大地改善我国电子签名应用的法制环境，从而大力推动我国信息化的发展"[1]。

在2015年4月24日通过的新电子签名法是建立在2004年电子签名法基础上的，在《关于修改〈中华人民共和国电力法〉等六部法律的决定》第五点中提到了对电子签名法的部分修改，即将电子签名法第十七条增加一项，作为第一项："（一）取得企业法人资格"以及删去第十八条第二款。

电子签名法第十七条规定了电子认证服务者应当具备的条件，即除了从前要求的专业技术人员和管理人员条件、资金和经营场所条件、技术和设备条件和国家密码机构同意使用密码的证明文件外，按照这一规定还需取得企业法人资格。电子认证机构是沟通交易各方，确保交易各方身份真实性和信息准确性的桥梁，因此关于其的资质许可问题随着网络世界的无限延伸和发展只会越来越严格。从企业在经济生活中的核心地位角度来说，企业的技术、工艺、管理水平、营销手段使得企业在市场中拥有个人难以匹敌的优势[2]，使电子认证机构具有企业法人资格，可以筛除不具备相应管理和技术水平的认证主体，使得认证机构行业整体水平提高，更有利于促进电子商务的发展。

第十八条规定了从事电子认证服务活动的申请与受理及申请人相关义务，但相较从前而言，删去了"申请人应当持电子认证许可证书依法向工商行政管理部门办理企业登记手续"这一规定。从简政放权的角度来说，国务院信息产业主管部门在颁发电子认证许可证书前的审查环节足以证明当事人具有相关从业资

---

〔1〕 扬坚争：《电子签名法的实践意义》，《上海信息化》2005年第3期。
〔2〕 练明澄：《以企业为主体创造竞争优势》，《国际经贸探索》1992年第6期。

格，并且按照国务院信息产业主管部门的规定在互联网上公布其名称、许可证号等信息也足以实时监管具体的电子认证机构，因此不必再办理企业登记手续。

2019 年 4 月 23 日，第十三届全国人大常委会第十次会议通过关于修改《中华人民共和国建筑法等八部法律的决定》对电子签名法进行第二次修正，将电子签名法删去第三条第三款第二项，将第三项改为第二项，修改为："（二）涉及停止供水、供热、供气等公用事业服务的"。使电子签名的应用范围扩大至涉及土地、房屋等不动产权益转让和供电公用事务的文书。

2019 年电子签名法修改对比表

旧　法	新　法
第三条　民事活动中的合同或者其他文件、单证等文书，当事人可以约定使用或者不使用电子签名、数据电文。 当事人约定使用电子签名、数据电文的文书，不得仅因为其采用电子签名、数据电文的形式而否定其法律效力。 前款规定不适用下列文书： （一）涉及婚姻、收养、继承等人身关系的； （二）涉及土地、房屋等不动产权益转让的；（新法删除） （三）涉及停止供水、供热、供气、供电等公用事业服务的； （四）法律、行政法规规定的不适用电子文书的其他情形。	第三条　民事活动中的合同或者其他文件、单证等文书，当事人可以约定使用或者不使用电子签名、数据电文。 当事人约定使用电子签名、数据电文的文书，不得仅因为其采用电子签名、数据电文的形式而否定其法律效力。 前款规定不适用下列文书： （一）涉及婚姻、收养、继承等人身关系的； （二）涉及停止供水、供热、供气等公用事业服务的； （三）法律、行政法规规定的不适用电子文书的其他情形。

第九节　招投标法、拍卖法

一、招标投标法

招标投标这种形式在我国得到大规模发展是在中共十一届三中全会以后，我国实行改革开放的时代背景下，从部分项目开始逐渐推广开来的。1980 年《国务院关于开展和保护社会主义竞争的暂行规定》明确，"对一些适应承包的生产建设项目和经营项目，可以试行招标投标的办法"。招标投标法在此时应运而生。它承担了规范招标投标活动，保护国家利益、社会公共利益和招标投标活动当事人的合法权益，提高经济效益，保证项目质量的重任。《中华人民共和国招标投标法》于 1999 年 8 月 30 日第九届全国人大常委会第十一次会议通过，自 2000 年 1 月 1 日起施行。根据 2017 年 12 月 27 日第十二届全国人大常委会第三十一次会议《关于修改〈中华人民共和国招标投标法〉、〈中华人民共和国计量法〉的决定》修正，2017 年 12 月 28 日国家主席习近平签署第八十六号主席令公布。

1999 年 8 月 30 日颁布的招标投标法是我国立法史上第一部关于规范招标投标活动的专门法律，其立法目的在于用法律调整招标投标活动，使其规范化、专业化，以保障公平竞争，促进经济发展，更好地建立和完善社会主义市场经济法律制度，更好地发展社会主义市场经济。

招标投标法共六章，分别是"总则""招标""投标""开标、评标和中标""法律责任""附则"。本法首先规定了招标投标法的调整范围,采用了范围广泛性与相对确定性相结合的形式。规定中国境内的招标投标活动适用本法,同时将在我国境内典型的工程建设项目包括项目的勘察、设计、施工、监理以及与工程建设有关的重要设备、材料等的采购纳入了调整范围。其次,本法还规定了关于招标投标活动的监督管理体制,规定招标投标活动及其当事人应当接受依法实施的监督,对这一活动的行政监督及有关部门的具体职能划分,由国务院规定。再次,本法规定了关于招标、投标的规范,以及评标和中标的基本规则。从次,本法以相当大的比例规定了招标投标中的多种违法行为如何追究相应的法律责任,在追究的法律责任中又分为民事责任、行政责任、刑事责任。最后,本法以附则的形式分别对投标人和其他利害关系人就招标投标活动中的违法行为提出异议或进行投诉的问题、依法必须进行招标的项目的除外情况问题、使用国际组织或外国政府贷款、援助资金的招标项目的适用规范问题,以及本法的施行日期问题作了规定。

现行有效的招标投标法是根据 2017 年 12 月 27 日第十二届全国人大常委会第三十一次会议《关于修改〈中华人民共和国招标投标法〉、〈中华人民共和国计量法〉的决定》修正的。对该法进行修改是为了顺应时代发展,规制行业中伴随着科技与道德理念的日新月异和突飞猛进而层出的不法现象,更好更及时地规范招标投标领域的秩序,保障公平竞争。

相较于 1999 年的招标投标法而言,现行法的改动主要在于:(1) 删去第十三条第二款第三项。(2) 删去第十四条第一款。(3) 将第五十条第一款中的"情节严重的,暂停直至取消招标代理资格"修改为"情节严重的,禁止其一年至二年内代理依法必须进行招标的项目并予以公告，直至由工商行政管理机关吊销营业执照"。该法第十三条第二款第三项是关于招标代理机构的性质及资格条件的规定，其要求招标代理机构应当备有依法可以作为评标委员会成员人选的技术、经济等方面的专家库，其中所储备的专家均应当从事相关领域工作8年以上并具有高级职称或者具有同等专业水平。删除该条的主要原因是与招标投标法第三十七条部分内容重复，使得本法不够简练精确。该法第十四条第一款是关于招标代理机构资格认定的规定，基于简政放权的角度考虑，招标代理机构的资格认定不再像从前一样复杂，需要根据不同情况由国务院建设行政主管部门和省级人民政府建设行政主管部门以及国务院规定的主管部门认定。该法第五十条主要规定了招标代理机构违法泄密或者与招标人、投标人串通应当承担的法律责任。相较于1999年的立法，现行法律关于这方面的立法态度更显严谨、立法技术更加科学。

2019年12月3日，为优化招标投标市场营商环境的迫切需要，国家发展改革委在官网发布招标投标法（修订草案公开征求意见稿），向社会公开征求意见。2020年4月，国家发展改革委法规司书面邀请第十三届全国人民代表大会第二次会议期间提出与招标投标法修订相关议案、建议的十多位全国人大代表对修订草案提出宝贵意见建议，在此基础上推进招标投标法修订工作。

二、拍卖法

拍卖这种经济现象是随着改革开放而在国内逐步兴起的，这是一种以公开竞价的方式使最高应价者获得所拍卖物品或服务的所有权或其他权能的交易方式。拍卖由于其不断变动的价格和公开竞价的特征而存在市场成交额大起大落、风险与收益难以预期等问题。拍卖法正是为了规范拍卖行为，维护拍卖秩序，保护拍卖活动各方当事人的合法权益而制定的。《中华人民共和国拍卖法》于1996年7月5日第八届全国人大常委会第二十次会议通过，根据2004年8月28日第十届全国人大常委会第十一次会议《关于修改〈中华人民共和国拍卖法〉的决定》第一次修正，根据2015年4月24日第十二届全国人大常委会第十四次会议《关于修改〈中华人民共和国电力法〉等六部法律的决定》第二次修正。

1996年7月5日通过的拍卖法共有六章。第一章总则规定了该法的立法目的、适用范围，拍卖的定义与基本原则，以及对拍卖业实施监督管理的部门。第二章规定了拍卖的标的与禁止拍卖的物品。第三章"拍卖当事人"共四节，分别规定了拍卖人、买受人、委托人和竞买人的权利与义务。第四章规定了拍卖程序，分别是拍卖委托、拍卖公告与展示、拍卖实施与佣金。第五章规定了拍卖当事人和相关人在违反相关法律规定时所应承担的法律责任。第六章规定了外国人、外国企业和组织在中国境内委托拍卖或参加竞买的适用本法；本法施行前设立的拍卖企业，不具备本法规定的条件的应当履行的义务；本法的实施日期。

2004年8月28日，第十届全国人大常委会第十一次会议通过《关于修改〈中华人民共和国拍卖法〉的决定》，删去拍卖法第五条第三款、删去第十二条第五项。即公安机关不再对拍卖业按照特种行业实施治安管理，设立拍卖行业也不需要有公安机关颁发的特种行业许可证。这说明我国对拍卖行业的规制已随着时代的发展逐渐专业化、高水平化，有了专门的设立监管机构，不再被视作特种行业由公安机关进行监管了。

2015年4月24日，以第十二届全国人大常委会第十四会议通过的《关于修改〈中华人民共和国电力法〉等六部法律的决定》为修改依据，拍卖法得以修正而现行适用。相较于 2004 年的拍卖法，修改主要在于：（1）第十一条删除了向工商行政管理部门申请登记，领取营业执照的要求，这主要是出于便利当事人原则和简政放权的考虑。将第十一条修改为："企业取得从事拍卖业务的许可必须经所在地的省、自治区、直辖市人民政府负责管理拍卖业的部门审核批准。拍卖企业可以在设区的市设立。"（2）进一步严格了从业资格和法律责任。将第十二条中的"设立拍卖企业"修改为"企业申请取得从事拍卖业务的许可"。（3）将第六十条中的"未经许可登记设立拍卖企业的"修改为"未经许可从事拍卖业务的"。（4）由于企业取得从事拍卖业务的许可已经不再向工商行政管理部门申请登记，领取营业执照，第六十八条也就没有了存在的必要。删去第六十八条。

第六章

行政法体系的创建与发展

第一节　全国人大及其常委会的行政立法历程

改革开放 40 年以来，行政法作为调整政府与公民关系的法律部门，在依法行政、构建法治政府理念的指引之下，得到了长足的发展。我国行政立法主要经历了四个阶段：（1）1978 年至1986 年为"起步阶段"。本阶段对行政监督救济法律展开探索，中外合资经营企业所得税法等法律规定企业或者个人对税收争议有申请行政复议和提起行政诉讼的权利，1982 年民事诉讼法（试行）中第三条第二款建立了行政诉讼制度的雏形。1978 年至1986 年，全国人大及其常委会基于宪法对国家权力的定位通过了国务院组织法、地方组织法等一系列行政组织规则。1982 年，根据立法安排，国务院重新拟定了国务院组织法草案，提请全国人大审议，国务院组织法由第五届全国人大第五次会议通过。全国人大于 1979 年制定了地方各级人民代表大会和地方各级人民政府组织法，其后，全国人大及其常委会在 1986 年对该法进行了修正。此外，全国人大 1984 年制定的民族区域自治法对民族自治地方自治机关的组成和职权作了规定。（2）1987 年至 1996 年为"发展阶段"。1987 年中共十三大报告指出"必须加强行政立法，为行政活动提供基本的规范和程序"。1993 年中共十四届三中全会决定指出"各级政府都要依法行政、依法办事"。1989 年第七届全国人大二次会议通过了行政诉讼法。为了保证行政诉讼法规定的行政赔偿制度的实施，全国人大常委会法制工作委员会于 1992 年起草了国家赔偿法（试拟稿），1994 年八届全国人大常委会第七次会议通过国家赔偿法。从 1990 年开始，全国人大常委会的工作部门会同中央有关部门以及地方人大、政府和各方面的专家对行政处罚法（草案）的几个主要问题进行了反复研究、修改，最终于 1996 年第八届全国人民代表大会第四次会议通过了行政处罚法，行政法制建设得到充分发展。（3）1997 年至 2011 年为"体系形成阶段"。1997 年中共十五大报告将"依法治国"确立为治国基本方略，提出"建设社会主义法治国家"，1999 年以上内容被写入宪法。1997 年行政监察法出台，行政复议法由第九届全国人大常委会第九次会议于 1999 年通过。1999 年第九届全国人大常委会第十二、十三次会议对立法法草案包括其中的行政立法部分进行了审议，2000 年第九届全国人大第一次会议通过立法法。2000 年制定的立法法对国务院及其各部门、地方人民政府的立法权限作了规定，规范了行政立法行为。2005 年公务员法于十届全国人大常委会第十五次会议通过。（4）2012 年至今为"深化阶段"。2012 年中共十八大报告指出"全面推进依法治国"，2014 年中共十八届四中全会通过了《中共中央关于全面推进依法治国若干重大问题的决定》，行政法治也得到进一步发展，2014 年、2017 年行政诉讼法进行两次修正，2018 年行政监察法废止，出台监察法，国家监察委员会成立，大力推进反腐建设，为构建法治政府提供强大助力〔1〕。

---

〔1〕 全国人大常委会法制工作委员会研究室编：《我国改革开放 40 年立法成就概述》，法律出版社 2019 年版，第 277—282 页。

　　中国著名行政法学者王名扬教授曾经对行政法的主要问题进行了描述："哪些法律问题是全部行政法的共同问题呢？行政法是调整行政活动的法律，是一个动态法律，行政法的共同问题就是行政活动的共同问题。行政活动不论实质内容如何，都包含下列几个问题：（1）进行行政活动必须有一定的组织（行政组织），否则各种活动不能联为一体，达到共同的目的。（2）进行行政活动必须具备一定的活动手段，否则行政活动无从开展。行政活动的手段的法律问题是行政法学研究的主要问题。（3）行政活动的内容虽然千差万别，但是归纳起来可以分为几种主要方式，每种方式都有某些共同的法律原则（行政活动的主要方式）。（4）任何行政活动不论业务性质如何，都必须以公共利益为目的，符合法律的规定，行政活动必须受到一定的监督（行政活动的监督）。（5）行政活动违反法律侵犯公民的权利时，进行活动的主体必须承担一定的责任（行政活动的赔偿责任）。以上几个共同的法律问题是一般行政法学研究的对象。"[1] 事实上，根据行政法的主要问题，学者们一般从学理意义上将政法划分为"行政组织法""行政行为法""行政程序法""行政监督与行政救济法"四类。

第二节　行政组织法

　　日本著名行政法学家盐野宏指出："行政组织法是规范行政

---

〔1〕　王名扬：《王名扬全集2：法国行政法》，北京大学出版社2016年版，第29页。

机关的法。而该行政机关则是以其所归属的行政主体的存在为前提的。"[1] 一般来说，行政组织法包括各级行政机关的组织法和编制法、公物法和公务员法，分别对应实现行政任务的组织手段、物质手段和人力手段。因此，本节将介绍规范行政机关及其工作人员的法律。行政机关方面，全国人大及其常委会基于宪法对国家权力的定位，在新中国成立之初积极行使立法权，通过了国务院组织法、地方组织法等一系列行政组织规则。干部人事管理方面，2005 年公务员法在十届全国人大常委会第十五次会议上通过。

在分类上，行政组织法既可以归属在宪法相关法中，也可以归属在行政法中。基于两个法律部门的逻辑完整性，在本节与第二章第五节对行政组织法均有论述。但本部分在论述国务院组织法与地方组织法，与第二章"宪法相关法"部分介绍的国务院组织法与地方组织法侧重有所不同。第二章该部分强调与宪法/国家权力配置模式的关系，本节强调中央与地方政府作为行政主体/行政组织的法律地位。

一、国务院组织法

（一）1954 年国务院组织法

1954 年 9 月 12 日，宪法起草委员会第九次全体会议通过了国务院组织法草案，提交第一届全国人民代表大会第一次会议审议。

1954 年 9 月 21 日，第一届全国人民代表大会第一次会议通过

---

〔1〕[日]盐野宏：《行政组织法》，杨建顺译，北京大学出版社 2008 年版，第 1 页。

国务院组织法，9 月 28 日，国家主席毛泽东发布命令公布施行。国务院组织法共九条。

1954 年宪法规定，国务院，即中央人民政府，是最高国家权力机关的执行机关，是最高国家行政机关。这里的"中央人民政府"已不同于 1949 年《共同纲领》确定的"中央人民政府"，而成为单纯的最高国家行政机关。宪法规定，国务院由总理、副总理若干人、各部部长、各委员会主任和秘书长组成。全国人大根据国家主席的提名，决定国务院总理的人选，根据国务院总理的提名，决定国务院组成人员的人选；全国人大常委会在全国人大闭会期间，决定国务院副总理、各部部长、各委员会主任、秘书长的个别任免。1954 年 9 月 27 日，根据国家主席毛泽东的提名，第一届全国人大第一次会议决定周恩来为国务院总理；9 月 28 日，根据国务院总理周恩来的提名，决定陈云、邓小平等 10 人为国务院副总理，习仲勋为国务院秘书长。宪法规定，总理领导国务院的工作，主持国务院会议。国务院组织法明确，国务院会议分为国务院全体会议和国务院常务会议。国务院全体会议由总理、副总理、各部部长、各委员会主任、秘书长组成，每月举行一次，在必要的时候由总理临时召集；国务院常务会议由总理、副总理、秘书长组成。

国务院组织法第二条具体列出了包括内务部、外交部、国防部和国家计划委员会、民族事务委员会等 35 个部和委员会的国务院组成部门，并规定国务院各部和各委员会的增加、减少或者合并，经总理提出，由全国人民代表大会决定，在全国人民代表大会闭会期间由全国人民代表大会常务委员会决定。在宪法制定过程中，有人提议在宪法中具体列出国务院所属各部、各委员会的名称，这个意见没有被宪法起草委员会采纳。宪法起草委员会认为，随着国家建设工作的发展，国务院的机构在一定的情况下需要有某些变动，所以宪法没有具体列出国务院所属各部门的名称，以免宪法的频繁修改。同时宪法起草委员会认为，国务院各部和各委员会的名称，可以在国务院组织法内另行规定[1]。国务院组织法第六条规定，国务院可以按照需要设立若干直属机构，主办各项专门业务。这些机构的设立、合并或者撤销，由总理提请全国人民代表大会常务委员会批准。

1954 年国务院组织法实施后，1955 年 7 月 3 日，第一届全国人大第二次会议通过关于撤销燃料工业部设立煤炭工业部电力工业部石油工业部农产品采购部并修改《中华人民共和国国务院组织法》第二条第一款条文的决议，对国务院组织法进行修改。

（二）1982 年国务院组织法

1982 年，根据立法安排，国务院重新拟定了国务院组织法草案，分别送请中央各部门和各省、自治区、直辖市征求意见，并根据各方面的意见作了修改，经第五届全国人大常委会第二十五次会议审议决定提请第五届全国人大第五次会议审议。1982 年 12 月 10 日，第五届全国人大第五次会议通过国务院组织法，同日，全国人大常委会委员长叶剑英签署第十四号委员长令公布施行。

新的国务院组织法共十一条。1982 年宪法规定，国务院实行总理负责制，总理领导国务院的工作，召集和主持国务院常务会议和国务院全体会议。新的国务院组织法明确，国务院会议分为国务院全体会议和国务院常务会议。国务院全体会议由国务院全体成员组成。国务院常务会议由总理、副总理、国务委员、秘书

---

[1] 刘少奇：《关于中华人民共和国宪法草案的报告》，《人民日报》1954 年 9 月 16 日，第 1 版。

长组成。总理召集和主持国务院全体会议和国务院常务会议。国务院工作中的重大问题，必须经国务院常务会议或者国务院全体会议讨论决定。新的国务院组织法取消了"国务院全体会议每月举行一次"的规定，对于国务院会议的期限，在法律上不好作硬性的规定。同时，新的国务院组织法增加了有关"国务委员"的规定，明确"国务委员受总理委托，负责某些方面的工作或者专项任务，并且可以代表国务院进行外事活动"。

关于国务院组成部门的规定，新的国务院组织法没有将国务院设置的部委逐一列出。这是鉴于 1954 年国务院组织法实施二十多年间部委设置变动较多，随着国家行政管理体制和经济管理体制改革的逐步推行，势必还会有所变化，为了保持法律的稳定性和严肃性，国务院组织法不再具体列举部委的名称。同时，新的国务院组织法规定国务院直属机构的设置由国务院决定，而不再需经全国人大常委会批准。这是因为直属机构的负责人不是国务院组成人员，他们的任免并不经过全国人大常委会批准，因而这些机构的设置可以不报全国人大常委会批准[1]。

1982 年国务院组织法实施后，1998 年 7 月 31 日，国务院第六次常务会议曾讨论并原则通过国务院组织法（修订草案），决定经进一步修改后提交全国人大常委会审议。全国人大先后于 1988 年、1993 年、1998 年、2003 年、2008 年、2013 年、2018 年和 2023 年八次通过《关于国务院机构改革方案的决定》，国务院也分别于 1998 年、2003 年、2005 年、2008 年、2013 年、2018 年和 2023 年七次印发《国务院工作规则》，完善了国务院组织法律制度。但国务院组织法 1982 年制定以来，在 40 多年的时间里

---

〔1〕　习仲勋：《关于四个法律案的说明》，《中华人民共和国国务院公报》1982 年第 20 期。

一直没有修改过。此间，全国人大或国务院发布的决定、通知为数次国务院机构改革提供了法律空间。

二、地方各级人民政府组织法

地方各级人民政府组织法是现行地方各级人民代表大会和地方各级人民政府组织法的一个部分。该法将地方各级人民代表大会的组织法与地方各级人民政府的组织法合并立法，其原因在于我国"议行合一"的权力配置模式。本部分主要介绍其中的行政机关——地方各级政府的组织法。

1949年《共同纲领》规定："人民行使国家政权的机关为各级人民代表大会和各级人民政府。各级人民代表大会由人民用普选方法产生之。各级人民代表大会选举各级人民政府。各级人民代表大会闭会期间，各级人民政府为行使各级政权的机关。""在普选的地方人民代表大会召开以前，由地方各界人民代表会议逐步地代行人民代表大会的职权"。中华人民共和国成立后，中央人民政府及其政务院先后颁布了地方各级政权机关组织法律制度。1954年宪法规定，地方各级人民代表大会是地方国家权力机关；地方各级人民委员会，即地方各级人民政府，是地方各级人民代表大会的执行机关，是地方各级国家行政机关。1982年宪法规定，地方各级人民代表大会是地方国家权力机关；地方各级人民政府是地方各级国家权力机关的执行机关，是地方各级国家行政机关。

根据宪法，全国人大于1954年制定了地方各级人民代表大会和地方各级人民委员会组织法、1979年制定了地方各级人民代表大会和地方各级人民政府组织法。其后全国人大及其常委会先后对地方各级人民代表大会和地方各级人民政府组织法进行了修正。

（一）新中国成立之初的地方组织立法

1949 年 10 月 1 日中华人民共和国成立后，随着解放战争在全国范围内取得胜利和土地改革等运动的开展，地方政权建设面临着繁重的任务。新中国成立之初，中央人民政府及其政务院先后制定了一系列地方国家机关组织通则，为地方政权建设提供了制度保障。

1949 年 11 月 28 日，中央人民政府政务院第八次政务会议通过《省各界人民代表会议组织通则》《市各界人民代表会议组织通则》《县各界人民代表会议组织通则》，并经 12 月 2 日中央人民政府委员会第四次会议通过；1949 年 12 月 16 日，政务院第十一次政务会议通过《大行政区人民政府委员会组织通则》（大行政区军政委员会适用此组织通则）；1950 年 1 月 6 日，政务院第十四次政务会议通过《省人民政府组织通则》《市人民政府组织通则》《县人民政府组织通则》；1950 年 11 月 3 日，政务院第五十七次政务会议通过《大城市区各界人民代表会议组织通则》和《大城市区人民政府组织通则》；1950 年 12 月 8 日，政务院第六十二次政务会议通过《区各界人民代表会议组织通则》《乡（行政村）人民代表会议组织通则》《区人民政府及区公所组织通则》《乡（行政村）人民政府组织通则》。

根据《大行政区人民政府委员会组织通则》，各大行政区人民政府委员会是各该区所辖省（市）的地方政权机关，也是中央人民政府政务院领导地方政府工作的代表机关，实际上是介于中央和省（直辖市）之间的一级政权机关。关于大行政区人民政府委员会（军政委员会）的产生办法，通则规定，大行政区军政委员会由政务院提请中央人民政府任命；在条件许可时应召集各大行政区的各界人民代表会议，代行人民代表大会职权，产生大行政区人民政府委员会；凡军事行动已经结束，土地改革已经彻底实现，各界人民已有充分组织的大行政区，即应实行普选，召开大行政区的人民代表大会，正式选举大行政区的人民政府委员会。各大行政区人民政府委员会由主席一人、副主席若干人、委员若干人组成，主席主持全体委员会议并领导大行政区人民政府委员会的工作，各大行政区人民政府委员会全体委员会议每三个月举行一次。各大行政区人民政府委员会应根据工作需要，设立政法、财经、文教、监察等部门工作机构和最高人民法院分院、最高人民检察署分署，中央直接领导的企事业单位受所在地大行政区政府指导。1952年11月15日，中央人民政府委员会第十九次会议作出《关于改变大行政区人民政府（军政委员会）机构与任务的决定》，大行政区人民政府或军政委员会一律改为行政委员会，大区行政委员会是代表中央人民政府在各该地区进行领导与监督地方政府的机关。此后，大区领导机关不再是地方政权机关，而仅仅是中央人民政府派出机关。1954年4月27日，中共中央政治局扩大会议决定撤销大区一级党政机关。6月19日，中央人民政府委员会第三十二次会议通过了《关于撤销大区一级行政机构和合并若干省、市建制的决定》，同年8月—11月六个大区的行政委员会先后被撤销。

根据《省各界人民代表会议组织通则》，省各界人民代表会议由省人民政府呈请中央人民政府批准后召集，代行省人民代表大会听取与审查省人民政府工作报告、决定省的施政方针和政策、选举省人民政府委员会在内的职权。省各界人民代表会议代表任期二年，可以连选连任，参加单位及代表名额由省人民政府和省各界人民代表会议协商委员会共同商定。省各界人民代表会议休会期间，设省各界人民代表会议协商委员会，由省各界人民代表会议选举主席一人、副主席若干人及委员若干人组成，协商委员会由主席负责召集并主持会议。省各界人民代表会议每年召开一次，协商委员会每三个月召集一次。根据《省人民政府组织通则》，省人民政府委员会为省一级的地方政权机关，受主管大行政区人民政府委员会（或军政委员会）的直接领导，在不设大行政区人民政府的地区受中央人民政府政务院的直接领导，由省人民代表大会（或省各界人民代表会议）选举省人民政府主席一人、副主席若干人及委员若干人组成，并层报中央人民政府委员会批准任命。省人民政府委员会的任期为二年，可以连选连任，由省人民政府主席主持会议并领导工作，省人民政府委员会全体委员会议每月举行一次，省人民政府行政会议每周举行一次。省人民政府委员会根据工作需要设立办公厅及公安、民政、财政、工商、文教等部门机构、财经委员会、人民监察委员会和省人民法院、省人民检察署。《省人民政府组织通则》规定，各省可以根据需要划为若干专员区，各设专员一人及副专员一至二人，专员公署为省人民政府委员会之派出机关。

根据《市各界人民代表会议组织通则》，市各界人民代表会议由市军事管制委员会及市人民政府召开，在军事管制初期是军事管制委员会和市人民政府传达政策、联系群众的协议机关，经直属上级人民政府批准可代行市人民代表大会听取与审查市人民政府的工作报告、决定市的施政方针和政策、选举市人民政府委员会等职权。代行市人民代表大会职权期间，市各界人民代表会议代表任期一年，可以连选连任，参加单位及代表名额分配由军事管制委员会、市人民政府和上届市各界人民代表会议协商委员会共同商定。市各界人民代表会议休会期间，设市各界人民代表会议协商委员会，由市各界人民代表会议选举主席一人、副主席若干人及委员若干人组成，协商委员会由主席负责召集并主持会议。市各界人民代表会议每三个月召开一次，协商委员会每月召集一次。根据《市人民政府组织通则》，市人民政府委员会为市地方政权机关，按其隶属关系分别受中央或大行政区或省的直接领导，由市人民代表大会（或市各界人民代表会议）选举市长一人（必要时得设副市长）及委员若干人组成，并提请上级人民政府转请政务院或由政务院转请中央人民政府委员会批准任命。市人民政府委员会的任期为一年，可以连选连任，由市长主持会议并领导工作，市人民政府委员会全体委员会议每月举行一次，市人民政府行政会议每周举行一次。市人民政府委员会根据工作需要设立秘书厅及民政、公安、财政、建设、文教等部门机构、财经委员会、人民监察委员会和市人民法院、市人民检察署。

根据《县各界人民代表会议组织通则》，县各界人民代表会议由县人民政府召开，经省人民政府批准可代行县人民代表大会听取与审查县人民政府的工作报告、审查与通过县人民政府的预决算、选举县人民政府委员会等职权。代行县人民代表大会职权期间，县各界人民代表会议代表任期一年，可以连选连任，参加单位及代表名额分配由县人民政府决定。县各界人民代表会议每三个月召开一次，休会期间设常务委员会，由县各界人民代表会议选举主席一人、副主席若干人及委员若干组成。根据《县人民政府组织通则》，县人民政府委员会为县一级的地方政权机关，受省人民政府委员会的领导及主管区专员的监督指导，由县人民代表大会（或县各界人民代表会议）选举县长一人（必要时得设副县长）及委员若干人组成，并报请省人民政府呈报中央人民政府政务院批准任命。县人民政府委员会的任期为一年，可以连选连任，由县长主持会议并领导工作，县人民政府委员会全体委员会议每月举行一次，县人民政府行政会议每周举行一次。县人民政府委员会根据工作需要设立秘书及民政、财政、教育、公安等部门机构、人民监察委员会和县人民法院、县人民检察署。

根据《大城市区各界人民代表会议组织通则》，大城市的区各界人民代表会议由区人民政府召集，经市人民政府批准可代行区人民代表大会听取与审查区人民政府的工作报告、选举区人民政府委员会等职权。代行区人民代表大会期间，区各界人民代表会议代表任期一年，可以连选连任；参加单位及代表名额分配，第一届由区人民政府邀集本区内的人民团体等代表组成之区各界人民代表会议筹备委员会商定，以后由区人民政府与上届区各界人民代表会议协商委员会商定，均须经市人民政府批准。区各界人民代表会议每三个月召开一次，设区协商委员会，由区各界人民代表会议选举主席一人、副主席及委员若干人组成。根据《大城市区人民政府组织通则》，大城市的区人民政府委员会为区一级的地方政权机关，受市人民政府委员会的领导，由区人民代表大会（或区各界人民代表会议）选举区长一人、副区长及委员若干人组成，并提请市人民政府批准任命。区人民政府委员会的任期为一年，可以连选连任，由区长主持会议并领导工作，区人民政府委员会全体委员会议每月举行一次，区人民政府行政会议每周举行一次。区人民政府由市人民政府根据工作需要和精简原则，设秘书室及民政、文教、卫生等部门机构。

根据《区各界人民代表会议组织通则》，凡需作为一级政权的区，设区各界人民代表会议，由区人民政府召开，经县人民政府批准代行区人民代表大会听取与审查区人民政府的工作报告、选举区人民政府委员会等职权。代行区人民代表大会期间，区各界人民代表会议代表任期一年，可以连选连任，参加单位及代表名额分配由区人民政府拟定，报经县人民政府批准。区各界人民代表会议每三个月召开一次，区各界人民代表会议设主席一人、副主席若干人，可由区长、副区长兼任。根据《区人民政府及区公所组织通则》，作为一级政权的区设区人民政府，受县人民政府领导，由区人民代表大会（或区各界人民代表会议）选举区长一人、副区长及委员各若干人组成，由县人民政府报请省人民政府批准任命。区人民政府委员会的任期为一年，可以连选连任，由区长主持会议并领导工作，区人民政府委员会全体委员会议每月召开一次。区人民政府设秘书一人及助理员若干人，分工办理各项工作。不需作为一级政权的区设区公所，为县人民政府的派出机关，副区长、秘书及助理员若干人，由县人民政府委派，执行县人民政府交办的事项，并指导、监督与协助所辖乡人民政府的工作。

根据《乡（行政村）人民代表会议组织通则》，乡（行政村）人民代表会议由乡人民政府召开之，一般代行乡人民代表大会职权，行使听取与审查乡人民政府的工作报告等职权，经县人民政府批准可选举乡人民政府委员会。乡人民代表会议代表任期一年，可连选连任，按居民居住的自然情况划分选区由选民选举。乡人民代表会议每月召开一次，不设常驻机构，设主席一人、副主席若干人，可由乡长、副乡长兼任。根据《乡（行政村）人民政府组织通则》，乡人民政府委员会为乡一级的地方政权机关，受区人民政府领导，在不设区人民政府的地区受县人民政府领导及区公所的监督指导，由乡人民代表大会（或乡人民代表会议）选举乡长一人、副乡长及委员各若干人组成，报县人民政府批准任命。乡人民政府委员会的任期为一年，可以连选连任，由乡长主持会议并领导工作，乡人民政府委员会会议每十天或半月召开一次。乡人民政府设文书一人，在乡长领导下办理文书事宜。

（二）1954 年地方组织法

1954 年 9 月 12 日，宪法起草委员会第九次全体会议修正通过了地方各级人民代表大会和地方各级人民委员会组织法草案，提交第一届全国人民代表大会第一次会议审议。

1954 年 9 月 21 日上午，第一届全国人民代表大会第一次会议通过地方各级人民代表大会和地方各级人民委员会组织法。1954 年地方组织法包括"总则"、"各级地方人民代表大会"和"地方各级人民委员会"，共三章四十二条。

根据宪法，1954 年地方组织法对地方各级人民代表大会和地方各级人民委员会的性质、产生办法、任期、职权、履职方式等作了规定。1954 年地方组织法第二章对"地方各级人民代表大会"作了规定，共二十条。规定了地方各级人民代表大会的产生方式，地方各级人民代表大会的任期，地方各级人民代表大会的职权，地方各级人民代表大会的召集和开会等。

与全国人民代表大会不同，地方各级人民代表大会不设常务委员会，而仅在举行会议的时候，选举主席团主持会议；县级以上的人民代表大会设秘书长一人，副秘书长若干人。关于这一点，刘少奇在报告中指出，地方各级人民代表大会没有国家立法权，工作的繁重程度与全国人民代表大会无法相提并论。而且越是下级的人民代表大会，因为地区越小，就越易于召集会议。所以地方各级人民代表大会不需要在人民委员会以外再设立常务机关。此外，地方各级人民委员会是地方各级人民代表大会的执行机关，同时也行使人民代表大会的常务机关的职权。另外设立人民代表大会的常务机关，反而会使机构重叠，造成不便[1]。

根据1954年地方组织法的规定，上一级国家行政机关和下一级国家行政机关是领导与被领导关系，全国地方各级人民委员会都是国务院统一领导下的国家行政机关，都服从国务院。1954年地方组织法第三章对"各级人民委员会"作了规定，共二十条。规定了地方各级人民委员会的产生方式，地方各级人民委员会的任期，地方各级人民委员会的职权。

根据1954年地方组织法的规定："省人民委员会在必要的时候，经国务院批准，可以设立若干专员公署，作为它的派出机关。县人民委员会在必要的时候，经省人民委员会批准，可以设立若干区公所，作为它的派出机关。市辖区、不设区的市的人民委员会在必要的时候，经上一级人民委员会批准，可以设立若干街道办事处，作为它的派出机关。"1959年9月17日，第二届全国人大常委会第九次会议通过《全国人民代表大会常务委员会关于直辖市和较大的市可以领导县、自治县的决定》，为密切城市和农村的经济关系，促进工农业的相互支援，便利劳动力的调配，决定直辖市和较大的市可以领导县、自治县。自此，在宪法规定的行政区划之外，中国地方政权组织形式得到调整。

随着农业社会主义改造的完成，尤其是"大跃进"和人民公社化运动开始后，中国农村地区的经济结构发生了重大变化。1962年9月27日，中共八届十中全会通过《农村人民公社工作条例》，条例包括"农村人民公社""公社""生产大队""生产队""社员家庭副业""社员""干部""人民公社各级监察组织""人民公社

---

〔1〕 刘少奇：《关于中华人民共和国宪法草案的报告》，《人民日报》1954年9月16日，第1版。

中的党组织"，共九章六十条。1975 年 1 月 17 日，第四届全国人大第一次会议通过的宪法第七条确认了"农村人民公社是政社合一的组织"。因此，在人民公社运动开展以来，中国的基层政权形式发生了重大变化，已经从实质上废止了 1954 年宪法和地方组织法关于乡、民族乡人民代表大会和人民委员会的制度设计。

（三）1979 年地方组织法

"文化大革命"中，地方各级人民政府被改为"革命委员会"。1975 年 1 月 17 日，第四届全国人大第一次会议通过的宪法第二章"国家机构"第三节以"地方各级人民代表大会和地方各级革命委员会"为题，规定："地方各级革命委员会是地方各级人民代表大会的常设机关，同时又是地方各级人民政府。"将"革命委员会"在宪法上确定下来。1978 年 3 月 5 日，第五届全国人大第一次会议通过的宪法继承了对"各级地方革命委员会"的规定。1978 年宪法第三十三条规定："中华人民共和国的行政区域划分如下：（一）全国分为省、自治区、直辖市；（二）省、自治区分为自治州、县、自治县、市；（三）县、自治县分为人民公社、镇。"第三十四条第一款规定："省、直辖市、县、市、市辖区、人民公社、镇设立人民代表大会和革命委员会。"第三十八条第一款明确："自治区、自治州、自治县的自治机关是人民代表大会和革命委员会。"1979 年 7 月 1 日，第五届全国人大第二次会议通过关于修正《中华人民共和国宪法》若干规定的决议，将第三十四条第一款修改为："省、直辖市、县、市、市辖区、镇设立人民代表大会和人民政府；人民公社设立人民代表大会和管理委员会。"

1979 年 2 月 23 日，第五届全国人大常委会第六次会议决定设立全国人民代表大会常务委员会法制委员会。1979 年上半年，全国人大常委会法制委员会会同有关部门拟定了地方各级人民代表大会和地方各级人民政府组织法、全国人民代表大会和地方各级人民代表大会选举法、人民法院组织法、人民检察院组织法等七个法律草案，并提交第五届全国人大第二次会议审议。1979年6月26日，全国人大法案委员会主任委员、全国人大常委会法制委员会主任彭真就七个法律草案作说明。6月30日，第五届全国人大第二次会议主席团会议通过第五届全国人民代表大会法案委员会关于七个法律草案的审查报告。

1979年7月1日，第五届全国人大第二次会议通过地方各级人民代表大会和地方各级人民政府组织法，7月4日，全国人大常委会委员长叶剑英签署第一号委员长令公布，自1980年1月1日起施行。1979年地方组织法包括"总则""各级人民代表大会""县级以上的地方各级人民代表大会常务委员会""地方各级人民政府"共四章四十二条。与1954年地方组织法相比，1979年地方组织法的修改主要体现在：一是关于地方各级人民代表大会和地方各级人民政府的任期和开会周期的规定；二是县级地方人民政府对地方人民代表大会及其常务委员会负责并报告工作；三是完善了地方各级人民政府的产生方式。

1979年9月13日，第五届全国人大常委会第十一次会议通过《全国人民代表大会常务委员会关于省、自治区、直辖市可以在一九七九年设立人民代表大会常务委员会和将革命委员会改为人民政府的决议》，启动设立人民代表大会常务委员会和将革命委员会改为人民政府的工作。

1982年12月4日，第五届全国人大第五次会议通过的宪法改变了农村人民公社"政社合一"的规定，恢复"乡、民族乡"，将"人民公社管理委员会"改为"乡、民族乡人民政府"。

12 月 10 日，第五届全国人大第五次会议通过《关于修改〈中华人民共和国地方各级人民代表大会和地方各级人民政府组织法〉的若干规定》的决议，对 1979 年地方组织法进行相应修改。修改主要体现在如下方面：一是根据宪法规定，明确"地方各级人民政府分别实行省长、自治区主席、市长、州长、县长、区长、乡长、镇长负责制"；二是进一步扩大了地方立法权的范围，赋予省、自治区的人民政府所在地的市和经国务院批准的较大的市人民代表大会及其常务委员会制定地方性法规的权力，并赋予省、自治区、直辖市以及省、自治区的人民政府所在地的市和经国务院批准的较大的市的人民政府制定规章的权力；三是进一步延长了县乡两级人民代表大会和人民政府的任期，规定："县、自治县、不设区的市、市辖区、乡、民族乡、镇的人民政府每届任期三年。"

1982 年中共中央以〔1982〕51 号文件发出了改革地区体制、实行"市管县"体制的通知，1983 年中共中央、国务院发出《中共中央、国务院关于地市州党政机关机构改革若干问题的通知》，中国掀起市管县体制改革浪潮，市管县体制已成为中国大多数地区的行政区划体制。

1986 年 12 月 2 日，第六届全国人大常委会第十八次会议决定对地方组织法作出修改，修改后的地方组织法包括"总则""地方各级人民代表大会""县级以上的地方各级人民代表大会常务委员会""地方各级人民政府""附则"共五章六十条。1995 年 2 月 28 日第八届全国人大常委会第十二次会议修正的地方组织法将县、自治县、市、市辖区人民代表大会和人民政府的任期延长为五年。2004 年 10 月 27 日第十届全国人大常委会第十二次会议修正的地方组织法进一步延长了乡、民族乡、镇人民代表大会、人民政府的任期，统一规定地方各级人民代表大会和地方各级人民政府每届任期五年。2015 年 8 月 28 日，第十二届全国人大常委会第十六次会议再次对地方组织法作出修改。地方组织法经过 1982 年、1986 年、1995 年、2004 年和 2015 年五次修改后，在 2021 年开启第六次修改，为推动地方政权的建设和完善发挥重要作用。2021 年 10 月 19 日，全国人大常委会法工委主任沈春耀向十三届全国人大常委会第三十一次会议作《关于〈中华人民共和国地方各级人民代表大会和地方各级人民政府组织法（修正草案)〉的说明》。沈春耀提出，修改地方组织法是坚持党的全面领导、加强地方政权机关政治建设的重要举措。全国人大常委会分组审议地方组织法修正草案时，委员们较为关注的重要内容是关于地方各级人民政府的组织和职权。多位委员在发言中都提及应加强政府诚信建设、节约型政府要求[1]。2021 年 12 月 24 日，地方各级人民代表大会和地方各级人民政府组织法修正草案提请十三届全国人大常委会第三十二次会议二次审议。根据 2022 年 3 月 11 日第十三届全国人民代表大会第五次会议《关于修改〈中华人民共和国地方各级人民代表大会和地方各级人民政府组织法〉的决定》进行了第六次修正。

三、公务员法

中华人民共和国成立之后，一直沿用民主革命时期的干部制度。1950 年，邓小平提出要"坚决解放思想，克服重重障碍，打破老框框，勇于改革不合时宜的组织制度、人事制度"。1984

---

[1] 朱宁宁：《加强地方政权组织建设　保障人民当家作主》，《法治日报》2021 年 10 月 26 日。

年下半年，中央将干部立法工作提上日程。1987 年，中共十三大提出"要对'国家干部'进行合理分解，改革集中统一管理的现状，建立科学的分类管理体制"，"当前干部人事制度改革的重点，是建立国家公务员制度"。1992 年召开的中共十四大再次提出了尽快推行国家公务员制度的要求。1993 年 8 月，国务院颁布了《国家公务员暂行条例》，随后又制定了与之相配套的 13 个暂行规定和 13 个暂行办法，初步形成了一套公务员管理的法规体系。

从 2001 年 1 月开始，中组部和人事部牵头成立了国家公务员法起草领导小组，在 4 年当中十三易其稿。2005 年 4 月 27 日，《中华人民共和国公务员法》在十届全国人大常委会第十五次会议上通过，从 2006 年 1 月 1 日起施行。这是我国第一部干部人事管理的综合性法律。公务员法共十八章一百零七条，对公务员职务级别、录用、考核、职务任免、职务升降、奖励、纪律与处分、培训、交流、回避、工资福利保险、辞职辞退、退休、申诉控告、职位聘任、法律责任以及公务员的权利义务、公务员的管理机构和公务员法的适用范围等内容作出了全面规定。与 1993 年的《国家公务员暂行条例》相比，该法增添了十九条，内容也有不少亮点。比如，重新界定了公务员的范围，公务员不再局限于政府机关工作人员，只要同时具备依法履行公职的、使用行政编制的、由国家财政负担工资福利的这三个条件，都是公务员，所以除国家机关工作人员外，还包括中国共产党和民主党派机关的工作人员、法官、检察官等。另外，公务员法将竞争上岗与公开选拔作为晋升方式之一，优化工资制度安排，创新公务员激励制度。

2017 年 9 月 1 日，第十二届全国人大常委会第二十九次会议通过了关于修改《中华人民共和国法官法》等八部法律的决定，对公务员法作出修改，自2018年1月1日起施行。此次修改的内容不多，仅在第二十三条增加一款，作为第二款："国家对行政机关中初次从事行政处罚决定审核、行政复议、行政裁决、法律顾问的公务员实行统一法律职业资格考试制度，由国务院司法行政部门商有关部门组织实施。"另外，将第四十五条第三款"确定初任法官、初任检察官的任职人选，可以面向社会，从通过国家统一司法考试取得资格的人员中公开选拔。"修改为："确定初任法官、初任检察官的任职人选，可以面向社会，从通过国家统一法律职业资格考试取得法律职业资格的人员中公开选拔。"

2005年通过的公务员法自施行以来，对公务员制度体系完善和公务员队伍建设都发挥了重要作用，但是随着党和国家事业发展的新形势，出现了公务员队伍建设的新问题和新情况，需要对公务员法作出相应的修改完善。2016年11月，中央领导同志在审议关于建立公务员职务与职级并行制度的试点意见时指出，要统筹做好公务员法修订工作。2017年6月，中央组织部、人力资源社会保障部、国家公务员局正式启动公务员法修改工作。由全国人大常委会法工委、全国人大内司委和国务院法制办以及部分省市公务员主管部门的同志组成修法工作小组，研究起草了公务员法修订草案初稿，在充分征求社会各界的意见之后，将修订草案提交2018年10月22日第十三届全国人大常委会第六次会议审议，全国人大常委会法制工作委员会主任沈春耀在会上对草案作了说明，他指出：修订公务员法是贯彻落实习近平新时代中国特色社会主义思想的需要，是坚持和加强党对公务员工作领导的需要，也是深入推进公务员分类改革的需要。修订草案的主要内容包括：将科学发展观、习近平新时代中国特色社会主义思想写入总则；调整完善公务员职务、职级以及分类管理等有关规定；调整充实从严管理干部有关规定，如将现行公务员法第九章章名"惩戒"修改为"监督与惩戒"，增加了有关加强公务员监督的规定，增加了"违反国家的民族和宗教政策，破坏民族团结和社会稳定""不担当不作为""违反家庭美德"等禁止性纪律规定，并且充实健全了激励保障机制有关规定[1]。

全国人大常委会第六次会议对公务员法修订草案进行了初审后，法制工作委员会就修订草案充分征求了社会各界的意见，对修订草案作了修改完善。2018 年 12 月 29 日宪法和法律委员会在关于公务员法（修订草案）审议结果的报告中指出：修订草案经过审议修改，已经比较成熟。同时，提出几条主要修改意见。修订草案于 2018 年 12 月 29 日第十三届全国人大常委会第七次会议通过。

修订后的公务员法由原来的十八章一百零七条调整为十八章一百一十三条，增加了六条，实质性修改四十九条，个别文字修改十六条，条文顺序调整二条，主要的修改变化体现在：突出了政治要求，把习近平新时代中国特色社会主义思想作为公务员制度必须长期坚持的指导思想；调整完善公务员职务、职级等有关规定；进一步推进公务员分类改革，改造非领导职务为职级，实行职务与职级并行制度；调整充实从严管理干部有关规定。将第九章章名"惩戒"调整为"监督与惩戒"，增加了加强公务员监督和公务员应当遵守的纪律等规定，修改完善了

---

〔1〕　沈春耀：《关于〈中华人民共和国公务员法（修订草案）〉的说明——2018年 10 月 22 日在第十三届全国人民代表大会常务委员会第六次会议上》，《中华人民共和国全国人民代表大会常务委员会公报》2019 年第 1 期。

回避情形、责令辞职、离职后从业限制等规定，增加了在录用、聘任等工作中违纪违法有关法律责任的规定；贯彻落实党中央关于加强正向激励的要求，健全完善公务员激励保障机制，并根据公务员管理实践需要，对分类考录、分类考核、分类培训等进一步提出明确要求[1]。

第三节　行政行为法

行政行为法主要包括了行政许可法、行政强制法、行政处罚法等概括性较强的法律，还包括立法法中的行政立法部分。事实上，行政许可法、行政强制法、行政处罚法、治安管理处罚法等法律内部规定有相关程序，因此不仅归属于行政行为法的范畴，也具有行政程序法的属性，在此一并论述。此外，国家针对某些特殊领域制定专门管理的法律，例如治安管理处罚法、枪支管理法、出境入境管理法、药品管理法、疫苗管理法等也属于行政行为法。

一、立法法（行政立法部分）

立法法是关于国家立法制度的重要法律。根据中共十一届三中全会关于发展社会主义民主、健全社会主义法制的精神，1982年宪法对中国立法体制进行了改革。宪法、全国人民代表大会组

---

〔1〕《中国公务员制度的重大改革和完善——中共中央组织部负责人就修订公务员法答记者问》，《中国人大》2019 年第 3 期。

织法、地方各级人民代表大会和地方各级人民政府组织法对立法权限的划分、立法程序、法律解释等问题作了基本规定，全国人民代表大会议事规则和全国人民代表大会常务委员会议事规则对法律的制定程序又进一步作了具体规定。实践中，中国立法工作在取得显著进步的同时，在实际工作中也存在着一些问题，包括法规、规章的规定同法律相抵触或者法规之间、规章之间、法规与规章之间相互矛盾、冲突等，这些问题损害了国家法制的统一和尊严，也给执法造成困难。因此，需要根据宪法制定立法法，对法律、法规以及规章的制定作出统一规定，使之更加规范化、制度化。

根据全国人大常委会立法规划，全国人大常委会法制工作委员会从 1993 年起着手进行立法法起草工作，多次召开各有关方面和法律专家参加的座谈会，进行讨论研究，三次将立法法（草案征求意见稿）印发中央有关机关和各省、自治区、直辖市的人大常委会广泛征求意见，反复修改，形成了立法法（草案）。1999 年 10 月和 12 月，第九届全国人大常委会第十二、十三次会议对草案进行了审议，决定提请第十三届全国人大第一次会议审议。2000 年 3 月，第十三届全国人大第一次会议召开，3 月 9 日全国人民代表大会常务委员会法制工作委员会主任顾昂然在会上作《关于〈中华人民共和国立法法（草案）〉的说明》。

2000 年 3 月 15 日，第九届全国人大第一次会议通过立法法，同日，国家主席江泽民签署第三十一号主席令公布，自 2000 年 7 月 1 日起施行。立法法包括"总则""法律""行政法规""地方性法规、自治条例和单行条例、规章""适用与备案""附则"共六章九十四条。立法法中的"法"采取广义，不仅仅指法律，也包括行政法规、地方性法规、自治条例和单行条例等，其中涉及行政部门制定法规、规章、条例等行为，属于行政行为法。根据立法法的规定，国务院部门规章和地方政府规章的制定、修改和废止程序依照立法法的有关规定执行。明确规定了立法活动应当遵循的基本原则，包括立法遵循宪法的基本原则，维护法制的统一和尊严，应当体现人民的意志、维护人民的利益，坚持从实际出发的指导思想，应当依照法定的权限和程序进行等。立法法对全国人大及其常委会与国务院、中央与地方之间在立法事项方面的具体划分作了规定，规定国家政治制度、犯罪与刑罚、民事基本制度、基本经济制度、诉讼和仲裁制度等 10 类重大事项，只能由全国人大及其常委会立法。明确了法律、行政法规、地方性法规、自治条例和单行条例、规章的适用规则，明确它们相互间的效力等级，规定上位法的效力高于下位法，特别规定优于一般规定，新的规定优于旧的规定，法律不溯及既往。

为了适应立法工作新形势新任务的需要，2013 年起全国人大常委会法制工作委员会着手立法法修改研究工作，在充分沟通协商、深入研究论证的基础上，形成了立法法（修正案草案），分别于 2014 年 8 月和 12 月，经第十二届全国人大常委会第十次、十二次会议两次审议，决定将立法法（修正案草案）提请第十二届全国人大三次会议审议。2015 年 3 月 15 日，第十二届全国人大第三次会议通过《关于修改〈中华人民共和国立法法〉的决定》，自公布之日起施行。修改后的立法法共一百零五条，其中第五章更名为"适用与备案审查"。经过修改，立法法确定的立法体制进一步完善，赋予了所有设区的市（包括广东省中山市等不设区的地级市）地方立法权，落实了税收法定原则，明确"税种的开征、停征和税收征收管理的基本制度"只能由法律规定。同时，修改后的立法法还对发挥人大在立法工作中的主导作用，深入推进科学立法、民主立法，完善制定行政法规的程序，加强备案审查，加强对司法解释的规范和监督，规定"最高人民法院、最高人民检察院以外的审判机关和检察机关，不得作出具体应用法律的解释"。

立法法自21世纪初颁布以来，在规范行政立法，调整部门规章方面有着重要作用。在2015年修改后，立法法第二章第一节中首先明确规定了行政立法的权限，即全国人大及其常委会拥有专属立法权。在第六十五条中明确规定了国务院制定行政法规的权限范围，国务院根据宪法和法律制定行政法规，"行政法规可以就下列事项作出规定：（一）为执行法律的规定需要制定行政法规的事项；（二）宪法第八十九条规定的国务院行政管理职权的事项。应当由全国人民代表大会及其常务委员会制定法律的事项，国务院根据全国人民代表大会及其常务委员会的授权决定先制定的行政法规，经过实践检验，制定法律的条件成熟时，国务院应当及时提请全国人民代表大会及其常务委员会制定法律"。第九条特别规定在特定情形下，全国人民代表大会及其常务委员会有权作出决定，授权国务院可以根据实际需要，对其中的部分事项先制定行政法规。立法法亦对部门规章的制定主体及其权限作出规定。在该法第四章第二节"规章"中，第八十条规定："国务院各部、委员会、中国人民银行、审计署和具有行政管理职能的直属机构，可以根据法律和国务院的行政法规、决定、命令，在本部门的权限范围内，制定规章。部门规章规定的事项应当属于执行法律或者国务院的行政法规、决定、命令的事项。没有法律或者国务院的行政法规、决定、命令的依据，部门规章不得设定减损公民、法人和其他组织权利或者增加其义务的规范，不得增加本部门的权力或者减少本部门的法定职责。"该条表明部门规章必须在法律、国务院的行政法规、决定或命令规定的事项范围内制定，且对于减损公民、法人或其他组织权利的规范受到严格限制。第八十一条则协调国务院部门的权限冲突。在行政立法基本程序和监督机制方面，立法法对制定行政法规制定了多项程序：立项和起草，听取意见，法规草案的审查、决定、公布、刊登。由于行政立法"政出多门"，行政立法内容复杂，实践中往往出现法律法规相互矛盾或重叠的现象，甚至出现超出行政机关权限的情况。为监督行政立法，立法法在第五章"适用与备案审查"中设立行政法规的审查和备案制度。

2019 年，党的十九届四中全会提出，完善立法体制机制，坚持科学立法、民主立法、依法立法，不断提高立法质量和效率。2021 年，党中央首次召开中央人大工作会议，对新时代坚持和完善人民代表大会制度、加强和改进人大工作作出全面部署，明确提出要加快完善中国特色社会主义法律体系、以良法促进发展保障善治等任务要求。2022 年 10 月，党的二十大报告对完善以宪法为核心的中国特色社会主义法律体系提出新的要求。在这样的时代背景之下，2023 年 3 月 13 日第十四届全国人民代表大会第一次会议通过《关于修改〈中华人民共和国立法法〉的决定》，对立法法进行第二次修正，自 2023 年 3 月 15 日起施行。

本次修改主要涉及三十七条，其中关于行政立法的有三个方面：第一，增加一条，作为第七十九条："国务院可以根据改革发展的需要，决定就行政管理等领域的特定事项，在规定期限和范围内暂时调整或者暂时停止适用行政法规的部分规定。"第二，将第八十条改为第九十一条，第一款修改为："国务院各部、委员会、中国人民银行、审计署和具有行政管理职能的直属机构以及法律规定的机构，可以根据法律和国务院的行政法规、决定、命令，在本部门的权限范围内，制定规章。"第三，将第八十二条改为第九十三条，第三款修改为："设区的市、自治州的人民政府根据本条第一款、第二款制定地方政府规章，限于城乡建设与管理、生态文明建设、历史文化保护、基层治理等方面的事项。已经制定的地方政府规章，涉及上述事项范围以外的，继续有效。"

二、行政处罚法

行政处罚是国家法律责任制度的组成部分，是行政机关依法行政的重要手段。各级政府为了有效地行使行政管理职权，保障法律的贯彻执行，需要有行政处罚手段。从 1990 年前后开始，全国人大常委会的工作部门会同中央有关部门以及地方人大、政府和各方面的专家对行政处罚法（草案）的几个重要问题进行了反复研究、修改。1995 年 10 月，第八届全国人大常委会第十六次会议对行政处罚法（草案）进行了初步审议，会后，又根据全国人大常委会委员和各地方、各方面的意见，对草案作了补充、修改，经第八届全国人大常委会第十八次会议再次审议，决定提请第八届全国人大第四次会议审议。1996 年 3 月 12 日在第八届全国人民代表大会第四次会议上，全国人大常委会秘书长曹志作了关于《中华人民共和国行政处罚法（草案）》的说明。根据草案的说明，行政处罚法的立法主要解决以下几个问题：（1）行政处罚的设定权不明确，有些行政机关随意设定行政处罚；（2）执法主体混乱，不少没有行政处罚权的组织和人员实施行政处罚；（3）行政处罚程序缺乏统一明确的规定，缺少必要的监督、制约机制，随意性较大，致使一些行政处罚不当。1996年3月17日，第八届全国人民代表大会第四次会议通过了《中华人民共和国行政处罚法》，同日，国家主席江泽民签署第六十三号主席令公布，自1996年10月1日起施行。

行政处罚法共八章六十四条。"总则"部分规定了立法目的、基本原则、行政相对人的权利等内容。行政处罚的基本原则包括处罚法定原则、公正公开原则、以事实为基础原则、违法行为与处罚相适应原则、公布原则、处罚与教育相结合原则。行政相对人（公民、法人或者其他组织）对于行政机关给予的行政处罚享有陈述权、申辩权、行政复议权、行政诉讼权、要求赔偿权，但是与此同时，行政相对人尽管受到行政处罚，但是仍然应当追究其民事或者刑事责任。

在"行政处罚的种类和设定"中规定行政处罚的种类有7种，分别是警告，罚款，没收违法所得、没收非法财物，责令停产停业，暂扣或者吊销许可证或执照，行政拘留以及法律、行政法规规定的其他行政处罚。第九—十四条规定了不同效力等级的法律文件对于行政处罚权的设定权限。法律对于限制人身自由的行政处罚具有专属保留权，可见，行政处罚法对于人身自由权利的高度尊重与重视。由此明确了行政处罚种类，解决了过去行政处罚名目过乱过滥的状况。

行政处罚设定事项及权限一览

设定行政处罚的文件	设定情形与权限	具体规定的权限
法律	各种行政处罚。且限制人身自由的行政处罚专属于法律设定，其他效力等级法律规范不得设定	可以进行具体规定

设定行政处罚的文件	设定情形与权限	具体规定的权限
行政法规	可以设定除限制人身自由以外的行政处罚	在法律规定的给予行政处罚的行为、种类和幅度的范围内规定
地方性法规	可以设定除限制人身自由、吊销企业营业执照以外的行政处罚	在法律、行政法规规定的给予行政处罚的行为、种类和幅度的范围内规定
国务院部、委员会制定的规章	尚未制定法律、行政法规的，国务院部、委员会制定的规章对违反行政管理秩序的行为，可以设定警告或者一定数量罚款的行政处罚。罚款的限额由国务院规定。 国务院可以授权具有行政处罚权的直属机构依照本法所有规定，规定行政处罚	在法律、行政法规规定的给予行政处罚的行为、种类和幅度的范围内作出具体规定
省、自治区、直辖市人民政府和省、自治区人民政府所在地的市人民政府以及经国务院批准的较大的市人民政府制定的规章	尚未制定法律、法规的，省、自治区、直辖市人民政府和省、自治区人民政府所在地的市人民政府以及经国务院批准的较大的市人民政府制定的规章对违反行政管理秩序的行为，可以设定警告或者一定数量罚款的行政处罚。罚款的限额由省、自治区、直辖市人民代表大会常务委员会规定	在法律、法规规定的给予行政处罚的行为、种类和幅度的范围内作出具体规定
其他规范性文件		一律不得设定行政处罚

"行政处罚实施机关"一章明确规定行政处罚由具有行政处罚权的行政机关在法定职权范围内实施，确定了行政处罚实施主体的适格性与合法性。国务院或者经国务院授权的省、自治区、直辖市人民政府可以决定一个行政机关行使行政处罚权，但是对于限制人身自由的行政处罚实施机关，必须限定为公安机关，其

他机关不得实施，从而体现了对于限制人身自由的慎重。法律、法规授权的具有管理公共事务职能的组织可以在法定授权范围内实施行政处罚。行政机关可以依法依规委托依法成立的管理公共事务的事业组织、具有熟悉有关法律法规规章和业务的工作人员、有条件组织对于违法行为进行相应的技术检查或者技术鉴定的特定组织实施，不得委托其他组织或者个人。受委托组织以委托机关名义实施行政处罚，但不得二次委托。由此确定了行使行政处罚权的机关，排除了行政处罚主体的随意性。

关于"行政处罚的管辖和适用"，行政处罚原则上由违法行为发生地的县级以上地方人民政府具有行政处罚权的行政机关管辖。对管辖发生争议的行政机关，应当报请共同的上一级行政机关指定管辖。当事人的违法行为构成犯罪的情况下，行政机关必须将案件移送司法机关，依法追究刑事责任。行政机关对当事人同一个违法行为不得给予两次以上罚款的行政处罚。本章规定了减轻与免除行政处罚的相关情形。违法行为构成犯罪，人民法院判处拘役或者有期徒刑时，行政机关已经给予当事人行政拘留的，应当依法折抵相应刑期。违法行为构成犯罪，人民法院判处罚金时，行政机关已经给予当事人罚款的，应当折抵相应罚金。

行政处罚法不同情形下不予处罚与减轻处罚一览

处理结果	对应情形
不予处罚	不满十四周岁的公民有违法行为（责令监护人加以管教）
	精神病人在不能辨认或者不能控制自己行为时有违法行为的（应当责令其监护人严加看管和治疗）【注意：间歇性精神病人在精神正常时的违法行为，应当予以行政处罚】
	违法行为轻微并及时纠正，没有造成危害后果的
	违法行为在二年内未被发现的

处理结果	对应情形
从轻或者 减轻处罚	主动消除或者减轻违法行为危害后果的
	受他人胁迫有违法行为的
	配合行政机关查处违法行为有立功表现的
	其他依法从轻或者减轻行政处罚的
	已满十四周岁不满十八周岁的人有违法行为的

关于"行政处罚的决定"，明确规定给予行政处罚必须建立在查明事实的基础上，反之，在违法事实不清的情况下，不得给予行政处罚。作出行政处罚决定之前应当告知当事人作出行政处罚的事实、理由及依据，以及当事人依法享有的权利，当事人对此可以陈述与申辩，行政机关不得因此加重对当事人的处罚。在此基础上规定了"简易程序""一般程序""听证程序"。其中，"简易程序"是针对违法事实确凿并有法定依据，对公民处以五十元以下、对法人或者其他组织处以一千元以下罚款或者警告的行政处罚，可以当场作出行政处罚决定的处罚程序。执法人员应当向当事人出示证件、填写合法合规的处罚决定书（预定格式、编有号码，载明当事人的违法行为、行政处罚依据、罚款数额、时间、地点以及行政机关名称，并由执法人员签名或者盖章），并当场交付给当事人，并报所属行政机关备案。"一般程序"要求行政机关对于违法行为必须全面、客观、公正地调查，收集有关证据；必要时，依照法律、法规的规定，可以进行检查。执法人员不得少于两人，且应当出示证件，进行询问时应当制作笔录。执法人员应当依照直接利害关系原则进行回避。处罚结果有四种：（1）确有应受行政处罚的违法行为的，根据情节轻重及具体情况，作出行政处罚决定；（2）违法行为轻微，依法可以不予行政处罚的，不予行政处罚；（3）违法事实不能成立的，不得给

予行政处罚;(4)违法行为已构成犯罪的,移送司法机关。从程序上看,行政机关及其执法人员在作出行政处罚决定之前,不依法向当事人告知给予行政处罚的事实、理由和依据,或者拒绝听取当事人的陈述、申辩,行政处罚决定不能成立,进而确保行政机关依法履行告知义务、当事人享有对自身所有权利的知情权。"听证程序"是对于行政机关作出责令停产停业、吊销许可证或者执照、较大数额罚款等行政处罚决定而设定的。本章所载内容,目的在于严格限制实施行政处罚的程序,确保行政处罚权在法律规定的轨道上运行。

关于"行政处罚的执行",行政处罚决定依法作出后,当事人应当在规定期限内履行,可以进行行政复议或者诉讼,但是原则上不停止执行。作出罚款决定的行政机关应当与收缴罚款的机构分离,除依法当场收缴的罚款(依法给予二十元以下罚款或者事后难以执行)外,作出行政处罚决定的行政机关及其执法人员不得自行收缴罚款,当事人应当自收到行政处罚决定书之日起十五日内,到指定的银行缴纳罚款。银行应当收受罚款,银行接收罚款后应当直接上缴国库。当场收缴罚款必须在第二日交至行政机关,行政机关在二日内缴付指定银行。当事人逾期不履行的,作出行政处罚决定的行政机关可以采取三种措施,即每日按罚款数额的百分之三加处罚款,或者依法将查封、扣押的财物拍卖或者将冻结的存款划拨抵缴罚款,或者申请人民法院强制执行。值得注意的是,第五十二条规定"当事人确有经济困难,需要延期或者分期缴纳罚款的,经当事人申请和行政机关批准,可以暂缓或者分期缴纳",充分体现了法律对于基本人性的关怀与对于弱势群体的照顾。

在"法律责任"中,规定了对于实施行政处罚的行政机关、协助接收罚款的财政部门等机关或机构，存在违法违规情形的，由上级行政机关或者有关部门责令改正，或者对直接负责的主管人员和其他直接责任人员依法给予行政处分。主要包括没有法定行政处罚依据、擅自改变行政处罚种类幅度、违反行政处罚法定程序、违反委托处罚规定、实施罚款使用非法单据、违法返还罚款或者拍卖款项、对于罚款或者违法所得进行截留或者私分、索取或者收受他人财物或将收缴罚款据为己有、对当事人人身或者财产造成损失损害的、谋取单位私利、玩忽职守不作为等情形。以上情形如涉及犯罪的，应当移交司法机关追究刑事责任。第八章为"附则"。

2009 年 8 月 27 日，第十一届全国人大常委会第十次会议通过关于修改部分法律的决定，对行政处罚法进行第一次修正。同日，国家主席胡锦涛签署第十八号主席令公布，自公布之日起施行。该决定有两处内容是针对行政处罚法的修改。第一处是将对于刑法某条文的"比照"改为对于刑法的"依照"，进一步减少法律中形似"类推适用"的成分，强化依法审判、依法行使，本项修改涉及 42 部法律，其中包括行政处罚法第六十一条。第二处是为适应治安管理处罚法的出台，该决定第四条中规定"对下列法律和有关法律问题的决定中关于治安管理处罚的规定作出修改：（一）将下列法律和有关法律问题的决定中引用的'治安管理处罚条例'修改为'治安管理处罚法'"，本项涉及法律 82 部，其中包括行政处罚法第四十二条[1]。

2017 年 9 月 1 日，第十二届全国人大常委会第二十九次会议通过了《关于修改〈中华人民共和国法官法〉等八部法律的决

---

〔1〕《全国人民代表大会常务委员会关于修改部分法律的决定》，《人民日报》2009 年 9 月 4 日。

定〉，对行政处罚法进行第二次修正。同日，国家主席习近平签署第七十六号主席令公布，自 2018 年 1 月 1 日起施行[1]。该修改是为了适应司法考试变更为国家统一法律职业资格考试这一变革。

行政处罚法是明确规定行政处罚权设定与运行的法律，是立法机关限制行政公权侵害行政相对人合法权利的防线。该法两次修改都是为适应新环境而进行的细微修改，并非大规模的变动，也没有直接变动行政处罚法的内部法律结构，更多的是基于其他法律的变动而发生的，而非基于自身缺陷而修改。可见行政处罚法的立法是较为完善和准确的。

行政处罚法在 2009 年和 2017 年先后两次作了个别条文修改。进入新的历史时期，行政处罚法与新时期建设法治政府、法治国家的历史使命，与新型行政管理体制和政府职能，与不断发展中的实践，逐渐产生了一些不适应，行政处罚手段单一、地方治理手段不足、与经济社会发展水平不匹配、程序不完备等问题逐步凸显[2]。行政处罚法需要大修逐渐成为社会共识。

十三届全国人大常委会立法规划将行政处罚法修改列为第一类项目。法制工作委员会 2018 年启动相关工作，2019 年 10 月形成修改草案征求意见稿。2020 年 6 月委员长会议将行政处罚法修订草案提请十三届全国人大常委会一审，全国人大常委会法制工作委员会副主任许安标向常委会作了《关于〈中华人民共和国行

---

〔1〕《全国人民代表大会常务委员会关于修改〈中华人民共和国法官法〉等八部法律的决定》，《中华人民共和国最高人民检察院公报》2018 年第 1 期。

〔2〕 应松年、张晓莹：《〈行政处罚法〉二十四年：回望与前瞻》，《国家检察官学院学报》2020 年第 5 期。

政处罚法（修订草案）〉的说明》。根据说明，草案修改内容包括增加规定行政处罚定义及种类、扩大地方行政处罚设定权限、加大重点领域行政处罚力度、增加综合行政执法、赋予乡镇街道行政处罚权、完善行政处罚程序、严格行政执法责任等方面。多年来，一些地方人大代表表示，现行行政处罚法中有关地方性法规设定行政处罚的规定限制过严，地方保障法律法规实施的手段受限。而扩大地方的行政处罚设定权限是此次修订的一大亮点。还有多项修改得到全国人大常委会委员们的肯定，全面修改行政处罚法正当其时[1]。2020年10月再次审议，2021年1月22日，第十三届全国人大常委会第二十五次会议修订通过行政处罚法，同日，国家主席习近平签署第七十号主席令公布，自2021年7月15日起施行。本次行政处罚法修改是自1996年以来首次大修。

2021年行政处罚法主要修订内容有以下几项。

1. 明确"行政处罚"的概念。新增该法第二条："行政处罚是指行政机关依法对违反行政管理秩序的公民、法人或者其他组织，以减损权益或者增加义务的方式予以惩戒的行为。"

2. 新增行政处罚种类。行政处罚法第九条增加了通报批评、降低资质等级、限制开展生产经营活动、责令关闭和限制从业的行政处罚类型。

3. 赋予"乡、镇、街办"一定程度上行政处罚权。新法修订解决了乡、镇、街办"看得见、管不着"的现状，为最基层政府机关行政执法提供了法律依据。

4. 纳入行政执法三项制度。国务院办公厅印发《关于全面

---

〔1〕 王博勋：《行政处罚法迎全面修改：体现巩固行政执法领域重大改革成果》，《中国人大》2020年第13期。

推行行政执法公示制度执法全过程记录制度重大执法决定法制审核制度的指导意见》，就全面推行行政执法公示制度、执法全过程记录制度、重大执法决定法制审核制度（统称"三项制度"）工作有关事项提出明确要求，行政处罚法将三项制度明确纳入法律层面，促进行刑之间的配合更加紧密。落实处罚与教育相结合原则以及对特殊案件延长行政执法时效。

此外，此次修订还完善了行政处罚的证据规则，规定电子技术监控设备法制审核制度，新冠肺炎疫情期间从重、快速处理制度，增加简易程序和当场收缴罚款数额，明确行政处罚案件办案期限，修改听证程序，明确电子送达文书，电子支付缴纳罚款等。

三、行政许可法

行政许可，即行政审批，是行政机关依法对社会、经济事务实行事前监督管理的一种重要手段。对其进行专项立法，存在国内与国际两种因素的考量：（1）国内行政许可存在过多过滥的弊病，包括行政许可设定权不明确、设定行政许可的事项不规范、实施行政许可环节过多且手续烦琐、重许可且轻监管、有些行政机关把行政许可作为权力寻租手段、行政机关实施行政许可缺乏公开有效的监督制约机制等；（2）按照世贸组织协定和中国对外承诺，行政许可应当以透明和规范的方式实施，行政许可条件和程序对贸易的限制不能超过必要的限度，中国工作组报告书并对服务贸易的行政许可程序提出了九条明确要求，构成了一个承诺。针对以上两重考量，制定行政许可法，对于完善国内行政许可制度与规范、对外履行中国承诺、推进行政管理体制改革、从源头上防治贪腐等多方面建设都有重大意义。

　　全国人大常委会法工委从 1996 年着手行政许可法的调研、起草工作，形成了行政许可法（征求意见稿）。九届全国人大常委会将行政许可法列入立法规划，确定由国务院提出法律草案。据此，国务院法制办以征求意见稿为基础，结合清理国务院部门行政审批事项，从 2000 年初开始行政许可法的起草、调研、论证，就起草这部法律涉及的主要问题，征求了地方人民政府、国务院部门、专家学者的意见。在此基础上，完成了行政许可法（初稿）的起草工作，于 2001 年 7 月印发国务院各部门、省级人民政府及较大的市人民政府的法制工作机构和全国人大常委会法工委等单位以及专家学者征求意见；召开 3 次座谈会，听取国务院部分部门、一些地方人民政府和专家学者的意见；几次召开国内外专家参加的论证会，研究了美国、德国、日本等国的行政许可制度；还请南京、宁波、济南、成都等 4 个地方人民政府有关部门专门对草案有关行政许可程序的规定提出意见，经反复研究、修改，形成了行政许可法（草案）。该草案于 2002 年 6 月 19 日国务院第六十次常务会议讨论通过。草案共十章一百条。经讨论与修改，《中华人民共和国行政许可法》由第十届全国人大常委会第四次会议于 2003 年 8 月 27 日通过，同日，国家主席胡锦涛签署第七号主席令公布，自 2004 年 7 月 1 日起施行。

　　行政许可法共八章八十三条。"总则"部分规定了立法目的、法律概念、适用范围、基本原则等内容。第二章为"行政许可的设定"，第十二、十三条规定了可以设定以及可以不设定行政许可的事项。第十四条至第十七条规定不同位阶的法律、法规乃至规章对于行政许可的设置权限。

行政许可设定事项及权限一览

可以设定行政许可的事项	设定文件	设定情形与权限	具体规定的权限
可以设定行政许可的事项（第十二条）： （1）直接涉及国家安全、公共安全、经济宏观调控、生态环境保护以及直接关系人身健康、生命财产安全等特定活动，需要按照法定条件予以批准的事项； （2）有限自然资源开发利用、公共资源配置以及直接关系公共利益的特定行业的市场准入等，需要赋予特定权利的事项； （3）提供公众服务并且直接关系公共利益的职业、行业，需要确定具备特殊信誉、特殊条件或者特殊技能等资格、资质的事项； （4）直接关系公共安全、人身健康、生命财产安全的重要设备、设施、产品、物品，需要按照技术标准、技术规范，通过检验、检测、检疫等方式进行审定的事项； （5）企业或者其他组织的设立等，需要确定主体资格的事项； （6）法律、行政法规规定可以设定行政许可的其他事项	法律	各种行政许可	可以进行具体规定
	行政法规	尚未制定法律的情况下	在法律设定的行政许可事项范围内
	国务院决定	（1）必要时； （2）实施后，除临时性行政许可事项外，国务院应当及时提请全国人民代表大会及其常务委员会制定法律，或者自行制定行政法规	—
	地方性法规	尚未制定法律、行政法规的情形下	在法律、行政法规设定的行政许可事项范围内
	省、自治区、直辖市人民政府规章	（1）尚未制定法律、行政法规和地方性法规的，因行政管理的需要，确需立即实施行政许可的；（2）临时性的行政许可实施满一年需要继续实施的，应当提请本级人民代表大会及其常务委员会制定地方性法规	（1）在上位法设定的行政许可事项范围内； （2）法规、规章对实施上位法设定的行政许可作出的具体规定，不得增设行政许可；对行政许可条件作出的具体规定，不得增设违反上位法的其他条件
	其他规范性文件	一律不得设定行政许可	

　　第三章为"行政许可的实施机关"，规定了行政机关、法律法规授权的具有管理公共事务职能的组织（以自己的名义实施）、行政机关在其法定职权范围内依法依规委托实施行政许可的其他行政机关（以委托机关的名义实施，且不得转委托）的权限与责任。第四章规定了"行政许可的实施程序"，分别设置了"申请与受理""审查与

决定""期限""听证""变更与延续""特别规定"。第五章为"行政许可的费用",规定了行政机关实施行政许可和对行政许可事项进行监督检查,不得收取任何费用;行政机关提供行政许可申请书格式文本,也不得收费。第六章为"监督检查",规定上级行政机关应当加强对下级行政机关实施行政许可的监督检查,及时纠正行政许可实施中的违法行为;行政机关可以对被许可人生产经营的产品依法进行抽样检查、检验、检测,对其生产经营场所依法进行实地检查。第七章为"法律责任",规定行政机关及其工作人员违反本法的规定,由其上级行政机关或者监察机关责令改正;情节严重的,对直接负责的主管人员和其他直接责任人员依法给予行政处分;构成犯罪的,依法追究刑事责任。第八章为"附则"。

2019 年 4 月 23 日,第十三届全国人大常委会第十次会议通过《关于修改〈中华人民共和国建筑法〉等八部法律的决定》,对行政许可法予以修正。本次修改强化和完善了非歧视性原则、对于商业秘密的保护以及对于以转让技术作为行政许可的条件的相关规定。

行政许可法修改前后主要内容变化

修改前	修改后
第五条　设定和实施行政许可,应当遵循公开、公平、公正的原则。 有关行政许可的规定应当公布;未经公布的,不得作为实施行政许可的依据。行政许可的实施和结果,除涉及国家秘密、商业秘密或者个人隐私的外,应当公开。 符合法定条件、标准的,申请人有依法取得行政许可的平等权利,行政机关不得歧视。	第五条修改为:"设定和实施行政许可,应当遵循公开、公平、公正、非歧视的原则。 "有关行政许可的规定应当公布;未经公布的,不得作为实施行政许可的依据。行政许可的实施和结果,除涉及国家秘密、商业秘密或者个人隐私的外,应当公开。未经申请人同意,行政机关及其工作人员、参与专家评审等的人员不得披露申请人提交的商业秘密、未披露信息或者保密商务信息,法律另有规定或者涉及国家安全、重大社会公共利益的除外;行政机关依法公开申请人前述信息的,允许申请人在合理期限内提出异议。 "符合法定条件、标准的,申请人有依法取得行政许可的平等权利,行政机关不得歧视任何人。"

修改前	修改后
第三十一条　申请人申请行政许可,应当如实向行政机关提交有关材料和反映真实情况,并对其申请材料实质内容的真实性负责。行政机关不得要求申请人提交与其申请的行政许可事项无关的技术资料和其他材料。	第三十一条增加一款,作为第二款:"行政机关及其工作人员不得以转让技术作为取得行政许可的条件;不得在实施行政许可的过程中,直接或者间接地要求转让技术。"
第七十二条　行政机关及其工作人员违反本法的规定,有下列情形之一的,由其上级行政机关或者监察机关责令改正;情节严重的,对直接负责的主管人员和其他直接责任人员依法给予行政处分:(一)对符合法定条件的行政许可申请不予受理的;(二)不在办公场所公示依法应当公示的材料的;(三)在受理、审查、决定行政许可过程中,未向申请人、利害关系人履行法定告知义务的;(四)申请人提交的申请材料不齐全、不符合法定形式,不一次告知申请人必须补正的全部内容的;(五)未依法说明不受理行政许可申请或者不予行政许可的理由的;(六)依法应当举行听证而不举行听证的。	将第七十二条增加两项为(五)(六)两项:"(五)违法披露申请人提交的商业秘密、未披露信息或者保密商务信息的;(六)以转让技术作为取得行政许可的条件,或者在实施行政许可的过程中直接或者间接地要求转让技术的"。原(五)(六)两项改为(七)(八)两项。

四、行政强制法

在行政强制法出台之前,行政机关的行政强制缺乏统一的法律规范,因此,在执法过程中存在对某些严重违法行为因缺乏强制手段处理不力或者行政强制手段滥用的情况,主要存在以下几个问题:第一,可以设定行政强制措施的行政机关不明确,即"缺";第二,行政强制手段形式繁多、表述不一,急需统一,即

"乱"；第三，存在没有行政强制权的机关自行实施强制措施，甚至授权、委托其他组织实施行政强制措施，行政强制措施的实施程序尚未法定，随意性较大，容易造成对行政相对人的侵权行为，即"滥"；第四，行政机关履行行政管理职责时，缺少于法有据的强制手段，致使一些严重违法行为得不到有效处理，即"软"。因此，根据九届全国人大常委会立法规划，法制工作委员会从1999年3月开始行政强制法的起草工作。起草工作总的指导思想是推进依法行政，维护公民权益，既赋予行政机关必要的强制手段，保障行政机关依法履行职责，维护公共利益和公共秩序，又对行政强制行为进行规范，避免和防止权力的滥用，保护公民、法人和其他组织的合法权益。在多次调研并广泛征求国务院有关部门、地方人大和一些全国人大代表、专家意见的基础上，形成了行政强制法（草案）。2005年12月24日，在第十届全国人大常委会第十九次会议上，全国人大常委会法制工作委员会副主任信春鹰作了关于《中华人民共和国行政强制法（草案）》的说明[1]。

草案共七章七十七条，调整范围包括行政强制措施和行政强制执行两方面内容。三次审议后，全国人大常委会通过中国人大网向社会公开征求对草案的意见，共收到3800多条意见和建议。2011年4月20日，全国人大常委会第四次审议行政强制法草案。全国人大常委会法工委会同国务院法制办公室经过梳理和分析发现，截至2010年上半年，现行行政法规中，规定了行政强制措施的有96件。其中，17件是在法律

---

〔1〕　信春鹰：《关于〈中华人民共和国行政强制法（草案）〉的说明——2005年12月24日在第十届全国人民代表大会常务委员会第十九次会议上》，《中华人民共和国全国人民代表大会常务委员会公报》2011年第5期。

对特定事项作了原则规定，同时授权国务院规定具体管理措施的情况下，国务院在行政法规中规定了行政强制措施。草案四审稿将行政强制措施设定权扩大到法律、行政法规、地方性法规的范围。对此，常委会委员和法律专家认为，应当限制行政法规、地方性法规的强制措施设定权。

从一审到五审，委员们对于不同位阶的法律法规设定行政强制的范围产生过争议。行政强制法最终规定了行政强制的种类、设定和实施程序，全国人大常委会法工委有关负责人指出，"这等于划下了一道线，明确了什么部门能够制定什么层次的行政强制措施"，将行政强制措施设定权限设定在法律、行政法规、地方性法规的范围内，一方面进行合理配置，另一方面严格限制了行政法规、地方性法规设定行政强制措施的设定权限[1]。2011年6月30日，《中华人民共和国行政强制法》在第十一届全国人大常委会第二十一次会议上通过，同日，国家主席胡锦涛签署第四十九号主席令公布，自2012年1月1日起施行。行政强制法十二年的立法过程，集中规定了行政强制措施和行政强制执行，体现了中国立法机关对于公权力运行的立法保持了极为谨慎的态度，对于私权利保障给予了极为充分的关怀。

行政强制法共七章七十一条。"总则"部分规定了立法目的、基本概念、基本原则（法定原则、适当原则、教育与强制相结合原则、不得谋利原则、损害赔偿原则等）。第一条规定了立法目的。第八条强调了行政相对人的权利，对于行政相对人权利的明确，正是对第一条中"保护公民、法人和其他组织的合法权益"的落实。

---

〔1〕《行政强制法立法十二载透视：呵护公民权益》，长城网，http://news. hebei. com. cn/system/ 2011/06/30/011251407. shtml。

第二章为"行政强制的种类和设定"。明确规定了行政强制措施的种类包括五种：（1）限制公民人身权利；（2）查封场所、设施或者财物；（3）扣押财物；（4）冻结存款、汇款；（5）其他行政强制措施。第十二条规定，行政执行的方式有六种：（1）加处罚款或者滞纳金；（2）划拨存款、汇款；（3）拍卖或者依法处理查封、扣押的场所、设施或者财物；（4）排除妨碍、恢复原状；（5）代履行；（6）其他强制执行方式。以上所有内容，即行政强制措施、行政强制执行，均应当由法律进行设定，但特殊情况下也可以由行政法规和地方性法规进行规定。

行政强制措施、行政强制执行设定权限一览

行政强制措施的设定（第十、十一条）	行政强制执行的设定（第十三条）
行政强制措施由法律设定。	行政强制执行由法律设定。
尚未制定法律，且属于国务院行政管理职权事项的，行政法规可以设定除本法第九条第一项（限制公民人身自由）、第四项（冻结存款、汇款）和应当由法律规定的行政强制措施以外的其他行政强制措施。	法律没有规定行政机关强制执行的，作出行政决定的行政机关应当申请人民法院强制执行。
尚未制定法律、行政法规，且属于地方性事务的，地方性法规可以设定本法第九条第二项（查封场所、设施或者财物）、第三项（扣押财物）的行政强制措施。	
法律、法规以外的其他规范性文件不得设定行政强制措施。	
法律对行政强制措施的对象、条件、种类作了规定的，行政法规、地方性法规不得作出扩大规定。 法律中未设定行政强制措施的，行政法规、地方性法规不得设定行政强制措施。 但是，法律规定特定事项由行政法规规定具体管理措施的，行政法规可以设定除本法第九条第一项（限制公民人身自由）、第四项（冻结存款、汇款）和应当由法律规定的行政强制措施以外的其他行政强制措施。	

第三章关于"行政强制措施实施程序",规定行政强制措施由法律、法规规定的行政机关在法定职权范围内实施。行政强制措施权不得委托,明确了行政强制措施的执行主体和禁止事项。第四章为"行政机关强制执行程序",下设"一般规定""金钱给付义务的执行""代履行"三小节。第五章为"申请人民法院强制执行"。第六章为"法律责任",违反本法规定,给公民、法人或者其他组织造成损失的,依法给予赔偿;违反本法规定,构成犯罪的,依法追究刑事责任。第七章为"附则"。

行政强制法是对行政执行权这一公权力进行确定与规范的法律,通过明确规定该公权力的产生途径、运行轨迹、实际效果,对于行政机关依法行使行政强制措施予以规范,从而实现对于行政相对人的基本权利的保障,体现了立法机关对于良法善治的期许。

第四节　行政监督与行政救济法

行政监督与行政救济法应当包括行政监察法、行政复议法、行政诉讼法以及国家赔偿法。行政监察法目前已经修改为监察法,并于宪法及其相关法部分进行论述,因此本节仅对行政诉讼法、行政复议法和国家赔偿法进行介绍。应当明确的是,行政监督是对行政行为加以监督的法律,行政救济法是对于已经产生实际损害效果的行政行为进行矫正并对其行为产生的当事人合法权益损失或者损害予以补偿或者赔偿的法律。随着 1989 年行政诉讼法、1994 年国家赔偿法出台,行政监督救济制度取得突破性进展。

一、行政复议法

1998 年 10 月 27 日，在第九届全国人大常委会第五次会议上，国务院法制办公室主任杨景宇作了《关于〈中华人民共和国行政复议法（草案）〉的说明》。起草行政复议法遵循了以下原则：（1）体现行政复议作为行政机关内部监督特点，不宜也不必搬用司法机关办案的程序，使行政复议"司法"化；（2）坚持便民原则，不能让老百姓处处感到不方便；（3）强化对复议活动的监督，严格法律责任，充分发挥行政复议制度快捷、便民，又不需要老百姓支付复议费用的优点，使行政争议尽可能解决在行政机关内部[1]。经过讨论与完善，《中华人民共和国行政复议法》由第九届全国人大常委会第九次会议于 1999 年 4 月 29 日通过，同日，国家主席江泽民签署第十六号主席令公布，自 1999 年 10 月 1 日起施行。

行政复议法共七章四十三条。"总则"部分规定了立法目的、行政复议机关、基本原则、复议与诉讼相衔接等内容。立法目的在于"防止和纠正违法的或者不当的具体行政行为，保护公民、法人和其他组织的合法权益，保障和监督行政机关依法行使职权"。

关于"行政复议范围"，规定了公民、法人或者其他组织可以申请行政复议的范围。

关于"行政复议申请"，公民、法人或者其他组织认为具体

---

〔1〕　杨景宇：《关于〈中华人民共和国行政复议法（草案）〉的说明——1998 年 10 月 27 日在第九届全国人民代表大会常务委员会第五次会议上》，《中华人民共和国全国人民代表大会常务委员会公报》1999 年第 3 期。

行政行为侵犯其合法权益，可以自知道该具体行政行为之日起六十日内提出行政复议申请。行政复议申请人如下：（1）依照本法申请行政复议的公民、法人或者其他组织是申请人；（2）有权申请行政复议的公民死亡的，其近亲属可以申请行政复议；有权申请行政复议的公民为无民事行为能力人或者限制民事行为能力人的，其法定代理人可以代为申请行政复议；有权申请行政复议的法人或者其他组织终止的，承受其权利的法人或者其他组织可以申请行政复议。公民、法人或者其他组织对行政机关的具体行政行为不服申请行政复议的，作出具体行政行为的行政机关是被申请人。同申请行政复议的具体行政行为有利害关系的其他公民、法人或者其他组织，可以作为第三人参加行政复议。申请人、第三人可以委托代理人代为参加行政复议。申请人申请行政复议，可以书面申请，也可以口头申请；口头申请的，行政复议机关应当当场记录申请人的基本情况、行政复议请求、申请行政复议的主要事实、理由和时间。

对谁不服	向谁复议
对县级以上地方各级人民政府工作部门的具体行政行为不服的	由申请人选择，可以向该部门的本级人民政府申请行政复议，也可以向上一级主管部门申请行政复议
对海关、金融、国税、外汇管理等实行垂直领导的行政机关和国家安全机关的具体行政行为不服的	向上一级主管部门申请行政复议
对地方各级人民政府的具体行政行为不服的	向上一级地方人民政府申请行政复议
对省、自治区人民政府依法设立的派出机关所属的县级地方人民政府的具体行政行为不服的	向该派出机关申请行政复议

对谁不服	向谁复议
对国务院部门或者省、自治区、直辖市人民政府的具体行政行为不服的	向作出该具体行政行为的国务院部门或者省、自治区、直辖市人民政府申请行政复议
对国务院部门或者省、自治区、直辖市人民政府的对行政复议决定不服的	可以向人民法院提起行政诉讼；也可以向国务院申请裁决，国务院依照本法的规定作出最终裁决
对县级以上地方人民政府依法设立的派出机关的具体行政行为不服的	向设立该派出机关的人民政府申请行政复议
对政府工作部门依法设立的派出机构依照法律、法规或者规章规定，以自己的名义作出的具体行政行为不服的	向设立该派出机构的部门或者该部门的本级地方人民政府申请行政复议
对法律、法规授权的组织的具体行政行为不服的	分别向直接管理该组织的地方人民政府、地方人民政府工作部门或者国务院部门申请行政复议
对两个或者两个以上行政机关以共同的名义作出的具体行政行为不服的	向其共同上一级行政机关申请行政复议
对被撤销的行政机关在撤销前所作出的具体行政行为不服的	向继续行使其职权的行政机关的上一级行政机关申请行政复议

公民、法人或者其他组织申请行政复议，行政复议机关已经依法受理或者有法律法规规定行政复议是行政诉讼的前置程序的，在法定行政复议期限内不得向人民法院提起行政诉讼；向人民法院提起行政诉讼，人民法院已经依法受理，不得申请行政复议。可见，行政复议和行政诉讼，均作为行政监督或者救济的推进，总体上是择一性的或具有一定排他性。

关于"行政复议受理"，规定行政复议机关收到行政复议申请后，应当在五日内进行审查，对不符合本法规定的行政复议申请，决定不予受理，并书面告知申请人；对符合本法规定，但是不属于本机关受理的行政复议申请，应当告知申请人向有关行政复议机关提出。除此之外，行政复议申请自行政复议机关负责法制工作的机构收到之日起即为受理。

关于"行政复议决定"，规定行政复议原则上采取书面审查的办法，但是申请人提出要求或者行政复议机关负责法制工作的机构认为有必要时，可以向有关组织和人员调查情况，听取申请人、被申请人和第三人的意见。行政复议机关在对被申请人作出的具体行政行为进行审查时，认为其依据不合法，本机关有权处理的，应当在三十日内依法处理；无权处理的，应当在七日内按照法定程序转送有权处理的国家机关依法处理。处理期间，中止对具体行政行为的审查。

行政复议法规定的违法违规行为及对应处分

违反规定或者法律的行为	对应处分
行政复议机关违反本法规定，无正当理由不予受理依法提出的行政复议申请或者不按照规定转送行政复议申请的，或者在法定期限内不作出行政复议决定的	对直接负责的主管人员和其他直接责任人员依法给予警告、记过、记大过的行政处分；经责令受理仍不受理或者不按照规定转送行政复议申请，造成严重后果的，依法给予降级、撤职、开除的行政处分
行政复议机关工作人员在行政复议活动中，徇私舞弊或者有其他渎职、失职行为的	依法给予警告、记过、记大过的行政处分；情节严重的，依法给予降级、撤职、开除的行政处分；构成犯罪的，依法追究刑事责任
被申请人违反本法规定，不提出书面答复或者不提交作出具体行政行为的证据、依据和其他有关材料，或者阻挠、变相阻挠公民、法人或者其他组织依法申请行政复议的	对直接负责的主管人员和其他直接责任人员依法给予警告、记过、记大过的行政处分
对被申请人进行报复陷害的	依法给予降级、撤职、开除的行政处分；构成犯罪的，依法追究刑事责任
申请人不履行或者无正当理由拖延履行行政复议决定的	对直接负责的主管人员和其他直接责任人员依法给予警告、记过、记大过的行政处分
经责令履行仍拒不履行的	依法给予降级、撤职、开除的行政处分

2009 年 8 月 27 日，第十一届全国人大常委会第十次会议通过关于《修改部分法律的决定》，对行政复议法进行修正。同日，国家主席胡锦涛签署第十六号主席令公布，自公布之日起施行。其中涉及行政复议法的内容是，将行政复议法第三十条中的"征用"修改为"征收"。

为适应国家统一法律职业资格考试制度的建立，2017 年 9 月 1 日，第十二届全国人大常委会第二十九次会议通过了《关于修改〈中华人民共和国法官法〉等八部法律的决定》，对行政复议法进行第二次修正。同日，国家主席习近平签署第七十六号主席令公布，自 2018 年 1 月 1 日起施行。

行政复议法修订草案已于 2022 年 10 月提交全国人大常委会审议。目前，修订草案第二次审议稿已向社会公开征求意见。

二、行政诉讼法

1989 年的行政诉讼法是新中国第一部规定民众可以状告政府及其工作人员的程序法。中国古代历史上，从来没有出现过真正意义上的"限权政府"（或者"有限政府"）的行政观念，因此也没有真正意义上的行政诉讼制度。民国时期，北洋政府曾经建立过平政院，南京政府则建立过行政法院[1]。中国共产党从建立瑞金苏维埃政权开始，就一直秉持"执政为民"与"行政为民"的政权、政府建设理念。尽管在中华人民共和国成立之后走过一些曲折的道路，但是在社会秩序走上正轨之后，中国立法机

---

〔1〕 吴欢：《融贯中西：民初行政审判中的规则使用——以〈平政院裁决录存〉为中心的考察》，《法商研究》2017 年第 4 期；谢冬慧：《民国时期行政审判机构之变迁》，《黑龙江社会科学》2017 年第 2 期。

关就立即着手建立一套能够有效限制政府行政权力的法律制度。

（一）1989 年行政诉讼法

行政诉讼法出台之前，行政案件依照何种法律进行审判、行政诉讼法与行政实体法的先后顺序、行政诉讼法由哪些专家参与起草等问题都是 1989 年行政诉讼法制定出台进程中面临的重大问题与时代背景。

1. 1989 年行政诉讼法的制定背景

实际上，1982 年出台的民事诉讼法（试行）中就已经初步构建了行政诉讼制度框架。其中第三条规定："凡在中华人民共和国领域内进行民事诉讼，必须遵守本法。法律规定由人民法院审理的行政案件，适用本法规定。"因此，在行政诉讼法正式出台之前，人民法院审判行政案件是可以援引、依据民事诉讼法（试行）的。

但是，仅凭借民事诉讼法（试行）进行行政案件的审判，至少有两点缺陷：第一，民事诉讼法（试行）中所规定的行政诉讼法律条文并非独立且全面的法律部门，将对于行政行为的诉讼建立在民事诉讼法律的基础上，则无法构建起行政审判的完整的合理性；第二，在司法过程中，无法实质区分民事审判程序与行政审判程序，但是这二者之间的差异性是明显存在的，单纯依靠民事程序法不能完全解决行政审判过程中的所有程序问题。因此，着手制定一部专门适用于行政审判的法律就格外必要了，"这部被视为中国行政法复兴奠基石的法律，并不是立法者的心血来潮，而是顺应改革开放之需、为迈向政府法治而酝酿积蓄已久、水到渠成的制度工程"[1]。

---

〔1〕 沈岿：《行政法变迁与政府重塑、治理转型——以四十年改革开放为背景》，《中国法律评论》2018 年第 5 期。

另一方面，1986 年民法通则出台也给行政立法带来了一定的冲击因素，行政立法正式被提上议程。全国人大法律委员会顾问陶希晋召集北京地区法学家举行座谈会，讨论行政立法问题。1986 年 10 月 4 日，行政立法研究组在人民大会堂正式成立。

根据罗豪才的回忆，行政立法研究组的组成人员多是行政法学界与实务界的高端人士，他们就中国行政立法活动，应当先拟定行政实体法还是先拟定行政程序法有过充分的考量与讨论，可以说，关于立法顺序的讨论，对于中国行政立法进程有着重大的意义与影响，而中央政法部门领导人对于行政立法活动的大力支持以及行政法学者的大量投入，则实质地推动了中国行政诉讼法草案的制定与出台。

这就是在行政立法中行政诉讼法先于行政实体法产生的原因（尽管行政诉讼法在三大诉讼法中出台最晚，刑事诉讼法 1979 年出台，民事诉讼法 1982 年试行）。行政法学者们与立法者结合我国实际，采取了程序法先行，以程序法倒逼实体法的路径[1]。对照中国行政立法进程，就可以更为深刻地理解起草者当初预设通过行政程序立法带动行政实体立法的深思熟虑与良苦用心。全国人大常委会法工委也顺势而为，积极推进行政诉讼法的起草工作。起草工作小组在 1987 年着手行政诉讼法草案，试拟稿在 6 月起草完毕。

中华人民共和国行政相关立法

法律名称	颁行时间
行政诉讼法	1989 年 4 月 4 日

---

〔1〕　罗冠男：《我国行政法典编纂的重要历程与新思路新展望》，《理论探索》2020 年第 4 期。

法律名称	颁行时间
行政处罚法	1996 年 3 月 17 日
行政复议法	1999 年 4 月 29 日
行政许可法	2003 年 8 月 27 日
治安管理处罚法	2005 年 8 月 28 日
行政强制法	2011 年 6 月 30 日

行政诉讼立法这一目标被确定下来之后，行政立法研究组结合搜集来的国内外行政立法资料，综合我国自身需求，派员出国考察行政法学理论与制度，并召开了多次座谈会开展研讨。在此基础上，行政立法研究组终于在 1988 年 8 月向全国人大常委会法工委提交了行政诉讼法（试拟稿）。法工委对试拟稿进行整合、修改与完善，形成行政诉讼法（草案），提交全国人大常委会，并将征求意见稿刊登在《人民日报》进行公布。

据称，征求意见稿公布后的两个月内，法工委收到各级行政、司法部门及普通民众的意见书 130 份，甚至有百名基层干部联名反对行政诉讼法出台的情形。全国人大常委会法工委的立法大事记记录了这样一个情况：因为行政诉讼法的制定，有一个市的多名乡镇干部辞职，他们说："没法干了，过去无法我有办法，现在有法我没办法了。"〔1〕 由此，罗豪才认为，"行政诉讼法的出台遇到的困难和阻力可能比任何一部法律都要大"。但是，时任全国人大常委会委员长彭真，以及陶希晋、王汉斌等领导人，对行政诉讼法立法表示应当大力支持。彭真针对一些干部不肯、不想、不愿意成为被告的思想，发表过专门的讲话；王汉斌高度

---

〔1〕 沙雪良、张绵绵：《改革开放 40 年亲历者讲述立法故事》，《决策探索》（上），2022 年第 2 期。

评价了行政诉讼制度构建工作，表示不管怎么样，都要把这个制度建立起来，坚持下去就是胜利；而陶希晋则直接与行政立法组积极交流，给予了积极的支持。因此，罗豪才认为，行政诉讼法的最后出台，还是得益于中央层面的支持，"根本一条还是中央在全民讨论行政诉讼法的时候给予了积极的态度，对行政诉讼法草案开过两次讨论会。没有党中央的支持，推动不了这件事"。罗豪才回忆道："行政诉讼法开始实施那一天，很多人放鞭炮，很多人说这是中国立法史上辉煌的一天。这也说明行政诉讼法的颁布实施意义重大，影响深远，标志着新中国行政诉讼制度的正式确立，在中国制度文明史上具有重要地位。中国历史上没有真正有效的'民告官'的传统，行政诉讼法的颁布改变了这一传统，为监督行政机关依法行使职权与维护公民合法权益提供了崭新的机制。随着行政诉讼法的颁布和实施，国家赔偿法、行政复议法及其实施条例，最高人民法院的相关司法解释等行政纠纷化解制度得以逐渐发展和完善起来，行政纠纷化解基本上实现了有法可依。"[1]

　　1989 年 4 月 4 日，第七届全国人大第二次会议通过了《中华人民共和国行政诉讼法》，同日，由国家主席杨尚昆以主席令第十六号公布，自 1990 年 10 月 1 日起施行。1990 年，行政诉讼法生效实施的当年，全国一审行政案件受理案数是 13006 件，其成效是立竿见影的。

　　2. 1989 年行政诉讼法的相关内容

　　1989 年出台的行政诉讼法共十一章七十五条，2014 年行政诉讼法修正，但是仍然完整地保持了这一体例。

---

〔1〕 夏莉娜、张维炜：《罗豪才：见证中国行政诉讼制度的发展历程》，《中国人大》2011 年第 24 期。

总则部分规定了立法目的、起诉条件、基本原则与基本制度。第二条规定了行政相对人对于行政机关及其工作人员侵害他们合法权益的具体行政行为（因此不能是针对抽象行政行为、内部行政行为等提起行政诉讼），可以向法院提起行政诉讼。第三条第二款排除了建立专门行政法院模式，确立了在法院内设置行政法庭的模式。第五条规定了具体行为合法性审查原则。其他内容与民事诉讼没有明显差异。

关于"受案范围"，规定了具体行政行为的种类：（1）对拘留、罚款、吊销许可证和执照、责令停产停业、没收财物等行政处罚不服的；（2）对限制人身自由或者对财产的查封、扣押、冻结等行政强制措施不服的；（3）认为行政机关侵犯法律规定的经营自主权的；（4）认为符合法定条件申请行政机关颁发许可证和执照，行政机关拒绝颁发或者不予答复的；（5）申请行政机关履行保护人身权、财产权的法定职责，行政机关拒绝履行或者不予答复的；（6）认为行政机关没有依法发给抚恤金的；（7）认为行政机关违法要求履行义务的；（8）认为行政机关侵犯其他人身权、财产权的。值得关注的是，第十一条里没有规定"其他具体行政行为"，换言之，这八种情形是穷举的状态。第十二条则设置了受理的排除项，分为四种：（1）国防、外交等国家行为；（2）行政法规、规章或者行政机关制定、发布的具有普遍约束力的决定、命令；（3）行政机关对行政机关工作人员的奖惩、任免等决定；（4）法律规定由行政机关最终裁决的具体行政行为。

关于"管辖"，规定了各级法院的管辖范围。第一审行政案件原则上由基层法院管辖。中级人民法院受理三类特殊的行政案件。（1）确认发明专利权的案件、海关处理的案件。（2）对国务院各部门或者省、自治区、直辖市人民政府所作的具体行政行为提起诉讼的案件。（3）本辖区内重大、复杂的案件。另外，中级人民法院、高级人民法院与最高人民法院分别受理本辖区内重大复杂的第一审行政案件（最高人民法院对应全国性范围）。

行政诉讼法关于法院管辖权的规定

法条号	行政相对人提起行政诉讼的类型	有管辖权的法院
第十七条	一般的行政案件	最初作出具体行政行为的行政机关所在地人民法院
第十七条	经复议的行政案件	最初作出具体行政行为的行政机关所在地人民法院；复议机关所在地人民法院
第十八条	对限制人身自由的行政强制措施不服提起的诉讼案件	被告所在地或者原告所在地人民法院管辖
第十九条	因不动产提起的行政诉讼案件	不动产所在地人民法院
第二十条	两个以上人民法院都有管辖权的案件	原告可以选择其中一个人民法院
第二十条	原告向两个以上有管辖权的人民法院提起诉讼的案件	最先收到起诉状的人民法院
法条号	法院接受案件后	处理办法
第二十一条	人民法院发现受理的案件不属于自己管辖时	【移送管辖】应当移送有管辖权的人民法院
第二十二条	有管辖权的人民法院由于特殊原因不能行使管辖权	【指定管辖】由上级人民法院指定管辖
第二十三条	上级法院对下级法院	【管辖权转移】有权审判下级人民法院管辖的第一审行政案件；也可以把自己管辖的第一审行政案件移交下级人民法院审判
第二十三条	下级法院认为有管辖权但应当交由上级法院审理的案件	【管辖权转移】可以报请上级人民法院决定

关于"诉讼参加人",规定了共同诉讼、第三人诉讼、代表诉讼、诉讼代理人的权利与义务等内容,则与民事诉讼法相关规定无太大差异。规定了原被告资格,较为特殊,也有一定复杂性。

行政诉讼法关于原告、被告的规定

原告（第二十四条）	被告（第二十五条）
依照本法提起行政诉讼的公民、法人或者其他组织	（1）公民、法人或者其他组织直接向人民法院提起诉讼的、作出具体行政行为的行政机关 （2）经复议的案件： ①复议机关决定维持原具体行政行为的，作出原具体行政行为的行政机关是被告； ②复议机关改变原具体行政行为的，复议机关是被告。
有权提起行政诉讼且死亡的公民的近亲属	（3）两个以上行政机关作出同一具体行政行为的，共同作出具体行政行为的行政机关是共同被告 （4）接受授权或委托的行政机关或组织： ①由法律、法规授权的组织所作的具体行政行为，该组织是被告。
有权提起诉讼的法人或者其他组织终止，承受其权利的法人或者其他组织	②由行政机关委托的组织所作的具体行政行为，委托的行政机关是被告。 （5）行政机关被撤销的，继续行使其职权的行政机关是被告

关于"证据",规定的证据种类、法院取证、司法鉴定、证据保全等内容,与民事诉讼法相关规定无太大差异。值得关注的是第三十二条与第三十三条的内容。第三十二条规定,被告对作出的具体行政行为负有举证责任,应当提供作出该具体行政行为的证据和所依据的规范性文件。第二十二条规定,在诉讼过程中,被告不得自行向原告和证人收集证据。此二条均是对于拥有强大行政权的行政机关进行严格限制,并对处于弱势地位的行政相对人之权利进行重点保护。行政机关与行政相对人之间的事实地位显然是并不平等的,但如何实现第七条"当事人在行政诉讼中的法律地位平等"的规定与要求,则需要通过法律规定对两方当事人的权重与力量进行调试与平衡。举证责任分配原则与对于行政机关自行取证的严格禁止,正是当事人法律地位平等的体现。

关于"起诉和受理"，规定了行政相对人先复议后诉讼，或者直接提起行政诉讼两条途径。"审判和判决"一章中规定了相应的时间限制。规定诉讼期间不停止具体行政行为的执行，以及其三种例外，即（1）被告主动主张停止的；（2）原告申请停止且法院依照损害程度以及公共利益原则裁定停止的；（3）法律法规规定应当停止的。此外，还对合议庭制度、回避制度、原告不到庭视为撤诉、被告不到庭缺席审判、妨害行政诉讼审判进行司法惩罚或者刑事追责等作了具体规定。排除了行政诉讼中的司法调解。

行政诉讼法关于一审、二审裁判的规定

判决、裁定	一审裁判（第五十四条）	二审裁判（第六十一条）
判决维持	具体行政行为证据确凿，适用法律、法规正确，符合法定程序的	原判决认定事实清楚，适用法律、法规正确的，判决驳回上诉
全部或部分撤销并重新作出	具体行政行为：1. 主要证据不足的；2. 适用法律、法规错误的；3. 违反法定程序的；4. 超越职权的；5. 滥用职权的	原判决认定事实不清，证据不足，或者由于违反法定程序可能影响案件正确判决的
判决其在一定期限内履行	被告不履行或者拖延履行法定职责的	—
判决变更	行政处罚显失公正的	（1）原判决认定事实清楚，但适用法律、法规错误的；（2）原判决认定事实不清，证据不足，或者由于违反法定程序可能影响案件正确判决的

关于"执行"，规定了行政相对人、行政机关必须履行法院生效裁判。值得注意的是，本条是本法中唯一使用"必须"这一极具强制性、司法权威性的法律条文。对于各方当事人拒不履行生效裁判或者具体行政行为，另一方当事人或法院可以按照以下方式进行处理。

行政诉讼法关于拒不履行的规定

当事人	拒不履行的事项	对应措施
行政相对人	法院生效裁定	行政机关可以向第一审人民法院申请强制执行，或者依法强制执行
行政相对人	具体行政行为	行政机关可以申请人民法院强制执行，或者依法强制执行
行政机关	法院生效裁定	第一审人民法院可以：（1）对应当归还的罚款或者应当给付的赔偿金，通知银行从该行政机关的账户内划拨；（2）在规定期限内不履行的，从期满之日起，对该行政机关按日处五十元至一百元的罚款；（3）向该行政机关的上一级行政机关或者监察、人事机关提出司法建议；（4）拒不履行判决、裁定，情节严重构成犯罪的，依法追究主管人员和直接责任人员的刑事责任

"侵权赔偿责任"是对于合法权利受到行政机关及其工作人员所作出具体行政行为侵害的行政相对人所拥有和行使的赔偿请求权进行的专章规定。1954 年宪法中早已确认过的人民获得国家赔偿的权利，1982 年宪法第四十一条亦有确定此规定，"由于国家机关和国家工作人员侵犯公民权利而受到损失的人，有依照法律规定取得赔偿的权利"。这一专章是对公民宪法权利的文本化、具象化、确定化、规范化及可操作化。本章规定行政相对人对于损害赔偿应当先经过行政解决这一前置程序，对于行政处理不服则可以向法院提起赔偿诉讼。与一般行政诉讼案件不适用调解的原则（本法第五十条）不同，赔偿诉讼可以适用调解。赔偿责任由作出具体行政行为侵权的行政机关承担，但是行政机关完成赔偿后，应当责令有故意或者重大过失的行政机关工作人员承担部分或者全部赔偿费用。费用由各级财政支出。本专章是国家赔偿法形成的良好开端，但是美中不足的是"只是建立一个侵权赔偿诉讼机制，而没有对赔偿范围、程序、方式和标准等作出明确规定"[1]。

---

〔1〕 沈岿：《行政法变迁与政府重塑、治理转型——以四十年改革开放为背景》，《中国法律评论》2018 年第 5 期。

1989 年行政诉讼法标志了我国行政法制构建事业的起步。尽管其中也有不甚完善之处，但却是从无到有的重要步骤。自此，行政审判不再依赖民事诉讼法，正式确立了一种崭新的司法制度，培养锻炼了高素质的行政审判法院，有效解决了大量行政纠纷，有力保障行政诉讼中公民、法人和其他社会组织的合法权益，防止行政权对于公民合法权益的无端侵害，建立起对政府的监督、规范以及制裁机制，推动了行政法治事业与责任政府建设的发展进程。行政诉讼法出台意义重大[1]。

（二）2014 年行政诉讼法

在 1989 年行政诉讼法施行之后，行政案件长期存在"立案难、审理难、执行难"现实状况。于是，开始了针对这一问题的法律修改。这是行政诉讼现实困境对于行政诉讼立法活动形成倒逼机制，促进了行政诉讼立法的完善与发展。

另一方面，法治政府建设活动的需求也对行政诉讼立法提出了新的要求。2008 年国务院发布了《国务院关于加强市县政府依法行政的决定》。2014 年中共十八届四中全会作出了《中共中央关于全面推进依法治国若干重大问题的决定》[2]。因此，有学者指出，"行政诉讼不是简单的'民告官'，而是明确指向'责任政府'的目标"[3]。

1. 2014 年行政诉讼法的修改过程

2013 年 10 月，十二届全国人大常委会出台立法规划（共 68

〔1〕 罗豪才：《中国特色行政诉讼制度的发展——在纪念〈行政诉讼法〉颁布 20 周年座谈会上的发言》，《行政法学研究》2000 年第 3 期；顾昂然：《行政诉讼法的制定对我国社会主义民主政治和法治建设有重大意义》，《中国法学》1989 年第 3 期。
〔2〕 应松年：《中国行政法发展的创新之路》，《行政法学研究》2017 年第 3 期。
〔3〕 沈岿：《行政法变迁与政府重塑、治理转型——以四十年改革开放为背景》，《中国法律评论》2018 年第 5 期。

件）中就有行政诉讼法修改的规划[1]。

2013 年 12 月 23 日下午，全国人大常委会法工委副主任信春鹰受委员长会议委托，作了行政诉讼法修正案（草案）的说明[2]。第十二届全国人大常委会第六次会议初次审议了行政诉讼法修正案（草案），并于 12 月 31 日将行政诉讼法修正案（草案）在中国人大网公布，向社会公开征集意见[3]。此外，法工委将草案印发地方人大常委会和国务院有关部门、部分高等院校、科研机构征求意见。法律委员会、内务司法委员会和法制工作委员会联合召开座谈会，听取全国人大代表以及最高人民法院、最高人民检察院、国务院有关部门、律师界、企业界和专家学者的意见。法律委员会、法制工作委员会还召开部分省、自治区、直辖市人大常委会和政府法制机构、人民法院、人民检察院参加的座谈会，听取意见，到北京、浙江、江苏、吉林等地进行专题调研。各方面对于行政诉讼法修正草案的评价较高，认为草案认真总结多年来的行政审判经验，着力解决"立案难、审理难、执行难"等实践中存在的突出问题，从保障当事人诉讼权利以及完善管辖、诉讼参与人、诉讼程序等方面进行了修改，总体赞成草案的修改内容，同时，也提出了一些修改意见。法律委员会、法制工作委员会就草案中的主要问题与最高人民法院、最高人民检察院、国务院法制办公室交换意见，共同研究。法律委员会于 7 月

---

〔1〕《十二届全国人大常委会立法规划（共 68 件）》，《中国人大》2013 年第 21 期。

〔2〕信春鹰：《关于〈中华人民共和国行政诉讼法修正案（草案）〉的说明——2013 年 12 月 23 日在第十二届全国人民代表大会常务委员会第六次会议上》，《中华人民共和国全国人民代表大会常务委员会公报》2014 年第 6 期。

〔3〕《行政诉讼法修正案（草案）条文》，中国人大网，http://www.npc.gov.cn/npc/xinwen/lfgz/flca/ 2013—12/31/content_1822050. htm。

31 日召开会议，根据常委会组成人员的审议意见和各方面意见，对草案进行了逐条审议。最高人民法院、最高人民检察院和国务院法制办公室有关负责人员列席了会议。8 月 18 日，法律委员会召开会议，再次进行审议[1]。

全国人大常委会会议于 2014 年 10 月 28 日上午对关于修改《中华人民共和国行政诉讼法》的决定（草案）进行了分组审议。大多数意见认为，草案已经比较成熟，建议进一步修改后，提请本次会议通过。同时，有些常委会组成人员还提出了一些修改意见。法律委员会于 2014 年 10 月 29 日下午召开会议，逐条研究了常委会组成人员的审议意见，对草案进行了审议。最高人民法院、最高人民检察院、国务院法制办公室的负责人列席了会议。法律委员会认为草案是可行的，并于 2014 年 10 月 31 日向全国人大常委会作了全国人大法律委员会关于《全国人民代表大会常务委员会关于修改〈中华人民共和国行政诉讼法〉的决定（草案)》修改意见的报告，同时在其中提出十条修改意见。最后，法律委员会汇报了有的常委会组成人员、代表和最高人民检察院提出的构建人民检察院提起行政公益诉讼的建议，但国务院法制办公室提出，在行政诉讼法中规定公益诉讼制度，有一些理论和制度问题尚需深入研究。由此埋下 2017 年行政诉讼法修正的伏笔[2]。2014 年 11 月 1 日上午，十二届全国人大常委会第十一次会议举行，

---

〔1〕《全国人民代表大会法律委员会关于〈中华人民共和国行政诉讼法修正案（草案）〉修改情况的汇报》，中国人大网，http://www.npc.gov.cn/npc/lfzt/2014/2014—08/31/content_1876868.htm。

〔2〕 李适时：《全国人民代表大会法律委员会关于〈中华人民共和国行政诉讼法修正案（草案）〉修改情况的汇报——2014 年 8 月 25 日在第十二届全国人民代表大会常务委员会第十次会议上》，《中华人民共和国全国人民代表大会常务委员会公报》2014 年第 6 期。

会议以 152 票赞成、0 票反对、5 票弃权，表决通过了关于修改行政诉讼法的决定。

2. 2014 年行政诉讼法修改的主要内容

本决定共六十一条，本次修改体现出对于行政机关更为严格的限制与对于行政相对人合法权利更为强力的保护。如第一条"立法目的"将"维护和监督行政机关依法行使行政职权"中的"维护"一词删除，仅留下"监督"，从而强化了行政诉讼立法对于行政机关的规范与控制。

第六章"起诉和受理"中，第四十六条将原本规定的"公民、法人或者其他组织直接向人民法院提起诉讼的，应当在知道作出具体行政行为之日起三个月内提出"的起诉期限扩展至"六个月"，并增加不动产行政诉讼案件起诉期限为自知道作出行政行为二十年，其他案件为五年。为了配合立案登记制的实施、完善法院立案活动，将第四十二条拆分、修改为第五十一、第五十二条，由此将立案活动各个环节及当事人对于立案结果的不同处理模式等方面，都进行了翔实规定，进而极大丰富了立案规范。

第七章"审理与判决"中，增加了第三节"简易程序"。第六十七条将被告行政机关接收到起诉书副本后，向法院提交的内容由"作出具体行政行为的有关材料"改为"作出行政行为的证据和所依据的规范性文件"，并将提交时限从十日延长到十五日。第五十六条，将裁定停止行政行为继续执行的情形，在原来的基础上增加了"人民法院认为该行政行为的执行会给国家利益、社会公共利益造成重大损害的"，并增加第二款规定当事人对于该裁定不服的可以申请复议一次。第六十条对原第五十条"行政案件不适用调解"的原则进行了完善，补充特殊情形以及相应规范。将原第五十四条的规定改为第六十九、第七十、第七

十二、第七十七条共四条，在驳回原告诉请的情形中增加了"原告申请被告履行法定职责或者给付义务理由不成立的"，在判决全部或部分撤销、判决重新作出行政行为的情形中增加了"明显不当的"，删除判决被告在一定期限内履行的情形中"拖延履行"，将判决变更行政处罚的情形修改为"行政处罚明显不当，或者其他行政行为涉及对款额的确定、认定确有错误的"，将原第五十五条修改为第七十一条安置于此间。第八十一条将原第五十七条规定的一审判决应在三个月内作出修改为六个月内。

新增加的"简易程序"规定，一审行政案件如果法院认为事实清楚、权利义务关系明确、争议不大的，可以适用简易程序，包括三种情形，即被诉行政行为是依法当场作出的、案件涉及款额二千元以下的、属于政府信息公开案件的，此外，当事人各方同意适用简易程序的，也可以适用。同时也确定了两种明确不得适用简易程序的情形，即发回重审与按照审判监督程序再审的案件。适用简易程序审理的行政案件，由审判员一人独任审理，并应当在立案之日起四十五日内审结。但是，人民法院在审理过程中，发现案件不宜适用简易程序的，应当裁定转为普通程序。

关于二审程序，即一审判决或裁定分别处理的内容，增加第四项"原判决遗漏当事人或者违法缺席判决等严重违反法定程序的，裁定撤销原判决，发回原审人民法院重审"，并规定原审法院对发回重审的案件作出判决后，当事人上诉，二审法院不得发回重审，以及法院对于上诉案件改判的同时应当对于被诉行政行为也作出判决。在本章二审程序中，首先修改了行政案件上诉可以实行书面审理的规定。

第九十一条完善了再审程序，当事人、本级人民法院院长、上级人民法院或者最高人民法院以及人民检察院可以启动再审程序。

将原"侵权赔偿责任"一章删去，转由 2012 年出台的国家赔偿法进行规定。"执行""涉外行政诉讼"两章也进行了一定程度的修改与完善。"执行"一章吸收对于调解书的执行。"涉外行政诉讼"中增加了七条。

本次行政诉讼法修正中严格了对于行政机关的责任与义务，并强化了对于行政相对人合法权利的保护。主要致力于解决"立案难、诉讼难、执行难"的问题。从 2014 年到 2015 年的一审案件数量变化就能够从一定程度上反映出行政诉讼法修改后，2014 年行政诉讼一审案件数量"已达 141880 件……行政诉讼法（2014 年）实施后，2015 年全年的行政一审案件达 220398 件，陡增 55.34%。此后两年也维持在大致水平"[1]。除此之外，走向法治政府与责任政府的时代使命，也是行政诉讼法得以修正的重大动力与价值追求。

（三）2017 年行政诉讼法

2017 年，行政诉讼法再度修改。此次修改的目的是建立检察机关提起行政公益诉讼制度，由此监督和促进政府在生态环境和资源保护、食品药品安全、国有财产保护、国有土地使用权出让等领域积极履行职责。

1. 2017 年行政诉讼法的修改过程

2014 年 10 月 20 日至 23 日，党的十八届四中全会顺利召开，审议并通过了《中共中央关于全面推进依法治国若十重大问题的决定》。2014 年 10 月 29 日，习近平总书记作了《关于〈中共中央关于全面推进依法治国若干重大问题的决定〉的说明》，其中第九点具体论述了行政公益诉讼的内容，体现了党中央对于建设检察机关提起行政公益诉讼制度的高度重视："探索建立检察机关提起

---

〔1〕 沈岿：《行政法变迁与政府重塑、治理转型——以四十年改革开放为背景》，《中国法律评论》2018 年第 5 期。

公益诉讼制度。现在，检察机关对行政违法行为的监督，主要是依法查办行政机关工作人员涉嫌贪污贿赂、渎职侵权等职务犯罪案件，范围相对比较窄。而实际情况是，行政违法行为构成刑事犯罪的毕竟是少数，更多的是乱作为、不作为。如果对这类违法行为置之不理、任其发展，一方面不可能根本扭转一些地方和部门的行政乱象，另一方面可能使一些苗头性问题演变为刑事犯罪。全会决定提出，检察机关在履行职责中发现行政机关违法行使职权或者不行使职权的行为，应该督促其纠正。作出这项规定，目的就是要使检察机关对在执法办案中发现的行政机关及其工作人员的违法行为及时提出建议并督促其纠正。这项改革可以从建立督促起诉制度、完善检察建议工作机制等入手。

"在现实生活中，对一些行政机关违法行使职权或者不作为造成对国家和社会公共利益侵害或者有侵害危险的案件，如国有资产保护、国有土地使用权转让、生态环境和资源保护等，由于与公民、法人和其他社会组织没有直接利害关系，使其没有也无法提起公益诉讼，导致违法行政行为缺乏有效司法监督，不利于促进依法行政、严格执法，加强对公共利益的保护。由检察机关提起公益诉讼，有利于优化司法职权配置、完善行政诉讼制度，也有利于推进法治政府建设。"[1]

2014 年行政诉讼法第一次修正的时候，就已经开始考虑与讨论建立检察机关提起行政公益诉讼制度了。2014 年 10 月 31 日，全国人大法律委员会在作《关于〈全国人民代表大会常务委员会关于修改中华人民共和国行政诉讼法的决定（草案）〉修改意见的报告》的最后就已经对本问题展开说明："国务院法制办公室提

---

〔1〕 习近平：《关于〈中共中央关于全面推进依法治国若干重大问题的决定〉的说明》，《人民日报》2014 年 10 月 29 日，第 2 版。

出，在行政诉讼法中规定公益诉讼制度，有一些理论和制度问题尚需深入研究：一是行政公益诉讼与行政诉讼法第二条规定的原告应当是其合法权益受到行政行为侵害的相对人的要求不一致；二是如何确定行政公益诉讼的范围，除社会比较关注的环境资源和食品安全等领域外，政府管理的其他领域都涉及公共利益，情况很复杂，是否都可以提起行政公益诉讼；三是行政诉讼'民告官'的制度定位与行政公益诉讼'官告官'的关系如何处理；四是在行政管理实践中，人民政府是公共利益的代表，人民政府和人民法院、人民检察院都在人民代表大会及其常务委员会监督下工作，检察机关提起行政公益诉讼、起诉行政机关、由法院作出判决，这几个方面的关系尚须深入研究。法律委员会经研究认为，党的十八届四中全会提出探索建立检察机关提起公益诉讼制度具有重大意义。可以通过在实践中积极探索，抓紧研究相关法理问题，逐步明确公益诉讼的范围、条件、诉求、判决执行方式等，为行政公益诉讼制度的建立积累经验。建议本法暂不作规定。"[1]

在中央层面的支持与鼓励之下，各方积极探讨与探索之下，检察机关提起行政公益诉讼开始进行试点工作。2015 年 7 月 1 日，第十二届全国人大常委会第十五次会议通过了《关于授权最高人民检察院在部分地区开展公益诉讼试点工作的决定》。7 月 2 日，最高人民检察院发布了《检察机关提起公益诉讼改革试点方案》。2015 年 12 月 16 日，最高人民检察院第十二届检察委员会第四十五次会议通过了《人民检察院提起公益诉讼试点工作实施

---

〔1〕 李适时：《全国人民代表大会法律委员会关于〈中华人民共和国行政诉讼法修正案（草案）〉修改情况的汇报——2014 年 8 月 25 日在第十二届全国人民代表大会常务委员会第十次会议上》，《中华人民共和国全国人民代表大会常务委员会公报》2014 年第 6 期。

办法》。2015 年最高人民检察院在《关于深化检察改革的意见（2013—2017 年工作规划）》中就行政公益诉讼特别明确提出，要"探索建立健全行政违法行为法律监督制度"。2016 年 2 月 22 日，最高人民法院审判委员会第一千六百七十九次会议通过了《人民法院审理人民检察院提起公益诉讼案件试点工作实施办法》[1]。在这些探索的过程中，本制度运行的经验与规范逐渐积累并成熟起来，成为行政诉讼法第二次修改的重要资源。

2. 2017 年行政诉讼法修改的主要内容

根据 2017 年 6 月 27 日第十二届全国人大常委会第二十八次会议以 148 票赞成、1 票弃权通过的关于修改《中华人民共和国民事诉讼法》和《中华人民共和国行政诉讼法》的决定[2]，对行政诉讼法作出修正，第二十五条增加一款，作为第四款："人民检察院在履行职责中发现生态环境和资源保护、食品药品安全、国有财产保护、国有土地使用权出让等领域负有监督管理职责的行政机关违法行使职权或者不作为，致使国家利益或者社会公共利益受到侵害的，应当向行政机关提出检察建议，督促其依法履行职责。行政机关不依法履行职责的，人民检察院依法向人民法院提起诉讼。"本决定自 2017 年 7 月 1 日起施行。

三、国家赔偿法

1989 年七届全国人大二次会议制定行政诉讼法后，为了保证行

---

〔1〕 黄学贤：《行政公益诉讼回顾与展望——基于"一决定三解释"及试点期间相关案例和〈行政诉讼法〉修正案的分析》，《苏州大学学报（法学版）》2018 年第 2 期。

〔2〕 郑博超、王治国：《全国人大常委会通过修改民诉法行诉法决定，检察机关提起公益诉讼制度正式确立》，《法制日报》2017 年 6 月 28 日第 1 版。

政诉讼法规定的行政赔偿制度的实施，全国人大常委会法制工作委员会即组织有关法律专家组成起草小组，在总结实践经验的基础上，借鉴国外有关国家赔偿的规定，于1992年10月起草了国家赔偿法（试拟稿），印发有关部门、各地方和法律专家征求意见，并进一步调查研究和修改，拟订了国家赔偿法（草案）。

1993年10月22日在第八届全国人大常委会第四次会议上，全国人大常委会法制工作委员会副主任胡康生作了关于《中华人民共和国国家赔偿法（草案）》的说明。因此，建立专门的国家赔偿法，具体落实宪法和行政诉讼法中的相关制度和条文，具有重大的意义与必要性。该草案规定了国家赔偿的范围包括行政赔偿和刑事赔偿，并划定了国家赔偿与国家工作人员个人赔偿的界限，而民事审判、行政审判中的错判、军事赔偿等也不是国家赔偿的内容。该草案确定了国家赔偿的计算标准和方式，而确定国家赔偿额度的原则为：第一，要使受害人所受到的损失能够得到适当弥补；第二，考虑国家的经济和财力能够负担的状况；第三，便于计算，简便易行。此外，草案还规定赔偿义务机关和国家赔偿程序。1994年5月5日，在第八届全国人民代表大会常务委员会第七次会议上，全国人大法律委员会副主任委员蔡诚作了全国人大法律委员会关于《中华人民共和国国家赔偿法（草案）》审议结果的报告[1]。经讨论与修改，《中华人民共和国国家赔偿法》由第八届全国人大常委会第七次会议于1994年5月12日通过，同日，国家主席江泽民签署第二十三号主席令公布，自1995年1月1日起施行。

---

〔1〕 蔡诚：《全国人大法律委员会关于〈中华人民共和国国家赔偿法（草案）〉审议结果的报告——1994年5月5日在第八届全国人民代表大会常务委员会第七次会议上》，《中华人民共和国全国人民代表大会常务委员会公报》1994年第4期。

国家赔偿法共六章三十五条。"总则"部分规定了立法目的与国家赔偿权利、义务双方。本法的立法目的在于"保障公民、法人和其他组织享有依法取得国家赔偿的权利，促进国家机关依法行使职权"，国家赔偿权利主体是国家机关和国家机关工作人员违法行使职权侵犯公民、法人和其他组织的合法权益造成损害的受害人，国家赔偿义务主体是"本法规定的赔偿义务机关"。第二、三章分别为"行政赔偿"与"刑事赔偿"，其下均分为"赔偿范围"、"赔偿请求人和赔偿义务机关"以及"赔偿程序"三节。

行政赔偿与刑事赔偿的范围、主体以及程序的对照

	行政赔偿	刑事赔偿
赔偿范围	1. 行政机关及其工作人员在行使行政职权时有下列侵犯人身权情形之一的，受害人有取得赔偿的权利：（一）违法拘留或者违法采取限制公民人身自由的行政强制措施的；（二）非法拘禁或者以其他方法非法剥夺公民人身自由的；（三）以殴打等暴力行为或者唆使他人以殴打等暴力行为造成公民身体伤害或者死亡的；（四）违法使用武器、警械造成公民身体伤害或者死亡的；（五）造成公民身体伤害或者死亡的其他违法行为。	1. 行使侦查、检察、审判、监狱管理职权的机关及其工作人员在行使职权时有下列侵犯人身权情形之一的，受害人有取得赔偿的权利：（一）对没有犯罪事实或者没有事实证明有犯罪重大嫌疑的人错误拘留的；（二）对没有犯罪事实的人错误逮捕的；（三）依照审判监督程序再审改判无罪，原判刑罚已经执行的；（四）刑讯逼供或者以殴打等暴力行为或者唆使他人以殴打等暴力行为造成公民身体伤害或者死亡的；（五）违法使用武器、警械造成公民身体伤害或者死亡的。
	2. 行政机关及其工作人员在行使行政职权时有下列侵犯财产权情形之一的，受害人有取得赔偿的权利：（一）违法实施罚款、吊销许可证和执照、责令停产停业、没收财物等行政处罚的；（二）违法对财产采取查封、扣押、冻结等行政强制措施的；（三）违反国家规定征收财物、摊派费用的；（四）造成财产损害的其他违法行为。	2. 行使侦查、检察、审判、监狱管理职权的机关及其工作人员在行使职权时有下列侵犯财产权情形之一的，受害人有取得赔偿的权利：（一）违法对财产采取查封、扣押、冻结、追缴等措施的；（二）依照审判监督程序再审改判无罪，原判罚金、没收财产已经执行的。

	行政赔偿	刑事赔偿
赔偿范围	3. 属于下列情形之一的，国家不承担赔偿责任：（一）行政机关工作人员与行使职权无关的个人行为；（二）因公民、法人和其他组织自己的行为致使损害发生的；（三）法律规定的其他情形。	3. 属于下列情形之一的，国家不承担赔偿责任：（一）因公民自己故意作虚伪供述，或者伪造其他有罪证据被羁押或者被判处刑罚的；（二）依照刑法第十四条、第十五条规定不负刑事责任的人被羁押的；（三）依照刑事诉讼法第十一条规定不追究刑事责任的人被羁押的；（四）行使国家侦查、检察、审判、监狱管理职权的机关的工作人员与行使职权无关的个人行为；（五）因公民自伤、自残故意行为致使损害发生的；（六）法律规定的其他情形。
赔偿请求人和赔偿义务机关	行政赔偿请求人： 受害的公民、法人和其他组织有权要求赔偿。 受害的公民死亡，其继承人和其他有扶养关系的亲属有权要求赔偿。 受害的法人或者其他组织终止，承受其权利的法人或者其他组织有权要求赔偿。	刑事赔偿请求人： 受害的公民、法人和其他组织有权要求赔偿。 受害的公民死亡，其继承人和其他有扶养关系的亲属有权要求赔偿。 受害的法人或者其他组织终止，承受其权利的法人或者其他组织有权要求赔偿。
	行政赔偿义务机关： 行政机关及其工作人员行使行政职权侵犯公民、法人和其他组织的合法权益造成损害的，该行政机关为赔偿义务机关。 两个以上行政机关共同行使行政职权时侵犯公民、法人和其他组织的合法权益造成损害的，共同行使行政职权的行政机关为共同赔偿义务机关。 法律、法规授权的组织在行使授予的行政权力时侵犯公民、法人和其他组织的合法权益造成损害的，被授权的组织为赔偿义务机关。 受行政机关委托的组织或者个人在行使受委托的行政权力时侵犯公民、法人和其他组织的合法权益造成损害的，委托的行政机关为赔偿义务机关。	刑事赔偿义务机关： 行使侦查、检察、审判、监狱管理职权的机关及其工作人员在行使职权时侵犯公民、法人和其他组织的合法权益造成损害的，该机关为赔偿义务机关。 对没有犯罪事实或者没有事实证明有犯罪重大嫌疑的人错误拘留的，作出拘留决定的机关为赔偿义务机关。 对没有犯罪事实的人错误逮捕的，作出逮捕决定的机关为赔偿义务机关。 再审改判无罪的，作出原生效判决的人民法院为赔偿义务机关。二审改判无罪的，作出一审判决的人民法院和作出逮捕决定的机关为共同赔偿义务机关。

	行政赔偿	刑事赔偿
赔偿请求人和赔偿义务机关	赔偿义务机关被撤销的，继续行使其职权的行政机关为赔偿义务机关；没有继续行使其职权的行政机关的，撤销该赔偿义务机关的行政机关为赔偿义务机关。 经复议机关复议的，最初造成侵权行为的行政机关为赔偿义务机关，但复议机关的复议决定加重损害的，复议机关对加重的部分履行赔偿义务。	
赔偿程序	1. 提出赔偿申请：赔偿请求人要求赔偿应当先向赔偿义务机关提出，也可以在申请行政复议和提起行政诉讼时一并提出。赔偿请求人可以向共同赔偿义务机关中的任何一个赔偿义务机关要求赔偿，该赔偿义务机关应当先予赔偿。赔偿请求人根据受到的不同损害，可以同时提出数项赔偿要求，要求赔偿应当递交申请书。 2. 予以赔偿：赔偿义务机关应当自收到申请之日起两个月内依照本法第四章的规定给予赔偿；逾期不予赔偿或者赔偿请求人对赔偿数额有异议的，赔偿请求人可以自期间届满之日起三个月内向人民法院提起诉讼。 3. 内部处理：赔偿义务机关赔偿损失后，应当责令有故意或者重大过失的工作人员或者受委托的组织或者个人承担部分或者全部赔偿费用。对有故意或者重大过失的责任人员，有关机关应当依法给予行政处分；构成犯罪的，应当依法追究刑事责任。	1. 提出赔偿申请（如左）：赔偿请求人要求赔偿应当先向赔偿义务机关提出，也可以在申请行政复议和提起行政诉讼时一并提出。赔偿请求人可以向共同赔偿义务机关中的任何一个赔偿义务机关要求赔偿，该赔偿义务机关应当先予赔偿。赔偿请求人根据受到的不同损害，可以同时提出数项赔偿要求，要求赔偿应当递交申请书。 2. 予以赔偿：赔偿义务机关应当自收到申请之日起两个月内依照本法第四章的规定给予赔偿；逾期不予赔偿或者赔偿请求人对赔偿数额有异议的，赔偿请求人可以自期间届满之日起三十日内向其上一级机关申请复议。 赔偿义务机关是人民法院的，赔偿请求人可以依照前款规定向其上一级人民法院赔偿委员会申请作出赔偿决定。 复议机关应当自收到申请之日起两个月内作出决定。赔偿请求人不服复议决定的，可以在收到复议决定之日起三十日内向复议机关所在地的同级人民法院赔偿委员会申请作出赔偿决定；复议机关逾期不作决定的，赔偿请求人可以自期间届满之日起三十日内向复议机关所在地的同级人民法院赔偿委员会申请作出赔偿决定。

续表

	行政赔偿	刑事赔偿
赔偿程序		中级以上的人民法院设立赔偿委员会,由人民法院三名至七名审判员组成。赔偿委员会作赔偿决定,实行少数服从多数的原则。赔偿委员会作出的赔偿决定,是发生法律效力的决定,必须执行。 3. 内部处理:赔偿义务机关赔偿损失后,应当向刑讯逼供或违法使用武器警械造成公民身体伤害或者死亡、贪污受贿、徇私舞弊、枉法裁判行为的工作人员追偿部分或者全部赔偿费。对上述责任人员,有关机关应当依法给予行政处分;构成犯罪的,应当依法追究刑事责任。

第四章为"赔偿方式和计算标准",规定国家赔偿以支付赔偿金为主要方式,或者对当事人的财产予以返还或者恢复原状。分别规定了侵犯当事人人身自由权利、生命健康权、财产权的不同额度或者比例,额度单位为"国家上年度职工日平均工资"(下表中设为 X)与"国家上年度职工平均工资"(下表中设为 Y)。

国家赔偿方式和计算标准

	具体情形	对应赔偿
侵犯公民人身自由		每日的赔偿金案按 X 计算
侵犯公民生命健康权	造成身体伤害的	医疗费 + 误工减少收入(每日的赔偿金按 X 计算,最高额 ≤5Y)
	造成部分或者全部丧失劳动能力的	医疗费 + 残疾赔偿金(部分丧失:最高额 ≤10Y;全部丧失:最高额 ≤20Y)+ 生活费(全部丧失,对其扶养的无劳动能力的人)

续表

	具体情形	对应赔偿
侵犯公民生命健康权	造成死亡的	死亡赔偿金 + 丧葬费（总额≤20Y）+ 生活费（对其扶养的无劳动能力的人）
	【备注】生活费的发放标准参照当地民政部门有关生活救济的规定办理。被扶养的人是未成年人的，生活费给付至十八周岁止；其他无劳动能力的人，生活费给付至死亡时止。	
侵犯公民、法人和其他组织的财产权造成损害的	处罚款、罚金、追缴、没收财产或者违反国家规定征收财物、摊派费用的	返还财产
	查封、扣押、冻结财产的，解除对财产的查封、扣押、冻结，造成财产损坏或者灭失的	能够恢复原状的恢复原状，不能恢复原状的，按照损害程度给付相应的赔偿金
	应当返还的财产损坏的	能够恢复原状的恢复原状，不能恢复原状的，按照损害程度给付相应的赔偿金
	应当返还的财产灭失的	给付相应的赔偿金
	财产已经拍卖或者变卖的	给付拍卖或者变卖所得的价款；变卖的价款明显低于财产价值的，应当支付相应的赔偿金
	吊销许可证和执照、责令停产停业的	赔偿停产停业期间必要的经常性费用开支
	对财产权造成其他损害的	对财产权造成其他损害的
【备注】赔偿费用，列入各级财政预算，具体办法由国务院规定		

　　法律规定了如造成受害人名誉权、荣誉权损害，应当在侵权行为影响的范围内，为受害人消除影响，恢复名誉，赔礼道歉。人民法院在民事诉讼、行政诉讼过程中，违法采取对妨害诉讼的强制措施、保全措施或者对判决、裁定及其他生效法律文书执行

错误，赔偿请求人要求赔偿的程序，适用本法刑事赔偿程序的规定。赔偿请求人请求国家赔偿的时效为两年，自国家机关及其工作人员行使职权时的行为被依法确认为违法之日起计算。并规定赔偿义务机关、复议机关和人民法院不得向赔偿请求人收取任何费用，且对赔偿请求人取得的赔偿金不予征税。

2008 年 10 月 23 日在第十一届全国人大常委会第五次会议上，全国人大常委会法制工作委员会主任李适时作了关于《中华人民共和国国家赔偿法修正案（草案）》的说明。他指出修改国家赔偿法具有必要性。第一，本法是根据宪法的规定制定，于 1994 年 5 月 12 日通过，自 1995 年 1 月 1 日起实施。总的来看，中国国家赔偿制度的建立与实施，在国家的法制化进程中发挥了积极作用。第二，国家赔偿法在实施中也存在一些问题，主要是：赔偿程序的规定比较原则，对赔偿义务机关约束不够，有的机关对应予赔偿的案件拖延不予赔偿，当事人的合法权益难以得到保障；有的地方赔偿经费保障不到位，赔偿金支付机制不尽合理；赔偿项目的规定难以适应变化了的情况。第三，刑事赔偿范围的规定不够明确，实施中存在分歧。这些问题不同程度地阻碍了赔偿请求人及时有效地获得国家赔偿，近年来，各有关方面提出对国家赔偿法需要进行必要的修改。根据国家赔偿法的实施情况和各方面的意见，十届全国人大常委会将修改国家赔偿法列入了五年立法规划。根据立法规划的要求，法制工作委员会从 2005 年底着手国家赔偿法的修改工作，向最高人民法院、最高人民检察院、公安部、财政部、司法部、国务院法制办等中央有关部门及部分地方发函征求修改意见，并先后召开了领衔提出修改国家赔偿法议案和建议的全国人大代表座谈会、中央有关部门座谈会、法学专家座谈会以及国际研讨会，还分别到十个省市进行了调研。此外，对一些国家的国家赔偿法律制度进行了比较研究。2008 年以来，按照常委会立法工作计划，法制工作委员会加紧了修改研究工作，在深入调研并认真研究各方面意见的基础上，经同最高人民法院、最高人民检察院、公安部、财政部、司法部、国务院法制办等部门协商沟通，起草了国家赔偿法修正案（草案）。经过反复讨论与修改，2010 年 4 月 29 日第十一届全国人大常委会第十四次会议通过关于修改《中华人民共和国国家赔偿法》的决定，同日，国家主席胡锦涛签署第二十九号主席令公布，自 2010 年 12 月 1 日起施行。本次修改主要集中于畅通赔偿请求渠道、完善赔偿办理程序、确定双方举证义务、明确精神损害赔偿、保障赔偿费用支付等内容上。

2012 年 10 月 26 日第十一届全国人大常委会第二十九次会议通过关于修改《中华人民共和国国家赔偿法》的决定，自 2013 年 1 月 1 日起施行。

国家赔偿法实施至今，在 2021 年召开的第十三届全国人民代表大会第四次会议上，有代表提出修改国家赔偿法。对于代表提出的意见建议，宪法和法律委员会、法制工作委员会正会同有关方面加紧相关立法工作[1]。

---

〔1〕 全国人民代表大会宪法和法律委员会：《全国人民代表大会宪法和法律委员会关于第十三届全国人民代表大会第四次会议主席团交付审议的代表提出的议案审议结果的报告》，《中华人民共和国全国人民代表大会常务委员会公报》2022 年第 1 期。

第七章

经济法体系的创建与发展

第一节　全国人大及其常委会的经济立法历程

经济法是指调整国家对经济活动实行干预、管理或者调控所产生的社会经济关系的法律规范的总和。其主要目的在于国家对市场经济进行适度干预和宏观调控提供法律手段和制度框架，以防止市场经济的自发性和盲目性所导致的弊端。所以，我国经济法的发展是同市场经济的发展联系在一起的。中国经济法制的发展伴随 1978 年始不断深化的改革开放。党的十一届三中全会重新"把党的工作重点和人民的注意力转移到社会主义现代化建设上来"标志着建立健全经济法制成为立法重点。时任全国人大常委会委员长的叶剑英强调，人大常委会应尽快负担起制定法律、完善社会主义法制的责任[1]。在五届全国人大会议上"经济法""经济法规"等概念不断被提及，此后，大批法律的出台形成了早期经济法体系雏形，其发展主要经历了三个阶段[2]。

从 1979 年至 1993 年，是中国经济法的产生阶段。1982 年颁布的新宪法与 1986 年的民法通则为社会主义市场经济提供了基

---

〔1〕《叶剑英选集》，人民出版社 1996 年版，第 500 页。
〔2〕薛克鹏：《改革开放四十年经济法和经济法学的互动发展》，《地方立法研究》2018 年第 6 期。

础法律规则,加快了经济法制建设的立法步伐。伴随党的十一届三中全会的召开,计划经济向市场经济的转变,经济法才有了产生的土壤。但是当时计划经济仍然占主体,市场的作用有限。立法机关开始制定一些促进经济发展、规范经济活动的法律。为促进对外开放,吸引和规范外商投资,全国人大及其常委会制定了中外合作经营企业法、外资企业法等。在市场交易秩序的规范上,1981 年,全国人大常委会通过了经济合同法。税收管理方面,全国人大常委会先后制定了企业所得税与个人所得税的相关法律法规。为保护环境和自然资源,全国人大常委会先后出台环境保护法、水污染防治法、大气污染防治法等法律。这一时期,立法机关还制定了一系列规范经济发展的相关法律,如计量法、国有企业法等法律。虽然上述经济法律法规后被新法取代或现已失效,但开创了以市场为基础的经济法制和法治之路[1]。

1993 年 11 月,中共十四届三中全会明确提出"社会主义市场经济体制的建立和完善,必须有完备的法制来规范和保障。要高度重视法制建设,做到改革开放与法制建设的统一,学会用法律手段管理经济"。1993 年 3 月,第八届全国人大第一次会议通过的宪法修正案明确规定:"国家实行社会主义市场经济。""国家加强经济立法,完善宏观调控。"1995 年全国人大常委会继续把经济立法放在第一位,使立法适应发展社会主义市场经济的需要。

从 1993 年到 2011 年,是中国经济法的发展时期。1993 年中国开始建立社会主义市场经济体制,同时提出以社会主义市场经济为基础,建设具有中国特色的社会主义法律体系。这一时期的

---

[1] 史际春:《改革开放 40 年:从懵懂到自觉的中国经济法》,《东方法学》2018 年第 6 期。

法律体现了市场经济效率优先理念。为了维护市场秩序，制定了反不正当竞争法、房地产管理法、广告法、拍卖法、消费者权益保护法等，并对经济合同法等法律进行了修改。在宏观调控方面，制定了预算法、价格法等法律，并修改了税法、统计法等。为进一步促进对外开放，制定了对外贸易法等法律。1999年，九届全国人大二次会议通过的宪法修正案为进一步完善社会主义市场经济立法提供了宪法依据和保障。

2011年3月10日，时任全国人大常委会委员长吴邦国在作常委会工作报告时庄严宣布，中国特色社会主义法律体系已经建成。这一时期的经济立法从建立到完善，为社会主义市场经济的发展提供规范和保障作用。2012年党的十八大召开后，经济法进一步完善，经济立法在广度不断拓展、深度上继续突破。消费者保护、政府宏观调控、环境保护、外商投资和相关行业规制等领域中，全国人大及其常委会对相关法律法规作出修改或颁布新法。新时期全国人大及其常委会坚持以问题为导向，注重经济立法的精细化，以经济和社会发展的实践需要为依归，通过深入调查研究和广泛征求意见加强立法工作，发挥经济法维护市场公平秩序的基本功能。

2011年国务院新闻办公室发布了中国特色社会主义法律体系白皮书，经济法正式被确立为七个部门法之一。这标志着中国的经济法经过长期的发展，终于成为一个相对独立的法律部门。2012年中共十八大后，我国开始进入全面深化改革阶段，经济法也进入进一步完善阶段。为了应对随着经济和社会快速发展出现的各种新情况，一方面要制定新的经济法律法规，比如网络安全法；另一方面要对已有的法律进行修订，比如对消费者权益保护法、产品质量法、个人所得税法的修改，有些法律，比如个人所得税法经历多次修改，充分反映出中国立法与实践之间的互动。

而在整个发展完善的过程中，中国经济立法又呈现出了指导思想上从"宜粗不宜细"到精细立法、立法权限上从分散到集中、调控手段上，是从行政管理到综合调控的变化趋势[1]。

中国的经济法根据调整对象和目的的不同，可以分为宏观调控法、市场监管法、行业监管法、财政税收法和对外经济贸易法。宏观调控法是调整在国家对国民经济总体活动进行调节和控制过程中发生的经济关系，即宏观调控关系的法律规范，如价格法、统计法、循环经济促进法、中小企业促进法；市场监管法是通过国家权力监管市场行为、维护市场秩序、保护和促进公平竞争的法律规范，如反不正当竞争法、反垄断法、产品质量法、消费者权益保护法；行业监管法是对特定的行业实施监督管理和产业促进的法律规范，如反洗钱法、农业法、电力法、网络安全法、招标投标法；财政税收法是通过财政税收的方式来调整、分配经济收入和社会财富的法律规范，如预算法、税收征收管理法、个人所得税法等；另外，还有对外经济贸易法，如对外贸易法、外商投资法。

第二节　宏观调控法

加强国家的宏观调控，更好地发挥政府的作用，是中国社会主义制度完善的要求。宏观调控法的制定和完善也是中国特色社

---

〔1〕　周泽夏：《改革开放四十年经济法立法的趋势》，《河北法学》2018 年第12 期。

会主义法律体系建设的重要组成部分。中国宏观调控法注重市场价格机制的确立、资源与环境的保护、政府在社会公共产品管理与服务中的职责等，主要包括价格法、统计法、循环经济促进法、中小企业促进法、政府采购法。

1989 年以前，中国价格改革的启动依靠较多的暂行规范和行政规章，对于当时加强价格管理、促进商品经济发展，起到了积极作用，但市场经济的发展提出了更规范系统的立法要求。中共十四大提出的建立社会主义市场经济体制后，全国人大常委会将价格法的制定纳入立法规划，1989 年价格法制定工作启动。通过对草案反复修改、审议，最终于 1997 年 12 月 29 日全国人大常委会表决通过价格法。价格法的颁布对于创造价格合理形成和公平竞争环境，优化市场资源配置，加强和改善宏观调控具有重要意义。

统计法（草案）是从 1978 年着手起草的。全国人民代表大会常务委员会法制工作委员会同国务院经济法规研究中心以及各有关方面进行过多次协商研究，六届全国人民代表大会常务委员会第三次会议于 1983 年 12 月 8 日通过统计法，标志着我国统计工作开始走上法治的轨道。

由于经济发展与资源环境矛盾的日益尖锐，全国人大常委会于 2005 年 12 月决定将制定循环经济促进法补充列入立法计划，明确由全国人大环境与资源保护委员会提出法律草案。十一届全国人大常委会于 2008 年 8 月通过了循环经济促进法，有利于深入贯彻落实科学发展观、依法推进经济社会又好又快发展，是落实党中央提出的实现循环经济较大规模发展战略目标。

我国加入世界贸易组织后，市场竞争日趋激烈，为中小企业创造公平竞争的外部环境亟须将扶持和促进中小企业发展的主要政策上升到法律的高度。2002 年 6 月 29 日九届全国人大常委会第二十八次会议通过了中小企业促进法，标志着我国促进中小企业发展正式走上规范化和法治化轨道，也是我国中小企业发展史上的一个重要里程碑。

政府采购法是抑制腐败、发挥财政作用的重要法律。九届全国人大常委会在 2001 年立法计划中要求开展政府采购法的起草工作，2002 年 6 月 29 日第九届全国人大常委会第二十八次会议通过了政府采购法，推动政府采购制度的健康发展。

一、价格法

中共十一届三中全会提出了经济体制改革的任务，1979 年全面提高农产品收购价格，标志着中国价格改革的起步。国务院以及其他相关部门，为了对价格法进行规制，发布了一系列的行政规章。1982 年 8 月，国务院发布了物价管理暂行条例，试图改变当时因某些生活用品供不应求而出现的乱涨价、乱收费的情况。1984 年党的十二届三中全会通过了《中共中央关于经济体制改革的决定》，经济体制改革全面展开。1986 年，国务院物价部门修订了国务院有关部门分工管理农产品、工业消费品和重工业产品目录，放开了大部分产品的价格，把市场机制引入价格形成机制和管理过程。1987 年 9 月，国务院发布了价格管理条例，反映了计划经济与市场调节相结合的价格管理体制，将市场机制引入价格形成机制，强调企业的价格权利与义务，首次确立了直接管理与间接控制相结合的价格管理方式。1988 年，国务院发布了重要生产资料和交通运输价格管理暂行规定，1991 年国务院价格部门发布了关于农业机械产品销售价格管理办法。此后，国家计委又发布了商品价格管理办法、关于商品和服务实行明码标价的规定及其实施细则、城市基本生活必需品和服务价格监测办法等价格管理条例[1]。这些行政规章对于当时加强价格管理、推动价格改革、促进商品经济发展，起到了积极作用。但是，随着改革深化，其中的许多内容已不能完全适应改革和发展的需要。社会主义市场经济的发展需要制定价格法，对价格活动作出系统的、全面的规范。

1989 年 3 月 28 日，第七届全国人大第二次会议上，全国人大常委会副委员长兼秘书长彭冲在全国人大常委会工作报告中提出价格法是重点制定的第一个法律。为了加快立法步伐，国务院作出了部署[2]。价格法的起草工作分为两个阶段。第一阶段从 1989 年 4 月到 1991 年 12 月。原国家物价局在总结价格管理条例实施经验和存在问题的基础上，曾提出过价格法草案。第二阶段从 1992 年中共十四大至今。国家计委根据中共十四大提出的建立社会主义市场经济体制的要求和全国人大常委会的立法规划，认真总结我国近 18 年来价格改革实践，借鉴国外立法经验，进一步明确了立法指导思想，在原有工作的基础上，通过大量调查研究、广泛听取意见，并邀请经济学界、法学界和有关部门的专家学者研究论证，形成了价格法送审稿。送审稿上报国务院后，国务院法制局又进一步听取有关部门意见并会同国家计委反复研

---

〔1〕　贾法：《改革不断深化　呼唤〈价格法〉出台》，《中国物价》1997 年第 12 期。

〔2〕　湖北省潜江市物价局：《中共中央、全国人大常委会和国务院关于制定价格法的安排（摘录）》，《价格月刊》1996 年第 5 期。

究、修改，形成了价格法（草案）[1]，于 1997 年 8 月 25 日在第八届全国人大常委会第二十七次会议上提请审议。1997 年 12 月 29 日，第八届全国人大常委会第二十九次会议通过《中华人民共和国价格法》，同日，国家主席江泽民签署第九十二号主席令公布，自 1998 年 5 月 1 日起施行。在此之前，关于价格管理的法律法规最高位阶是行政法规，而 1997 年价格法颁布主体为全国人大常委会，首次将价格法上升至法律，将历年价格改革成果以法律的形式固定下来，在价格法制的立法上彰显国家重视价格机制合理配置资源的作用，全力发展市场经济的决心。

价格法全文共七章四十八条，其立法目的是规范价格行为，发挥价格合理配置资源的作用，稳定市场价格总水平，保护消费者和经营者的合法权益，促进社会主义市场经济健康发展。对经营者的价格行为、政府的定价行为、价格总水平调控、价格监督检查、法律责任都进行了专章规定。价格法在当时首次以法律形式明确了中国价格改革的方向，并从法律层面对价格监测、价格调节基金、价格听证、主要商品储备、价格干预措施、价格紧急措施等制度作了具体规定，规定国家实行并逐步完善宏观调控下由市场形成价格的机制，大多数商品和服务实行市场调节价，极少数商品和服务实行政府指导价或者政府定价。

价格法已经实施二十多年，中国的经济和社会都发生了很大的变化，近年来，每年都有一些人大代表和政协委员提出修改价格法的议案或提案、建议。有关部门也先后两次启动了价格法修改工作。2015 年，国家发展改革委价格司会同国家物价监督局拿

---

〔1〕 陈锦华：《关于〈中华人民共和国价格法（草案）〉的说明——1997 年 8 月 25 日在第八届全国人民代表大会常务委员会第二十七次会议上》，《中华人民共和国全国人民代表大会常务委员会公报》1997 年第 7 期。

出了一个价格法修订稿，并征求了各方的意见。但是形成的价格法（修订送审稿）最终没有上报，因为社会各界对价格法的认识尚不统一，甚至有人提出随着市场化程度的提高，市场自主定价机制的稳定，价格法应当废除[1]。但是，大部分专家学者认为价格法的修订依然需要提上立法议程。

二、统计法

1963 年国务院发布了统计工作试行条例，对中国的统计工作进行规范。1983 年 12 月 8 日第六届全国人大常委会第三次会议通过了中国第一部统计法，自 1984 年 1 月 1 日起施行。1963 年国务院发布的统计工作试行条例即行废止。统计法全文共六章二十八条，对统计调查计划和统计制度、统计资料的管理和公布、统计机构和统计人员、法律责任都进行了分章规定。规定统计的基本任务是对国民经济和社会发展情况进行统计调查、统计分析，提供统计资料，实行统计监督；国家机关、社会团体、企业事业组织和个体工商户，以及在中国境内的外资、中外合资和中外合作经营的企业事业组织，必须依照本法和国家规定，提供统计资料，不得虚报、瞒报、拒报、迟报，不得伪造、篡改。

1995 年 8 月 23 日，在第八届全国人大常委会第十五次会议上，国家统计局局长张塞作了《关于〈中华人民共和国统计法修正案（草案）〉的说明》。他指出，1983 年的统计法实施以来，对国民经济起到了积极的作用。但是针对统计工作中出现的虚报浮夸、弄虚作假等现象，迫切需要对统计法作出补充和完善。第

---

〔1〕　林火灿：《专家呼吁：颁布 20 年的〈价格法〉该改改了》，《经济日报》2018 年 9 月 18 日。

八届全国人大常委会第十四次会议专门听取了关于统计工作情况的报告，委员们对统计法的修改提出了很多意见。1990年上半年开始对统计法的修订，经反复研究、修改，形成了统计法修正案（草案）。草案通过进一步明确各地方、各部门、各单位领导及统计机构、统计人员的责任，加大惩处虚报浮夸、弄虚作假行为的力度，完善保障统计资料及时、真实、准确的责任制度等，重点解决统计工作中虚报浮夸、弄虚作假这一突出问题[1]。

1996年5月15日第八届全国人大常委会第十九次会议通过了《关于修改〈中华人民共和国统计法〉的决定》，对统计法进行修正。修正的内容包括统计的基本任务，统计调查对象提供统计资料的义务，增加社会公众对统计工作的监督，增加统计调查方式的规定，增加统计机构、统计人员的保密义务，统计机构、统计人员要求有关单位和人员如实提供统计资料等权力，完善违反规定的法律责任。

1983年审议通过，1996年修改的统计法随着经济社会的不断发展，许多规定已不能适应统计改革和发展的需要。从2003年到2005年，在全国人民代表大会会议上，有甘肃代表团和安徽、江苏、浙江代表团中30名以上的代表联名提出修改统计法的议案。2004年11月，全国人大常委会组织开展了对统计法执行情况的调查。2005年4月26日，全国人大常委会执法检查组在关于检查《中华人民共和国统计法》实施情况的报告中指出："随着市场经济的不断发展，特别是中国加入世贸组织以后，统计工作面临的内外部环境都发生了较大变化，统计法的部分内容

---

〔1〕 张塞：《关于〈中华人民共和国统计法修正案（草案）〉的说明》，北大法律信息网，http://gzlx.pkulaw.cn/fulltext_form.aspx? db = protocol&gid = c069b3fa7428107b6 c22b05a900a66b8 bdfb。

已不适应当前情况。当前统计工作面临的一些问题和矛盾，许多都与现行统计法规定不够完善有关。……目前，统计法修订工作已有了一定基础，建议国务院及有关部门从完善社会主义市场经济体制要求和统计工作的实际出发，适当加快这一工作进度。"[1] 温家宝总理、华建敏国务委员很快作出批示，要求国务院法制办、国家统计局抓紧修订统计法。

国家统计局于 2005 年 5 月启动了统计法修订工作，在广泛听取意见、认真总结实践经验、借鉴国外成功做法的基础上，反复审议修改，形成了统计法（修订草案）（以下简称修订草案）。修订草案已经国务院第三十七次常务会议讨论通过，提交 2008 年 12 月 22 日第十一届全国人大常委会第六次会议审议。修订后的统计法由 2009 年 6 月 27 日第十一届全国人大常委会第九次会议通过，同日，国家主席胡锦涛签署第十五号主席令公布，自 2010 年 1 月 1 日起施行。

修订后的统计法共七章五十条，修改的重点集中在：完善统计机构、统计人员独立调查、独立报告、独立监督的法律机制；加重对领导干部人为干预统计工作、统计机构和统计人员参与弄虚作假、调查对象提供不真实统计资料等违法行为的法律责任，并完善监督检查制度；建立严格的统计调查审批制度和对被调查者资料的保护制度，切实减轻基层填报负担，维护被调查者的权益；完善统计资料管理和公布制度，促进统计信息的社会共享。

统计法在实施的过程中，仍存在一些突出问题，多起统计违法的案件被媒体曝光。为进一步加强其执法建设，全国人大常委会根据 2018 年监督工作计划赴全国各地启动统计法执法检查。

---

〔1〕 马建堂：《关于〈中华人民共和国统计法（修订草案）〉的说明》，《中华人民共和国全国人民代表大会常务委员会公报》2009 年第 5 期。

根据现实要求，十三届全国人大常委会将统计法修改列入立法规划。2019 年 9 月 23 日，国家统计局出台统计法（修正案）（征求意见稿），面向全社会公开征求意见。此次统计法（修正案）（征求意见稿）拟由原来五十条增加至六十五条，并增加了"统计工作坚持党政同责、失职追责，对统计弄虚作假的地方、部门和单位，应当追究负有责任的领导人员和直接责任人员责任""推进互联网、大数据、云计算、人工智能等现代信息技术在统计中的应用，不断改进统计调查方法，提高统计的科学性、有效性"等内容。至今，统计法的修改工作仍在进行中。

三、循环经济促进法

循环经济，是指生产、流通和消费等过程中进行的减量化、再利用、资源化活动的总称。循环经济是推进可持续发展战略的一种优选模式，有效地利用资源和保护环境，最终达到以较小发展成本获取较大的经济效益、社会效益和环境效益。

20 世纪 80 年代以来，中国经济快速增长，同时也付出了很大的资源和环境代价，为了改变传统的粗放型经济增长方式，发展循环经济是一个突破口。2005 年，国务院发布了《国务院关于加快发展循环经济的若干意见》，为循环经济的发展提供了明确的政策依据。2005 年 12 月，十届全国人大常委会第四十次委员长会议决定将制定循环经济法补充列入立法计划，并明确由全国人大环境与资源保护委员会提出法律草案。2007 年 6 月 22 日，全国人大环境与资源保护委员会第二十三次全体会议审议通过了循环经济法（草案），提交在 2007 年 8 月 26 日召开的第十届全国人大常委会第二十九次会议上审议，全国人大环境与资源保护委员会副主任委员冯之浚对草案作了说明，对立法的必要性和主要内容进行了说明[1]。

关于法律的名称，全国人大环资委提交初审的法律草案名称为"循环经济法"，在草案审议过程中，考虑到我国发展循环经济的实践经验还不足，各地区的实际情况有较大的差异，全面推进循环经济发展还需要在实践中进一步总结经验，本法目前规定的发展循环经济的方针、原则和基本管理制度等内容较多的属于引导、促进的规定。为体现循环经济立法的阶段性特征，使本法的名称与主要内容相衔接，十一届全国人大常委会第四次会议将本法的名称修改为"循环经济促进法"[2]。

草案经过十一届全国人大常委会第三次会议第二次审议，2008年8月29日第十一届全国人大常委会第四次会议通过《中华人民共和国循环经济促进法》，自2009年1月1日起施行。

循环经济法全文共七章五十八条，对基本管理制度、减量化、再利用和资源化、激励措施、法律责任等都进行了分章规定。规定了发展循环经济应遵循的方针；发展循环经济应遵循的原则；循环经济促进法规定的基本管理制度，包括编制循环经济发展规划，实行总量控制，建立和完善循环经济评价指标体系，确立生产者责任延伸制度，对耗能、耗水总量大的重点企业实行重点监督管理，建立健全能源统计制度和循环经济标准体系；减量化的主要内容；再利用和资源化的主要内容；以及促进循环经

---

〔1〕　冯之浚：《关于〈中华人民共和国循环经济法（草案）〉的说明》，《中华人民共和国全国人民代表大会常务委员会公报》2008年第6期。

〔2〕　宋芳：《循环经济促进法的立法背景及主要内容》，中国人大网，http://www.npc. gov. cn/npc/xinwen/ rdlt/fzjs/2008—09/02/content_1447843. htm。

济发展的激励措施[1]。

2018 年 10 月 26 日，第十三届全国人大常委会第六次会议通过了《关于修改〈中华人民共和国野生动物保护法〉等十五部法律的决定》，对循环经济促进法作出修正。

循环经济促进法自修正后，在改善生态环境、促进经济社会可持续发展方面发挥了重要作用，但不断变化的实践情况对循环经济促进法提出了更高的要求。2021 年 10 月 23 日，全国人民代表大会环境与资源保护委员会针对全国人大代表修改循环经济促进法的议案进行了审议，并建议加强论证起草工作，条件成熟时列入立法规划、年度立法工作计划[2]。

四、中小企业促进法

我国的中小企业在促进市场竞争、增加就业机会、方便群众生活、推进技术创新、推动国民经济发展和保持社会稳定等方面，一直发挥着重要作用，但是在市场竞争中却面临着很多困难，常常处于弱势地位，需要法律的保障。根据九届全国人大常委会立法规划，全国人大财经委员会于 1999 年 4 月成立了中小企业促进法起草组，在充分听取社会各方面意见、调查研究的基础上，形成了中小企业促进法（草案），提交 2001 年 12 月 24 日召开的第九届全国人大常委会第二十五次会议审议，全国人大财政经济委员会副主任委员曾宪林在会上对草案作了说明。草案共

---

〔1〕 宋芳：《循环经济促进法的立法背景及主要内容》，中国人大网，http://www. npc. gov. cn/npc/xinwen/rdlt/fzjs/2008—09/02/content_1447843. htm。

〔2〕 丁显阳：《全国人民代表大会环境与资源保护委员会关于第十三届全国人民代表大会第四次会议主席团交付审议的代表提出的议案审议结果的报告》，中国人大网，http://www. npc. gov. cn/npc/c30834/202110/6e704e88b7c6492fac309e1b6cd33b99. shtml。

七章四十四条，除总则和附则外，对资金支持、创业扶持、技术创新、市场开拓、社会服务等促进中小企业发展的内容分章作了规定[1]。

2002 年 6 月 29 日，第九届全国人大常委会第二十八次会议通过了《中华人民共和国中小企业促进法》，自 2003 年 1 月 1 日起施行。

中小企业促进法全文共七章四十五条，主要是针对中小企业发展中的难题，章节也按照中小企业面临的难点问题的难易程度来排序，除第一章总则和第七章附则外，其他五章为资金支持、创业扶持、技术创新、市场开拓、社会服务，分别对应中小企业面临的资金、创业、创新、市场和服务问题。因为企业是受益体，政府是促进体，所以它没有法律责任这一章[2]。

中小企业促进法 2003 年实施以来，在改善中小企业发展环境，促进中小企业发展方面发挥了积极作用。全国人大常委会在 2009 年专门听取和审议了国务院关于促进中小企业发展情况的专项工作报告，于 2011 年至 2012 年开展了中小企业促进法立法后评估工作，认为现行法律某些方面已经不适应进一步促进中小企业发展的实际需要，应针对中小企业面临的新情况和新问题作出修改完善。

全国人大财政经济委员会于 2014 年 1 月牵头成立由工业和信息化部、国家发展改革委、财政部等十四个部委参加的中小企业促进法（修订）起草组。形成的中小企业促进法（修订草案）

---

〔1〕　曾宪林：《关于〈中华人民共和国中小企业促进法（草案）〉的说明》，法律图书馆网，http://www.law—lib.com/fzdt/newshtml/20/20050710212756.htm。

〔2〕　李玉荣：《国家经贸委官员解说〈中小企业促进法〉》，《中国经济快讯》2001 年第 12 期。

提交 2016 年 10 月 31 日召开的第十二届全国人大常委会第二十四次会议审议，全国人大财政经济委员会副主任委员乌日图在会上就修订草案作了说明。

2017 年 6 月 22 日，第十二届全国人大常委会召开第二十八次会议，第二次审议中小企业促进法修订草案。8 月 28 日，第十二届全国人大常委会第二十九次会议对中小企业促进法（修订草案）进行三次审议。修订草案三次审议稿针对中小企业的融资难等突出问题，在财税支持、融资促进、创业扶持、市场开拓、权益保护等方面增加规定了不少具体措施，有利于促进中小企业健康发展。

2017 年 9 月 1 日，第十二届全国人大常委会第二十九次会议通过了修订后的中小企业促进法，自 2018 年 1 月 1 日起施行。修订后的中小企业促进法将原法由七章扩展为十章，条文由四十五条增加到六十一条。进一步明确了法律贯彻落实的责任主体。首次明确了中小企业工作部门是"综合管理"的部门，首次提出了中小企业主管部门对中小企业促进工作可进行"监督检查"；进一步规范了财税支持相关政策，规定国家要实行有利于小型微型企业发展的税收政策，对符合条件的小型微型企业按照规定实行缓征、减征、免征企业所得税、增值税等措施，简化税收征管程序，减轻小型微型企业税收负担。将部分现行的税收优惠政策上升为法律；进一步完善融资促进相关措施等条款；增设"权益保护"专章，保护中小企业财产权等合法权益。此外，创业创新、服务措施、政府采购等方面在原法基础上也作了一些重要的补充和修改。

为促进中小企业促进法实施，全国人大常委会开展了执法检查，并于 2019 年 6 月 26 日作出报告。全国人大常委会副委员长陈竺在报告中指出，中小企业促进法的实施取得了积极成效，但也存在基础工作不扎实、企业待遇缺乏保障、融资难未有效缓解、维权渠道不通畅等问题，并对上述问题提出针对性建议[1]。2019 年 6 月 28 日，第十三届全国人大常委会结合审议中小企业促进法的执法检查报告开展专题询问，履行人大的法律监督职责。

五、企业国有资产法

从 20 世纪末开始，在国有企业改制过程中，大量存在着将国有资产低价折股、低价出售，甚至无偿分给个人，或者以其他方式和手段侵害国有资产权益，造成大量国有资产流失的情况。针对这方面的立法空白，人大常委会将国有资产法列入 2007 年立法计划，全国人大财经委员会在第八届、第九届全国人大财经委员会为制定国有资产法所做大量工作的基础上，充分征求各方面意见，经过多次修改，形成了国有资产法（草案），提交 2007 年 12 月 23 日第十届全国人大常委会第三十一次会议初次审议，全国人大财经委员会副主任委员石广生在会上作了草案的说明[2]。会后，法律委员会根据各方面的意见，对草案进行了逐条审议和修改。由于草案主要是针对维护企业国有资产权益、保障国有资产安全、促进国有资产保值增值作出的规定，目前企业

---

〔1〕　陈竺：《全国人民代表大会常务委员会执法检查组关于检查〈中华人民共和国中小企业促进法〉实施情况的报告——2019 年 6 月 26 日在第十三届全国人民代表大会常务委员会第十一次会议上》，《中国人大》2019 年第 15 期。

〔2〕　石广生：《关于〈中华人民共和国国有资产法（草案）〉的说明》，《中华人民共和国全国人民代表大会常务委员会公报》2008 年第 7 期。

国有资产的概念已广为使用,将名称改为"企业国有资产法"。[1] 2008年6月24日第十一届全国人大常委会第三次会议对草案进行了二审,2008年10月23日第十一届全国人大常委会第五次会议对草案进行了三审。2008年10月24日上午,第十一届全国人大常委会第五次会议分组审议了企业国有资产法(草案),委员们一致认为草案比较成熟,同意提交表决。2008年10月28日,第十一届全国人大常委会第五次会议通过了《中华人民共和国企业国有资产法》,自2009年5月1日起施行。

法律全文共九章七十七条,对履行出资人职责的机构、国家出资企业、国家出资企业管理者的选择与考核、关系国有资产出资人权益的重大事项、国有资本经营预算、国有资产监督和法律责任进行了专章规定。

六、政府采购法

政府采购是各级国家机关、事业单位和团体组织,使用财政性资金采购依法制定的集中采购目录中和限额标准以上的货物、工程和服务的行为。政府作为消费者,购买能力很强,同比增长快,对社会经济有着不可替代的影响。我国在借鉴外国经验的基础上,于1995年开始进行政府采购的试点工作,之后在全国展开。2000年机构改革中,绝大多数省级地方政府在省级财政部门都设立了政府采购管理机构和政府采购执行机构,各地区均设立了政府集中采购机构,初步形成政府采购制度框架。财政部于

---

〔1〕 洪虎:《全国人民代表大会法律委员会关于〈中华人民共和国国有资产法(草案)〉修改情况的汇报》,《中华人民共和国全国人民代表大会常务委员会公报》2008年第7期。

1999 年颁布了政府采购管理暂行办法，之后又陆续颁布了政府采购招投标管理暂行办法、政府采购合同监督暂行办法等一系列规章制度。同时，由于中国加入世贸组织，需要启动加入世贸组织政府采购协议的谈判。2000 年，中国承诺将政府采购市场进行开放，也需要尽快在政府采购领域建立起规范的法律制度[1]。

根据第九届全国人大常委会立法规划，全国人大财经委员会于 1999 年 4 月成立了政府采购法起草组，开始政府采购法的起草工作。经过两年多的工作，形成了政府采购法（草案），提请 2001 年 10 月 22 日召开的第九届全国人大常委会第二十四次会议审议。姚振炎在会上对政府采购法（草案）作了说明[2]。

2002 年 6 月 29 日，第九届全国人大常委会第二十八次会议通过了《中华人民共和国政府采购法》，自 2003 年 1 月 1 日起实施。法律全文共九十章八十八条，对政府采购当事人、政府采购方式、政府采购程序、政府采购合同、质疑与投诉、监督检查和法律责任都作了专章规定。

2014 年 8 月 31 日，第十二届全国人大常委会第十次会议通过了关于修改《中华人民共和国保险法》等五部法律的决定，对政府采购法作出修正，删除了政府采购代理机构资格认定及相关法律责任的规定。

2017 年、2018 年全国"两会"上，修改政府采购法的议案不断出现。2019 年 9 月 3 日，财政部披露对全国人大代表王玲提出的关于修改招标投标法、政府采购法维护法制统一的建议，答

─────────

〔1〕　周鑫：《打造"阳光交易"的政府采购——〈政府采购法〉修订背景透析》，《法治与社会》2014 年第 11 期。

〔2〕　姚振炎：《关于〈中华人民共和国政府采购法（草案）〉的说明》，《中华人民共和国全国人民代表大会常务委员会公报》2002 年第 4 期。

复中回应人大代表修改政府采购法的要求，将该法修改工作纳入财政部 2019 年立法工作计划中的研究项目[1]。政府采购法的修订工作被提上日程。2020 年 12 月 4 日，财政部研究起草了政府采购法（修订草案征求意见稿），向社会公开征求意见。草案增加采购需求编制方法和主要内容、对采购人内部需求管理的要求，加大政府采购工作的公开力度。

2021 年 3 月，全国人大代表在十三届全国人大四次会议上提出修改政府采购法相关建议。还有的代表从"绿色采购""消费扶贫"、发挥政府采购在宏观调控中的作用、强化以采购人为中心的绩效管理等角度提出修法建议[2]。

第三节　市场监管法

市场监管法治随着市场经济的转向、发展，制度体系逐步建立，基本框架逐渐明晰。为规范市场主体，促进市场经济有序发展，1993 年第八届全国人大常委会第三次会议通过了《中华人民共和国反不正当竞争法》，我国第一部反不正当竞争法应运而生。而反垄断法自 1994 年成立起草小组后，立法进程在很长一段时间内停滞。2007 年 8 月 30 日，全国人大常委会第二十九次会议通过了《中华人民共和国反垄断法》，酝酿了二十多年的我国第一部反垄断法诞生，对打击垄断行为发挥了重要作用。随着

---

〔1〕《关于"十三届全国人大二次会议第 7402 号建议"的答复（节选）》，中国政府采购网，http://www.ccgp.gov.cn/jdjc/taya/201909/t20190909012859447.htm。

〔2〕《关于政府采购，听两会代表怎么说》，《中国政府采购》2021 年第 3 期。

新的商业模式、新的问题不断涌现，2017 年 11 月 4 日，第十二届全国人大常委会第三十次会议于 2017 年 11 月 4 日修订通过《中华人民共和国反不正当竞争法》。2022 年 6 月 24 日，十三届全国人大常委会第二十五次会议表决通过关于修改反垄断法的决定，自 2022 年 8 月 1 日起施行。

在质量检验法方面，1993 年 2 月 22 日，第七届全国人大常委会第三十次会议审议通过了《中华人民共和国产品质量法》，回应当时市场上制假售假现象；1989 年 2 月 21 日，第七届全国人大常委会第六次会议通过的《中华人民共和国进出口商品检验法》促进对外贸易发展；1985 年 9 月 6 日，第六届全国人大常委会第十二次会议通过《中华人民共和国计量法》，1988 年 12 月 29 日，第七届全国人大常委会第五次会议通过《中华人民共和国标准化法》。上述法律制定后，市场经济的新变化要求市场监管法治继续向纵深发展。人大代表积极履职，推动立法、修法工作的开展。2021 年进出口商品检验法进行了第五次修正，2018 年产品质量法经过了第三次修正。2017 年 8 月十二届全国人大常委会通过了新修订的标准化法。2018 年计量法进行了第五次修正。

一、竞争法

（一）反不正当竞争法

反不正当竞争法是中国由计划经济向市场经济时期转变的一部重要法律，只有在市场经济下，平等的市场主体之间才能展开竞争。但是随着市场经济的发展，市场竞争的日益激烈，一些商业主体在经济利益的驱使下，开始采用一些不正当的手段进行竞争，生产和销售假冒伪劣产品是非常常见的现象。

为了保证市场主体之间的公平、有序竞争，借鉴了国际经验，1993年9月2日，第八届全国人大常委会第三次会议通过了《中华人民共和国反不正当竞争法》，同日，国家主席江泽民签署第十号主席令公布，自1993年12月1日起施行。该法是中国第一部反不正当竞争的基本法。

法律全文共四章三十三条，对不正当竞争行为、监督检查、法律责任进行了专章规定。该法界定了不正当竞争的概念，其中第二章具体规定了12种包括以仿冒、贿赂、虚假宣传、诋毁竞争对手、侵犯商业秘密在内的不正当竞争行为，还包括以限制竞争为目的的联合行为，以及这些行为的法律责任。这些不正当竞争行为大多数为国际立法惯例所确认，也有个别行为是专门针对我国现实市场交易活动中的突出问题。该法在当时很好地服务了社会主义市场经济的发展，并且同国际经济法规相接轨。

1993年的反不正当竞争法施行以来，对于鼓励和保护公平竞争、制止不正当竞争行为、保护经营者和消费者合法权益、保障社会主义市场经济健康发展，起到了积极的作用。但是它制定的时间较早，随着市场经济的发展，新的商业模式、新的问题不断出现，而原先的一些规定过于原则和抽象，与很多法律，比如与商标法、广告法、反垄断法、招标投标法等法律存在交叉重叠甚至不一致的地方，而一些新类型的不正当竞争形态大量出现，却没有被纳入不正当竞争行为的范围等，这都说明原反不正当竞争法已经不能满足当前市场经济发展的需要。

2017年2月、8月，第十二届全国人大常委会第二十六次会议、第二十九次会议对反不正当竞争法（修订草案）进行了审议，并于2017年2月到3月向全社会征求意见。国家工商行政管理总局局长张茅在第二十六次会议上作了《关于〈中华人民共和国反不正当竞争法〉（修订草案）的说明》[1]。

2017 年 10 月 31 日，第十二届全国人大常委会第三十次会议上，全国人大法律委员会副主任委员张鸣起作了关于《反不正当竞争法》（修订草案）审议结果的报告，同时，又提出七条修改意见[2]。

2017 年 11 月 4 日，第十二届全国人大常委会第三十次会议于 2017 年 11 月 4 日修订通过反不正当竞争法，同日，国家主席习近平签署第七十七号主席令公布，自 2018 年 1 月 1 日起施行。

修订后的反不正当竞争法进一步准确界定了不正当竞争行为；将商业贿赂的范围适当扩大，增加了可能影响交易的第三方，并将员工行贿视为经营者行为；增加了多项规定加强商业秘密保护；特别增加了互联网领域反不正当竞争的规定，明确哪些属于互联网不正当竞争行为。另外，进一步完善了法律责任，明确民事赔偿责任优先的原则，增加了对违法行为人的信用惩戒，加大执法的处罚力度，增加了行政执法权检查、查封、扣押、查询等强制措施。

2019 年 4 月 23 日，第十三届全国人民代表大会常务委员会第十次会议通过《全国人民代表大会常务委员会关于修改〈中华人民共和国建筑法〉等八部法律的决定》，对反不正当竞争法进行修正[3]。这是对反不正当竞争法作出的第二次修改，修改内容包括：新增了侵犯商业秘密的方式，对商业秘密的定义进一步完善，明确了恶意侵犯商业秘密行为的赔偿计算方式，将人民法

---

〔1〕 张茅：《关于〈中华人民共和国反不正当竞争法〉（修订草案）的说明》，中国人大网，http://www. npc. gov. cn/npc/xinwen/2017—11/07/content_2031329. htm。

〔2〕 张鸣起：《关于〈反不正当竞争法（修订草案）〉审议结果的报告》，中国人大网，http://www. npc. gov. cn/ npc/xinwen/2017—11/04/content_2031358. htm。

〔3〕 《中华人民共和国反不正当竞争法》，中国人大网，http://www. npc. gov. cn/npc/c30834/201905/9a37c6ff150c4be6a549d526fd586122. shtml。

院判决的法定赔偿额提高至五百万元，继续增强对侵犯商业秘密行为的处罚力度，对侵犯商业秘密的民事审判程序的举证责任分配作出规定。

（二）反垄断法

反不正当竞争法关注的是市场主体之间的相互竞争行为，而反垄断法关注的是竞争者之间的协调行为，以防止市场上形成排除竞争或者严重限制竞争的局面。反垄断法是保护市场竞争，维护市场竞争秩序，充分发挥市场配置资源基础性作用的重要法律制度，被称为"经济宪法"。

我国曾经在相当长的时期内实行计划经济体制，反垄断立法几乎是一片空白。中共十一届三中全会决定实行经济体制改革和对外开放的政策，引进市场竞争机制，发展社会主义商品经济。1980年国务院关于开展和保护社会主义竞争的暂行规定出台，第一次提出了"在经济活动中，除国家指定由有关部门和单位专门经营的产品以外，其余的不得进行垄断、搞独家经营"。1986年颁布的《国务院关于深化企业改革增强企业活力的若干规定》明确规定："在同一行业中，一般不搞独家垄断的企业集团，以利于开展竞争，促进技术进步。"1987年国务院发布的价格管理条例规定，禁止"企业之间或者行业组织商定垄断价格"。1987年国务院发布的广告管理条例规定："在广告经营活动中，禁止垄断和不正当竞争行为。"说明我国已经意识到反垄断的任务，并且开始在法律文件中体现出来[1]。

同时，早在1987年8月，国务院法制局就已经成立了一个反垄断法起草小组。不过，当时计划经济仍然占主导，各行业垄

---

[1] 徐孟洲：《试论社会主义市场竞争与反垄断法》，《中国人民大学学报》1993年第4期。

断现象非常普遍。因立法时机尚不成熟，当时的立法机关折中采取了"反垄断"和"反不正当竞争"两法分立的模式，起草了反对垄断和不正当竞争暂行条例草案，并于1993年9月先行通过了反不正当竞争法。1994年5月，反垄断法起草小组正式成立，小组成员主要来自当时的国家经贸委和国家工商总局，反垄断立法终于被正式提上议事日程。但是，在此后的12年间，反垄断涉及的各方利益冲突逐渐升级，相关法律草案始终徘徊于常委会审议环节之外，立法进程在很长一段时间内停滞不前。与此同时，中国经济增长势头强劲，同时随着全球一体化进程的加快，这一法律的缺位被西方作为质疑中国是否是市场经济的佐证，而民营经济面对国资的强势和外资的进入也有强烈的立法诉求。2006年6月7日，国务院常务会议原则性通过了反垄断法（草案），并提请全国人大常委会审议。然而，一周之后，便有媒体报道称，该草案因为时间安排很可能不在当月23日的全国人大常委会第二十二次会议议程之中，一时间，草案被"搁置"的流言四起。6月20日，新华社发布权威消息宣布：全国人大常委会将如期审议反垄断法（草案）[1]。

2006年6月24日，第十届全国人大常委会第二十二次会议审议了反垄断法（草案），国务院法制办公室主任曹康泰在会上对草案作了说明[2]。2007年6月25日，在第十届全国人大常委会第二十八次会议上，全国人大常委会组成人员对反垄断法草案进行分组审议。二审稿相对初审稿，新增了宏观调控、允许经营

---

〔1〕　蔡亮：《反垄断法：任重而道远》，《党政干部学刊》2007年第12期。

〔2〕　曹康泰：《关于〈中华人民共和国反垄断法（草案）〉的说明》，中国人大网，http://www.npc.gov.cn/wxzl/gongbao/2007—10/09/content_5374671.htm。

者集中等六项新规定〔1〕。2007 年 8 月 30 日下午，全国人大常委会第二十九次会议以 150 票赞同、2 票弃权、0 票反对的表决结果通过了《中华人民共和国反垄断法》，同日，国家主席胡锦涛签署第六十八号主席令公布，自 2008 年 8 月 1 日起施行。

法律全文共八章五十七条，对垄断协议、滥用市场支配地位、经营者集中、滥用行政权力排除、限制竞争、对涉嫌垄断行为的调查、法律责任都进行专章规定。对垄断行为进行了明确的界定，专设一章对禁止行政性限制竞争作了具体规定，并在"反垄断机构"一章中，对国务院反垄断委员会和国务院反垄断执法机构的具体职责、反垄断执法机构调查涉嫌垄断行为的程序、要求以及可以采取的措施等作了具体规定。明确禁止经营者达成各类垄断协议，禁止滥用市场支配地位、禁止滥用行政权力排除、限制竞争，并规定了相应的法律责任。

反垄断法实施以来，对打击垄断行为发挥了重要作用。截至 2018 年 10 月底，共查处滚装货物国际海运企业案、山西电力案等垄断协议案件 165 件，高通案、利乐案等滥用市场支配地位案件 55 件，累计罚款金额超过 110 亿元人民币〔2〕。其中包括禁止美国可口可乐公司收购汇源果汁公司的跨国案件。但是，随着我国经济社会快速发展，全球经济环境发生变化，现行的反垄断法当中部分条款已经不能完全适应现在和将来的需要。国务院反垄断委员会非常重视反垄断法的修改工作，2018 年 9 月 7 日，十三届全国人大常委会立法规划公布。需要抓紧工作、条件成熟时提请审议的二类

---

〔1〕 黄庆畅、毛磊：《二审反垄断法草案新增六项规定　促进公平有序》，中国人大网，http://www.npc.gov.cn/npc/xinwen/lfgz/lfdt/2007—06/26/content_367617.htm。

〔2〕 林丽鹂：《反垄断法修订要解决执法中最迫切问题》，《人民日报》2018 年 11 月 17 日，第 7 版。

立法项目 47 件，其中就包括对反垄断法的修改。修订需要重点解决在现阶段市场的执法实践中遇到的迫切问题。而国家市场监督管理总局 2018 年 4 月 10 日正式挂牌，承担反垄断统一执法职能，使原来国家发展改革委、商务部以及原国家工商总局的反垄断执法职能三合一，也使得反垄断法的修订成为更加紧迫的问题。

2021 年我国反垄断工作深度开展，监管加强。2021 年 4 月 7 日，国家市场监管总局在对阿里巴巴"二选一"案调查后，责令阿里巴巴集团停止滥用市场支配地位行为，并开出 182.28 亿元的罚单。7 月 10 日，依据反垄断法与经营者集中审查暂行规定，禁止虎牙公司与斗鱼国际控股有限公司合并。此外，市场监管总局对美团"二选一"及腾讯、京东的垄断行为作出处罚。与此同时，10 月 19 日反垄断法修正草案提请十三届全国人大常委会第三十一次会议初次审议。草案明确竞争政策的基础地位和公平竞争审查制度的法律地位，对反垄断相关制度规则作了进一步完善，并要求进一步加强执法保障、完善法律责任、加大处罚力度[1]。2022 年 6 月 24 日，十三届全国人民代表大会常务委员会第三十五次会议通过《关于修改〈中华人民共和国反垄断法〉的决定》，对反垄断法进行了修正。

二、质量检验法

（一）产品质量法

产品质量关系到国计民生，一直是社会各界关注的问题。在 1993 年之前，专门规范产品质量问题的法律一直是空白，制假售

---

〔1〕　新华社：《坚持规范与发展并重——反垄断法修正草案首次提请全国人大常委会会议审议》，《中国人大》2021 年第 22 期。

假的案例经常发生，而且结果常常触目惊心。但是却只能比照刑法、民法通则、经济合同法等进行处理。例如刑法，只规定了生产销售假药罪，而其他制假售假的行为无法依据刑法进行处罚。造假售假的法律成本很低，面对一些影响恶劣的造假案件，法官却常常无法可依。

1988 年 9 月，时任全国人大常委会副委员长的陈慕华主持召开人大财经委全体会议，将起草产品质量法的任务交给国家技术监督局。国家技术监督局迅速成立了由 10 人组成的起草小组，在大量调研之后整理出 40 个典型案例，递交给全国人大常委会。"江苏省金坛县假农药案导致山东、河北 15 万亩棉花绝产；河南濮阳假麦苗案造成上万亩的麦子绝收；浙江温州假冒伪劣低压电器引发消费者触电身亡……" 1989 年，广东肇庆发生了一起骇人听闻的假酒案，十名个体户用工业酒精甲醇兑水制作白酒销售，造成 200 人双目失明、54 人死亡，引起了极大民愤。但是法官在庭审时却遭到了难题。十名个体户辩称，"制假是为了挣钱，并不是故意投毒害人"，而这种情况在当时尚无法律明确定罪。最终，考虑到该案件影响恶劣，法官还是比照刑法的投毒罪判处 5 人死刑，判处另 5 人刑期不等的有期徒刑。不过由此引发的判罚争议和暴露出来的法律空白，仍令人担忧[1]。

1992 年 10 月 30 日，产品质量法（草案）提交第七届全国人大常委会第二十八次会议审议，时任国家技术监督局局长的徐鹏航对草案作了说明[2]。

---

〔1〕 何可：《〈产品质量法〉与我国产品质量的沧桑历程》，中国质量新闻网，http://ay.haqi.gov.cn/sitesources/ayszjj/page_pc/zxzx/zjyw/articlee8c89d53f2364e1bb4833cf7e089454e.html。

〔2〕 徐鹏航：《关于〈产品质量法（草案）〉的说明》，北大法律信息网，http://pkulaw.cn/fulltext_form.aspx? Db = protocol&Gid = 9b1409251086957b115476 edd7f03aec。

在审议过程中，关于销售者"先行赔付"的规定，引起了争论，商业系统强烈反对。但是，经过反复的讨论，人大常委会最终同意了"民众利益优先，兼顾商业发展"的意见。另外，关于产品零部件出现问题，消费者是否必须找零部件提供商求偿？受害人是否对造成的损害负有举证责任？以上诸多问题，在经过激烈讨论后，最终都服从于"民众利益优先"原则[1]。

1993 年 2 月 22 日，七届全国人大常委会第三十次会议审议通过了《中华人民共和国产品质量法》，没有一票反对。该法自 1993 年 9 月 1 日起实施，彻底终结了那个造假售假无法可管的年代。

法律全文共六章五十一条，对产品质量的监督管理，生产者、销售者的产品质量责任和义务，损害赔偿，罚则都进行了分章规定。其中"先行赔付""举证责任倒置"等先进的立法理念在其中得到了体现。之后的一些立法，包括消费者权益保护法都借鉴了产品质量法的内容。

产品质量法颁布后，国家技术监督局专门组织了一个"质量万里行"活动，跑遍全国 31 个省、市、自治区，接受人们的质量投诉。但是，河南发生的一起案件，却暴露出产品质量法执法中的漏洞。据说，执法人员到建筑工地检查时发现，一工地所使用的电线为"三无"产品，遂对该建筑商进行了处罚。可建筑商对此处罚并不服气，还一纸诉状将执法人员告上了法庭，理由是产品质量法第二条规定，建设工程不适用本法。而电线是建筑工

---

〔1〕　何可：《〈产品质量法〉与我国产品质量的沧桑历程》，中国质量新闻网，ht-tp://ay.haqi.gov.cn/sitesources/ayszjj/page_pc/zxzx/zjyw/articlee8c89d53f2364e1bb4833cf7e089454e.html。

程不可分割的一部分，所以质监部门无权处罚。法官最终支持了建筑商的观点，判决其胜诉，执法人员还因此受到了处分。执法人员找到了经济法专家吴景明。吴景明以此案为例，提出了对产品质量法的修改建议，建议将建筑工程使用的建筑材料、建筑构配件和设备纳入法律调整的范围[1]。

随着改革的深化、开放的扩大和社会主义市场经济的发展，1993 年的产品质量法已经难以适用新出现的情况的变化。从 1998 年 7 月起，国家质量技术监督局和国务院法制办按照国务院的要求，开始起草产品质量法修正案（草案），在广泛征求意见、认真总结经验的基础上，形成了产品质量法修正案（草案），提交 1999 年 10 月 25 日九届全国人大常委会第十二次会议审议。修正案由 2000 年 7 月 8 日第九届全国人大常委会第十六次会议通过，自 2000 年 9 月 1 日起施行。

修改后的产品质量法，由原来的五十一条增加到七十四条，新增二十五条，删除二条，修改了二十条，有近三分之二的条文有所修改。针对产品质量问题突出，生产、销售伪劣产品行为严重的问题，明确地方政府在产品质量工作中的责任，要求企业建立健全并严格实施内部质量监督管理制度；补充、完善行政执法机关实施产品质量监督管理的执法手段；对产品质量违法行为特别是生产、销售伪劣产品的行为，加大处罚力度。

2009 年 8 月 27 日，第十一届全国人大常委会第十次会议通过了关于修改部分法律的决定，对产品质量法进行了第二次修正。

---

〔1〕 何可:《〈产品质量法〉与我国产品质量的沧桑历程》，中国质量新闻网，http://ay.haqi.gov.cn/sitesources/ayszjj/page_pc/zxzx/zjyw/articlee8c89d53f2364e1bb4833cf7e089454e.htm。

2018 年 12 月 29 日第十三届全国人大常委会第七次会议通过了《关于修改〈中华人民共和国产品质量法〉等五部法律的决定》，对产品质量法进行了第三次修正。此次修正主要对产品质量监管部门的名称进行了修改。

（二）进出口商品检验法

1984 年 1 月，国务院发布了进出口商品检验条例，该条例在促进生产、发展对外贸易和维护国家、企业权益等方面发挥了积极作用。但是，随着我国对外开放和对外贸易的发展，商检工作面临着新情况、新问题，条例的有些内容已经不能适应形势发展的需要，国务院提出将商检条例上升为法律，并且对进出口商品检验和监督管理方面的新经验，用立法形式加以确认。1985 年底进出口商品检验法草案开始起草，经过三年的调查研究、征求意见，形成了进出口商品检验法草案，提交 1988 年 12 月 23 日第七届全国人大常委会第五次会议审议，国家商检局局长朱震元在会上对草案进行了说明[1]。

1989 年 2 月 21 日，第七届全国人大常委会第六次会议通过了《中华人民共和国进出口商品检验法》，自 1989 年 8 月 1 日起施行。1984 年 1 月 28 日国务院发布的进出口商品检验条例同时废止。

进出口商品检验条例共六章三十二条，对进口商品的检验、出口商品的检验、监督管理、法律责任进行了分章规定。

为了适应我国加入世贸组织的形势和需要，在 2002 年 2 月 27 日九届全国人大常委会第二十六次会议上，进出口商品检验法修正案（草案）提请审议，国家质检总局局长李长江就草案

---

〔1〕 朱震元：《关于〈中华人民共和国进出口商品检验法（草案）〉的说明》，中国人大网，http://www.npc.gov.cn/wxzl/gongbao/1988—12/23/content_1481094.htm。

作了说明[1]。

2002 年 4 月 28 日，第九届全国人大常委会第二十七次会议通过了《关于修改〈中华人民共和国进出口商品检验法〉的决定》，对进出口商品检验法进行第一次修正，自 2002 年 10 月 1 日起施行。

根据世贸组织《技术性贸易壁垒协议》的有关规定，此次修改将进出口商品检验的目的"根据对外贸易发展的需要"改为"进出口商品检验应当根据保护人类健康和安全、保护动物或者植物的生命和健康、保护环境、防止欺诈行为、维护国家安全的原则"；将"商检机构实施检验的进出口商品种类表"名称改为"必须实施检验的进出口商品目录"。

根据世贸组织的相关规定，规格、数量、重量等将不再纳入进出口商品法定检验范围，另外根据世贸组织的有关协定，"技术规范"是强制性的，"标准"是非强制性的。我国的标准化法将标准划分为"强制性标准"和"推荐性标准"，与世贸组织有关协定的表述不符，因此作出了修改。

我国之前对进出口商品实行质量（安全）许可制度，对国产商品实行强制性认证，这一做法不符合世贸组织协定确定的国民待遇原则。需要对进出口产品质量（安全）许可制度和国产商品强制认证制度实行统一标准、统一目录，统一标志、统一收费。此外，对商检机构的权利义务和法律责任也进行了进一步的修改和明确[2]。

---

[1] 李长江：《关于〈中华人民共和国进出口商品检验法修正案（草案）〉的说明》，中国人大网，http://www.npc.gov.cn/wxzl/gongbao/2002—05/24/content_5295139.htm。

[2]《规格、数量、重量等将不再纳入进出口商品法定检验范围》，《中国民营科技与经济》2002 年第 3 期。

2013 年 6 月 29 日，第十二届全国人大常委会第三次会议通过了《关于修改〈中华人民共和国文物保护法〉等十二部法律的决定》，对进出口商品检验法进行了第二次修正。

根据 2018 年 4 月 27 日第十三届全国人大常委会第二次会议通过的《关于修改〈中华人民共和国国境卫生检疫法〉等六部法律的决定》，对进出口商品检验法进行了第三次修正。

此次修正删去了第十一条中的"海关凭商检机构签发的货物通关证明验放"，以及第十五条第二款，"对本法规定必须实施检验的出口商品，海关凭商检机构签发的货物通关证明验放"。

2018 年 12 月 29 日，第十三届全国人大常委会第七次会议通过了《关于修改〈中华人民共和国产品质量法〉等五部法律的决定》，对进出口商品检验法进行了第四次修正。

根据 2021 年 4 月 29 日第十三届全国人民代表大会常务委员会第二十八次会议通过的《关于修改〈中华人民共和国道路交通安全法〉等八部法律的决定》，对进出口商品检验法进行了第五次修正。

（三）计量法

中国早在 20 世纪 50 年代就成立了国家计量局，但是，当时的计量工作主要是商贸领域中的"度量衡"，工业和科学技术领域中的计量工作基本是空白。1980 年全国人大法律委员会专门召开会议，强调经济立法的必要性和紧迫性，而计量法是经济立法的重要组成部分。5 年之内，共有 13 位全国人大代表和政协委员，相继递交了 4 份议案和提案，建议尽快制定计量法。国务院在经济体制改革方案中，明确提出要制定 20 个重要经济法规，计量法被列为 1983 年至 1984 年国家经济立法计划[1]。1985 年 9

---

〔1〕　群力：《追忆〈计量法〉出台的历史意义》，《中国计量》2005 年第 9 期。

月 6 日，第六届全国人大常委会第十二次会议通过《中华人民共和国计量法》，自 1986 年 7 月 1 日起生效，这是我国第一部计量的基本法。

计量法共六章三十五条，对计量基准器具、计量标准器具和计量检定、计量器具管理、计量监督和法律责任都进行了分章规定。规定国务院计量行政部门对全国计量工作实施统一监督管理。县级以上地方人民政府计量行政部门对本行政区域内的计量工作实施监督管理。

由于计量工作涉及各行各业，计量法出台后，各级政府、人大大力进行宣传，一些省长、市长、县长、人大常委会主任等领导亲自出马，主持召开宣传大会，或写文章，或发表电视讲话，宣传计量法的重要意义和内容。1986 年 5 月 9 日，司法部和中国计量局还联合发出"关于宣传计量法的通知"，要求广泛深入地开展宣传教育，做到家喻户晓，人人皆知[1]，使得计量法的宣传深入人心。

2009 年 8 月 27 日，第十一届全国人大常委会第十次会议通过了关于修改部分法律的决定，对计量法进行了第一次修正。

2013 年 12 月 28 日，第十二届全国人大常委会第六次会议通过了《关于修改〈中华人民共和国海洋环境保护法〉等七部法律的决定》，对计量法进行了第二次修正。

2015 年 4 月 24 日，第十二届全国人大常委会第十四次会议通过了《关于修改〈中华人民共和国计量法〉等五部法律的决定》，对计量法中有关行政审批、工商登记前置审批或者价格管理的规定作出了相应的修正。

----

〔1〕 群力：《追忆〈计量法〉出台的历史意义》，《中国计量》2005 年第 9 期。

为了进一步推进简政放权、放管结合、优化服务改革，更大程度激发市场、社会的创新创造活力，根据十一届全国人大常委会第三十次会议通过的关于授权国务院在广东省暂时调整部分法律规定的行政审批的决定、十二届全国人大常委会第十八次会议通过的关于授权国务院在广东省暂时调整部分法律规定的行政审批试行期届满后有关问题的决定，以及 2017 年 1 月和 9 月国务院公布的关于取消部分行政许可事项的决定，国务院法制办会同国务院有关部门，经商中央编办（国务院审改办）、全国人大常委会法工委，起草了《中华人民共和国招标投标法》《中华人民共和国计量法》修正案（草案），提交 2017 年 12 月 22 日召开的第十二届全国人大常委会第三十一次会议审议，国务院法制办公室党组书记、副主任袁曙宏在会上对修正案草案作了说明[1]。

2017 年 12 月 27 日，第十二届全国人大常委会第三十一次会议通过了《关于修改〈中华人民共和国招标投标法〉、〈中华人民共和国计量法〉的决定》，对计量法进行了第四次修正，自 2017 年 12 月 28 日起施行。此次修正的主要内容是取消了一些与计量有关的行政审批和许可，进一步简化行政程序。

2018 年 10 月 26 日，第十三届全国人大常委会第六次会议通过了《关于修改〈中华人民共和国野生动物保护法〉等十五部法律的决定》，对计量法进行了第五次修正。

1985 年通过的计量法，至今已有三十余年，存在很多问题，比如借鉴苏联计量法的经验，带有计划经济的烙印；侧重于对计量器具的管理，缺少对消费者普遍关心的测量结果的规范，同时

---

〔1〕　袁曙宏：《关于〈中华人民共和国招标投标法〉、〈中华人民共和国计量法〉修正案（草案）的说明》，《中华人民共和国全国人民代表大会常务委员会公报》2018 年第 1 期。

对现实社会中大量存在且迫切需要规范的商品量的计量管理基本未作规定；对计量器具、商品量等尚未确立有效的计量监督机制；现行计量法对国内生产计量器具和国外进口计量器具在管理制度和方式上的规定不一致，国内严、进口宽的现象较为严重，不符合世贸组织关于"同等国民待遇"的原则等。早在2000年，朱士明等32位人大代表就提出"建议修改计量法的人大议案"，随后在2002年、2003年、2006年又分别有人大代表、政协委员提出修改计量法的议案和提案。但以上四次对计量法的修正，均没有从整体上进行大修。为了解决计量法目前存在的问题，并与国际上的通行做法接轨，质检总局成立了计量法修改领导小组并设立领导小组办公室，正在重启计量法修订工作[1]。

时至2021年10月23日，十三届全国人大常委会第三十一次会议作出关于授权国务院在营商环境创新试点城市暂时调整适用计量法有关规定的决定。全国人大常委会委员普遍认为该授权和试点确有必要。根据授权目录，暂时调整适用计量法有关条例，对在北京、上海、重庆、杭州、广州、深圳等试点城市内的企业使用的最高计量标准器具，简化行政程序，扩大企业自主管理权利。调整后，营商环境创新试点城市加强对企业自主管理最高计量标准器具的指导和事中事后监管，确保满足计量溯源性要求和计量标准准确[2]。同时，试点经验应由国务院向全国人民代表大会常务委员会汇报，并形成完善立法的建议。

---

〔1〕 邵锐坤、李梦雅、刘欣：《〈计量法〉修改问题综述》，《质量探索》2018年第3期。

〔2〕 孙梦爽：《打好营商环境法治底色——全国人大常委会作出关于授权国务院在营商环境创新试点城市暂时调整适用计量法有关规定的决定》，《中国人大》2021年第22期。

（四）标准化法

标准化是指制定、发布与实施标准的过程。它对科学、技术和经济领域内重复应用的问题给出解决办法，其目的是获得最佳社会秩序和最佳社会经济效益。

1962 年 11 月国务院制定《工农业产品和工程建设技术标准管理办法》，是中华人民共和国成立后首部标准化法律文件。1979 年 7 月，国务院制定标准化管理条例，这是我国首部标准化行政法规。在该条例已经不能完全满足社会发展需求的情况下，第七届全国人大常委会第五次会议于 1988 年 12 月 29 日通过了《中华人民共和国标准化法》，自 1989 年 4 月 1 日起施行，这是我国首部标准化法律。

法律全文共五章二十六条，对标准的制定、标准的实施、法律责任进行了分章规定，并规定实施条例由国务院制定。将采用国际标准放在突出的位置，规定"国家鼓励积极采用国际标准"，对提高标准水平，改进产品质量，扩大产品出口，发展对外贸易也具有重大意义。将我国标准分为国家标准、行业标准、地方标准和企业标准，确立了强制性标准与推荐性标准相结合的原则和产品质量认证制度，规定了违反相关规定要承担的法律责任。

1989 年施行的标准化法对提升产品质量、促进技术进步和经济发展发挥了重要作用。随着我国国民经济和社会事业的发展，现行法确立的标准体系和管理措施已不能完全适应实际需要。随着标准化在促进世界互联互通，便利各国经贸往来中的作用日益凸显，为了促进经济的高质量发展，促进对外经贸联系，2002 年国家质检总局和国家标准委启动标准化法的修改工作，历时 15 年。形成的修正案草案分别于 2006 年 8 月、2011 年 1 月报送国务院〔1〕。之后，全国人大常委会将标准化法的修订列入十二届全国人大常委会立法规划的第一类项目。根据国务院印发的《深化标准化工作改革方案》中提出的改革标准体系和标准化管理体制，改进标准制定工作机制，强化标准的实施与监督，加快推进现行法修订工作，确保改革于法有据等要求，质检总局起草了标准化法修正案（送审稿），于 2015 年 7 月上报国务院。经过多次审议修改，形成标准化法（修订草案），提交 2017 年 4 月 24 日召开的第十二届全国人大常委会第二十七次会议审议，国家标准化管理委员会主任田世宏在会上对草案进行了说明〔2〕。经过 2017 年 8 月第十二届全国人大常委会第二十九次会议二审，2017 年 11 月 4 日，第十二届全国人大常委会第三十次会议以 148 票赞成、1 票反对，表决通过了新修订的标准化法，同日，国家主席习近平签署第七十八号主席令公布，自 2018 年 1 月 1 日起施行。

修订后的标准化法共六章四十五条，增加"监督管理"一章，对标准的制定、实施和监督管理进行全方位、全过程的规定〔3〕。

第四节　行业监管法

随着国内外经济、行业与科技形势不断变化，监管面临一系

---

〔1〕 《新修订〈中华人民共和国标准化法〉要点梳理》，《品牌与标准化》2018年第 2 期。

〔2〕 田世宏：《关于〈中华人民共和国标准化法（修订草案）〉的说明》，中国人大网，http://www.npc.gov.cn/npc/xinwen/2017—11/07/content_2031365.htm。

〔3〕 徐风：《新修订的〈中华人民共和国标准化法〉对我国经济社会发展意义重大》，《铁路技术监督》2017 年第 11 期。

列新课题。针对特定行业的行业监管法相继出台为各职能部门提供指引，以保证行业管理目标实现。为维护金融秩序，2002 年至 2007 年，部分全国人大代表连续向全国人大提出有关反洗钱立法的议案，要求尽快制定该法。最终，我国第一部反洗钱专门性法律《中华人民共和国反洗钱法》于 2006 年 10 月 31 日通过。2007 年以来，反洗钱工作开展为反洗钱法的修订奠定基础，为适应国内外金融环境的变化，全国人大常委会 2021 年度立法工作计划中将反洗钱法的修改纳入预备审议项。在电力工业监管方面，电力投资的多元化、电力产权及经营权的关系复杂化的现实需求催生了 1995 年的电力法，2009 年、2015 年、2018 年全国人大常委会通过三次修正。在农业管理上，我国颁布的第一部关于农业工作的综合性法律农业法于 1993 年通过，标志着我国农业工作开始纳入依法管理的轨道。改革开放以来，我国的农业和农村经济有巨大的发展和变化，农业法经 2002 年、2009 年、2012年修正后，2021 年十三届全国人大四次会议上部分全国人大代表提出农业法修改议案。互联网行业发展引擎高速运转，深度融入中国经济社会的各个方面，《中华人民共和国网络安全法》《中华人民共和国电子商务法》分别于 2016 年、2018 年先后经全国人大常委会审议后通过。互联网经济监管法应运而生，又因时制宜，行业规制体系一直处于不断修正变化之中。

一、银行业监督管理法

银行业监督管理法的制定与我国的金融体制改革密切相关。自 1984 年 1 月 1 日起，中国人民银行行使中央银行职能，承担着制定和执行货币政策、提供金融服务，以及监管银行业、证券业、保险业的职责。但是，随着中国金融体制的改革，中国人民银行职能在不断地进行调整与改变。1995 年颁布的保险法将中国人民银行对保险业的监管职能以法律的形式从中国人民银行中分离出去，1999 年颁布的证券法将中国人民银行对证券业的监管职能划归中国证监会。

2003 年，根据第十届全国人大常委会第一次会议通过的关于国务院机构改革方案的决定，国务院决定设立中国银行业监督管理委员会，统一监管银行、金融资产管理公司、信托投资公司等银行业金融机构。4 月 26 日，第十届全国人大常委会第二次会议通过了关于中国银行业监督管理委员会履行原由中国人民银行履行的监督管理职责的决定。改革后，银监会对政策性银行、金融资产管理公司、信托投资公司等其他银行业金融机构履行监管职责缺乏法律依据，因此，制定银行业监督管理法的需求变得迫切。制定银行业监督管理法的目的，主要是从法律上分清中国人民银行和银行业监督管理委员会的职权，为这两个机构依法行政提供法律依据〔1〕。

2003 年 4 月初，法制办、银监会、人民银行共同组织力量，拟订了银行业监督管理法（草案），提交 2003 年 8 月 22 日第十届全国人大常委会第四次会议审议。经修改，2003 年 10 月 23 日第十届全国人大常委会第五次会议对草案进行了再次审议。2003 年 12 月 27 日，第十届全国人大常委会第六次会议通过了《中华人民共和国银行业监督管理法》，自 2004 年 2 月 1 日起施行。

法律全文共六章五十条，对银行业监督管理机构、监督管理职责、监督管理措施和法律责任进行了分章规定。规定了监督管

---

〔1〕 石俊志：《促进中国银行业健康发展的重要法律》，《法学杂志》2004 年第 7 期。

理的主体、监督管理的依据、监督管理的措施，并对违反法律规定的法律责任进行了规定。

2003 年通过的银行业监督管理法，只规定了银行业监管机构有权对银行业金融机构进行监督检查并获取相关信息，而无权对银行业金融机构以外的单位和个人进行调查。2003 年以来的监管实践表明，很多金融违法案件都是内外勾结，只对银行业金融机构进行调查，很难获取此类案件的线索，不利于违法行为的查处，实现有效监管，防范金融风险。而证券法、税收征收管理法、海关法、审计法都已经赋予监管机构相关的调查权[1]。2006 年 10 月 27 日，十届全国人大常委会首次审议银行业监督管理法修正案草案，拟赋予银行业监管机构对金融机构以外的相关单位和个人拥有相关调查权，以更有效地履行监管职责[2]。

2006 年 10 月 31 日，第十届全国人大常委会第二十四次会议通过了《关于修改〈中华人民共和国银行业监督管理法〉的决定》，对银行业监督管理法进行了修正，自 2007 年 1 月 1 日起施行。此次修改的主要内容是增加了银行业监管机构对金融机构以外的相关单位和个人的调查权。

二、反洗钱法

洗钱行为，是与毒品犯罪、走私犯罪、黑社会性质犯罪、恐怖犯罪、跨国犯罪活动密切联系在一起，同时又与金融业密切联系。洗钱行为将非法收入合法化，具有很大的社会危害性。2003

---

[1]　石宏：《赋予相关调查权强化银行业监管》，《中国法律》2006 年第 12 期。
[2]　刘明康：《关于〈中华人民共和国银行业监督管理法修正案（草案）〉的说明》，《中华人民共和国全国人民代表大会常务委员会公报》2006 年第 8 期。

年，中国人民银行连续发布"一规两办法"，即金融机构反洗钱规定、人民币大额和可疑支付交易报告管理办法和金融机构大额和可疑外汇资金交易报告管理办法，用于应对洗钱行为。另外，刑法中有洗钱罪，但是这些规定存在着位阶不高、操作性不强，以及洗钱犯罪范围太窄等问题，不足以应对反洗钱的形势需要。据统计，我国的洗钱数额不少于2000亿元，占国民收入的2%，据2004年统计，我国有3000名逃往国外的不法分子，带走了500亿元的资金。

自2002年起连续五年，部分全国人大代表向全国人大提出有关反洗钱立法的议案，要求尽快制定反洗钱法。全国人大常委会将制定反洗钱法的工作列入了十届全国人大常委会立法规划，并由全国人大常委会委员长会议委托预算工作委员会组织起草。2004年3月，反洗钱法起草工作全面启动，组成了由全国人大常委会预算工作委员会、中国人民银行、公安部等19个部门参加的起草组。在广泛调查研究和征求意见的基础上，形成了反洗钱法（草案），于2006年4月25日提请十届全国人大常委会第二十一次会议审议，全国人大常委会预算工作委员会副主任冯淑萍在会上对草案作了说明[1]。十届全国人大常委会又分别在第二十三次会议、第二十四次会议上对草案进行了审议，经过三次审议后，2006年10月31日，十届全国人大常委会第二十四次会议以144票赞成、1票弃权，通过了《中华人民共和国反洗钱法》，同日，国家主席胡锦涛签署第五十六号主席令公布，自2007年1月1日起施行。这是我国第一部关于反洗钱的专门性法律。

反洗钱法的目的是预防洗钱活动，维护金融秩序，遏制洗钱

---

〔1〕 冯淑萍：《关于〈中华人民共和国反洗钱法（草案）〉的说明》，中国人大网，http://www.npc.gov.cn/wxzl/gongbao/2006—12/05/content_5354953.htm。

犯罪及相关犯罪。在我国，对洗钱活动的刑事制裁主要是依据刑法的有关规定。而反洗钱法着力于建立我国反洗钱预防、监控法律制度，是以客户识别、大额交易和可疑交易报告以及记录保存等制度为核心内容，通过反洗钱资金监测来实现其立法目的。

法律全文共七章三十七条，对反洗钱监督管理、金融机构反洗钱义务、反洗钱调查、反洗钱国际合作都进行了专章规定。

反洗钱工作的外部环境和内部逻辑处于深刻变化的态势，反洗钱制度体系逐步暴露出突出问题。2019 年以来，部分全国人大代表提出有必要修改反洗钱法。

中国人民银行于 2020 年 4 月 15 日召开 2020 年反洗钱工作电视电话会议，表示将以反洗钱法修改为主线，全面完善反洗钱制度体系，并强化监管力度，充分发挥反洗钱调查和监测分析工作优势，积极打击洗钱及相关犯罪活动，反洗钱法修改工作正式启动。2021 年 6 月 1 日，中国人民银行公布了反洗钱法（修订草案公开征求意见稿），并向社会公开征求意见。意见稿明确，特定非金融机构在从事特定业务时，应当参照金融机构的相关要求履行反洗钱义务。目前，已列入 2023 年立法工作计划。

三、电力法

改革开放以来，我国电力工业发展很快，随着电力投资的多元化，产权及经营权的关系日益复杂，供用电纠纷不断出现，急需法律来解决和规范。根据全国人大代表的提议，从 1985 年起，国家有关部门就着手起草电力法。经过大量调查研究、反复论证，在近十年的时间里，电力法草案数易其稿，终于在 1995 年 9 月由国务院向全国人大常委会提交了法律草案，1995 年 12 月 28

日第八届全国人大常委会第十七次会议通过《中华人民共和国电力法》，自 1996 年 4 月 1 日起施行。

电力法共十章七十五条，对电力建设、电力生产与电网管理、电力供应与使用、电价与电费、农村电力建设和农业用电、电力设施保护、监督检查和法律责任都进行了专章规定。

2009 年 8 月 27 日，第十一届全国人大常委会第十次会议通过了关于修改部分法律的决定，对电力法进行了第一次修正，仅将其中第十六条的"征用"修改为"征收"。

2015 年 4 月 24 日，第十二届全国人大常委会第十四次会议通过了《关于修改〈中华人民共和国电力法〉等六部法律的决定》，对电力法进行了第二次修正。

根据 2018 年 12 月 29 日第十三届全国人大常委会第七次会议通过的《关于修改〈中华人民共和国电力法〉等四部法律的决定》，对电力法进行了第三次修正，此次仅修正了一条，主要针对供电营业区的设立、变更的行政程序。

四、农业法

1993 年 7 月 2 日，第八届全国人大常委会第二次会议通过了我国第一部农业法，自公布之日起施行。这是我国颁布的第一部关于农业工作的综合性法律，标志着我国农业工作开始纳入依法管理的轨道。

法律全文共九章六十六条，对农业生产经营体制、农业生产、农产品流通、农业投入、农业科技与农业教育、农业资源与农业环境保护、法律责任进行了分章规定，是我国规范农业生产和发展的基本法。法律明确规定其立法目的是保障农业在国民经济中的基础地位，发展农村社会主义市场经济，维护农业生产经营组织和农业劳动者的合法权益，促进农业的持续、稳定、协调发展。规定了各级人民政府在农业工作上的职责；以法律的形式肯定了农业生产的家庭联产承包为主的责任制和统分结合的双层经营体制；保护农民和农业生产经济组织的合法权益；明确规定国家逐步提高农业投入的总体水平，国家财政每年对农业总投入的增长幅度应当高于国家财政经常性收入的增长幅度；规定了农产品流通上的市场调节和宏观调控相结合。

改革开放以来，中国的农业和农村经济有巨大的发展和变化，1993 年 7 月 2 日由第八届全国人大常委会第二次会议通过的农业法已经不能完全适应形势发展提出的新的要求。为了应对新情况，解决新问题，推动农业和农村经济更好地向前发展，九届全国人大常委会立法规划确定对农业法进行修改，并明确由全国人大农业与农村委员会牵头组织起草工作。自 2000 年 7 月起，全国人大农业与农村委员会和农业部共同组织力量，成立了农业法修改工作领导小组和起草工作小组，在大量调研准备工作的基础上，进行了农业法（修订草案）的起草工作。在广泛征求各方面的意见，反复研究论证，多次修改完善后，形成了农业法（修订草案），提交 2002 年 6 月 24 日召开的第九届全国人大常委会第二十八次会议审议，全国人大农业与农村委员会主任委员高德占在会上对草案进行了说明[1]。

2002 年 12 月 28 日，第九届全国人大常委会第三十一次会议通过了修订后的农业法，自 2003 年 3 月 1 日起施行。修订后的农业法共十三章九十九条，新增粮食安全、农民权益保护、农村

---

[1] 高德占：《关于〈中华人民共和国农业法（修订草案）〉的说明》，中国人大网，http://www.npc.gov.cn/wxzl/gongbao/2002—12/30/content_5304812.htm。

经济发展和执法监督四章。

2009 年 8 月 27 日，第十一届全国人大常委会第十次会议通过了关于修改部分法律的决定，对农业法进行了第一次修正，将农业法中的"征用"修改为"征收"。

2012 年 12 月 28 日，第十一届全国人大常委会第三十次会议通过了关于修改《中华人民共和国农业法》的决定，对农业法进行了第二次修正，自 2013 年 1 月 1 日起施行。

2015 年 6 月 23 日，全国人大常委会农业法执法检查组第一次全体会议召开，会后分别由陈昌智、吉炳轩、向巴平措、张宝文带队，赴河北、辽宁、山东、湖北、广西、四川、陕西、新疆等省、自治区检查。张宝文副委员长 2015 年 11 月 2 日在十二届全国人大常委会第十七次会议上所作的农业法执法检查报告指出，农业农村经济形势持续向好，为"稳增长、调结构、促改革、惠民生"提供了有力支撑，但是"三农"工作仍然面临不少困难和问题。建议中提出须加强涉农立法，要主动适应农村改革和发展需要[1]。

十三届全国人大四次会议于 2021 年 3 月 5 日在北京召开。崔荣华等 30 名代表提出关于修改农业法的议案。对于议案内容，中央农办、农业农村部、银保监会认为，农业法的修改要考虑与农业农村现代化发展阶段相适应、与农户风险保障需求相契合、与中央和地方的责任分工相匹配，对农业保险有关条款的修改应当坚持审慎原则[2]。

〔1〕 张宝文：《认真贯彻实施农业法 为"三农"工作提供法制保障——全国人民代表大会常务委员会执法检查组关于检查〈中华人民共和国农业法〉实施情况的报告》，《中国人大》2015 年第 23 期。

〔2〕《全国人民代表大会农业与农村委员会关于第十三届全国人民代表大会第四次会议主席团交付审议的代表提出的议案审议结果的报告》，中国人大网，http://www.npc.gov.cn/npc/c30834/202201/8149e86b74674c12a2c718936fd14dca.shtml。

五、土地管理法

（一）1986 年土地管理法的颁行

早在 20 世纪 50 年代，我国就进行过土地普查，并且颁布了铁路留用土地办法、公路留用土地办法、国家建设征用土地办法、水土保持暂行纲要等土地法规。60 年代和 70 年代，在一些有关的法规中对土地的保护和利用也作过相应的规定。1982 年 2 月 13 日国务院发布了村镇建房用地管理条例，1982 年 5 月 14 日国务院公布了国家建设征用土地条例，用于规范中国的土地管理。1986 年 6 月 25 日，第六届全国人大常委会第十六次会议通过了《中华人民共和国土地管理法》，自 1987 年 1 月 1 日起施行，上述两个条例同时废止。

土地管理法共七章五十七条，对土地的所有权和使用权、土地的利用和保护、国家建设用地、乡（镇）村建设用地和法律责任进行了分章规定。明确规定立法目的是加强土地管理，维护土地的社会主义公有制，保护、开发土地资源，合理利用土地，切实保护耕地，适应社会主义现代化建设的需要。规定中华人民共和国实行土地的社会主义公有制，即全民所有制和劳动群众集体所有制。法律规定了全民所有的土地范围，承认集体所有的土地的现状，规定了土地的使用权和权属登记、用地申请审批制度、土地承包制度、建设用地的严格审批程序、对权属争议及侵犯土地所有权和使用权的行为的处理以及违反土地管理法的法律责任。

（二）1988 年土地管理法的第一次修改

1988 年 12 月 29 日，第七届全国人大常委会第五次会议通过了关于修改《中华人民共和国土地管理法》的决定，对土地管理法进行了第一次修正，自公布之日起施行。

1988年4月12日，第七届全国人大常委会第一次会议通过的宪法修正案删除了第十条第四款中"禁止土地出租"的规定，同时增加了"土地使用权可以依照法律的规定转让"的规定。为了适应宪法的修改，及时落实土地使用制度改革的成果，将原土地管理法第二条也删除了"禁止土地出租"的规定，第二条增加两款，作为第四款、第五款："国有土地和集体所有的土地的使用权可以依法转让。土地使用权转让的具体办法，由国务院另行规定。""国家依法实行国有土地有偿使用制度。国有土地有偿使用的具体办法，由国务院另行规定。"这些规定为国有土地进入市场奠定了法律基础。

此次修改对法律责任进行了进一步明确规定："买卖或者以其他形式非法转让土地的，没收非法所得，限期拆除或者没收在买卖或者以其他形式非法转让的土地上新建的建筑物和其他设施，并可以对当事人处以罚款；对主管人员由其所在单位或者上级机关给予行政处分"等。

（三）1998年土地管理法的第一次修订

1986年通过、1988年修正的土地管理法在加强土地管理、保护耕地方面，起到了积极的作用。但是随着市场经济的发展，也存在着建设用地"分级限额审批"制度不能控制建设用地总量、缺乏对土地资产管理的规定，造成大量国有土地流失等问题。为了应对我国耕地面临的面积减少、质量差、后备资源不足的情形，1997年4月15日，中共中央下发《中共中央、国务院关于进一步加强土地管理保护耕地的通知》。国家土地管理局成立专门的土地管理法修改小组，在深入调查研究、广泛听取意见和借鉴国外经验的基础上，反复研究修改，形成了修订草案，提交 1998 年 4 月 26 日第九届全国人大常委会第二次会议审议。会后根据各方面的意见对修订草案进行了修改，提交第九届全国人大常委会第三次会议第二次审议，1998 年 8 月 29 日，第九届全国人大常委会第四次会议表决通过新修订的土地法，自 1999 年 1 月 1 日起施行。

此次对土地管理法进行了全面的修订，全文只有二条没有修改。修订的核心就是确立了以耕地保护为核心的土地用途管制制度，强化了国家管理土地的职能，为世界上最严格的土地管理法律制度确定了框架体系。为下一步国土资源管理改革扫清了障碍，改变了过去将"有偿使用"和"出让"相等同的做法，规定"建设单位使用国有土地，应当以出让等有偿方式取得"，为之后的土地租赁、土地作价出资等方式留下了法律空间。此外，还注重对公民土地财产权利的保障，强化了对国有土地资产的管理，对进一步推进土地管理改革作了方向性规定[1]。

（四）2004 年土地管理法的第二次修改

2004 年 8 月 28 日第十届全国人大常委会第十一次会议《关于修改〈中华人民共和国土地管理法〉的决定》，对土地管理法进行了第二次修正。

此次修改主要是依据 2004 年 3 月 4 日第十届全国人大常委会第二次会议通过的宪法修正案第二十条"国家为了公共利益的需要，可以依照法律规定对土地实行征收或者征用并给予补偿"的规定，将土地管理法第二条第四款"国家为了公共利益的需要，可以依法对集体所有的土地实行征用。"修改为"国家为了

---

〔1〕 甘藏春：《一部关系中华民族可持续发展的重要法律——〈中华人民共和国土地管理法〉修订简介》，《人大工作通讯》1998 年第 19 期。

公共利益的需要，可以依法对土地实行征收或者征用并给予补偿。"

（五）2019年土地管理法的第三次修改

随着农村土地改革的不断深入，农村土地制度中土地征收制度不完善，农村集体土地权益保障不充分，宅基地取得、使用和退出制度不完整，土地增值收益分配机制不健全等问题日益显现。针对农村土地制度存在的突出问题，党的十八届三中全会通过的《中共中央关于全面深化改革若干重大问题的决定》对改革提出了明确要求：建立城乡统一的建设用地市场。在符合规划和用途管制前提下，允许农村集体经营性建设用地出让、租赁、入股，实行与国有土地同等入市、同权同价。缩小征地范围，规范征地程序，完善对被征地农民合理、规范、多元保障机制。2014年习近平总书记先后主持召开中央全面深化改革领导小组第七次会议和中央政治局常委会会议，审议通过关于农村土地征收、集体经营性建设用地入市、宅基地制度改革试点工作的意见。2015年2月，全国人大常委会通过关于授权国务院在北京市大兴区等33个试点县行政区域内暂停调整实施有关法律规定的决定，在33个试点地区暂停实施土地管理法五个条款、城市房地产管理法一个条款。并决定试点的实践证明可行的，将修改完善有关法律。2015年以来，33个试点取得了明显成效，为土地管理法修改奠定了坚实的实践基础。

2017年5月23日，国土资源部发布了土地管理法（修正案）（征求意见稿），在综合社会各界意见并修改后，7月27日向国务院上报了土地管理法（修正案）送审稿，供国务院审议。2018年4月，土地管理法修改被列入全国人大常委会2018年立

法工作计划。此后，经多次调研、听取意见和修改，2019 年 8 月
26 日上午，第十三届全国人大常委会第十二次会议以 163 票赞
成、1 票反对、3 票弃权，表决通过了关于修改土地管理法的决
定。此次修改，完善了征地程序、改革征地补偿、清除集体建设
用地入市的法律障碍、明确集体建设用地入市的条件和程序、明
确使用者再转让的权利、下放了宅基地的审批权、允许宅基地有
条件流转等，对于深化农村改革、保障农民利益、促进社会经济
的发展具有重要意义。

六、互联网经济监管法

（一）网络安全法

随着网络和信息技术迅猛发展，深度融入我国经济社会的各
个方面，极大地改变和影响着人们的社会活动和生活方式，网络
安全问题也日益突出，出现包括个人信息的泄露、毁损、丢失、
计算机病毒、网络攻击、网络侵入等各种网络安全事件。十二届
全国人大常委会将制定网络安全方面的立法列入了立法规划、年
度立法工作计划。张德江委员长和李建国副委员长等领导同志多
次就网络安全立法问题作出重要批示，要求"抓紧论证，抓紧起
草，抓紧出台"。根据党中央的要求和全国人大常委会立法工作
安排，2014 年上半年，全国人大常委会法工委组成工作小组，开
展网络安全法研究起草工作。通过广泛征求各方面的意见，会同
中央网信办与工业和信息化部、公安部、国务院法制办等部门多
次交换意见，反复研究，形成了网络安全法（草案），提交 2015
年 6 月 24 日第十二届全国人大常委会第十五次会议审议，全国人

大常委会法制工作委员会副主任郎胜在会上对草案进行了说明[1]。

草案共七章六十八条,主要内容包括维护网络主权和战略规划、保障网络产品和服务安全、保障网络运行安全、保障网络数据安全、保障网络信息安全、监测预警与应急处置、网络安全监督管理体制。会后,草案向全社会征求意见,作出了修改。

第十二届全国人大常委会第二十一次会议10月28日上午对网络安全法草案二次审议稿进行了分组审议。常委会组成人员普遍认为,二审稿在一审稿的基础上作了很好很重要的修改,吸收采纳了一审时委员们提出的意见,回应了社会的关切,日趋完善。维护网络空间秩序,保障网络安全,推进"互联网+"行动,建设网络强国,都离不开坚实有效的法律制度保障,制定网络安全法非常必要、及时。建议根据常委会的审议意见和有关方面的意见进一步修改完善草案,争取早日出台。二审稿增加规定:国家采取措施,监测、防御、处置来源于中华人民共和国境内外的网络安全风险和威胁,保护关键信息基础设施免受攻击、侵入、干扰和破坏,依法惩治网络违法犯罪活动,维护网络空间安全和秩序[2]。

10月31日,网络安全法草案三次审议稿提请全国人大常委会审议。2016年11月7日,第十二届全国人大常委会第二十四次会议通过了《中华人民共和国网络安全法》,自2017年6月1日起施行。

法律全文共七章七十九条,对网络安全支持与促进、网络运

---

[1] 郎胜:《关于〈中华人民共和国网络安全法(草案)〉的说明》,《中华人民共和国全国人民代表大会常务委员会公报》2016年第6期。

[2] 新华社:《十二届全国人大常委会第二十一次会议分组审议网络安全法草案》,中国政府网,http://www.gov.cn/xinwen/2016—06/28/content_5086462.htm。

行安全、网络信息安全、监测预警与应急处置、法律责任进行了分章规定。此次网络安全法出台的重要意义，体现在规定网络安全法的总体目标和基本原则；规范网络社会中不同主体所享有的权利义务及其地位；建立网站身份认证制度，实施后台实名；建立网络信息保密制度，保护网络主体的隐私权；建立行政机关对网络信息安全的监管程序和制度，规定对网络信息安全犯罪的惩治和打击；以及规定具体的诉讼救济程序等等[1]。

此外，2016 年 7 月推出的国家安全法首次以法律的形式明确提出"维护国家网络空间主权"。而之后的网络安全法是国家安全法在网络安全领域的体现和延伸，为中国维护网络主权、国家安全提供了最主要的法律依据；网络安全法对网络产品和服务提供者的安全义务有了明确的规定，将现行的安全认证和安全检测制度上升为法律，强化了安全审查制度，成为网络参与者普遍遵守的法律准则和依据；另外，对民众的保护体现在新增对未成年人权益保护的规定，改进了用户对自己数据的控制权和自我决定权，强化了用户信息保障的主体责任[2]。

网络安全法 2017 年 6 月 1 日施行以来，弥补了国家网络安全方面的法律空白，各项配套法律法规细则、执法案例随之涌现。2017 年 8 月，全国人大常委会在多个省区市开展了"一法一决定"执法检查，了解网络安全法的实施情况。在 2017 年 12 月的执法检查报告中，执法检查组从 7 个方面总结了网络安全工作中存在的困难和问题，也从 7 个方面提出了贯彻实施"一法一决

---

〔1〕 高红静：《探讨〈网络安全法〉出台的重大意义》，中央网信办网站，http://www.cac.gov.cn/2016—11/07/c_1119866702.htm。

〔2〕 朱巍：《惠及民生，〈网络安全法〉四大亮点值得点赞》，中国人大网，http://www.npc.gov.cn/zgrdw/npc/lfzt/rlyw/2016—11/08/content_2002312.htm。

定"的建议。这些问题与建议，多数针对的是整体网络安全工作，如网络安全意识、网络安全基础设施等方面，但也有些与网络安全法的实施直接相关[1]。

互联网科技是飞速变化的领域，一部与时俱进的网络安全法对网信事业的健康发展有着重要意义。在 2020 年全国"两会"上，不少全国人大代表围绕个人信息保护、新基建安全、网络安全等话题提出了多层次的议案建议。大数据时代，数据安全相关的法律法规不断出台，个人信息保护规范日渐丰茂，已经出台的网络安全法如何与相关法律相配套形成数据安全法治之网是新时代下关切的问题。

（二）电子商务法

近年来，我国电子商务交易额与同比增长率均增长较快，而网络零售额占社会消费品零售总额的比重也明显增大，电子商务服务企业直接从业人员数量以及间接带动就业人数更是居高不下。电子商务产业的发展潜力和国际竞争力与我国对电子商务专门立法缺失形成了鲜明的对比。在这样的背景下，为了保障电子商务各方主体的合法权益，规范电子商务行为，维护市场秩序，促进电子商务持续健康发展，电子商务法应运而生。电子商务法由全国人大财政经济委员会牵头组织起草，并列入2016 年立法工作计划预备项目。全国人大财政经济委员会积极推进立法进程，经过近三年全面深入的调研论证，在广泛征求国务院有关部门和地方人大、地方政府、人大代表、电商企业及专家学者等各方面意见的基础上，拟定了电子商务法（草

---

〔1〕 左晓栋：《建立〈网络安全法〉实施评价标准，推进"十四五"网络安全工作》，《中国信息安全》2020 年第 6 期。

案)[1]。此后经多次审议和修改,《中华人民共和国电子商务法》由第十三届全国人大常委会第五次会议于 2018 年 8 月 31 日通过,同日,国家主席习近平签署第七号主席令公布,自 2019 年 1 月 1 日起施行。

电子商务法共七章八十九条,涉及电子商务经营主体、经营行为、合同、快递物流、电子支付,以及电子商务发展中比较典型的问题。在立法目的上,电子商务立法是保障电子商务各方主体的合法权益,规范电子商务行为,维护市场秩序,促进电子商务持续健康发展。法律规定了电子商务经营者登记、纳税、依法取得行政许可、保证商品或服务质量等义务;对电子商务平台经营者的行为规范进行了规定,尤其在搭售须有显著提示、保证押金顺利退还和个人信息保护方面加强了保护力度;对电子商务合同的订立与履行进行了详细规定,主要包括电子商务合同的效力、标的物交付方式、价款支付方式等内容;规定了电子商务争议的解决,以建立健全投诉、举报机制和协商和解为主,根据自愿原则,公平、公正地解决当事人的争议。最后规定了电子商务经营者和电子商务平台违反相关规定时所应承担的法律责任。

---

〔1〕 吕祖善:《关于〈中华人民共和国电子商务法(草案)〉的说明》,《中华人民共和国全国人民代表大会常务委员会公报》2018 年第 5 期。

第五节 财政税收法

一、预算法

国家预算是国家财政的核心环节，预算资金的筹集、分配和使用，涉及社会政治经济生活的诸多方面，不仅对国民经济有着重大的影响，而且对整个社会的进步和综合国力的提高也起着不可低估的作用。

中华人民共和国成立以来，对预算管理只在宪法中曾作了一些原则性的规定，1951 年政务院颁布了预算决算暂行条例，这一暂行条例沿用了四十年，虽然也有一些补充规定，但距离实现预算管理的法制化和规范化要求还很远。国务院于 1991 年 10 月出台国家预算管理条例，初步明确规定了各级政府之间、部门之间、各单位之间预算的收支关系，规定了各单位在预算管理中的权利和义务，同时对违反条例的行为制定了处罚的措施[1]。这一条例对当时规范管理预算提供了依据。尽管这些法规、章程、条例等，曾对加强预算管理、规范预算行为起到了一定的积极作用，但毕竟法律约束力受到一定的限制，对违反预算管理的行为也难以作出必要的制裁[2]。预算法的出台势在必行。

由财政部牵头起草的预算法草案于 1994 年 3 月 15 日提交

---

〔1〕 黄河清：《浅论〈预算法〉》，《湖南财政与会计》1994 年第 12 期。

〔2〕 李炳：《论〈预算法〉对保障财税改革顺利进行的重要性》，《山东财政学院学报》1984 年第 4 期。

第八届全国人大第二次会议初次审议，财政部部长刘仲藜在会上对草案作了说明，他指出，长期以来，由于中国在预算管理方面一直没有以法律的形式作出规定，因此，在预算的编制、审批、执行、调整、决算以及监督等方面都存在着不少问题。为了改变这种状况，1991 年 10 月国务院发布了国家预算管理条例。但是，由于该条例作为一个行政法规，在权责问题上，只规定了各级人民政府、各主管部门以及各单位的预算管理职权，不可能规定各级权力机关的预算管理职权及其对政府预算行为的监督和制约，难以适应中国政治经济形势的新发展，因此需要进行预算法的立法。同时，对草案中的主要问题进行了说明：（1）关于预算管理职权的划分。（2）关于各级人民代表大会对预算的审批。（3）关于赤字。（4）关于预算管理体制。（5）关于复式预算。（6）关于预备费[1]。

1994 年 3 月 22 日，第八届全国人大第二次会议通过了《中华人民共和国预算法》，自 1995 年 1 月 1 日起施行。法律全文共十一章七十九条，对预算管理职权、预算收支范围、预算编制、预算审查和批准、预算执行、预算调整、决算、监督和法律责任等都作了专章规定。规定了预算管理职权的划分，各级人民代表大会对预算的审批实行五级预算制度，即中央、省（自治区、直辖市）、市、县（市、区）和乡（镇）。除乡（镇）级外，县以上各级政府预算实际上都包括本级预算和下一级汇总预算两部分。实行复式预算制度，强化赤字约束，在预算管理体制上施行

---

〔1〕　刘仲藜：《关于〈中华人民共和国预算法（草案）〉的说明》，中国人大网，http://www. npc. gov. cn/npc/lfzt/2014/2001—01/02/content_1875784. htm。2022. 03. 01。

中央和地方分税制，对预算调整的内容和范围作出了规定[1]。

1994 年通过的预算法在规范预算管理，加强国家宏观调控，促进社会经济发展方面发挥了重要的作用。但是，随着社会主义市场经济的发展和公共财政体制的逐步建立，原预算法的规定已经不能满足形势的需要。实践中普遍存在着政府财政收支状况不完整、不真实、不准确，财政体制、分税制度和转移支付制度不完善，中央与地方财力与事权不匹配，人大与政府之间预算权配置不合理，对预算权运行的制约与监督不够等问题。同时，原预算法与教育法、农业法、科技进步法等其他法律存在着冲突，法律责任规定过于简单，责任不明、惩治不严，法律约束力弱，而且地方政府举债不在预算中反映，存在隐性风险及一些不合理的法律规定和漏洞。1997 年全国人大就提出了修改动议，直到 2004 年修法才正式启动，由全国人大牵头。但启动修法后，关于修法主导权与国库管理权这两个问题反复纠结，无法取得进展。2009 年修法重新启动，起草单位变成了全国人大和财政部门两家，2010 年草案二审时，初稿公开征求意见，公众质疑部门立法痕迹太重，"由国务院另行规定"的授权立法条文多达十五条，立法进程又被搁置。

2013 年 11 月 12 日，中共十八届三中全会通过的《中共中央关于全面深化改革若干重大问题的决定》中指出，财政是国家治理的基础和重要支柱，要建立现代财政制度，改进预算管理制度，实施全面规范、公开透明的预算制度。2014 年 6 月 30 日，中共中央政治局审议通过的《深化财税体制改革总体方案》中指出，要改进预算管理制度，强化预算约束、规范政府行为、实现

---

〔1〕 王敏：《一部规范政府行为的重要法律——关于〈中华人民共和国预算法〉》，《经济管理》1995 年第 2 期。

有效监督，加快建立全面规范、公开透明的现代预算制度。在这一背景下，2014 年 8 月 31 日，第十二届全国人大常委会第十次会议高票通过了关于修改预算法的决定，自 2015 年 1 月 1 日起施行。

修正后的预算法共十一章一百零一条。此次修正在立法宗旨、全口径预算、转移支付、预算公开透明、地方政府性债务等方面都作了修改。

2018 年 12 月 29 日，第十三届全国人大常委会第七次会议通过《关于修改〈中华人民共和国产品质量法〉等五部法律的决定》，对预算法进行了第二次修正。

此次仅对预算法第八十八条进行了修正，将"监督检查本级各部门及其所属各单位预算的编制、执行"修改为"监督本级各部门及其所属各单位预算管理有关工作"。

二、审计会计法

（一）审计法

改革开放前，我国没有独立的国家审计机构，也没有形成独立的审计监督制度。具有审计性质的监督工作主要是结合财政管理进行的。1962 年，根据中共中央和国务院《关于严格控制财政管理的决定》，开始恢复一些地区的财政监督机构。1978 年，经国务院批准，财政部恢复了财政监察司。随着改革开放的全面展开，由政府财政管理机关结合业务活动开展审计监督工作已经不能够适应需要。1982 年 12 月，新颁布的宪法确立了审计监督制度和审计机关的法律地位，并对审计机关的职责、权限、管理体制等作出了原则规定，1983 年 9 月，我国最高审计机关中华人民共和国审计署正式成立。

1985 年我国颁布了《国务院关于审计工作的暂行规定》，规定了审计机关的设置、领导关系、任务、职权，以及审计程序、审计报告等内容。1987 年发布的《国务院关于违反财政法规处罚的暂行规定》，成为以后一个时期审计查证和处理的重要依据。1988 年，国务院发布了《中华人民共和国审计条例》，初步形成了较为完整的审计制度体系[1]。

但是，随着国家政治、经济形势的新发展，也为了应对改革发展中审计工作出现的新问题，审计法的制定颁布对维护国家财政经济秩序、促进廉政建设、保障国民经济健康发展具有必要性。审计法（草案）于 1994 年 6 月 28 日提交第八届全国人大常委会第八次会议审议，审计署审计长郭振乾对草案进行了说明。1994 年 8 月 31 日，第八届全国人大常委会第九次会议通过了《中华人民共和国审计法》，同日，国家主席江泽民签署第三十二号主席令公布，自 1995 年 1 月 1 日起施行。

审计法共七章五十一条，对审计监督的原则、审计机关和审计人员、审计机关职责、审计机关权限、审计程序、法律责任等作出了分章规定。规定了人大常委会在必要时可以对审计工作报告作出决议。还规定，审计机关对与国计民生有重大关系的国有企业、接受财政补贴较多或者亏损数额较大的国有企业，以及国务院和本级地方人民政府指定的其他国有企业，应当有计划地定期进行审计。规定了审计监督的独立性，包括审计机关的经费独立性。规定审计人员依法行使职权不受干涉[2]。

---

〔1〕 郭振乾：《关于〈中华人民共和国审计法（草案）〉的说明》，《全国人民代表大会常务委员会公报》1994 年第 6 期。

〔2〕 林忠华：《维护财经秩序的重要法律——〈中华人民共和国审计法〉浅析》，《上海人大月刊》1994 年第 11 期。

审计法按照建立社会主义市场经济体制的要求，确立了审计机关的综合经济监督地位，规定了审计机关关于审计本级预算执行情况，向本级政府提交审计结果报告和受政府委托向本级人大常委会作审计工作报告等制度。这是我国第一部关于审计的基本法，标志着审计工作走上法制运行的轨道，中国特色审计监督制度框架初步形成。

1994 年审计法实施后，在我国社会主义市场经济体制逐步建立和完善过程中，仍然有很多不规范甚至违法的财政收支、财务收支行为，社会各界也对加强审计监督提出了更高的要求。审计法的一些内容已不能适应实际情况的需要。根据全国人大常委会和国务院 2004 年立法工作计划，审计署于 2004 年初开始研究修改审计法，形成了审计法修正案（草案），提交 2005 年 10 月 22 日第十届全国人大常委会第十八次会议审议，李金华在会上对草案作了说明[1]。

2006 年 2 月 28 日，第十届全国人大常委会第二十次会议通过了关于修改《中华人民共和国审计法》的决定，对审计法进行修正。同日，国家主席胡锦涛签署第四十八号主席令公布，自 2006 年 6 月 1 日起施行。此次主要在健全审计监督机制、完善审计监督职责、加强审计监督手段、规范审计监督行为四个方面作了修改。

2006 年审计法修正后至今，我国经济发展日新月异，新的审计环境对审计法律体系提出更高要求。2020 年 7 月 8 日，国务院办公厅正式公布了国务院 2020 年立法工作计划，拟提请全国人大常委会审议审计法修正草案。2021 年审计法（修正草案）在 5 月 6 日的国务院常务会议上获得通过，会议决定将草案提请全国

---

〔1〕 李金华：《关于〈中华人民共和国审计法修正案（草案）〉的说明》，中国人大网，http://www. npc. gov. cn/wxzl/gongbao/2006—05/17/content_5350165. htm。

人大常委会审议。2021 年 10 月 23 日，草案经过三次审议，在十三届全国人大常委会第三十一次会议上通过《关于修改〈中华人民共和国审计法〉的决定》，对审计法进行了第二次修正，国家主席习近平签署第一〇〇号主席令予以公布。

（二）会计法

为了规范会计行业，早在 1962 年，财政部出台会计人员职权试行条例，1964 年商业部系统总结出增减记账法，都旨在规范我国的会计工作。1973 年，中央着手抓经济整顿，财政部公布了《关于加强国营工业企业成本管理工作的若干规定》和《国营企业会计工作规则（试行草案)》。1977 年国务院在扭亏增盈会议上提出各部门要健全会计机构和充实会计人员的要求。1978 年国务院颁发了会计人员职权条例。1981 年公布了会计干部技术职称暂行规定，于 1985 年 1 月 21 日第六届全国人大常委会第九次会议通过了我国的第一部会计法，同年 5 月 1 日起施行。其目的是加强会计工作，保障会计人员依法行使职权，发挥会计工作在国家财政、经济工作上应有的作用。

法律全文共六章三十一条，对会计核算、会计监督、会计机构和会计人员、法律责任等作了专章规定。涉及整个会计工作的各个环节：从会计工作的任务、管理体制，会计业务中的核算制度、监督制度，会计机构和人员的设置和任免及职责，到会计法的适用范围及违反会计法的法律责任等方面都有规定。

为了适应建立社会主义市场经济的要求，财政部部长刘仲藜于 1993 年 10 月 22 日在第八届全国人大常委会第四次会议上作了关于会计法修正案（草案）的说明[1]。1993 年 12 月 29 日，第

---

[1] 刘仲藜：《关于〈中华人民共和国会计法修正案（草案）〉的说明》，中国人大网，http://www.npc.gov.cn/wxzl/gongbao/2000—12/28/content_5003077.htm。

八届全国人大常委会第五次会议通过了关于修改《中华人民共和国会计法》的决定，对会计法进行了第一次修正。此次修改着重对会计法立法宗旨、实施范围、会计制度管理体制、会计人员管理体制、会计监督、法律责任等方面作了修改和补充。

1985 年通过的会计法，虽然在 1993 年进行过修正，但是修正的篇幅不大，基本沿袭原来的模式。随着社会经济环境的发展和变化，出现了新情况和新问题。金融资本市场的开辟，使得原来的会计体系已经不能满足现实的需要，而会计作假现象愈演愈烈。当时一些震惊中外的重大案件，几乎都与会计作假直接相关，作假的严重程度也相当惊人。例如，1996 年的琼民源事件，将 3000 万元年利润通过财务造假变为成 5.4 亿元，上市之后矛盾就暴露出来，后来不得不停牌。还有红光实业、东方锅炉、大庆联谊等一批公布于世的股票大案，无不都采用会计作假、包装上市的手法，而且一上市就出问题，造成了恶劣的影响，引起了国务院领导的高度重视，下决心要从法律上打击会计作假行为，使会计数据真实可靠。这是此次修订会计法的首要动因[1]。

1998 年 5 月 1 日，国务院正式确定了会计法修改的立法程序，其目的是防止和惩治做假账的行为。1998 年 6 月 24 日，财政部成立了修改小组。1998 年 10 月，财政部党组讨论会计法的修改情况，上报国务院审定。1998 年 11 月 18 日，国务院常务会议讨论会计法修正案草案，朱镕基总理作了重要指示，指出会计法是中国经济工作领域的根本大法，将修正改为修订案，将法律条文进行全面修订[2]。1999 年 5 月 25 日，朱镕基总理主持召开

---

〔1〕 《财政部会计司刘玉廷副司长谈修订〈会计法〉的背景及主要内容》，《浙江财税与会计》2000 年第 6 期。

〔2〕 贺茂清：《修订〈会计法〉的背景》，《湖北财税》2000 年第 2 期。

第十八次国务院常务会议，讨论并原则通过了会计法（修订草案）。1999年6月22日，第九届全国人大常委会第十次会议开幕，财政部部长项怀诚作了关于《中华人民共和国会计法（修订草案）》和《关于惩治违反会计法犯罪的决定（草案）》的说明。1999年6月25日，第九届全国人大常委会第十次会议分组审议了会计法（修订草案）和关于惩治违反会计法犯罪的决定（草案），提出了一些具体意见。1999年10月26日，第九届全国人大常委会第十二次会议第三次审议，全国人大法律委员会副主任李伯永在作审议结果报告时指出，修订草案经过两次常委会审议，完善了相关规定，适应当前经济管理和财务管理的需求，应当尽快出台[1]。

1999年10月31日，第九届全国人大常委会第十二次会议通过了重新修订的会计法，自2000年7月1日起施行。

修订后的会计法共七章五十二条，增加了第三章"公司、企业会计核算的特别规定"；对于违法、违规、伪造、变造会计信息的行为均逐项进行了规定，加强其法律责任；进一步明确了会计监督的基本关系，并根据市场经济建设要求确定了监督内容，划分了监督层次；细化了会计核算方面的规定；"会计核算"一章，由1993年修改后会计法中的九条，增至十五条，并增设了"公司、企业会计核算的特别规定"一章，其中三条对公司、企业的会计核算作出了特别要求；首次明确了会计人员从业资格证书的要求及对单位会计机构的负责人必须具备会计师以上专业技术职称资格或者从事会计工作三年以上经历的要求。

根据2016年12月、2017年1月和5月国务院公布的取消职

---

[1] 《〈中华人民共和国会计法〉大事记（1995年—1999年）》，《中华会计学习》2005年第8期。

业资格事项、中央指定地方实施行政审批事项和进一步削减工商
登记前置审批事项的决定，以及精简审批事项、规范中介服务、
实行企业投资项目网上并联核准制度工作方案的精神，国务院法
制办会同有关部门起草了《〈中华人民共和国会计法〉等十一部
法律的修正案（草案）》，国务院法制办党组书记、副主任袁曙
宏2017年10月31日在第十二届全国人大常委会第三十次会议上
作了关于《〈中华人民共和国会计法〉等十一部法律的修正案
（草案)》的说明[1]。

2017年11月4日第十二届全国人大常委会第三十次会议通
过了《关于修改〈中华人民共和国会计法〉等十一部法律的决
定》，对会计法进行了第二次修正，取消了会计从业资格认定，
同时，对境外非政府组织境内活动管理法第二十四条关于境外非
政府组织代表机构应当聘请具有中国会计从业资格的会计人员进
行会计核算的规定一并作了修改，并且对违反相关法律规定的会
计工作人员的处罚进行了更加严格的规定。

（三）注册会计师法

我国于1980年恢复、重建了注册会计师制度。财政部于
1980年12月发布了《关于成立会计顾问处的暂行规定》。1985
年全国人大常委会通过了会计法。1986年7月，根据会计法第二
十条第二款的规定，国务院发布了注册会计师条例。

根据1992年6月23日国务院第一百九十二次总理办公会议
"要抓紧制定《注册会计师法》"的决定，经财政部领导批准，
1992年9月5日，成立了注册会计师法起草小组，在广泛征求意

---

〔1〕　袁曙宏：《〈中华人民共和国会计法〉等十一部法律的修正案（草案）的说
明》，中国人大网，http://www.npc.gov.cn/npc/c10134/201711/e9df3f7006bd4d40b6854
eef0aadc757.shtml。

见、反复审议修改的基础上，形成了注册会计师法（草案），提交 1993 年 8 月 25 日第八届全国人大常委会第三次会议审议，财政部部长刘仲藜在会上对草案进行了说明[1]。

1993 年 10 月 31 日，第八届全国人大常委会第四次会议通过了《中华人民共和国注册会计师法》，自 1994 年 1 月 1 日起施行。

法律全文共七章四十六条，对注册会计师的考试和注册，业务范围和规则，会计师事务所、注册会计师协会，以及法律责任作出了规定。

2014 年 8 月 31 日第十二届全国人大常委会第十次会议通过了《关于修改〈中华人民共和国保险法〉等五部法律的决定》，对注册会计师法进行修正。

三、税收征收管理法

税收征收对国家财政收入、国民经济的发展都具有重要意义。从中华人民共和国成立到 1986 年，我国有关税收征收管理的法律、法规都是分散于各个实体税种的法律法规中。为了规范国家税收征收管理活动，1986 年 4 月 21 日，国务院发布了税收征收管理暂行条例，于当年 7 月 1 日起实施，这是我国第一部税收征管行政法规。在条例适用了一段时间之后，为了加强税收征收管理，保障国家税收收入，保护纳税人的合法权益，1992 年 9 月 4 日，第七届全国人大常委会第二十七次会议通过《中华人民

---

〔1〕 刘仲藜：《关于〈中华人民共和国注册会计师法（草案）〉的说明》，北大法律信息网，http://zjlx.pkulaw.cn/fulltext_form.aspx? db = protocol&gid = d7a8d084bfceb2fd115be86b26a4d128bdfb。

共和国税收征收管理法》，自 1993 年 1 月 1 日起实施。

这是我国第一部税收征管法律。法律全文共六章六十二条，对税务管理、税务征收、税务检查、法律责任都进行分章规定。1986 年 4 月 21 日国务院发布的税收征收管理暂行条例同时废止。

1995 年 2 月 28 日第八届全国人大常委会第十二次会议通过了关于修改《中华人民共和国税收征收管理法》的决定，对税收征收管理法进行了第一次修正。

1994 年我国实行了分税制财政体制，分设了国家税务局、地方税务局两套税务机构，并划分了各自的征管范围。但税收征收管理法是在分税制实施前制定的，只对税款征收作了原则规定，而对税款解缴入库却没有规定起码的原则要求和应负的法律责任。一些地区受地方利益和部门利益的驱动，出现税款解缴人为混库，甚至拿税款做交易的现象，损害了国家的利益。新税制运行以后，增值税成为主体税种，所得税逐年增长，税收管理方式发生变化，随之产生了许多管理上的问题，虚开、伪造增值税专用发票等偷税骗税活动广泛存在。1997 年 1 月 1 日，国务院批转的国家税务总局深化税收征管改革的方案下发后，在全国各地普遍推行了税收征管改革，也急需法律作为改革的保证。另外，旧税收征收管理法与 1993 年之后颁布的行政诉讼法、行政处罚法和刑法还存在一些冲突和矛盾[1]。在这种情况下，税收征收管理法的修订被提上日程。

2001 年 4 月 28 日，第九届全国人大常委会第二十一次会议通过了全面修订的税收征收管理法的决定，自 2001 年 5 月 1 日起施行。

---

〔1〕 徐刚、徐建:《〈税收征管法〉修订概述》,《浙江财税与会计》2005 年第5 期。

修订后的法律变为六章九十四条，章节未变，增加了三十二条。除了明确税收执法者的执法责任外，重点明确了纳税人的权利；同时明确了税收第三方，新增了税收保全措施，也明确了税务机关采用税收保全措施的限制条件。

2013 年 6 月 29 日，第十二届全国人大常委会第三次会议通过《关于修改〈中华人民共和国文物保护法〉等十二部法律的决定》，对税收征收管理法作出第二次修正。此次仅修改了一条，目的是使得税务登记手续更加快速便捷。

2015 年 4 月 24 日，第十二届全国人大常委会第十四次会议通过了《关于修改〈中华人民共和国港口法〉等七部法律的决定》，对税收征收管理法进行了第三次修正，此次仅修改了第三十三条，删去了减税、免税的书面申请和审批手续。

近年来，我国经济由高速发展转为高质量发展，为贯彻现代化经济发展理念，2018 年 9 月 7 日，十三届全国人大常委会立法规划正式对外公布，其中包括修改税收征收管理法。2019 年 3 月 9 日，十三届全国人大二次会议举行记者会，全国人大财政经济委员会副主任委员乌日图介绍，下一步，财经委将按照全国人大常委会立法规划和年度立法计划的要求，督促有关部门抓紧增值税法、消费税法、房地产税法、关税法、城市维护建设税法、契税法、印花税法、税收征收管理法（修改）等法律草案的起草，做好法律草案的初步审议，确保按时完成落实税收法定原则的立法任务[1]。在国务院 2023 年度立法工作计划中，税收征收管理法修订草案预备提请全国人大常委会审议。

---

〔1〕《人大举行记者会，全国人大相关负责人谈立法工作》，《人民日报》2019 年 3 月 10 日。

四、财产税法

（一）个人所得税法

个人所得税是我国仅次于增值税、企业所得税的第三大税种，在筹集财政收入、调节收入分配方面发挥着重要作用，也影响着每一个人。1980 年 9 月 10 日，第五届全国人大第三次会议通过《中华人民共和国个人所得税法》，自公布之日起实施。个人所得税法是我国第一部个人所得税的基本法。

法律全文共十五条，不分章，规定了纳税人的范围，应纳个人所得税的收入范围，个人所得税的税率，各项应纳税所得额的计算，免征个人所得税的收入范围、法律责任等。

1980 年通过的个人所得税法对我国公民和外籍纳税人均适用。1987 年，改为只对外籍人员和港、澳、台同胞征收。1986 年 1 月 7 日，国务院发布了城乡个体工商业户所得税暂行条例，对个体工商户开征所得税。同年 9 月 25 日，国务院发布了个人收入调节税暂行条例，用于调节公民个人的收入。至此，三种税并立，矛盾和问题不断突出，如不同主体的纳税标准不同、待遇不同；物价上涨，400 元的扣除额太低；征税范围、应税项目不全等[1]。需要对个人所得税法进行修改。

1993 年 10 月 31 日，第八届全国人大常委会第四次会议通过了《关于修改〈中华人民共和国个人所得税法〉的决定》，对个人所得税法进行了第一次修正，自 1994 年 1 月 1 日起施行。1986 年 1 月 7 日国务院发布的城乡个体工商业户所得税暂行条例和

---

〔1〕　朱莹：《税制改革浅谈（五）——个人所得税》，《中国技术监督》1994 年第 9 期。

1986 年 9 月 25 日国务院发布的个人收入调节税暂行条例同时废止。

此次修改的内容包括：将缴纳个人所得税的主体修改为包括中国居民和从中国境内取得收入的非中国居民；明确了缴纳个人所得税的收入范围："一、工资、薪金所得；二、个体工商户的生产、经营所得；三、对企事业单位的承包经营、承租经营所得；四、劳务报酬所得；五、稿酬所得；六、特许权使用费所得；七、利息、股息、红利所得；八、财产租赁所得；九、财产转让所得；十、偶然所得；十一、经国务院财政部门确定征税的其他所得。"

此外，对工资、薪金所得，个体工商户的生产、经营所得和对企事业单位的承包经营、承租经营所得，以及其他各种收入个税起征点、税率、免征个税的范围、单位的代扣代缴，都进行了修改。

1999 年 8 月 30 日，第九届全国人大常委会第十一次会议通过了《关于修改〈中华人民共和国个人所得税法〉的决定》，对个人所得税法进行了第二次修正，自公布之日起施行。

修改的内容为对"储蓄存款利息"不再征收个人所得税，同时规定"对储蓄存款利息所得征收个人所得税的开征时间和征收办法由国务院规定"。

2005 年 10 月 27 日，第十届全国人大常委会第十八次会议通过了《关于修改〈中华人民共和国个人所得税法〉的决定》，对个人所得税法进行了第三次修正，自 2006 年 1 月 1 日起施行。

随着个人收入的大幅增加，首先对工资、薪金所得的起征点进行调整，对"个人所得税税率表一"的附注作相应修改。同时，在单位代扣代缴问题上，将第八条修改为："个人所得税，以所得人为纳税义务人，以支付所得的单位或者个人为扣缴义务人。个人所得超过国务院规定数额的，在两处以上取得工资、薪金所得或者没有扣缴义务人的，以及具有国务院规定的其他情形的，纳税义务人应当按照国家规定办理纳税申报。扣缴义务人应当按照国家规定办理全员全额扣缴申报。"

2007 年 6 月 29 日，第十届全国人大常委会第二十八次会议通过了《关于修改〈中华人民共和国个人所得税法〉的决定》，对个人所得税法进行了第四次修正。

2007 年 12 月 29 日，第十届全国人大常委会第三十一次会议通过了《关于修改〈中华人民共和国个人所得税法〉的决定》，对个人所得税法进行了第五次修正，自 2008 年 3 月 1 日起施行。此次修改进一步提高了个税的起征点，同时，对个人所得税税率表一的附注作相应修改。

2011 年 6 月 30 日，第十一届全国人大常委会第二十一次会议通过了《关于修改〈中华人民共和国个人所得税法〉的决定》，对个人所得税法进行了第六次修正，自 2011 年 9 月 1 日起施行。

本次修改主要是对个人所得税的税率、起征点又一次进行了调整，规定："工资、薪金所得，适用超额累进税率，税率为百分之三至百分之四十五。""工资、薪金所得，以每月收入额减除费用三千五百元后的余额，为应纳税所得额。"

为了适应经济发展和社会生活的进一步发展，2018 年 8 月 31 日，第十三届全国人大常委会第五次会议通过了《关于修改〈中华人民共和国个人所得税法〉的决定》，对个人所得税法进行了第七次修正，自 2019 年 1 月 1 日起施行，但起征点提高至每月 5000 元等部分减税政策，将从 2018 年 10 月 1 日起先行实施。

此次修改通过提高个人所得税的起征点，增加专项附加扣除，优化税率结构，加大了对中低收入者的减税力度。修改了应缴纳个税的个人所得范畴，其中，居民个人取得工资、薪金所得，劳务报酬所得，稿酬所得和特许权使用费所得为综合所得，按纳税年度合并计算个人所得税。明确了个人所得税的税率：其中综合所得，适用3%至45%的超额累进税率；经营所得，适用5%至35%的超额累进税率；利息、股息、红利所得，财产租赁所得，财产转让所得和偶然所得，适用比例税率，税率为20%。进一步优化调整了个人所得的部分税率级距，其中工资、薪金所得适用税率扩大3%、10%、20%三档低税率的级距，缩小25%税率的级距，30%、35%、45%三档较高税率级距不变。还修改了今后应纳税所得额的计算方法。另外，此次修正的一个重要内容就是新增了子女教育、继续教育、大病医疗、住房贷款利息、住房租金、赡养老人六项专项附加扣除，进一步提高减税力度。

个人所得税的征收事关国计民生，也是每年全国"两会"人大代表热议的话题。全国人大代表、格力电器董事长董明珠2018年以来，每年都建议提高个人所得税起征点至10000元。她认为，提高个人所得税起征点可切实提高居民实际收入水平，让群众有钱消费，更是促进消费、驱动经济"内循环"的动力。

（二）车船税法

1951年，政务院公布了车船使用牌照税暂行条例，作为当时我国征收车船使用税的基本法规，1999年，国务院公布了车船使用税暂行条例。2006年12月，国务院公布了车船税暂行条例，同时废止了之前的车船使用牌照税暂行条例和车船使用税暂行条例。

为了将相关条例内容上升为法律，车船税法被全国人大常委会和国务院列入2010年立法计划。财政部、税务总局在广泛征求意见、反复研究论证的基础上，起草了车船税法（送审稿），于2010年4月报国务院审议。国务院法制办在广泛征求各方面意见之后，经反复研究修改，形成了车船税法（草案），提交2010年10月25日第十一届全国人大常委会第十七次会议审议。2011年2月25日，第十一届全国人大常委会第十九次会议通过了《中华人民共和国车船税法》，自2012年1月1日起施行。

法律全文共十三条，不分章。车船税法改变了车船税暂行条例中按车船是否应登记确定是否纳税，规定在中华人民共和国境内属于本法所附车船税税目税额表规定的车辆、船舶（以下简称车船）的所有人或者管理人，为车船税的纳税人，都应当依照本法缴纳车船税；改变了条例及实施细则中豪华车和普通车都按相同的税额缴税的规定，规定乘用车的计税依据，由现行统一计征，调整为按排气量大小分档计征；规定了税负结构，对占汽车总量72%左右的乘用车的税负，按发动机排气量大小作了区分；规定了免征车船税的车船范围，增加了"对节约能源、使用新能源的车船可以减征或者免征车船税"；还对车船税的扣缴义务人、纳税地点和纳税时间等作了规定。

2019年4月23日第十三届全国人大常委会第十次会议通过了《关于修改〈中华人民共和国建筑法〉等八部法律的决定》，对车船税法进行了修正。

（三）车辆购置税法

车辆购置税对组织财政收入、促进交通基础设施建设以及引导汽车产业健康发展，发挥着重要作用。2000年10月，国务院公布了车辆购置税暂行条例，规定自2001年1月1日起，对购置汽车、摩托车等车辆的单位和个人征收车辆购置税。车辆购置税实行从价计征，税率为10%。

《中共中央关于全面深化改革若干重大问题的决定》提出"落实税收法定原则"，制定车辆购置税法是重要任务之一，列入了全国人大常委会2018年立法工作计划和国务院2018年立法工作计划。财政部、税务总局、司法部等部门在车辆购置税暂行条例和广泛征求各方面意见的基础上，起草形成了车辆购置税法（草案），提交2018年8月27日第十三届全国人大常委会第五次会议审议。财政部部长刘昆在会上对草案作了说明[1]。

分组审议期间，全国人大常委会组成人员指出，将车辆购置税暂行条例上升为法律，是落实税收法定原则的迫切需要和重要步骤，非常必要且条件已经成熟。与此同时，一些委员强调，税收法定原则的落实，并非只是简单进行税制平移，而是要在法律中对税收的各个要素作出明确规定，建议明确车辆购置税的征收目的、征收原则、主要用途和减免原则，并对一些规定进行细化，使之更加具有可操作性[2]。

草案初次审议后征求了社会公众意见，作出进一步修改。车辆购置税法草案二审稿规定，在中华人民共和国境内购置汽车、有轨电车、汽车挂车、排气量超过一百五十毫升的摩托车的单位和个人，为车辆购置税的纳税人，应当依照本法规定缴纳车辆购置税。增加规定，悬挂应急救援专用号牌的国家综合性消防救援车辆免征车辆购置税。明确设有固定装置的非运输专用作业车免征车辆购置税。加强了公安机关和税务机关的信息核对。增加规定，免税、减税车辆因转让、改变用途等原因不再属于免税、减

---

〔1〕 刘昆：《关于〈中华人民共和国车辆购置税法（草案）〉的说明》，《中华人民共和国全国人民代表大会常务委员会公报》2019年第1期，第33—34页。

〔2〕 蒲晓磊：《全国人大常委会分组审议车辆购置税法草案 有委员建议细化相关规定提升可操作性》，《法制日报》2018年9月4日。

税范围的，纳税人应当在办理车辆转移登记或者变更登记前缴纳车辆购置税。计税价格以免税、减税车辆初次办理纳税申报时确定的计税价格为基准，每满一年扣减 10%。此外，建议对新能源汽车相关规定不作修改。

第十三届全国人大常委会第七次会议 2018 年 12 月 23 日下午在北京人民大会堂举行第一次全体会议。会议听取了宪法和法律委员会副主任委员江必新分别作的关于耕地占用税法（草案）审议结果的报告和关于车辆购置税法（草案）审议结果的报告。认为两个草案经过审议修改，已经比较成熟。

2018 年 12 月 29 日，第十三届全国人大常委会第七次会议通过了《中华人民共和国车辆购置税法》，自 2019 年 7 月 1 日起施行。

法律全文共十九条，不分章。规定了纳税人的范围，即在中华人民共和国境内购置汽车、有轨电车、汽车挂车、排气量超过一百五十毫升的摩托车（以下统称应税车辆）的单位和个人，为车辆购置税的纳税人，应当依照本法规定缴纳车辆购置税；征收的方式，即车辆购置税实行一次性征收。购置已征车辆购置税的车辆，不再征收车辆购置税；税率为 10%；应税车辆的计税价格的确定方式、免征车辆购置税的车辆范围；缴纳的机关以及纳税时间以及退税的情形。

（四）船舶吨税法

《中华人民共和国船舶吨税法》由第十二届全国人大常委会第三十一次会议于 2017 年 12 月 27 日通过，自 2018 年 7 月 1 日起施行。2018 年 10 月 26 日，根据第十三届全国人大常委会第六次会议《关于修改〈中华人民共和国野生动物保护法〉等十五部法律的决定》，对部分条文作出了修改，为现行适用的法律。

船舶吨税是针对船舶使用海上航标等助航设施的行为设置的税种。船舶吨税法出台之前，船舶吨税由暂行条例规范，根据中共十八届三中全会提出的税收法定原则，船舶吨税由税收暂行条例上升为税收法律。

1952 年，经政务院财政经济委员会批准，海关总署发布了海关船舶吨税暂行办法。在此基础上，2011 年 12 月，国务院制定了船舶吨税暂行条例。为落实中共十八届三中全会提出的税收法定原则和中共中央审议通过的《贯彻落实税收法定原则的实施意见》，财政部、海关总署在深入调查研究并向社会公开征求意见的基础上，起草了船舶吨税法（送审稿），于 2017 年 5 月报请国务院审议。国务院法制办征求了中央有关部门、各省级人民政府、有关企业和社会团体的意见，会同财政部、海关总署等部门对送审稿反复研究修改，形成了船舶吨税法（草案）。经全国人大常委会两次审议并修改，于 2017 年 12 月 27 日获得通过。其立法的思路为，从实际执行情况看，吨税税制要素基本合理、运行稳定，可按照税制平移的思路，保持现行税制框架和税负水平不变，将暂行条例上升为法律[1]。船舶吨税法共二十二条，主要对征税对象、税目税率、计税依据、应纳税额、征收机关以及免征吨税的情形等作出了规定。

2018 年 10 月 26 日，依据《全国人民代表大会常务委员会关于修改〈中华人民共和国野生动物保护法〉等十五部法律的决定》，对船舶吨税法进行修正，删去第十一条中的"或者出入境检验检疫部门"。在申明免税或者延长吨税执照期限应提交的文件中，免去了出具具有法律效力的证明文件或者使用关系证明文件。

---

[1] 肖捷：《关于〈中华人民共和国船舶吨税法（草案）〉的说明》，《中华人民共和国全国人民代表大会常务委员会公报》2018 年第 1 期，第 28—29 页。

船舶吨税立法是落实税收法定原则、深化税收制度改革的一大新成就，无论是细化落实党的十九大精神，还是使船舶吨税相关司法实践更加有序公正，都有着举足轻重的意义，同时也为之后的税收制度改革指引了方向。

五、环境资源税法

环境资源税方面，2016 年环境保护税法、2018 年耕地占用税法、2017 年烟叶税法、2019 年资源税法、2021 年印花税法和城市维护建设税法，在税收体系上规范了与环境资源有关的经济活动。

（一）环境保护税法

1979 年颁布的环境保护法（试行）确立了排污费制度，2003年，国务院公布的排污费征收使用管理条例对排污费征收、使用的管理作了规定。现行的环境保护法也延续了这一制度。中共十八届三中、四中全会提出"推动环境保护费改税""用严格的法律制度保护生态环境"。为贯彻落实党中央、国务院决策部署，财政部、税务总局、环境保护部在调查研究的基础上，起草了环境保护税法（送审稿）。国务院法制办在广泛征求各方面意见的基础上，反复研究修改形成了环境保护税法（草案），提交 2016 年 8月 29 日第十二届全国人大常委会第二十二次会议审议，财政部部长楼继伟在会上对草案进行了说明。草案主要解决"费改税"的问题，按照"税负平移"的原则进行环境保护费改税。环境保护费改税后，征收部门由环保部门改为税务部门，同时又离不开环保部门的配合，草案对征管分工协作机制作了规定[1]。2016

---

〔1〕　楼继伟：《关于〈中华人民共和国环境保护税法（草案）〉的说明》，《中华人民共和国全国人民代表大会公报》2017 年第 1 期。

年 12 月 25 日，第十二届全国人大常委会第二十五次会议通过了《中华人民共和国环境保护税法》，自 2018 年 1 月 1 日起施行。

法律全文共五章二十八条，对计税依据和应纳税额、税收减免、征收管理进行了分章规定，对纳税人、征税对象和征税范围、税负、免税的情形、税收征管，环境保护税应税污染物计税依据的确定方法，应税污染物的计算方法和顺序，应纳税额的计算方法等作了规定。此外，还规定征收环境保护税不免除纳税人环境违法行为应承担的民事责任、行政责任。

2018 年 10 月 26 日，第十三届全国人大常委会第六次会议通过了《关于修改〈中华人民共和国野生动物保护法〉等十五部法律的决定》，对环境保护税法进行了修正。此次修正，仅将第二十二条中的"海洋主管部门"修改为"生态环境主管部门"；将第十条、第十四条、第十五条、第二十条、第二十一条、第二十三条中的"环境保护主管部门"修改为"生态环境主管部门"。

（二）耕地占用税法

1987 年 4 月，国务院发布耕地占用税暂行条例，对占用耕地建房或者从事非农业建设的单位和个人征收耕地占用税。2007 年 12 月，国务院公布了新的暂行条例，提高了税额标准，统一了内外资企业税负水平，规范了征收管理。暂行条例施行以来，耕地占用税运行比较平稳。2018 年 8 月 27 日，耕地占用税法（草案）提请全国人大常委会审议。财政部部长刘昆在会上对草案作了说明，他指出，可按照税制平移思路，保持现行税制框架和税负水平总体不变，将暂行条例上升为法律[1]。

---

[1] 刘昆：《关于〈中华人民共和国耕地占用税法（草案）〉的说明——2018 年 8 月 27 日在第十三届全国人民代表大会常务委员会第五次会议上》，《中华人民共和国全国人民代表大会常务委员会公报》2019 年第 1 期。

2018 年 12 月 25 日，十三届全国人大常委会组成人员分组审议耕地占用税法草案和车辆购置税法草案，常委会委员普遍认为，两部税法已经比较成熟。

2018 年 12 月 29 日，《中华人民共和国耕地占用税法》经第十三届全国人大常委会第七次会议通过，自 2019 年 9 月 1 日起施行。2007 年 12 月 1 日国务院公布的耕地占用税暂行条例同时废止。

耕地占用税法共十六条，不分章。规定了纳税人的范围，计税依据，耕地占用税四个档次的税额；减免耕地占用税的情形；纳税义务发生的时间和申报缴纳期限。并且规定了纳税返还的情形：纳税人因建设项目施工或者地质勘查临时占用耕地，应当依照本法的规定缴纳耕地占用税；纳税人在批准临时占用耕地期满之日起一年内依法复垦，恢复种植条件的，全额退还已经缴纳的耕地占用税。

（三）烟叶税法

针对烟叶税的征收，2006 年 4 月，国务院公布了烟叶税暂行条例。《中共中央关于全面深化改革若干重大问题的决定》提出"落实税收法定原则"。全国人大常委会 2017 年立法工作计划将烟叶税法列为 8 月初次审议的法律案，国务院 2017 年立法工作计划将其列为全面深化改革急需的项目。财政部、税务总局在深入调研、公开征求社会公众意见基础上，起草并向国务院报送了烟叶税法（送审稿）。国务院法制办在征求了有关方面意见之后，会同财政部、税务总局反复研究修改，形成了烟叶税法（草案），于 2017 年 8 月 28 日提交十二届全国人大常委会第二十九次会议审议。财政部部长肖捷在会上对草案进行了说明[1]。草案明确了烟叶税纳税人为在中华人民共和国境内收购烟叶的单位。对于烟叶税的征税范围和计税依据，草案规定烟叶税的征税对象为烟叶，范围包括烤烟叶、晾晒烟叶。烟叶税的计税依据为纳税人收购烟叶实际支付的价款总额。肖捷表示，为有利于税法执行，便于税收征管，纳税人收购烟叶实际支付的价款总额的范围、标准将由国务院作出规定。为确保烟叶税法平稳实施，草案维持了现行20%的税率。此外，草案还对烟叶税的纳税义务发生时间、纳税期限、纳税地点等作了规定。

2017年12月22日，烟叶税法（草案）提请十二届全国人大常委会第三十一次会议二审。二审稿根据常委会委员的建议，将在中华人民共和国境内，依照烟草专卖法的规定收购烟叶的单位为烟叶税的纳税人。纳税人应当依照本法规定缴纳烟叶税。烟叶税的纳税义务发生时间为纳税人收购烟叶的当日，烟叶税按月计征。同时将一审稿第九条"纳税人应当于纳税义务发生月的次月十五日内申报纳税。"改为"纳税人应当于纳税义务发生月终了之日起十五日内申报并缴纳税款。"进一步明确了关于烟叶税征收管理的规定和申报纳税的时间。

2017年12月27日，第十二届全国人大常委会第三十一次会议通过了《中华人民共和国烟叶税法》，自2018年7月1日起施行。2006年4月28日国务院公布的烟叶税暂行条例同时废止。法律全文共十条，不分章。烟叶税法规定了纳税人的范围，即在中华人民共和国境内，依照烟草专卖法的规定收购烟叶的单位。纳税人应当依照本法规定缴纳烟叶税；烟叶税的计税依据为纳税

---

〔1〕 肖捷：《关于〈中华人民共和国烟叶税法（草案）〉的说明——2017年8月28日在第十二届全国人民代表大会常务委员会第二十九次会议上》，《中华人民共和国全国人民代表大会常务委员会公报》2018年第1期。

人收购烟叶实际支付的价款总额；税率保持了烟叶税暂行条例中的 20%；应纳税额按照纳税人收购烟叶实际支付的价款总额乘以税率计算；纳税人应当向烟叶收购地的主管税务机关申报缴纳烟叶税；烟叶税的纳税义务发生时间为纳税人收购烟叶的当日；烟叶税按月计征，纳税人应当于纳税义务发生月终了之日起十五日内申报并缴纳税款。

（四）资源税法

为了促进资源节约集约利用和加强生态环境保护，1993 年 12 月 25 日，国务院第十二次常务会议通过了资源税暂行条例，于 1994 年 1 月 1 日起施行。资源税暂行条例规定，对开采矿产品或者生产盐的单位和个人征收资源税，并实行从量计征。2011 年 9 月 21 日，《国务院关于修改〈中华人民共和国资源税暂行条例〉的决定》在国务院第一百七十三次常务会议上正式通过，此次修改主要明确了资源税的应纳税额按照从价定率或者从量定额的办法计征。从 2016 年 7 月 1 日起，我国实施了资源税全面从价计征改革。

2018 年 12 月 23 日，十三届全国人大常委会第七次会议举行了第一次全体会议。受国务院委托，财政部部长刘昆在会上作了关于提请审议资源税法（草案）议案的说明。刘昆指出，从实际执行情况看，资源税税制要素基本合理，运行较为平稳。因此，制定资源税法的思路为"按照税制平移的思路，保持现行税制框架和税负水平总体不变，将资源税暂行条例上升为法律。同时，根据实际情况，按照落实税收法定原则的要求，对相关征税事项作相应调整"[1]。

---

〔1〕　刘昆：《关于〈中华人民共和国资源税法（草案）〉的说明》，中国人大网，http://www.npc.gov.cn/npc/c30834/201908/4fbe6560cd13496aae74cd1dc2ae7841.shtml. 2023.07.04。

2019 年 8 月 26 日，《中华人民共和国资源税法》在十三届全国人大常委会第十二次会议上正式表决通过，自 2020 年 9 月 1 日起施行。资源税暂行条例同时废止。法律全文共十七条，不分章，对资源税的纳税人、税目、税率、计征方式和应纳税额计算、税收减免、税收征管事项等内容进行了规定。较之资源税暂行条例，资源税法有许多重要调整。如将资源税的纳税人调整为"在中华人民共和国领域和中华人民共和国管辖的其他海域开发应税资源的单位和个人"，还进一步规范了资源税的税目和税率，所附资源税税目税率表规定了共计五大类 164 个税目，对于实行幅度税率的，允许地方政府统筹考虑应税资源的品位、开采条件以及对生态环境的影响等情况，制定其具体适用税率。此外，针对国家水资源税改革试点问题、中外合作开采油气资源缴纳资源税问题作出了统一规定。

（五）印花税法

1988 年 8 月 6 日，国务院发布印花税暂行条例，规定书立或者领受合同、产权转移书据、营业账簿和权利、许可证照等应税凭证的单位和个人应当缴纳印花税。2011 年 1 月 8 日，印花税暂行条例根据《国务院关于废止和修改部分行政法规的决定》进行了一次修订。

为了进一步完善税收法律制度，提高印花税的规范化、法治化水平，2021 年 1 月 4 日，时任国务院总理李克强主持召开了国务院常务会议，会上通过了印花税法（草案）。2021 年 2 月 27 日，印花税法（草案）提请十三届全国人大常委会第二十六次会议审议。财政部部长刘昆在会上作（草案）说明时指出，制定印花税法，总体上保持现行税制框架和税负水平基本不变，将印花税暂行条例和证券交易印花税有关规定上升为法律。

同时，根据实际情况对部分内容作了必要调整，适当简并税目、降低部分税率[1]。

2021年6月10日，十三届全国人大常委会第二十九次会议通过了《中华人民共和国印花税法》，于2022年7月1日起正式实施。印花税暂行条例同时废止。法律全文共二十条，不分章，主要对印花税的纳税人、征税范围、税目税率、计税依据、应纳税额和税收优惠等内容作出了规定，并附印花税税目税率表。与原印花税暂行条例相比，印花税法新增了较多内容，如明确列明的增值税税款不作为计算缴纳印花税依据、明确减免征范围、降低税率等，还对印花税的纳税地点、扣缴义务人、计征方式、印花税票的使用管理等税收征管事项进行了规定。

（六）城市维护建设税法

为加强城市的维护建设，扩大和稳定城市维护建设资金的来源，1985年2月8日，国务院发布城市维护建设税暂行条例，规定缴纳增值税、消费税、营业税的单位和个人应当缴纳城市维护建设税，城市维护建设税收入专项用于城市的公用事业、公共设施的维护建设以及乡镇的维护建设。2011年1月8日，城市维护建设税暂行条例根据国务院令第588号《国务院关于废止和修改部分行政法规的决定》进行了修订。2019年12月23日，城市维护建设税法（草案）提请十三届全国人大常委会第十五次会议审议，财政部部长刘昆在会上对（草案）作了说明[2]。

---

〔1〕 刘昆：《关于〈中华人民共和国印花税法（草案）〉的说明》，中国人大网，http://www.npc.gov.cn/npc/c30834/202106/a91963c34c7c4f2182ea61cda9b8d56e.shtml. 2023.07.04。

〔2〕 刘昆：《关于〈中华人民共和国城市维护建设税法（草案）〉的说明》，中国人大网，http://www.npc.gov.cn/npc/c30834/202008/6e9761c453734d839b32c064cdb96b8d.shtml. 2023.07.05。

2020 年 8 月 11 日，十三届全国人大常委会第二十一次会议通过了《中华人民共和国城市维护建设税法》，于 2021 年 9 月 1 日起施行。1985 年起施行的城市维护建设税暂行条例同时废止。法律全文共十一条，不分章，主要规定了纳税人、征税范围、税率和税收减免等内容。此外，还对纳税义务发生时间、扣缴义务人等税收征管事项作了规定。城市维护建设税法的出台，厘清了一些此前存在不确定性的税务问题，如将进口服务及无形资产排除在了城市维护建设税的计税基础之外。

第六节　对外经济贸易法

改革开放后，我国外贸体制开启重大变革。1994 年 5 月 12 日，第八届全国人大常委会第七次会议通过《中华人民共和国对外贸易法》。加入世贸组织后，为了建立符合世界贸易组织规则框架，2004 年 4 月 6 日，第十届全国人大常委会第八次会议通过对外贸易法的修订，2016 年对该法个别条款作了修正。改革开放也为贸易主体结构多元化格局的形成提供了土壤，1979—1988 年，全国人大先后制定了中外合资经营企业法、外资企业法和中外合作经营企业法。随着对外贸易的深入开展，2019 年十三届全国人大二次会议表决通过了《中华人民共和国外商投资法》。该法实施后，中外合资经营企业法、外资企业法和中外合作经营企业法同时废止。

一、对外贸易法

1993 年 12 月 20 日，对外贸易法（草案）提交第八届全国人大常委会第五次会议审议，对外贸易经济合作部部长吴仪在会上对草案进行了说明，随着我国对外贸易体制改革的深化和对外贸易事业的进一步发展，以及中国恢复关税与贸易总协定缔约国地位的需要，制定我国的对外贸易法就显得更为迫切和必要。草案共分八章四十八条，分别为总则、对外贸易经营者、货物进出口与技术进出口、对外贸易秩序、对外贸易促进、国际服务贸易、法律责任和附则。并对对外贸易法的适用范围、对外贸易制度、对外贸易经营者的许可和对外贸易秩序几个重要问题进行了说明[1]。

《中华人民共和国对外贸易法》由 1994 年 5 月 12 日第八届全国人大常委会第七次会议通过，自 1994 年 7 月 1 日起施行。全文共八章四十四条，对对外贸易经营者、货物进出口与技术进出口、国际服务贸易、对外贸易秩序、对外贸易促进和法律责任进行了分章规定。其立法目的是发展对外贸易，维护对外贸易秩序，促进社会主义市场经济的健康发展；而对外贸易是指货物进出口、技术进出口和国际服务贸易。

2001 年，我国加入世贸组织，之后我国发挥了加入世贸组织的积极效应，在低迷的世界经济形势中获得了主动地位。但是，我国加入世贸组织后，面临着履行入世承诺，改变政府管理经济形式的需要。在这一背景下，1994 年的对外贸易法已经不能适应外贸发展新形势的需要。为了履行我国加入世贸组织的有关承诺，适应充分运用世贸组织规则，促进我国对外贸易持续健康协调发展，根据立法规划，商务部经过一年多的努力，于 2003 年 6 月完

---

[1] 吴仪：《关于〈中华人民共和国对外贸易法（草案）〉的说明——1993 年 12 月 20 日在第八届全国人民代表大会常务委员会第五次会议上》，《中华人民共和国全国人民代表大会常务委员会公报》1994 年第 4 期。

成了对外贸易法修订草案的起草工作，对外贸易法（修订草案）提交 2003 年 12 月 27 日十届全国人大常委会第六次会议审议，商务部副部长于广洲在会上对（修订草案）作了说明。此次对外贸易法修订主要从三个方面进行，一是对外贸易法与我国入世承诺和世贸组织规则不相符的内容进行了修改；二是根据我国入世承诺和世贸组织规则，对我国享受世贸组织成员权利的实施机制和程序作了规定；三是根据对外贸易法实施以来出现的新情况和促进对外贸易健康发展的要求作了修改[1]。修订后的草案共十一章七十条。会后，在广泛征求意见的基础上，对草案作出了进一步修改。2004 年 2 月 28 日，十届全国人大常委会第七次会议对草案进行了第二次审议，4 月 2 日，十届全国人大常委会第八次会议对草案进行了第三次审议。2004 年 4 月 6 日，第十届全国人大常委会第八次会议通过了修订后的对外贸易法，自 2004 年 7 月 1 日起施行。

修订后的对外贸易法共十一章七十条，新增了与对外贸易有关的知识产权保护、对外贸易调查、对外贸易救济三章。修订的主要内容包括履行加入世贸的承诺，将对外贸易经营者的范围扩大到依法从事对外贸易经营活动的个人；取消了对货物和技术进出口经营权的审批，只要求对外贸易经营者进行备案登记；增加了国家可以对部分货物的进出口实行国营贸易管理的内容；增加了国家基于监测进出口情况的需要，对部分自由进出口的货物实行进出口自动许可管理的内容；增加了通过实施贸易措施，防止侵犯知识产权的货物进出口和知识产权权利人滥用权利，并促进中国知识产权在国外的保护的相关内容；补充、修改和完善了有关法律责任的规定，通过刑事处罚、行政处罚和从业禁止等多种

---

〔1〕 于广洲：《关于〈中华人民共和国对外贸易法（修订草案）〉的说明》，人民网，http://www.people.com.cn/GB/14576/28320/31049/31052/2264744.html.2022.03.01。

手段，加大了对对外贸易违法行为以及对对外贸易中侵犯知识产权行为的处罚力度。还增加了维护进出口经营秩序、扶持和促进中小企业开展对外贸易、建立公共信息服务体系、对外贸易调查、对外贸易救济等内容。此次对外贸易法的修订履行了我国加入世贸组织的有关承诺，为对外贸易持续、健康、协调发展提供了基本的法律制度，是新时期中国对外贸易改革发展的基本法律框架。

2016 年 11 月 7 日，第十二届全国人大常委会第二十四次会议通过了《关于修改〈中华人民共和国对外贸易法〉的决定》，对外贸易法第一次修正，将第十条第二款"从事对外工程承包或者对外劳务合作的单位，应当具备相应的资质或者资格。具体办法由国务院规定。"改为"从事对外劳务合作的单位，应当具备相应的资质。具体办法由国务院规定。"根据 2022 年 12 月 30 日第十三届全国人民代表大会常务委员会第三十八次会议《关于修改〈中华人民共和国对外贸易法〉的决定》，对外贸易法第二次修正。

二、外商投资法

1978 年以来，为了适应改革开放和经济发展的需要，我国制定了一系列保障投资的立法。1978 年 12 月，邓小平同志明确提出制定外国人投资法，1979 年 7 月出台的 7 部法律就包括中外合资经营企业法。1980 年 8 月，全国人大常委会批准《广东省经济特区条例》，1986 年和 1988 年，全国人大又先后制定了外资企业法和中外合作经营企业法，国务院、有关部门和地方相应地也制定了很多相关的政策法规和规章[1]。中外合资经营企业法、外

---

〔1〕 王晨：《关于〈中华人民共和国外商投资法（草案）〉的说明》，中国人大网，http://www.npc.gov.cn/npc/xinwen/2019—03/15/content_2083626.htm。

资企业法和中外合作经营企业法（合称"外资三法"）及相关法律共同奠定了改革开放以后外商投资的法律基础。之后为了适应加入世贸组织的需要，全国人大及其常委会对"外资三法"作出了部分修改。2013 年和 2014 年两次授权在有关自由贸易试验区内暂时调整"外资三法"的一些规定，并逐渐将自由贸易试验区的改革试点经验推广到全国。由此可见，虽然"外资三法"为我国的外商投资企业在中国市场的发展提供了强有力的法治保障，但是随着对外贸易的深入开展，"外资三法"已经无法适应我国新时代改革开放的需要，这就需要制定一部新的法律，完善外商投资法律制度，以实现国家治理体系和治理能力的现代化。

2018 年 12 月 23 日，外商投资法（草案）提请十三届全国人大常委会第七次会议初次审议。2019 年 1 月 29 日，十三届全国人大常委会第八次会议对外商投资法（草案）进行第二次审议。2019 年 2 月 25 日，宪法和法律委员会召开会议，根据常委会第八次会议的审议意见、代表研读讨论中提出的意见和各方面的意见，对草案作了进一步修改完善。会议认为经过全国人大常委会两次审议和广泛征求意见，草案充分吸收各方面的意见建议，已经比较成熟，形成了外商投资法（草案）。2019 年 3 月 8 日在第十三届全国人大第二次会议上，全国人大常委会副委员长王晨作关于外商投资法（草案）的说明。2019 年 3 月 15 日，第十三届全国人大第二次会议表决通过了《中华人民共和国外商投资法》，同日，国家主席习近平签署第二十六号主席令公布，自 2020 年 1月 1 日起施行。自外商投资法实施之日起，"外资三法"同时废止。

外商投资法是我国第一部外商投资领域的基础性法律，是为了进一步扩大对外开放，积极促进外商投资，保护外商投资合法权益，规范外商投资管理，推动形成全面开放新格局，促进社会主义市场经济健康发展，根据宪法，制定的法律。外商投资法共分六章，包括总则、投资促进、投资保护、投资管理、法律责任、附则，共四十二条。

1. 关于总则部分。该部分总共八条，第一条规定了立法目的，明确指出："为了进一步扩大对外开放，积极促进外商投资，保护外商投资合法权益，规范外商投资管理，推动形成全面开放新格局，促进社会主义市场经济健康发展，根据宪法，制定本法。"对外商投资进行了明确的界定。

2. 关于投资促进的部分。第十一条建立健全外商投资服务体系，第九条、第十五条、第十七条等为外商投资企业平等参与市场竞争提供了法治保障。第十条则提高了外商投资政策的透明度。

3. 关于投资保护的部分。建立了外商投资企业投诉工作机制，加强了知识产权保护力度等。

4. 关于投资管理的部分。国家对外商投资实行准入前国民待遇加负面清单管理制度，建立健全外商投资信息报告制度，建立外商投资安全审查制度并且按照内外资一致的原则对外商投资实施监督管理。

5. 关于法律责任部分。主要规定了外国投资者、外商投资企业违反本法的一些法律责任承担问题，为追究相关法律责任提供了法律依据。

外商投资法的通过有助于外资进一步进入中国，既是当前经济新形势的时代需要，也是我国进一步扩大对外开放的内在要求，对我国在国际市场竞争中的发展将发挥重要作用。

第八章

社会法体系的创建与发展

第一节　全国人大及其常委会的
社会立法历程

　　社会法是中国特色社会主义法律体系的重要组成部分，2001年3月9日，李鹏在全国人民代表大会常务委员会工作报告中指出："常委会根据立法工作的实际需要，初步将有中国特色社会主义法律体系划分为七个法律部门，即宪法及宪法相关法、民法商法、行政法、经济法、社会法、刑法、诉讼与非诉讼程序法。"这是"社会法"一词较早出现在立法机关的官方文件中。根据十届全国人大法律委员会主任委员杨景宇的解释，社会法是"规范劳动关系、社会保障、社会福利和特殊群体权益保障方面的法律关系的总和"[1]。社会法通过国家的适度干预、国家和社会责任的履行，对劳动者、失业者以及其需要扶助的特殊群体提供必要的保障，以实现社会的公平与和谐。

　　具体来说，社会法的内容主要包括三个方面：一是有关劳动关系、劳动保障和社会保障、安全生产方面的法律；二是有关特殊社会群体权益保障方面的法律；三是有关社会组织和相关活动

---

　　〔1〕　杨景宇2003年4月25日在第十届全国人民代表大会常务委员会法制讲座第一讲：《我国的立法体制、法律体系和立法原则》。

方面的法律。社会法作为一个新兴的法律部门，经历一个逐渐发展和丰富的过程。随着改革开放后经济体制的改革，劳动制度需要适应社会主义市场经济的发展，劳动法作为调整劳动关系的基本法于 1994 年第八届全国人大常委会第八次会议通过，确立了中国基本的劳动制度。为适应经济全球化、日益复杂化的劳动关系，劳动合同法于 2007 年由第十届全国人大常委会通过。2007年全国人大常委会颁布的就业促进法成为促进就业的长效法律机制。社会保障制度方面，2010 年第十一届全国人大常委会第十七次会议通过社会保险法。全国人大及其常委会关注社会弱势群体，构建特殊群体权益保障机制。1990 年第七届全国人大常委会通过残疾人保障法、归侨侨眷权益保护法。1991 年第七届全国人大常委会第二十一次会议通过未成年人保护法。之后，未成年人保护法的"姊妹篇"预防未成年人犯罪法于 1999 年出台，两法共同呵护未成年人健康成长。1992 年第七届全国人大第五次会议通过妇女权益保障法，1996 年第八届全国人大常委会第二十一次会议通过老年人权益保障法。在相关的社会组织方面，1992 年第七届全国人大第五次会议又重新通过工会法，并先后三次进行修正，确定了工会在国家政治、经济和社会生活中的地位，明确了工会的权利和义务，对工会依法维护劳动者的合法权益发挥了积极作用。同时，为开展公益活动和保障慈善事业，1993 年第八届全国人大常委会第四次会议通过红十字会法，1999 年颁布公益事业捐赠法，2016 年第十二届全国人大第四次会议通过历经多年研究起草的慈善法。逐渐发展和完善的社会法体系，在中国特色社会主义法律体系中发挥越来越重要的作用。

第二节 劳动与社会保障法

新中国成立后，我国劳动立法进入了一个全新的历史发展阶段。随着国家经济、政治、文化的不断发展，我国劳动者的生活状况、工作条件逐步提高，相应的劳动立法也获得了不同程度的发展。劳动就业法中既包含调整劳动关系的法律，也有以促进就业、提供劳动保护的具体制度，如下文详述的劳动法、劳动合同法、就业促进法、职业病防治法、安全生产法、矿山安全法等。劳动法作为调整劳动关系的基本法于 1994 年 7 月 5 日第八届全国人大常委会第八次会议通过。为适应经济全球化、日益复杂化的劳动关系，2007 年第十届全国人大常委会通过《中华人民共和国劳动合同法》。劳动合同法颁布实施后，出现了劳务派遣单位数量大幅增加、劳务派遣用工规模迅速扩大的情况，2012 年第十一届全国人大常委会第三十次会议通过关于修改《中华人民共和国劳动合同法》的决定，本次修改专门针对劳务派遣问题。劳动合同法颁布实施后，在全社会引起强烈反响，全国人大及其常委会对该法修改工作持审慎态度。此外，为建立促进就业的长效机制，2007 年全国人大常委会颁布的就业促进法，对于建立稳定和谐的劳动关系、保护劳动者的合法权益具有积极的意义[1]。在对劳动者的保障方面，1982 年以来，国务院先后颁布了一系列行政法规以加强劳动保护。全国人大及其常委会在条例基础上结

---

〔1〕 林嘉：《中国社会法建设 40 年回顾与展望》，《社会治理》2018 年第 11 期。

合立法调研，于 2001 年第九届全国人大常委会第二十四次会议通过职业病防治法。在安全生产方面，2002 年第九届全国人大常委会第二十八次会议通过安全生产法，1992 年第七届全国人大常委会第二十八次会议通过矿山安全法。

一、劳动法

新中国成立后，"五四宪法"和"八二宪法"都明确规定了公民作为劳动者的权利和义务。但是并没有一部基本的劳动法，劳动关系主要由国务院颁布的行政法规和劳动部等部门发布的规章调整。1978 年 12 月，邓小平在中央工作会议闭幕会上所作的讲话中强调，"应该集中力量制定刑法、民法、诉讼法和其他各种必要的法律，例如工厂法、人民公社法、森林法、草原法、环境保护法、劳动法、外国人投资法，等等"。同时，改革开放带来的劳动关系的复杂化和多样化，为了保障劳动者的合法权益、维护用人单位与劳动者之间稳定和谐的劳动关系，劳动立法成为社会的迫切需要。

1978 年底，国家劳动总局会同有关部门着手起草劳动法（草案）。经过十几年的调查研究，反复论证，先后形成了 30 余稿。直到 1994 年 1 月 7 日，国务院第十四次常务会议审议通过了劳动法（草案），并提请全国人大常委会审议。1994 年 3 月，第八届全国人大常委会第六次会议第一次审议劳动法（草案），劳动部部长李伯勇在会上作关于《中华人民共和国劳动法（草案）》的说明。

1994 年 7 月 5 日，第八届全国人大常委会第八次会议通过《中华人民共和国劳动法》，自 1995 年 1 月 1 日起施行。劳动法共十三章一百零七条，建立起了我国基本的劳动制度，主要内容包括以下方面。

1. 在立法目的上，是保护劳动者的合法权益，调整劳动关系，建立和维护适应社会主义市场经济的劳动制度，促进经济发展和社会进步。在适用范围上，劳动法第二条规定："在中华人民共和国境内的企业、个体经济组织和与之形成劳动关系的劳动者，适用本法。"同时又规定："国家机关、事业组织、社会团体和与之建立劳动合同关系的劳动者，依照本法执行。"

2. 在劳动者的权利和义务上，规定了劳动者享有平等就业和选择职业的权利、取得劳动报酬的权利、休息休假的权利、获得劳动安全卫生保护的权利、接受职业技能培训的权利、享受社会保险和福利的权利、提请劳动争议处理的权利、参加和组织工会以及法律规定的其他劳动权利。同时承担完成劳动任务，提高职业技能，执行劳动安全卫生规程，遵守劳动纪律和职业道德的义务。

3. 在劳动合同问题上，劳动法总结了实行劳动合同制的实践经验，借鉴市场经济国家的做法，把以劳动合同作为建立劳动关系的基本形式上升为法律规范，作了明确规定。同时，对劳动合同订立的原则、形式、内容、期限以及解除劳动合同的条件等，都作出了明确的规定。特别是限制了用人单位在特殊情况下的劳动合同解除权，以保证劳动者的合法权益，平衡用人单位与劳动者之间的关系。

4. 在工作时间上，规定了正常工作时间、延长工作时间和休息休假，以保障劳动者的身心健康，其中劳动者每日工作时间不超过八小时、平均每周工作时间不超过四十四小时的工时制度。用人单位由于生产经营需要，经与工会和劳动者协商后可以延长工作时间，一般每日不得超过一小时；因特殊原因需要延长工作时间的，在保障劳动者身体健康的条件下延长工作时间每日不得超过三小时，但是每月不得超过三十六小时。

2009年8月27日，第十一届全国人大常委会第十次会议通过关于修改部分法律的决定，对劳动法进行了第一次修正。2018年12月29日，第十三届全国人大常委会第七次会议通过关于修改《中华人民共和国劳动法》等七部法律的决定，对因国务院机构改革和职能转变所涉及的劳动法进行了第二次修正。

二、劳动合同法

改革开放之后，之前单位制的劳动关系发生了变化。1982年2月，劳动人事部发布了关于积极试行劳动合同制的通知，使劳动合同制有了很大的发展。通过劳动合同，明确规定用人单位与劳动者的权利义务，有利于减少劳动纠纷，促进生产的发展。1986年7月，国务院发布了国营企业实行劳动合同制暂行规定，在新招工人中实行劳动合同制。1994年颁布的劳动法中明确规定了劳动合同制度，规定"建立劳动关系应当订立劳动合同"，并对劳动合同和集体合同作了较为详细的规定。

在认真总结我国劳动合同制度实施经验并借鉴一些发达市场经济国家劳动合同制度的基础上，劳动和社会保障部起草了劳动合同法（草案送审稿），于2005年1月报请国务院审议。在此基础上，国务院法制办公室会同劳动和社会保障部、全国总工会经过广泛征求意见，反复研究修改，形成了劳动合同法（草案），并于2005年10月28日经国务院第一百一十次常务会议讨论通过，提请全国人大常委会审议。

2005 年 12 月，第十届全国人大常委会第十九次会议第一次审议劳动合同法（草案）。之后全国人大常委会委员长会议决定将草案向社会全文公布征求意见，劳动合同法（草案）公布后，引起全社会热议，自 2006 年 3 月 20 日—4 月 20 日，共收到通过网络、报刊、信件提出意见 191849 件。全国人大法律委员会、全国人大常委会法制工作委员会对社会各方面提出的意见进行了认真梳理和研究，并多次听取中央有关部门、部分全国人大代表、用人单位和劳动者以及专家的意见，进行调研，听取意见。全国人大法律委员会会同国务院法制办公室、劳动和社会保障部、全国总工会根据常委会组成人员的审议意见和各方面的意见，对草案进行了逐条审议。2006 年 12 月，第十二届全国人大常委会第二十五次会议第二次审议劳动合同法（草案）。12 月 24 日，全国人大法律委员会副主任委员胡光宝汇报了劳动合同法（草案）修改情况。2007 年 4 月，第十届全国人大常委会第二十七次会议第三次审议劳动合同法（草案）。2007 年 6 月，第十届全国人大常委会第二十八次会议第四次审议劳动合同法（草案）。2007 年 6 月 29 日，第十届全国人大常委会第二十八次会议通过《中华人民共和国劳动合同法》，自 2008 年 1 月 1 日起施行。

劳动合同法共八章九十八条。关于劳动合同的订立形式，为了解决一些用人单位不愿意与劳动者订立书面合同的问题，劳动合同法第十条明确规定："建立劳动关系，应当订立书面劳动合同。"关于劳动合同的种类，可以分为固定期限劳动合同、无固定期限劳动合同和以完成一定工作任务为期限的劳动合同。为了保障劳动者的合法权益，规定用人单位应当严格执行劳动定额标准，不得强迫或者变相强迫劳动者加班。另外，还规定了平等协商和集体合同制度，规定用人单位的规章制度直接涉及劳动者切身利益的，应当经工会、职工大会或者职工代表大会讨论通过，或者通过平等协商作出规定；工会应当帮助、指导劳动者与用人单位依法订立和履行劳动合同，并与用人单位建立集体协商机制，维护劳动者的合法权益。

劳动合同法颁布实施后，由全国人大常委会法制工作委员会牵头，会同全国人大内务司法委员会、财政经济委员会开展了劳务派遣用工情况的调研。根据调研了解到的情况，全国人大常委会法制工作委员会牵头起草了劳动合同法（修正案草案），经全国人大财政经济委员会全体会议审议通过，提请全国人大常委会审议。2012年6月，第十一届全国人大常委会第二十七次会议第一次审议劳动合同法（修正案草案）。6月26日，全国人大财政经济委员会副主任委员乌日图在会上作《关于〈中华人民共和国劳动合同法修正案（草案）〉的说明》。2012年12月28日，第十一届全国人大常委会第三十次会议通过关于修改《中华人民共和国劳动合同法》的决定，自2013年7月1日起施行。本次劳动合同法的修正是专门针对劳务派遣的，修正重点在于严格规范劳务派遣用工制度，维护被派遣劳动者的合法权益，加强对劳务派遣单位的监管。

劳动合同法颁布实施后，在理论界一直存在着争议。以中国人民大学教授常凯为代表的"京派"认为，草案正是为了平衡我国劳动关系中劳动者处于弱势地位的现状；以华东政法大学教授董保华为代表的"海派"则认为，草案对劳动者保护"过度"，不符合实际情况，结果可能适得其反。在关于劳动合同法的有关争议中，不管是哪方立场，都赞同对该法再次修改。劳动合同法修改以来，也不断有人大代表在全国"两会"上提议对现行劳动合同法进行修改。对于劳动合同法修改的争论热度不减，但十二届全国人大常委会立法规划未将其纳入。2018 年，全国人大常委会法工委社会法室主任郭林茂曾在接受媒体采访时总结认为，启动劳动合同法的修改，需要把各方利益平衡好，"应当充分肯定劳动合同法对维护和谐劳动关系的作用，劳动合同法关系到亿万劳动者的切身利益，修改法律还是要慎重"。这表明立法部门对该法的修改持审慎态度。

三、就业促进法

就业问题一直是我国高度重视的问题。新中国成立之后到改革开放之前，我国在单位制下实行的是国家"包就业"的政策。改革开放之后，1980 年中共中央、国务院为了解决当时存在的大量失业青年的就业问题，在全国劳动就业工作会议上提出了解决城镇就业问题的"三结合"方针，即在国家统筹规划和指导下，实行劳动部门介绍就业、自愿组织起来就业和自谋职业相结合的就业方针。1998 年 6 月，国务院在《关于切实做好国有企业下岗职工基本生活保障和再就业工作的通知》中提出，建立和完善市场就业机制，实现在国家政策指导下，劳动者自主择业、市场调节就业和政府促进就业的方针。2003 年 10 月，中共十六届三中全会通过的《中共中央关于完善社会主义市场经济体制若干问题的决定》提出"深化劳动就业体制改革"，强调把扩大就业放在经济社会发展更加突出的位置，实施积极的就业政策，努力改善创业和就业环境。2005 年 10 月，中共十六届五中全会通过的《中共中央关于制定国民经济和社会发展第十一个五年规划的建议》提出"千方百计扩大就业"，强调要把扩大就业摆在经济社会发展更加突出位置，坚持实施积极的就业政策。

　　根据中共中央、国务院关于加快建立促进就业长效机制的要求，劳动和社会保障部起草了就业促进法草案（送审稿），报请国务院审议。此后，国务院法制办公室先后两次征求了全国人大财政经济委员会、全国人大常委会法制工作委员会、最高人民法院、财政部、人事部等68个中央有关部门和单位以及各省、自治区、直辖市人民政府的意见，多次召开由中央机构编制委员会办公室、国家发展和改革委员会等部门和专家学者参加的协调会、论证会，并会同劳动和社会保障部赴湖北、天津、上海等地进行了专题调研。在此基础上，国务院法制办公室会同劳动和社会保障部对送审稿进行了反复研究、修改，形成了就业促进法（草案）。2007年1月10日，就业促进法（草案）经国务院第一百六十四次常务会议通过，提请全国人大常委会审议。

　　2007年2月，第十届全国人大常委会第二十六次会议第一次审议就业促进法（草案），劳动和社会保障部部长田成平在会上作《关于〈中华人民共和国就业促进法（草案）〉的说明》。之后，委员长会议决定将草案向社会全文公布征求意见。全国人大法律委员会、全国人大常委会法制工作委员会对社会各方面提出的意见进行了认真梳理和研究，并向各省（区、市）和中央有关部门征求意见。6月11日，全国人大法律委员会会同全国人大财政经济委员会、国务院法制办公室、劳动和社会保障部、全国总工会根据常委会组成人员的审议意见和各方面的意见，对草案进行了逐条审议。2007年6月，第十届全国人大常委会第二十八次会议第二次审议就业促进法（草案）。6月24日，全国人大法律委员会副主任委员周坤仁汇报了就业促进法（草案）修改情况。2007年8月，第十届全国人大常委会第二十九次会议第三次审议就业促进法（草案）。

2007 年 8 月 30 日，第十届全国人大常委会第二十九次会议通过《中华人民共和国就业促进法》，自 2008 年 1 月 1 日起施行。就业促进法共九章六十九条，主要内容如下。

1. 政策支持上，规定了县级以上人民政府在促进就业方面的职责，国家通过国家鼓励各类企业在法律、法规规定的范围内，通过兴办产业或者拓展经营，增加就业岗位。

2. 在公平就业上，规定了不得对妇女进行歧视，保障妇女享有与男子平等的劳动权利。各民族劳动者享有平等的劳动权利。用人单位招用人员，应当依法对少数民族劳动者给予适当照顾。不得对残疾人进行歧视，各级人民政府应当对残疾人就业统筹规划，为残疾人创造就业条件。

3. 在就业服务和管理上，要求县级以上人民政府培育和完善统一开放、竞争有序的人力资源市场，为劳动者就业提供服务。

4. 在就业援助上，要求各级人民政府建立健全就业援助制度，采取税费减免、贷款贴息、社会保险补贴、岗位补贴等办法，通过公益性岗位安置等途径，对就业困难人员实行优先扶持和重点帮助。

2015 年 4 月 24 日，第十二届全国人大常委会第十四次会议通过《关于修改〈中华人民共和国电力法〉等六部法律的决定》，对就业促进法中有关职业中介机构工商登记前置审批的规定作出了修改。

2019 年 5 月至 6 月，由全国人大常委会副委员长张春贤等 11 位常委会组成人员和社会委委员，以及 12 位全国人大代表组成的执法检查组赴广东、云南、内蒙古、江西、山东、甘肃等 6 个省、自治区开展就业促进法执法检查。2019 年 8 月 23 日，十三届全国人大常委会第十二次会议审议了全国人大常委会副委员长张春贤作的全国人大常委会执法检查组关于检查就业促进法实施情况的报告。报告建议就业促进法应根据当前就业需要进一步完善，该法"实施 12 年来，党中央就业优先战略不断发展完善，就业现实情况发生重大变化，就业促进法需要进一步研究完善，一是可操作性和强制力、约束力需要进一步增强。二是内容需要进一步更新"[1]。

四、职业病防治法

为了保障劳动者的健康，加强对职业病的防治，卫生部、国务院法制办公室在总结我国多年职业病防治实践经验的基础上，经过调查研究，并征求国务院有关部门、部分企业以及有关专家、学者的意见，起草了职业病防治法（草案）。2001 年 5 月 30 日，国务院第三十九次常务会议讨论通过职业病防治法（草案），提请全国人大常委会审议。2001 年 6 月，第九届全国人大常委会第二十二次会议第一次审议职业病防治法（草案），卫生部部长张文康在会上作关于《中华人民共和国职业病防治法（草案）》的说明。

2001 年 10 月 27 日，第九届全国人大常委会第二十四次会议通过《中华人民共和国职业病防治法》，自 2002 年 5 月 1 日起施行。职业病防治法共七章七十九条，立法目是预防、控制和消除职业病危害，防治职业病，保护劳动者健康及其相关权益，促进经济发展。在职业病的概念上，规定本法所称职业病，是指企

---

〔1〕 张春贤：《全国人民代表大会常务委员会执法检查组关于检查〈中华人民共和国就业促进法〉实施情况的报告——2019 年 8 月 23 日在第十三届全国人民代表大会常务委员会第十二次会议上》，《中国人大》2019 年第 19 期。

业、事业单位和个体经济组织（以下统称用人单位）的劳动者在职业活动中，因接触粉尘、放射性物质和其他有毒、有害物质等因素而引起的疾病。在用人单位的责任上，用人单位应当建立、健全职业病防治责任制，加强对职业病防治的管理，提高职业病防治水平，对本单位产生的职业病危害承担责任。用人单位必须依法参加工伤社会保险。国务院和县级以上地方人民政府劳动保障行政部门应当加强对工伤社会保险的监督管理，确保劳动者依法享受工伤社会保险待遇。在具体防治上，职业病防治法按照前期预防、劳动过程中的防护与管理、职业病发生后的诊断治疗与职业病病人的保障三个阶段，对防治职业病分别规定了相应的制度、措施。在诊断和保障上，职业病诊断应当由医疗卫生机构承担，劳动者可以在用人单位所在地或者本人居住地的医疗卫生机构进行职业病诊断。用人单位应当及时安排对疑似职业病病人进行诊断；疑似职业病病人在诊断、医学观察期间的费用，由用人单位承担。当事人对职业病诊断有异议的，可以向作出诊断的医疗卫生机构所在地地方人民政府卫生行政部门申请鉴定。

2011 年 12 月 31 日，第十一届全国人大常委会第二十四次会议通过《关于修改〈中华人民共和国职业病防治法〉的决定》，对职业病防治法进行第一次修正。修改的主要内容包括消除职业病诊断的受理门槛，规定监管部门在特定情况下对有争议资料作出判定，明确诊断机构在做职业病诊断的时候在法定情形下应当参考劳动者的自述。

此外，2016 年 7 月 2 日，第十二届全国人大常委会第二十一次会议通过的《关于修改〈中华人民共和国节约能源法〉等六部法律的决定》，对职业病防治法进行第二次修正；2017 年 11 月 4 日第十二届全国人大常委会第三十次会议通过的《关于修改

〈中华人民共和国会计法〉等十一部法律的决定》，对职业病防治法进行第三次修正；2018 年 12 月 29 日第十三届全国人大常委会第七次会议通过的《关于修改〈中华人民共和国劳动法〉等七部法律的决定》，对职业病防治法进行第四次修正。

五、社会保险法

社会保险是社会保障的核心内容。新中国成立后，中央人民政府政务院于 1951 年 2 月颁布过劳动保险条例，于 1953 年进行了修改。劳动保险条例的颁布，标志着中华人民共和国社会保障制度正式建立[1]。改革开放后，社会保险制度得到了发展，国务院颁布了一系列决定和条例，比如 1986 年的国营企业职工待业保险暂行规定，1991 年的关于企业职工养老保险制度改革的决定，1993 年的国有企业职工待业保险规定，1994 年的企业职工生育保险试行办法，1997 年的关于建立统一的企业职工基本养老保险制度的决定，1999 年的失业保险条例，2003 年的工伤保险条例。虽然国务院制定的行政法规和部门规章对推动社会保险工作发挥了重要作用，但是，随着社会和经济的发展，社会保险法的立法需求被提上日程。

在全国人大常委会和国务院的安排和要求下，劳动和社会保障部等部门在先后 4 次广泛征求意见和实地调研的基础上，经过反复研究、修改，形成了社会保险法（草案）。草案于 2007 年 11 月 28 日经国务院第一百九十七次常务会议审议通过，提请全国人大常委会审议。2007 年 12 月，第十届全国人大常委会第三

---

〔1〕 刘翠霄：《中华人民共和国社会保障法治史（1949—2011 年）》，商务印书馆 2014 年版，第 1 页。

十一次会议第一次审议社会保险法（草案），劳动和社会保障部部长田成平在会上作《关于〈中华人民共和国社会保险法（草案）〉的说明》。2008年12月，第十一届全国人大常委会第六次会议第二次审议社会保险法（草案），会中全国人大常委会委员长会议决定，将社会保险法（草案二次审议稿）向社会公开征求意见，共收到意见7万多条。

此后，全国人大法律委员会、全国人大常委会法制工作委员会先后到重庆、浙江、河南进行调研，同时将草案二次审议稿印发各省、自治区、直辖市和较大的市人大常委会以及中央有关部门、社会团体、高等院校和研究机构进一步征求意见，并多次与国务院法制办公室、人力资源和社会保障部、全国总工会、全国工商联、全国社会保障基金理事会等方面交换意见，共同研究。其后，全国人大法律委员会会同全国人大财政经济委员会和国务院法制办公室、人力资源和社会保障部、卫生部于2009年12月3日、8日召开会议，对草案二审稿进行了审议。2009年12月，第十一届全国人大常委会第十二次会议第三次审议社会保险法（草案），全国人大法律委员会副主任委员张柏林在会上汇报了社会保险法（草案）修改情况。2010年10月，第十一届全国人大常委会第十七次会议第四次审议社会保险法（草案）。

2010年10月28日，第十一届全国人大常委会第十七次会议通过《中华人民共和国社会保险法》，同日，国家主席胡锦涛签署第三十五号主席令公布，自2011年7月1日起施行。

社会保险法共十二章九十八条。其立法目是规范社会保险关系，维护公民参加社会保险和享受社会保险待遇的合法权益，使公民共享发展成果，促进社会和谐稳定。在保险种类上，国家建立基本养老保险、基本医疗保险、工伤保险、失业保险、生育保险等社会保险制度。在主管部门上，国务院社会保险行政部门负责全国的社会保险管理工作，国务院其他有关部门在各自的职责范围内负责有关的社会保险工作。县级以上地方人民政府社会保险行政部门负责本行政区域的社会保险管理工作，县级以上地方人民政府其他有关部门在各自的职责范围内负责有关的社会保险工作。社会保险经办机构提供社会保险服务，负责社会保险登记、个人权益记录、社会保险待遇支付等工作。工会依法维护职工的合法权益，有权参与社会保险重大事项的研究，参加社会保险监督委员会，对与职工社会保险权益有关的事项进行监督。

社会保险法分别对基本养老保险、基本医疗保险、工伤保险、失业保险、生育保险等险种进行了规定。其中，职工参加基本养老保险、基本医疗保险和失业保险，由用人单位和职工按照国家规定共同缴纳保险费。职工参加工伤保险和生育保险，由用人单位缴纳保险费，职工不缴纳保险费。

在社会保险基金方面，规定社会保险基金包括基本养老保险基金、基本医疗保险基金、工伤保险基金、失业保险基金和生育保险基金。除基本医疗保险基金与生育保险基金合并建账及核算外，其他各项社会保险基金按照社会保险险种分别建账，分账核算。社会保险基金执行国家统一的会计制度。社会保险基金专款专用，任何组织和个人不得侵占或者挪用。基本养老保险基金逐步实行全国统筹，其他社会保险基金逐步实行省级统筹，具体时间、步骤由国务院规定。

在社会保险经办方面，规定统筹地区设立社会保险经办机构。社会保险经办机构根据工作需要，经所在地的社会保险行政部门和机构编制管理机关批准，可以在本统筹地区设立分支机构和服务网点。社会保险经办机构的人员经费和经办社会保险发生的基本运行费用、管理费用，由同级财政按照国家规定予以保障。

在社会保险监督方面，各级人大常委会听取和审议本级人民政府对社会保险基金的收支、管理、投资运营以及监督检查情况的专项工作报告，组织对本法实施情况的执法检查等，依法行使监督职权。县级以上人民政府社会保险行政部门应当加强对用人单位和个人遵守社会保险法律、法规情况的监督检查。

在法律责任方面，用人单位不办理社会保险登记的，用人单位拒不出具终止或者解除劳动关系证明的，用人单位未按时足额缴纳社会保险费的，社会保险经办机构以及医疗机构、药品经营单位等社会保险服务机构以欺诈、伪造证明材料或者其他手段骗取社会保险基金支出的，以欺诈、伪造证明材料或者其他手段骗取社会保险待遇等行为，都要承担相应的法律责任。

2016 年 12 月 25 日，第十二届全国人大常委会第二十五次会议通过决定，授权国务院在河北邯郸、河南郑州等 12 个试点城市行政区域暂时调整适用社会保险法有关生育保险基金单独建账、核算以及编制预算的规定，将生育保险基金并入职工基本医疗保险基金征缴和管理。

2018 年 12 月 29 日，第十三届全国人大常委会第七次会议通过《关于修改〈中华人民共和国社会保险法〉的决定》，对社会保险法进行修正，将基本医疗保险基金与生育保险基金合并建账、核算及编制预算。

全国人大常委会发挥对社会领域的法律监督工作，2020 年 6 月 11 日，张春贤副委员长带队赴国家医保局就社会保险制度改革和社会保险法实施情况进行走访调研。通过调研，有效促进人大立法、修法工作，推动国家民生事业的健康发展。

六、安全生产法

为了加强安全生产监督管理，防止和减少生产安全事故，保障人民群众生命财产安全，1994 年，劳动部开始起草安全生产法工作。1998 年，国务院机构改革后，国家经济贸易委员会作为国务院主管安全生产监督管理的职能部门，加快了安全生产的立法工作进度，在原劳动部工作的基础上，继续组织起草职业安全法（草案），于 1999 年 12 月 21 日报国务院审查。2000 年底，国务院法制办公室根据安全生产形势发展的需要，将职业安全法改为安全生产法，国务院将该法列入 2001 年立法计划，委托国家安全生产监督管理局在国家经贸委上报的职业安全法的基础上继续做好草案的修改工作。此后，国家安全生产监督管理局在国家经贸委的领导下，配合国务院法制办公室进行审查修改。经过半年多的努力、近 20 次修改，形成了安全生产法（草案），提交国务院常务会议审议。2001 年 11 月 21 日，安全生产法（草案）经国务院第四十八次常务会议审议通过，提请全国人大常委会审议。2001 年 12 月，第九届全国人大常委会第二十五次会议第一次审议安全生产法（草案），国家经济贸易委员会主任李荣融在会上作《关于〈中华人民共和国安全生产法（草案）〉的说明》。2002 年 6 月 29 日，第九届全国人大常委会第二十八次会议通过《中华人民共和国安全生产法》，自 2002 年 11 月 1 日起施行。

安全生产法共七章九十七条。其立法目是加强安全生产工作，防止和减少生产安全事故，保障人民群众生命和财产安全，促进经济社会持续健康发展。在中华人民共和国领域内从事生产经营活动的单位（以下统称生产经营单位）的安全生产，适用本法；有关法律、行政法规对消防安全和道路交通安全、铁路交通安全、水上交通安全、民用航空安全以及核与辐射安全、特种设备安全另有规定的，应用其规定。在生产经营单位的安全生产保障上，生产经营单位应当具备本法和有关法律、行政法规和国家标准或者行业标准规定的安全生产条件；不具备安全生产条件的，不得从事生产经营活动。规定了生产经营单位的主要负责人对本单位安全生产工作负有的具体职责。在从业人员的安全生产权利义务，生产经营单位与从业人员订立的劳动合同，应当载明有关保障从业人员劳动安全、防止职业危害的事项，以及依法为从业人员办理工伤保险的事项。生产经营单位不得以任何形式与从业人员订立协议，免除或者减轻其对从业人员因生产安全事故伤亡依法应承担的责任。在安全生产的监督上，明确了县级以上的地方各级人民政府、应急管理部门以及其他负有安全生产监督管理职责的行政部门负有的安全监督管理职责。

2009年8月27日，第十一届全国人大常委会第十次会议通过关于修改部分法律的决定，对安全生产法进行第一次修正，将安全生产法中所引用的"治安管理处罚条例"修改为"治安管理处罚法"。2014年8月31日，第十二届全国人大常委会第十次会议通过《关于修改〈中华人民共和国安全生产法〉的决定》，对安全生产法进行第二次修正。修改的重点在于强化落实生产经营单位主体责任、强化政府监管和加大对生产企业的安全生产追责力度，同时对安全生产相关行政审批项目作了调整。

2021年，运用法治打好防范化解重大风险攻坚战，成为立法方面的一大亮点。安全生产法经过 1 月、6 月审议，十三届全国人大常委会第二十九次会议通过关于修改安全生产法的决定，对安全生产法进行第三次修正，于 2021 年 9 月 1 日起施行。修改内容主要包括完善工作原则要求、强化企业主体责任、加强监督管理力度、加大对违法行为的处罚力度等方面。

七、矿山安全法

二十世纪八九十年代，中国矿山存在很多安全隐患，矿山事故频发。1982 年，国务院公布的矿山安全条例和矿山安全监察条例，并不足以满足对矿山安全进行规范，保障矿山工作人员生命健康，促进矿业健康发展的实际需要。1987 年 3 月，由劳动人事部、国家经济委员会、煤炭工业部、卫生部等 13 个部委组成起草领导小组，劳动人事部牵头，在广泛收集资料、总结经验和征求意见的基础上，形成了矿山安全法的草案，于 1988 年 12 月底由劳动部报请国务院审查。在之后的三年多时间里，国务院法制局多次征求中央有关部门、一些地方和专家的意见，经反复研究论证，形成了矿山安全法（草案）。1992 年 8 月 5 日，矿山安全法（草案）经国务院第一百一十次常务会议审议通过，提交全国人大常委会审议。1992 年 8 月，第七届全国人大常委会第二十七次会议第一次审议矿山安全法（草案），劳动部部长阮崇武在会上作《关于〈中华人民共和国矿山安全法（草案）〉的说明》。

1992 年 11 月 7 日，第七届全国人大常委会第二十八次会议通过《中华人民共和国矿山安全法》，自 1993 年 5 月 1 日起施行。矿山安全法共八章五十条。其立法目的是保障矿山生产安全，防止矿山事故，保护矿山职工人身安全，促进采矿业的发展。在适用范围上，适用于在中华人民共和国领域和中华人民共和国管辖的其他海域从事矿产资源开采活动。在管理主体上，国务院劳动行政主管部门对全国矿山安全工作实施统一监督。在安全保障上，通过对矿山建设、矿山开采、安全管理等方面来保障矿山安全。在企业责任上，具体规定矿山企业必须建立、健全安全生产责任制。在监督管理上，规定县级以上各级人民政府劳动行政主管部门对矿山安全工作行使下列监督和管理职责。在事故处理上，发生矿山事故，矿山企业必须立即组织抢救，防止事故扩大，减少人员伤亡和财产损失，对伤亡事故必须立即如实报告劳动行政主管部门和管理矿山企业的主管部门。

2009年8月27日，第十一届全国人大常委会第十次会议通过关于修改部分法律的决定，将矿山安全法中有关刑法的规定根据最新情况进行了修正。十三届全国人大四次会议期间，有人大代表提出关于修改矿山安全法的议案。议案指出，矿山安全法已实施近三十年，内容较为简单，滞后性凸显，存在安全监管机构不明确、规制内容和手段滞后、处罚规定不够全面、事故处理级别不清、监管者职能定位偏差等问题，建议尽快修改完善，明确部门监管职责，加大违法行为处罚，调整矿山事故处理的级别规定，完善矿山监管机制。应急管理部表示，已将修改矿山安全法作为应急管理立法体系框架的重要内容，下一步将认真吸收代表议案提出的意见，从矿山安全工作的实际出发细化有关条款。

第三节　特殊群体保护法

"特殊群体"是指因为其在权利实现方面的困境和特别需求

而应受到国家法律特别保障的群体，在实践中是妇女、儿童、少数民族、老年人、残障人士等群体的统合性表达[1]。中华人民共和国成立以来，尤其是改革开放后，妇女、儿童、老年人、残障人士的权利保障事业得到了较大的发展，建立了比较完善的权利保障体系。我国宪法明确了妇女、儿童、老年人、残障人、少数民族等特定群体的权利，并制定了专门的法律保障其权利的实现。以宪法为核心，包括老年人权益保障法、妇女权益保障法、反家庭暴力法、未成年人保护法、预防未成年人犯罪法、残疾人保障法和归侨侨眷权益保护法在内的特定群体保护法治体系逐渐建立和完善。

一、老年人权益保障法

在我国，老龄化问题日益严重，制定法律，切实保障老年人的合法权益，保障他们老有所养、安度晚年，解决他们所面临的问题，对于保障社会和个人权利都十分必要。

根据第八届全国人大常委会五年立法计划，全国人大内务司法委员会于 1994 年 4 月成立老年人权益保障法起草小组，着手起草工作。起草小组在实地调查研究，广泛听取意见的基础上拟定了老年人权益保障法（草案）。经全国人大内务司法委员会全体会议审议通过，提请全国人大常委会审议。1996 年 6 月，第八届全国人大常委会第二十次会议第一次审议老年人权益保障法（草案），1996 年 8 月 29 日，第八届全国人大常委会第二十一次会议通过《中华人民共和国老年人权益保障法》，自 1996 年 10

---

[1] 许尧：《关于使用"特定群体"称谓的建议》，《人权》2015 年第 2 期。

月1日起施行。

老年人权益保障法共六章五十条，明确界定"本法所称老年人是指六十周岁以上的公民"。老年人权益保障法专设"家庭赡养与扶养问题"一章。在"社会保障"一章，提倡调动社会各方面力量，发展老年福利事业，鼓励老年人参与社会发展，规定老年人在自愿和量力的情况下，根据需要，进行优良传统教育，传授文化知识、兴办社会公益事业，参与维护社会治安，调解民间纠纷等活动。

在老年人权益保障法颁布后，共进行了三次修正和一次修订。2009年8月27日，第十一届全国人大常委会第十次会议通过关于修改部分法律的决定，将老年人权益保障法第四十六条、第四十八条中所引用的"治安管理处罚条例"修改为"治安管理处罚法"，是为老年人权益保障法的第一次修正。

随着我国经济社会的发展、人口和家庭结构的变化，老年人权益保障出现了一些新情况新问题，如家庭养老功能明显弱化，老龄事业发展迅速，人口老龄化问题日益严峻，这些新情况的出现需要及时修改老年人权益保障法。

2008年10月，第十一届全国人大常委会立法规划将修改老年人权益保障法作为立法项目。为加快立法步伐，2011年3月，全国人大内务司法委员会牵头组织修订草案起草工作，成立了由全国人大内务司法委员会、全国人大常委会法制工作委员会、民政部、国务院法制办公室等部门参加的起草小组，着手老年人权益保障法的修改工作。经过广泛地收集意见，起草小组正式开始论证、起草工作，形成了修订草案征求意见稿。在此基础上反复调研、研究修改，形成了老年人权益保障法（修订草案）。2012年6月，第十一届全国人大常委会第二十七次会议第一次审议老年人权益保障法（修订草案），2012 年 12 月 28 日，第十一届全国人大常委会第三十次会议修订通过老年人权益保障法，自 2013 年 7 月 1 日起施行。

修订后的老年人权益保障法由原来的六章五十条增加至九章八十五条，大大扩充了所规定的权利内容，包括"总则""家庭赡养与扶养""社会保障""社会服务""社会优待""宜居环境""参与社会发展""法律责任""附则"共九章内容。

新法的修订遵循三个原则：一是把成熟的具有普遍意义的健全老年人社会保障、发展养老社会服务和优待老年人等方面的经验上升为法律，增强法律的适用性。二是深入研究重点问题，着力解决现实中存在的老龄事业发展的经费保障问题，"空巢"老人的精神慰藉问题，养老机构的发展和规范管理问题等突出问题，增强法律的针对性。三是科学把握我国人口老龄化的发展趋势，对一些影响长远的问题作出适度超前的规定，增强法律的时代性和前瞻性。这主要体现在草案有关家庭养老支持、老年人监护、长期护理保障、老年人宜居环境等方面的规定中〔1〕。

新修订的老年人权益保障法增加"社会服务"、"社会优待"和"宜居环境"三章。其中"社会服务"部分确立了社会养老服务体系的框架，即"以居家为基础、社区为依托、机构为支撑"，对居家养老服务、社区养老服务作了原则规定，明确了政府支持养老服务事业发展的责任，加强对养老机构的管理。"社会优待"部分进一步充实了现行法有关老年人优待的内容，规定县级以上政府及其有关部门应当根据情况制定优待老年人的办法。"宜居环境"一章对国家推进老年人宜居环境建设的责任作出规定。

---

〔1〕 张学忠：《关于〈中华人民共和国老年人权益保障法（修订草案）〉的说明》，《中华人民共和国全国人民代表大会常务委员会公报》2013 年第 1 期。

此后，全国人大常委会对老年人权益保障法进行了两次修正。2015 年 4 月 24 日，第十二届全国人大常委会第十四次会议通过关于修改《中华人民共和国电力法》等六部法律的决定，对老年人权益保障法中关于公益性养老机构和经营性养老机构的规定进行了调整。2018 年 12 月 29 日，第十三届全国人大常委会第七次会议通过关于修改《中华人民共和国劳动法》等七部法律的决定，进一步完善了老年人权益保障法中关于养老机构的规定。

二、妇女权益保障法

新中国成立后，我国十分重视保护妇女权益。1954 年宪法确立了男女平等的原则。改革开放以后，随着国内外情况的发展，制定专门的妇女权益法的必要性日益凸显。国际上，伴随着《世界人权宣言》《消除对妇女歧视宣言》，特别是 1979 年《消除对妇女一切形式歧视公约》的签订，世界许多国家相继制定了保护妇女的专门法律。1995 年 4 月，第四次世界妇女大会在北京召开，国家主席江泽民在讲话中提出："我们十分重视妇女的发展与进步，把男女平等作为促进中国社会发展的一项基本国策。"[1] 从国内来看，改革开放以后妇女权益保护遇到了新问题，拐卖妇女儿童、卖淫嫖娼等情况的存在，侵害了妇女的人身权益。在这种背景下，中国社会急需出台一部妇女权益保障法。

1985 年，全国妇联首先倡议制定一部全国性的妇女法。1987 年、1988 年，全国人大代表、政协委员以及妇女代表大会的代表多次提出制定全国性的保护妇女的法律的议案和提案。

---

〔1〕《在联合国第四次世界妇女大会欢迎仪式上江泽民主席的讲话》，《中国妇运》1995 年第 11 期。

1989 年，全国人大常委会指定全国人大内务司法委员会负责研究和拟订妇女法的工作。同年 5 月，全国人大内务司法委员会委托全国妇联、民政部会同全国总工会及有关方面专家成立了起草小组。三年间，全国人大内务司法委员会和妇女法起草小组进行广泛深入的调查研究，参考我国已制定的保护妇女权益的地方性法规和借鉴国外有关的法规条例，经过研究修改，拟定了妇女法草案，并两次按人大、民政、工会和妇联系统下发全国各地，广泛征求意见。经过反复讨论和修改，1991 年 10 月将妇女权益保障法（草案）提交第七届全国人大常委会第二十二次会议进行初步审议。会后，根据常委会委员的意见，并广泛征求各地方、各方面的意见，对草案作了必要的修改和补充，经第七届全国人大常委会第二十三次会议再次审议，决定将妇女权益保障法（草案）提请七届全国人大五次会议审议。1992 年 4 月 3 日，第七届全国人大第五次会议通过《中华人民共和国妇女权益保障法》。

妇女权益保障法共九章五十四条，贯穿了男女权利平等的原则，明确授予各级妇联在妇女维权中的地位，规定对妇女权益实行特殊保护，逐步建立对妇女的社会保障制度，明确规定对各种侵害妇女权益的违法、犯罪行为的处罚。妇女权益保障法保障妇女平等参政的权利，对妇女平等劳动就业权、人身权利的特殊保护问题、对离婚妇女合法权益的特殊保护问题，都根据男女平等、保护妇女合法权益的精神，作了相应的规定。

1992 年 10 月妇女权益保障法施行后，对于保障妇女的合法权益、实现男女平等发挥了重要作用。但是随着中国经济社会的发展，妇女的政治权利、财产权益、劳动和社会保障权益、婚姻家庭权益出现了新的问题需要解决。全国妇联在调查研究、总结妇女权益保障法实施经验的基础上，征求各方面的意见，拟定了妇女权益保障法修正案（草案）。2005 年 6 月 1 日，修正案草案经国务院第九十二次常务会议讨论通过，提请全国人大常委会审议。2005 年 6 月，第十届全国人大常委会第十六次会议第一次审议妇女权益保障法修正案（草案），2005 年 8 月 28 日，第十届全国人大常委会第十七次会议通过关于修改《中华人民共和国妇女权益保障法》的决定，对妇女权益保障法进行了第一次修正。

修改后的妇女权益保护法明确把男女平等的基本国策写入总则，第二条规定："实行男女平等是国家的基本国策。"修改的重点在于完善了有关保障妇女权益的规定。在尊重人身权利方面增加："禁止对妇女实施性骚扰。受害妇女有权向单位和有关机关投诉。"在法律救济方面规定："公安、民政、司法行政等部门以及城乡基层群众性自治组织、社会团体，应当在各自的职责范围内预防和制止家庭暴力，依法为受害妇女提供救助。"

2018 年 10 月 26 日，第十三届全国人大常委会第六次会议通过《关于修改〈中华人民共和国野生动物保护法〉等十五部法律的决定》，对妇女权益保护法中涉及相关部门的按机构改革后的情况予以更新。

新的时代背景下，性别平等的理念不断推动妇女权益保障领域的痛点难点的破除。2021 年，妇女权益保障法迎来重大修改，12 月 20 日，妇女权益保障法修订草案提请十三届全国人大常委会第三十二次会议初审，全国人大社会建设委员会主任委员何毅亭作关于妇女权益保障法修订草案的说明。草案向社会公开征求意见期间，公众提出了逾 40 万条意见建议，修法工作积极回应人民群众新期待，全国人大常委会委员邓丽表示："修订草案适应了新时代妇女对权益发展的新要求、新变化。"[1] 2022 年初，全国人大常委会法工委还通过基层立法联系点举行妇女权益保障法修订草案意见征询座谈会，发扬人民民主，倾听群众呼声，不断推进妇女权益保障法的修法工作。2022 年 10 月 30 日，第十三届全国人民代表大会常务委员会第三十七次会议对妇女权益保障法进行了修订。

三、未成年人保护法

（一）未成年人保护法

新中国成立后，我国一直重视保护青少年健康成长和合法权益。20 世纪 70 年代末，随着我国社会的转型，青少年犯罪现象日益严重化，引起社会广泛关注。1979 年，中共中央发出了转发中宣部等八个单位《关于提请全党重视解决青少年违法犯罪问题的报告》的通知，1980 年，团中央与全国人大法制委员会、司法部等单位共同组成青少年保护法起草小组，五易其稿，起草完成了青少年保护法（讨论稿）。

1987 年，《上海市青少年保护条例》颁布实施，这是我国第一部保护未成年人的专门性法规。此后，全国各地也纷纷开始制定专门的未成年人保护法。这些地方性法规为制定全国性的未成年人保护法奠定了基础，积累了宝贵经验。

1980 年，共青团中央、国家教育委员会等单位分别进行了有关青少年保护立法的调研起草工作。1988 年 8 月，在国务院法制局的协调下，共青团中央和国家教委共同起草未成年人保护法

---

[1] 陈慧娟：《以法律赋予每一个"她"力量》，《光明日报》2022 年 1 月 22 日。

（草案）。经过两年的调查研究、征求意见，参考地方性法规及其他国家的有关法律的基础上，形成了未成年人保护法（草案）。草案于 1989 年上报国务院后，进行了研究、论证和修改。1991年 5 月 31 日，国务院第八十四次常务会议讨论并原则通过未成年人保护法（草案），提请全国人大常委会审议。1991 年 6 月，第七届全国人大常委会第二十次会议第一次审议未成年人保护法（草案）。1991 年 9 月 4 日，第七届全国人大常委会第二十一次会议通过《中华人民共和国未成年人保护法》，自 1992 年 1 月 1日起施行。

　　未成年人保护法在起草的过程中遵循了四项原则：（1）保障未成年人的合法权益；（2）符合未成年人身心发展的特点；（3）尊重未成年人的人格尊严；（4）教育与保护相结合。在这些原则下，起草该法的主要思路为：一是面向"多数"，兼顾"特殊"。二是从实际出发，抓主要矛盾。该法把立法重点放在未成年人的身心保护方面。三是社会参与，综合治理[1]。

　　未成年人保护法共七章五十六条。主要规定了未成年人保护法的指导思想、工作原则、保护对象、保护的主体等内容。同时，分别设立专章规定了"家庭保护""学校保护""社会保护""司法保护"；第二章家庭保护主要规定了父母和其他监护人的责任和应尽的义务；第三章学校保护主要规定了学校、教师及其他工作人员对于培养、教育未成年学生方面的责任；第四章社会保护主要规定了国家机关、社会团体、企业事业单位等社会各界应尽的义务和职责；第五章司法保护主要规定了对未成年人进行司法保护的原则和制度；第六章法律责任一章主要规定了违反未成

---

〔1〕 李铁映：《关于〈中华人民共和国未成年人保护法（草案）〉的说明》，中国改革信息库，http://www.reformdata.org/1991/0621/23497.shtml。

年人保护法的责任。

随着经济与社会的发展，未成年人保护法的一些规定已不适应社会发展的需要。2003年8月，全国人大常委会关于未成年人保护法和预防未成年人犯罪法执法检查报告，提出了修改未成年人保护法的建议。同年12月，未成年人保护法（修订）被列入第十届全国人大常委会立法规划。从2005年4月开始，全国人大内务司法委员会在实地考察调研的基础上，参考共青团中央提出的修改建议稿，拟定了未成年人保护法（修订草稿）。在反复听取意见和修改的基础上，2006年8月，第十届全国人大常委会第二十三次会议第一次审议未成年人保护法（修订草案），2006年12月29日，第十届全国人大常委会第二十五次会议修订通过未成年人保护法。

修订后的未成年人保护法进一步明确了未成年人的权利，规定未成年人享有生存权、发展权、受保护权、参与权和受教育权等权利，国家保障未成年人的合法权益不受侵犯。修订后的未成年人保护法全面加强了对未成年人的保护。一是强化家庭保护。二是强化学校保护。三是优化未成年人成长的社会环境，强化社会保护。四是贯彻教育、感化、挽救的方针，强化司法保护。

2012年10月26日，第十一届全国人大常委会第二十九次会议通过关于修改《中华人民共和国未成年人保护法》的决定，对未成年人保护法进行了一次修正。规定讯问、审判未成年犯罪嫌疑人、被告人，询问未成年证人、被害人，应当依照刑事诉讼法的规定通知其法定代理人或者其他人员到场。

未成年人保护法颁布三十年来，未成年人权益保护工作成效显著，同时，社会环境的变化不断对法律提出新的挑战。2020年10月17日，十三届全国人大常委会第二十二次会议审议通过了新修订的未成年人保护法，于 2021 年 6 月 1 日起施行。

本次全面修改，在体例上由七章增列至九章：增加了政府保护和网络保护两个专章。条文扩增至一百三十二条，具体内容修改上几乎覆盖全部原有条文。这次修订，强化了家庭、学校、社会、政府、司法等方面的保护措施，健全未成年人保护工作协调机制，突出司法机关保护未成年人职责，建立侵害未成年人案件强制报告制度，完善有关网络保护措施，增加关于教育惩戒权的规定等，压实法律责任，保障未成年人合法权益，促进未成年人全面发展。

（二）预防未成年人犯罪法

20 世纪 70 年代末以来，青少年犯罪成为日益严重的社会问题。20 世纪 70 年代末 80 年代初，青少年犯罪在刑事犯罪中所占的比重一度超过 70%，越来越受到社会各界密切关注。1979 年 8 月 17 日，中共中央转发了中央宣传部等八单位《关于提请全党重视解决青少年违法犯罪问题的报告》，这是党的历史上首次就青少年犯罪问题治理发出的专门性文件，也表明了对于青少年违法犯罪问题的高度重视。

1994 年，根据第八届全国人大常委会立法规划，全国人大内务司法委员会会同共青团中央成立预防青少年犯罪法起草小组，并邀请最高人民法院、最高人民检察院和中央国家机关有关部门参与起草工作。在经过调查研究、反复修改的基础上，形成了法律草案的征求意见稿，根据征求的意见，起草小组将法律草案的名称修改为预防少年违法行为法（草案）。1998 年 4 月，第九届全国人大常委会第二次会议第一次审议预防少年违法行为法（草案）。会后，全国人大法律委员会同内务司法委员会根据意见认为，原草案定名为预防少年违法行为法，考虑到少年年龄界定为

14 周岁至不满 18 周岁，同习惯上的少年概念不太一致；违法行为包括违反法律、法规的各种行为，将违法行为作为调整范围，涉及的问题过多，范围过宽，建议将本法的调整范围规定为预防未成年人犯罪，将法律名称修改为预防未成年人犯罪法[1]。1999 年 6 月 28 日，第九届全国人大常委会第十次会议通过《中华人民共和国预防未成年人犯罪法》，自 1999 年 11 月 1 日起施行。

预防未成年人犯罪法共八章五十七条。预防未成年人犯罪法在总则部分规定了立法指导思想为：预防未成年人犯罪，立足教育和保护，从小抓起，对未成年人的不良行为及时进行预防和矫治。确定了在各级人民政府领导下，实行综合治理的方针以及政府在预防未成年人犯罪方面的责任。同时，预防未成年人犯罪法构建了预防未成年人犯罪法的法律体系，规定了家庭、学校、有关部门对未成年人的责任，对未成年人不良行为的预防与对严重不良行为的矫治，以及未成年人对犯罪的自我防范。规定未成年人应当遵守法律、法规及社会公共道德规范，树立自尊、自律、自强意识，增强辨别是非和自我保护的能力，自觉抵制各种不良行为及违法犯罪行为的引诱的侵害。在受到犯罪侵害后，通过法律途径及时维护自己的合法权益。

2012 年 10 月 26 日，第十一届全国人大常委会第二十九次会议通过《关于修改〈中华人民共和国预防未成年人犯罪法〉的决定》，规定对于审判的时候被告人不满十八周岁的刑事案件，不公开审理。

2020 年 12 月 26 日，第十三届全国人民代表大会常务委员会

---

〔1〕 周克玉：《全国人大法律委员会关于中华人民共和国预防少年违法行为法（草案）修改情况的汇报》，《中华人民共和国全国人民代表大会常务委员会公报》1999 年第 4 期。

第二十四次会议通过新修订的预防未成年人犯罪法，于 2021 年 6 月 1 日起施行。这次修订是该法颁布以来的首次重大修改。法律条文由原五十七条扩充至六十八条，明确实施分级预防，细化教育矫治措施，强化家庭监护责任，充实学校管教责任，夯实国家机关保护责任，发挥群团组织优势，推动社会广泛参与，为预防未成年人犯罪工作提供了有力法治保障。

四、反家庭暴力法

1995 年，在北京世界妇女大会上，家庭暴力作为重点议题，受到了与会者的热烈关注和讨论。北京世界妇女大会制定并通过了《北京宣言》和《北京行动纲领》。《北京行动纲领》将私生活领域的家庭暴力纳入基于性别的暴力当中，并第一次非常明确地将家庭暴力定性为侵犯人权的行为，呼吁各国政府积极履行制止家庭暴力的国际责任[1]。在我国，家庭暴力的社会危害性逐渐受到重视，各地开始尝试将反家庭暴力写入地方性法规。湖南省分别于 1996 年和 2000 年出台了全国第一部反家庭暴力的地方性行政文件和全国第一部反家庭暴力的地方性法规，此后，全国大部分的省、自治区、直辖市都出台了预防和制止家庭暴力的专门性立法。

从 2008 年起，全国妇联连续 6 年向全国人大和全国政协提出制定专门的反家庭暴力法的建议，并加强了同全国人大常委会法制工作委员会的联系。2011 年，全国人大常委会通过立法论证，首次将"制定反家庭暴力法"列入立法工作计划。2013 年，国务

---

〔1〕 罗清：《中国〈反家庭暴力法〉诞生中的三重叙事》，《法制与社会发展》2020 年第 1 期。

院妇女儿童工作委员会起草了反家庭暴力法（草案送审稿），于2014年3月报请国务院审议。国务院法制办在征求社会意见后反复研究修改，最终形成了反家庭暴力法（草案）。2015年7月29日，国务院将草案提请全国人大常委会审议。2015年8月，第十二届全国人大常委会第十六次会议第一次审议反家庭暴力法（草案）。2015年12月，十二届全国人大常委会第十八次会议审议通过了《中华人民共和国反家庭暴力法》，自2016年3月1日起施行。

反家庭暴力法共六章三十八条。反家庭暴力法明确了家庭暴力的概念，对家庭暴力的预防、家庭暴力的报案、家庭暴力告诫书制度和人身安全保护令制度作出规定。反家庭暴力法明确家庭暴力的概念，确立了反家庭暴力工作遵循预防为主、教育与惩处相结合的原则。规定了家庭暴力受害人的多种救济途径，尤为引人注意的是，借鉴英美法系国家的救济制度，在该法中建立了人身安全保护令制度，明确了人身安全保护令的作出条件、有效期和违反的法律后果。同时，为了加强对弱势群体的保护，该法还明确了第三方报警义务："学校、幼儿园、医疗机构、居民委员会、村民委员会、社会工作服务机构、救助管理机构、福利机构及其工作人员在工作中发现无民事行为能力人、限制民事行为能力人遭受或者疑似遭受家庭暴力的，应当及时向公安机关报案。"并规定了这些单位不履行报案义务的法律责任。

五、残疾人保障法

新中国成立以后，国家重视对残疾人的保障工作。1954年宪法第九十三条规定："劳动者在年老、疾病或丧失劳动能力的时候，有获得物质帮助的权利。"残疾人组织也开始陆续建立。改革开放后，我国的残疾人事业逐步发展起来。1982 年宪法规定：
"中华人民共和国公民在年老、疾病或者丧失劳动能力的情况下，
有从国家和社会获得物质帮助的权利。国家发展为公民享受这些
权利所需要的社会保险、社会救济和医疗卫生事业。""国家和社
会帮助安排盲、聋、哑和其他有残疾的公民的劳动、生活和教
育。"宪法明确提出了"残疾"的概念，对残疾人的福利救济、
残疾人事业发展具有了相应宪法保障。20 世纪 80 年代是国际残
疾人运动兴起的时期，1982 年 12 月联合国大会一致通过的《关
于残疾人的世界行动纲领》，对各国残疾人政策制定产生了深远
的意义。同年，全国人大常委会批准加入的《残疾人职业康复和
就业公约》要求"会员国必须通过立法，为达到各项目标所采取
的措施建立必要的法律基础和权威"，这些都为我国制定促进残
疾人事业发展和保障残疾人权益的基本法奠定了基础。

1985 年下半年，中国残疾人福利基金会委托法律专家，开始了
法律起草工作。1988 年 3 月，中国残联成立后，会同民政部成立了
由立法机构和中国残联参加的联合起草小组，集中力量起草残疾人
保障法（草案）。起草小组参考国外立法、广泛调研和听取意见，反
复修改，18 易其稿，完成残疾人保障法（草案）的起草工作。1990
年 10 月 10 日，残疾人保障法（草案）经国务院第六十八次常务会
议讨论通过，提交全国人大常委会审议。1990 年 10 月 25 日，第
七届全国人大常委会第十六次会议首次审议残疾人保障法（草
案）。1990 年 12 月 28 日，第七届全国人大常委会第十七次会议通
过《中华人民共和国残疾人保障法》，自 1991 年 5 月 15 日起施行。

残疾人保障法共九章五十四条。残疾人保障法对残疾人的
权利作出法律保障，明确规定：残疾人在政治、经济、文化、
社会和家庭生活等方面享有同其他公民平等的权利；残疾人的

公民权利和人格尊严受法律保护；国家保障残疾人受教育的权利；国家保障残疾人劳动的权利。残疾人保障法还对康复的工作指导原则和办法，残疾人教育、就业及参与社会生活的权利与福利作出规定，同时明确了各级残联的地位和作用。

残疾人保障法的颁布实施，标志着我国残疾人事业发展步入法治化轨道，对促进残疾人权益保障和我国残疾人事业发展具有积极意义。在残疾人保障法颁行十几年后，残疾人保障方面的国内外情况都发生了较大变大，需要对立法进行修订和完善。2004年初，民政部和中国残疾人联合会开始筹备残疾人保障法修改工作。经过调查研究，在总结残疾人保障法实施经验的基础上，起草了残疾人保障法修订草案（送审稿），于 2006 年 10 月报请国务院审议。国务院法制办公室会同民政部、中国残联对送审稿进行了征求意见、研究、修改，形成了残疾人保障法（修订草案）。2008 年 1 月 23 日，残疾人保障法（修订草案）经国务院第二百零六次常务会议讨论通过，提请全国人大常委会审议。2008 年 2 月，第十届全国人大常委会第三十二次会议首次审议残疾人保障法（修订草案）。2008 年 4 月 24 日第十一届全国人大常委会第二次会议修订通过残疾人保障法。

修订后的残疾人保障法包括"总则""康复""教育""劳动就业""文化生活""社会保障""无障碍环境""法律责任""附则"，共九章六十八条。修订后的残疾人保障法删除了一些明显具有计划经济色彩的内容；规定了更多促进和保障残疾人事业发展的内容；更加注重保障残疾人权利，更加注重解决残疾人的生活困难[1]。该法还进一步明确政府在残疾人事业发展中的主导地

---

〔1〕 王治江：《〈中华人民共和国残疾人保障法〉实施三十年：回顾与展望》，《残疾人研究》2021 年第 3 期。

位,增加了法律责任方面的规定。残疾人保障法的此次修订回应了残疾人事业发展的需要,同时对于残疾人权利保障具有重要意义。

2018 年 10 月 26 日,第十三届全国人大常委会第六次会议通过《关于修改〈中华人民共和国野生动物保护法〉等十五部法律的决定》,对残疾人保障法中涉及相关部门的按机构改革后的情况予以修改。

六、归侨侨眷权益保护法

新中国成立以后,国家十分重视侨务工作,注重对华侨权益的保护。1949 年 9 月,《共同纲领》规定,"中央人民政府应尽力保护国外华侨的正当权益"。1982 年宪法规定:"中华人民共和国保护华侨的正当的权利和利益,保护归侨和侨眷的合法的权利和利益。"我国没有专门的侨务立法,侨务工作主要依据国家政策进行。党的十一届三中全会后,为加强社会主义民主和法制建设,保护侨民利益,侨务立法工作开始列入全国人大的立法议程。

1983 年 6 月第六届全国人大华侨委员会成立后,将侨务立法列入工作规划。1986 年 7 月,全国人大华侨委员会在国务院侨办研究室草拟保护华侨和归侨、侨眷权利和利益暂行条例的基础上,起草了保护归侨侨眷权益法(草案)。此后,全国人大华侨委员会在社会调研,并广泛听取了意见。根据广大归侨、侨眷及海外华侨的要求,为了加快制定"保护归侨、侨眷权益法"的立法步伐,1990 年 4 月 4 日召开的全国人大华侨委员会第十次会议决定,把原拟由国务院报全国人大常委会审议的法律草案改由全国人大华侨委员会直接上报。此后，全国人大华侨委员会组成草案修改工作小组，研究草案修改工作。1990年6月11日，全国人大华侨委员会第十一次全体会议通过保护归侨、侨眷权益法（草案），提请全国人大常委会审议。1990年6月，第七届全国人大常委会第十四次会议首次审议保护归侨、侨眷权益法（草案），会后全国人大法律委员会根据全国人大常委会部分委员在审议中的意见，建议将法律的名称修改为"归侨侨眷权益保护法"[1]。1990年9月7日，第七届全国人大常委会第十五次会议通过《中华人民共和国归侨侨眷权益保护法》，自1991年1月1日起施行。

归侨侨眷权益保护法共二十二条，全面贯彻了"一视同仁、不得歧视、根据特点、适当照顾"的原则。在该法中，对归侨、侨眷的范围进行了界定，对归侨、侨眷的政治权益、经济财产权益、社会文化权益和境外联系往来方面的权益作了规定。归侨侨眷权益保护法是我国第一部保护归侨侨眷合法权益的专门法律，以法律形式明确规定了归侨侨眷的各项合法权益，使我国侨务工作开始走上法治化的轨道。

随着我国经济社会的发展，国内外侨情出现了新的发展变化，根据全国人大代表和有关部门所提意见和建议，结合侨务工作的实际需要，第九届全国人大常委会将归侨侨眷权益保护法的修改列入立法规划。1999年，全国人大华侨委员会分别召开征求意见会和立法工作研讨会，对归侨侨眷权益保护法的修改进行了研讨，在此基础上拟出归侨侨眷权益保护法修正案（草案）草稿。2000年4月，全国人大华侨委员会在征求意见的基础上，通过修改形成了归侨侨眷权益保护法修正案（草案），提请

---

〔1〕《关于〈中华人民共和国保护归侨、侨眷权益法（草案）〉的说明》，《中华人民共和国现行法律文献分类汇编》（下册），中国民主法制出版社2004年版，第2886页。

全国人大常委会审议。2000年8月，第九届全国人大常委会第十次会议首次审议归侨侨眷权益保护法修正案（草案）。2000年10月31日，第九届全国人大常委会第十八次会议通过关于修改《中华人民共和国归侨侨眷权益保护法》的决定，对归侨侨眷权益保护法进行了第一次修正。

修改后的归侨侨眷权益保护法共三十条，共增加了十个条款，修改了十五个条款。增加了侨务部门和各级侨联的规定，进一步明确了华侨享有回国定居权，归侨侨眷享有政治、财产、社会保障、就业、捐赠、继承、出境及诉讼等多方面的权利，并规定对侵犯华侨利益的行为追究法律责任。

2006年，全国人大常委会对归侨侨眷权益保护法进行了第一次执法检查，在此之前华侨委和各省市已实施了49次执法检查。在这次检查中，发现了三个主要问题。一是华侨农场改革发展滞后，二是归侨侨眷生活困难，三是国内投资权益保护需加强。近年来，各地积极解决归侨侨眷权益保护法在实施中遇到的各种问题，并创新解决方法，如北京市将生活困难的归侨侨眷纳入全市社会救助体系并上浮最低生活保障标准，拨付困侨帮扶救助专项资金等，有效解决了归侨侨眷生活困难问题[1]。

2009年8月27日，第十一届全国人大常委会第十次会议通过关于修改部分法律的决定，对归侨侨眷权益保护法进行了第二次修正，将归侨侨眷权益保护法中的"征用"修改为"征收、征用"。

现行归侨侨眷权益保护法保护主体是归侨侨眷，并不包含海外华侨。2015年和2016年国务院立法工作计划将制定华侨权益

---

〔1〕　蒋莉苹：《〈归侨侨眷权益保护法〉的制定与执行》，《人民日报·海外版》2021年9月3日。

保护法列为研究项目，2019年十三届全国人大常委会将其列入立法规划〔1〕。

第四节　相关社会组织法与活动法

在现代社会中，除了公权力部门和营利性组织，介于这两者之间的公益组织和非营利性社会组织开始兴起，它们在从事公益事业、保障特殊群体的权益方面发挥着重要作用。社会法中对这类社会组织也有规范。现行社会组织法主要包括工会法、红十字会法等专项法律。其中，作为社会组织的专业性法律工会法，是由全国总工会会同全国人大常委会法制工作委员会经过充分调查研究，在1950年工会法的基础上首先形成工会法（修改草案）。1992年，第七届全国人大第五次会议通过《中华人民共和国工会法》。其后，工会法经2001年、2009年两次修正，2021年末十三届全国人大常委会第三十二次会议通过了关于修改工会法的决定。中国红十字会事业的开展离不开红十字会法的保驾护航。1993年10月31日，第八届全国人大常委会第四次会议通过《中华人民共和国红十字会法》。2009年第十一届全国人大常委会第十次会议将红十字会法中有关刑法、治安管理处罚法的规定根据最新情况进行了微调。2014年，全国人大教科文卫委员会再次启动红十字会法修改工作，最终于2017年2月24日，第十二届全国人大常委会第二十六次会议

---

〔1〕　蒋莉苹：《〈归侨侨眷权益保护法〉的制定与执行》，《人民日报·海外版》2021年9月3日。

上通过了修订后的红十字会法。另外，为了规范公益慈善事业，全国人大及其常委会分别于 1999 年和 2016 年通过了《中华人民共和国公益事业捐赠法》和《中华人民共和国慈善法》。

一、工会法

工会是工人为争取更好工作条件等共同目标而自愿联合的组织。中华全国总工会成立于 1925 年 5 月 1 日在广州召开的第二次全国劳动大会，并通过了《中华全国总工会总章》。宣布其宗旨为团结全国工人，图谋工人福利为办会宗旨。在第一次国内革命战争失败后，中华全国总工会转入地下。直到 1948 年 8 月 1 日，第六次全国劳动大会在哈尔滨召开，决定恢复全国总工会的工作，并通过了新的中华全国总工会章程。1949 年 6 月，中华全国总工会作为 23 个参加单位之一参加了新政治协商会议筹备会，并参加了 1949 年 9 月召开的中国人民政治协商会议第一届全体会议。

新中国成立后，1950 年 4 月 21 日，中央人民政府政务院第二十九次政务会议初步通过工会法（草案），提请中央人民政府委员会审查批准，并公开征求意见。1950 年 6 月 28 日，中央人民政府委员会第八次会议召开，会议听取了中华全国总工会常务副主席、中央人民政府劳动部部长李立三所作的关于工会法（草案）的几点说明，并正式通过了《中华人民共和国工会法》，6 月 29 日中央人民政府命令公布施行。

1950 年工会法共五章二十六条。该法规定了工会是工人阶级自愿结合的群众组织，参加工会与否，是每个工人的自由和权利，而不是义务。在国营及合作社企业和私营企业，工会代表工人参加生产管理、缔结集体合同、与资方交涉、谈判等权利。工会法颁布后，各地国营及合作社经营的企业、大部分私营企业逐步建立了基层工会组织。同时，开始组建铁路、煤炭、机械、纺织等各种全国性的产业工会。

中共十一届三中全会以来，在新的社会背景下，全国总工会会同全国人大常委会法制工作委员会总结工会工作经验，经过充分调查研究，反复征求意见，共同起草了工会法（修改草案），在征求意见及修改后，分别于1991年12月和1992年2月将修改草案提请第七届全国人大常委会第二十三次和第二十四次会议审议修改，经全国人大常委会决定，提请全国人大审议。

1992年3月，第七届全国人大第五次会议召开。3月27日，全国人大常委会副委员长兼法制工作委员会主任王汉斌在会上作《关于〈中华人民共和国工会法（修改草案）〉的说明》。4月3日，第七届全国人大第五次会议通过《中华人民共和国工会法》，自公布之日起施行。新工会法包括"总则""工会组织""工会的权利和义务""基层工会组织""工会的经费和财产""附则"共六章四十二条。与1950年工会法相比，新工会法第一，明确了工会的基本任务；第二，规定了工会的根本活动准则；第三，规定了民主集中制的工作方式；第四，增加关于外商投资企业中工会的规定。

2001年10月27日，第九届全国人大常委会第二十四次会议通过关于修改《中华人民共和国工会法》的决定，对工会法进行了第一次修正，自公布之日起施行。修改后的工会法包括"总则""工会组织""工会的权利和义务""基层工会组织""工会的经费和财产""法律责任""附则"共七章五十七条。这次修改，主要是对新建企业工会的组建、企业职工和工会干部合法权益的保护、工会经费的收缴以及对侵犯工会合法权益行为的制裁作出一些补充性的规定，并且与劳动法相协调，规定工会通过平等协商和集体合同制度，协调劳动关系，维护企业职工劳动权益。

2009 年 8 月 27 日，第十一届全国人大常委会第十次会议通过关于修改部分法律的决定，对工会法进行了第二次修正，将工会法中所引用的"治安管理处罚条例"修改为"治安管理处罚法"。

工会法于 1992 年颁布，经 2001 年、2009 年两次修正。党的十八大召开以来，新时期的现实情况不断滋生新问题，不断对工会法提出新的要求。全国人大常委会法工委和全国总工会于 2019 年初启动工会法修改准备工作。2021 年 4 月 21 日，全国人大常委会 2021 年度立法工作中纳入了工会法的修改计划。"其后，法工委进一步征求中央和国家有关部门、部分省（自治区、直辖市）人大、基层立法联系点的意见，与全国总工会共同开展调研。"〔1〕 2021 年 12 月 24 日，十三届全国人大常委会第三十二次会议通过了关于修改工会法的决定，对工会法进行了第三次修正。2022 年 1 月 1 日，新修正的工会法正式实施。本次修改是自工会法颁布以来的首次实质性修改，修改内容主要包括：第一，突出党的领导地位；第二，加强产业工人队伍建设，进一步完善工会职责定位；第三，确定了新就业形态劳动者有关权利，回应新业态发展；第四，丰富工会维权服务的手段和内容。此外，该法还增加了工会对拖欠职工工资行为开展劳动法律监督、工会组织职工开展劳动技能竞赛等活动，第三十九条规定在企业、事业

---

〔1〕 张勇：《关于〈中华人民共和国工会法（修正草案）〉的说明——2021 年 12 月 20 日在第十三届全国人民代表大会常务委员会第三十二次会议上》，《中华人民共和国全国人民代表大会常务委员会公报》2022 年第 1 期。

单位、社会组织召开会议讨论有关工资、福利、劳动安全、工作时间、休息休假、女职工保护和社会保险等涉及职工切身利益问题必须有工会代表参加；第五，修改的工会法与其他法律的衔接更加有效，立法用语更为准确规范。

二、红十字会法

中国红十字会是从事人道主义工作的社会救助团体，最早成立于1904年。新中国成立后，中国红十字会协商改组会议于1950年在北京召开，进行了协商改组，周恩来总理亲自主持并修改了《中国红十字会章程》。1952年，中国红十字会恢复了在国际红十字运动中的合法席位。这是中华人民共和国在国际组织中恢复的第一个合法席位。1985年5月，中国红十字会第三次全国会员代表大会明确提出中国红十字会是全国性的人民卫生救护和社会福利团体，首次提出要办成具有中国特色的社会主义红十字会。1990年2月，中国红十字会第五次全国会员代表大会在北京召开，开始酝酿起草红十字会法。

1990年，中国红十字会总会组成专门班子，开始研究起草红十字会法（草案）。经多次举行座谈会和专题讨论会，在听取法律专家意见，研究国际红十字组织的有关指导文件和一些国家红十字会法的基础上，于1991年4月草拟出草案第一稿，并进行了讨论和修改。1991年7月，在分别征求外交部、卫生部、民政部等部门的意见并修改之后，于8月正式上报国务院。其后又与国务院法制局反复研究、论证和修改，1993年6月11日经国务院常务会议通过，形成了红十字会法（草案），交全国人大常委会审议。

1993 年 8 月 25 日，第八届全国人大常委会第三次会议召开，卫生部副部长顾英奇在会上作关于《中华人民共和国红十字会法（草案）》的说明。当年 10 月 31 日，第八届全国人大常委会第四次会议通过《中华人民共和国红十字会法》，自公布之日起施行。

红十字会法共六章二十八条。在立法目的上，在于保护人的生命和健康，发扬人道主义精神，促进和平进步事业，保障红十字会依法履行职责。在性质上，中国红十字会是中华人民共和国统一的红十字组织，是从事人道主义工作的社会救助团体。在职责上，列举了在自然灾害和突发事件中，对伤病人员和其他受害者进行救助、参加国际人道主义救援工作等具体职责。在标志上，规定了红十字标志使用范围和条件必须严格依照日内瓦公约及其附加议定书的规定。在财产与监管上，规定了红十字会财产的来源以及对其的财产使用的监管制度。

2009 年 8 月 27 日，第十一届全国人大常委会第十次会议通过关于修改部分法律的决定，将红十字会法中与刑法、治安管理处罚法相关的规定进行了调整。

2013 年，第十二届全国人大常委会将红十字会法（修改）列入立法规划，并由全国人大教科文卫委员会牵头起草。从 2014 年开始，全国人大教科文卫委员会成立了红十字会法修改领导小组、工作小组，开始修法工作。2016 年 1 月 29 日，全国人大教科文卫委员会全体会议审议通过了红十字会法（修订草案），交全国人大常委会审议。

2016 年 6 月 27 日，第十二届全国人大常委会第二十一次会议召开，全国人大教育科学文化卫生委员会副主任委员王陇德作《关于〈中华人民共和国红十字会法（修订草案）〉的说明》。2017 年 2 月 24 日，第十二届全国人大常委会第二十六次会议修订通过红十字会法，自当年 5 月 8 日起施行。修订后的红十字会法包括"总则""组织""职责""标志与名称""财产与监管""法律责任""附则"，共七章三十条。此次修订的内容主要集中解决红十字会在实际工作中面临的一些问题，进一步明确其职责，加强会员管理、志愿者管理和统一标识管理，完善其内部治理结构，增加了"财务管理、内部控制、审计公开和监督检查制度"。而最大的亮点在于首次增加"法律责任"一章，加大对违反红十字会法行为的打击力度，明确自然人、法人和其他组织制造、发布、宣传虚假信息，损害红十字会名誉的，要依法承担法律责任。

三、公益慈善法

慈善事业是在政府的倡导或帮助、扶持下，由民间的团体或个人自愿组织与开展活动，对社会中遇到灾难或不幸的人，不求回报地实施救助的一种无私的支持与奉献的事业。慈善事业有益社会，是对政府主导下的社会保障体系的必要补充。我国慈善事业历史悠久。改革开放以来，以 1981 年中国儿童少年基金会成立和 1994 年中华慈善总会创立为标志，中国慈善事业逐步恢复和发展。

（一）公益事业捐赠法

全国人大及其常委会的慈善立法始于公益事业捐赠法。改革开放后，中国公益事业得到很大发展，促进了教育、科学、文化、卫生以及其他社会公共事业和福利事业的发展，其中海外侨胞、港澳同胞的捐赠发挥了重要作用。但是，由于公益事业捐赠的管理制度尚不完善，存在着管理混乱，缺乏对捐赠款物的监督，甚至出现一些单位和个人占用、挪用甚至贪污捐赠款物，假借捐赠名义进行走私、骗汇、逃税和营利活动等，损害了国家和公众利益。为了鼓励和规范捐赠，保护捐赠人、受赠人和受益人的合法权益，规范公益事业，根据第八届全国人大常委会的立法规划，从1996年初开始，全国人大常委会法制工作委员会会同全国人大华侨委员会着手研究公益事业捐赠法的起草工作，历经三年，起草了公益事业捐赠法（草案）。1999年4月，第九届全国人大常委会第九次会议第一次审议公益事业捐赠法（草案），全国人大常委会法制工作委员会副主任张春生在会上作《关于〈中华人民共和国公益事业捐赠法（草案）〉的说明》。1999年6月，第九届全国人大常委会第十次会议第二次审议公益事业捐赠法（草案）。

1999年6月28日，第九届全国人大常委会第十次会议通过《中华人民共和国公益事业捐赠法》，同日，国家主席江泽民签署第十九号主席令公布，自1999年9月1日起施行。

公益事业捐赠法共六章三十二条。在调整范围上，本法适用于自然人、法人或者其他组织自愿无偿向依法成立的公益性社会团体和公益性非营利的事业单位捐赠财产，用于公益事业。

在受赠主体上，原则上由公益性社会团体和公益性非营利的事业单位接受捐赠，同时根据现实国情，规定在发生自然灾害时或者境外捐赠人要求县级以上人民政府及其部门作为受赠人时，县级以上人民政府及其部门可以接受捐赠。

在捐赠协议上，捐赠人可以与受赠人就捐赠财产的种类、质量、数量和用途等内容订立捐赠协议。

在捐赠财产的使用和管理上，受赠人接受捐赠后，应当向捐赠人出具合法、有效的收据，将受赠财产登记造册，妥善保管。

公益性社会团体应当将受赠财产用于资助符合其宗旨的活动和事业。对于接受的救助灾害的捐赠财产，应当及时用于救助活动。基金会每年用于资助公益事业的资金数额，不得低于国家规定的比例。公益性社会团体应当严格遵守国家的有关规定，按照合法、安全、有效的原则，积极实现捐赠财产的保值增值。公益性非营利的事业单位应当将受赠财产用于发展本单位的公益事业，不得挪作他用。受赠人应当依照国家有关规定，建立健全财务会计制度和受赠财产的使用制度，加强对受赠财产的管理。受赠人每年度应当向政府有关部门报告受赠财产的使用、管理情况，接受监督。必要时，政府有关部门可以对其财务进行审计。

在监督制度上，从受赠人的管理、政府监督、捐赠人的监督和社会监督四方面规定了对捐赠财产的监督管理。此外，对捐赠人的优待作了原则规定，包括企业所得税方面的优待、个人所得税方面的优待和减免进口税收。

（二）慈善法

慈善是中华民族的传统美德，随着我国慈善事业的发展，是中国特色社会主义事业和社会保障体系的重要组成部分。习近平总书记在党的十九大报告中指出，要加强社会保障体系建设，完善社会救助、社会福利、慈善事业、优抚安置等制度，健全农村留守儿童和妇女、老年人关爱服务体系。随着我国慈善事业的发展，对慈善事业的制度规范也越来越迫切。从 2005 年开始，民政部即开始研究起草慈善事业促进法，次年即被纳入国务院的立法工作计划。2008 年，慈善事业促进法改名为慈善事业法，并正式列入十一届全国人大常委会立法规划。2011 年，制定慈善事业法被全国人大常委会列入年度立法工作计划。2013 年 10 月，第十二届全国人大常委会再次将制定慈善事业法列入立法规划，并将其作为第一类项目，即条件比较成熟、任期内拟提请审议的法律草案，确定由全国人大内务司法委员会牵头起草。2014 年 2 月 24 日，全国人大内务司法委员会召开慈善事业立法领导小组第一次全体会议，列出了立法时间表和路线图。2015 年 5 月，全国人大常委会将制定慈善事业法列入年度立法工作计划。全国人大内司委（内务司法委员会）在此基础上完成草案起草工作，并经过反复的调研和论证，将慈善事业法改名为慈善法。2015 年 10 月，全国人大内务司法委员会将慈善法（草案）提请十二届全国人大常委会第十七次会议审议。经全国人大法律委员会审议修改后，2015 年 12 月全国人大常委会第十八次会议对慈善法（草案）进行了再次审议，并决定将草案提请第十二届全国人民代表大会第四次会议审议。2016 年 3 月，第十二届全国人大第四次会议召开，3 月 9 日全国人大常委会副委员长李建国在会上作《全国人大常委会关于〈中华人民共和国慈善法（草案）〉的说明》。2016 年 3 月 16 日，第十二届全国人大第四次会议通过《中华人民共和国慈善法》，同日，国家主席习近平签署第四十三号主席令公布，自当年 9 月 1 日起施行。

慈善法共十二章一百一十二条。其立法目的是发展慈善事业，弘扬慈善文化，规范慈善活动，保护慈善组织、捐赠人、志愿者、受益人等慈善活动参与者的合法权益，促进社会进步，共享发展成果。

在调整范围上，该法适用于自然人、法人和其他组织开展慈善活动以及与慈善有关的活动。

在慈善组织的规范上，设立慈善组织，应当向县级以上人民政府民政部门申请登记，民政部门应当自受理申请之日起三十日内作出决定。符合本法规定条件的，准予登记并向社会公告；不符合本法规定条件的，不予登记并书面说明理由。慈善组织应当根据法律法规以及章程的规定，建立健全内部治理结构，明确决策、执行、监督等方面的职责权限，开展慈善活动。慈善组织应当执行国家统一的会计制度，依法进行会计核算，建立健全会计监督制度，并接受政府有关部门的监督管理。慈善组织应当每年向其登记的民政部门报送年度工作报告和财务会计报告。报告应当包括年度开展募捐和接受捐赠情况、慈善财产的管理使用情况、慈善项目实施情况以及慈善组织工作人员的工资福利情况。

关于慈善募捐，规定慈善组织开展公开募捐，应当取得公开募捐资格。依法登记满二年的慈善组织，可以向其登记的民政部门申请公开募捐资格。民政部门应当自受理申请之日起二十日内作出决定。慈善组织符合内部治理结构健全、运作规范的条件的，颁发公开募捐资格证书；不符合条件的，不发给公开募捐资格证书并书面说明理由。规定了公开募捐采用的方式。开展公开募捐，应当制定募捐方案。募捐方案包括募捐目的、起止时间和地域、活动负责人姓名和办公地址、接受捐赠方式、银行账户、受益人、募得款物用途、募捐成本、剩余财产的处理等。募捐方案应当在开展募捐活动前报慈善组织登记的民政部门备案。

关于慈善财产，规定了慈善财产的范围，慈善组织的财产应当根据章程和捐赠协议的规定全部用于慈善目的，不得在发起人、捐赠人以及慈善组织成员中分配。慈善组织为实现财产保值、增值进行投资的，应当遵循合法、安全、有效的原则，投资取得的收益应当全部用于慈善目的；慈善组织应当积极开展慈善活动，充分、高效运用慈善财产，并遵循管理成本最必要原则，厉行节约，减少不必要的开支。

关于慈善事业发展的促进，规定了县级以上人民政府应当根据经济社会发展情况，制定促进慈善事业发展的政策和措施。县级以上人民政府有关部门应当在各自职责范围内，向慈善组织、慈善信托受托人等提供慈善需求信息，为慈善活动提供指导和帮助。明确了慈善组织、捐赠人、受益人依法享受税收优惠，规定国家对开展扶贫济困的慈善活动实行特殊的优惠政策。

此外，慈善法还对慈善信托进行了专章规定，并对慈善活动的监督管理、服务引导以及慈善领域违法行为的法律责任等作了相应规定。

2020年，全国人大常委会首次对慈善法实施情况开展执法检查。2020年10月15日，在十三届全国人大常委会第二十二次会议上，全国人大常委会副委员长张春贤作关于检查慈善法实施情况的报告。报告中指出，慈善法实施以来，推动我国慈善事业领域的法治建设达到了新高度，特别是在脱贫攻坚和抗疫工作中发挥了重要作用。但通过执法检查，在应急机制、信息公开、志愿服务、法律宣传、互联网募捐等方面，该法还存有短板。修改慈善法已列入十三届全国人大常委会强化公共卫生法治保障立法修法工作计划。2021年全国人大社会建设委员会成立了修法工作领导小组，积极开展立法调研，适时提请全国人大常委会审议。

第九章

诉讼与非诉讼程序法体系的发展

第一节　全国人大及其常委会的诉讼
与非诉讼程序立法历程

　　1925 年 6 月，共产党人邓中夏等人领导省港大罢工胜利，随后举行省港罢工工人代表大会，选举省港罢工委员会。7 月，省港罢工委员会纠察队下成立会审处，颁布《会审处细则》六条。该细则规定，会审须三人以上方可开始审判，会审人员因故无法出席会审，可以说明理由并签字盖章，委托代理人代为处理会审事宜。在案件审判完结，会审处应将案情事由与判决结果告知纠察队，如需惩罚，移送公安局执行。细则确立了不得刑讯逼供的人道主义审判原则与准许旁听的公开审判原则。1926 年 3 月又颁布《会审处组织法》《会审处办案条例》。《会审处组织法》规定该处审讯范围为初级审讯，经审讯后，可转交特别法庭审理或者由该处直接判决。审讯应当秉公依法，在 24 小时内完成审讯，不得擅用私刑、徇私舞弊，无辜者应当释放不得非法拘留。应移送特别法庭审讯的人犯，也不能在该处逗留超过 24 小时。判决后，人犯有向特别法庭上诉的权利。《会审处办案条例》细化审理范围，明确 27 种应当移交特别法庭审理的罪犯。此外，具体规定该处自行判决的罪犯范围及相应处罚幅度[1]。这是红色政权建立后最早的与审判程序相关的法律规范。

在中央苏区时期，中国共产党就开始领导制定颁布司法程序类的法律规范。1932年中华苏维埃共和国人民委员会第十六次常委会通过的《中华苏维埃共和国裁判部的暂行组织及裁判条例》，共六章四十一条。根据该条例，裁判部是法院尚未设立前的临时司法机关，暂时执行司法机关的一切职权，审理一切刑事案件、民事案件的诉讼事宜（现役军人及军事机关工作人员的审判除外）。就各级裁判部权限来看，区级裁判部审理一般不重要的案件，其判决处罚强迫劳动的期限，不得超过半年。县裁判部是区裁判部所判决案件的终审机关，又是审判有全县意义的案件之初审机关，有判决死刑的权力，但没有执行死刑的权力，须得上级裁判部批准。省裁判部为县裁判部所审案件的终审机关，又是审判有全省意义案件的初审机关，有判决死刑的权力，但须临时最高法庭（或最高法院）批准之后方可执行。最高法院为省级裁判部及高级军事裁判所的上诉机关，重要案件的一审终审机关[2]。该条例初步构建起革命根据地的司法组织结构与司法活动程序。

1934年4月8日，中央执行委员会主席毛泽东、副主席项英、张国焘公布《中华苏维埃共和国司法程序》（以下简称《司法程序》）。《司法程序》所涉及的机关包括苏维埃法庭、政治保卫局、肃反委员会等机关，并规定废除上级批准制度，实行上诉制度（上诉期为7天）。苏维埃法庭为两审终审制，为初审、终审两级。初审、终审两级的模式为：（1）区—县；（2）县—省；（3）省—

---

〔1〕《省港罢工委员会会审处细则》《会审处组织法》《会审处办案条例》，张希坡编著：《革命根据地法律文献选辑》第一辑，中国人民大学出版社2017年版，第70、101—103页。

〔2〕《中华人民共和国裁判部的暂行组织及裁判条例》（执字第四号），《红色中国》1932年第34期，1932年9月20日，第9—10版。

最高法院；（4）初级军事裁判所—高级军事裁判所；（5）高级军事裁判所—最高法院。最高法院是审判程序上的最后的审判机关。任何案件在两审之后，不得上诉。但检查员（即检察人员）认为某一案件经过终审，仍然存在问题，可以向审判机关抗诉，要求一次再审[1]。《司法程序》构建起两审终审、公开审判等制度，不仅规定了苏维埃法庭、政治保卫局等司法机关的办案程序，创建了陪审、法庭调查和死刑复核等司法程序，为苏区审判工作提供了程序保障，还规定重视证据，充分保障犯罪嫌疑人的上诉权，有利于维护犯罪嫌疑人的合法权利。此外，中央苏区还颁布过革命法庭条例、革命法庭的工作大纲、裁判部的暂行组织及裁判条例等涉及审判程序的规范。

陕甘宁边区时期，1939 年 4 月边区参议会通过《陕甘宁边区高等法院组织条例》。1942 年拟定《陕甘宁边区刑事诉讼条例草案》《陕甘宁边区民事诉讼条例草案》《陕甘宁边区政府审判委员会组织条例》。1943 年 1 月，边区政府公布《陕甘宁边区军民诉讼暂行条例》。1943 年 3 月，边区政府公布《陕甘宁边区高等法院分庭组织条例草案》《陕甘宁边区县司法处组织条例草案》《修正边区政府审判委员会组织条例》。1943 年 6 月，边区颁布《陕甘宁边区民刑事件调解条例》[2]。陕甘宁边区的诉讼立法实践为新中国成立后的诉讼立法活动提供了基础。

---

〔1〕《中华苏维埃共和国司法程序》，张希坡编著：《革命根据地法律文献选辑》第二辑下卷，中国人民大学出版社 2017 年版，第 1075—1076 页。

〔2〕《陕甘宁边区高等法院组织条例》《陕甘宁边区刑事诉讼条例草案》《陕甘宁边区民事诉讼条例草案》《陕甘宁边区军民诉讼暂行条例》《陕甘宁边区民刑事件调解条例》《陕甘宁边区高等法院分庭组织条例草案》《陕甘宁边区县司法处组织条例草案》《修正边区政府审判委员会组织条例》《陕甘宁边区民刑事件调解条例》，载张希坡编著：《革命根据地法律文献选辑》第三辑第二卷，中国人民大学出版社 2017 年版，第 394—396、420—434、438—441 页。

1950 年 12 月，中央人民政府法制委员会草拟诉讼程序通则（草案），1951 年 9 月，中央人民政府公布人民法院暂行组织条例、检察署暂行组织条例。1954 年第一届全国人民代表大会通过人民法院组织法、人民检察院组织法，从组织法层面规定了审判机构、审判原则、部分审判程序等内容。1957 年，最高人民法院根据此前发布的各级人民法院民事、刑事案件审判程序总结，制定出民事案件审判程序等程序性文件，规范法院内部的审判行为。[1] 中华人民共和国成立后，民事诉讼法与刑事诉讼法均在起草过程中。

刑事诉讼法于 1979 年颁布，1996 年第一次修正，2012 年第二次修正，2018 年第三次修正，全面规定了关于刑事审判活动的相关程序。民事诉讼法 1982 年颁布试行法，1991 年正式通过，2007 年、2012 年、2017 年、2021 年根据不同现实需求进行修正。非诉程序法主要包括仲裁、调解相关的法律，即仲裁法、人民调解法、劳动争议调解仲裁法、农村土地承包经营纠纷调解仲裁法，与带有较强国际属性的海事诉讼特别程序法、引渡法、国际刑事司法协助法。以上各法构成了中国诉讼与非诉讼程序法体系。在我国社会主义法律体系中，民事诉讼法与刑事诉讼法的基本法律，由全国人民代表大会直接通过，而其他非诉程序法则主要由全国人民代表大会常务委员会通过，其性质为一般法。不论是诉讼法还是非诉程序法，其本质都是程序法，是保障程序正义的法律，是确定公权力尤其是审判权运行轨迹的准绳，其制定目的在于通过有效限制公权力保障公民的合法权利。

---

〔1〕 张卫平:《民事诉讼法》（第五版），法律出版社 2019 年版，第 25 页。

第二节 刑事诉讼法

1979 年第一部刑事诉讼法颁布施行之后，其经历了三次修正。1979 年的刑事诉讼法与刑法一同产生，形成了较为完善的刑事实体与程序立法，保障了改革开放之后刑事案件审判工作从实体与程序两个维度做到有法可依。1996 年，完成了对刑事诉讼法的第一次修正，在此与 1997 年刑法修正形成强力共鸣，吸纳了出台十六年以来的司法实践经验，综合了社会快速变动的各种因素，代表了刑事领域立法与司法的立法理念和制度构建之进步。2012 年刑事诉讼法将"尊重和保障人权"纳入法典中，并推动证据制度与辩护制度的完善，体现了公权力运行程序中对于人权的保障与维护，展现了刑事程序法的人性光辉。2018 年的修正，有效适应了中央层面以监察委员会构建为核心的国家监察体制改革、以审判为中心的诉讼制度改革以及反腐工作法治化等重大部署，推进了刑事诉讼立法进一步找到其在法治建设中的坐标。

一、1979 年刑事诉讼法

在程序法中，刑事诉讼法是最早颁布的（1979 年），其次才是民事诉讼法（1982 年）与行政诉讼法（1989 年）。1979 年 2 月 23 日召开的第五届全国人大常委会第六次会议决定设立全国人大常委会法制委员会，作为全国人大常委会专门负责立法的机构，彭真担任该机构主任。在全国人大常委会法制委员会的主持下，在1963年刑事诉讼法草案（初稿）的基础上先后拟出刑事诉讼法修正一稿和刑事诉讼法修正二稿。随后将刑事诉讼法修正二稿呈交党中央和全国人大常委会审议[1]。

（一）1979年刑事诉讼法的制定过程

1979年6月12日，第五届全国人大常委会第八次会议通过了全国人大常委会工作报告和刑事诉讼法（草案）。1979年6月26日，全国人大常委会副委员长彭真在第五届全国人大第二次会议上就七个法律草案作说明，其中就包括对于刑事诉讼法（草案）的说明。需要明确的一个时代背景是，"四人帮"刚刚被粉碎，社会与国家逐渐开始重建秩序，中共十一届三中全会顺利召开，党和政府开始着力反思与整顿"文化大革命"期间的历史教训。在汲取"文化大革命"时期的教训中，最为重要的一点是如何建立起民主与法制，如何通过法制保障公民权不受到来自公权力甚至其他自然人的随意侵犯。如何限制公权力机构，尤其是司法部门，包括公安机关、检察机关与审判机关，"刑事诉讼法草案也是在'文化大革命'前的多次修正稿的基础上修订的"。当然，对于行政权力的控制也是不得不考虑的内容，但是这一方面的权力则交由行政法制予以规范与限制。彭真在汇报了组织法和刑法的草案之后，就对刑事诉讼法（草案）分为五个方面，作了专门的介绍。

"刑事诉讼法的任务，是从司法程序方面保证刑法的正确执行。需要说明以下五点：

第一，公安、检察、法院三机关的工作关系是在党的领导下，遵照宪法、刑法和其他法律的规定，为了共同维护社会主义

---

〔1〕 陈光中、曾新华：《刑事诉讼法四十年》，《法学》2018年第7期。

法制而在工作中实行分工协作和互相制约，以保证准确地打击反革命和其他刑事犯罪行为，保护人民。刑事诉讼法（草案）从程序方面规定三机关的职权和工作关系。对刑事案件的侦查、拘留、预审，由公安机关负责。批准逮捕和检察（包括侦查）、提起公诉，由检察院负责。公安机关对检察院的决定有不同意见，可以要求复议。案件的审判由法院负责，检察院对法院判决不同意，可以提出抗诉。

第二，刑事诉讼法（草案）规定，除公安机关、检察院、法院依法分别行使侦查、拘留、预审、批准逮捕、检察、提起公诉和审判权以外，其他任何机关、团体和个人都无权行使这些权利。同时，根据司法机关在工作中要保持应有的独立性的精神，刑事诉讼法（草案）规定法院、检察院和公安机关办案'必须以事实为根据，以法律为准绳'。这是当然的道理，现在特别加以申明，是为了防止滥行逮捕拘留，诬陷和侵犯干部、群众的人身权利、民主权利和其他权利。

第三，被告人除自己行使辩护权以外，有权按照自己的意愿委托律师、亲属、监护人、人民群众团体或所在单位推荐的辩护人为他辩护。被告人没有委托辩护人的，人民法院有义务为他指定辩护人。辩护人的责任是维护被告人的合法权益，帮助法院避免审判中的错误。

第四，从诉讼程序方面严防诬告和伪证。针对前些年发生诬告、伪证的恶劣现象，除在刑法（草案）中规定了诬陷罪、伪证罪和诽谤罪外，在刑事诉讼法（草案）中又规定了法院、检察院和公安机关在接受控告、检举时，应当向控告人、检举人说明诬告、捏造证据应负的法律责任，告诉他们不要捏造事实。在询问证人时，要告诉他应当如实地提供证据、证言；如有意作伪证或者隐匿罪证要负法律责任。并规定，法院认为证人有意作伪证或者隐匿罪证时，可以依法处理。

第五，刑事诉讼法（草案）规定：'要重证据，重调查研究，不轻信口供'。要注意收集能够证实被告人有罪或者无罪，犯罪情节重或者轻两个方面的证据。'严禁刑讯逼供和以威胁、引诱、欺骗以及其他非法的方法收集证据'。'证据必须经过查证属实，才能作为定案的根据'。'证人证言必须在法庭上经过公诉人、被害人和被告人、辩护人双方讯问、质证，听取各方证人的证言并经过查实以后，才能作为定案的根据。'刑事诉讼法（草案）还规定：只有被告人供述，没有其他证据的，不能认定被告人有罪和处以刑罚；没有被告人供述，证据充分确实的，可以认定被告人有罪和处以刑罚。"

彭真对于刑事诉讼法（草案）的重点介绍部分，实际上包括以下五方面内容：（1）对于公、检、法三机关对外打击犯罪与保护人民、对内保证权力分工与制约的规划；（2）除公、检、法以外的任何机关和人不得行使与司法相关的一系列公权力，同时公、检、法不得随意侵犯公民个人的权利；（3）应当保障被告人的辩护权；（4）公检法除了自身不得诬告陷害公民（第二点）外，在第四点也提出，公民也不得诬告陷害其他公民，这一防治制度需要通过刑法和刑事诉讼法共同完成；（5）强调证据的重要意义，降低口供在刑事诉讼过程中的地位。上述作为彭真所强调的内容，无论是限制公检法的权力，还是保护公民的权利，无论是打击诬陷，还是削弱口供，无论是保障被告人的权利，还是强化证人的义务，事实上，种种考虑和设计，都是"文化大革命"的创伤后应激反应，都是"文化大革命"留下的历史教训在政法领域尤其是刑事诉讼法领域的投射。作为程序法，刑事诉讼法丝毫不逊色于刑事实体法，从每一个环节上控制危机的发生。

1979 年 6 月 30 日，第五届全国人大法案委员会提交对刑事诉讼法（草稿）的审查报告，就明确公检法三机关的职权范围、明确对于检举控告与诬告陷害的相关规定、完善释放犯人的相应措施等三方面内容进行展开：

"为了使公安、检察和法院三机关的职责范围规定得更清楚些，便于群众了解，修改后规定：'对刑事案件的侦查、拘留、预审，由公安机关负责。批准逮捕和检察（包括侦查）、提起公诉，由人民检察院负责。审判由人民法院负责。其他任何机关、团体和个人都无权行使这些权力。'明确规定侦查的含义是指'公安机关、人民检察院在办理案件过程中，依照法律进行的专门调查工作和有关的强制性措施'。另一方面，为了更好地使专门机关的工作和群众相结合，增加如下规定：'必须保证一切与案件有关或者了解案情的公民，有客观地充分地提供证据的条件；除特殊情况外，并且可以吸收他们协助调查。'

为了保护群众向司法机关的控告和检举的权利，在'应当向控告人、检举人说明诬告应负的法律责任'之后，增加规定：'只要不是捏造事实，伪造证据，即使控告、检举的事实有出入，甚至是错告的，也要和诬告严格加以区别。'同时，在规定告知证人'有意作伪证要负的法律责任'的地方，加上还应告知'隐匿罪证'要负的法律责任。

为了使犯罪分子在刑罚执行期满后依法按时恢复自由和权利，现在增加规定：判处有期徒刑、拘役的罪犯，执行期满，应当由执行机关发给刑满释放证。被判处管制、剥夺政治权利的罪犯，执行期满，应当由执行机关通知本人，并向有关群众正式宣布解除管制或者恢复政治权利。"

1979 年 7 月 1 日，第五届全国人大第二次会议通过我国第一部刑事诉讼法，也是三大诉讼法、程序法部门中最早制定的一部。7 月 7 日，全国人大常委会委员长叶剑英签署第六号委员长令公布，自 1980 年 1 月 1 日起施行。刑事诉讼法共四编一百六十四条。

（二）1979 年刑事诉讼法的主要内容

第一编"总则部分"共五十八条，主要规定了：（1）中国刑事诉讼法的指导思想、任务和基本原则；（2）管辖、回避、辩护、证据、强制措施、附带民事诉讼、期间、送达等基本制度。其中值得一提的是"基本原则"。第三条规定了公检法严格遵守法定程序原则。第四条规定了以事实为根据、以法律为准绳原则以及法律面前人人平等的原则，"对于一切公民，在适用法律上一律平等，在法律面前，不允许有任何特权"。第五条规定了公检法分工负责、相互配合、相互制约原则。第六条规定了公民使用本民族语言文字诉讼的权利。第七条规定了两审终审制。第八条规定了审判公开原则以及保障被告人获得辩护原则。第十条规定了公检法应当保障诉讼参与人诉讼权利，值得注意的是，未满十八岁的未成年人案件审讯过程可以通知法定代理人到场这一规定体现了关照未成年人的权利。第十一条规定了撤销案件、不起诉或者宣告无罪的情形。回避制度与辩护制度也是为了保证诉讼能够公平、公正、公开地进行，由此保障诉讼参与人的合法权利。以上基本原则、基本制度可以印证第二条"刑事诉讼法的任务"，"中华人民共和国刑事诉讼法的任务，是保证准确、及时地查明犯罪事实，正确应用法律，惩罚犯罪分子，保障无罪的人不受刑事追究，教育公民自觉遵守法律，积极同犯罪行为作斗争，以维护社会主义法制，保护公民的人身权利、民主权利和其他权利，保障社会主义革命和社会主义建设事业的顺利进行"，通过规范与限制司法机关的公权力运行，从而保障当事人的诉讼权利。另外，中级人民法院管辖的一审案件包括反革命案件、判处无期徒刑以上的普通刑事案件、涉及外国人的刑事案件，其中"反革命案件"带有明显的时代特征。高级人民法院与最高人民法院所管辖一审案件的则是以区域（全省或全国）为划分的重大刑事案件。

第二编"立案、侦查和提起公诉"，规定了进入法院审判程序之前（从立案到公诉期间）享有侦查权与公诉权的国家机关所需遵循的程序与规范，分为三章，即"立案""侦查""提起公诉"。"立案"一章中第六十条规定了控告、检举的权利，但是"接受控告、检举的工作人员，应当向控告人、检举人说明诬告应负的法律责任"，本条与"文化大革命"期间诬告盛行有直接的关联。"侦查"一章第六十四条规定被告人应当如实回答侦查人员的提问，但是与案件无关的问题可以拒绝回答。侦查机关可以通过讯问被告人、询问证人、勘验、检查、搜查、扣押物证或书证、鉴定、通缉等手段完成侦查任务。第三章"提起公诉"，规定了人民检察院是否提起公诉的决定权，人民检察院在审查案件过程中应当对犯罪事实、证据、犯罪性质、罪名认定、有无遗漏罪行或者嫌疑人、是否应当追究刑事责任、有无附带民事诉讼以及侦查活动是否合法等相关内容进行审查，可向人民法院提起公诉，或裁定并宣告免予起诉。

第三编"审判"程序分为五章，分别是"审判组织"、"第一审程序"、"第二审程序"、"死刑复核程序"以及"审判监督程序"。（1）"审判组织"规定了独任庭、合议庭以及审判委员会的组成规范和运行规范。（2）"第一审程序"中，第一百一十一条规定人民法院一审案件原则上应当公开进行，但是涉及国家机密或者个人隐私的案件不公开审理、十六岁以下未成年人犯罪案件一律不公开审理、十六岁到十八岁未成年人犯罪案件一般不公开审理。开庭时应当告知当事人是否申请回避以及告知辩护权利。法庭调查后，应当由公诉人发言，被害人发言，然后由被告人陈述和辩护，辩护人进行辩护，并且可以互相辩论。审判长在宣布辩论终结后，被告人有最后陈述的权利，宣告判决应当公开进行。法庭笔录应由审判者、书记员、证人、当事人签章。第一百二十五条规定一审案件应当在受理后一个月内宣判，不得超过一个半月。(3)"第二审程序"可以由当事人及其法定代理人、被告人的辩护人和近亲属不服一审裁判向上级法院提起而启动，也可以由各级检察院向上一级法院进行抗诉而启动，不服判决与裁定的上诉、抗诉期限分别为 10 日、5 日。经人民法院审理后，认为原判决事实、法律量刑均无错误，应当裁定驳回上诉或者抗诉，维持原判；事实无误但适用法律错误或量刑不当，应当改判；事实不清、证据不足，则可以查清事实后改判，也可以撤销原判、发回重审。(4)"死刑复核程序"规定死刑由最高人民法院核准。(5)"审判监督程序"，是裁判已经生效后，当事人、被害人及其家属或者其他公民可以向人民法院或者人民检察院提出申诉；本院院长认为于本院生效裁判在事实认定与适用法律方面有误，必须提交审委会处理；最高人民法院对各级人民法院、上级人民法院对下级人民法院，发现生效裁判确有错误，可以提审或者指定再审；最高人民检察院对各级人民法院、上级人民检察院对下级人民检察院的生效裁判，发现生效裁判确有错误，可依法抗诉。

第四编"执行"程序，规定了被告人无罪与免除刑事处罚、死刑立即执行、死刑缓期 2 年执行、无期徒刑、有期徒刑、拘役、管制、缓刑、罚金、没收财产等刑罚的执行方式和监督程序。其中对于死刑的限制最为严苛，死刑是剥夺生命权的刑罚，刑法死刑只适用于罪大恶极的犯罪分子，因此必须严格控制其执行。对于死刑立即执行的判决，应当由最高人民法院院长签发执行死刑的命令。接受命令的下级人民法院应当在七日以内交付执行。但是在执行前发现判决可能有错误的，或者罪犯正在怀孕，应当停止执行，并且立即报告最高人民法院作出裁定。执行死刑，同级人民检察院派员临场监督。执行死刑应当公布，不应示众。执行死刑后，交付执行的人民法院应当通知罪犯家属。徒刑缓刑犯由公安机关交所在单位或基层组织考察，假释犯由公安机关监督。对于被判处管制、剥夺政治权利的罪犯，由公安机关执行。判处罚金、没收财产的判决，由人民法院执行。服刑期间再次犯罪，或有未发现的罪行，应当移送人民检察院处理。除死刑犯以外的服刑人，有悔改、立功表现，应由执行机关提出减刑、假释书面意见，报请人民法院审核裁定。刑罚执行过程中，发现判决有误或者罪犯申诉，应转由人民检察院或原判人民法院处理。人民检察院对刑事裁判以及执行机关活动予以监督，如果发现违法现象，则通知执行机关予以纠正。

二、1996 年刑事诉讼法

1991 年 1 月，全国人大常委会法工委就召开了关于刑事诉讼法修改的座谈会，征求与会专家学者的意见和建议，并委托专家提出刑事诉讼法修改建议稿供立法部门参考。根据八届全国人大常委会立法规划，从 1993 年起全国人大常委会的工作部门会同中央有关部门以及地方人大、政府和各方面的专家对刑事诉讼法实施的情况和问题进行调查研究，广泛征求意见，拟定了刑事诉讼法修正案（草案）。本次草案的修正，与次年刑法修正相互配合，草案中部分理念甚至被刑法修正所借鉴。

（一）1996 年刑事诉讼法的修正过程

1995 年 6 月，全国人大常委会法工委进一步召集实务部门对刑事诉讼法修改中的重大问题进行了充分的讨论，并于 1995 年 10 月提出了刑事诉讼法修改草案（征求意见稿），下发全国及相关部门征求意见。1995 年 12 月，全国人大常委会法工委正式提出了刑事诉讼法修正案（草案），提交全国人大常委会第十七次会议进行初步审议。第八届全国人大常委会第十七次会议初步审议后，根据全国人大常委会委员的审议意见和各方面意见，对修正案草案再次修改，经 1996 年 2 月第八届全国人大常委会第十八次会议再次审议，决定提请第八届全国人大第四次会议审议。

1996 年 3 月 12 日在第八届全国人大第四次会议上，全国人大常委会法工委主任顾昂然根据全国人大常委会的决定，就刑事诉讼法修正案（草案）向大会进行说明。顾昂然高度评价了 1979 年刑事诉讼法对于社会主义法治事业的重要贡献，同时也表明经过十六年的情势变化，修正刑事诉讼法具有重大的必要性："司法实践证明，刑事诉讼法规定的任务和基本原则是正确的。刑事诉讼法实施 16 年来，我国社会主义民主和法制建设不断发展，社会情况有了变化，司法实践中积累了不少经验，也反映出一些问题，需要总结实践经验，联系现代法制建设的发展，对刑事诉讼法进行补充修改。"[1]

---

〔1〕 顾昂然：《关于〈中华人民共和国刑事诉讼法修正案（草案）〉的说明——1996 年 3 月 12 日在第八届全国人民代表大会第四次会议上》，《中华人民共和国全国人民代表大会常务委员会公报》1996 年第 3 期；参见陈光中、曾新华：《刑事诉讼法四十年》，《法学》2018 年第 7 期。

顾昂然对于修正案（草案）总体情况进行说明："修正案（草案）对公、检、法进行刑事诉讼的各个环节，作了一系列重大修改、补充，刑事诉讼法的条文从一百六十四条增至二百二十五条，对进一步完善我国刑事诉讼制度，具有重大的作用。"这些变动具体涵盖了四个方面，分别是：第一，完善强制措施，包括废除作为行政强制手段的收容审查，严格规定逮捕条件，完善监视居住和取保候审制度；第二，进一步保障诉讼参与人的权利，包括明确规定不经人民法院判决不得定罪、修改律师参加诉讼的时间，保障犯罪嫌疑人、被告人的合法权益，保障被害人的诉讼权利；第三，完善庭审方式，对职能管辖、免予起诉等作了修改，包括完善庭审方式，明确检察院自侦案件的范围，扩大不起诉的范围、不再适用免予起诉；第四，加强对刑事诉讼各个环节的监督，包括在总则中规定人民检察院依法对刑事诉讼实行法律监督，强化人民检察院对于公安机关的立案监督、对于人民法院的抗诉以及书面纠正意见。

1996 年 3 月 16 日，全国人大法律委员会主任委员薛驹在第八届全国人大第四次会议主席团第三次会议上作了全国人大法律委员会关于《中华人民共和国行政处罚法（草案）》和《中华人民共和国刑事诉讼法修正案（草案）》审议结果的报告[1]。法律委员会根据人大代表针对刑事诉讼法（草案）的九条修改意见，对草案进行了修改，并提出了关于《修改〈中华人民共和国刑事诉讼法〉的决定（草案)》，提请主席团审议。

---

〔1〕薛驹：《全国人大法律委员会关于〈中华人民共和国行政处罚法（草案）〉和〈中华人民共和国刑事诉讼法修正案（草案）〉审议结果的报告——1996 年 3 月 16 日第八届全国人民代表大会第四次会议主席团第三次会议通过》，《中华人民共和国全国人民代表大会常务委员会公报》1996 年第 3 期。

1996 年 3 月 17 日，第八届全国人大第四次会议《通过关于修改〈中华人民共和国刑事诉讼法〉的决定》，并于同日以中华人民共和国主席令第六十四号公布，自 1997 年 1 月 1 日起施行[1]。

（二）1996 年刑事诉讼法修正的主要内容

1996 年 3 月 17 日，第八届全国人大第四次会议通过的《关于修改〈中华人民共和国刑事诉讼法〉的决定》，共一百一十条，修改后的刑事诉讼法共二百二十五条。此次修改的重大事项如下。

第一，完善第二条对于任务的规定，删改 1979 年刑事诉讼法第一条指导思想的规定，改为立法目的："为了保证刑法的正确实施，惩罚犯罪，保护人民，保障国家安全和社会公共安全，维护社会主义社会秩序，根据宪法，制定本法。"

第二，增加司法机关依法独立行使职权这一原则的规定，第五条规定："人民法院依照法律规定独立行使审判权，人民检察院依照法律规定独立行使检察权，不受行政机关、社会团体和个人的干涉。"加强人民检察院的法律监督，分别是加强检察院对于刑事诉讼实行法律监督（总则编）、对立案的监督（立案章）、在人民法院违反审判法定程序情况下向人民法院提出纠正意见（审判编）。强化法院、检察院以及公安机关的调查取证职权，第四十五条规定："人民法院、人民检察院和公安机关有权向有关单位和个人收集、调取证据。有关单位和个人应当如实提供证据。对于涉及国家秘密的证据，应当保密。"

第三，增加疑罪从无的裁判原则。第一百六十二条第三项规定，"证据不足，不能认定被告人有罪的，应当作出证据不足、

---

〔1〕《全国人民代表大会关于修改〈中华人民共和国刑事诉讼法〉的决定》，《中华人民共和国全国人民代表大会常务委员会公报》1996 年第 3 期。

指控的犯罪不能成立的无罪判决"，从而尽可能在无法确定犯罪事实的情形下，作出对犯罪嫌疑人有利的裁判。

第四，缩小、明确人民检察院自侦案件范围的规定，"贪污贿赂犯罪，国家工作人员的渎职犯罪，国家机关工作人员利用职权实施的非法拘禁、刑讯逼供、报复陷害、非法搜查的侵犯公民人身权利的犯罪以及侵犯公民民主权利的犯罪，由人民检察院立案侦查"，同时明确自诉案件由法院直接受理，自诉案件范围为"（一）告诉才处理的案件；（二）被害人有证据证明的轻微刑事案件；（三）被害人有证据证明对被告人侵犯自己人身、财产权利的行为应当依法追究刑事责任，而公安机关或者人民检察院不予追究被告人刑事责任的案件"。

第五，修改完善中级人民法院一审案件范围，"（一）反革命案件、危害国家安全案件；（二）可能判处无期徒刑、死刑的普通刑事案件；（三）外国人犯罪的刑事案件"。此条的修改，尤其是从反革命案件到危害国家安全案件的变动趋势，与"九七刑法"修改方向一致。

第六，完善法律援助制度，第三十四条规定法院应指定法律援助律师为其提供辩护的三种情况：（1）被告人因经济困难或者其他原因没有委托辩护人的；（2）被告人是盲、聋、哑或者未成年人而没有委托辩护人的；（3）被告人可能被判处死刑而没有委托辩护人的。

第七，完善辩护人相应制度。完善犯罪嫌疑人、被告人的辩护人范围，"（一）律师；（二）人民团体或者犯罪嫌疑人、被告人所在单位推荐的人；（三）犯罪嫌疑人、被告人的监护人、亲友"，但是正在被执行刑罚或者依法被剥夺、限制人身自由的人，不得担任辩护人。同时将辩护人参加诉讼的时间点，从法庭审理阶段提前到案件移送审查起之日，"公诉案件自案件移送审查起诉之日起，犯罪嫌疑人有权委托辩护人。自诉案件的被告人有权随时委托辩护人。人民检察院自收到移送审查起诉的案件材料之日起三日以内，应当告知犯罪嫌疑人有权委托辩护人。人民法院自受理自诉案件之日起三日以内，应当告知被告人有权委托辩护人"。完善辩护律师的阅卷权、调查取证权，第三十六条规定辩护律师自人民检察院对案件审查起诉之日起、自人民法院受理案件之日起，可以查阅、摘抄、复制本案相关文书，并与在押的被告人会见和通信。强化辩护人的法律义务，第三十八条规定，"辩护律师和其他辩护人，不得帮助犯罪嫌疑人、被告人隐匿、毁灭、伪造证据或者串供，不得威胁、引诱证人改变证言或者作伪证以及进行其他干扰司法机关诉讼活动的行为"。

第八，完善被害人权利保障制度建设。（1）第一百八十四条把"当事人"的规定修改为："被告人、自诉人、附带民事诉讼的原告人和被告人"，因此根据第二十九、第三十条规定，被害人及其法定代理人可以申请回避，并对驳回申请回避的决定申请复议一次。（2）第八十四条规定，被害人的报案、控告权，"被害人对侵犯其人身、财产权利的犯罪事实或者犯罪嫌疑人，有权向公安机关、人民检察院或者人民法院报案或者控告"。（3）第八十七条规定，被害人认为公安机关对应当立案侦查的案件而不立案侦查，向人民检察院提出的，人民检察院应当要求公安机关说明不立案的理由。（4）第八十八条规定，对于自诉案件，被害人有权向人民法院直接起诉，被害人死亡或者丧失行为能力的，被害人的法定代理人、近亲属有权向人民法院起诉。（5）第一百二十一条规定，侦查机关应当将用作证据的鉴定结论告知犯罪嫌疑人、被害人。如果犯罪嫌疑人、被害人提出申请，可以补充鉴定或者重新鉴定。(6)第一百三十九条规定，人民检察院审查案件，应当讯问犯罪嫌疑人，听取被害人和犯罪嫌疑人、被害人委托的人的意见。(7)第一百四十五条规定，对于有被害人的案件，决定不起诉的，人民检察院应当将不起诉决定书送达被害人。被害人如果不服，可以自收到决定书后七日以内向上一级人民检察院申诉，请求提起公诉。人民检察院应当将复查决定告知被害人。对人民检察院维持不起诉决定的，被害人可以向人民法院起诉。被害人也可以不经申诉，直接向人民法院起诉。(8)第一百五十五条规定，被害人、附带民事诉讼的原告人和辩护人、诉讼代理人，经审判长许可，可以向被告人发问。第一百五十六条规定，公诉人、当事人和辩护人、诉讼代理人经审判长许可，可以对证人、鉴定人发问。(9)第一百八十二条规定，被害人及其法定代理人不服地方各级人民法院第一审的判决的，自收到判决书后五日以内，有权请求人民检察院提出抗诉，人民检察院自收到被害人及其法定代理人的请求后五日以内，应当作出是否抗诉的决定并且答复请求人。(10)第一百八十七条规定，第二审人民法院对上诉案件，应当组成合议庭，开庭审理。合议庭经过阅卷，讯问被告人、听取其他当事人、辩护人、诉讼代理人的意见，对事实清楚的，可以不开庭审理。(11)第一百九十八条规定，对被害人的合法财产，应当及时返还。(12)第一百九十一条规定，对于剥夺或者限制了当事人的法定诉讼权利，可能影响公正审判的一审案件，二审法院应当撤销原判、发回重审。

　　第九，保障证人及其近亲属的安全。第四十九条规定："人民法院、人民检察院和公安机关应当保障证人及其近亲属的安全。对证人及其近亲属进行威胁、侮辱、殴打或者打击报复，构成犯罪的，依法追究刑事责任；尚不够刑事处罚的，依法给予治安管理处罚。"

第十，增加简易程序，提升审判效率，节省司法成本。
（1）第一百四十七条规定，基层人民法院适用简易程序的案件
可以由审判员一人独任审判。（2）第一百七十四条规定，简易
程序适用范围为"（一）对依法可能判处三年以下有期徒刑、拘
役、管制、单处罚金的公诉案件，事实清楚、证据充分，人民检
察院建议或者同意适用简易程序的；（二）告诉才处理的案件；
（三）被害人起诉的有证据证明的轻微刑事案件"，由审判员一
人独任审判。（3）第一百七十五条规定，适用简易程序审理公诉
案件，人民检察院可以不派员出席法庭。（4）第一百七十六条规
定，适用简易程序审理自诉案件，宣读起诉书后，经审判人员许
可，被告人及其辩护人可以同自诉人及其诉讼代理人互相辩论。
（5）第一百七十七条规定，适用简易程序审理案件，不受本章第
一节关于讯问被告人、询问证人、鉴定人、出示证据、法庭辩论
程序规定的限制。但在判决宣告前应当听取被告人的最后陈述意
见。（6）第一百七十八条规定，适用简易程序审理案件，人民法
院应当在受理后二十日以内审结。（7）第一百七十九条规定，人
民法院在审理过程中，发现不宜适用简易程序的，应当按照本章
第一节或者第二节的规定重新审理。

第十一，完善强制措施制度，取消收容审查。第五十八条规
定，"人民法院、人民检察院和公安机关对犯罪嫌疑人、被告人
取保候审最长不得超过十二个月，监视居住最长不得超过六个
月"，以防变相羁押。同时加强被保证人与被监视居住人的义务
与应当遵守的规定。

第十二，完善刑罚执行制度。第二百一十二条增加规定，
"死刑采用枪决或者注射等方法执行。死刑可以在刑场或者指定

的羁押场所内执行"，尽可能减轻死刑犯的痛苦，并根据我国传统观念尽可能保全死刑犯的尸体完整。第二百一十三条增加规定，判处有期徒刑、拘役的罪犯，执行期满，应当由执行机关发给释放证明书。第二百一十四条完善保外就医与监外执行制度，"对于被判处有期徒刑或者拘役的罪犯，有下列情形之一的，可以暂予监外执行：（一）有严重疾病需要保外就医的；（二）怀孕或者正在哺乳自己婴儿的妇女。对于适用保外就医可能有社会危险性的罪犯，或者自伤自残的罪犯，不得保外就医"。

第十三，严格减刑、假释程序。第二百二十二条规定："人民检察院认为人民法院减刑、假释的裁定不当，应当在收到裁定书副本后二十日以内，向人民法院提出书面纠正意见。人民法院应当在收到纠正意见后一个月以内重新组成合议庭进行审理，作出最终裁定。"

三、2012 年刑事诉讼法

2003 年，根据中共十六大提出的"推进司法体制改革"战略决策，第十届全国人大常委会立法规划就包含了修正刑事诉讼法。自此开始，全国人大常委会法工委按照立法规划的要求，一直在对 1996 年修正完成的刑事诉讼法执行情况和执行中出现的问题进行跟踪了解、调查研究。2004 年底，中共中央转发了《中央司法体制改革领导小组关于司法体制和工作机制改革的初步意见》，其中涉及完善诉讼制度的任务，刑事诉讼法修改势在必行。2008 年，根据中共十七大作出的"深化司法体制改革"的重大决策，中共中央转发了《中央政法委员会关于深化司法体制和工作机制改革若干问题的意见》，其中相当部分涉及刑事诉讼法的修改。此后，全国人大常委会法工委加快了刑事诉讼法修正案草案的起草工作，并连续召开了座谈会议，征求实务部门和专家学者的意见[1]。再次对刑事诉讼法进行修正势在必行。

（一）2012 年刑事诉讼法的修改过程

自 2009 年开始，全国人大常委会法工委着手刑事诉讼法修改方案的研究起草工作。在多次听取全国人大代表和各方面意见的基础上，经反复与最高人民法院、最高人民检察院、公安部、国家安全部、司法部等部门进行研究，多次听取全国人大代表、基层办案部门、律师和专家学者意见，并专门征求部分地方人大常委会的意见，在充分论证并取得基本共识的基础上，形成了刑事诉讼法修正案（草案）。2011 年 8 月 24 日—26 日，十一届全国人大常委会第二十二次会议初次审议了该草案，并于 8 月 30日将该草案及草案说明在中国人大网公布，向社会公开征集意见（意见征集截止日期：2011 年 9 月 30 日）。草案说明就主要问题进行阐述：第一，完善证据制度，包括完善证据种类和证明标准、完善非法证据排除制度、完善证人鉴定人出庭制度、完善证人保护制度；第二，完善强制措施，包括完善逮捕条件、完善审查逮捕程序、完善监视居住措施、适当延长拘传时间；第三，完善辩护制度，包括规定在侦查阶段可以委托律师作为辩护人、完善辩护律师会见在押的犯罪嫌疑人或被告人的规定、完善律师阅卷的相关规定、完善法律援助制度；第四，完善侦查措施，包括明确技术侦查及秘密侦查措施、完善侦查监督规定；第五，完善审判程序，包括调整简易程序适用范围、完善第一审与第二审程序、完善死刑复核程序、完善执行规定（即完善暂予监外执行规

---

[1] 陈光中、曾新华：《刑事诉讼法四十年》，《法学》2018 年第 7 期。

定、加强检察机关对刑罚执行活动的法律监督、增加社区矫正规定）；第六，规定特别程序，包括设置未成年人犯罪案件诉讼程序、规定特定范围公诉案件的和解程序、规定犯罪嫌疑人与被告人逃匿或死亡案件违法所得的没收程序、规定对实施暴力行为的精神病人的强制医疗程序[1]。2011 年 12 月，全国人大常委会第二十四次会议对刑事诉讼法修正案草案进行了再次审议。

2012 年 3 月 8 日，全国人大常委会副委员长王兆国在第十一届全国人大第五次会议上作了了《关于〈中华人民共和国刑事诉讼法修正案（草案）〉的说明》，指出"委员们认为，修正案草案经过常委会两次审议，吸收了常委会组成人员的审议意见和各方面意见，已趋成熟。会议决定将修正案草案提请十一届全国人大五次会议审议"[2]。

在《关于〈中华人民共和国刑事诉讼法修正案（草案）〉的说明》中，王兆国指出："刑事诉讼法修改 16 年来，我国经济社会快速发展，在刑事犯罪方面也出现了新的情况，有必要在认真梳理代表议案、深入总结实践经验、广泛征求意见的基础上，按照中央深化司法体制和工作机制改革的要求，对刑事诉讼法予以修改完善。"他从三方面论证了修正刑事诉讼法的必要性：第一，修改刑事诉讼法是进一步加强惩罚犯罪和保护人民的需要；第二，修改刑事诉讼法是加强和创新社会管理，维护社会和谐稳定的需要；第三，修改刑事诉讼法是深化司法体制和工作机制改革的需要。

---

〔1〕《刑事诉讼法修正案（草案）条文及草案说明》，中国人大网，http://www. npc. gov. cn/zgrdw/huiyi/lfzt/xsssfxg/2011—08/30/content_1717832. htm。

〔2〕 王兆国：《关于〈中华人民共和国刑事诉讼法修正案（草案）〉的说明——2012 年 3 月 8 日在第十一届全国人民代表大会第五次会议上》，《中华人民共和国全国人民代表大会常务委员会公报》2012 年第 2 期。

2012 年 3 月 11 日上午，第十一届全国人大各代表团审议了关于修改《中华人民共和国刑事诉讼法》的决定（草案）。代表们普遍认为，修改决定草案较好地吸收了代表提出的意见，同意提请本次会议表决通过。同时，有的代表对修改决定草案还提出了一些修改意见。法律委员会于 3 月 12 日上午召开会议，对修改决定草案进行了审议，逐条研究了代表提出的审议意见。法律委员会认为，修改决定草案是可行的，并提出五点修改意见。3 月 13 日，全国人大法律委员会在第十一届全国人大第五次会议主席团第三次会议上作了《关于〈全国人民代表大会关于修改〈中华人民共和国刑事诉讼法〉的决定（草案）〉修改意见的报告》并获得通过[1]。

2012 年 3 月 14 日，第十一届全国人大第五次会议正式通过关于修改《中华人民共和国刑事诉讼法》的决定，共六十三条，完成对刑事诉讼法的第二次修正。本次刑诉法修改是适应时代需求、民主法治发展趋势的。

（二）2012 年刑事诉讼法修改的主要内容

经过修正后，刑事诉讼法共五编二百九十条，分别是"总则""立案、侦查和提起公诉""审判""执行""特别程序"[2]。修改的主要内容如下。

1. 将"尊重和保障人权"写入刑事诉讼法，"既有利于更加充分地体现我国司法制度的社会主义性质，也有利于司法机关在刑事诉讼程序中更好地遵循和贯彻这一宪法原则"。因此，第二

---

〔1〕 全国人大法律委员会：《关于修改〈中华人民共和国刑事诉讼法〉的决定（草案）〉修改意见的报告》，《中华人民共和国全国人民代表大会常务委员会公报》2012 年第 2 期。

〔2〕《全国人民代表大会关于修改〈中华人民共和国刑事诉讼法〉的决定》，《中华人民共和国全国人民代表大会常务委员会公报》2012 年第 2 期。

条刑事诉讼法的任务被修改为"中华人民共和国刑事诉讼法的任务，是保证准确、及时地查明犯罪事实，正确应用法律，惩罚犯罪分子，保障无罪的人不受刑事追究，教育公民自觉遵守法律，积极同犯罪行为作斗争，维护社会主义法制，尊重和保障人权，保护公民的人身权利、财产权利、民主权利和其他权利，保障社会主义建设事业的顺利进行"。

2. 强化证据制度建设。完善非法证据排除制度，"采用刑讯逼供等非法方法收集的犯罪嫌疑人、被告人供述和采用暴力、威胁等非法方法收集的证人证言、被害人陈述，应当予以排除。收集物证、书证不符合法定程序，可能严重影响司法公正的，应当予以补正或者作出合理解释；不能补正或者作出合理解释的，对该证据应当予以排除"；增加规定了拘留、明确逮捕后及时送看守所羁押、在看守所内进行讯问和讯问过程的录音录像制度，"侦查人员在讯问犯罪嫌疑人的时候，可以对讯问过程进行录音或者录像；对于可能判处无期徒刑、死刑的案件或者其他重大犯罪案件，应当对讯问过程进行录音或者录像。录音或者录像应当全程进行，保持完整性"；明确证人出庭范围与加强对证人的保护。

3. 健全强制措施制度，包括进一步明确与细化逮捕条件，增加规定了人民检察院审查批准逮捕时讯问犯罪嫌疑人和听取辩护律师意见的程序、在逮捕后对羁押必要性继续进行审查的程序，适当定位监视居住措施、明确规定适用条件，删去了逮捕后有碍侦查不通知家属的例外情形并严格限制采取强制措施后不通知家属的例外情形。

4. 推进辩护制度建设，包括明确犯罪嫌疑人在侦查阶段可以委托辩护人、完善律师会见程序、建立特定三类案件在侦查期间辩护律师会见在押的犯罪嫌疑人应当经侦查机关许可的制度以及辩护律师在审查起诉和审判阶段均可以查阅摘抄复制本案的案卷材料的制度、扩大法律援助的适用诉讼阶段范围和适用对象范围。

5. 完善侦查措施，包括完善侦查措施、增加了严格规范技术侦查措施的规定、强化对侦查活动的监督。其中技术侦查在第二编"立案、侦查和提起公诉"第八节予以规定，"公安机关在立案后，对于危害国家安全犯罪、恐怖活动犯罪、黑社会性质的组织犯罪、重大毒品犯罪或者其他严重危害社会的犯罪案件，根据侦查犯罪的需要，经过严格的批准手续，可以采取技术侦查措施。人民检察院在立案后，对于重大的贪污、贿赂犯罪案件以及利用职权实施的严重侵犯公民人身权利的重大犯罪案件，根据侦查犯罪的需要，经过严格的批准手续，可以采取技术侦查措施，按照规定交有关机关执行。追捕被通缉或者批准、决定逮捕的在逃的犯罪嫌疑人、被告人，经过批准，可以采取追捕所必需的技术侦查措施"。

6. 完善审判程序，包括调整简易程序适用范围并完善第一审程序、明确第二审应当开庭审理的案件范围并对发回重审作出限制规定、完善附带民事诉讼程序、加强对死刑复核程序的法律监督、最高法复核死刑应该作出裁定、不核准死刑时发回重新审判或者予以改判并通报最高检、对审判监督程序进行补充完善。

7. 完善刑罚执行程序，包括严格规范暂予监外执行的适用、强化人民检察院对减刑或假释或暂予监外执行的监督。第二百五十五条规定暂予监外执行的适用，"监狱、看守所提出暂予监外执行的书面意见的，应当将书面意见的副本抄送人民检察院。人民检察院可以向决定或者批准机关提出书面意见"。第二百五十六条规定人民检察院对减刑或假释或暂予监外执行的监督，"决定或者批准暂予监外执行的机关应当将暂予监外执行决定抄送人民检察院。人民检察院认为暂予监外执行不当的，应当自接到通知之日起一个月以内将书面意见送交决定或者批准暂予监外执行的机关，决定或者批准暂予监外执行的机关接到人民检察院的书面意见后，应当立即对该决定进行重新核查"。第二百五十八条规定社区矫正制度，"对被判处管制、宣告缓刑、假释或者暂予监外执行的罪犯，依法实行社区矫正，由社区矫正机构负责执行"。

8. 增加规定特别程序。第五编专门独立成编，利用第二百六十六条至第二百八十九条，建立未成年人刑事案件诉讼程序、设置特定范围公诉案件的和解程序、设置犯罪嫌疑人与被告人逃匿或死亡案件违法所得的没收程序、设置依法不负刑事责任的精神病人的强制医疗程序等。

四、2018 年刑事诉讼法

2018 年刑事诉讼法诞生的背景是党的十八大以来，党与国家积极推进全面依法治国基本方略、深化国家监察体制改革、促进以审判为中心的诉讼制度改革、推进反腐工作法治化等重大部署。因此，本次刑事诉讼法的修正，正是为了回应以上形势的变化，保持与中央决策的高度一致，对接监察体制改革，落实诉讼制度改革，吸纳反腐倡廉经验，从诉讼法层面落实全面依法治国理念。

（一）2018 年刑事诉讼法的修改过程

2018 年 4 月 25 日上午，第十三届全国人大常委会第二次会议举行第一次全体会议。受委员长会议委托，全国人大常委会法制工作委员会主任沈春耀作《关于提请审议〈中华人民共和国刑事诉讼法（修正草案）〉议案的说明》。4 月 27 日上午，第十三届全国人大常委会第二次会议举行分组会议，审议刑事诉讼法修正草案〔1〕。经审议后，刑诉法修正草案在中国人大网公布征求社会公众意见。草案共二十四条，包括完善与监察法的衔接机制，调整人民检察院侦查职权、建立刑事缺席审判制度、完善刑事案件认罪认罚从宽制度和增加速裁程序等内容，征求意见截止日期为2018年6月7日〔2〕。

2018年8月27日下午，第十三届全国人大常委会第五次会议举行第一次全体会议，栗战书委员长主持会议。在会上，全国人大宪法和法律委员会副主任委员沈春耀作了《关于〈中华人民共和国刑事诉讼法（修正草案）〉修改情况的汇报》〔3〕。2018年8月29日上午，第十三届全国人大常委会第五次会议举行分组会，审议个人所得税法修正案草案、刑事诉讼法修正草案、综合性消防救援队伍消防救援衔条例草案〔4〕。审议中，常委会委员们认为，此次修改进一步扩大了缺席判决的范围，完善了认罪认罚从宽量刑的规定，在维护公民合法权利方面更加直接明确。这些规定贯彻了中国特色社会主义法治理念，贯彻了惩前毖后治病救人的方针，贯彻了宽严相济的刑事政策，充分体现了依法尊重和保障人权的要求。与此同时，常委会委员们还对草案的进一步

〔1〕《十三届全国人大常委会第二次会议举行分组会》，中国人大网，http://www.npc.gov.cn/zgrdw/npc/cwhhy/13jcwh/2018—04/26/content_2053759.htm。

〔2〕《刑事诉讼法修正草案征求社会公众意见》，中国人大网，http://www.npc.gov.cn/zgrdw/npc/xinwen/2018—05/11/content_2054600.htm。

〔3〕沈春耀：《全国人民代表大会宪法和法律委员会关于〈中华人民共和国刑事诉讼法（修正草案）〉修改情况的汇报——2018年8月27日在第十三届全国人民代表大会常务委员会第五次会议第一次全体会议上》，《中华人民共和国全国人民代表大会常务委员会公报》2018年第6期。

〔4〕沈春耀：《全国人大常委会分组审议刑诉法修正草案 建议进一步扩大缺席审判范围》，中国人大网，http://www.npc.gov.cn/zgrdw/npc/cwhhy/13jcwh/2018—08/30/content_2060027.htm。

完善提出了多方面的建议。此次刑诉法修改的一大亮点就是规定了缺席审判制度，这也是社会上广泛关注的内容。常委会委员们认为，该项制度对境外追逃追赃具有很大推动力，是以法治方式推进党风廉政建设和反腐败斗争的有力举措。在一审稿的基础上，二审稿进一步扩大了缺席审判的范围，将缺席审判的适用范围修改为"贪污贿赂犯罪案件，以及需要及时进行审判，经最高人民检察院核准的严重的危害国家安全犯罪、恐怖活动犯罪案件"。

9月25日，宪法和法律委员会召开会议，根据常委会组成人员的审议意见和各方面意见，对草案进行了逐条审议。监察和司法委员会、中央纪委、国家监委、中央政法委有关负责人列席了会议。10月11日，法制工作委员会召开会议，邀请部分地方纪检监察、人民法院、人民检察院、公安、司法行政机关的工作人员和律师、专家学者等方面的代表，就草案中主要制度规范的可行性、法律出台时机、法律实施的社会效果和可能出现的问题等进行评估。总的评价是：草案贯彻中共十九大精神和党中央相关重大决策部署，充分体现了深化国家监察体制改革和司法体制改革的成果和经验，内容特定，指向明确，有利于完善与监察法的衔接机制，保障国家监察体制改革的顺利进行，加大反腐败追逃追赃工作力度，推进司法体制改革，推进国家治理体系和治理能力现代化[1]。

10月15日上午，第十三届全国人大常委会第十四次委员长会议在北京人民大会堂举行，栗战书委员长主持。会议决定，第十三届全国人大常委会第六次会议10月22日—26日在北京举

---

〔1〕 沈春耀：《全国人民代表大会宪法和法律委员会关于〈中华人民共和国刑事诉讼法（修正草案）〉审议结果的报告——2018年10月22日在第十三届全国人民代表大会常务委员会第六次会议上》，《中华人民共和国全国人民代表大会常务委员会公报》2018年第6期。

行。委员长会议建议，第十三届全国人大常委会第六次会议审议刑事诉讼法修正草案等法律草案[1]。10 月 16 日，宪法和法律委员会召开会议，对刑诉法修正草案再次进行审议。宪法和法律委员会认为，为贯彻中央深化国家监察体制改革、反腐败追逃追赃、深化司法体制改革等方面的决策部署，有针对性地对刑事诉讼法作出适当的修改补充，是必要的[2]。

10 月 22 日下午，第十三届全国人大常委会第六次会议举行第一次全体会议，全国人大宪法和法律委员会副主任委员沈春耀作《关于〈中华人民共和国刑事诉讼法（修正草案）〉审议结果的报告》[3]。报告包括以下五个方面：（1）草案二次审议稿第二十二条中原本规定了不适用速裁程序的集中情形，现根据有的常委会组成人员、部门和专家学者建议，增加审理未成年人刑事案件应充分体现教育感化挽救的方针、不适用速裁程序相关规定；（2）草案二次审议稿第二十二条中原本规定了人民法院在适用速裁程序转化为普通程序的几种情形（违背意愿认罪认罚或否认指控事实等情况），现根据有的常委会组成人员建议，增加"被告人的行为不构成犯罪或者不应当追究其刑事责任"情形的规定；（3）针对草案二次审议稿第二十五条的规定，有的常委会组成人员建议强化人民法

---

[1]《栗战书主持召开十三届全国人大常委会第十四次委员长会议》，新华网，https://baijiahao.baidu.com/s？id = 1614380827299980526&wfr = spider&for = pc。

[2] 沈春耀：《全国人民代表大会宪法和法律委员会关于〈中华人民共和国刑事诉讼法（修正草案）〉审议结果的报告——2018 年 10 月 22 日在第十三届全国人民代表大会常务委员会第六次会议上》，《中华人民共和国全国人民代表大会常务委员会公报》2018 年第 6 期。

[3] 沈春耀：《全国人民代表大会宪法和法律委员会关于〈中华人民共和国刑事诉讼法（修正草案）〉审议结果的报告——2018 年 10 月 22 日在第十三届全国人民代表大会常务委员会第六次会议上》，《中华人民共和国全国人民代表大会常务委员会公报》2018 年第 6 期。

院对于人民检察院提起公诉要求缺席审判案件的审查力度，现增加人民法院审查起诉书除了审查是否具有明确的指控犯罪事实外，还应当对是否符合缺席审判程序适用条件进行审查的相关规定；（4）草案二次审议稿第二十五条中原本对被告人及其近亲属、辩护人就缺席判决提出上诉作了规定，现根据有的常委会组成人员的建议，增加人民检察院对缺席判决提出抗诉的规定；（5）增加中国海警局履行海上维权执法职责、对海上发生的刑事案件行使侦查权、办理刑事案件时，适用刑事诉讼法的有关规定[1]。

10 月 23 日，第十三届全国人大常委会第六次会议举行分组会议，审议关于修改刑事诉讼法的决定草案等草案，栗战书委员长参加审议，"在审议关于修改刑事诉讼法的决定草案时，与会人员认为，为落实党中央深化国家监察体制、司法体制改革等重大决策部署，根据宪法和监察法，对刑事诉讼法进行修改完善是十分必要的。决定草案完善与监察法的衔接机制，加强境外追逃工作力度和手段，总结认罪认罚从宽制度、速裁程序试点工作经验，将可复制、可推广的行之有效做法上升为法律规范，坚持立足国情和实际，合理借鉴国外相关制度有益经验，坚持法治思维，遵循诉讼规律，符合司法实践和需求，针对性和可操作性强，有利于保障国家监察体制改革的顺利进行，推进司法体制改革，推进国家治理体系和治理能力现代化"，与会人员普遍赞成将草案提交本次常委会会议表决[2]。

---

〔1〕　沈春耀：《全国人民代表大会宪法和法律委员会关于〈中华人民共和国刑事诉讼法（修正草案）〉审议结果的报告——2018 年 10 月 22 日在第十三届全国人民代表大会常务委员会第六次会议上》，《中华人民共和国全国人民代表大会常务委员会公报》2018 年第 6 期。

〔2〕　《栗战书参加十三届全国人大常委会第六次会议分组审议》，中国人大网，http://www.npc.gov.cn/npc/c34200/201810/8f38e8f1842e4cc1aad7ad0ea6748807.shtml。

10月24日下午，第十三届全国人大常委会第十五次委员长会议在北京人民大会堂举行，栗战书委员长主持会议。全国人大宪法和法律委员会主任委员李飞向会议作了关于修改刑事诉讼法的决定草案修改意见的报告[1]。10月26日，第十三届全国人大常委会第六次会议通过《关于修改〈中华人民共和国刑事诉讼法〉的决定》，共二十六条，同日，国家主席习近平签署第十号主席令予以公布。

（二）2018年刑事诉讼法修改的主要内容

1. 完成本法各方面与监察法衔接。根据宪法和监察法的规定，2018年刑事诉讼法删去了检察院贪污贿赂犯罪侦查权，但保留了一部分自侦权，将第十八条改为第十九条，第二款修改为"人民检察院在对诉讼活动实行法律监督中发现司法工作人员利用职权实施的非法拘禁、刑讯逼供、非法搜查等侵犯公民权利、损害司法公正的犯罪，可以由人民检察院立案侦查。对于公安机关管辖的国家机关工作人员利用职权实施的其他重大的犯罪案件，需要由人民检察院直接受理的时候，经省级以上人民检察院决定，可以由人民检察院立案侦查"。此外，还从强制措施、案件移送等方面完善了监察法与刑事诉讼法的衔接。第一百七十条规定监察机关向人民检察院移送案件的相关规定："人民检察院对于监察机关移送起诉的案件，依照本法和监察法的有关规定进行审查。人民检察院经审查，认为需要补充核实的，应当退回监察机关补充调查，必要时可以自行补充侦查。对于监察机关移送起诉的已采取留置措施的案件，人民检察院应当对犯罪嫌疑人先行拘留，留置措施自动解除。"

2. 认罪认罚从宽制度和速裁程序等试点制度吸收进入刑事

---

[1]《全国人大常委会举行第十五次委员长会议》，中国人大网，http://www.npc.gov.cn/zgrdw/npc/lfzt/rlyw/2018—10/24/content_2065414.htm。

诉讼法。2018年刑事诉讼法将认罪认罚从宽作为一项刑事诉讼法的基本原则规定在第一章第十五条中，"犯罪嫌疑人、被告人自愿如实供述自己的罪行，承认指控的犯罪事实，愿意接受处罚的，可以依法从宽处理"，并将第一百一十八条改为第一百二十条，第二款修改为："侦查人员在讯问犯罪嫌疑人的时候，应当告知犯罪嫌疑人享有的诉讼权利，如实供述自己罪行可以从宽处理和认罪认罚的法律规定。"第三编第二章增加一节，作为第四节速裁程序："第二百二十二条基层人民法院管辖的可能判处三年有期徒刑以下刑罚的案件，案件事实清楚，证据确实、充分，被告人认罪认罚并同意适用速裁程序的，可以适用速裁程序，由审判员一人独任审判。人民检察院在提起公诉的时候，可以建议人民法院适用速裁程序。"适用速裁程序审理案件，应当当庭宣判。适用速裁程序审理案件，人民法院应当在受理后十日以内审结；对可能判处的有期徒刑超过一年的，可以延长至十五日。同时也规定了不适用速裁程序的五种情形。

3. 2018年刑事诉讼法第五编"特别程序"中增加一章，作为第三章，建立刑事缺席审判制度专章，加大境外追逃工作的力度。第二百九十一条规定，"对于贪污贿赂犯罪案件，以及需要及时进行审判，经最高人民检察院核准的严重危害国家安全犯罪、恐怖活动犯罪案件，犯罪嫌疑人、被告人在境外，监察机关、公安机关移送起诉，人民检察院认为犯罪事实已经查清，证据确实、充分，依法应当追究刑事责任的，可以向人民法院提起公诉。人民法院进行审查后，对于起诉书中有明确的指控犯罪事实，符合缺席审判程序适用条件的，应当决定开庭审判"。

第三节　民事诉讼法

民事诉讼法立法发展较为特殊。与刑事诉讼法和行政诉讼法不同，民事诉讼法有一段"试行"的岁月，1982年3月8日全国人大常委会委员长叶剑英签署第八号委员长令，公布实施民事诉讼法（试行），其后"试行"了近十年。为了适应社会主义市场经济蓬勃发展的新环境，配合民法通则等实体法的运行，民事诉讼法在1991年迎来了它的第一次修正。2007年的修正是要完成两项特殊而艰巨的任务：解决民事案件的"申诉难"与"执行难"两项重大问题。2012年是进一步适度修正，2017年的修正主要是为了解决与监察法实现衔接等问题。民事诉讼立法的稳步发展是中国诉讼程序法发展的一个重要体现。

一、1982年民事诉讼法（试行）

作为我国民事诉讼立法进程的开端，这部试行的民事诉讼法典具有颇多积极的意义，体系相对完善，可以称作民事诉讼立法史的里程碑。"试行"的立法，体现了立法者探索的姿态与谨慎的精神。尽管存在颇多不足与瑕疵，本法仍然具有体系较为完善的文本优势，完成了民事诉讼立法从无到有的历史使命，并且使得民事审判终于实现有法可依。

（一）1982年民事诉讼法（试行）的制定背景

1979年2月，最高人民法院召开了第二次全国民事审判工作会议，长达17天，并产生了一个对民事审判颇具指导意义的文件，即

《人民法院审理民事案件程序制度的规定（试行）》，该规定（试行）分案件受理、审理前的准备工作、调查案情和采取保全措施、调解、开庭审理、裁判、上诉、执行、申诉与再审、回访、案件归档十一个问题。该规定是在新中国成立以后改革开放之前最高人民法院关于民事诉讼的若干规则的基础上改进而成。民事诉讼法（试行）这一文本直接来源于民事审判第一线工作者的实践经验，并形成了民事诉讼法（试行）的实践基础和文本依据[1]。

经过两年多的研究与讨论，专家与学者组成起草小组形成草案，并于 1982 年 3 月 8 日第五届全国人大常委会第二十二次会议通过《中华人民共和国民事诉讼法（试行）》。事实上，在 1979 年至 1989 年，曾经出台过一批"试行"的法律，如 1979 年 2 月 23 日第五届全国人大常委会第六次会议原则通过的《中华人民共和国森林法（试行）》、1979 年 9 月 13 日第五届全国人大常委会第十一次会议原则通过并以全国人大常委会委员长令第二号颁行的《中华人民共和国环境保护法（试行）》、1982 年 3 月 8 日第五届全国人大常委会第二十二次会议通过并以全国人大常委会委员长令第八号颁行的《中华人民共和国民事诉讼法（试行）》、1982 年 11 月 19 日第五届全国人大常委会第二十五次会议通过并以全国人大常委会委员长令第十二号颁行的《中华人民共和国食品卫生法（试行）》、1986 年 12 月 2 日第六届全国人大常委会第十八次会议通过并以主席令第四十五号颁行的《中华人民共和国企业破产法（试行）》、1987 年 11 月 24 日第六届全国人大常委会第二十三次会议通过并以主席令第五十九号颁行的《中华人民共和国村民委员会组织法（试行）》等。

---

〔1〕 张卫平：《中国民事诉讼法立法四十年》，《法学》2018 年第 7 期。

（二）1982 年民事诉讼法（试行）的基本内容

民事诉讼法（试行）共五编二十三章二百零五条。五编制结构为"总则""第一审程序""第二审程序，审判监督程序""执行程序""涉外民事诉讼程序的特别规定"。第一编总则编分为九章，分别规定"任务和基本原则""管辖""审判组织""回避""诉讼参加人""证据""期间，送达""对妨害民事诉讼的强制措施""诉讼费用"。

作为民事诉讼立法史的开端，民事诉讼法（试行）立法中可以明显看到根据地法制的影子。例如，总则第六条规定"人民法院审理民事案件，应当着重进行调解；调解无效的，应当及时判决"（着重调解原则）。第七条规定"人民法院审理民事案件，应当根据需要和可能，派出法庭巡回审理，就地办案"（巡回审理制度），就带有根据地时期马锡五审判模式和巡回审判制度的影子。

应当首先注意的是，本法第三条第二款的规定，"法律规定由人民法院审理的行政案件，适用本法规定"，实际上开启了行政诉讼立法的先河，在 1991 年民事诉讼法文本中本条被删除，行政诉讼由 1989 年行政诉讼法专门规定。但是，作为民事诉讼活动，与刑事诉讼和行政诉讼活动迥然不同的是，民事诉讼当事人有权在法律规定的范围内处分自己的民事权利和诉讼权利，体现了民法中法无明文禁止即可为。此外，总则中其他原则，如人民法院独立行使民事审判权、两审终审、公开审判、合议制度、回避制度、当事人用本民族语言文字诉讼权利、辩论权、检察院法律监督原则、民族自治地方变动原则等，则基本均被其后的民事诉讼立法所吸纳。其中民事诉讼法管辖权的相关内容，与刑事诉讼法、行政诉讼法差异较大，且较为复杂，类别较多，已经形成现行民事诉讼法的基本体系。

民事诉讼法关于法院管辖权的规定

管辖类别	有管辖权的法院	管辖案件类别
级别管辖	基层人民法院管辖	第一审民事案件
	中级人民法院管辖	下列第一审民事案件：（1）涉外案件；（2）在本辖区有重大影响的案件
	高级人民法院管辖	在本辖区有重大影响的第一审民事案件
	最高人民法院管辖	（1）在全国有重大影响的案件；（2）认为应当由自己审判的案件
地域管辖	被告户籍所在地人民法院管辖	原则上民事诉讼案件
	居所地人民法院管辖	被告户籍所在地与居所地不一致的
	被诉单位所在地人民法院管辖	对企业事业单位、机关、团体提起的民事诉讼
	各该人民法院管辖	同一诉讼的几个被告户籍所在地、居所地在两个以上人民法院辖区的案件
	原告户籍所在地人民法院或者居所地人民法院管辖	（1）非军人对军人提起的诉讼；（2）对不在中华人民共和国领域内居住的人提起的有关身份关系的诉讼；（3）对正在被劳动教养的人提起的诉讼；（4）对正在被监禁的人提起的诉讼
	侵权行为地人民法院	因侵权行为提起的诉讼
	合同履行地或者合同签订地人民法院	合同纠纷提起的诉讼
	负责查处该项纠纷的管理机构所在地人民法院	铁路、公路、水上运输和联合运输中发生的诉讼
	事故发生地或者航空器最初降落地人民法院	因航空事故追索损害赔偿提起的诉讼
	运输始发地、目的地或者合同签订地人民法院管辖	航空运输中发生的诉讼

管辖类别	有管辖权的法院	管辖案件类别
地域管辖	受害船舶最初到达地、加害船舶被扣留地或者加害船舶船籍港所在地人民法院	船舶碰撞或者其他海事损害事故追索损害赔偿的诉讼
	救助地或者被救助船舶最初到达地人民法院	追索海难救助费用的诉讼
专属管辖	不动产所在地人民法院管辖	因不动产提起的诉讼
	港口所在地人民法院	港口作业中发生的诉讼
	登记机关所在地人民法院	因登记发生的诉讼
	由被继承人生前户籍所在地或者主要遗产所在地人民法院	继承遗产的诉讼
选择管辖	原告可以选择其中一个人民法院	两个以上人民法院都有管辖权的诉讼
移送管辖	应当移送有管辖权的人民法院	人民法院发现不属于自己管辖但是已经受理的案件
指定管辖	由上级人民法院指定管辖	有管辖权的人民法院由于特殊原因，不能行使管辖权的案件
协商管辖	争议双方协商解决；协商解决不了的，报它们的共同上级人民法院指定管辖	管辖权发生争议的案件
管辖权转移	【提审】上级人民法院有权审判下级人民法院管辖的第一审民事案件	
	【下移】上级人民法院可以把自己管辖的第一审民事案件交下级人民法院审判	
	【报请】下级人民法院对它所管辖的第一审民事案件，认为需要由上级人民法院审判的，可以报请上级人民法院审判	

　　第三章为"审判组织"，规定了合议制、独任制、陪审制等制度，明确各种不同的案件类型对应何种审判组织。第三十七条规定审判长的产生，"合议庭的审判长由院长或者庭长指定审判员一人担任；院长或者庭长参加审判的，由院长或者庭长担任"。

第三十八条规定合议原则为少数服从多数的原则，合议庭笔录应当由所有成员签名，但是不同意见必须如实记载。

民事诉讼法关于审判组织的规定

案件类型	审判组织
第一审民事案件	（1）由审判员、陪审员共同组成合议庭或者由审判员组成合议庭；（2）合议庭的成员，必须是单数。陪审员在人民法院执行职务时，和审判员有同等权利
简单的民事案件	审判员一人独任审判
第二审民事案件	（1）由审判员组成合议庭；（2）合议庭的成员，必须是单数
第二审人民法院发回重审的案件	原审人民法院应当按照第一审程序另行组成合议庭
审理再审案件，原来是第一审的	按照第一审程序另行组成合议庭
审理再审案件，原来是第二审的	按照第二审程序另行组成合议庭
重大、疑难的民事案件的处理	（1）由院长提交审判委员会讨论决定；（2）审判委员会的决定，合议庭必须执行

第四章规定了回避制度，规定如果本案审判人员、书记员、翻译人员、鉴定人中如有本案当事人或其近亲属、与本案有利害关系者或者与本案当事人有其他可能影响对案件公正审理的关系时，可以申请其回避。提出回避申请的时间节点，可以是案件开始审理时或者法庭辩论终结前。对法院作出的回避决定不服者，可以申请复议一次。

民事诉讼法关于回避的规定

被申请回避的对象	决定主体
院长（担任审判长时）的回避	审判委员会
审判人员的回避	院长
其他人员的回避	审判长

第五章规定"诉讼参加人"，其中包括当事人、诉讼代理人的权利与义务。第六章规定了证据的种类、证据的效力及其认定、鉴定或者勘验，以及证据保全。第七章规定了"期间"与"送达"，其中"送达"一节对于送达签收原则、直接送达、留置送达、委托送达、邮寄送达、转交送达（受送达人是军人或被监禁者或被劳教者）、公告送达（针对下落不明者）。第八章为"对妨害民事诉讼的强制措施"，分别为拘传、予以训诫、责令具结悔过或者予以罚款、拘留、追究刑事责任等。第九章为"诉讼费用"。

第二编"第一审程序"分为三章，"普通程序""简易程序""特别程序"。第一审程序的普通程序分为"起诉和受理""审理前的准备""诉讼保全和先行给付""调解""开庭审理""诉讼中止和终结""判决和裁定"；简易程序规定"基层人民法院和它派出的法庭审理简单的民事案件，可以适用本章规定的简易程序"；特别程序则是专门针对人民法院审理选民名单案件、宣告失踪人死亡案件、认定公民无行为能力案件和认定财产无主案件所作的规定。

第三编"第二审程序，审判监督程序"分为两章，即"第二审程序"与"审判监督程序"。第二审程序因不服地方各级人民法院第一审裁判的当事人向上一级人民法院提起上诉而启动；对判决提起上诉的期限为十五日，对裁定提起上诉的期限为十日；第二审人民法院的裁判是终审裁判。审判监督程序可以因当事人、法定代理人申诉而启动；也可以由本院院长、上级人民法院及最高人民法院通过提交审委会决定、提审或者指定再审等途径发动。

第四编"执行程序"，分为四章，分别是"一般规定""执行的移送和申请""执行措施""执行中止和终结"。

第五编为"涉外民事诉讼程序的特别规定",分为五章"一般原则""仲裁""送达,期间""诉讼保全""司法协助"。立法的逻辑是从总则到分则、从一审到二审或再审、从立案到执行、从国内到国外,可见本法的规定较为具体,体例较为完整。

尽管民事诉讼法(试行)在我国立法史尤其是我国民事诉讼立法史上有极为重要的意义,但是同时需要看到其作为开端的不足之处。例如,它继承、借鉴了新民主主义时期解放区民事诉讼习惯和制度、1949年以来国内的民事审判经验、大陆法系国家的诉讼制度,而且其立法起草的时代背景是社会民事生活不够发达的20世纪70年代末,"文化大革命"方才度过,计划经济仍然强势,思想解放有待加强,因此立法者不得不受到历史条件的束缚和限制。另外,此时段的立法语言尚未能够实现完全法律术语化,仍然存在口语化色彩,如第十九条规定"最高人民法院管辖下列第一审民事案件:(一)在全国有重大影响的案件;(二)认为应当由自己审判的案件"中"自己"一词,就并非法律用语,在1991年民事诉讼法中被修改为"本院"。随着社会民事生活日益丰富,立法活动日益专业化、精细化,审判经验日益丰富,诸问题在修正中将逐步完善起来。

二、1991年民事诉讼法

在1982年民事诉讼法(试行)持续试行将近十年之后,终于到了"转正"的关头。一方面,这是因为民事诉讼法(试行)运行过程中积累了大量新的审判经验需要吸收到法律中,民事诉讼法(试行)面对新环境则呈现出许多不得不解决的问题,并需要增补新内容以适应新的社会需求；另一方面，是在 1979 年刑事诉讼法和 1989 年行政诉讼法以及 1986 年民法通则均已出台，诉讼法体系的完善以及民事实体法的诞生给民事诉讼立法的正规化进程带来了压力和助力。

（一）1991 年民事诉讼法的制定背景

从 20 世纪 80 年代进入 90 年代，社会主义市场经济与家庭联产承包制逐渐开始蓬勃发展，平等民事主体之间的活动日益正规化和频繁化。1987 年施行的民法通则使民事活动得到了实体法的支持与保障。整体看来，1982 年出台的民事诉讼法（试行）中已经不能很好适应现实民事法律活动与民事司法活动的需求，因此对于固有的民事程序立法文本进行修正与增补是不可避免的趋势。1991 年 4 月 2 日，全国人大常委会副委员长、全国人大法律委员会主任委员王汉斌在第七届全国人大第四次会议上作《关于〈中华人民共和国民事诉讼法（试行）〉（修改草案）的说明》时指出：

"民事诉讼法试行已经 9 年了，实践经验证明，民事诉讼法（试行）规定的基本原则和诉讼制度是正确的，有关程序的具体规定总的也是切实可行的，在人民法院依法正确审理民事案件中发挥了很大的作用。同时，这些年来，在改革开放和社会主义商品经济发展的过程中，经济纠纷大量增加，出现了一些新的情况、新的问题；全国人大和人大常委会陆续制定了民法通则等一批重要的民事法律和与民事有关的法律；民事诉讼法（试行）有些条款不够完善；人民法院在实践中也积累了不少经验，需要对民事诉讼法（试行）作相应的修改补充。

民事诉讼法试行以来，法制工作委员会和最高人民法院不断调查研究民事诉讼法试行的情况和问题；总结人民法院民事、经济、海事审判工作的经验，并征求有关部门、法律专家的意见，对民事诉讼法（试行）进行修改补充，修订民事诉讼法（试行）修改草案。修改草案总体保持了民事诉讼法（试行）的基本内容，修改补充的主要内容是：为适应改革开放、发展社会主义商品经济的需要，补充了审理经济案件的一些规定；按照民法通则等实体法，相应地增加了程序方面的规定；针对审判工作中存在的告状难、争管辖、执行难等问题，作了相应的规定。修改草案经委员长会议决定，提请第七届全国人大常委会第十七次、十八次会议审议，法律委员会和法制工作委员会又召开有各级法院民事审判庭、经济审判庭和法院有关负责同志、有关法律专家、一些地方人大常委会有关负责同志和有关部门同志共 90 多人参加的修改民事诉讼法（试行）座谈会，对草案逐条讨论研究修改。法制工作委员会还将修改草案发给中央有关部门、各省、自治区、直辖市和法律专家、法学科研教学单位征求意见，并在最高法院召开的全国民事审判工作会议上，安排两天时间专门讨论征求意见。根据常委会委员们的审议意见和各方面的意见，对草案进行了修改，草案条文从民事诉讼法（试行）的二百零五条增至二百七十一条，经第十八次常委会会议审议决定将《中华人民共和国民事诉讼法（试行）》（修改草案）提请七届全国人大四次会议审议。"

第七届全国人大第四次会议各代表团于 1991 年 4 月 2 日—4 日对民事诉讼法（试行）（修改草案）进行了审议。法律委员会就此作出了报告，对修改草案提出了七点修改意见。其后，将民事诉讼法草案提交第七届全国人大四次会议审议通过。1991 年民事诉讼法的修改工作主要是发现和总结民事诉讼法（试行）实施中遇到的问题，结合社会现实因素与实体法施行后的新局面，对之进行修改与完善。1982年民事诉讼法（试行）则因为完成了历史使命自然而然地退出了历史舞台。

（二）1991年民事诉讼法的发展与完善

1. 调解原则的进步，从1982年民事诉讼法（试行）明确规定的"着重调解原则"顺利过渡到"自愿合法调解原则"。这不仅是对调判关系作出了新的界定，同时也是立法者对国家权力与个人权利之间边界的认识产生改变的体现。修改草案说明指出："第一，调解应当遵循自愿原则，不得强迫达成调解协议。第二，应当在事实清楚的基础上，分清是非，进行调解。第三，调解未达成协议的或者调解书送达前一方反悔的，人民法院应当及时判决。防止那种违背当事人意愿，强行调解；不搞清事实、分清是非，违法调解；以及久调不决等不适当的做法。"

2. 初次构建了当事人协议管辖制度和管辖权争议双方法院协商管辖制度并行的制度。1991年民事诉讼法第二十五条规定："合同的双方当事人可以在书面合同中协议选择被告住所地、合同履行地、合同签订地、原告住所地、标的物所在地人民法院管辖，但不得违反本法对级别管辖和专属管辖的规定。"第三十五条规定："两个以上人民法院都有管辖权的诉讼，原告可以向其中一个人民法院起诉；原告向两个以上有管辖权的人民法院起诉的，由最先立案的人民法院管辖。"修改草案说明对以上两条条文制定的原因进行阐释："目前，有些地方法院受地方保护主义影响，对合同纠纷案件，不属于自己管辖的，也抢着受理争管辖。为了解决这个问题，草案规定，合同的双方当事人可以在书面合同中协议选择被告住所地、合同履行地、合同签订地、原告住所地、标的物所在地人民法院管辖。同时规定，人民法院之间因管辖权发生争议，由争议双方的人民法院协商解决；协商解决不了的，报请它们的共同上级人民法院指定管辖。也就是说，争议双方在同一地区（市）内涉及两个县（区）的，由中级人民法院指定管辖；在同一省内跨地区（市）的，由高级人民法院指定管辖；如果跨省、自治区、直辖市的，由最高人民法院指定管辖。"

3. 构建代表人诉讼。本制度是根据我国自身国情与特色进行探索与构建的制度。未解决当事人人数众多的问题与法院审理效率的问题，"因此，我们借鉴了大陆法系的诉讼代表人和美国集团诉讼的一些做法，设立了以共同诉讼为基础的代表人诉讼制度——人数确定的代表人诉讼和人数不确定的代表人诉讼。前者以必要共同诉讼为基础，后者以普通共同诉讼为基础"[1]。修改草案说明对于本条文也进行了说明，解释其产生的原因："近些年来，发生了一些侵害众多人民事权益的案件，如几十人的食物中毒请求赔偿的案件，出售劣质种子、化肥、农药坑害广大农民的案件，以及污染环境使众多人受到损害的案件等。为了便利众多当事人进行诉讼，便利人民法院审理这类案件，草案规定：第一，当事人一方人数众多的共同诉讼，可以由当事人推选代表人进行诉讼，代表人的诉讼行为对其所代表的当事人发生效力。但是，代表人变更、放弃诉讼请求或者承认对方当事人的诉讼请求，进行和解，必须经被代表的当事人同意。第二，诉讼标的是同一种类的、当事人一方人数众多在起诉时人数尚未确定的，人民法院可以发出公告，说明案件情况及诉讼请求，通知权利人在一定期间向人民法院登记。人民法院作出的判决、裁定，对未登记的权利人也适用。"

---

〔1〕　张卫平：《中国民事诉讼法立法四十年》，《法学》2018年第7期。

4. 完善与补充特别程序，根据社会需求，以专章形式增设督促程序、公示催告程序、企业法人破产还债程序，列于审判监督程序之后。修改草案说明对于以上特别程序的产生原因作了如下解释："为适应改革开放和发展社会主义商品经济的需要，草案增加规定：（一）督促程序。债权人要求债务人给付金钱、有价证券，债权债务关系明确、合法的，可以依法申请人民法院向债务人发出支付令。（二）公示催告程序。因票据（汇票、本票、支票）被盗、遗失或者灭失，票据持有人可以依法申请公示催告，主张票据权利。（三）企业法人破产还债程序。1986 年中国制定的企业破产法，规定适用于全民所有制企业。这些年来，有一些集体企业、私营企业、外商投资企业资不抵债不能清偿到期债务，需要破产还债，法院在受理这些企业的破产案件时，缺乏法律依据。考虑到国务院制定的中华人民共和国乡村集体所有制企业条例已有关于破产的规定，根据最高人民法院的意见，规定了企业法人破产还债程序一章，实际上只适用于集体企业、私营企业、外商投资企业等的破产还债程序。全民所有制企业破产还债程序仍适用企业破产法的规定。"

5. 在"审判监督程序"一章中，增加人民检察院对民事诉讼的抗诉程序。第一百八十五条规定："最高人民检察院对各级人民法院已经发生法律效力的判决、裁定，上级人民检察院对下级人民法院已经发生法律效力的判决、裁定，发现有下列情形之一的，应当按照审判监督程序提出抗诉：（一）原判决、裁定认定事实的主要证据不足的；（二）原判决、裁定适用法律确有错误的；（三）人民法院违反法定程序，可能影响案件正确判决、裁定的；（四）审判人员在审理该案件时有贪污受贿，徇私舞弊，枉法裁判行为的。地方各级人民检察院对同级人民法院已经发生法律效力的判决、裁定，发现有前款规定情形之一的，应当提请上级人民检察院按照审判监督程序提出抗诉。"修正草案说明曾指出，完善审判监督程序的意义在于"保障审判人员能够正确依法进行审判，草案对民事诉讼的监督作了规定"。

6. 完善强制措施体系。强制执行是保护当事人合法权益、保障法院尊严、维护社会稳定经济秩序的重要程序。修正草案说明对强制执行措施进行了重要总结："强制执行措施主要有：第一，人民法院有权向银行、信用合作社和其他有储蓄业务的单位查询被执行人的存款情况，冻结、划拨被执行人应当履行义务部分的存款；有权扣留、提取被执行人应当履行义务部分的收入。第二，人民法院有权查封、扣押、冻结并依照规定拍卖、变卖被执行人应当履行义务部分的财产。第三，人民法院有权对隐匿财产的被执行人及其住所或者财产隐匿地进行搜查。第四，申请人发现被执行人有其他财产和收入的，可以随时申请人民法院执行。第五，被执行人应当加倍支付迟延还债期间的债务利息。"由此回应"执行难"的现实问题。当然，重点解决"执行难"的问题，则需要等到2007年修法的时候了。

本次修正还对民事诉讼法原则进行了较为完整的规定与总结，进一步明确细化了级别管辖与地域管辖的规则与内容，强化当事人在民事诉讼中的诉讼权利与义务（如请求司法保护、委托诉讼代理人、申请回避、收集证据、进行辩论、请求调解、和解撤诉、依法上诉、请求强制执行等），完善了证据规则（确定谁主张谁举证、法院核实证据、证据保全等内容）、涉外民事诉讼中的同等原则与对等原则等内容。

三、2007 年民事诉讼法

2007 年民事诉讼法修正是非常有针对性的一次修法活动。本次所有内容均集中在"申诉难"与"执行难"两大块问题上。这两个问题沉积已久，时至 2007 年无法任凭其继续拖延不解决，因此奠定了本次修法的必要性。事实上，"执行难"的问题还会一直存在，现今的民事执行问题仍然是法院攻坚战中的重要任务。

（一）2007 年民事诉讼法的修改背景

2007 年 6 月 24 日，在第十届全国人大常委会第二十八次会议上，全国人大常委会法制工作委员会副主任王胜明受委员长会议的委托，作了关于《中华人民共和国民事诉讼法修正案（草案）》的说明，对 1991 年民事诉讼法运行十六年以来的情况进行总结与评价，并对修法的必要性进行了介绍，尤其是"申诉难"与"执行难"的现实困境与广泛呼吁。草案的说明部分只涉及两个部分，即"审判程序"与"执行程序"内容，可见本次修法的目标性极为明确：

"民事诉讼法修改已列入十届全国人大常委会立法规划和今年的立法计划。十届全国人大代表联名提出修改民事诉讼法的议案共 90 件，其中针对当事人'申诉难'、'执行难'，要求完善审判监督程序和执行程序的议案 57 件，占总数的近三分之二。中央关于司法体制和工作机制改革的方案中提出，要着力解决人民群众反映强烈的'申诉难'和'执行难'问题。经研究，这次修改民事诉讼法主要解决意见反映集中、修改条件比较成熟的上述两个问题，对民事诉讼法中的审判监督程序和执行程序作出修改。今年大会期间，湖南团江必新等 30 名代表提出《关于修改民事诉讼法以解决'申诉难'、'执行难'的议案》，并提出了民事诉讼法修正案（草案）的建议稿。这个议案的质量较好。为了发挥全国人大代表积极提出高质量议案、促进立法工作的作用，全国人大常委会法制工作委员会以该议案为基础，吸收其他代表有关议案的意见，并考虑专家的建议，会同全国人大内务司法委员会和最高人民法院、最高人民检察院多次研究修改，形成了民事诉讼法修正案（草案）。

……

审判监督程序（也称再审程序）是对确有错误的发生法律效力的判决、裁定依法重新审理的程序，对于纠正错案，维护司法公正，保护当事人的诉讼权利和实体权利，具有重要作用。'申诉难'，难就难在应当再审的未能再审，应当及时再审的长期未能再审，不少当事人申请再审的权利得不到保障。2006 年，各级人民法院受理当事人申请再审的案件为 227002 件，决定再审的为 48214 件，改判的为 15568 件，民事再审案件占再审案件 90%以上。

……

执行程序是人民法院依法采取措施，强制当事人履行法定义务的程序。随着民事案件的增加，申请执行的案件也大量增加，由于多种原因，有相当一部分判决、裁定没有得到执行，胜诉当事人的合法权益未能最终实现，'执行难'成为人民群众反映强烈的问题。2006 年，各级人民法院受理申请执行的民事案件为213 万件，人民法院发出执行通知后履行义务的为 71 万件，采取强制措施执行的为 46 万件。"[1]

---

〔1〕《关于〈中华人民共和国民事诉讼法修正案（草案）〉的说明》，中国人大网，http://www.npc.gov.cn/zgrdw/huiyi/lfzt/msssfxg/2008—02/21/content_1675609.htm。

在此基础上，法制工作委员会将草案印发各省（区、市）、中央有关部门和法学教学研究机构等单位征求意见；法律委员会、法制工作委员会召开座谈会，听取内务司法委员会和最高人民法院、最高人民检察院、国务院法制办等有关部门以及部分民事诉讼法专家、企业、律师的意见。法律委员会于 2007 年 8 月 13 日召开会议，根据常委会组成人员的审议意见和各方面的意见，对草案进行了逐条审议。内务司法委员会有关人员列席了会议。8 月 21 日，法律委员会召开会议，再次进行了审议。8 月 24 日，全国人大法律委员会主任委员杨景宇在第十届全国人大常委会第二十九次会议上作《关于〈中华人民共和国民事诉讼法修正案（草案）〉修改情况的汇报》，分别对草案中的"人民法院应当再审的情形""当事人申请再审的期限""再审案件的审理程序""被执行人的财产报告制度"等内容进行了完善与修改。[1]

法律委员会于 9 月 28 日召开会议，根据常委会组成人员的审议意见和各方面的意见，对修正案草案进行了审议。10 月 22 日，法律委员会召开会议，再次进行了审议，认为草案经常委会两次审议修改，已经比较成熟，并提出了三点修改意见。常委会会议于 10 月 25 日上午对关于修改民事诉讼法的决定草案进行了分组审议。有些常委会委员又提出了一些修改意见，大家普遍认为，草案已经比较成熟，建议进一步修改后，提请本次会议表决通过。法律委员会于 10 月 26 日上午召开会议，逐条研究了常委会委员的审议意见，对草案进行了审议。10 月 27 日，全国人大

---

〔1〕《全国人大法律委员会关于〈中华人民共和国民事诉讼法修正案（草案）〉修改情况的汇报——2007 年 8 月 24 日在第十届全国人民代表大会常务委员会第二十九次会议上》，《全国人民代表大会年鉴》，中国民主法制出版社 2007 年版，第 327—329 页。

法律委员会主任委员杨景宇在第十届全国人大常委会第三十次会议上作了全国人大法律委员会关于修改《中华人民共和国民事诉讼法》的决定（草案）修改意见的报告，提出了两条意见。经过进一步充分的研讨与修改，修正案最终于 2007 年 10 月 28 日第十届全国人大常委会第三十次会议得以通过，并由国家主席胡锦涛签署主席令第七十五号公布施行。

（二）2007 年民事诉讼法的基本内容

第一，2007 年民事诉讼法为"执行难"问题提供了两个方向的"药方"。一个是从法院出发，强化法院的执行能力，加大法院对于拒不执行行为的打击力度；另一个方案是强化当事人以及案外人在执行阶段的合法权益。

从法院来说，2007 年民事诉讼法扩大了法院内部设立执行机构的级别，将原"基层人民法院、中级人民法院根据需要，可以设立执行机构。执行机构的职责由最高人民法院规定"修改为"人民法院根据需要可以设立执行机构"。由此扩大了法院执行局的存在层级，并对此形成了合法有效的法律依据。自上而下均可建立执行机构，可见法院系统领导层面对执行的全线参与及高度重视。

针对单位拒不履行协助义务行为的处罚规定加以明确化，对于单位拒绝或者妨碍法院调查取证、拒不协助扣留被执行人相关财产、银行等机构拒不协助查询或者冻结或者划拨存款等行为，专门在第一百零三条第二款规定："人民法院对有前款规定的行为之一的单位，可以对其主要负责人或者直接责任人员予以罚款；对仍不履行协助义务的，可以予以拘留；并可以向监察机关或者有关机关提出予以纪律处分的司法建议。"加大对于个人或者单位拒不协助执行行为的罚款力度，第一百零四条第一款极大提升了罚款的额度，体现出打击力度。

同时，强化人民法院的强制执行措施与罚款、拘留、限制出境、公布征信等方面的职权。第二百一十六条第二款规定："被执行人不履行法律文书确定的义务，并有可能隐匿、转移财产的，执行员可以立即采取强制执行措施。"第二百一十七条规定："被执行人未按执行通知履行法律文书确定的义务，应当报告当前以及收到执行通知之日前一年的财产情况。被执行人拒绝报告或者虚假报告的，人民法院可以根据情节轻重对被执行人或者其法定代理人、有关单位的主要负责人或者直接责任人员予以罚款、拘留。"第二百三十一条规定："被执行人不履行法律文书确定的义务的，人民法院可以对其采取或者通知有关单位协助采取限制出境，在征信系统记录、通过媒体公布不履行义务信息以及法律规定的其他措施。"

从诉讼参与人角度来说，2007 年民事诉讼法细化案外人执行标的异议制度，明确法院的审查期限以及对其处理应用裁定方式，增加案外人或者当事人对于裁定不服中的"与原裁判无关"的应对方式，规定"执行过程中，案外人对执行标的提出书面异议的，人民法院应当自收到书面异议之日起十五日内审查，理由成立的，裁定中止对该标的的执行；理由不成立的，裁定驳回。案外人、当事人对裁定不服，认为原判决、裁定错误的，依照审判监督程序办理；与原判决、裁定无关的，可以自裁定送达之日起十五日内向人民法院提起诉讼"。

此外，将自然人、法人与其他组织执行申请的期限从一年与六个月扩展到两年，原第二百一十九条"申请执行的期限，双方或者一方当事人是公民的为一年，双方是法人或者其他组织的为六个月"改为第二百一十五条"申请执行的期间为二年"。

第二，针对"申诉难"，2007 年民事诉讼法提升了再审法院的层级，将原"原审人民法院或者上一级人民法院"统一规定为"上一级人民法院"。

将原第一百七十九条第一款五种当事人申请再审的情形通过细致化、具体化，扩展为十三种情形，规定为："当事人的申请符合下列情形之一的，人民法院应当再审：（一）有新的证据，足以推翻原判决、裁定的；（二）原判决、裁定认定的基本事实缺乏证据证明的；（三）原判决裁定认定事实的主要证据是伪造的；（四）原判决、裁定认定事实的主要证据未经质证的；（五）对审理案件需要的证据，当事人因客观原因不能自行收集，书面申请人民法院调查收集，人民法院未调查收集的；（六）原判决、裁定适用法律确有错误的；（七）违反法律规定，管辖错误的；（八）审判组织的组成不合法或者依法应当回避的审判人员没有回避的；（九）无诉讼行为能力人未经法定代理人代为诉讼或者应当参加诉讼的当事人，因不能归责于本人或者其诉讼代理人的事由，未参加诉讼的；（十）违反法律规定，剥夺当事人辩论权利的；（十一）未经传票传唤，缺席判决的；（十二）原判决、裁定遗漏或者超出诉讼请求的；（十三）据以作出原判决、裁定的法律文书被撤销或者变更的。对违反法定程序可能影响案件正确判决、裁定的情形，或者审判人员在审理该案件时有贪污受贿，徇私舞弊，枉法裁判行为的，人民法院应当再审。"

从法院自身工作角度，完善法院再审前准备工作、法院审查内容、法院审查程序及再审层级，第一百八十条规定："当事人申请再审的，应当提交再审申请书等材料。人民法院应当自收到再审申请书之日起五日内将再审申请书副本发送对方当事人。对方当事人应当自收到再审申请书副本之日起十五日内提交书面意见；不提交书面意见的，不影响人民法院审查。人民法院可以要求申请人和对方当事人补充有关材料，询问有关事项。"第一百八十一条规定："人民法院应当自收到再审申请书之日起三个月内审查，符合本法第一百七十九条规定情形之一的，裁定再审；不符合本法第一百七十九条规定的，裁定驳回申请。有特殊情况需要延长的，由本院院长批准。因当事人申请裁定再审的案件由中级人民法院以上的人民法院审理。最高人民法院、高级人民法院裁定再审的案件，由本院再审或者交其他人民法院再审，也可以交原审人民法院再审。"

从当事人申请再审期限角度，完善当事人申请再审的时限规定，规定"当事人申请再审，应当在判决、裁定发生法律效力后二年内提出；二年后据以作出原判决、裁定的法律文书被撤销或者变更，以及发现审判人员在审理该案件时有贪污受贿，徇私舞弊，枉法裁判行为的，自知道或者应当知道之日起三个月内提出"。

从检察院法律监督角度，完善检察院对于法院裁判的抗诉机制："最高人民检察院对各级人民法院已经发生法律效力的判决、裁定，上级人民检察院对下级人民法院已经发生法律效力的判决、裁定，发现有本法第一百七十九条规定情形之一的，应当提出抗诉。地方各级人民检察院对同级人民法院已经发生法律效力的判决、裁定，发现有本法第一百七十九条规定情形之一的，应当提请上级人民检察院向同级人民法院提出抗诉。"

四、2012 年民事诉讼法

2012 年民事诉讼法的修正保持了尽可能满足人们的诉求、

解决我国民事诉讼中的实际问题、不变动总体结构、不过多增加新法实施的负担的原则。学界提交了三个专家意见稿，但是据学者对照研究，发现最终修正版本与三个专家意见稿差异较大，最终修正版本更加着眼于现实问题，并将修改规模控制在中等状态[1]。2012 年修改中设定检察机关提起民事公益诉讼也为 2017 年的修正提供了法律基础与逻辑框架。

（一）2012 年民事诉讼法的修改背景

2012 年民事诉讼法修正的重要背景是 2011 年中国特色社会主义法律体系已经形成，如何完善该法律体系便成为立法者的重要任务。十一届全国人大常委会第二十三次会议初次审议了民事诉讼法修正案（草案），并将该草案及其说明在中国人大网公布，向社会公开征集意见（截止日期为 2011 年 11 月 30 日）。草案说明对其产生背景进行介绍：

"近几年来，一些全国人大代表和有关方面陆续提出修改民事诉讼法的意见和建议。中央关于深化司法体制和工作机制改革的意见也要求进一步完善民事诉讼制度。法制工作委员会按照全国人大常委会立法工作安排和不断完善中国特色社会主义法律体系的总体要求，从 2010 年开始，着手民事诉讼法修改方案的研究起草工作。修改工作注意把握以下几点：一是秉持中国特色社会主义法治理念，认真总结民事诉讼法实施的经验，针对实践中出现的新情况新问题，进一步保障当事人的诉讼权利，维护司法公正；二是遵循民事诉讼的基本原理，科学配置司法资源，提高诉讼效率；三是强化对民事诉讼的法律监督，保证法律的正确实施；四是注重有效解决民事纠纷，促进社会和谐稳定；五是对认

---

〔1〕　张卫平：《中国民事诉讼法立法四十年》，《法学》2018 年第 7 期。

识不一致、目前还没有把握的一些问题暂不作规定。经反复与最高人民法院、最高人民检察院等单位研究，多次听取全国人大代表、企业、律师和专家学者的意见，并专门征求部分地方人大常委会的意见，在充分论证并取得基本共识的基础上，对民事诉讼法作了部分修改，形成了民事诉讼法修正案（草案）。"

民事诉讼法根据 2012 年 8 月 31 日第十一届全国人大常委会第二十八次会议关于修改《中华人民共和国民事诉讼法》的决定第二次修正，并由国家主席胡锦涛签署主席令第五十九号公布，于 2013 年 1 月 1 日起施行。

（二）2012 年民事诉讼法的发展

1. 将民事诉讼活动的诚实信用原则予以明文化、制度化。修正后的民事诉讼法第十三条第一款规定："民事诉讼应当遵循诚实信用原则。"第二款规定："当事人有权在法律规定的范围内处分自己的民事权利和诉讼权利。"本条为当事人的诉讼权利设定了诚实信用的义务。虚假诉讼、恶意诉讼、伪造证据等不诚信诉讼现象变得层出不穷，本条是对这一社会乱象的回应与规制。与此同时，设定第三人撤销之诉。第五十六条第三款规定："前两款规定的第三人，因不能归责于本人的事由未参加诉讼，但有证据证明发生法律效力的判决、裁定、调解书的部分或者全部内容错误，损害其民事权益的，可以自知道或者应当知道其民事权益受到损害之日起六个月内，向作出该判决、裁定、调解书的人民法院提起诉讼。人民法院经审理，诉讼请求成立的，应当改变或者撤销原判决、裁定、调解书；诉讼请求不成立的，驳回诉讼请求。"此举正是为防止案外人的权利遭受无端侵害。

2. 完善调解与诉讼相衔接的机制。增加先行调解的规定，第一百二十二条规定，当事人起诉到人民法院的民事纠纷，适宜调解的，先行调解，但当事人拒绝调解的除外。另在特别程序中第六节作出专节规定"确认调解协议案件"。第一百九十四条规定："申请司法确认调解协议，由双方当事人依照人民调解法等法律，自调解协议生效之日起三十日内，共同向调解组织所在地基层人民法院提出。"第一百九十五条规定："人民法院受理申请后，经审查，符合法律规定的，裁定调解协议有效，一方当事人拒绝履行或者未全部履行的，对方当事人可以向人民法院申请执行；不符合法律规定的，裁定驳回申请，当事人可以通过调解方式变更原调解协议或者达成新的调解协议，也可以向人民法院提起诉讼。"

3. 确立公益诉讼的原则框架。2012 年民事诉讼法第五十五条规定："对污染环境、侵害众多消费者合法权益等损害社会公共利益的行为，法律规定的机关和有关组织可以向人民法院提起诉讼。"污染环境和侵害消费者合法权益的案件层出不穷，作为弱势群体，维护自身权利较为困难。由此形成了民事公益诉讼的必要性。但是应当认识到的是，2012 年民事诉讼法对于检察机关提起民事公益诉讼制度的构建，尤其是提起公益诉讼的机关尚未明确下来，因此这一探索仍然还停留在基础建设的层面上，更进一步地深入建设则是 2017 年民事诉讼法修正的工作。

4. 完善当事人举证制度。（1）促使当事人积极提供证据。第六十五条规定，当事人对自己提出的主张应当及时提供证据……当事人逾期提供证据的，人民法院应当责令其说明理由；拒不说明理由或者理由不成立的，人民法院根据不同情形可以不予采纳该证据，或者采纳该证据但予以训诫、罚款。（2）明确接收当事人提交证据材料的手续。第六十六条规定："人民法院收到当事人提交的证据材料，应当出具收据，写明证据名称、页数、份数、原件或者复印件以及收到时间等，并由经办人员签名或者盖章。"（3）赋予当事人启动鉴定程序的权利。第七十六条规定："当事人可以就查明事实的专门性问题向人民法院申请鉴定。当事人申请鉴定的，由双方当事人协商确定具备资格的鉴定人；协商不成的，由人民法院指定。"

5. 建立小额诉讼制度。第一百六十二条规定："基层人民法院和它派出的法庭审理符合本法第一百五十七条第一款规定的简单的民事案件，标的额为各省、自治区、直辖市上年度就业人员年平均工资百分之三十以下的，实行一审终审。"小额诉讼简捷、高效、低成本、先行调解，且以诉讼标的额度为适用范围的确定标准。

6. 强化检察院对于民事诉讼的法律监督。（1）扩大监督范围，第十四条规定，检察院的法律监督从"民事审判"扩大到"民事诉讼"各个环节，尤其是民事执行活动。第二百零八条和第二百一十二条规定，对法院产生的任何形式的法律文书（判决、裁定以及调解书）进行监督。（2）新增监督手段，增加检察建议手段，地方各级人民检察院对同级人民法院已经发生法律效力的判决、裁定和调解书，发现有错误的，可以向同级人民法院提出再审检察建议。（3）强化监督手段，第二百一十条规定，检察院因履行法律监督职责提出检察建议或者抗诉的需要，可以向当事人或案外人调查核实有关情况。

7. 在第十五章特别程序中设置"实现担保物权案件"。第一百九十六条规定："申请实现担保物权，由担保物权人以及其他有权请求实现担保物权的人依照物权法等法律，向担保财产所在地或者担保物权登记地基层人民法院提出。"第一百九十七条规定："人民法院受理申请后，经审查，符合法律规定的，裁定拍卖、变卖担保财产，当事人依据该裁定可以向人民法院申请执行；不符合法律规定的，裁定驳回申请，当事人可以向人民法院提起诉讼。"从而从诉讼法层面与实体法层面合力保护当事人担保物权的实现。

五、2017 年民事诉讼法

2012 年民事诉讼法第五十五条规定："对污染环境、侵害众多消费者合法权益等损害社会公共利益的行为，法律规定的机关和有关组织可以向人民法院提起诉讼。"本条的最大问题就在于，并未规定提起民事公益诉讼的具体机关或者组织。经过长期试点和摸索，2017 年 6 月 27 日第十二届全国人大常委会第二十八次会议通过关于修改《中华人民共和国民事诉讼法》和《中华人民共和国行政诉讼法》的决定，对民事诉讼法进行第三次修正，由国家主席习近平签署主席令第七十一号公布，自 2017 年 7 月 1 日起施行。

该决定对民事诉讼法作出修改，第五十五条增加一款，作为第二款："人民检察院在履行职责中发现破坏生态环境和资源保护、食品药品安全领域侵害众多消费者合法权益等损害社会公共利益的行为，在没有前款规定的机关和组织或者前款规定的机关和组织不提起诉讼的情况下，可以向人民法院提起诉讼。前款规定的机关或者组织提起诉讼的，人民检察院可以支持起诉。"由此明确了民事公益诉讼的主体可以是人民检察院，也可以是有关机关和组织；民事公益诉讼的种类分为两种，即破坏生态环境和资源保护与食品药品安全领域侵害众多消费者合法权益。这次修改主要是对 2012 年修改的民事诉讼法第五十五条加以细化与展开。

六、2021 年民事诉讼法

2021 年民事诉讼法的修改工作（也即第四次修正），系依据 2021 年 12 月 24 日第十三届全国人民代表大会常务委员会第三十二次会议通过的全国人民代表大会常务委员会关于修改《中华人民共和国民事诉讼法》的决定所完成，并由习近平主席签署主席令第一〇六号发布。在修正过程中，最高人民法院院长周强于 2021 年 10 月 19 日在第十三届全国人民代表大会常务委员会第三十一次会议上作《关于〈中华人民共和国民事诉讼法（修正草案）〉的说明》指出：

"近年来，随着经济社会形势发展变化和信息化时代全面到来，人民群众司法需求日益多元，矛盾纠纷数量持续高速增长，民事审判工作形势发生深刻变化，民事诉讼法的有些规定已经不能完全适应人民群众对公正、高效、便捷解纷的司法需求，制约了司法资源的优化配置和司法效能的有效提升，有必要进一步予以完善。

习近平总书记在 2019 年召开的中央政法工作会议上指出：'要深化诉讼制度改革，推进案件繁简分流、轻重分离、快慢分道'，为民事诉讼制度发展完善提出了明确要求，指明了改革方向。2019 年，中共中央办公厅印发关于政法领域全面深化改革的实施意见，将'推进民事诉讼制度改革'确定为重大改革任务。2019 年 12 月 28 日，第十三届全国人大常委会第十五次会议作出关于授权最高人民法院在部分地区开展民事诉讼程序繁简分流改革试点工作的决定，授权在 15 个省（区、市）20 个城市的法院开展为期两年的民事诉讼程序繁简分流改革试点工作，围绕优化司法确认程序、完善小额诉讼程序、完善简易程序、扩大独任制适用、健全在线诉讼规则等五个方面开展试点探索。"[1]

本次修正中最具特色的制度建设有以下几点。

1. 健全在线诉讼规则。主要体现在第十六条与第九十条等条文的修正。这一变革主要是为了适应网络信息时代的诉讼需求。在这一思路下，将网络平台诉讼、电子送达等制度，赋予互联网司法活动以动力，使之正式被纳入民事诉讼立法中。两项制度均强调经当事人同意，保障当事人诉讼程序的选择权。其中，网络平台诉讼活动开展，与线下诉讼活动具有同等法律效力。事实上，在诸如上海二中院等法院中，已经开始试点人工智能辅助审判互动，相信在未来的诉讼法修正中，还会进一步吸纳相关规则。此外，将公告送达期限从60天缩短为30天，提高诉讼活动效率，降低当事人诉讼成本。

2. 扩大独任制适用范围。包括以下三点：（1）在第一审民事案件与第二审民事案件审理过程中，满足相应条件，可以使用独任审判，使原本仅限于简易程序的独任形式与普通程序相结合，促进案件分流，合理配置司法资源，提升司法效率。基层人民法院审理的基本事实清楚、权利义务关系明确的第一审民事案件，可以由审判员一人适用普通程序独任审理。中级人民法院对第一审适用简易程序审结或者不服裁定提起上诉的第二审民事案件，事实清楚、权利义务关系明确的，经双方当事人同意，可以由审判员一人独任审理。（2）从法院与当事人两个层面，强化对独任制审判的制约与监督，明确规定不允许进行独任审判的案件

---

[1] 周强：《关于〈中华人民共和国民事诉讼法（修正草案）〉的说明——2021年10月19日在第十三届全国人民代表大会常务委员会第三十一次会议上》，《中华人民共和国全国人民代表大会常务委员会公报》2022年第1期。

类型，如涉及重大利益、影响社会稳定、产生广泛社会影响、新类型或疑难复杂、法律规定应当适用合议制的案件等。在进入诉讼程序后，对独任制审判活动进行"全过程公开、全流程监督"，健全独任制审判的监督功能与评价机制。同时，在当事人认为适用独任审判违反法律规定时，可以向人民法院提出异议，形成当事人异议权对法院审判权的制约。（3）在法院或当事人确认不应当适用独任制时，及时转为合议制。第四十三条规定："人民法院在审理过程中，发现案件不宜由审判员一人独任审理的，应当裁定转由合议庭审理。当事人认为案件由审判员一人独任审理违反法律规定的，可以向人民法院提出异议。人民法院对当事人提出的异议应当审查，异议成立的，裁定转由合议庭审理；异议不成立的，裁定驳回。"

3. 优化司法确认程序。包括以下两方面：（1）合理扩大司法确认程序适用范围，将"人民调解协议"扩展至"经依法设立的调解组织调解达成调解协议"，允许中级人民法院受理符合级别管辖的司法确认申请，强化司法制度对调解机制的确认与保障功能，构建多元解纷模式，促使定分止争、案结事了。（2）按照调解主体与调解类型，确定三种司法确认的管辖规则，促使司法确认管辖有法可依，列表如下。

	调解主体	有司法确认管辖权的法院
类型一	人民法院邀请调解组织开展先行调解	向作出邀请的人民法院提出
类型二	调解组织自行开展调解	向当事人住所地、标的物所在地、调解组织所在地的基层人民法院提出
类型三	调解组织自行开展调解，且调解协议所涉纠纷应当由中级人民法院管辖的	向相应的中级人民法院提出

4. 完善小额诉讼程序。降低小额诉讼程序适用门槛，限定小额诉讼程序案件类型为"基层人民法院和它派出的法庭审理事实清楚、权利义务关系明确、争议不大的简单金钱给付民事案件"，将标的额提升到"各省、自治区、直辖市上年度就业人员年平均工资百分之五十以下"，新增当事人合意选择适用模式。明确不得适用小额诉讼程序的六类案件包括确权类、涉外、需要评估鉴定、一方当事人下落不明、提出反诉等情形。简化审理方式，缩短审理期限，减轻当事人诉讼负担，将小额诉讼案件的答辩期、举证期限从十五日缩短至七日，审理期限从原来的三个月缩短为二个月。同时保障当事人的程序异议权，如认为不适用小额诉讼程序，可以向人民法院提出异议申请，人民法院在审查认为确实成立的情况下，应当将小额诉讼程序转为普通程序。

5. 进一步规范民事诉讼法的表达规范性与法律体系内在统一性。一方面促使民事诉讼法自身表达专业化；另一方面适应民法典等实体法的表述。列表如下。

条文号	修改前	修改后
第十三条	诚实信用	诚信
第四十六、一百三十七、一百四十一条	审判长	审判长或者独任审判员
第八十二条	节假日	法定休假日
第一百零六、一百五十一、二百零六、二百五十七条	抚育费	抚养费
第一百二十八条	合议庭组成人员	审判人员
第一百四十九条	由本院院长批准	经本院院长批准

条文号	修改前	修改后
第一百八十四、一百八十五条	意外事故	意外事件
第一百八十七条	其近亲属或者其他利害关系人	利害关系人或者有关组织
第一百九十条	或者他的监护人	本人、利害关系人或者有关组织
第一百九十三条	民法通则	民法典
第一百九十六条	物权法	民法典
第二百三十九条	从规定的每次履行期间的最后一日起计算	从最后一期履行期限届满之日起计算

第四节　调解法、仲裁法和其他程序法

诉讼法是程序法中的主要部分，诉讼也是解决法律纠纷的重要手段。但是，应当明确的是，诉讼绝对不是解决社会纠纷的唯一方式。较之于诉讼手段，调解、仲裁等纠纷解决机制则具有更为高效快捷、便民易行、节约司法资源等特点，在此分类下有仲裁法、劳动争议调解仲裁法、人民调解法、农村土地承包经营纠纷调解仲裁法。此外，我国现行的程序法中，还存在一些特殊的程序法，如海事诉讼特别程序法、引渡法、国际刑事司法协助法等内容。

一、调解法与仲裁法

事实上，中华人民共和国的调解与仲裁法律制度早在根据地

时期就开始展开探索。中华苏维埃工农兵第一次全国代表大会于
1931 年 11 月制定及于 1933 年修订颁布的《中华苏维埃共和国劳
动法》中就确立劳动仲裁法律制度。在抗日战争期间，1941 年 4
月山东抗日民主政府公布的《山东省调解委员会暂行组织条例》、
1942 年 3 月晋西北行政公署公布的《晋西北村调解暂行办法》、
1942 年 4 月晋察冀边区政府公布的《晋察冀边区行政村调解工作
条例》、1943 年 6 月陕甘宁边区政府颁布的《陕甘宁边区民刑事
案件调解条例》、1943 年晋察冀边区行政委员会颁布的《晋察冀
边区租佃债息条例》（专章规定"调解与仲裁"的内容），均对
调解与仲裁进行了不同程序的规定。新民主主义革命时期的人民
调解兼具法院调解与行政调解的因素，其中著名的"马锡五审判
模式"就非常重视司法调解的作用，强调在依靠人民群众的基础
上实现审判与调解相结合。而此期仲裁制度则有范围较窄（限于
劳资、租佃、借贷等争议）、调解仲裁机构未严格区分而往往合
二为一、因机构设置于政府中而行政性质较强、各根据地或解放
区的仲裁制度不统一等特征[1]。由此可见，中华人民共和国的
调解与仲裁制度在根据地时期就已经进行了较为长久的探索与
积累。

在"调解"与"仲裁"相提并论时，一般将"调解"放在
"仲裁"之前，但是事实上仲裁法立法比人民调解法立法早十六
年。因此，本章将仲裁法置于人民调解法之前进行论述。

（一）仲裁法

仲裁是一种具有自愿性、专业性、保密性、独立性、灵活
性、快捷性、经济性、民间性的民商事争议解决机制，且兼具司

---

〔1〕 谭兵主编：《中国仲裁制度研究》，法律出版社 1995 年版，第 3—4 页；常怡
主编：《中国调解制度》，法律出版社 2013 年版，第 10—12、20 页。

法性、契约性、自治性。[1]中华人民共和国成立之后，仲裁制度逐渐开始建立健全。其中，经济合同仲裁制度、劳动争议仲裁制度、涉外仲裁制度较为完善。总体而言，以上制度均经过建立、中断、恢复的历程。其中，经济合同仲裁经历了"只裁不审"（中华人民共和国成立初期到1966年以前，只由主管部门仲裁，不由法院审判，此后中断）、"两裁两审"（1979年至1982年，两级仲裁，两级审判）、"一裁两审"（1983年至1995年，实行一次裁决制度）、"一裁终局"（1995年仲裁法实施之后，当事人只能在仲裁和诉讼中选择一种方式，一裁终局后裁决作出即发生法律效力）四个阶段[2]；1950年劳动部出台《市劳动争议仲裁委员会组织及工作规则》与《劳动部关于劳动争议解决程序的规定》，但因社会主义改造运动完成、劳资关系日趋单一化、劳动争议日益减少，劳动部于1957年7月发布《关于撤销劳动争议仲裁委员会的通知》，劳动争议改由政府信访部分处理，其间仲裁发展中断，直到1993年出台的企业劳动争议处理条例、劳动争议仲裁委员会办案规则、劳动争议仲裁委员会组织规则以及1995年通过的劳动法都标志着劳动仲裁制度的恢复与重建；我国国际经济贸易仲裁与我国海事仲裁均建立于20世纪50年代中后期，国务院分别在1954年和1958年作出在中国国际贸易促进委员会内设置对外贸易仲裁委员会和海事仲裁委员会，并于1956年3月与1959年1月公布两个机构的运行程序暂行规则，此后中断，在20世纪80年代先后恢复。1988年9月通过《中国国际

---

[1] 马德才编著：《仲裁法学》，南京大学出版社2016年版，第2—4页。

[2] 也称作"只裁不审""先裁后审""可裁可审""或裁或审"四阶段，概括不同而内容一致，马德才编著：《仲裁法学》，南京大学出版社2016年版，第17—18页。

经济贸易仲裁委员会仲裁规则》与《中国海事仲裁委员会仲裁规则》，并于 1989 年 1 月 1 日起实施[1]。

1991 年 8 月，全国人大常委会法制工作委员会着手仲裁法起草工作，多次召开有仲裁委员会、有关部门、法院、法律专家参加的座谈会，并到一些地方调查研究，听取意见，在总结仲裁工作实践经验的基础上，根据建立社会主义市场经济体制的要求，借鉴国外仲裁制度的有益经验和国际通行做法，起草了仲裁法（征求意见稿），于 1993 年 3 月印发部分地方人大常委会、中央有关部门、法律教学研究单位征求意见，根据各方面意见又作了修改，形成仲裁法草案。1994 年 6 月 28 日，在第八届全国人大常委会第八次会议上，顾昂然针对制定统一仲裁法的目的进行介绍："仲裁是解决经济纠纷的一种重要方式，具有当事人自愿、程序简便、迅速等特点。我国采取仲裁方式解决经济纠纷的越来越多，据不完全统计，已有 14 个法律、82 个行政法规和 190 个地方性法规，作出了有关仲裁的规定。为了进一步完善仲裁制度，更好地解决当事人的经济纠纷，维护社会经济秩序，发展社会主义市场经济和开展国际经济贸易往来，有必要制定统一的仲裁法。"他对仲裁范围、实行或裁或审和一裁终局的制度、仲裁的自愿原则、仲裁委员会和仲裁员以及法院对仲裁的监督五个方面进行了介绍[2]。经过讨论与修改，《中华人民共和国仲裁法》最终于 1994 年 8 月 31 日第八届全国人大常委会第九次会议通过，同日，国家主席江泽民签署主席令第三十一号公布，自 1995 年 9 月 1 日起施行。

---

[1]　谭兵主编：《中国仲裁制度研究》，法律出版社 1995 年版，第 4—7 页。

[2]　顾昂然：《关于〈中华人民共和国仲裁法（草案）〉的说明》，《中华人民共和国全国人民代表大会常务委员会公报》1994 年第 6 期。

1994 年通过的仲裁法共有八章八十条。主要内容如下。

1. 第一章为"总则",对立法目的、适用范围及其例外、仲裁委员会由当事人协议选定以及仲裁的基本原则作了规定。本法主要适用于平等主体的公民、法人和其他组织之间发生的合同纠纷和其他财产权益纠纷,但涉及婚姻、收养、监护、扶养、继承等带有人身属性的纠纷以及依法应由行政机关处理的行政争议不得仲裁。基本原则包括自愿仲裁原则、或裁或审原则、依据事实和法律仲裁原则、独立仲裁原则、一裁终局原则。

2. 第二章对仲裁委员会的设置、设立条件、独立性、组成成员及其聘任条件、中国仲裁协会进行规定。仲裁委员会不按照行政区层层设置,而由省级政府所在市或者有需求的其他设区的市政府组织有关部门和商会共同组建。仲裁员应当符合以下条件之一:(一)从事仲裁工作满八年的;(二)从事律师工作满八年的;(三)曾任审判员满八年的;(四)从事法律研究、教学工作并具有高级职称的;(五)具有法律知识、从事经济贸易等专业工作并具有高级职称或者具有同等专业水平的。仲裁委员会独立于行政机关,与行政机关没有隶属关系。仲裁委员会之间也没有隶属关系。

3. 第三章为"仲裁协议",规定了仲裁协议的形式与内容、无效情形、仲裁条款效力独立性、内容不明的仲裁协议的处理、仲裁协议异议的处理。

4. 第四章为"仲裁程序",分为申请与受理、仲裁庭的组成、开庭与裁决三节内容。

5. 第五章为"申请撤销裁决",规定申请撤销裁决的条件与期限、人民法院撤销与否的期限、申请撤销裁决的后果,其中第五十八条规定申请撤销裁决的条件:"当事人提出证据证明裁决有下列情形之一的，可以向仲裁委员会所在地的中级人民法院申请撤销裁决：（一）没有仲裁协议的；（二）裁决的事项不属于仲裁协议的范围或者仲裁委员会无权仲裁的；（三）仲裁庭的组成或者仲裁的程序违反法定程序的；（四）裁决所根据的证据是伪造的；（五）对方当事人隐瞒了足以影响公正裁决的证据的；（六）仲裁员在仲裁该案时有索贿受贿，徇私舞弊，枉法裁决行为的。人民法院经组成合议庭审查核实裁决有前款规定情形之一的，应当裁定撤销。人民法院认定该裁决违背社会公共利益的，应当裁定撤销。"

6. 第六章为"执行"，规定了一方当事人针对另一方当事人的不予履行裁决的行为可以依法向法院申请执行，受申请的法院应当执行；法院不予执行仲裁裁决的情形；裁决中止、终结与恢复执行。

7. 第七章为"涉外仲裁的特别规定"。

8. 第八章为"附则"，附则中规定的新旧仲裁机构的衔接过渡值得关注："本法施行前在直辖市、省、自治区人民政府所在地的市和其他设区的市设立的仲裁机构，应当依照本法的有关规定重新组建；未重新组建的，自本法施行之日起届满一年时终止。本法施行前设立的不符合本法规定的其他仲裁机构，自本法施行之日起终止。"至此，仲裁法总体已经定型，其后两次修改仅仅只是在此基础上进行了微乎其微的调整与变动。

2009 年 8 月 27 日，第十一届全国人大常委会第十次会议通过了关于修改部分法律的决定，对仲裁法进行修正，并于当日由国家主席胡锦涛签署主席令第十八号公布，自公布之日起施行。本次仲裁法修改，是随 2007 年民事诉讼法修改而进行，因此本次修改的内容为："95. 将《中华人民共和国仲裁法》第六十三条中的'民事诉讼法第二百一十七条第二款'修改为'民事诉讼法第二百一十三条第二款';第七十条、第七十一条中的'民事诉讼法第二百六十条第一款'修改为'民事诉讼法第二百五十八条第一款'。"

2017年9月1日，第十二届全国人大常委会第二十九次会议通过关于修改《中华人民共和国法官法》等八部法律的决定，对仲裁法进行第二次修正，同日，由国家主席习近平签署主席令第七十六号予以公布，自2018年1月1日起施行。本次仲裁法修改的背景是2018年起司法考试制度调整为国家统一法律职业资格考试，根据《国家统一法律职业资格考试实施办法》第二条规定："国家统一法律职业资格考试是国家统一组织的选拔合格法律职业人才的国家考试。初任法官、初任检察官，申请律师执业、公证员执业和初次担任法律类仲裁员，以及行政机关中初次从事行政处罚决定审核、行政复议、行政裁决、法律顾问的公务员，应当通过国家统一法律职业资格考试，取得法律职业资格。"因此，仲裁法中规定涉及仲裁员选任资格的内容应当相应调整，修改的内容为："六、对《中华人民共和国仲裁法》作出修改：将第十三条第二款第一项修改为：'（一）通过国家统一法律职业资格考试取得法律职业资格，从事仲裁工作满八年的'；将第三项修改为：'（三）曾任法官满八年的'。"

（二）人民调解法

人民调解是指人民调解委员会通过说服、疏导等方法，促使当事人在平等协商基础上自愿达成调解协议，解决民间纠纷的活动（人民调解法第二条）。人民调解委员会是群众性自治组织，而非审判机关或者行政机关，因此，人民调解委员会没有司法权或者行政权，无法使用司法性的或者行政性的强制手段。但是，与其他民间调解不同的是，人民调解制度是中国人民司法制度的重要组成部分，"是中国人民司法工作的第一道防线"[1]。此外，人民调解是一项具有中国特色的化解矛盾、消除纷争的非诉讼纠纷解决方式，被国际社会誉为化解社会矛盾的"东方经验"，人民调解法可谓是"东方经验的法律化"。

中华人民共和国成立之后的人民调解制度到 2010 年人民调解法出台，大致经历了五个阶段。第一阶段是 1949 年到 1954 年人民调解委员会暂行组织通则出台之前。这一阶段的人民调解活动主要由各省自行探索，其法律依据为各省、自治区和直辖市出台的相关条例、章程、指示或者办法，例如云南省人民政府出台的《关于逐步建立和健全区乡调解制度的指示》、甘肃省出台的《建立区乡调解机构的指示》、西南军政委员会出台的《关于区乡调解工作的指示》等文件，本阶段探索明确了调解协议的效力，调整了调解与诉讼的关系，确认调解不是诉讼必经阶段。第二阶段是 1954 年 3 月《人民调解委员会暂行组织通则》颁行到改革开放之前。《人民调解委员会暂行组织通则》明确了人民调解委员会的性质，即群众性组织，从而改变了过去其作为政府部门或者政府人员参与的状况，明确了调解范围，确认调解活动仅适用于公民之间的纠纷及轻微刑事纠纷，不适用于涉及劳资关系等纠纷，纠正了调解范围过宽的弊端。据统计，该通则颁行后到 1955 年底，全国已经在 70% 的乡、街设立了 17.04 万个人民调解委员会，调解委员人数约 100 万人，作为处理人民内部矛盾重要手段的人民调解极大促进了人民调解活动的发展与民间纠纷的解决。第三阶段为改革开放之后到 1989 年国务院颁布《人民调

---

[1] 常怡主编：《中国调解制度》，法律出版社 2013 年版，第 79—80 页。

解委员会组织条例》。1980 年 7 月全国人大常委会重新公布《人民调解委员会组织暂行组织通则》，1982 年 3 月民事诉讼法（试行）颁行，在此基础上 1989 年 5 月国务院通过了《人民调解委员会组织条例》，该条例进一步规定了调解委员的选任条件，删除了人民调解委员会调解轻微刑事案件的内容，并强化了基层人民政府对于人民调解的指导职能。第四阶段为 1989 年到 2002 年最高人民法院、司法部发布《关于进一步加强新时期人民调解工作的意见》。1993 年司法部召开第三次全国人民调解工作会议，制定了《司法部关于建立健全企业事业单位人民调解组织的几点意见》《跨地区、跨单位民间纠纷调解办法》《人民调解委员会及调解员奖励办法》等规章，推动了人民调解制度的发展。最高人民法院、司法部分别在 2002 年 1 月 1 日、9 月 16 日、9 月 26 日共同发布了《关于进一步加强新时期人民调解工作的意见》《关于审理人民调解协议民事案件的若干规定》《人民调解工作若干规定》，9 月 27 日联合召开全国人民调解工作会议，强调人民调解、行政调解与司法调解协调发展。第五阶段是 2002 年到 2010 年人民调解法出台。2006 年中共十六届六中全会通过了《中共中央关于构建社会主义和谐社会若干重大问题的决定》，其中明确指出"实现人民调解、行政调解、司法调解有机结合，更多采用调解方法……把矛盾化解在基层、解决在萌芽状态"，2007 年 7 月财政部、司法部联合发布《财政部、司法部关于进一步加强人民调解工作经费保障的意见》，2007 年 8 月最高人民法院、司法部联合发布《关于进一步加强新形势下人民调解工作的意见》，2009 年最高人民法院发布《关于建立健全诉讼与非诉讼相衔接的矛盾纠纷解决机制的若干意见》，为 2010 年人民调解法出台进行了有益的实践探索、奠定了坚实的政策基础。

2010 年 6 月 22 日上午，十一届全国人大常委会第十五次会议举行第一次全体会议，时任司法部部长吴爱英作关于人民调解法草案的说明。该说明指出："目前，全国共有人民调解组织 80 多万个，人民调解员 490 多万人，形成了覆盖广大城乡的人民调解工作网络。2009 年，人民调解组织调解民间纠纷 767 多万件，调解成功率达 97.2%。经人民调解又诉至法院的纠纷仅占调解纠纷总数的 0.7%，被法院裁定维持调解协议的比例高达 86.9%。人民调解与司法调解、行政调解等共同构成的'大调解'体系，为预防和减少民间纠纷、化解社会矛盾、维护社会和谐稳定发挥了重要作用。"根据全国人大常委会和国务院立法工作计划，司法部在认真总结中华人民共和国成立以来特别是《人民调解委员会组织条例》实施以来人民调解工作经验的基础上，起草了人民调解法（草案送审稿），于 2009 年 4 月报请国务院审议。国务院法制办在广泛征求意见的基础上，会同司法部反复研究修改，形成了人民调解法（草案）。该草案以宪法、民事诉讼法为依据，以 1989 年《人民调解委员会组织条例》施行以来的实践经验为基础，系统规范了人民调解的组织、人员、程序、协议等内容，于 2010 年 5 月 5 日国务院第一百一十次常务会议讨论通过。经过审议与修改，2010 年 8 月 28 日十一届全国人大常委会第十六次会议以 143 票赞成、2 票反对、7 票弃权，表决通过《中华人民共和国人民调解法》，并由国家主席胡锦涛签署主席令第三十四号予以公布，自 2011 年 1 月 1 日起施行。

人民调解法共六章三十五条。主要内容如下。

1. 第一章"总则"，规定了立法目的、基本概念、基本原则和基本制度，规定调解活动应当平等自愿、依法依规、尊重当事人权利，调解纠纷不收取费用，政府指导人民调解工作，法院对人民调解工作进行业务指导，国家鼓励和支持人民调解工作。

2. 第二章"人民调解委员会"，规定了人民调解组织的属性是"依法设立的调解民间纠纷的群众性组织"，村委会、居委会设置人民调解委员会，企业事业单位可以按照需要进行设立，并对人数（3—9 人）、性别（应有妇女）、民族（多民族地区应有少数民族成员）、推选（村民会议、居民会议以及职工大会推选产生）、任期（3 年可以连任）内容进行规定，并明确村民委员会、居民委员会和企业事业单位应当为人民调解委员会开展工作提供办公条件和必要的工作经费。

3. 第三章为"人民调解员"，担任条件为"由公道正派、热心人民调解工作，并具有一定文化水平、政策水平和法律知识的成年公民"，如有偏袒一方、侮辱当事人、索取收受财物或者牟取其他不正当利益、泄露当事人隐私或商业秘密的，由其所在的人民调解委员会给予批评教育、责令改正，情节严重的，由推选或者聘任单位予以罢免或者解聘，并规定了对于人民调解员应当给予适当的误工补贴等待遇。

4. 第四章规定了"调解程序"，规定鼓励、引导当事人选择人民调解方式解决纠纷，但是不得强制调解。第二十一、二十二条规定，人民调解员调解民间纠纷，应当坚持原则，明法析理，主持公道，并及时、就地进行调解，防止矛盾激化；根据纠纷的不同情况，可以采取多种方式调解民间纠纷，充分听取当事人的陈述，讲解有关法律、法规和国家政策，耐心疏导，在当事人平等协商、互谅互让的基础上提出纠纷解决方案，帮助当事人自愿达成调解协议。第二十三条规定当事人享有的权利：（一）选择或者接受人民调解员；（二）接受调解、拒绝调解或者要求终止调解；（三）要求调解公开进行或者不公开进行；（四）自主表达意愿、自愿达成调解协议。

5. 第五章为"调解协议"，规定了调解协议的制作（可以制作调解协议书或采用口头协议并由人民调解员记录）、调解协议载明事项（当事人基本情况、纠纷主要事实、争议事项、各方责任、达成协议的内容、履行方式以及期限）、调解协议达成即生效、调解协议具有法律约束力、一方不履行另一方可以向法院提起诉讼等内容。

6. 第六章为"附则"。

2018 年 4 月 27 日，司法部举行"人民调解员队伍建设"主题新闻发布会，司法部负责人在发布会上介绍，近年来，全国人民调解组织每年调解各类矛盾纠纷达 900 万件左右，调解成功率在 96% 以上，全国共有人民调解委员会 76.6 万个，村（社区）人民调解委员会 65.7 万个，行业性、专业性人民调解组织 4.3 万个，派驻有关部门调解室 1.6 万个，全国有人民调解员 366.9 万人，其中专职调解员 49.7 万人，初步形成了一支专兼结合、优势互补的人民调解员队伍。人民调解是在继承和发扬中国民间调解优良传统基础上发展起来的一项具有中国特色的法律制度，具有方法灵活、程序便捷、不伤感情、不收费用等特点，在我国矛盾纠纷多元化解机制中发挥了基础性作用。人民调解员是人民调解工作的具体承担者，肩负着化解矛盾、宣传法治、维护稳定、促进和谐的职责使命[1]。

（三）劳动争议调解仲裁法、农村土地承包经营纠纷调解仲裁法

劳动争议调解仲裁法与农村土地承包经营纠纷调解仲裁法是

---

〔1〕《司法部：人民调解组织每年调解各类矛盾纠纷达 900 万件左右》，澎湃新闻，https://www.thepaper.cn/newsDetail_forward_2099419。

调解仲裁法中非常特殊、具有较强针对性的立法。劳动争议调解仲裁法是专门为劳动争议调解组织与劳动争议仲裁委员会依法解决劳资纠纷而制定的法律。农村土地承包经营纠纷调解仲裁法则是专门为农村土地承包经营纠纷的调解组织与仲裁委员会解决农村土地承包经营纠纷而制定的法律。两部法律均旨在关照、保护弱势群体（劳动者与农民），且体例上亦有较大相似性，名称上也均为调解仲裁法，因此置于一处一并予以论述。

1. 劳动争议调解仲裁法

为妥善解决劳动争议与劳资纠纷，保护劳资双方当事人合法权利，制定专门的劳动争议调解仲裁法势在必行。2007 年 8 月30 日，第十届全国人大常委会第二十九次会议对劳动争议调解仲裁法（草案）进行了初次审议。法制工作委员会将草案印发各省（区、市）、中央有关部门等单位征求意见。法律委员会和法制工作委员会联合召开座谈会，并到地方进行调研。法律委员会于 9月 28 日召开会议，根据常委会组成人员的审议意见和各方面的意见，对草案进行逐条审议；财政经济委员会和国务院法制办、劳动保障部、全国总工会的负责人列席了会议，为审议提供专业性支持。10 月 22 日，法律委员会召开会议，再次进行了审议。10 月 24 日，第七届全国人大常委会第三十次会议上，全国人大法律委员会副主任委员胡光宝作了关于《中华人民共和国劳动争议调解仲裁法（草案）》修改情况的汇报，并针对草案提出了四条修改意见[1]。12 月 24 日，十届全国人大常委会第三十一次会议分组审议了劳动争议调解仲裁法草案三次审议稿。草案第三次

---

〔1〕《全国人民代表大会法律委员会关于〈中华人民共和国劳动争议调解仲裁法（草案）〉修改情况的汇报》，《中华人民共和国全国人民代表大会常务委员会公报》2008 年第 1 期。

审议稿规定：劳动者对本法有关条款规定的仲裁裁决不服的，可以自收到仲裁裁决书之日起 15 日内向人民法院提起诉讼。用人单位有证据证明有六种法定情形之一的，可以自收到仲裁裁决书之日起三十日内向劳动争议仲裁委员会所在地的中级人民法院申请撤销裁决，仲裁裁决被人民法院裁定撤销的，可以自收到裁决书之日起十五日内就该劳动争议事项向人民法院提起诉讼。完善部分案件"一裁终局"的规定，成为此次审议稿最大亮点。[1]经过二次审议与三次审议，草案最终于 2007 年 12 月 29 日第十届全国人大常委会第三十一次会议通过，同日，由国家主席胡锦涛签署主席令第八十号公布，自 2008 年 5 月 1 日起实施。

劳动争议调解仲裁法分为四章五十四条。首章为"总则"，对立法目的、适用范围、基本原则、基本制度等内容进行规定。其中第二条规定，本法适用的范围如下：（一）因确认劳动关系发生的争议；（二）因订立、履行、变更、解除和终止劳动合同发生的争议；（三）因除名、辞退和辞职、离职发生的争议；（四）因工作时间、休息休假、社会保险、福利、培训以及劳动保护发生的争议；（五）因劳动报酬、工伤医疗费、经济补偿或者赔偿金等发生的争议；（六）法律、法规规定的其他劳动争议。第二、三两章分别是"调解"与"仲裁"，对关于劳动争议的调解与仲裁的人员组织、运行程序、文书效力等内容进行规定，"仲裁"一章设有"一般规定""申请和受理""开庭和裁决"三节。第四章为"附则"，其中第五十三条规定，"劳动争议仲裁不收费。劳动争议仲裁委员会的经费由财政予以保障"，体现了对于弱势群体——劳动者的关照与保护。

---

〔1〕《劳动争议调解仲裁法草案三审：完善"一裁终局"》，中国政府网，http://www.gov.cm/jrzg/2007-12-26/content_8437。

2. 农村土地承包经营纠纷调解仲裁法

2008 年 12 月 22 日，第十一届全国人大常委会第六次会议上，时任农业部部长受国务院委托作了《关于〈中华人民共和国农村土地承包经营纠纷仲裁法（草案）〉的说明》。该说明首先介绍了制定本法的必要性，制定本法是实施农村土地承包经营制度的必要保障，是保障农民土地承包经营权的有效措施，是维护农村和谐稳定的重要途径，还是规范土地承包仲裁工作、将仲裁法和农村土地承包法有关规定落到实处的客观需要。在拟定草案的过程中，坚持了如下几项原则：第一，强化指导，坚持政府对仲裁工作的指导和支持；第二，构建多元化解纠纷机制，重视运用调解、仲裁双渠道化解纠纷；第三，注重社会实际，建立符合中国实际的农村土地承包经营纠纷仲裁制度；第四，重视做好协调工作，妥善处理仲裁制度和司法制度的关系[1]。值得注意的是，该说明的对象是农村土地承包经营纠纷仲裁法，在介绍具体内容时，也仅介绍关于仲裁的内容，而并无关于调解的内容。

事实上，本草案到 2009 年 6 月 23 日全国人大常委会委员、全国人大代表及其他与会者就农村土地承包经营纠纷调解仲裁法草案进行第三次审议期间，方才新增"调解"一章，对农村土地承包经营纠纷的调解活动予以规定，并将草案更名为农村土地承包经营纠纷调解仲裁法（草案）[2]。2009 年 6 月 27 日，第十一届全国人大常委会第九次会议通过了《中华人民共和国农村土地承包经营纠纷调解仲裁法》，同日，由国家主席胡锦涛签署主席令

---

〔1〕《关于〈中华人民共和国农村土地承包经营纠纷仲裁法（草案）〉的说明》，《中华人民共和国全国人民代表大会常务委员会公报》2009 年第 5 期。

〔2〕《正在三审的农村土地承包经营纠纷仲裁法草案名称作出更改》，中国人大网，http://www.npc.gov.cn/zgrdw/huiyi/cwh/1109/2009—06/22/content_1506736.htm.

第十四号予以公布，自 2010 年 1 月 1 日起施行。

与劳动争议调解仲裁法的体例基本一致，农村土地承包经营纠纷调解仲裁法共四章五十三条，分别为"总则""调解""仲裁""附则"。第一章"总则"，对立法原则、适用范围、基本原则与制度进行规定，其中第二条规定了适用范围："农村土地承包经营纠纷调解和仲裁，适用本法。农村土地承包经营纠纷包括：（一）因订立、履行、变更、解除和终止农村土地承包合同发生的纠纷；（二）因农村土地承包经营权转包、出租、互换、转让、入股等流转发生的纠纷；（三）因收回、调整承包地发生的纠纷；（四）因确认农村土地承包经营权发生的纠纷；（五）因侵害农村土地承包经营权发生的纠纷；（六）法律、法规规定的其他农村土地承包经营纠纷。因征收集体所有的土地及其补偿发生的纠纷，不属于农村土地承包仲裁委员会的受理范围，可以通过行政复议或者诉讼等方式解决。"第二、三章分别对"调解"和"仲裁"作了规定，规定了调解与仲裁的人员组织、运行程序、文书效力等内容（总体仍然与劳动争议调解仲裁法一致），"仲裁"一章设置"仲裁委员会和仲裁员""申请和受理""仲裁庭的组成""开庭和裁决"四节。第四章为"附则"，第五十二条规定了仲裁不收费的制度，"农村土地承包经营纠纷仲裁不得向当事人收取费用，仲裁工作经费纳入财政预算予以保障"，亦与劳动争议调解仲裁法的相关规定保持一致。

两部"调解仲裁法"目录对照

劳动争议调解仲裁法	农村土地承包经营纠纷调解仲裁法
第一章　总则	第一章　总则
第二章　调解	第二章　调解

劳动争议调解仲裁法	农村土地承包经营纠纷调解仲裁法
第三章　仲裁 第一节　一般规定 第二节　申请和受理 第三节　开庭和裁决	第三章　仲裁 第一节　仲裁委员会和仲裁员 第二节　申请和受理 第三节　仲裁庭的组成 第四节　开庭和裁决
第四章　附则	第四章　附则

　　2009 年 6 月 27 日，全国人大常委会办公厅举行新闻发布会介绍农村土地承包经营纠纷调解仲裁法等修改情况。农业部经管司司长孙中华在回答记者提问时说："2008 年全国农村基层土地承包管理部门受理的土地承包经营权纠纷有 15 万件。农村土地承包经营纠纷调解仲裁法的颁布，对公正、及时解决农村土地承包经营纠纷，维护当事人的合法权益，促进农村经济社会的发展和稳定，有着十分重要的意义。"全国人大常委会法制工作委员会民法室副主任贾东明向记者解释："解决农村土地承包经营纠纷，有四种途径：和解、调解、仲裁、诉讼。2004 年农业部在 27 个省、市、自治区进行调解工作试点，其中有 244 个示范区开展了这项工作。"调解与仲裁各有优势，但是更应当注重调解与仲裁的配合，"调解可以在双方自愿的基础上进行，更加平和，仲裁过程中也要注意调解。仲裁裁决的优势是有更强的法律效力。注重调解，充分发挥仲裁的作用，是这部法律的基本原则"。此外，他认为："刚刚通过的这部法律的第五十二条明确规定，'农村土地承包经营纠纷仲裁不得向当事人收取费用，仲裁工作经费纳入财政预算予以保障'。仲裁不收费是这部法律的一个亮点。"这一条款的设置是基于关照农民群体的考量，"法律的这项规定是立足我国农民收入水平总体不高的实际，着眼于减轻农民

负担而设立的法律规定，体现了国家对农民群众的关心与保护"。对于工人与农民的关爱与照顾，彰显了中国特色社会主义的属性。

二、其他程序法

在非诉程序法中，除了调解仲裁法律一类之外，还有海事诉讼特别程序法、引渡法与国际刑事司法协助法，这些法律也是非诉程序法的重要组成部分。由于海事诉讼特别程序法不仅涉及国际海事纠纷的处理，还涉及对海事国际公约的对接问题，而引渡法与国际刑事司法协助法本身就是为打击国际犯罪、加强刑事司法领域的国际合作而制定的，因此，本部分介绍的三部程序法均带有较为明显的国际属性。

（一）海事诉讼特别程序法

据统计，自1984年至1999年上半年，我国海事法院共受理海事海商案件25000余件。其中，涉外案件3746件，案件的当事人涉及73个国家和地区，受到各国法律界、航运界和贸易界的关注。1993年7月1日开始施行的海商法亦需要一个配套的专门诉讼程序法。根据八届全国人大常委会的立法规划，最高人民法院组成海事诉讼特别程序法起草小组。经过四年多的时间，通过大量国内调研工作与域外海事诉讼立法比较研究，反复征求了有关部门和专家的意见，形成十三个草案，经过最高人民法院审判委员会讨论，形成海事诉讼法草案。1999年8月24日，在第九届全国人大常委会第十一次会议上，最高人民法院副院长李国光作了《关于〈中华人民共和国海事诉讼特别程序法（草案）〉的说明》。制定本法具有必要性，即制定专门的海事诉讼法是保障海商法实施的需要，是履行国际公约规定义务的要求，是对民事诉讼法的必要补充。经过讨论与修改，《中华人民共和国海事诉讼特别程序法》终于在 1999 年 12 月 25 日第九届全国人大常委会第十三次会议通过，同日，由国家主席江泽民签署主席令第二十八号公布，自 2000 年 7 月 1 日起施行。

海事诉讼特别程序法共十二章一百二十七条。第一章为"总则"，规定了立法目的和适用范围以及海事法院受理案件范围。第二章为"管辖"，规定了海事诉讼的地域管辖与海事法院的专属管辖以及其他管辖问题。第三章为"海事请求保全"，即海事法院根据海事请求人的申请，为保障其海事请求的实现，对被请求人的财产所采取的强制措施，包括"一般规定""船舶的扣押与拍卖""船载货物的扣押和拍卖"三节。第四章为"海事强制令"，即海事法院根据海事请求人的申请，为使其合法权益免受侵害，责令被请求人作为或者不作为的强制措施。第五章为"海事证据保全"，即海事法院根据海事请求人的申请，对有关海事请求的证据予以提取、保存或者封存的强制措施。第六章为"海事担保"，包括本法规定的海事请求保全、海事强制令、海事证据保全等程序中所涉及的担保。第七章为"送达"，规定"适用《中华人民共和国民事诉讼法》的有关规定，还可以采用下列方式：（一）向受送达人委托的诉讼代理人送达；（二）向受送达人在中华人民共和国领域内设立的代表机构、分支机构或者业务代办人送达；（三）通过能够确认收悉的其他适当方式送达。有关扣押船舶的法律文书也可以向当事船舶的船长送达"。第八章为"审判程序"，下设"审理船舶碰撞案件的规定""审理共同海损案件的规定""海上保险人行使代位请求赔偿权利的规定""简易程序、督促程序和公示催告程序"。第九、十、十一章均是海事诉讼的特别程序，分别是"设立海事赔偿责任限制基金程序""债权登记与受偿程序""船舶优先权催告程序"。第十二章为"附则"。

在2000年前后，改革开放、港澳回归是本法出台的重大时代背景。此时，我国的海上运输事业迅速发展，海洋开发利用事业如火如荼，海上经济活动日益兴旺。在此时机，制定海事诉讼特别程序法这样一部既符合中国海事审判实际需要，又与国际海事处理规范相适应的海事诉讼程序法，对于促进海运和对外经贸事业的发展，维护改革开放的胜利成果，保护我国海上经济层面的国家利益，与有关海事方面的国际公约相衔接，展示我国海洋大国地位，均具有十分重要的意义。

（二）引渡法、国际刑事司法协助法

引渡法与国际刑事司法协助法均涉及打击国际犯罪的内容，具有鲜明的国际性质，这是两者之间较为明显的共性。从内容上看，两者调整了不同的法律行为；从时间上看引渡法2000年通过，而国际刑事司法协助法出台晚了18年，于2018年通过；从体例上看，引渡法主体为"外国向本国请求引渡"和"本国向外国请求引渡"两章（目录的一级标题），下设具体的程序，前后为总则与附则，而国际刑事司法协助法则将国际刑事司法协助的流程作为主线（分为七章，即七个主要程序），将"外国向本国请求国际刑事司法协助"和"本国向外国请求国际刑事司法协助"两个板块分布在不同流程之下（作为目录的二级标题），在体例结构上呈现出较为明显的差异性。

《中华人民共和国引渡法》由第九届全国人大常委会第十九次会议于2000年12月28日通过，同日，由国家主席江泽民签署主席令第四十二号予以公布，自公布之日起施行。引渡法共四章五十五条。第一章"总则"，规定了立法目的、基本原则、用语含义等。第一、二条规定，为了保障引渡的正常进行，加强惩罚犯罪方面的国际合作，保护个人和组织的合法权益，维护国家利益和社会秩序，制定本法；中华人民共和国和外国之间的引渡，依照本法进行。第三条规定平等互惠原则与保护主权原则："中华人民共和国和外国在平等互惠的基础上进行引渡合作。引渡合作，不得损害中华人民共和国的主权、安全和社会公共利益。"第二章为"向中华人民共和国请求引渡"，主要规定了外国向本国请求引渡的程序，下设"引渡的条件""引渡请求的提出""对引渡请求的审查""为引渡而采取的强制措施""引渡的执行""暂缓引渡和临时引渡""引渡的过境"等七个小节。第三章为"向外国请求引渡"，第四章为"附则"。

《中华人民共和国国际刑事司法协助法》颁布较晚，由第十三届全国人大常委会第六次会议于 2018 年 10 月 26 日通过，同日，由国家主席习近平签署主席令第十三号予以公布，自公布之日起施行。国际刑事司法协助法共九章七十条。第一章为"总则"，第一条规定立法目的："为了保障国际刑事司法协助的正常进行，加强刑事司法领域的国际合作，有效惩治犯罪，保护个人和组织的合法权益，维护国家利益和社会秩序，制定本法。"第四条规定了国际刑事司法协助应当遵循平等互惠、尊重与保护主权、不违反法律等原则进行。第二章为"刑事司法协助请求的提出、接收和处理"，包括"向外国请求刑事司法协助"与"向中华人民共和国请求刑事司法协助"两个小节。第三章为"送达文书"，包括"向外国请求送达文书"与"向中华人民共和国请求送达文书"两个小节。第四章为"调查取证"，包括"向外国请求调查取证"与"向中华人民共和国请求调查取证"。第五章为

"安排证人作证或者协助调查"，包括"向外国请求安排证人作证或者协助调查"与"向中华人民共和国请求安排证人作证或者协助调查"。第六章为"查封、扣押、冻结涉案财物"，包括"向外国请求查封、扣押、冻结涉案财物"与"向中华人民共和国请求查封、扣押、冻结涉案财物"。第七章为"没收、返还违法所得及其他涉案财物"，包括"向外国请求没收、返还违法所得及其他涉案财物"与"向中华人民共和国请求没收、返还违法所得及其他涉案财物"。第八章为"移管被判刑人"，包括"向外国移管被判刑人"与"向中华人民共和国移管被判刑人"。

我国的人民代表大会制度，是中国共产党领导人民在长期革命斗争中创造的一种新的政权组织形式。1949 年 9 月 29 日，中国人民政治协商会议第一届全体会议通过的《中国人民政治协商会议共同纲领》提出："中华人民共和国的国家政权属于人民。人民行使国家政权的机关为各级人民代表大会和各级人民政府。"人民代表大会制度由此确定。1949 年至 1954 年 8 月，从中国人民政治协商会议和地方各界人民代表会议向各级人民代表大会过渡。1954 年 9 月，第一届全国人民代表大会第一次会议召开，我国人民代表大会制度建立。至今，人民代表大会制度走过了 70 年，回顾这 70 年历程，从 1954 年到 1966 年人民代表大会制度全面确立并曲折发展；"文化大革命"的 10 年，人民代表大会制度遭受严重破坏；从粉碎"四人帮"特别是党的十一届三中全会开始，人民代表大会制度得到恢复和进一步健全，人大工作取得重大进展。党的十八大以来，我们党立足新的历史方位，深刻把握我国社会主要矛盾发生的新变化，积极回应人民群众对民主法治的新要求新期盼，着力推进国家治理体系和治理能力现代化，健全人民当家作主制度体系，加强基层政权建设，改进人大代表工作，人大工作取得历史性成就，人民代表大会制度更加成熟、更加定型。

《中国特色社会主义根本政治制度——人民代表大会制度纪实》丛书，则是尽可能通过整理历史文献的方式，记录和展现人民代表大会制度确立、曲折发展、不断健全、逐步成熟、完善定型的制度发展和人大工作全貌。项目实施过程，是回顾中国特色社会主义根本政治制度逐渐完善的过程，是汇集70年来历代人大工作者工作成就和艰辛探索的过程。同时，也是编写团队记录、整理、学习，以及勤奋耕耘的过程。该丛书具体构成和分工如下：

《人民代表大会制度引论》，万其刚著；《人民代表大会制度发展历程》，万其刚著；《人大选举制度和任免制度》，徐丛华著；《人大立法制度》，主编：张生，副主编：刘舟祺、邹亚莎、罗冠男；《人大代表工作制度》，章林、李跃乾、刘福军、王仰飞编著；《人大讨论决定重大事项制度》，任佩文、吴克非、王亚楠编著；《人大监督制度》，吉卫国著；《人大会议制度》，陈家刚、蔡金花、隋斌斌著；《人大对外交往工作》，王柱国、陈佳美思、庞明、刘亚宁编著；《人大自身建设》，唐亮、万恒易、梁明编著；《人大选举和任免工作纪实》，主编：任佩文，副主编：王亚楠；《人大代表工作纪实》，主编：任佩文，副主编：吴克非；《人大会议工作纪实（目录）》，主编：李正斌，副主编：高嚚；《人大立法工作纪实（目录）》，主编：曾庆辉，副主编：邱晶；《人大监督工作纪实（目录）》，主编：曾庆辉，副主编：邱晶。

上述作者分别来自全国人大、北京市人大、安徽省人大、兰州市人大、人民代表报、中国社会科学院法学所、北京联合大学、西安交通大学、西北师范大学、江西师范大学、中共广东省委党校等单位，既有一直从事人大制度研究的学者，也有长期从事人大工作的实务工作者。

限于出版篇幅，丛书暂未收录地方人大相关文献；同时，适应出版新形态的需要，部分工作纪实将目录纸质出版，具体内容同步以数据库方式出版。参与数据库编纂工作的人员有杨积堂、周小华、王维国、崔英楠、曾庆辉、邱晶、李正斌、高嚣、王柱国、陈佳美思、庞明、刘亚宁、任佩文、吴克非、王亚楠、刘宇、周悦、曹倩、赵树荣、姜素兰、王岩、魏启秀、沙作金、马磊、张新勇、李少军、喻思敏、钟志龙、王婷、邱纪贤、钮红然、祝蓉、陈敏、杨世禹、常晓璐、周义、王乔松、梅润生、杨娇、周鹏、李俊、杨蕙铭、徐博智、于淼、陈东红、冯兆惠、石亚楠等同志。丛书由杨积堂和吴高盛担任执行总主编并负责统稿。

"中国特色社会主义根本政治制度——人民代表大会制度纪实"是所有参与人员努力协作的成果，由于时间跨度大，内容交叉多，为了尽可能反映 70 年来人大工作的全貌，各部分作者之间反复进行沟通、协调，力求内容准确全面，同时尽可能避免重复。在编写过程中，每一位作者、编辑都倾尽全力，以高度的责任感和使命感投入工作，翻阅了大量文献资料，进行了深入研究与探讨。虽然我们已竭尽全力，但深知丛书一定存在不足之处，我们期待着读者的反馈与建议，以便在未来不断改进和完善。

在丛书即将出版之际，我们要特别感谢全国人大图书馆为文献查阅提供的帮助和支持，感谢北京联合大学人民代表大会制度研究所从选题策划到最终编写全过程给予的大力支持。中国民主法制出版社刘海涛社长、贾兵伟副总经理带领团队，对丛书编写、审读、编辑、出版的每一个环节给予严谨的指导和热忱的帮助，责任编辑张霞、负责数据库开发的翟锦严谨、敬业，在此一并表达敬意和感谢。

习近平总书记强调："人民代表大会制度，坚持中国共产党领导，坚持马克思主义国家学说的基本原则，适应人民民主专政的国体，有效保证国家沿着社会主义道路前进。人民代表大会制度，坚持国家一切权力属于人民，最大限度保障人民当家作主，把党的领导、人民当家作主、依法治国有机统一起来，有效保证国家治理跳出治乱兴衰的历史周期率。人民代表大会制度，正确处理事关国家前途命运的一系列重大政治关系，实现国家统一高效组织各项事业，维护国家统一和民族团结，有效保证国家政治生活既充满活力又安定有序。"值此全国人民代表大会成立 70 周年之际，我们希望这套丛书能够为人民代表大会制度研究和实务工作的更好开展尽绵薄之力，把国家根本政治制度坚持好、完善好、运行好、宣传好，努力开创人大工作新局面。

编　者